建立健全体制　促进绿色发展

2012 中国绿色发展指数报告

——区域比较

北京师范大学科学发展观与经济可持续发展研究基地
西南财经大学绿色经济与经济可持续发展研究基地　著
国家统计局中国经济景气监测中心

北京师范大学出版集团
BEIJING NORMAL UNIVERSITY PUBLISHING GROUP
北京师范大学出版社

图书在版编目(CIP)数据

2012中国绿色发展指数报告／北京师范大学科学发展观与经济可持续发展研究基地，西南财经大学绿色经济与经济可持续发展研究基地，国家统计局中国经济景气监测中心著.—北京：北京师范大学出版社，2012.8
ISBN 978-7-303-14979-7

Ⅰ.①2… Ⅱ.①北…②西…③国… Ⅲ.①区域经济发展－对比研究－研究报告－中国－2012 Ⅳ.①F127

中国版本图书馆CIP数据核字（2012）第163364号

营销中心电话 010-58802181 58805532
北师大出版社高等教育分社网 http://gaojiao.bnup.com.cn
电子信箱 beishida168@126.com

2012 ZHONG GUO LÜ SE FA ZHAN ZHI SHU BAO GAO

出版发行：北京师范大学出版社 www.bnup.com.cn
北京新街口外大街19号
邮政编码：100875

印　　刷：北京嘉实印刷有限公司
经　　销：全国新华书店
开　　本：210 mm × 285 mm
印　　张：31.25
字　　数：820千字
版　　次：2012年8月第1版
印　　次：2012年8月第1次印刷
定　　价：80.00元

策划编辑：马洪立　　责任编辑：马洪立　陈婧思
美术编辑：毛　佳　刘松弢　　装帧设计：毛　佳
责任校对：李　菡　　责任印制：李　啸

课题负责人

李晓西(北京师范大学学术委员会副主任、西南财经大学学术顾问)

潘建成(国家统计局中国经济景气监测中心副主任)

合作单位负责人

赖德胜(北京师范大学经济与工商管理学院院长)

唐任伍(北京师范大学管理学院执行院长)

胡必亮(北京师范大学经济与资源管理研究院院长)

杨志峰(北京师范大学环境学院院长)

刘方健(西南财经大学经济学院执行院长)

协作与支持单位

国家统计局中国经济景气监测中心及相关研究处所

中国科学院预测科学研究中心

环境保护部环境与经济政策研究中心

北京师范大学资源学院

北京师范大学地理学与遥感科学学院

北京师范大学环境学院

北京师范大学生命科学学院

北京师范大学水科学研究院

北京师范大学国民核算研究院

北京师范大学中国公益研究院

首都科技发展战略研究院

西南财经大学公共管理学院

西南财经大学能源经济研究所

西南财经大学实验经济学实验室

课题协调人

赵军利　张江雪　赵　峥　林永生

课题联系人

宋　涛　蔡　宁

评审专家

吴敬琏　国务院发展研究中心研究员
厉以宁　北京大学光华管理学院名誉院长
张卓元　中国社会科学院学部委员
魏礼群　全国政协文史和学习委员会副主任
陈锡文　中央财经领导小组办公室副主任
刘世锦　国务院发展研究中心副主任
卢中原　国务院发展研究中心副主任
辜胜阻　第十一届全国人大内务司法委员会副主任委员
周宏仁　国务院信息化专家咨询委员会常务副主任
潘　岳　环境保护部副部长
甘藏春　国务院法制办公室副主任
刘　伟　北京大学副校长
葛剑平　北京师范大学副校长
边慧敏　西南财经大学副校长
许宪春　国家统计局副局长
张新时　中国科学院院士
牛文元　国务院参事、中国科学院研究员
王　毅　中国科学院可持续发展战略研究组组长
魏　杰　清华大学中国经济研究中心主任
潘家华　中国社会科学院可持续发展研究中心主任
范恒山　国家发展和改革委员会地区经济司司长
夏　光　环境保护部环境与经济政策研究中心主任
苏　伟　国家发展和改革委员会气候司司长
陈东琪　国家发展和改革委员会宏观经济研究院副院长
贾　康　财政部财政科学研究所所长
张健华　中国人民银行研究局局长
邱　东　北京师范大学长江学者特聘教授
陈宗胜　天津市人民政府副秘书长

序一

当今世界，资源能源和气候生态等已经日益成为影响人类发展乃至生存的重要力量，低碳绿色发展已成为各国促进可持续发展的重要选择。40年前，联合国在斯德哥尔摩召开首次人类环境会议，发表了具有划时代意义的《人类环境宣言》，提出了一个响遍世界的口号："只有一个地球!"这标志着人类从对环境问题的反思中觉醒，开启了绿色发展的新纪元。

绿色发展的本质是通过减少对能源资源的过度消耗，加强环境保护和生态治理，追求经济、社会、生态全面协调可持续发展。改革开放以来，我国经济社会取得长足发展，社会公众的环境保护意识不断提高，资源环境保护和绿色发展越来越成为各级党委和政府追求的重要目标和发展方式。特别是进入21世纪后，我国的环境保护从认识到实践都取得了显著成效，为经济较快增长、应对国际金融危机和新兴产业发展提供了有力的支撑和保障。但是，仍需看到，我国正处于工业化和城镇化快速发展的时期，环境保护仍是经济社会发展的薄弱环节，形势依然严峻。转变发展方式，调整经济结构，强化绿色发展，关系国计民生，关系国民福祉，任重而道远。

面对日趋强化的资源环境约束，国家"十二五"规划纲要提出，要坚持绿色发展，以节能减排为重点，健全激励与约束机制，加快构建资源节约、环境友好的生产方式和消费模式，增强可持续发展能力，提高生态文明水平。这充分显示了党和政府带领全国人民走出一条生产发展、生活富裕、生态良好的文明发展道路的坚定决心。当下，研究并探索建立起一套有利于推动绿色发展的绩效评估指标体系和评估机制，作为评价全国及各地绿色发展水平的重要基础，不仅是贯彻落实好中央决定和政策部署的应有之义，更是当务之急。

北京师范大学、西南财经大学相关研究机构和国家统计局中国经济景气监测中心从2010年开始坚持每年发布中国绿色发展指数并编制相关研究报告，在建立中国绿色发展评价体系方面进行了有益的探索，并取得了积极成效。《2012中国绿色发展指数报告——区域比较》在过去研究的基础上，充分吸收各位专家的意见，完善了评价指标体系，新增了各省及大中城市的绿色发展"体检表"，并通过问卷调查获得了社会公众对所在城市绿色发展情况的评价。报告努力探索与寻求绿色发展路径，力求全面、客观、科学地反映我国各省(区、市)以及重点城市的绿色发展情况，可作为社会各界了解评价我国绿色发展进程的重要参考。

我们只有一个地球！绿色发展是一项长期而艰巨的任务，对绿色发展进行动态监测和预警，亦是一项长期使命。希望这一报告能够为各地结合自身特点有效推动绿色发展提供有价值的信息。也希望通过这一报告，使越来越多的人更加关心、关注绿色发展，践行绿色发展理念，一起为营造水清、天蓝、地净的宜居安康环境而努力奋斗！

国家统计局局长 

序二

经济社会发展至今，我国面临着突破资源瓶颈和环境压力的重大挑战，可持续发展成为关乎人类存亡的首要问题。响应党中央、国务院的要求，开创科学发展新局面，加快转变经济发展方式，推动经济社会的可持续发展是时代的要求和历史赋予我们的艰巨使命。

2010 年和 2011 年，由北京师范大学李晓西教授牵头，北京师范大学和西南财经大学经济、管理、环境、资源等不同领域的专家学者组成跨学科研究团队，与国家统计局中国经济景气监测中心合作，努力探索与寻求绿色发展路径，连续两年推出了中国绿色发展指数系列报告，全面、客观、科学地反映中国的绿色发展情况，并通过绿色发展理念推进经济发展方式的转变，引起了社会各界的广泛反响。2012 年，课题组在前两年研究的基础上，又推出了《2012 中国绿色发展指数报告——区域比较》，在专家学者的通力合作下，把“绿色发展指数”的研究又向前推进了一大步，报告具有重要的现实价值和理论意义。

作为教育部直属重点大学，北京师范大学将以“国家急需，世界一流”为目标，服务社会，协同创新，支持专家工作，鼓励提升水平，为加快经济社会健康发展，为振兴中华作出自己应有的贡献！

北京师范大学党委书记 刘川生

序三

改革开放以来，中国经济发展取得了举世瞩目的成就，经济总量跃居世界第二，外汇储备位居世界第一，人民的生活水平有了很大改善。然而，伴随着中国经济地位的不断提升，经济发展水平的逐步提高，中国资源、生态、环境与经济发展之间的矛盾却日益突出。在这样的背景下，北京师范大学科学发展观与经济可持续发展研究基地、西南财经大学绿色经济与经济可持续发展研究基地、国家统计局中国经济景气监测中心三家单位联合攻关，勇于创新，连续三年推出中国绿色发展指数系列报告，为解决这一重大问题提出了建设性思路。

2010年的报告受到社会各界的好评与认可，获得了第二届“中国软科学奖”。2011年的报告于当年9月24日在人民大会堂发布，被中央电视台、新华社、人民日报等多家新闻媒体深度报道，并成功入选国家新闻出版总署2011年度“经典中国国际出版工程”项目，推出英文版。秉承着“既要发展，又要绿色”这一理念，在充分吸收各位评审专家、各类研究机构及民众建议和意见的基础之上，2012年的报告也已经完成。2012年的报告较往年内容不同，除了完成对中国各省(区、市)和38个城市绿色发展指数的测算之外，还新增了省际和城市的绿色体检表、绿色发展实地调查、绿色发展教授论坛等，做到了绿色发展理论与实践的结合，全面阐释了中国的绿色发展情况，是一份分量重、质量高、时代感和责任感强的报告。

作为中国著名高等学府，在建设综合性、有特色、研究型世界知名高水平大学的进程中，北京师范大学将充分发挥自己的学科优势和科研优势，大力支持国家需要、民族需要、社会需要的研究，为加快转变经济发展方式，实现中国经济社会的可持续发展而努力！

北京师范大学校长 钟秉林

序四

自2010年开始发布中国绿色发展指数年度报告以来，连续三年都邀请我为报告作序，我均欣然同意，因为对绿色发展进行理论研究的意义重大。绿色经济的浪潮正在席卷全球，绿色发展已经成为各国政府和民众的共同行动。国内外绿色发展的实践都在不断向前推进，无论是追踪绿色发展的最新前沿、把脉绿色发展的根本问题，还是洞悉绿色发展的基本规律，都要求我们不断完善对绿色发展的理论研究，这也是我们高校理论工作者的社会责任之所在。

我们欣喜地看到，由西南财经大学绿色经济与经济可持续发展研究基地、北京师范大学科学发展观与经济可持续发展研究基地和国家统计局中国经济景气监测中心三家单位联合研究，连续第三年推出的《2012中国绿色发展指数报告——区域比较》，相较于前两年的报告有许多改进和创新，在吸收众多权威专家意见的基础上对个别指标和权重进行了微调，使报告更加科学；除新增四个城市的测评之外，还新增了测评城市公众关于当地绿色发展评价的问卷调查分析，使报告更加全面；新增了“绿色体检表”，指出各省份和测评城市在具体指标项上的优点和不足、进步和退步，使报告更具指导性；新增了众多专家关于我国绿色发展诸多方面的政策建议，使报告更富操作性；新增了绿色发展的国际比较，使报告更具可比性，也彰显出报告的中国特色。

在中国共产党即将召开“十八大”之际，2012年报告的推出又特别具有重要的意义。绿色发展指数报告为各级党员干部和群众深入践行科学发展观、推动国家和地方绿色发展、提高绿色民生水平提供了良好的理论参考和行动指南。我们相信，在党的带领下，中国在绿色发展道路上前进的社会主义伟大事业将更加繁荣昌盛、生机盎然。

西南财经大学党委书记 赵德武

序五

人类面临发展与自然的矛盾从未像今天这样突出，如何促进人与自然和谐共处、实现可持续发展是摆在世界各国面前一项共同的重大课题。正如2012年4月25日温家宝同志在斯德哥尔摩+40可持续发展伙伴论坛上的讲话指出，“人不是自然的奴隶，也不是自然的主宰，而应是自然的朋友，推动可持续发展，必须坚持走绿色发展道路”。绿色发展是当今世界的潮流，也是长期艰巨的任务，需要我们在实践上有所突破、理论上不断创新。

由李晓西教授和潘建成先生领衔，西南财经大学绿色经济与经济可持续发展研究基地、北京师范大学科学发展观与经济可持续发展研究基地和国家统计局中国经济景气监测中心三家单位联合攻关，自2010年以来连续三年推出中国绿色发展指数年度报告，从经济增长绿化度、资源环境承载潜力和政府政策支持度三个方面，全面测度和评估中国各地区和城市的绿色经济发展，受到社会各界的广泛好评，堪称绿色发展理论研究创新的典范。其中，2010年的报告获得了第二届“中国软科学奖”；2011年的报告在人民大会堂发布，被中央电视台、新华社、人民日报等多家新闻媒体深度报道，并成功入选国家新闻出版总署2011年度“经典中国国际出版工程”项目，推出英文版，将走向世界。2012年课题组继续通力合作，在前两年报告的基础上进行了许多创新和完善，把“绿色发展指数”的研究又向前推进了一大步。

西南财经大学作为教育部直属的国家“211工程”和“985工程”优势学科创新平台建设的全国重点大学，将一如既往，与各方开展协同创新，进一步大力推动绿色发展研究，为实现经济社会的可持续发展、祖国的和平崛起和民族的伟大复兴贡献自己的力量。

西南财经大学校长 张宗益

专家评议①

吴敬琏：《2012中国绿色发展指数报告——区域比较》在进一步完善城市绿色发展指数的基础上，对全国30个省份和38个城市进行了绿色发展指数测算，有针对性地进行了“绿色体检”，指出了各地在绿色发展方面取得的进展和需要引起关注的问题。显然，经过长期持续努力，“绿色发展指数”研究已经更加深入、更为实用，在支持和引导各地“绿色发展”转型、加快发展理念转变方面必将起到重要推动作用。绿色发展是中国经济转型的重要方面，建议课题组继续追踪研究。后续研究可以考虑适当强化绿色发展机理分析，针对限制甚至阻碍绿色发展转型的因素进行重点调研，从而使绿色发展转型与体制转型更加紧密地有机结合起来。以上意见，仅供参考。

厉以宁：由北京师范大学科学发展观与经济可持续发展研究基地、西南财经大学绿色经济与经济可持续发展研究基地、国家统计局中国经济景气监测中心编撰的《2012中国绿色发展指数报告——区域比较》，在2011年中国绿色发展指数的基础上对中国省级绿色发展指数体系和中国城市绿色发展指数体系做了进一步改进，使之更加完善。这是一个明显的进步，使得中国绿色发展指数具有更大的说服力。我认为，在省际研究方面，由于中国省际绿色发展指数体系的完善，所得出的省际绿色发展指数测算结果的比较是可信的，所得出的下述论断，如“东部省份的绿色发展状况最好，经济增长绿化度优势明显”、“西部省份资源环境优势显著，但经济发展水平相对较低”、“中部省份缺乏突出优势，绿色发展水平有待进一步提高”、“东北三省绿色发展水平偏低，且三省差异显著”，不仅反映了实际情况，而且有助于上述地区绿色状况的改进。在城市绿色发展指数的研究方面，除增加了四个测评城市以外，还指出了这些城市绿色发展的基本状况，即“东部城市的绿色发展状况整体依旧较好”、“西部城市的绿色发展水平稳步提升”、“中部城市的绿色发展水平相对靠后”、“东北四个城市(大连、哈尔滨、沈阳、长春)绿色发展水平良好”，这些分析同样有助于各个城市今后绿色发展工作的进展。本报告的第四篇为“教授论坛——为绿色发展建言献策”，是很有建设性的。这些专家、教授从自己的研究领域出发，并不聚焦于某一特定主题，而是各自阐述了独立见解。还似应介绍该专家、教授的所在单位和专业领域(包括主要著作或研究成果)为好。另外，2012年的报告首先依托国家统计局组织了问卷调查，加强了对区域绿色发展的公众评价，这很好。今后，课题组还可以自己组织就某一方面的问题开展问卷调查。以上意见，仅供参考。

张卓元：第一，本报告比上两个报告内容更加充实(增加四个城市材料，增加三个城市绿色发展的国际比较，教授论坛读后颇受启发)，指标体系进一步完善等。本书的出版，对增强人

① 为全面展示专家意见，我们仅对评审意见做了技术性调整。感谢专家对我们研究成果的肯定以及提出的宝贵修改意见。

们的绿色意识、促进各地的绿色发展，将发挥很好的积极作用。第二，本书粗读后仍有一些不成熟意见：1. 在总论部分，从省际比较看，天津排在第2位，远高于上海的第9位。但从城市比较看，则倒过来，上海排在天津前面，上海为26位，天津为28位。当然因指标构成不同会有差别，但差别这样大，需要说明。同时，省际排名第1位和第2位的指数值差异大，也需要说明。2. 建议以后增加PM2.5指标(特别是在城市排位中)、土地贵金属含量指标，用水普及率应改为使用洁净水普及率。3. 有些特别重要指标如人均二氧化碳排放量、单位土地面积二氧化碳排放量等，没有列出数字，在国家正式公布有关数值以后，要尽快补上这一数据。4. 如有可能，以后可提供国际组织或国外有关机构对中国绿色发展、环境污染程度的评价、排名等。

魏礼群：总的来看，《2012中国绿色发展指数报告——区域比较》主题鲜明，内容丰富，结构合理，数据充实，分析深入，多有创新，是一个理论联系实际、有着重要参考机制的科研成果。与前两年的报告相比，更富特色。报告在四个方面有明显改进：一是修订了省际和城市测算指标体系，增加了测评城市；二是增加了对各省市区绿色发展的检测表，并作了画龙点睛的分析；三是组织问卷调查，加强了公众评价；四是在附录中增加了国际城市绿色发展指数的比较。这些方面都是很必要的，增强了报告的创新性、吸引力。几点建议：1. 对绿色发展的科学内涵及指标体系可作进一步深入研究，以提高报告的科学性、可行性；2. 对各省市区绿色发展的测算、评估指标与数据，尽可能增强可比性、对照性；3. 对城市绿色发展指数，可按照省会城市、大中小城市等不同类型作对比性评价、分析，以更好评估同类城市绿色发展的不同水平。以上意见和建议仅供参考。

陈锡文：近二十年来，走可持续发展之路已成为世界各国的共识。为更好地利用资源，推进节能减排，推动绿色贸易，走绿色发展之路，越来越多的国家已经开始付诸行动。我国作为世界上人口最多、地域辽阔的国家，正处于全面建设小康社会的关键时期，处于现代化建设的重要阶段，能否走出一条有中国特色的绿色发展之路，不仅对贯彻落实科学发展观，走出一条全面、协调、可持续发展之路具有重大影响，对促进全球可持续发展、世界和谐发展也具有举足轻重的影响。课题组经过多年持续努力探索，构建了一个跨部门、跨区域、跨学科的研究网络，做了大量深入细致的基础性工作，构建了比较完整的指标体系，取得了非常重要的研究成果。该项研究的研究方式越来越成熟，研究方法越来越科学化，培养出一支素质较高的研究力量。近年来，报告产生的社会影响明显扩大，对一些地方践行科学发展观，促进节能减排、加强生态环境保护、发展环保产业起到了重要的促动作用。提两点建议供参考：一是农业的科学发展对改善生态、节能减排、节约利用资源具有重要促进作用，但不科学的农业发展方式会造成资源污染、水土流失、生态破坏，建议在第一产业指标中增加1～2个反映环境影响和节能减排的指标；二是建议形成摘要稿，并译成英文，以扩大国际影响。

刘世锦：由李晓西教授牵头组织的中国绿色发展指数报告重要课题研究已经连续进行了三年。通过绿色发展指数的编制，李晓西教授及其科研团队搭建了从绿色理念到绿色行动的桥梁，具有非常重要的理论与实践意义。《2012中国绿色发展指数报告——区域比较》在前两年报告的研究基础上，充分吸收了社会各界的意见，在原有基础上进一步完善和创新，增加了省区部分和城市部分的“绿色体检”、基于问卷调查的“公众评价”、教授论坛、城市绿色发展的国际比较等重要而新颖的内容。具体而言，我认为2012年的报告有以下几个方面的特色：1. 与前两年的报告相比，2012年的报告研究方法在不断改进，对省区和城市部分的指标体系略作了调整，并增加了四个测评城市，使得研究体系日趋合理。2. 报告的研究质量和研究水平也在不断提高，尤其是2012年报告增加了“公众评价篇”，将客观指标测评和老百姓的直观感觉结合起来，提高了报告的现实解释力。3.2012年的报告增加了省际和城市的“绿色体检表”，这无疑是报告的一个最大亮点。我相信“绿色体检表”在促进地方政府绿色发展方面将发挥重要的作用。此外，作为绿色发展领域的一项重要科研成果，我建议本项研究能针对绿色发展的现实情况展开更为具体的研究，使研究进一步深化，并推动研究成果落到实处，为推动中国绿色发展和经济转型起到更为积极的作用。

卢中原：我对2012年报告内容印象比较深的有三点。第一，“绿色体检”的方法和内容有新意。2012年报告对各省区和38个城市进行“绿色体检”，即根据它们各项绿色指标的排名变化，运用多维度的“脸谱图”来标示，并对其绿色发展作出简要分析评价。这个方法和内容是突出的亮点，它使人读起来更为醒目直观，便于读者形成对某地绿色发展的基本印象，也便于比较，看出某一省份或某一城市哪一指标有进步，哪一指标有倒退，进而找出努力改进的具体方向。这不仅对一般读者有帮助，对研究者和地方领导更有助益。毕竟，出版这份报告的目的是促进各地找到自己在绿色发展方面的不足，巩固并发扬已经取得的进展，而不是简单地公布排名，同样，也不是让人在复杂的指标中摸不着头绪。第二，单独设立“教授论坛篇”，增加了本报告的学术性和导向性。这一篇邀请参与课题的理工科教授和文科教授对绿色发展进行更为广泛深入的讨论研究，涵盖了关于绿色发展的理念演进(中外的、历史与现代的比较等)、技术与工程、器物与制度、价值观与方法论、发展战略与实施路径等多方面内容，体现了专家学者多学科交叉研究论证的优势，反映了各专业领域研究思考的新进展。我认为，这对于提升本报告的学术价值、促进读者对绿色发展前沿问题和趋势的理性思考，是很有帮助的。可以说这一篇也是2012年报告的一个亮点。通过报告的研究和发布，最重要的是使决策者、研究者和全社会逐步地牢固树立促进绿色发展、构建生态文明的理念，并转化为一点一滴的实际行动，而不仅仅是停留在关注具体指标的排名上。第三，把公众评价单独列为一篇也是值得称道的。报告在测评一个地区或城市的绿色发展水平时，侧重使用客观的统计指标，例如，经济社会发展水平、自然环境承载力和政府作为等，同时，也吸取专家意见，注意收集公众的主观感受和评价。如果把公众主观感受和评价量化为可计算指标，与客观指标合成进行测算和评价，对于准确反映绿色发展程度可能会带来一定困难；但是要全面衡量绿色发展的实际成效，不考虑公众的主观感受和评价则是不妥当的。因此，用问卷调查的方法来单独进行处理，再与客观指标的测评结果做互补性的论证，则可以避免片面性的缺陷。当然也要注意，“满意度”等主观评价指标往往与经济发展水平或绿色发展程度并不呈正相关，反而可能会出现负相关的情况，这在一些单位进行的“幸福指数”或“民生指数”的调查研究中已经遇到。这或许是因为，越是发达的地区，公众对公共事务和幸福感的要求越高，满意度便越低；越是欠发达的地区，这种要求反而越低，满意度则相对高一些。

辜胜阻：《2012 绿色发展指数报告——区域比较》一个重要特点是增加了国际城市绿色发展指数的测度与比较。根据国际城市绿色发展指标体系以及各指标数据，按照中国绿色发展指数的测度方法，测算出的全球 100 个城市的绿色发展指数以及经济增长绿化度、资源与环境承载潜力和政府政策支持度三个分指数的结果。测算结果表明：全球 100 个城市排名前十位的城市分别为纽约、里尔、巴塞罗那、日内瓦、贝尔法斯特、惠灵顿、釜山、苏黎世、旧金山、都灵，后十位的城市分别是圣彼得堡、孟买、哈拉雷、莫斯科、德里、基辅、乌兰巴托、墨西哥城、加尔各答、里约热内卢。在 100 个样本城市中，北京、上海分别位列第 75 位、第 79 位。中国两个城市的绿色发展水平普遍低于欧美发达国家城市，但却明显高于新兴工业化国家和其他发展中国家的城市。这种测度与比较用一把尺子明确表明了我国特大城市的绿色发展状况。《2012 绿色发展指数报告——区域比较》的这种国际比较和“体验表”使我联想起了世界卫生组织对大城市空气质量和 IBM 对交通痛苦的排名。世界卫生组织 2011 年发布的全球空气污染调查报告显示，北京在调查的全球 1 100 个城市中排名第 1 035 位，位居全球“最脏首都”之列。IBM 公司则将深圳和北京列在了全球“交通痛苦榜”的第二位和第三位，排在榜首的是墨西哥城。胡锦涛同志指出，“如果不能有效保护生态环境，人民群众无法喝上干净的水，呼吸上清洁的空气，吃上放心的食物，由此必然引发严重的社会问题”。温家宝同志在 2012 年的政府工作报告中指出：“今年在京津冀、长三角、珠三角等重点区域以及直辖市和省会城市开展细颗粒物(PM2.5)等项目监测。”PM2.5 是指大气中直径小于或等于 2.5 微米的颗粒物，也称“可入肺颗粒物”，对人体危害极大。统计显示，在总体人口吸烟率不断下降的同时，北京肺癌的发生概率不断上升，肺癌发生率的变化趋势与灰霾现象高度趋同。治理空气污染造成的“城市病”，实现城市绿色发展的关键在于政府引导，明确各方职责，协力推进。

周宏仁：《2012 中国绿色发展指数报告——区域比较》在 2011 年绿色发展指数研究发展的省际和城市两套指标体系的基础上，对各省、自治区、直辖市以及我国主要城市的“绿色发展”状况进行了比较深入的测算和分析，并对这些对象做了“绿色体检”。这些测算分析和比较研究，需要采集大量的数据，进行深入的横向比较，因此，取得的成果可谓来之不易。这些深入细致而又艰苦繁复的工作，使我国绿色发展指数的研究进一步走向深入，并对推动地方政府重视绿色发展具有重要意义。与 2011 年一样，本人仍然建议在今后关于绿色发展指数的研究中，研究和考虑技术进步对绿色发展的影响，特别是信息技术的应用对绿色发展的影响，从而引导中央和地方各级政府和部门，更加积极、主动地通过推动技术进步和信息化，实现绿色发展。以上意见当否，仅供参考。

潘岳：绿色发展是当今世界可持续发展、经济发展转型的重要途径，也是世界各国发展的重要目标。祝贺《2012 中国绿色发展指数报告——区域比较》完成，以下几点评审意见仅供参考：1. 由北京师范大学牵头编制的《2012 中国绿色发展指数报告——区域比较》是一项对中国绿色发展的重要探索，是落实科学发展观的重要实践，是绿色发展研究的重要里程碑。这是继中国绿色 GDP 核算后的又一个重大绿色探索课题。2. 本着实事求是、逐步完善的原则，课题组提出并建立了中国省际和城市绿色发展下基于经济增长绿化度、资源环境承载力、政府政策支持度三大体系的评估指标体系以及相应的权重体系，对全国 30 省市区以及 38 个城市进行了绿色发展指数评估，提出了《2012 中国绿色发展指数报告——区域比较》。3. 课题组建立的评价指标体系科学合理，评估方法"均值一标准差法"总体上科学合理，《2012 中国绿色发展指数报告——区域比较》评估结果总体上合理。但是，"均值一标准差法"本身就意味着结果的正态分布性，内含假设"均值就是各项绿色发展指标的目标"，似乎缺乏绿色发展政策目标的引导性，值得研究。同时，由于在省市区指标体系中环境质量指标分量不够，评估结果就可能有失偏颇。而环境质量本身就是绿色发展的重要衡量目标。4. 建议以后的评估中：加强国际经验的吸收，特别是联合国环境署、经济合作与发展组织、世界银行等权威机构的评价指标体系；引入绿色发展投资占 GDP 比例、绿色能源比例、污染暴露人口比例、水体环境质量、大气环境质量、土壤环境质量等指标；对每项评估指标要设定政策目标，不能用简单的"均值"代替省市区和城市的绿色发展指标政策目标；加强评估结果与现有其他单位评估结果(如区域环境竞争力评估、绿色经济评估)的比较。考虑到评估结果的相对性，评估结果最好采用阵列法。说明每项指标数据的定义、数据来源、数据质量控制方法等。

甘藏春：中国绿色发展指数研究已经连续开展三年了，研究方法和成果与经济社会发展实践之间已经建立了成熟的逻辑关系，得到了学术界乃至实践者的广泛重视与认同。与前两年相比，2012 年课题组根据研究实际，结合专家的评审意见，对各项指标进行了修正和完善，增加了测评城市和国际城市绿色发展指数的测度和比较，组织社会问卷调查以扩大影响，使研究成果更为全面、科学，更具现实指导价值。《2012 中国绿色发展指数报告——区域比较》的研究成果充分印证了我国经济社会发展区域不平衡的实际情况，东部经济发展水平高，绿色发展也开始得到重视并取得成效；西部资源环境禀赋好，但经济发展较慢；中部则处于加速发展阶段，但作为绿色经济重要指标的资源环境承载力却成为其健康快速发展的重要瓶颈。这就需要实践者在实施"中部崛起、西部开发"的战略中予以高度重视，发展经济必须面对资源环境实际，不能脱离这个实际情况一味追求经济数量的增加。这就是报告对经济社会发展实践的警示与指导意义。另外，《2012 中国绿色发展指数报告——区域比较》增加的不同领域专家学者对绿色经济的论述，从不同侧面为报告增加了分量，使研究成果更为饱满。绿色经济已经成为全球共识，各国政府日益重视，我国政府在"十二五"规划中提出的一系列节能减排和生态保护指标性要求，即体现了对绿色经济发展的重视和落实。从现阶段看，我国对绿色经济发展的重视与落实程度与其他国家差距不大，甚至在理念和某些具体领域走在前列。为扩大报告的持续影响力，建议在不断完善指数体系的基础上，进一步考虑从制度和法律层面研究对绿色经济发展的支持和保障问题，也可以考虑将法律制度保障程度作为绿色经济指标的重要内容纳入分析比较，使绿色发展不仅落在理念和实践中，要长远健康发展更需要落实在法律制度上。

刘伟：《2012 中国绿色发展指数报告——区域比较》无论是在样本数，还是数据的全面程度以及权重的修订上都有很大的进步和变化，整个报告的说服力极大地增强了。而且新增加了国际城市绿色发展指数的测度与比较部分，不仅进一步开拓了视野，也使对中国城市分析的科学参照标准更加丰富。特别说明的是，省市绿色发展"体检表"及扼要分析部分内容的增加，使报告的针对性和现实意义进一步增大，尤其是作为一种应用分析的标准和方法，产生的作用和影响远远超过内容本身。本报告关于方法、指标及概念的说明非常有必要，只是感觉稍有单薄，若能再加以论证，作用会更充分。这种说明对后边的分析及立论和结论至关重要。不妨多说几句，多援引一些资料论证。此外，能否做些相关分析，比如所选的主要指标之间的相关性讨论，比如主要经济指标与核心的环境（资源）等指标的相关分析。哪怕做几个指标（当然要选权重大些的指标）之间的相关分析，可以进一步发展问题，也可以加强分析体系的逻辑性，即使相关程度不显著，也值得深入阐释一下，并由此发现点有意思的问题。以上，权作为讨论，尚未深入研究，草就一点意见。若有不对，尚请海涵。

葛剑平：李晓西先生领导的研究团队在2011年9月人民大会堂绿色指数新闻发布会之后，广泛征询意见，进一步完善了绿色发展指数体系，2012年又持续地推出了《2012中国绿色发展指数报告——区域比较》。拜读之后深感这是绿色发展指数的又一次升级。我连续三个年度与绿色指数报告相伴，感受和感触到李晓西先生和他的研究团队，建立绿色发展理论与评价体系的前瞻性和战略意义。第一，绿色指数是对政府行为进行科学、持续和指导性的年度“绿色体检”，按照李晓西先生的理论就是经济绿色增长是主体，资源环境是推力，政府是拉力，政府是核心，要用强大的力量来推进。第二，在唤起民众绿色发展自觉性的同时，民众也是绿色发展评价的主体，政府绿色发展实践效果需要社会真实感受的认可。连续两次绿色发展指数发布会，不仅引起了政府部门的广泛关注，同时也成为社会关注的热点议题，据我所知，李晓西先生和他的创新团队正在进行绿色发展效果社会问卷调查，探索社会对绿色发展的满意度，这必将进一步推进理论和实践的发展。第三，课题组不懈努力的目标是推动各级政府的科学发展，为转变经济发展方式体检和咨询，李晓西先生提出的绿色发展和绿色新政的本质就是科学发展，这一理论和体系也非常容易得到国际社会的认同。第四，深感2012年度报告蕴涵着全国不同省区和城市珍贵和难得的“体检”信息，我更加希望这一“体检”报告能够得到各级政府的高度关注，成为每年各级政府运行和政府工作报告不可缺少的年度“健康”体检，少走弯路，少吃“药”，走上健康发展之路。

边慧敏：通读完《2012中国绿色发展指数报告——区域比较》（送审稿），正好接到西南财经大学校医院一年一度的体检通知。放下电话，想起2012年绿色发展指数报告的主体内容就是对中国30个省份和38个城市的“绿色体检”，心里不禁一笑，这或许是一种巧合，或许也是一次美好的心灵感应。2012年报告给人最大的感受就是“人性化”，充满着以人为本的科学发展精神。阅完2012年报告后，我感到有这样三个特点。其一，绿色发展指数结果与“绿色体检”诊断相结合。编制绿色发展指数的目的并不在于对全国各省市绿色发展的先进与落后进行简单的“排座次”，而是引导政府、企业和民众树立绿色发展的理念和推动绿色发展的行动。2012年报告的一大创新是新增了“绿色体检表”，以中国绿色发展指数指标体系为基础，对各个省份和测评城市进行“体检诊断”，查出其绿色发展的不足之处。体检表中由一张张可爱的“笑脸”和“哭脸”组成的绿色进退脸谱，使读者可以对各个省份和测评城市各年度的数据进行清晰的对比，其测度年与往年相比是进步还是退步变得一目了然，让厚重的发展命题变得轻松活泼，使报告“人性味”十足。“绿色体检”让中国发展更健康。其二，专家的理性思考与大众的直观感受相结合。2012年报告的另外一个创新是新增了“教授论坛”和“公众评价”两大板块的内容。一方面，诸多专家根据自己的科学研究，对中国绿色发展过程中存在的问题进行多方位的理性分析和冷静思考，从不同角度探讨绿色发展问题，为中国的绿色发展事业建言献策；另一方面，以测评城市为基础，通过网络调查和实地调研等形式进行问卷调查，形成了"城市问卷调查设计及公众满意度排序"和"城市问卷调查结果分析"，结合问卷调查结果测度了公众对区域绿色发展的评价。绿色发展终究是为了人的自由发展，报告将民众感受与理论研究结合起来，进一步体现了人本主义精神。其三，科学统计测算与实地民意调查相结合。以成都为例，成都市是公认的"来了就不想走的城市"，2011年的报告中，成都市(2009年)绿色发展指数排名较为靠后，这与公众对成都市的认识有一定差距，作为地处成都的西南财经大学师生对此也有同感。报告负责人和课题组成员为此专门赴成都与市委宣传部、市发改委、建委、统计局、环保局等有关部门进行了深入座谈和广泛调研。也正是在成都的座谈得到启示形成了2012年报告中的"绿色体检"和"公众评价"部分。这既体现了课题组严谨的科学精神，又反映其负责任的态度，不只是简单追求各类数据指标的权威，还注重结合当地的实情民意。这也使报告更加"去工业化"，拿当下时髦的一个词来说，就是更加"接地气"。从大处来说，发展绿色经济已经成为世界各国的共识，已经成为中国实践科学发展观、转变发展方式、实现可持续发展的一个重要战略和国家行动。不过从细微处看，环顾我们生活的周围，发现环境污染、交通拥堵、食品安全等危及民生福祉的"非绿色"现象和问题依旧很严重。我想，绿色经济不仅仅是一种经济发展手段、一种发展方式、一种发展理念，它还是一种人类的生存方式和生活模式。它不只是要求我们简单地实现诸如节能减排等各种所谓的数据和指标，更为重要的是要在增进经济社会发展的同时保护好人类赖以生存的环境、资源和气候条件，使人类的可持续发展得以实现。绿色经济概念的精神，也不仅在于缓解经济增长与资源支撑和环境承载之间的短期矛盾，更为重要的是"绿色"本身就是人类发展和进步的重要成果，"绿色"本身就是我们人类美好生活不可或缺的组成部分。"绿色"是生命的象征，从某种意义上，可以说"绿色"就是生命！有"体检"的生命更加健康，有"绿色体检"的中国发展也会更加健康！

许宪春：《2012年中国绿色发展指数报告——区域比较》继承了2010年、2011年报告的科学性和客观性，数据详实，论证充分，内容上更加完整合理。2012年报告修订了省际和城市测算指标体系，增加了对省市绿色发展的"体检表"，分析评价了各省市的绿色发展指标。特别是补充了国际城市绿色发展指数的测度与比较，对不同发展水平的地区进行了测度和排名分析，这对于了解和认识世界绿色城市的发展格局和特征，找到中国的差距和优势，从而推动中国绿色城市的发展具有重要意义。课题组还根据评审专家的意见，依托国家统计局组织了公众满意度问卷调查。发展绿色经济的目的，不仅仅是为了提高人们的物质生活水平，更要增强人们的幸福感、满意度，民众的感受是绿色发展情况的最好评价。虽然还没有看到调查结果和对结果的分析，但我相信，这部分内容对于了解公众对区域绿色经济发展的评价，实现绿色发展"以人为本"具有重要的参考作用。发展绿色经济已成为全球共识，各国政府和企业正在采取措施加快发展低碳、资源节约的绿色经济。2012年6月在里约热内卢召开的联合国可持续发展峰会两个主要议题之一，就是绿色经济在可持续发展和消除贫困方面的作用。绿色经济是实现可持续发展的重要手段，对于消除贫困、调整经济结构具有积极意义，发展绿色经济又是一个艰巨而复杂的长期过程，本研究报告的定期发布，对进一步推动中国经济发展模式的转变，促进地方政府、更新发展理念、加快发展绿色经济方面具有重要意义。希望课题组继续深入研究国内外绿色经济的进展情况，不断改进和完善研究方法，取得更加丰硕的成果。

张新时：很高兴，在《2010中国绿色发展指数年度报告——省际比较》和《2011中国绿色发展指数报告——区域比较》之后，有幸再次鉴赏更具特色的《2012中国绿色发展指数报告——区域比较》(以下简称《报告》)!《报告》在往年的基础上不仅修订了测算指标体系、扩大了测评范围，而且还增加了"绿色体检表及分析"、"公众评价"、"国际城市绿色发展指数的测度与比较"等，其理论框架更趋合理，数据更加翔实，分析方法更加合理，内容更全面、深入，更具可操作性。提几个问题：1. 指标体系中，资源丰裕度与生态保护指标，特别是"湿地面积占国土面积比重"等，是否考虑各个评价单元所处自然地带的差异性？2. 针对评价指标及其权重，下一步可考虑如何通过方法改进，使其主观性与客观性结合起来！

牛文元：自《2010中国绿色发展指数年度报告——省际比较》首发以来，引起了国内外媒体的广泛关注，发表了为数众多的积极评价，总体上给予该报告以很高的期许，认为中国在转变发展方式中，以绿色指数作为评判标准，能更好地促进我国的绿色发展和可持续发展。对于《2012中国绿色发展指数报告——区域比较》，有以下的评论意见。第一，作为我国首家以绿色发展指数为专门研究的年度报告，在2011年的基础上又进行了修正与完善，使得原定的指标体系更加科学合理，评价也更接近于客观实际。这种不断创新，追求完善的治学精神，贯穿在《2012中国绿色发展指数报告——区域比较》中，其科学性又提高了一步。第二，在中国发展方式转变的战略背景下，绿色发展指数已经成为各地定量评估的依据，因此其实用性和可操作性是该报告的又一特色。三十多年以来，由于观念上和评价标准上的一些误区，不少地区单一追求GDP，对于资源和环境的损失一般不计在内，形成了粗放式的生产模式，已经给可持续发展带来严重后果。随着绿色发展指数的发布与评价，对于又好又快的经济增长，具有积极的推动作用。第三，《2012中国绿色发展指数报告——区域比较》在定量的指标体系下，进一步做出我国各省、自治区、直辖市的绿色发展比较。在承认区域发展阶段上和空间上差异性的同时，不以GDP的高低论英雄排座次，是绿色指数发展报告的最大特色。建议决策部门和行政部门加以采用。第四，重视权重的设定，针对不同地域特征和不同发展阶段，做出适当调整。第五，建议报告能进一步提出中国绿色发展的制度设计。

王毅：发展绿色经济已成为世界越来越多国家应对金融危机和资源环境挑战、实现可持续发展的共识，同时也是2012年联合国可持续发展大会的两大主题之一。有关绿色发展评价和相关指标的研究已成为绿色经济研究中的前沿领域和研究重点。中国作为最大的发展中国家，也在积极践行绿色发展，推动绿色转型，并在"十二五"规划纲要中，把实现绿色低碳发展作为转变经济增长方式的重要手段，推进资源节约型、环境友好型社会建设。中国绿色发展指数报告已连续出版第三年，该系列报告通过不断探索绿色发展指数的研究，为架起我国绿色发展从概念到实践的桥梁做了有益的尝试，不仅具有战略性、前瞻性和科学性，而且对于指导我国的绿色发展具有重要的理论意义和实践指导意义。延续过去两年报告的主旨，《2012中国绿色发展指数报告——区域比较》提出的绿色发展指标体系从经济、资源环境、政府三个方面诠释绿色发展理念，并在修改完善的基础上，对我国省域和重要城市的绿色发展水平进行了综合评估。与2011年报告相比，2012年报告根据专家意见和调研结果，适当调整了部分指标的权重，并依据相关规则增加了四个重要城市，同时详细分析了各省份及38个城市的绿色发展水平及其变动原因，扩宽了研究深度，使报告更具合理性、科学性和全面性。今年报告有两大亮点：一是增加了城市“绿色体检”表，并使之与绿色发展指数相结合，对城市的绿色发展进行了“诊断式”评估，弥补了绿色发展指数在功能上的不足，找出城市绿色发展存在的问题和缺陷，为实质推动城市绿色发展指明了具体的改进方向；二是通过问卷调查，把公众的满意度排序与绿色发展指数排序相对应，弥补了仅仅依靠客观指标和统计数据分析的片面性，通过公众的主观评价，有效提升了绿色发展评价的实际效果。最后，关于报告的改进和完善，有以下三点建议。第一，加强绿色发展理论的相关研究，使之成为完善指标体系的依据。有关绿色发展的研究还处于初期阶段，没有统一的定义和模式，结合中国实际，构建相关理论不仅对中国而且对其他发展中国家都具有重要的参考价值。第二，目前国内外也有不少相关的指标体系研究，建议报告开展国内外有关绿色发展指标体系的比较研究，从而完善本报告的指标体系建设，进一步明确研究的方向和重点。第三，指标研究除了进行横向比较外，也可以开展纵向比较，建立报告增加纵向比较的研究内容，以更全面地反映我国各地区绿色发展的变动情况。以上建议，仅供参考。

魏杰：我认为《2012 中国绿色发展指数报告——区域比较》较之前又大大地迈进了一步，尤其是“体检表”的设计和国际城市绿色发展指数的测度与比较，使得中国绿色发展指数报告朝着科学化和国际化的方向又迈进了一步。因为绿色指数报告是一个独立的评价体系，不能受制于权力、金钱与媒体，所以一定要有独立性，而独立性是建立在相关指标的科学与评价上的，所以完善自身的指标体系和国际比较极为有意义。

潘家华：总体意见：这是一篇信息量大、很有价值的报告，相较 2011 年的报告有许多新的改进，尤其值得称赞的是：1. 对指数做了相应的调整，能更好地反映实际情况；2. 增加了“体检”内容，使各地的动态方向更加明确；3. 增加了教授论坛，许多真知灼见得到了体现。但是，作为指数类的报告，在方法上总有需要不断完善的地方，一些具体联系见附页。希望报告更上一层楼。建议：1. 关于指标体系：人均地区生产总值可改用人均可支配收入或农村居民可支配收入；单位面积产出或排放量可调为单位有效面积，从而避免青藏高原戈壁沙漠的偏误。2012 年来不及改可来年考虑。2. 绿色发展指数中的资源承载力问题：青海、内蒙古、贵州均靠前，主要因为承载能力。但青海、内蒙古草原退化，贵州石漠化、水资源短缺等，需要加以说明，与实际情况出入较大。另外，北京排名如此超前，也需说明，北京地下水严重超采，人均能耗排放量均较高。资源环境承载力上海、江苏靠后需说明，长三角、珠三角的资源环境承载量，需要考虑外部输入量，如水资源有长江流域、珠江流域，污染稀释有海洋性天气环境；同样，西部青海、西藏、内蒙古情况相反。这些地区之所以人口数量少，是因为承载力太低。城市排名似比省际排名更有道理些。3.“教授论坛”内容很好，应给建言的教授个人背景做一点介绍，让读者了解更深入。

范恒山：《2012 中国绿色发展指数年度报告——区域比较》(以下简称《报告》)在研究总结国内外相关研究成果的基础上，结合中国实际，进一步健全了绿色发展指标体系，并运用该指标体系对各省区的绿色发展进行测算，分析各地区在绿色发展中存在的差异，为更好地转变发展方式、实现经济的绿色增长提供有益的借鉴参考。《报告》整体框架结构较为完整，指标体系设计合理，能够比较全面地反映当前中国绿色发展的实际和要求，具有一定的可操作性，评价结果能够基本反映研究地区的实际情况，并为研究地区如何更好地实现绿色发展提供导向。《报告》新增了公众满意度的问卷调查，有利于更为广泛地吸引更大范围的利益相关者参与其中，将社会认同度、公众感知与理论研究有机结合，使研究结果更具代表性。新设立的教授论坛篇章也提升了《报告》的研究深度，为绿色发展的路径选择、推进方式等提供了不同的视角，使研究工作更加多元化。《报告》不仅立足于所选择的国内典型城市和地区之间的比较，还探索性地构建了绿色发展指数的国际比较指标体系，选取了全球范围内具有代表性的城市进行研究，通过总结国际绿色发展的经验教训为我国的绿色发展提供参考。建议报告在以下几方面做进一步修改完善：一是建议对测算成果进行深入分析，就如何缩小区域差距提出更具针对性和可操作性的政策建议；二是建议增加国内外地区间的对比分析，如基础四国之间的横向比较，发达国家与我国之间的纵向比较，为我国更好地实现绿色发展提供有益的参考和借鉴；三是建议在指标设置过程中适当增加部分能反映不同地区特点的差异性指标，以便更好地反映各地实际。

夏光：《2012中国绿色发展指数报告——区域比较》(以下简称《报告》)，是一篇对区域和城市进行“绿色体检”的报告，在2011年报告的基础上又进行了更加深入和完善的分析，具有很好的学术价值和现实意义，保持了同类研究成果中较高的地位。《报告》及时反映了国内外绿色发展的最新动态，为读者提供了丰富的背景信息。我国在实施“十二五”发展规划中，已在绿色发展方面见到了初步成效，世界各国也制订了庞大的绿色投资计划，这些都说明，做好绿色发展的定量评估，是适应现实需求的。《报告》对城市绿色发展指数体系进行了改进，调整了指标权重，并增加了测试城市数量，这使指标体系更加符合我国的现实情况。《报告》的重头戏是对省际和城市间的绿色发展水平进行定量比较，由于对每个省或市都要应用60个指标进行评价，所以工作量是巨大的，这也是这份《报告》的功底所在。对评价的最终结果，不同的人可能会有不同的看法，但大家对《报告》所采取的严谨和科学的态度，都是肯定和赞赏的，而且这种研究是正式的学术研究，其研究过程反映了我国科学研究水平的提升。《报告》的评价结论总体上是合理和可信的。东部地区绿色发展优势较大，中部地区处于中等偏下水平，西部地区绿色发展能力弱，这些结论总体上符合人们的普遍认识。附录中对成都市在2011年度报告中排名靠后的问题进行了专题解答，这种不回避问题的做法体现了科学精神。对北京市的评估，给出0.655的高分，远高于其他省区(第二名天津得分仅为0.215)，建议再议。有些基本的环境质量指标，应该具有“一票否决”性质，例如空气质量低于一定水平，绿色发展就是不合格的。“城市绿色发展的国际比较”是很好的研究成果，建议从“附录”提到正文中来。附录二“成都市2009年绿色发展指数排名分析”也是很好的内容，建议放到第三篇“公众评价篇”中。

苏伟：本研究基于省际比较、城市比较、公众评价三个不同层面开展中国绿色发展指数的研究工作，在2010年和2011年中国绿色发展指数研究的基础上，增加了城市比较以及公众评价层面的指标体系，更多地反映了指数体系中以人为本和社会发展方面的内容，进一步完善了绿色发展指数体系，逻辑思路清晰，具有一定的学术创新价值，在实践中更具可操作性。对本研究进一步充实完善，提出以下具体建议：1. 要结合当前经济全球化背景，从资源利用的全球化角度出发，全面考虑各区域对国际国内两种资源的利用情况，还要考虑到我国不同区域在全球生产格局中的特殊地位及其对绿色发展指数测算方法和结果可能产生的影响。2. 对各省区和城市的绿色发展指数进行研究，建议进一步考虑特定地区的资源环境承载能力、经济发展水平的区域差异以及未来的发展潜力等因素对指标选择、权重分配以及测算方法的影响，进行有针对性的比较分析。以上意见供参考。

陈东琪：绿色发展正日益成为世界各国共同的行动，人类正在努力探索，“增长”与“绿色”共生共荣的模式，这是一个能够实现更加公平、更可持续的发展潮流。为了适应和引导这一潮流，制定更加有效的战略和政策，需要学者提供基础研究资料和学术成果。李晓西教授等主持的中国绿色发展指数报告是其中重要的成果。这项成果对中国各大区域、城市的绿色发展指数做了系统调研分析，得出了比较结论。这项成果对国家制定绿色发展政策，促进地区经济逐步走上绿色、低碳道路，具有一定的指导和参考意义。希望每年一本的《中国绿色发展指数报告》能够延续下去。

贾康：由北京师范大学学术委员会副主任李晓西教授和国家统计局中国经济景气监测中心副主任潘建成研究员担任负责人的课题组，在多家协作单位支持下，继 2010 年、2011 年之后，又推出了《2012 中国绿色发展指数报告——区域比较》，可喜可贺。我国在经历改革开放三十余年的高速经济增长之后，一方面仍然处于可以大有作为的战略机遇期即“黄金发展期”；另一方面又面临着资源、环境、收入分配等方面制约条件收紧而带来的“矛盾凸显期”，唯有以“全面、协调、可持续”科学发展观统领全局，厉行节能降耗、减排治污，推行绿色发展方略，才能克服瓶颈制约，加快发展方式转变和促进经济社会转型，一步步建成全面小康社会并向现代化“三步走”宏伟目标靠近。因此，从区域比较角度基于深入、细化研究形成中国绿色发展指数报告，确是一项服务全局、助力可持续发展的非常有意义的工作。在 2012 年度报告中，在延续时间序列量化比较数据的同时，增加了测评城市数量，还增加多视角评价的“体检表”，并首次依托国家统计局加入了问卷调查取得的公众评价内容，以及增加了国际城市绿色发展指数的测度比较。这些都使这项年度滚动研究工作的成果内容更加丰富、充实。我作为同样关注绿色发展问题的研究者，愿在此向课题组已做出的卓有成效的研究工作表示钦佩，并深信此次年度报告的公开出版，将对于国家和各地区的绿色发展进程，产生积极的推动作用。

张健华：《2012 中国绿色发展指数报告——区域比较》(以下简称《报告》)构建了科学、完善、系统的绿色发展指标体系，并通过该指标体系对我国省际和城市的绿色发展进行了深入、翔实的分析、比较和评价，对于指导我国绿色发展、推动各区域、各地方向绿色发展转型具有重要价值。《报告》在以下几方面取得了重要突破。一是进一步修订完善了绿色发展指标体系。在省际绿色发展指数方面，对部分三级指标调整了权重分布，适度降低了“资源环境承载潜力”指标下 8 个人均和地均污染物排放量的权重，指标权重分配更加合理，避免了部分影响因素在不同测度方式中同时出现而造成的权重过高问题。在城市绿色发展指数方面，对部分三级指标进行了类似省际指标的权重调整，使得对城市绿色发展的评价更为合理，可比性更强。二是增加了省、市两级绿色发展的“脸谱”分析。通过对 30 个省区和 38 个城市分别进行“绿色体检”，较好地体现了每个省、区、市在绿色发展上的进退变化，对省、区、市改进绿色发展有重要参考价值。三是探索了绿色发展的国际比较研究，有助于进一步完善绿色发展指标体系，推动国际、国内绿色发展的协同性、可比性。此外，本报告如能充分兼顾并体现不同地区发展中的共性与特色，进一步提高三级指标项目和权重设计的科学性、完整性则更好。例如，在“省际政府政策支持度”三级指标内，“单位耕地面积退耕还林投资完成额”可能只对退耕还林任务较重的部分省区市有显著意义。

陈宗胜：中国经济在经过三十多年的持续高速增长后，日益受到资源环境生态方面的约束，转变经济发展方式的要求日益迫切。随着绿色发展理念成为国内外的共同行动，中国对绿色发展越来越重视，“十二五”规划对于中国的绿色发展提出了更高的要求，节能减排的任务非常艰巨，如何真正实现经济发展方式转变，加快构建资源节约型和环境友好型社会，成为“十二五”期间需要关注的重要课题。在继承前两年报告科学性和客观性的基础上，李晓西、潘建成等学者推出了《2012 中国绿色发展指数报告——区域比较》(以下简称《报告》)，该报告从中国绿色发展这一独特视角出发，力求全面、客观地反映中国各省区市及重点城市的绿色发展情况，在丰富国内有关转变经济发展方式问题研究的同时，进一步深化和拓展了国内有关绿色发展特别是绿色发展指数测算方面的研究。在结构安排上，与 2011 年不同，《报告》做了较大改动，除了以总论统领全文之外，还包括省际篇、城市篇、公众评价篇和教授论坛篇。《报告》以区域带指标，按照省际和城市分为两个测算篇，每个测算篇下再根据三个一级指标分成三个测算章进行论述。在对测算结果进行比较分析的基础上，提出了我国各省区市和重点城市如何推进绿色发展的思路。其中，对重点城市的测算新增了“绿色体检”的内容，根据各指标的排名变化给予简要分析。此外，《报告》新增了以问卷调查为基础的公众评价篇和以绿色发展为主题的教授论坛篇，而不再采用专栏和主题篇。在指标体系上，参考众多评审专家和统计专家意见，2012 年的报告综合考虑宏观经济、生态环境、资源能源和政府政策各方面，进一步完善了中国省际和城市的绿色发展指数体系。其中，对省际绿色发展指数体系，重点调整了部分指标的权重分配；对城市绿色发展指数体系，一方面适当调整了指标权重；另一方面增加了四个测评城市。这有利于更科学地为各省区市和各城市实现科学发展、实现人与自然和谐提供重要的决策参考，有力地拓展了国内有关绿色发展指数测算方面的研究。在研究视角上，除了利用客观的统计数据对绿色发展进行测度分析之外，《报告》还考察了公众对于绿色发展的主观感受和评价。由于公众的主观评价无法用统计数据直接获得，通过问卷调查的形式对重点城市绿色发展状况进行公众满意度的调查，有利于体现科学发展观以人为本的本质，弥补已有的绿色发展指数研究的不足，也有利于提高社会公众对资源能源、生态环境、绿色发展等问题的认识和关注。总体来说，《报告》以“对中国绿色发展事业建言献策”为主题，邀请参与课题的理工科和文科教授参与讨论，对中国绿色发展事业提出看法和建议，从不同学科的角度丰富了对绿色发展问题的研究，有利于拓宽实现绿色发展的思路，有助于引导社会公众更加全面深入地认识绿色发展，引导投资者更加关注投资项目的绿色成本，为各地区实现绿色发展以及上级政府考核地方政府官员的绿色政绩提供重要参考信息。当然，《报告》也还存在可改进之处，比如，强调政府政策的作用是对的，但忽略了市场机制在减少污染、降低排放、调整产业结构、引导经济发展方式转型等方面的作用，是较大的不足；某些反映环境质量的指标也需要恰当构建。简而言之，《报告》一书，数据资料丰富翔实，论证分析比较透彻，所得结论将对今后的理论研究和政策制定产生积极影响。我特此向理论研究界和政府部门工作者推荐此书。

邱东： 李晓西教授主持的《2012中国绿色发展指数报告——区域比较》是基于2010年报告和2011年报告的第三次发布，持续的实证研究成果将形成本专题的时间序列数据库，这必将增加其对中国绿色发展的重要指导作用。本年度报告增设了省域和城市“绿色体检”表及绿色发展简析，还增加了“公众评价篇”，进一步突出了实证分析为社会发展服务的特色，值得嘉许。中国绿色发展指数报告在方法论设计中既借鉴了国际经验，达到了国外同类实证研究的水平，同时又充分考虑了中国本发展阶段的特色，所以该报告不仅有实证分析与决策对接的现实意义，对多指标综合评价方法论本身的改进也有案例贡献上的学术意义。

目 录

总 论 1

第一篇 省际篇

第一章 省际经济增长绿化度测算及分析 21
第二章 省际资源环境承载潜力测算及分析 33
第三章 省际政府政策支持度测算及分析 44
第四章 省区“绿色体检”及绿色发展简析 55

第二篇 城市篇

第五章 城市经济增长绿化度测算及分析 183
第六章 城市资源环境承载潜力测算及分析 199
第七章 城市政府政策支持度测算及分析 209
第八章 城市“绿色体检”及绿色发展简析 221

第三篇 公众评价篇

第九章 城市绿色发展公众满意度问卷调查设计 381
第十章 城市绿色发展公众满意度调查结果与分析 385

第四篇 教授论坛——为绿色发展建言献策

附录

附录一 城市绿色发展的国际比较 427
附录二 成都市2009年绿色发展指数排名分析 434
附录三 省区绿色发展指数测算指标解释及数据来源 437
附录四 城市绿色发展指数测算指标解释及数据来源 448

参考文献

各章主要执笔人

后 记

省区“绿色体检”及绿色发展简析

北京绿色发展“体检”表 56

北京绿色发展水平简要分析 58

天津绿色发展“体检”表 60

天津绿色发展水平简要分析 62

河北绿色发展“体检”表 64

河北绿色发展水平简要分析 66

山西绿色发展“体检”表 68

山西绿色发展水平简要分析 70

内蒙古绿色发展“体检”表 72

内蒙古绿色发展水平简要分析 74

辽宁绿色发展“体检”表 76

辽宁绿色发展水平简要分析 78

吉林绿色发展“体检”表 80

吉林绿色发展水平简要分析 82

黑龙江绿色发展“体检”表 84

黑龙江绿色发展水平简要分析 86

上海绿色发展“体检”表 88

上海绿色发展水平简要分析 90

江苏绿色发展“体检”表 92

江苏绿色发展水平简要分析 94

浙江绿色发展“体检”表 96

浙江绿色发展水平简要分析 98

安徽绿色发展“体检”表 100

安徽绿色发展水平简要分析 102

福建绿色发展“体检”表 104

福建绿色发展水平简要分析 106

江西绿色发展“体检”表 108

江西绿色发展水平简要分析 110

山东绿色发展“体检”表 112

山东绿色发展水平简要分析 114

河南绿色发展"体检"表 116

河南绿色发展水平简要分析 118

湖北绿色发展"体检"表 120

湖北绿色发展水平简要分析 122

湖南绿色发展"体检"表 124

湖南绿色发展水平简要分析 126

广东绿色发展"体检"表 128

广东绿色发展水平简要分析 130

广西绿色发展"体检"表 132

广西绿色发展水平简要分析 134

海南绿色发展"体检"表 136

海南绿色发展水平简要分析 138

重庆绿色发展"体检"表 140

重庆绿色发展水平简要分析 142

四川绿色发展"体检"表 144

四川绿色发展水平简要分析 146

贵州绿色发展"体检"表 148

贵州绿色发展水平简要分析 150

云南绿色发展"体检"表 152

云南绿色发展水平简要分析 154

陕西绿色发展"体检"表 156

陕西绿色发展水平简要分析 158

甘肃绿色发展"体检"表 160

甘肃绿色发展水平简要分析 162

青海绿色发展"体检"表 164

青海绿色发展水平简要分析 166

宁夏绿色发展"体检"表 168

宁夏绿色发展水平简要分析 170

新疆绿色发展"体检"表 172

新疆绿色发展水平简要分析 174

西藏绿色发展"体检"表 176

西藏绿色发展水平简要分析 178

城市"绿色体检"及绿色发展简析

北京市绿色发展"体检"表 222
北京市绿色发展水平简要分析 224
天津市绿色发展"体检"表 226
天津市绿色发展水平简要分析 228
石家庄市绿色发展"体检"表 230
石家庄市绿色发展水平简要分析 232
太原市绿色发展"体检"表 234
太原市绿色发展水平简要分析 236
呼和浩特市绿色发展"体检"表 238
呼和浩特市绿色发展水平简要分析 240
沈阳市绿色发展"体检"表 242
沈阳市绿色发展水平简要分析 244
大连市绿色发展"体检"表 246
大连市绿色发展水平简要分析 248
长春市绿色发展"体检"表 250
长春市绿色发展水平简要分析 252
哈尔滨市绿色发展"体检"表 254
哈尔滨市绿色发展水平简要分析 256
上海市绿色发展"体检"表 258
上海市绿色发展水平简要分析 260
南京市绿色发展"体检"表 262
南京市绿色发展水平简要分析 264
苏州市绿色发展"体检"表 266
苏州市绿色发展水平简要分析 268
杭州市绿色发展"体检"表 270
杭州市绿色发展水平简要分析 272
宁波市绿色发展"体检"表 274
宁波市绿色发展水平简要分析 276
合肥市绿色发展"体检"表 278
合肥市绿色发展水平简要分析 280
福州市绿色发展"体检"表 282
福州市绿色发展水平简要分析 284

厦门市绿色发展"体检"表 286
厦门市绿色发展水平简要分析 288
南昌市绿色发展"体检"表 290
南昌市绿色发展水平简要分析 292
济南市绿色发展"体检"表 294
济南市绿色发展水平简要分析 296
青岛市绿色发展"体检"表 298
青岛市绿色发展水平简要分析 300
郑州市绿色发展"体检"表 302
郑州市绿色发展水平简要分析 304
武汉市绿色发展"体检"表 306
武汉市绿色发展水平简要分析 308
长沙市绿色发展"体检"表 310
长沙市绿色发展水平简要分析 312
广州市绿色发展"体检"表 314
广州市绿色发展水平简要分析 316
深圳市绿色发展"体检"表 318
深圳市绿色发展水平简要分析 320
珠海市绿色发展"体检"表 322
珠海市绿色发展水平简要分析 324
南宁市绿色发展"体检"表 326
南宁市绿色发展水平简要分析 328
海口市绿色发展"体检"表 330
海口市绿色发展水平简要分析 332
重庆市绿色发展"体检"表 334
重庆市绿色发展水平简要分析 336
成都市绿色发展"体检"表 338
成都市绿色发展水平简要分析 340
贵阳市绿色发展"体检"表 342
贵阳市绿色发展水平简要分析 344
昆明市绿色发展"体检"表 346
昆明市绿色发展水平简要分析 348
西安市绿色发展"体检"表 350
西安市绿色发展水平简要分析 352
兰州市绿色发展"体检"表 354
兰州市绿色发展水平简要分析 356

西宁市绿色发展"体检"表 358
西宁市绿色发展水平简要分析 360
银川市绿色发展"体检"表 362
银川市绿色发展水平简要分析 364
乌鲁木齐市绿色发展"体检"表 366
乌鲁木齐市绿色发展水平简要分析 368
克拉玛依市绿色发展"体检"表 370
克拉玛依市绿色发展水平简要分析 372
拉萨市绿色发展"体检"表 374
拉萨市绿色发展水平简要分析 376

表 目

表 0-1 中国省际绿色发展指数指标体系 3
表 0-2 中国省际绿色发展指数一级、二级指标及权重 4
表 0-3 中国城市绿色发展指数指标体系 5
表 0-4 中国城市绿色发展指数人均、地均指标权重调整 6
表 0-5 中国城市绿色发展指数一级、二级指标及权重 6
表 0-6 中国城市绿色发展指数测评城市 7
表 0-7 中国30个省(区、市)绿色发展指数及排名 7
表 0-8 中国38个城市绿色发展指数及排名 12
表 1-1 2010年中国30个省(区、市)经济增长绿化度指数及排名 21
表 1-2 经济增长绿化度四大区域内部差异分析 25
表 1-3 省际绿色发展指数与经济增长绿化度排名差异比较 25
表 1-4 省际绿色增长效率三级指标、权重及指标属性 26
表 1-5 2010年中国省际绿色增长效率指标指数及其排名 27
表 1-6 省际第一产业三级指标、权重及指标属性 28
表 1-7 2010年中国省际第一产业指标指数及其排名 28
表 1-8 省际第二产业三级指标、权重及指标属性 29
表 1-9 2010年中国省际第二产业指标指数及其排名 30
表 1-10 省际第三产业三级指标、权重及指标属性 31
表 1-11 2010年中国省际第三产业指标指数及其排名 31
表 2-1 中国30个省(区、市)资源环境承载潜力指数及排名 33
表 2-2 分区域资源环境承载潜力排名情况 37

表 2-3　资源环境承载潜力四大区域内部差异分析　38
表 2-4　分区域省际绿色发展指数与资源环境承载潜力排名差异比较　38
表 2-5　省际资源丰裕与生态保护三级指标、权重及指标属性　39
表 2-6　省际资源丰裕与生态保护指标指数值及排名　40
表 2-7　省际环境压力与气候变化三级指标、权重及指标属性　42
表 2-8　省际环境压力与气候变化指标指数值及排名　42
表 3-1　2010 年中国 30 个省(区、市)政府政策支持度指数及排名　44
表 3-2　政府政策支持度四大区域内部差异分析　48
表 3-3　省际绿色发展指数与政府政策支持度排名差异比较　49
表 3-4　省际绿色投资指标三级指标、权重及指标属性　49
表 3-5　2010 年中国省际绿色投资指标指数及其排名　50
表 3-6　省际基础设施三级指标、权重及指标属性　51
表 3-7　2010 年中国省际基础设施指标指数及其排名　52
表 3-8　省际环境治理三级指标、权重及指标属性　53
表 3-9　2010 年中国省际环境治理指标指数及其排名　53
表 5-1　2010 年中国 38 个城市经济增长绿化度指数及排名　183
表 5-2　2010 年中国东部地区城市经济增长绿化度指数及排名　187
表 5-3　2010 年中国中部地区城市经济增长绿化度指数及排名　187
表 5-4　2010 年中国西部地区城市经济增长绿化度指数及排名　188
表 5-5　2010 年中国东北地区城市经济增长绿化度指数及排名　188
表 5-6　2010 年中国绿色发展指数(城市)与城市经济增长绿化度排名差异比较　188
表 5-7　城市绿色增长效率三级指标、权重及指标属性　190
表 5-8　2010 年中国城市绿色增长效率指标指数及其排名　190
表 5-9　城市第一产业三级指标、权重及指标属性　192
表 5-10　2010 年中国城市第一产业指标指数及其排名　192
表 5-11　城市第二产业三级指标、权重及指标属性　194
表 5-12　2010 年中国城市第二产业指标指数及其排名　194
表 5-13　城市第三产业三级指标、权重及指标属性　196
表 5-14　2010 年中国城市第三产业指标指数及其排名　196
表 6-1　2010 年中国 38 个城市资源环境承载潜力指数及排名　199
表 6-2　2010 年中国东部地区城市资源环境承载潜力指数及排名　202
表 6-3　2010 年中国中部地区城市资源环境承载潜力指数及排名　203
表 6-4　2010 年中国西部地区城市资源环境承载潜力指数及排名　203
表 6-5　2010 年中国东北地区城市资源环境承载潜力指数及排名　203
表 6-6　2010 年中国绿色发展指数(城市)与城市资源环境承载潜力排名差异比较　204
表 6-7　2010 年中国城市资源丰裕与生态保护指标指数及其排名　205

表 6-8 城市环境压力与气候变化三级指标、权重及指标属性 207
表 6-9 2010 年中国城市环境压力与气候变化指标指数及其排名 207
表 7-1 2010 年中国 38 个城市政府政策支持度指数及排名 209
表 7-2 2010 年中国东部地区城市政府政策支持度指数及排名 212
表 7-3 2010 年中国中部地区城市政府政策支持度指数及排名 213
表 7-4 2010 年中国西部地区城市政府政策支持度指数及排名 213
表 7-5 2010 年中国东北地区城市政府政策支持度指数及排名 214
表 7-6 2010 年中国绿色发展指数(城市)与城市政府政策支持度排名差异比较 214
表 7-7 城市绿色投资三级指标、权重及指标属性 215
表 7-8 2010 年中国城市绿色投资指标指数及其排名 215
表 7-9 城市基础设施三级指标、权重及指标属性 217
表 7-10 2010 年中国城市基础设施指标指数及其排名 217
表 7-11 城市环境治理三级指标、权重及指标属性 219
表 7-12 2010 年中国城市环境治理指标指数及其排名 219
表 10-1 中国城市绿色发展公众满意度(2012) 385
表附录 1-1 国际城市绿色发展指数指标框架 428
表附录 1-2 国际城市绿色发展指数测算结果 429

图 目

图 0-1 中国绿色发展指数排名地区分布 9
图 0-2 中国绿色发展指数区域比较 10
图 0-3 中国绿色发展指数排名比较 11
图 0-4 中国城市绿色发展指数排名比较 13
图 0-5 中国城市绿色发展指数区域分布与差异 14
图 1-1 经济增长绿化度排名省际比较 23
图 1-2 经济增长绿化度排名地区分布 23
图 1-3 中国四大区域经济增长绿化度对照图 24
图 1-4 省际绿色增长效率指标与经济增长绿化度指数对比 28
图 1-5 省际第一产业指标与经济增长绿化度指数对比 29
图 1-6 省际第二产业指标与经济增长绿化度指数对比 31
图 1-7 省际第三产业指标与经济增长绿化度指数对比 32
图 2-1 资源环境承载潜力排名省际比较 35
图 2-2 资源环境承载潜力排名地区分布 35

图 2-3 中国四大区域资源环境承载潜力对照图 36
图 2-4 省际资源丰裕与生态保护与资源环境承载潜力指数对比 40
图 2-5 省际环境压力与气候变化与资源环境承载潜力指数对比 43
图 3-1 政府政策支持度排名省际比较 46
图 3-2 政府政策支持度排名地区分布 47
图 3-3 中国四大区域政府政策支持度对照图 47
图 3-4 省际绿色投资指标与政府政策支持度指数对比 51
图 3-5 省际基础设施指标与政府政策支持度指数对比 52
图 3-6 省际环境治理指标与政府政策支持度指数对比 54
图 5-1 2010 年中国 38 个城市经济增长绿化度排名比较 185
图 5-2 2010 年中国四大区域城市经济增长绿化度对照图 186
图 5-3 城市绿色增长效率指标与经济增长绿化度指数对比 191
图 5-4 城市第一产业指标与经济增长绿化度指数对比 193
图 5-5 城市第二产业指标与经济增长绿化度指数对比 195
图 5-6 城市第三产业指标与经济增长绿化度指数对比 197
图 6-1 2010 年中国 38 个城市资源环境承载潜力排名比较 201
图 6-2 2010 年中国四大区域城市资源环境承载潜力对照图 202
图 6-3 城市资源环境承载潜力与城市资源丰裕与生态保护指标对比 206
图 6-4 城市资源环境承载潜力与城市环境压力与气候变化指标对比 208
图 7-1 2010 年中国 38 个城市政府政策支持度排名比较 211
图 7-2 2010 年中国四大区域城市政府政策支持度对照图 212
图 7-3 城市政府政策支持度与城市绿色投资指标对比 216
图 7-4 城市政府政策支持度与城市基础设施指标对比 218
图 7-5 城市政府政策支持度与城市环境治理指标对比 220
图 9-1 调查样本结构 384
图 10-1 城市绿色发展综合满意度 387
图 10-2 城市绿色发展构成指标满意度 388
图 10-3 城市总体满意度与绿色发展综合满意度的比较 388
图 10-4 城市环境满意度 389
图 10-5 城市环境满意度构成指标得分 390
图 10-6 近三年城市环境变化满意度 390
图 10-7 城市饮用水满意度 391
图 10-8 城市街道卫生满意度 391
图 10-9 城市空气质量满意度 392
图 10-10 城市河流湖泊受污染程度满意度 392
图 10-11 38 个城市污染最严重的领域(%) 393

图 10-12　城市基础设施满意度　393
图 10-13　城市基础设施满意度构成指标得分　394
图 10-14　城市绿化满意度　394
图 10-15　城市公共交通便利程度满意度　395
图 10-16　城市休闲娱乐场所满意度　395
图 10-17　城市生活垃圾处理满意度　396
图 10-18　城市交通畅通满意度　396
图 10-19　政府绿色行动满意度　397
图 10-20　政府绿色行动构成指标得分　398
图 10-21　政府环保工作重视程度满意度　398
图 10-22　垃圾分类设施配置满意度　399
图 10-23　企业排污治理成效满意度　399
图 10-24　日常食品放心程度满意度　400
图 10-25　环境投诉方式满意度　400
图 10-26　城市居民环境投诉率　401
图 10-27　城市环境投诉处理结果不满意率　401
图附录 1-1　国际城市绿色发展指数排名状况比较图　432

总 论

第42届世界经济论坛年会即"2012冬季达沃斯论坛"会议主题为"大转型：塑造新模式"。世界经济论坛主席施瓦布表示，"大转型给我们带来了更多的机会，使我们有可能生活在一个繁荣、和平的世界上。我们在年会上想做的就是，重新规划建设性的、合作的未来蓝图"。经济社会发展到当今阶段，加快经济发展方式转型，使人与自然和谐共处，才可能使今天的地球人尤其是我们的后代得以持续发展并长远幸福。

>>一、绿色发展理念转化为国内外共同的行动<<

目前，绿色发展理念成为国内外共同的行动，世界各国绿色行动方兴未艾，中国高度重视绿色发展，中国绿色发展指数引起社会广泛关注。

近年来，绿色发展的浪潮席卷全球，绿色发展已经日益成为全世界的共识。各种有关绿色发展主题的会议、论坛、报告纷纷涌现。各国政府纷纷采取行动，努力引领绿色发展。

2011年2月，联合国环境规划署在肯尼亚首都内罗毕发布《绿色经济报告》。报告称，从现在起至2050年，每年将全球国内生产总值的2%投资于10个主要经济部门，便可推动全球向低碳绿色经济转型。报告认为，绿色经济意味着更好地利用自然资源，实现可持续增长，是更加有效、更加公正的经济模式。①

2011年10月，全球绿色增长论坛首届年会在哥本哈根召开。论坛呼吁各国政府与企业合作探索发展绿色经济的新途径，并宣布启动公共和私营部门在民航业可持续性生物燃料、绿色国际贸易、全球绿色采购、能源效率和可再生能源等领域的联合研发行动。本届论坛的主题是促进公共和私营部门的合作，激发各方在克服关键障碍上的创新性思维和行动，推动全球经济向绿色发展模式转型。来自200多个国家的政府、企业和金融行业的领导者围绕能源、交通、贸易和金融四大产业的绿色发展、政府与企业在全球绿色增长问题上的协作关系等问题进行了深入讨论。联合国秘书长潘基文在致辞时强调了政府部门与企业携手合作对推进全球绿色经济增长的重要意义。他说："将绿色增长提上议事日程有助于促进世界在21世纪的可持续发展，这对政治、商业和社会都有好处。"②

2011年11月，联合国环境署在北京首次发布了一份绿色经济综合报告《迈向绿色经济：通

① UNEP, *Towards a Green Economy: Pathways to Sustainable Development and Poverty Eradication*, www.unep.org/greeneconomy, 2011.

② 来源于华讯财经网相关报道，载 http://finance.591hx.com/article/2011-10-13/0000079305s.shtml，2011-10-13。

往可持续发展和消除贫困的各种途径-面向决策者的综合报告》。[①]报告显示，发展绿色经济已成为全球共识，各国政府和企业等正在采取措施加快全球向低碳、资源节约及社会兼容的绿色经济转型。报告主要阐述了目前人类所面临的自然资源加速消耗、粮食危机加剧等各种挑战，指出加快经济增长方式的转型，发展绿色经济将成为全新的增长引擎。

2011年11月至12月，联合国气候变化框架公约第17次缔约方会议在南非德班召开，[②]大会通过了“德班一揽子决议”(Durban Package Outcome)。建立德班增强行动平台特设工作组，决定实施《京都议定书》第二承诺期并启动绿色气候基金，德国和丹麦分别注资4 000万和1 500万欧元作为其运营经费和首笔资助资金。

世界各国越来越重视绿色发展问题。各国政府、组织机构广泛开展绿色行动，绿色发展的理念逐渐形成燎原之势。可以说，各国政府机构正主动引领着绿色发展的前进方向。2011年5月，美国旧金山市环保局等部门主办该市首届绿色经济论坛，与会人员就旧金山温室气体减排目标从商业、能源、交通等方面向旧金山市政府提出建议。[③] 汉堡通过众多最佳实践案例的展示，证明了即便是在一个高度工业化的港口城市，生态可持续发展与经济增长也能成功和谐并存。欧洲委员会授予德国汉堡“2011年欧洲绿色之都”称号。[④] 2011年年底，欧洲委员会表示，未来将投资320亿欧元，用于清洁能源、能效及其他社会领域的发展。清洁能源技术是这320亿欧元投资中最重要的部分之一。[⑤]

中国政府高度重视发展绿色经济。“十二五”规划强调了“绿色发展”，可以说是中国首部绿色发展规划，也标志着中国发动和参与了世界绿色革命的历史起点。2011年作为“十二五”的开局之年，温家宝同志在2012年的政府工作报告中对2011年的工作进行回顾：“推进节能减排和生态环境保护。发布实施‘十二五’节能减排综合性工作方案、控制温室气体排放工作方案和加强环境保护重点工作的意见。清洁能源发电装机达到2.9亿千瓦，比上年增加3 356万千瓦。加强重点节能环保工程建设，新增城镇污水日处理能力1 100万吨，5 000多万千瓦新增燃煤发电机组全部安装脱硫设施。加大对高耗能、高排放和产能过剩行业的调控力度，淘汰落后的水泥产能1.5亿吨、炼铁产能3 122万吨、焦炭产能1 925万吨。”并指出2012年的主要任务是：推进节能减排和生态环境保护。节能减排的关键是节约能源，提高能效，减少污染。要抓紧制定出台合理控制能源消费总量工作方案，加快理顺能源价格体系。综合运用经济、法律和必要的行政手段，突出抓好工业、交通、建筑、公共机构、居民生活等重点领域和千家重点耗能企业节能减排，进一步淘汰落后产能。加强用能管理，发展智能电网和分布式能源，实施节能发电调度、合同能源管理、政府节能采购等行之有效的管理方式。[⑥]各地政府在落实中央关于经济发展方式转变上，在发展绿色经济上，均有了规划与投资。

---

① 联合国环境规划署：《迈向绿色经济：通往可持续发展和消除贫困的各种途径-面向决策者的综合报告》，载www.unep.org/greeneconomy，2011。

② 来源于联合国气候变化框架公约官方网站相关内容，载http://unfccc.int/meetings/durban_nov_2011/session/6294.php，2011。

③ 来源于新华网相关报道，载http://news.xinhuanet.com/photo/2011-05/26/c_121461274_2.htm，2011-05-26。

④ 来源于腾讯网相关报道，载http://news.qq.com/a/20101123/000787.htm，2010-11-23。

⑤ 来源于国际能源网相关报道，载http://www.in-en.com/capital/html/energy_10561056641226979.html，2011-12-15。

⑥ 《温家宝2012年政府工作报告(全文)》，载http://www.eeo.com.cn/2012/0305/221970_6.shtml。

>>二、中国绿色发展指数的完善<<

2012中国绿色发展指数充分参考了众位评审专家意见和统计专家的意见，在2011年中国绿色发展指数的基础上，进一步改进了中国省级绿色发展指数体系和中国城市绿色发展指数体系。

1. 中国省际绿色发展指数体系的完善

2012年的绿色发展指数省际指标框架的三级指标仍然为60个，分为经济增长绿化度22个指标，资源环境承载潜力19个指标，政府政策支持度19个指标。

先请看包括三级指标在内的中国省际绿色发展指数指标框架(见表0-1)。

表0-1　　中国省际绿色发展指数指标体系

一级指标	二级指标	三级指标	
经济增长绿化度	绿色增长效率指标	1. 人均地区生产总值 2. 单位地区生产总值能耗 3. 非化石能源消费量占能源消费量的比重 4. 单位地区生产总值二氧化碳排放量 5. 单位地区生产总值二氧化硫排放量	6. 单位地区生产总值化学需氧量排放量 7. 单位地区生产总值氮氧化物排放量 8. 单位地区生产总值氨氮排放量 9. 人均城镇生活消费用电
	第一产业指标	10. 第一产业劳动生产率 11. 土地产出率	12. 节灌率 13. 有效灌溉面积占耕地面积比重
	第二产业指标	14. 第二产业劳动生产率 15. 单位工业增加值水耗 16. 规模以上工业增加值能耗	17. 工业固体废物综合利用率 18. 工业用水重复利用率 19. 六大高载能行业产值占工业总产值比重
	第三产业指标	20. 第三产业劳动生产率 21. 第三产业增加值比重	22. 第三产业从业人员比重
资源环境承载潜力	资源丰裕与生态保护指标	23. 人均水资源量 24. 人均森林面积 25. 森林覆盖率	26. 自然保护区面积占辖区面积比重 27. 湿地面积占国土面积比重 28. 人均活立木总蓄积量
	环境压力与气候变化指标	29. 单位土地面积二氧化碳排放量 30. 人均二氧化碳排放量 31. 单位土地面积二氧化硫排放量 32. 人均二氧化硫排放量 33. 单位土地面积化学需氧量排放量 34. 人均化学需氧量排放量 35. 单位土地面积氮氧化物排放量	36. 人均氮氧化物排放量 37. 单位土地面积氨氮排放量 38. 人均氨氮排放量 39. 单位耕地面积化肥施用量 40. 单位耕地面积农药使用量 41. 人均公路交通氮氧化物排放量
政府政策支持度	绿色投资指标	42. 环境保护支出占财政支出比重 43. 环境污染治理投资占地区生产总值比重 44. 农村人均改水、改厕的政府投资	45. 单位耕地面积退耕还林投资完成额 46. 科教文卫支出占财政支出比重
	基础设施指标	47. 城市人均绿地面积 48. 城市用水普及率 49. 城市污水处理率 50. 城市生活垃圾无害化处理率	51. 城市每万人拥有公交车辆 52. 人均城市公共交通运营线路网长度 53. 农村累计已改水受益人口占农村总人口比重 54. 建成区绿化覆盖率
	环境治理指标	55. 人均当年新增造林面积 56. 工业二氧化硫去除率 57. 工业废水化学需氧量去除率	58. 工业氮氧化物去除率 59. 工业废水氨氮去除率 60. 突发环境事件次数

注：本表内容是由本报告课题组在2012年召开的多次专家研讨会再次确认的。

在 2012 年的课题组专家会上，重点讨论了 2011 年评审专家提出的意见。主要有以下四点：第一，是否在第三产业中增加效率指标；第二，是否加入与信息化相关的指标；第三，是否适当增加反映居民绿色生活的指标以及与人相关的指标；第四，我国西北部是最缺水的地区，但统计指标中的人均水资源却最高，是否需要调整。

经多次专家会讨论，发现修订有一定困难。第一，对于第三产业中的效率指标和与信息化相关的指标，找不到合适的统计指标；第二，由于绿色发展指标体系主要是分析经济、政府和自然承载三大方面，以及相互的关系，因此专家意见居民绿色生活的指标仍在专题中反映为好；第三，统计年鉴中“年降水量”的单位有立方米和毫米两种计量方式，数据有矛盾，且加入“年降水量”数据可得性不高，因此决定省际指标体系暂不加入“年降水量”指标。

根据专家对 2011 年中国绿色发展指数指标体系的权重的修改意见，我们做出了以下调整：在 2011 年权重分配基础上，适度降低了“资源环境承载潜力”指标下 8 个人均和地均污染物排放量指标的权重，以适当降低同类指标因两种测度在总指标中的比重。同时，在 2012 年的报告中，我们对西藏也进行了测算，因数据不全，没有列入排序，但在“省区‘绿色体检’及绿色发展简析”中单独进行了分析。总之，课题组专家经反复讨论后，认为原定指标相对稳定有助可比，建议保留。如果明年有较多指标需要变化，再做调整。2012 中国省际绿色发展指数一级、二级指标及权重请参见表 0-2。

表 0-2　　中国省际绿色发展指数一级、二级指标及权重

一级指标	权　重	二级指标	占一级指标权重
经济增长绿化度	30%	绿色增长效率指标	45%
		第一产业指标	15%
		第二产业指标	25%
		第三产业指标	15%
资源环境承载潜力	40%	资源丰裕与生态保护指标	30%
		环境压力与气候变化指标	70%
政府政策支持度	30%	绿色投资指标	25%
		基础设施指标	45%
		环境治理指标	30%

2. 中国城市绿色发展指数体系的改进

《2011 中国绿色发展指数报告——区域比较》发布以后，34 个城市的绿色发展指数及排名受到社会各界广泛关注，产生了巨大影响。与此同时，部分领导、专家及民众对城市绿色发展指数的改进提出很多好的意见，课题组通过与统计、生态、资源、环境等相关领域专家的多次讨论，对各方建议进行了反复讨论。

在第一阶段讨论中，结合评审专家、统计专家等的意见，拟在原 43 个三级指标的基础上，新增 3 个三级指标，即“可吸入细颗粒物(PM2.5)浓度年均值”、“每万人市容环境专用车辆设备数”和“城市人均再生水生产能力”。前一指标隶属于“资源环境承载潜力”一级指标，表征“环境压力与气候变化”；后两个指标隶属于“政府政策支持度”一级指标，表征“基础设施”。在后阶段的反复讨论中，专家们又达成这样的共识，即：由于这 3 个指标 2010 年数据暂不可得，且数据统计质量有待提高，建议 2013 年再增加。因此，2012 年中国城市绿色发展指数指标体系将与

2011 年指标体系一致，仍由 3 个一级指标，9 个二级指标和 43 个三级指标组成。三级指标中，包括经济增长绿化度 17 个指标，资源环境承载潜力 13 个指标，政府政策支持度 13 个指标。

下面请看中国城市绿色发展指数指标框架(见表 0-3)。

表 0-3　　中国城市绿色发展指数指标体系

一级指标	二级指标	三级指标	
经济增长绿化度	绿色增长效率指标	1. 人均地区生产总值 2. 单位地区生产总值能耗 3. 人均城镇生活消费用电 4. 单位地区生产总值二氧化碳排放量	5. 单位地区生产总值二氧化硫排放量 6. 单位地区生产总值化学需氧量排放量 7. 单位地区生产总值氮氧化物排放量 8. 单位地区生产总值氨氮排放量
	第一产业指标	9. 第一产业劳动生产率	
	第二产业指标	10. 第二产业劳动生产率 11. 单位工业增加值水耗	12. 单位工业增加值能耗 13. 工业固体废物综合利用率 14. 工业用水重复利用率
	第三产业指标	15. 第三产业劳动生产率 16. 第三产业增加值比重	17. 第三产业就业人员比重
资源环境承载潜力	资源丰裕与生态保护指标	18. 人均水资源量	
	环境压力与气候变化指标	19. 单位土地面积二氧化碳排放量 20. 人均二氧化碳排放量 21. 单位土地面积二氧化硫排放量 22. 人均二氧化硫排放量 23. 单位土地面积化学需氧量排放量 24. 人均化学需氧量排放量 25. 单位土地面积氮氧化物排放量	26. 人均氮氧化物排放量 27. 单位土地面积氨氮排放量 28. 人均氨氮排放量 29. 空气质量达到二级以上天数占全年比重 30. 首要污染物可吸入颗粒物天数占全年比重
政府政策支持度	绿色投资指标	31. 环境保护支出占财政支出比重 32. 工业环境污染治理投资占地区生产总值比重	33. 科教文卫支出占财政支出比重
	基础设施指标	34. 人均绿地面积 35. 建成区绿化覆盖率 36. 用水普及率	37. 城市生活污水处理率 38. 生活垃圾无害化处理率 39. 每万人拥有公交车辆
	环境治理指标	40. 工业二氧化硫去除率 41. 工业废水化学需氧量去除率	42. 工业氮氧化物去除率 43. 工业废水氨氮去除率

注：本表内容是由本报告课题组在 2012 年召开的多次专家研讨会再次确认的。

2012 中国城市绿色发展指数的修改包括两个方面的内容，一是指标权重的适当调整；二是测评城市的增加。

(1)指标权重的适当调整

由于 2011 年中国城市绿色发展指数指标体系中对同一对象的衡量采用人均和地均双重指标，如“人均氮氧化物排放量”和“单位土地面积氮氧化物排放量”等，部分领导、专家及民众认为这样会主观地增加这一对象在整个体系中的影响因子，且指标之间的相关性太大，因此建议对指标体系中涉及人均、地均的指标进行调整，适当降低这些指标的权重。

鉴于此，课题组与统计专家们的多次讨论后，对指标体系中涉及人均和地均的 8 个三级指标进行了调整，降低了这些指标的权重，具体如表 0-4 所示：

表 0-4　　中国城市绿色发展指数人均、地均指标权重调整

一级指标	二级指标	三级指标	调整后权重	调整前权重
资源环境承载潜力	资源丰裕与生态保护指标	人均水资源量	1.70%	1.70%
	环境压力与气候变化指标	单位土地面积二氧化碳排放量	3.08%	2.81%
		人均二氧化碳排放量	3.08%	2.81%
		单位土地面积二氧化硫排放量	2.50%	2.67%
		人均二氧化硫排放量	2.50%	2.67%
		单位土地面积化学需氧量排放量	2.50%	2.67%
		人均化学需氧量排放量	2.50%	2.67%
		单位土地面积氮氧化物排放量	2.50%	2.67%
		人均氮氧化物排放量	2.50%	2.67%
		单位土地面积氨氮排放量	2.50%	2.67%
		人均氨氮排放量	2.50%	2.67%
		空气质量达到二级以上天数占全年比重	3.08%	2.67%
		首要污染物可吸入颗粒物天数占全年比重	3.08%	2.67%

涉及人均、地均的8个三级指标都隶属于“资源环境承载潜力”一级指标，表征“环境压力与气候变化”。调整前，这8个指标占指标体系的权重均为2.67%，调整后的权重为2.50%，每个指标权重降低了0.17%。

需要说明的是，为保证测算的客观性、可靠性和稳定性，2012中国城市绿色发展指数一级指标和二级指标的权重与2011指标体系保持一致，没有变动，具体如表0-5所示：

表 0-5　　中国城市绿色发展指数一级、二级指标及权重

一级指标	权　重	二级指标	权　重
经济增长绿化度	33%	绿色增长效率指标	50%
		第一产业指标	5%
		第二产业指标	30%
		第三产业指标	15%
资源环境承载潜力	34%	资源丰裕与生态保护指标	5%
		环境压力与气候变化指标	95%
政府政策支持度	33%	绿色投资指标	25%
		基础设施指标	45%
		环境治理指标	30%

(2)测评城市的增加

根据专家意见，测评城市中增加了4个城市。按“人均GDP位于当年全国城市前二十位”和“数据完备”这两条原则，克拉玛依、苏州、珠海这三个城市被吸纳入测评城市中。2012年乌鲁木齐的数据已经完备，课题组将其加入2012中国城市绿色发展指数的测评城市中。拉萨由于部分指标缺少数据，暂不参与2012中国城市绿色发展指数测评。因此，2012中国城市绿色发展指数的测评城市在原来34个的基础上新增4个，共38个城市，具体如表0-6所示：

表 0-6　　中国城市绿色发展指数测评城市

省(区、市)	城市个数	具体城市	省(区、市)	城市个数	具体城市
北　京	1	北京	河　南	1	郑州
天　津	1	天津	湖　北	1	武汉
河　北	1	石家庄	湖　南	1	长沙
山　西	1	太原	广　东	3	广州、深圳、珠海
内蒙古	1	呼和浩特	广　西	1	南宁
辽　宁	2	沈阳、大连	海　南	1	海口
吉　林	1	长春	重　庆	1	重庆
黑龙江	1	哈尔滨	四　川	1	成都
上　海	1	上海	贵　州	1	贵阳
江　苏	2	南京、苏州	云　南	1	昆明
浙　江	2	杭州、宁波	陕　西	1	西安
安　徽	1	合肥	甘　肃	1	兰州
福　建	2	福州、厦门	青　海	1	西宁
江　西	1	南昌	宁　夏	1	银川
山　东	2	济南、青岛	新　疆	2	乌鲁木齐、克拉玛依

注：本表的城市来自环保部公布的113个环境监测重点城市中数据齐全和无统计奇异值的城市。

三、中国绿色发展指数测算结果及分析①

在中国省际绿色发展指数指标体系和中国城市绿色发展指数指标体系的基础上，我们测算得到了2010年除西藏外30个省(区、市)的“绿色发展指数”和38个参评城市的“绿色发展指数”。下面简介之。

1. 省区绿色发展指数测算结果

根据“省区绿色发展指数”指标体系以及各指标2010年的数据，测算出的中国30个省(自治区、直辖市)2010年绿色发展指数②以及经济增长绿化度、资源环境承载潜力和政府政策支持度三个分指数的结果如表0-7所示：

表 0-7　　中国30个省(区、市)绿色发展指数及排名

地　区	绿色发展指数		一级指标					
			经济增长绿化度		资源环境承载潜力		政府政策支持度	
	指数值	排　名	指数值	排　名	指数值	排　名	指数值	排　名
北　京	0.655	1	0.465	1	−0.035	14	0.226	1
天　津	0.215	2	0.291	3	−0.134	27	0.058	8
广　东	0.175	3	0.116	7	−0.086	21	0.145	3

① 课题组的省际测算组和城市测算组承担了中国绿色发展指数的具体测算和分析工作。

② 由于数据等原因，西藏、中国香港地区、中国澳门地区和中国台湾地区未参与测算。

续表

地区	绿色发展指数		一级指标					
			经济增长绿化度		资源环境承载潜力		政府政策支持度	
	指数值	排名	指数值	排名	指数值	排名	指数值	排名
海南	0.171	4	0.022	9	0.101	6	0.048	10
浙江	0.160	5	0.158	4	−0.074	19	0.076	4
青海	0.121	6	−0.201	30	0.467	1	−0.145	29
云南	0.109	7	−0.161	27	0.224	3	0.045	11
福建	0.100	8	0.091	8	−0.023	13	0.032	14
上海	0.095	9	0.327	2	−0.200	30	−0.032	19
山东	0.086	10	0.122	6	−0.099	24	0.063	6
内蒙古	0.075	11	−0.005	11	0.103	5	−0.022	18
江苏	0.062	12	0.149	5	−0.153	28	0.066	5
贵州	0.041	13	−0.186	29	0.271	2	−0.044	21
陕西	0.030	14	−0.042	15	0.038	11	0.034	13
新疆	−0.002	15	−0.088	22	0.049	9	0.037	12
黑龙江	−0.024	16	−0.043	16	0.181	4	−0.162	30
河北	−0.040	17	−0.007	12	−0.095	23	0.062	7
江西	−0.062	18	−0.078	20	0.021	12	−0.005	16
重庆	−0.101	19	−0.104	25	−0.049	16	0.052	9
吉林	−0.106	20	−0.031	14	0.044	10	−0.119	26
四川	−0.115	21	−0.082	21	0.093	7	−0.127	28
安徽	−0.122	22	−0.058	18	−0.049	17	−0.016	17
辽宁	−0.126	23	0.007	10	−0.077	20	−0.056	23
湖北	−0.173	24	−0.027	13	−0.091	22	−0.055	22
甘肃	−0.176	25	−0.152	26	0.077	8	−0.101	25
广西	−0.179	26	−0.096	24	−0.045	15	−0.037	20
湖南	−0.188	27	−0.065	19	−0.050	18	−0.073	24
宁夏	−0.200	28	−0.184	28	−0.181	29	0.164	2
山西	−0.208	29	−0.092	23	−0.124	26	0.007	15
河南	−0.272	30	−0.048	17	−0.103	25	−0.121	27

注：①本表根据省区绿色发展指数测算体系，依各指标2010年数据测算而得；②本表各省(区、市)按照绿色发展指数的指数值从大到小排序；③本表中绿色发展指数等于经济增长绿化度、资源环境承载潜力和政府政策支持度三个一级指标指数值之和；④表中数据及排名根据《中国统计年鉴2011》、《中国环境统计年鉴2011》、《中国环境统计年报2010》、《中国城市统计年鉴2011》、《中国水利统计年鉴2011》、《中国工业经济统计年鉴2011》、《中国沙漠及其治理》等测算。

由于本次测算采用的是“均值—标准差法”进行的无量纲化处理，因此“0”代表所有参评省份绿色发展的平均水平，得分高于“0”表示该省(区、市)的绿色发展水平高于全国平均水平，得分低于“0”表示该省(区、市)绿色发展水平低于全国平均水平。

2. 省际绿色发展指数的区域分布与比较①

根据测算结果，2012 年绿色发展指数排在前十位的省(区、市)依次是：北京、天津、广东、海南、浙江、青海、云南、福建、上海和山东。从地理区位看，青海和云南 2 个省份位于西部，其他 8 个省份均位于东部。位于第 11 位～第 20 位的 10 个省(区、市)中，东部地区 2 个，为江苏和河北，分别排名第 12 位和第 17 位；中部地区 1 个，为江西，排名第 18 位；西部地区 5 个，为内蒙古、贵州、陕西、新疆和重庆，分别排名第 11 位、第 13 位、第 14 位、第 15 位和第 19 位；东北地区 2 个，为黑龙江和吉林，分别排名第 16 和第 19 位。位于第 21 位～第 30 位的 10 个省(区、市)中，没有位于东部地区的省份；中部地区 5 个，为安徽、湖北、湖南、山西和河南，分别排名第 22 位、第 24 位、第 27 位、第 29 位和第 30 位；西部地区 4 个，为四川、甘肃、广西和宁夏，分别排名第 21 位、第 25 位、第 26 位和第 28 位；东北地区 1 个，为辽宁，排名第 23 位。为了直观地比较绿色发展指数的区域分布，我们绘制了地理分布图(见图 0-1)。其中，指数排在前十位为绿色发展水平好一些的地区，用深绿色表示；第 11 位～第 20 位为绿色发展水平较好的地区，用中度绿色表示；后十位为绿色发展水平一般的地区，用浅绿色表示。

图 0-1 中国绿色发展指数排名地区分布

注：本图根据表 0-7 中相关数据制作。

① 本报告根据“十一五”规划区域发展战略提出的四大区划即东、中、西和东北地区为区域比较的基础。其中，东部地区包括北京、天津、河北、上海、江苏、浙江、福建、山东、广东和海南十省市；中部地区包括山西、安徽、江西、河南、湖北和湖南六省；西部地区包括内蒙古、广西、重庆、四川、贵州、云南、西藏、陕西、甘肃、青海、宁夏和新疆十二省(区、市)；东北地区包括辽宁、吉林和黑龙江三省。

分区域看，中国四大区域的绿色发展程度呈现出不同的规律(如图 0-2 所示)，省区绿色发展指数呈现如下特点：

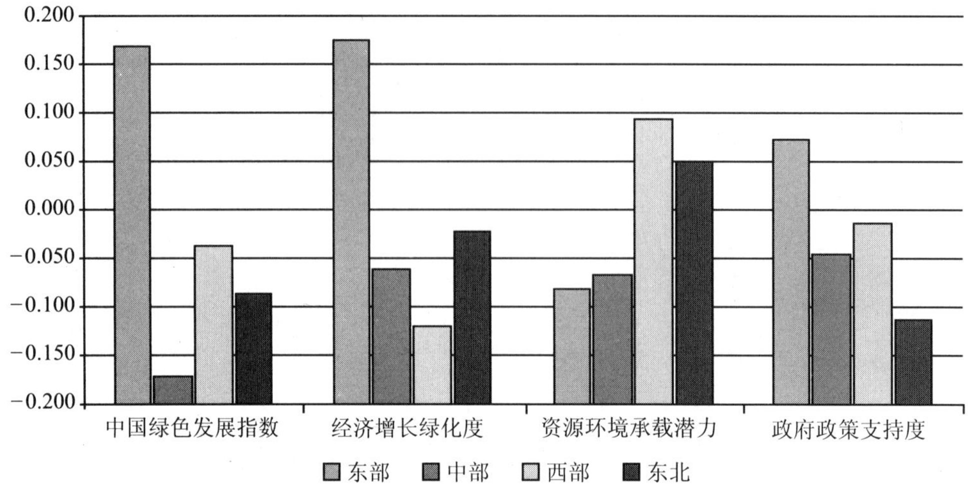

图 0-2　中国绿色发展指数区域比较

注：上图中数据为四大区域中各省份指标值的算术平均值。

东部省份的绿色发展状况最好，经济增长绿化度优势明显。总体而言，东部省份在绿色发展水平上表现出较大的优势。在东部的 10 个省市中，有 8 个排在全国前十位。除河北外，其余 9 个省份的绿色发展水平均高于全国测评省(区、市)的平均水平。在改革开放三十多年的进程中，东部省份利用自身的区位优势和国家的政策优势，经济发展明显快于其他地区，经济发展达到了一个更高的阶段，因此在经济增长效率、政府的绿色投资、基础设施建设和环境治理等方面占有优势；同时东部省份也受到了资源环境的约束，这从资源与环境承载潜力的排序中就可明显看出。现在，东部省份更为重视经济、资源和环境之间的协调发展，在经济发展的同时更加注重绿色和环保。东部省份大力提倡“节能减排”，通过不断优化产业结构、调整产业布局等做法来缓解对资源的过度消耗及对环境的污染、破坏，逐渐提高经济的绿色发展水平。此外，由于发展迅速，经济实力雄厚，东部省份政府政策的支持力度整体高于其他地区，政府加大绿色投资和基础设施建设，提高了环境治理效率和水平。因此，东部地区在较大资源和环境约束的状况下，整体的绿色发展水平仍然较高。

西部省份资源环境优势显著，但经济发展水平相对较低。西部参与测评的 11 个省份中，有 2 个排在前十位，5 个排在第 11 位～第 20 位，4 个排在第 21 位～第 30 位。西部省份在资源环境承载潜力上得分较高，推升了绿色发展指数的排名位次，但在经济增长绿化度方面不占优势，没有一个省份在经济增长绿化度方面排名进入前十位；在政府政策支持度上优势也不明显，只有宁夏(第 2 位)和重庆(第 9 位)进入了前十位，其他 10 个省份都在第 11 位之后，青海更是排在了第 29 位。这从一个侧面反映出，西部省份尽管有较为丰裕的资源和较好的环境承载潜力，但经济发展水平仍然不高，使得政府在绿色投资、基础设施建设和环境治理方面显得心有余而力不足，因此需要将绿色与发展更好地结合在一起。另一方面，随着西部省份经济发展的前进和资源开发力度的加大，生态和环境保护问题也会日益凸显。西部地区在追赶东中部地区经济发展水平的同时，也要做好环境保护工作，提升经济增长的绿色含量。

中部省份缺乏突出优势，绿色发展水平有待进一步提高。测算结果显示，中部 6 个省中只有江西排在第 18 位，其他 5 个省份均在第 20 位之后，整体水平偏低。从 3 个二级指标来看，中部 6 省在经济增长绿化度、资源环境承载潜力和政府政策支持度上发展较为均衡，但整体处于中等偏下的水平。在“中部崛起”的过程中，由于资源利用效率和节能减排技术不高，中部省份所面临的能源紧张状况和环境压力不小，而经济增长也受到种种约束。近年来，中部 6 省经济虽然获得了不小的发展，但与东部相比仍有很大差距，而在资源环境承载潜力上又无法同西部地区相提并论，经济实力和资源环境的双重限制使得中部省份在经济增长与绿色发展之间很难协调。总之，中部省区绿色发展水平整体不高，有待进一步提升。

东北三省绿色发展水平偏低，且三省差异显著。从测算结果来看，东北三省的绿色发展水平均低于参评省区的平均水平，且三省间绿色发展水平差异显著。从 3 个二级指标来看，东北三省“政府政策支持度”得分偏低，“经济增长绿化度”得分中等偏低，“资源环境承载潜力”相对较好。其中，黑龙江是东北三省中绿色发展水平最高的，排名第 16 位，但是其“政府政策支持度”排名倒数第一；吉林、辽宁分列第 20 位和第 23 位，排名较为靠后。

测算结果显示，在参与测算的 30 个省份中，有 14 个省份绿色发展水平高于全国平均水平，按指数值高低排序依次是：北京、天津、广东、海南、浙江、青海、云南、福建、上海、山东、内蒙古、江苏、贵州和陕西；其他 16 个省份的绿色发展水平低于平均水平(见图 0-3)。为了保持与 2011 年的一致性，根据诸多专家的建议，2012 年的测算指标和测算方法基本没有变动，2012 年排在前十二位的省份全在 2011 年的测算结果中位列前十二位，只有个别省份排序有所差异。这说明绿色发展指数的测算方法具有一定的稳定性。

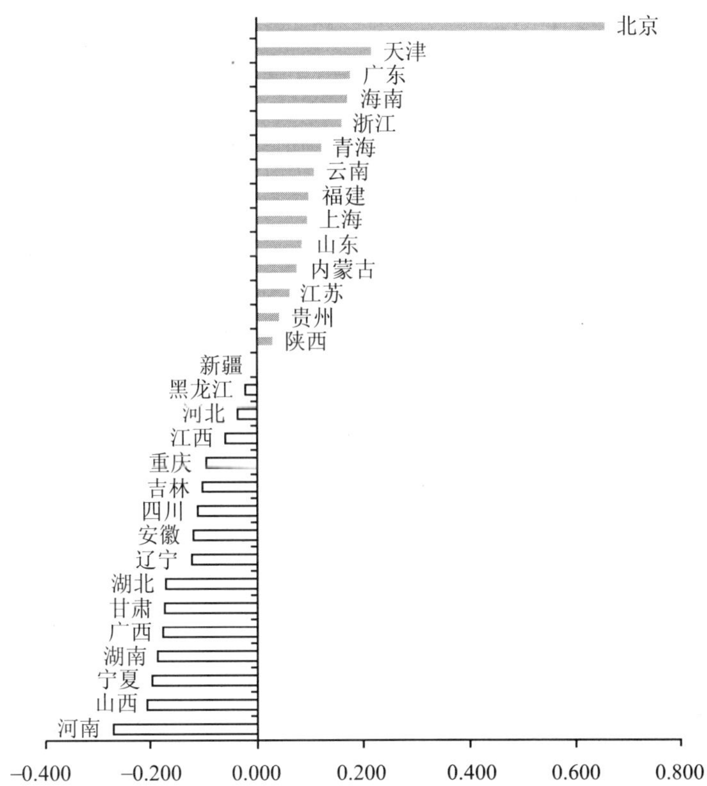

图 0-3　中国绿色发展指数排名比较

注：本图根据表 0-7 中相关数据制作。

3. 城市绿色发展指数测算结果

利用 2010 年的数据，根据 2012 中国城市绿色发展指数指标体系测算，2010 年中国 38 个城市的绿色发展指数及其排名如表 0-8 所示：

表 0-8　　中国 38 个城市绿色发展指数及排名

城市	绿色发展指数		一级指标					
			经济增长绿化度		资源环境承载潜力		政府政策支持度	
	指数值	排名	指数值	排名	指数值	排名	指数值	排名
深圳	1.002	1	0.503	1	0.166	6	0.333	1
海口	0.603	2	0.120	3	0.399	2	0.085	10
克拉玛依	0.403	3	0.044	11	0.227	3	0.132	6
昆明	0.401	4	−0.087	32	0.416	1	0.072	12
广州	0.283	5	0.077	8	−0.041	20	0.247	2
北京	0.239	6	0.205	2	−0.109	32	0.143	4
大连	0.191	7	0.079	7	0.054	9	0.058	14
青岛	0.109	8	0.096	6	−0.016	16	0.029	18
南京	0.087	9	0.053	10	−0.056	23	0.090	9
福州	0.072	10	−0.039	22	0.111	7	−0.001	20
珠海	0.061	11	−0.057	27	−0.048	21	0.166	3
南宁	0.049	12	−0.073	29	0.190	5	−0.068	24
长沙	0.044	13	0.100	5	0.057	8	−0.113	32
苏州	0.007	14	0.077	9	−0.124	34	0.055	16
哈尔滨	0.003	15	0.007	16	0.195	4	−0.198	37
银川	−0.006	16	−0.112	34	−0.035	19	0.141	5
宁波	−0.019	17	−0.067	28	−0.032	18	0.080	11
杭州	−0.021	18	0.005	17	−0.058	24	0.032	17
济南	−0.029	19	0.032	13	−0.085	28	0.024	19
贵阳	−0.031	20	−0.168	37	0.046	10	0.091	8
沈阳	−0.037	21	0.103	4	−0.048	22	−0.091	27
合肥	−0.048	22	0.018	14	0.011	12	−0.076	26
太原	−0.057	23	−0.101	33	−0.081	26	0.124	7
厦门	−0.059	24	−0.041	23	−0.083	27	0.066	13
石家庄	−0.093	25	−0.055	26	−0.095	29	0.058	15
上海	−0.093	26	0.039	12	−0.116	33	−0.015	21
呼和浩特	−0.132	27	−0.081	31	0.002	13	−0.053	23
天津	−0.153	28	0.004	18	−0.136	37	−0.022	22
长春	−0.164	29	0.000	19	−0.006	15	−0.157	34
成都	−0.172	30	0.008	15	−0.001	14	−0.179	36
南昌	−0.175	31	−0.051	25	−0.024	17	−0.100	30
西安	−0.232	32	−0.032	21	−0.107	31	−0.093	28
重庆	−0.244	33	−0.161	36	0.035	11	−0.117	33
武汉	−0.262	34	−0.021	20	−0.168	38	−0.074	25
乌鲁木齐	−0.274	35	−0.046	24	−0.132	36	−0.096	29
郑州	−0.284	36	−0.075	30	−0.099	30	−0.110	31
兰州	−0.356	37	−0.121	35	−0.073	25	−0.161	35
西宁	−0.615	38	−0.183	38	−0.132	35	−0.300	38

注：①本表根据 2012 中国城市绿色发展指数体系，依据各指标 2010 年数据测算而得；②本表城市按绿色发展指数的指数值从高到低排序；③以上数据及排名根据《中国城市统计年鉴 2011》、《中国环境统计年报 2010》、《中国城市建设统计年鉴 2010》、《中国区域经济统计年鉴 2011》等测算；④由于拉萨部分指标数据暂不全，因此本次测算不包含拉萨。

与往年的测算类似，在2012中国城市绿色发展指数测算结果中，指数值高于“0”表示该城市的绿色发展水平高于参评城市的平均水平，指数值低于“0”表示该城市的绿色发展水平低于参评城市的平均水平。在参与测算的38个城市中，有15个城市的绿色发展水平高于平均水平，23个城市的绿色发展水平低于平均水平。其中高于全国城市平均水平的15个城市依次是：深圳、海口、克拉玛依、昆明、广州、北京、大连、青岛、南京、福州、珠海、南宁、长沙、苏州、哈尔滨。

为方便读者，特根据表0-8中相关数值，绘出2012中国城市发展指数排名的比较图，如图0-4所示：

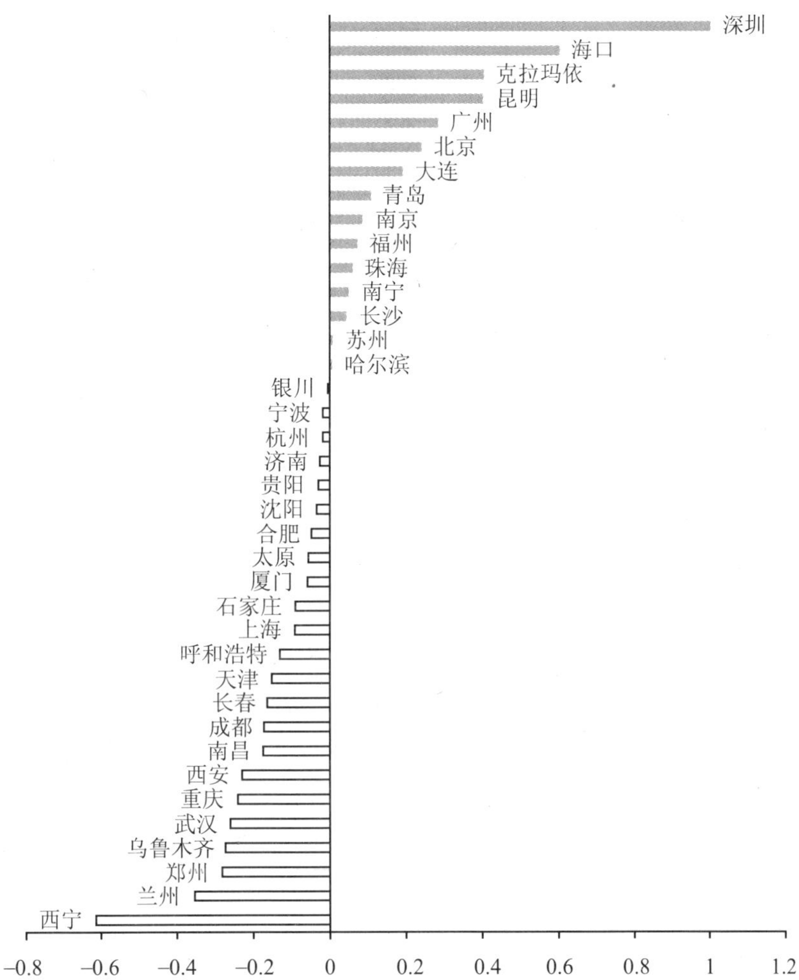

图0-4 中国城市绿色发展指数排名比较

注：本图根据表0-8中相关数据制作。

4. 城市绿色发展指数的区域分布与比较

本报告中参与测算的东部城市包括北京、天津、石家庄、上海、南京、苏州、杭州、宁波、福州、厦门、济南、青岛、广州、深圳、珠海和海口16个城市；中部城市包括太原、合肥、南昌、郑州、武汉和长沙6个城市；西部城市包括呼和浩特、南宁、重庆、成都、贵阳、昆明、西安、兰州、西宁、银川、乌鲁木齐、克拉玛依12个城市；东北地区包括沈阳、大连、长春和哈尔滨4个城市。

从表0-8中可以看到，绿色发展指数排在前十位的城市依次是：深圳、海口、克拉玛依、昆明、广州、北京、大连、青岛、南京、福州。从地理区位看，有7个城市来自东部地区，2个来自西部地区，1 个来自东北地区，没有来自中部地区的城市。绿色发展指数排名第 11 位～第 20 位的城市依次是：珠海、南宁、长沙、苏州、哈尔滨、银川、宁波、杭州、济南、贵阳，其中东部城市 5 个，中部城市 1 个，西部城市 3 个，东北城市 1 个。绿色发展指数排名第 21 位～第 39 位的城市中，东部城市有 4 个，中部城市有 5 个，西部城市有 7 个，东北地区的城市有 2 个。

为了更为直观地反映各区域城市绿色发展情况，我们绘制了 2012 中国城市绿色发展指数区域分布与差异，具体如图 0-5 所示：

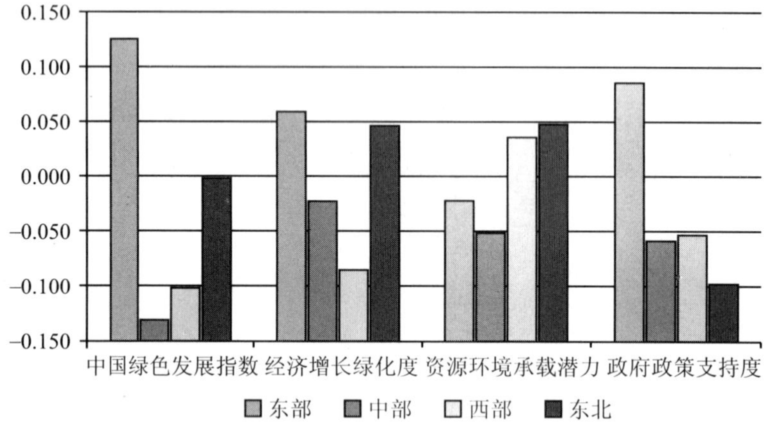

图 0-5　中国城市绿色发展指数区域分布与差异

注：本图数据为四大区域中各城市指数值的算术平均值。

由上可知，2012 中国城市绿色发展指数呈现以下区域特点：

东部城市的绿色发展状况整体较好。东部的 16 个城市中，除厦门、石家庄、上海和天津外，其余城市均处于中等偏上的位置。排名前二十位的城市中，有一半以上的城市来自东部地区，这意味着东部地区的绿色发展水平依旧在全国处于领先地位，整体情况良好。东部城市的绿色发展反映了我国区域经济发展的阶梯型特征，这表明这些城市在发展的同时不忘绿色，较好地实现了绿色与发展的结合。此外，值得关注的是，厦门、上海、天津等城市在我们的印象中整体还是不错，但绿色发展排名却处于全国中下游水平，应当引起我们的思考。

西部城市的绿色发展水平稳步提升。与 2011 年仅有昆明排名前十位相比，2012 中国城市绿色发展指数中，新增的西部城市克拉玛依也跻身前十位。同时，第 11 位～第 20 位中，2011 年西部仅有南宁一个城市，2012 年新增银川和贵阳。这表明西部地区城市的绿色发展水平较上年有较大进步，整体水平在不断提升。当然，不可否认的是，西部城市在资源与环境承载潜力中有较大的先天性优势，在这一指标上得分较高，但重庆、成都等西部大城市绿色发展指数排名却依旧偏低，这值得我们进一步研究。

中部城市的绿色发展水平相对靠后。中部的 6 个城市中，除长沙排名第 13 位以外，其余城市排名均在第 20 位以后，这使得中部城市绿色发展水平相对靠后。同时，与 2011 年合肥和长沙均排名所有测评城市前十位相比，中部地区城市排名退步明显，绿色发展水平需要提高。

东北 4 个城市的绿色发展水平良好。与 2011 年相比，东北地区城市绿色发展排名与去年变化不大，大连和哈尔滨分别位居全国第 7 位和第 15 位，沈阳和长春位列第 21 位和第 29 位，整体发展水平良好。

>>四、关于“绿色体检表”和“城市绿色发展公众满意度调查”<<

2012 年的报告新增加了“绿色体检表”和“城市绿色发展公众满意度调查”，这既源自在实际调研中的感受，也源自对新闻媒体提问的思考。

1. 关于“绿色体检表”

《2011 中国绿色发展指数报告——区域比较》发布以后，课题组受地方政府邀请，到部分省(区、市)和城市考察当地的绿色发展情况。在实地调研过程中我们发现，有的省市不仅关心绿色发展指数的排名，更关心他们在哪些具体方面或具体指标上做得不足。鉴于此，《2012 中国绿色发展指数报告——区域比较》特别制作了“绿色体检表”，向大家展示了各省(区、市)和测评城市绿色发展指数的三级指标数值、排名及前后两年排名变化。在考察中，地方政府希望课题组能为其绿色发展提供指导，帮助规划，而我们感到，中国绿色发展指数的研究还缺乏全面实地考察的协同进行，因此还满足不了为各地绿色发展“治病开方”的要求。我们的绿色指数测度，尤其是三级指标的展示，只能供各省市进行若干项目的系统“体检”，因此我们将这部分内容称为“绿色体检表”。

如何解读“绿色体检表”?“绿色体检表”由省际“绿色体检表”和城市“绿色体检表”两部分组成。省际“绿色体检表”包含了中国绿色发展指数(省际)31 个测评省(区、市)60 个绿色发展三级指标的指标序号、指标名称、单位、指标属性、2010 年除西藏外的 30 省区测评均值、2010 年该省(区、市)指标数值、2009 年该省(区、市)指标数值、2010 年该省(区、市)指标排名、2009 年该省(区、市)指标排名、前后两年排名变化、数据来源及“进退脸谱”12 项内容。其中，指标序号、指标名称、单位、指标属性、2010 年除西藏外的 30 省区测评均值及数据来源这 6 项内容在每个省际“绿色体检表”中都是相同的，反映的是整个中国绿色发展指数(省际)60 个绿色发展三级指标的具体情况；2010 年该省(区、市)指标数值、2009 年该省(区、市)指标数值、2010 年该省(区、市)指标排名、2009 年该省(区、市)指标排名及前后两年排名变化这 5 项内容在每个表中均不同，反映每个测评省(区、市)三级指标的原始数据及其相应的排名、变化；而最后的“进退脸谱”是根据指标排名变化而制作的，若 2010 年指标数值排名较 2009 年有所进步，即给该项指标一个笑脸☺，以表示鼓励；若 2010 年指标数值排名较 2009 年有所退步，则给该项指标一个哭脸☹，以表示激励；若该项指标排名两年基本没有变化，则无脸谱表示；若该项指标在统计年鉴中没有数据，则用 NA 表示，待日后补全。省区“绿色体检表”全面地反映了每个测评省市在绿色发展各个方面的具体表现。

城市“绿色体检表”反映的是中国绿色发展指数(城市)39 个测评城市 43 个绿色发展三级指标的具体情况，其除了包含省际“绿色体检表”的 12 项内容以外，还多了指标口径这一项，用于区分该指标体现的是全市数据还是市辖区数据。城市“绿色体检表”的分析理解与省区“绿色体检表”一致，其从 43 个三级指标出发，以近两年指标数值、排名变化等内容为基础，通过“进退脸谱”等，全面反映 39 个测评城市的绿色发展情况。

在每个“绿色体检表”之后，我们以表中内容为基础，结合绿色发展指数的一级指标和二级指标，对 31 个测评省(区、市)和 39 个城市的绿色发展水平进行了简要分析。我们根据各地一级、二级指标的得分情况做出相应的雷达图，直观地展现哪些指标比较强，哪些指标相对较弱。

需要特别说明的是，西藏及拉萨市由于部分指标数据缺失，虽然也做了“绿色体检表”及分析，但没有列入排序中，是被单独列出的，因而没有指标排名、排名变化、“进退脸谱”等内容，我们是从部分已有的数据中简析其绿色发展水平的。

2. 关于“城市绿色发展公众满意度调查”

在进行城市绿色发展指数的测评过程中，以及在绿色发展指数报告的发布会上，我们与各界朋友尤其是新闻界有一个共同感受，即绿色发展指数的省区和城市排序，如果只根据统计数据测算，可能与公众的实际感受有差距。接受各界朋友的宝贵建议，2012 年的报告我们增加了城市绿色发展公众满意度调查，反映居民对本城市的主观感受和评价，以更加全面地反映城市绿色发展情况。

城市绿色发展公众满意度调查由国家统计局中国经济景气监测中心具体承担的。北京师范大学科学发展观与经济可持续发展研究基地和西南财经大学绿色经济与经济可持续发展研究基地给予了经费支持。调查问卷以了解居民对所居住城市环境、基础设施、政府绿色行动的综合评价为主要内容，以 2012 中国城市绿色发展指数的 38 个测评城市为调查对象，以电话调查为主要方式，从每个城市随机抽取 700 个城区居民进行访问。调查通过城市环境满意度、基础设施满意度、政府绿色行动满意度和以上三项的综合满意度，测算出了居民对城市绿色发展的满意情况。若得分为正，则表示居民对城市的绿色发展“满意”；若得分为负，则表示居民对城市的绿色发展“不满意”。指标得分介于－1 至 1 之间，越趋近于 1 表示满意程度越高，越趋近于－1 表示满意程度越低。

调查结果显示：38 个城市绿色发展综合满意度平均水平为 0.121，居民对当前城市绿色发展的总体状况持肯定态度。公众满意度调查排名前十位的城市分别为：克拉玛依、银川、西宁、厦门、杭州、重庆、成都、珠海、青岛和宁波；排名后十位的城市分别为：南京、天津、沈阳、哈尔滨、北京、合肥、长沙、呼和浩特、武汉、兰州。在三项分指标的问卷结果中，大部分城市居民对环境及基础设施表示满意，但对政府绿色行动满意度较低。

城市绿色发展公众满意度调查是我们在绿色发展理论与实践研究中的一种大胆尝试，其与中国绿色发展指数测评指标体系的侧重点不同，所得出的结果差异较大，既是对绿色发展指数的补充和完善，也有很多矛盾的结论有待解释。下一步，在广泛征求专家和读者意见后，我们会将城市绿色发展公众满意度的调查排序，与中国绿色发展指数测评指标体系的区域排序进行综合对比分析，并辅之以专题调研，力求得出更加科学、客观、公正的结论。

>>五、本报告的框架结构及分析重点<<

《2012 中国绿色发展指数报告——区域比较》由序、专家评议、总论、省际篇、城市篇、公众评价篇、教授论坛和附录等组成。各部分围绕“绿色发展”这一主题，从不同角度对选取的 31 个省(区、市)和 39 个城市的绿色发展指数进行了测度和分析，并结合问卷调查结果补充了公众对区域绿色发展的评价。此外，还邀请了参与课题各章及专题写作的理工科和文科教授学者为绿色发展建言献策，形成一个以绿色发展为主题的教授论坛。本报告的分析框架较 2011 年有了不少改进和创新。

本报告继承了《2011 中国绿色发展指数报告——区域比较》的科学性和客观性，课题组继续聘请了 28 位资深专家为本报告进行专业评审。他们的热忱肯定与宝贵建议，使我们受益颇多，推动了本报告的不断完善和进步。专家们的评审意见被编辑为“专家评议”，置于报告之前。

“总论”重点介绍了2012中国绿色发展指数省际指标体系和城市指标体系的完善，展示了30个省区和38个城市的测算结果及排序，并对报告的新增内容进行了介绍。

本报告的主体内容为“四大篇”，与《2011中国绿色发展指数报告——区域比较》的“五大篇”有所不同，是本报告变化最大的部分。省际和城市的3个一级指标的测算在篇章安排上较2011年有较大改动，2011年按照3个一级指标分成三个测算篇，以指标带区域，测算篇中省际和城市合起来写作分析；2012年按照省际和城市分为两个测算篇，以区域带指标，每个测算篇下再根据3个一级指标分为三个测算章，并新增了“绿色体检”的内容。此外，本报告新增了以问卷调查为基础的公众评价篇，以及以绿色发展为主题的教授论坛，而不再采用2011年的专栏和专题篇。

第一篇为省际篇。该篇共四章，前三章与省区绿色发展指数的3个一级指标(经济增长绿化度、资源环境承载潜力和政府政策支持度)相对应，为省区3个一级指标的测度及结果分析；第四章是“省区及‘绿色体检’绿色发展简析”，分别对31个省区进行“绿色体检”，根据各指标的排名变化给予进退脸谱，并进行简要分析，是本报告在内容上的一大创新。

第二篇为城市篇，与省际篇结构相似。该篇共四章，前三章与城市绿色发展指数的3个一级指标(经济增长绿化度、资源环境承载潜力和政府政策支持度)相对应，为城市3个一级指标的测度及结果分析；第四章是“城市‘绿色体检’及绿色发展简析”，分别对39个城市进行“绿色体检”，根据各指标的排名变化给予进退脸谱，并进行简要分析。

第三篇为公众评价篇，这是2012年报告新增加的内容。鉴于公众的主观评价无法用统计数据测度，我们采用问卷调查的形式对选取的城市进行公众满意度调查，如空气质量、污染情况等。该篇共二章，第九章是“城市绿色发展公众满意度问卷调查设计”，第十章是“城市绿色发展公众满意度调查结果与分析”。从调查的结果中我们得到了一些启示，与读者分享，供大家参考。

第四篇为教授论坛篇，这也是本报告新增的内容。为了对绿色发展进行更为深入和广泛的讨论和研究，本报告邀请了参与课题的理工科和文科教授参与该论坛，讨论的主题是“对中国绿色发展事业建言献策”。每位受邀的教授将为中国的绿色发展事业提出自己的看法和建议，从不同角度探讨绿色发展问题。

本报告的最后部分为附录。附录 为绿色发展指数的国际比较，通过构建绿色发展指数的国际比较指标体系，对不同发展水平的地区进行测度，得出绿色发展指数的结果及排名，并进行相关分析。这是本报告新增的内容，也是第一次进行国际城市的比较，是对绿色发展指数指标体系的完善和发展，也是一次新的尝试和探索，难免有所不足，有待后续的改进。附录二为“成都市2009年绿色发展指数排名分析”，我们认为，在比较各省区和城市的绿色发展指数时，听取各地区的意见是非常重要的，有利于我们更好地改进工作和研究。附录三为“省区绿色发展指数测算指标解释及数据来源”。附录四为“城市绿色发展指数测算指标解释及数据来源”。

2012年的报告从绿色发展的角度出发，积极参与“加快建设资源节约型、环境友好型社会，提高生态文明水平”的工作。在测算和写作过程中，本报告努力探索与寻求绿色发展路径，力求全面、客观、科学地反映中国各省(区、市)及重点城市的绿色发展情况，并通过绿色发展理念推进经济发展方式的转变。我们感谢专家学者的支持，感谢各地政府的支持，感谢社会各界和广大民众的支持。我们相信，上下同欲、团结一心，一定能够为推进绿色发展作出应有的贡献！

第一篇

省际篇

本篇以公开出版的统计年鉴为基础，以2010中国绿色发展指数(省际)指标体系为依据，全面系统地反映了2010年中国30个测评地区的绿色发展情况，分析了这些地区的绿色发展排名。同时，本篇从绿色发展指数3个一级指标出发，分别编排了三章，即“第一章　省际经济增长绿化度测算及分析”、“第二章　省际资源环境承载潜力测算及分析”和“第三章　省际政府政策支持度测算及分析”，深入解析了2010年中国30个测评地区经济增长绿化度、资源环境承载潜力与政府政策支持度的具体情况。此外，为详细阐释2010年各测评地区的绿色发展水平，本篇还向大家展示了绿色发展指数各测评地区60个三级指标的数值、排名及前后两年排名变化等，形成了本篇的另外一章：“第四章　省区‘绿色体检’及绿色发展简析”。

第一章

省际经济增长绿化度测算及分析

作为绿色发展指数的重要内涵之一，经济增长绿化度是对一个地区经济发展过程中绿色程度的综合评价。本章根据“中国绿色发展指数评价体系(省区)”(以下简称“省区测算体系”)中经济增长绿化度的测度标准，利用2010年的年度数据，从绿色增长效率和三次产业等四个角度分别对中国30个省(区、市)①的经济增长绿化度指数进行了测度及分析。

一、省际经济增长绿化度的测算结果

根据“中国绿色发展指数评价体系(省区)”中经济增长绿化度的测度体系和权重标准，中国30个省(区、市)经济增长绿化度指数的测算结果如表1-1所示。

表1-1　　2010年中国30个省(区、市)经济增长绿化度指数及排名

指　标	经济增长绿化度		二级指标							
			绿色增长效率指标		第一产业指标		第二产业指标		第三产业指标	
地　区	指数值	排　名	指数值	排　名	指数值	排　名	指数值	排　名	指数值	排　名
北　京	0.465	1	0.235	1	0.085	1	0.008	11	0.137	1
上　海	0.327	2	0.110	2	0.059	2	0.049	3	0.109	2
天　津	0.291	3	0.078	3	0.041	6	0.103	1	0.069	3
浙　江	0.157	4	0.077	4	0.047	4	0.022	8	0.012	6
江　苏	0.149	5	0.074	5	0.038	7	0.023	6	0.015	5
山　东	0.122	6	0.048	7	0.017	10	0.065	2	−0.009	16
广　东	0.116	7	0.057	6	0.003	11	0.034	5	0.022	4
福　建	0.091	8	0.037	8	0.041	5	0.015	9	−0.002	11
海　南	0.022	9	0.008	10	0.019	8	−0.014	20	0.009	7
辽　宁	0.007	10	−0.013	14	0.000	12	0.014	10	0.005	8
内蒙古	−0.005	11	−0.043	24	−0.002	13	0.036	4	0.004	9

① 西藏、中国香港地区、中国澳门地区和中国台湾地区由于缺少主要测算数据，因此未参与测算。

续表

指标	经济增长绿化度		二级指标							
			绿色增长效率指标		第一产业指标		第二产业指标		第三产业指标	
地区	指数值	排名	指数值	排名	指数值	排名	指数值	排名	指数值	排名
河北	−0.007	12	0.005	12	0.019	9	−0.006	18	−0.025	24
湖北	−0.027	13	−0.018	18	−0.005	14	0.000	16	−0.004	13
吉林	−0.031	14	−0.018	19	−0.028	27	0.023	7	−0.007	14
陕西	−0.042	15	−0.019	20	−0.012	16	0.007	13	−0.018	20
黑龙江	−0.043	16	−0.015	15	−0.017	18	−0.003	17	−0.007	15
河南	−0.048	17	0.006	11	−0.011	15	0.004	15	−0.047	30
安徽	−0.058	18	−0.005	13	−0.025	23	0.004	14	−0.033	28
湖南	−0.065	19	−0.016	16	−0.013	17	−0.021	22	−0.015	18
江西	−0.078	20	0.009	9	−0.023	21	−0.035	25	−0.029	27
四川	−0.082	21	−0.020	21	−0.018	20	−0.018	21	−0.026	25
新疆	−0.088	22	−0.081	28	0.052	3	−0.039	26	−0.019	21
山西	−0.092	23	−0.062	26	−0.027	24	0.008	12	−0.011	17
广西	−0.096	24	−0.025	22	−0.023	22	−0.013	19	−0.035	29
重庆	−0.104	25	−0.017	17	−0.041	28	−0.031	24	−0.016	19
甘肃	−0.152	26	−0.052	25	−0.028	25	−0.049	28	−0.024	23
云南	−0.160	27	−0.038	23	−0.049	29	−0.047	27	−0.027	26
宁夏	−0.183	28	−0.133	30	−0.017	19	−0.029	23	−0.004	12
贵州	−0.186	29	−0.077	27	−0.055	30	−0.052	29	−0.002	10
青海	−0.201	30	−0.092	29	−0.028	26	−0.061	30	−0.020	22

注：①本表根据省区测算体系中经济增长绿化度的指标体系，依各指标2010年数据测算而得；②本表各省（区、市）按照经济增长绿化度的指数值从大到小排序；③本表一级指标“经济增长绿化度”指标值等于“绿色增长效率指标”、“第一产业指标”、“第二产业指标”、“第三产业指标”等四个二级指标指数值之和；④以上数据及排名根据《中国统计年鉴2011》、《中国环境统计年鉴2011》、《中国环境统计年报2010》、《中国城市统计年鉴2011》、《中国水利统计年鉴2011》、《中国工业经济统计年鉴2011》、《中国沙漠及其治理》测算。

从表1-1中看到，排在经济增长绿化度前十位的省区依次是：北京、上海、天津、浙江、江苏、山东、广东、福建、海南和辽宁（见图1-1）。其中，绿色增长效率指标排名前十位的省区依次是：北京、上海、天津、浙江、江苏、广东、山东、福建、江西和海南；第一产业指标排名前十位的省区依次是：北京、上海、新疆、浙江、福建、天津、江苏、海南、河北和山东；第二产业指标排名前十位的省区依次是：天津、山东、上海、内蒙古、广东、江苏、吉林、浙江、福建和辽宁；第三产业指标排名前十位的省区依次是：北京、上海、天津、广东、江苏、浙江、海南、辽宁、内蒙古和贵州。

各地区经济增长绿化度的地理分布见图1-2，其中排在前十位的省区用“深绿色”表示；排在第11位～第20位的省区用“中度绿色”来表示，排在后十位的省区用“浅绿色”表示。不同颜色代表经济增长绿化度的不同程度，颜色越深，表明经济增长绿化度越好。从地理区域来看，用“深绿色”代表的省区集中在中国的东部沿海地区，“中度绿色”省区集中在中国的中部偏东部的地区，“浅绿色”省区则集中在中国的中部偏西部的地区。

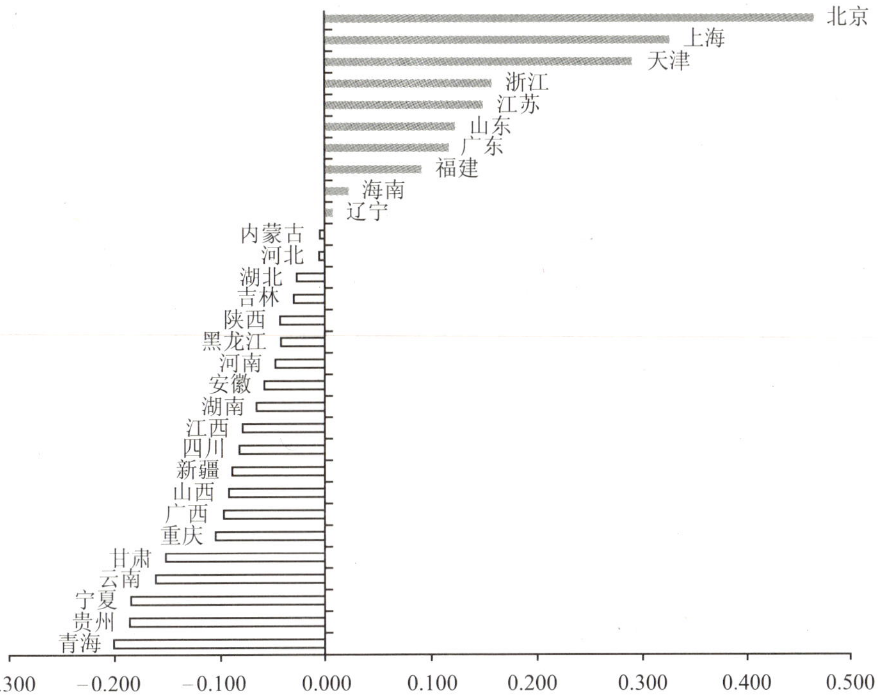

图 1-1　经济增长绿化度排名省际比较

注：根据表 1-1 中相关数据制作。

图 1-2　经济增长绿化度排名地区分布

注：根据表 1-1 中相关数据制作。

结合以上各表和图，下面进一步从四大区域间经济增长绿化度的差异、区域内部各个地区的差异以及经济增长绿化度与绿色发展指数的相关关系三个方面分析如下。

1. 经济增长绿化度区域间差异分析

从经济增长绿化度的区域分布来看，经济增长绿化度总体呈现东部较好，东北和中部居中，西部偏低的局面。在东部地区[①]的 10 个省份中，排在前十位的有 9 个，河北排在第 12 位。其中，北京以 0.465 的高分居全国第 1 位。从各项指标来看，除第二产业指标外，北京在绿色增长效率指标、第一产业指标、第三产业指标上的得分均排在全国首位，整体较好。东北三省的排名分别为第 10 位、第 14 位和第 16 位，处于中等偏上水平；中部 6 省中，湖北排名最为靠前，列第 13 位，其余 5 个省份排在第 17 位～第 23 位，位次居中偏后；西部地区的 11 个(除西藏外)参评省份中，除内蒙古排在第 11 位、陕西排在第 15 位以外，其他 9 个省份排在第 21 位～第 30 位，依次为四川、新疆、广西、重庆、甘肃、云南、宁夏、贵州和青海，整体排名靠后。

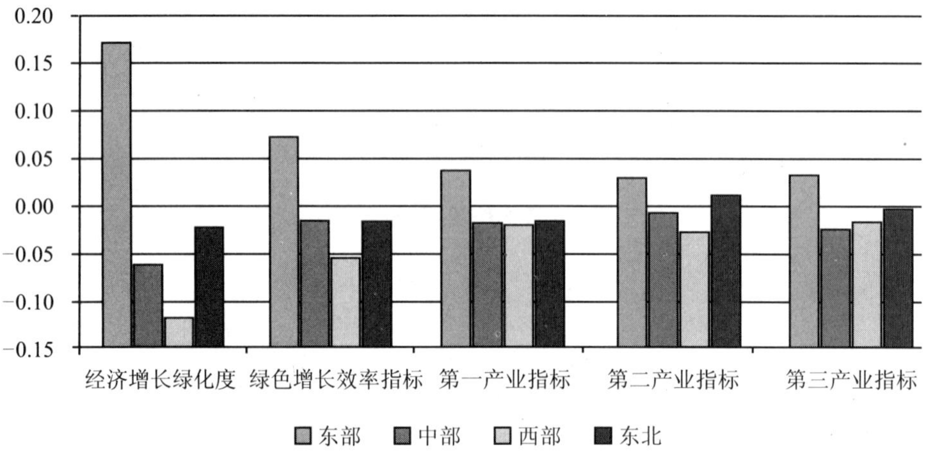

图 1-3 中国四大区域经济增长绿化度对照图

注：上图中数据为四大区域中各省份指标值的算术平均值。

就经济增长绿化度的四个分指标而言，区域间的差异也非常显著。绿色增长效率指标区域间差异最大，西部地区远落后于东部地区，而中部地区和东北地区则较为接近，且均低于全国水平，位于东部地区与西部地区之间。第一产业指标特点有所不同，东部地区明显高于其他地区，但中部地区、西部地区和东北地区之间的差异较小，均低于全国平均水平。第二产业指标的区域差异相对较小，东部地区和东北地区情况较好，高于全国平均水平，而中部地区和西部地区略低于全国平均水平。第三产业指标中各地区位于全国均值附近，东部地区高于全国平均水平，紧随其后的是东北地区，而西部地区则超过中部地区，成为经济增长绿化度四个分指标中唯一没有垫底的指标。

2. 经济增长绿化度区域内情况分析

从四大区域内各省(区、市)的情况看，区域内部经济增长绿化度情况较为相似。东部地区 10 个省份中除河北省外其余省份的经济增长绿化度均高于全国平均水平，分列全国第 1 位～第 9

① 东部地区包括：北京、天津、河北、上海、江苏、浙江、福建、山东、广东和海南；中部地区包括山西、安徽、江西、河南、湖北和湖南；西部地区包括内蒙古、广西、重庆、四川、贵州、云南、西藏、陕西、甘肃、青海、宁夏和新疆；东北地区包括辽宁、吉林和黑龙江。

位，河北省指标得分为－0.007，比北京低0.472，列第12位。中部6省的经济增长绿化度均低于全国平均水平，得分介于－0.027和－0.092之间，得分最高的湖北省高于得分最低的山西省0.065，显示了中部6省经济增长绿化度的高度一致性。西部地区11个省的经济增长绿化度也均低于全国平均水平，内蒙古得分最高，为－0.005，青海得分最低，为－0.201，相差0.196。东北三省中，辽宁省的经济增长绿化度高于全国平均水平，得分为0.007；另外两省中吉林得分为－0.031，黑龙江得分为－0.043。具体如表1-2所示。

表1-2　　经济增长绿化度四大区域内部差异分析

区　域	地　区	指数值	排　名	区　域	地　区	指数值	排　名
东　部	北　京	0.465	1	西　部	内蒙古	－0.005	11
	天　津	0.291	3		广　西	－0.096	24
	河　北	－0.007	12		重　庆	－0.104	25
	上　海	0.327	2		四　川	－0.082	21
	江　苏	0.149	5		贵　州	－0.186	29
	浙　江	0.157	4		云　南	－0.160	27
	福　建	0.091	8		陕　西	－0.042	15
	山　东	0.122	6		甘　肃	－0.152	26
	广　东	0.116	7		青　海	－0.201	30
	海　南	0.022	9		宁　夏	－0.183	28
中　部	山　西	－0.092	23		新　疆	－0.088	22
	安　徽	－0.058	18	东　北	辽　宁	0.007	10
	江　西	－0.078	20		吉　林	－0.031	14
	河　南	－0.048	17		黑龙江	－0.043	16
	湖　北	－0.027	13				
	湖　南	－0.065	19				

注：本表根据表1-1整理。

3. 经济增长绿化度对区域绿色发展的影响分析

对比各地区经济增长绿化度指数排序与绿色发展指数排序后发现，30个参评省份名次变动在5个位次(不含变动5位)及以内的省份达15个，占总参评省份的1/2。名次变动10个位次及以上的省份有6个，为参评省份数量的1/5，分别是青海、云南、贵州、辽宁、湖北以及河南(详见表1-3)。

表1-3　　省际绿色发展指数与经济增长绿化度排名差异比较

地　区	绿色发展指数排名	经济增长绿化度排名	位次变化	地　区	绿色发展指数排名	经济增长绿化度排名	位次变化
北　京	1	1	0	黑龙江	16	16	0
天　津	2	3	－1	河　北	17	12	5
广　东	3	7	－4	江　西	18	20	－2
海　南	4	9	－5	重　庆	19	25	－6
浙　江	5	4	1	吉　林	20	14	6
青　海	6	30	－24	四　川	21	21	0
云　南	7	27	－20	安　徽	22	18	4

续表

地　区	绿色发展指数排名	经济增长绿化度排名	位次变化	地　区	绿色发展指数排名	经济增长绿化度排名	位次变化
福　建	8	8	0	辽　宁	23	10	13
上　海	9	2	7	湖　北	24	13	11
山　东	10	6	4	甘　肃	25	26	−1
内蒙古	11	11	0	广　西	26	24	2
江　苏	12	5	7	湖　南	27	19	8
贵　州	13	29	−16	宁　夏	28	28	0
陕　西	14	15	−1	山　西	29	23	6
新　疆	15	22	−7	河　南	30	17	13

注：本表根据表0-5和表1-1整理而得。

经济增长绿化度是绿色发展指数的重要组成部分。从表1-3中可以发现，东部经济发达地区的绿色发展指数与经济增长绿化度排名差异普遍较小，在名次差异较大的6个省份中，没有一个为东部地区。这在一定程度上显示了一个地区的经济增长绿化度水平高低将会对该地区的整体的绿色发展水平产生较大的影响。提升经济增长绿化度将助力区域的绿色发展。

>>二、省际经济增长绿化度比较分析<<

省际经济增长绿化度指数占绿色发展指数总权重的30%，共由22个三级指标构成，正指标12个，逆指标10个。其中参与测算的指标有20个。

(一)绿色增长效率指标比较

在省际经济增长绿化度测度体系中，绿色增长效率指标占经济增长绿化度指数的权重为45%，占绿色发展指数的13.5%，相对于其他3个指标，这一指标对经济增长绿化度指数的贡献较大。从指标构成来看，绿色增长效率指标主要是由表1-4中的9个指标加权组合而成。

表1-4　　省际绿色增长效率三级指标、权重及指标属性

指标序号	指　标	权　重	指标属性
1	人均地区生产总值	1.70%	正
2	单位地区生产总值能耗	1.70%	逆
3	非化石能源消费量占能源消费量的比重	1.70%	正
4	单位地区生产总值二氧化碳排放量	1.40%	逆
5	单位地区生产总值二氧化硫排放量	1.40%	逆
6	单位地区生产总值化学需氧量排放量	1.40%	逆
7	单位地区生产总值氮氧化物排放量	1.40%	逆
8	单位地区生产总值氨氮排放量	1.40%	逆
9	人均城镇生活消费用电	1.40%	逆

注：本表内容是由本报告课题组召开的多次专家座谈会研讨确定的。

绿色增长效率指标的9个三级指标中，指标1"人均地区生产总值"、指标2"单位地区生产总值能耗"、指标3"非化石能源消费量占能源消费量比重"的权重均为1.70%，高于其他6个指标的权重(1.40%)。在衡量一个地区经济发展水平的指标中，测算体系只选择了"人均地区生产总值"这一指标，因此，在权重上做了适当的倾斜。实现单位地区生产总值能耗降低是各地区经济发展中的重要目标，因此，绿色增长效率指标中"单位地区生产总值能耗"的权重略过于其他6个一般指标的权重。与之相对应，作为衡量一个地区能源结构转型的重要标准之一，"非化石能源消费量占能源消费量的比重"这一指标权重的提高有利于明确绿色发展的导向意义。鉴于此，将以上3个指标的权重略作提高。但由于缺少部分省份的数据，故指标3未参与测算。除上述3个指标外，其他6个指标的权重均占总权重的1.40%。可见，在绿色增长效率指标中，9个三级指标相互补充但又有所侧重，以期达到对各地区绿色增长效率进行综合测度和评价的目的。

从表1-5和图1-4中可以发现，在绿色增长效率指标的前十位中，前9个均来自东部地区，分别是北京、上海、天津、浙江、江苏、广东、山东、福建、海南，这些地区均为经济增长绿化度的前十位，仅是位次稍有差异。绿色增长效率指标第11位～第20位的省份依次是河南、河北、安徽、辽宁、黑龙江、湖南、重庆、湖北、吉林和陕西。其中东部省份1个，中部省份4个，西部省份2个，东北三省全部在列。绿色增长效率指标第11位～第20位的省份依次是四川、广西、云南、内蒙古、甘肃、山西、贵州、新疆、青海和宁夏。在绿色增长效率指标的后十位省份中，山西是唯一的中部地区省份，其余9个省份都来自西部地区。

表1-5　　2010年中国省际绿色增长效率指标指数及其排名

地　区	指数值	排　名	地　区	指数值	排　名
北　京	0.235	1	湖　南	−0.016	16
上　海	0.110	2	重　庆	−0.017	17
天　津	0.078	3	湖　北	−0.018	18
浙　江	0.077	4	吉　林	−0.018	19
江　苏	0.074	5	陕　西	−0.019	20
广　东	0.057	6	四　川	−0.020	21
山　东	0.048	7	广　西	−0.025	22
福　建	0.037	8	云　南	−0.038	23
江　西	0.009	9	内蒙古	−0.043	24
海　南	0.008	10	甘　肃	−0.052	25
河　南	0.006	11	山　西	−0.062	26
河　北	0.005	12	贵　州	−0.077	27
安　徽	−0.005	13	新　疆	−0.081	28
辽　宁	−0.013	14	青　海	−0.092	29
黑龙江	−0.015	15	宁　夏	−0.133	30

注：以上数据及排名根据《中国统计年鉴2011》、《中国环境统计年鉴2011》、《中国环境统计年报2010》、《中国城市统计年鉴2011》、《中国水利统计年鉴2011》、《中国工业经济统计年鉴2011》、《中国沙漠及其治理》等测算。

如图1-4所示，在绿色增长效率指标中，东部省份整体较好，除河北外其余省份均高于全国平均水平，但内部差距较大，北京以0.235的绝对优势遥遥领先于其他省份；中部六省和东北三省内部差异不大，略低于平均水平；西部地区整体偏低，且内部具有一定的差异。

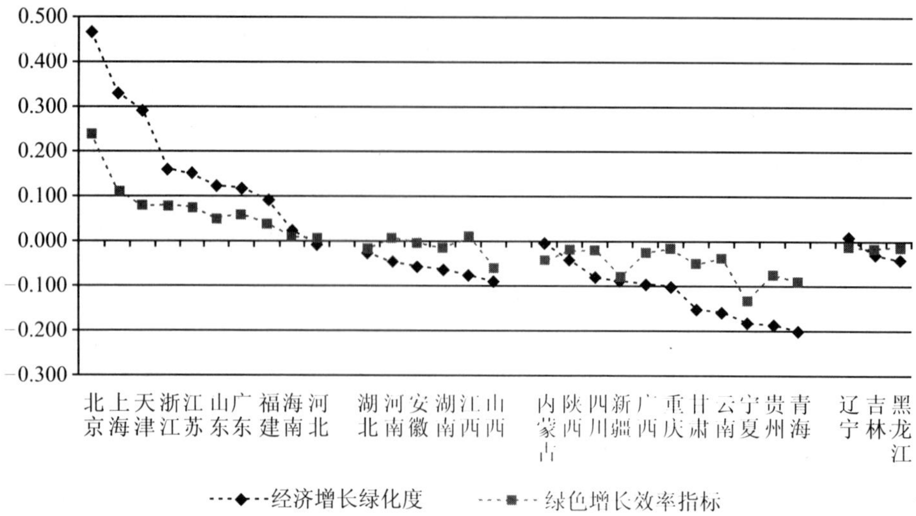

图 1-4　省际绿色增长效率指标与经济增长绿化度指数对比

注：本表从东部、中部、西部和东北地区划分的角度，根据经济增长绿化度指数大小自左到右排列。

(二)第一产业指标比较

在经济增长绿化度测算体系中，第一产业指标占经济增长绿化度指数的权重为15%，共有4个三级指标构成(见表1-6)，单个指标权重均为1.13%，是所有三级指标中权重最低的。

表 1-6　省际第一产业三级指标、权重及指标属性

指标序号	指　标	权　重	指标属性
10	第一产业劳动生产率	1.13%	正
11	土地产出率	1.13%	正
12	节灌率	1.13%	正
13	有效灌溉面积占耕地面积比重	1.13%	正

注：本表内容是由本报告课题组召开的多次专家座谈会研讨确定的。

从表1-7和图1-5中可以看到，第一产业指标前十位的省份分别是北京、上海、新疆、浙江、福建、天津、江苏、海南、河北和山东，在前十位的省份中，除新疆为西部省份外，其他9个均为东部省份。第一产业指标第11位～第20位的省份依次是广东、辽宁、内蒙古、湖北、河南、陕西、湖南、黑龙江、宁夏和四川。除广东为东部省份外，包括3个中部地区省份、4个西部地区省份和2个东北地区省份。第一产业指标排名后十位依次为江西、广西、安徽、山西、甘肃、青海、吉林、重庆、云南和贵州。

表 1-7　2010年中国省际第一产业指标指数及其排名

地　区	指数值	排　名	地　区	指数值	排　名
北　京	0.085	1	陕　西	−0.012	16
上　海	0.059	2	湖　南	−0.013	17
新　疆	0.052	3	黑龙江	−0.017	18
浙　江	0.047	4	宁　夏	−0.017	19

续表

地　区	指数值	排　名	地　区	指数值	排　名
福　建	0.041	5	四　川	−0.018	20
天　津	0.041	6	江　西	−0.023	21
江　苏	0.038	7	广　西	−0.023	22
海　南	0.019	8	安　徽	−0.025	23
河　北	0.019	9	山　西	−0.027	24
山　东	0.017	10	甘　肃	−0.028	25
广　东	0.003	11	青　海	−0.028	26
辽　宁	0.000	12	吉　林	−0.028	27
内蒙古	−0.002	13	重　庆	−0.041	28
湖　北	−0.005	14	云　南	−0.049	29
河　南	−0.011	15	贵　州	−0.055	30

注：以上数据及排名根据《中国统计年鉴2011》、《中国环境统计年鉴2011》、《中国环境统计年报2010》、《中国城市统计年鉴2011》、《中国水利统计年鉴2011》、《中国工业经济统计年鉴2011》、《中国沙漠及其治理》等测算。

如图1-5所示，在第一产业指标中，东部省份整体较好，各省均高于全国平均水平，内部差距较小，北京得分0.085列第1位；中部六省和东北三省内部差异不大，在全国平均水平附近；西部地区整体偏低，且内部差异显著，新疆得分为0.052，列全国第3位，而贵州得分仅为−0.055，列倒数第1位，两省得分相差超过0.1。

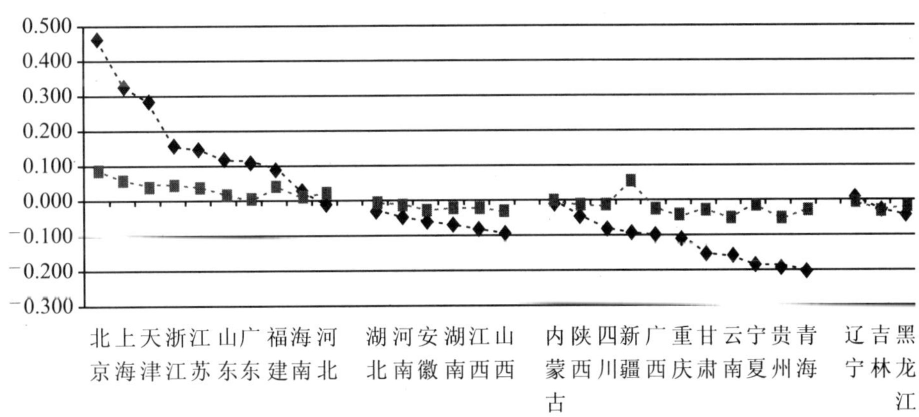

图1-5　省际第一产业指标与经济增长绿化度指数对比

注：本表从东部、中部、西部和东北地区划分的角度，根据经济增长绿化度指数大小自左到右排列。

(三)第二产业指标比较

在经济增长绿化度测算体系中，第二产业指标占经济增长绿化度指数的权重为25%，由指标14～指标19共6个指标构成，单个指标权重均为1.25%(见表1-8)。

表 1-8　　省际第二产业三级指标、权重及指标属性

指标序号	指　标	权　重	指标属性
14	第二产业劳动生产率	1.25%	正
15	单位工业增加值水耗	1.25%	逆
16	规模以上单位工业增加值能耗	1.25%	逆
17	工业固体废物综合利用率	1.25%	正
18	工业用水重复利用率	1.25%	正
19	六大高载能行业产值占工业总产值比重	1.25%	逆

注：本表内容是由本报告课题组召开的多次专家座谈会研讨确定的。

从表 1-9 以及图 1-6 中可以看到，第二产业指标前十位的省份分别是天津、山东、上海、内蒙古、广东、江苏、吉林、浙江、福建和辽宁，在前十位的省份中，内蒙古为西部省份，吉林、辽宁为东北地区省份，其他 7 个均为东部省份。第二产业指标第 11 位～第 20 位的省份依次是北京、山西、陕西、安徽、河南、湖北、黑龙江、河北、广西和海南。第二产业指标排名后十位的省份依次为四川、湖南、宁夏、重庆、江西、新疆、云南、甘肃、贵州和青海。

表 1-9　　2010 年中国省际第二产业指标指数及其排名

地　区	指数值	排　名	地　区	指数值	排　名
天　津	0.103	1	湖　北	0.000	16
山　东	0.065	2	黑龙江	−0.003	17
上　海	0.049	3	河　北	−0.006	18
内蒙古	0.036	4	广　西	−0.013	19
广　东	0.034	5	海　南	−0.014	20
江　苏	0.023	6	四　川	−0.018	21
吉　林	0.023	7	湖　南	−0.021	22
浙　江	0.022	8	宁　夏	−0.029	23
福　建	0.015	9	重　庆	−0.031	24
辽　宁	0.014	10	江　西	−0.035	25
北　京	0.008	11	新　疆	−0.039	26
山　西	0.008	12	云　南	−0.047	27
陕　西	0.007	13	甘　肃	−0.049	28
安　徽	0.004	14	贵　州	−0.052	29
河　南	0.004	15	青　海	−0.061	30

注：以上数据及排名根据《中国统计年鉴 2011》、《中国环境统计年鉴 2011》、《中国环境统计年报 2010》、《中国城市统计年鉴 2011》、《中国水利统计年鉴 2011》、《中国工业经济统计年鉴 2011》、《中国沙漠及其治理》等测算。

如图 1-6 所示，在第二产业指标中，东部省份整体较好，除海南、河北外，其余省份均高于全国平均水平，但内部差距较大，天津得分 0.103 遥遥领先，而海南则以−0.014 的得分位列第 20 位；中部六省和东北三省内部差异不大，在全国平均水平附近；西部地区整体偏低，且内部差异显著，内蒙古得分为 0.036，列全国第 4 位，而青海得分仅为−0.061，列倒数第 1 位。

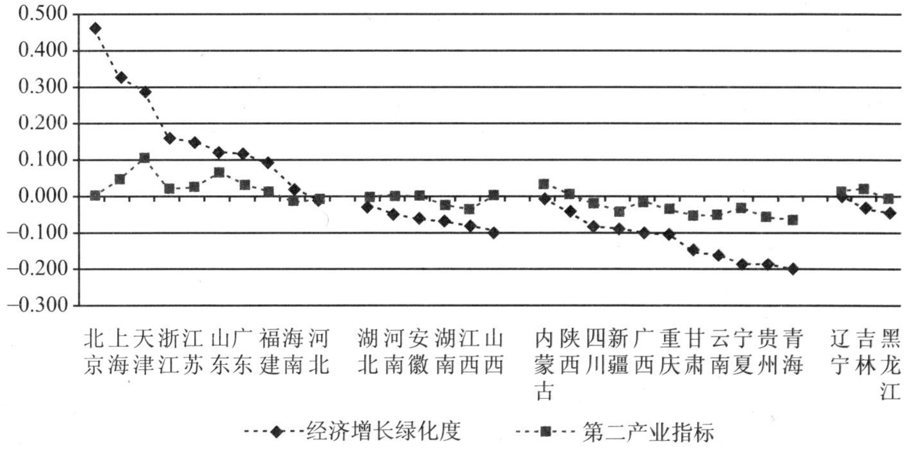

图 1-6　省际第二产业指标与经济增长绿化度指数对比

注：本表从东部、中部、西部和东北地区划分的角度，根据经济增长绿化度指数大小自左到右排列。

(四)第三产业指标比较

在省际经济增长绿化度的测度体系中，第三产业指标占经济增长绿化度的权重为 15%，由指标 20～指标 22 共 3 个三级指标构成。在指标权重设计上，采取均权的方法，即每个指标权重占总权重的 1.50%，各项三级指标权重及其属性见表 1-10。

表 1-10　省际第三产业三级指标、权重及指标属性

指标序号	指　标	权　重	指标属性
20	第三产业劳动生产率	1.50%	正
21	第三产业增加值比重	1.50%	正
22	第三产业就业人员比重	1.50%	正

注：本表内容是由本报告课题组召开的多次专家座谈会研讨确定的。

从表 1-11 以及图 1-7 中可以看到，第三产业指标前十位的省份分别是北京、上海、天津、广东、江苏、浙江、海南、辽宁、内蒙古和贵州，在前十位的省份中，内蒙古和贵州为西部省份，辽宁为东北地区省份，其他 7 个均为东部省份。第三产业指标第 11 位～第 20 位的省份依次是福建、宁夏、湖北、吉林、黑龙江、山东、山西、湖南、重庆和陕西。第三产业指标排名后十位的省份依次为新疆、青海、甘肃、河北、四川、云南、江西、安徽、广西和河南。

表 1-11　2010 年中国省际第三产业指标指数及其排名

地　区	指数值	排　名	地　区	指数值	排　名
北　京	0.137	1	山　东	−0.009	16
上　海	0.109	2	山　西	−0.011	17
天　津	0.069	3	湖　南	−0.015	18
广　东	0.022	4	重　庆	−0.016	19
江　苏	0.015	5	陕　西	−0.018	20
浙　江	0.012	6	新　疆	−0.019	21

续表

地　区	指数值	排　名	地　区	指数值	排　名
海　南	0.009	7	青　海	−0.020	22
辽　宁	0.005	8	甘　肃	−0.024	23
内蒙古	0.004	9	河　北	−0.025	24
贵　州	−0.002	10	四　川	−0.026	25
福　建	−0.002	11	云　南	−0.027	26
宁　夏	−0.004	12	江　西	−0.029	27
湖　北	−0.004	13	安　徽	−0.033	28
吉　林	−0.007	14	广　西	−0.035	29
黑龙江	−0.007	15	河　南	−0.047	30

注：以上数据及排名根据《中国统计年鉴 2011》、《中国环境统计年鉴 2011》、《中国环境统计年报 2010》、《中国城市统计年鉴 2011》、《中国水利统计年鉴 2011》、《中国工业经济统计年鉴 2011》、《中国沙漠及其治理》等测算。

如图 1-7 所示，在第三产业指标中，东部省份整体较好，但内部差距较大，北京、上海、天津分列前三位，而山东、福建、河北三省得分则相对较低，分列第 16 位、第 11 位和第 24 位。中部六省差距也较大，其中湖北得分为−0.004，列第 13 位，而河南得分为−0.047，列全国倒数第 1 位。西部地区整体水平较低，但依然存在明显的内部差异，其中内蒙古得分为 0.004，列第 9 位，而广西得分为−0.035，列全国第 29 位。相对而言，东北三省内部差异不大，在全国平均水平附近。以上显示了第三产业指标区域内发展的不均衡。

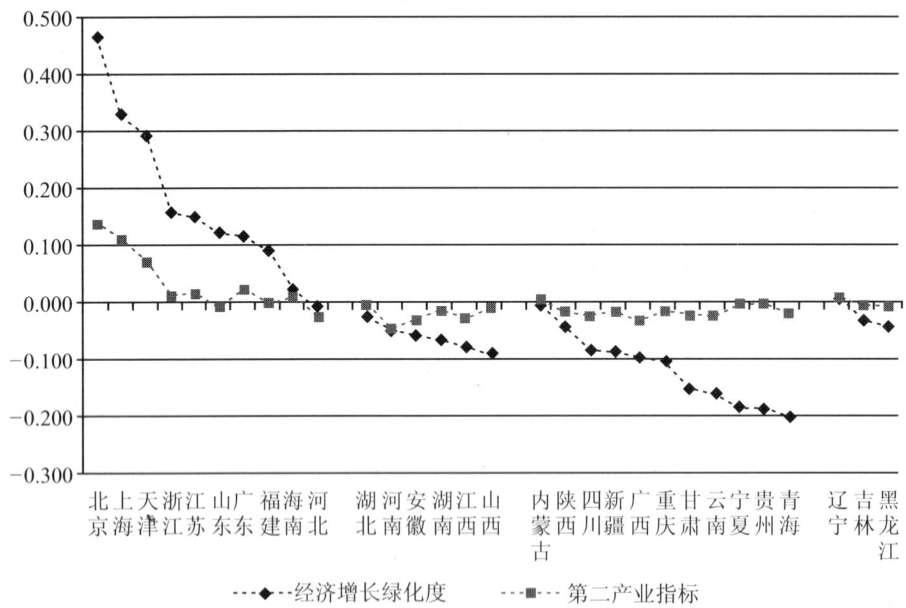

图 1-7　省际第三产业指标与经济增长绿化度指数对比

注：本表从东部、中部、西部和东北地区划分的角度，根据经济增长绿化度指数大小自左到右排列。

第二章

省际资源环境承载潜力测算及分析

资源环境承载潜力衡量的是一个地区资源丰裕、生态保护、环境压力与气候变化对今后经济发展和人类活动的承载能力。它是各地区自然资源和生态的禀赋条件拥有水平、人类活动对资源环境生态气候等影响程度的综合反映，是绿色发展指数的重要内涵之一。

本章从地区比较的视角，采用“中国绿色发展指数评价体系(省区)”分析体系，测算了中国30个省(区、市)的资源环境承载潜力，分析并刻画这些地区在资源丰裕和生态保护、环境压力与气候变化两个方面承载潜力的特点及基本格局，比较各地区资源环境承载潜力的差异。

>>一、省际资源环境承载潜力指数测算结果<<

根据“中国绿色发展指数评价体系(省区)”中资源环境承载潜力的评价体系和权重标准，中国30个省(区、市)的资源环境承载潜力的测算结果见表2-1。

表2-1　　中国30个省(区、市)资源环境承载潜力指数及排名

指　标	资源环境承载潜力		二级指标			
			资源丰裕与生态保护指标		环境压力与气候变化指标	
地　区	指数值	排　名	指数值	排　名	指数值	排　名
青　海	0.466	1	0.160	1	0.307	1
贵　州	0.271	2	−0.028	20	0.299	2
云　南	0.224	3	0.076	4	0.149	3
黑龙江	0.181	4	0.114	3	0.067	5
内蒙古	0.103	5	0.125	2	−0.023	15
海　南	0.101	6	0.046	7	0.055	7
四　川	0.093	7	0.050	6	0.043	8
甘　肃	0.077	8	0.021	17	0.098	4
新　疆	0.049	9	0.011	11	0.038	9
吉　林	0.044	10	0.060	5	−0.017	12
陕　西	0.038	11	−0.022	18	0.060	6

续表

指　标	资源环境承载潜力		二级指标			
			资源丰裕与生态保护指标		环境压力与气候变化指标	
江　西	0.021	12	0.045	8	−0.024	16
福　建	−0.023	13	0.034	9	−0.057	22
北　京	−0.035	14	−0.060	23	0.024	10
广　西	−0.045	15	0.027	10	−0.072	24
重　庆	−0.049	16	−0.028	19	−0.021	14
安　徽	−0.049	17	−0.058	22	0.010	11
湖　南	−0.050	18	−0.004	14	−0.047	19
浙　江	−0.074	19	−0.009	16	−0.065	23
辽　宁	−0.077	20	−0.002	13	−0.075	26
广　东	−0.086	21	−0.008	15	−0.078	27
湖　北	−0.091	22	−0.035	21	−0.056	21
河　北	−0.094	23	−0.074	29	−0.020	13
山　东	−0.099	24	−0.065	25	−0.034	18
河　南	−0.103	25	−0.075	30	−0.028	17
山　西	−0.124	26	−0.072	28	−0.052	20
天　津	−0.134	27	−0.062	24	−0.072	25
江　苏	−0.153	28	−0.066	26	−0.087	28
宁　夏	−0.181	29	−0.068	27	−0.112	29
上　海	−0.200	30	0.010	12	−0.210	30

注：①本表根据资源环境承载潜力的指标体系，依据各指标2009年和2010年数据测算而得；②本表各省(区、市)按照资源环境承载潜力的指数值从大到小排序；③以上数据及排名根据《中国统计年鉴2011》、《中国环境统计年鉴2011》、《中国环境统计年报2010》、《中国城市统计年鉴2011》、《中国水利统计年鉴2011》、《中国工业经济统计年鉴2011》、《中国沙漠及其治理》测算。

从表2-1中可以看到，排在资源环境承载潜力前十位的省份依次是：青海、贵州、云南、黑龙江、内蒙古、海南、四川、甘肃、新疆和吉林。资源丰裕与生态保护指标排名前十位的省份依次是：青海、内蒙古、黑龙江、云南、吉林、四川、海南、江西、福建和广西。环境压力与气候变化指标排名前十位的省份依次是：青海、贵州、云南、甘肃、黑龙江、陕西、海南、四川、新疆和北京。

根据表2-1中各地区的资源环境承载潜力的指数值可绘制出图2-1。其中，横轴为资源环境承载潜力指数值，其中0点为30个省份资源环境承载潜力的平均水平。资源环境承载潜力指数值高于全国平均水平的省(区、市)用颜色条框表示，资源环境承载潜力指数值越高，其颜色条框就越长；相反，资源环境承载潜力指数值低于全国平均水平的省(区、市)则用白色条框表示，资源环境承载潜力指数值越低，其白色条框就越长。

各地区资源环境承载潜力的地理分布状况见图2-2，其中，资源环境承载潜力指数值排在前十位的省份用“深绿色”表示；排在第11位～第20位的省份用“中度绿色”来表示，排在后十位的省份用“浅绿色”表示。不同颜色代表资源环境承载潜力的不同程度，颜色越深，表明资源环境承载潜力越好。从地理区域来看，用“深绿色”代表的省份集中在中国的西部和东北地区，“中度绿色”省份集中在中部和东部地区，“浅绿色”省份则集中在中国东部地区。

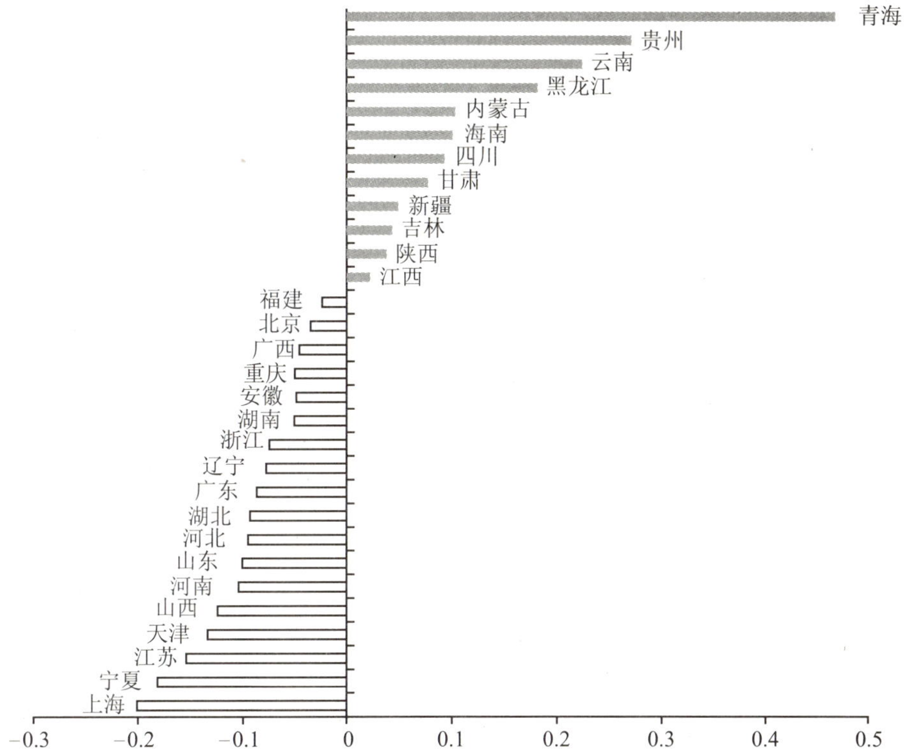

图 2-1　资源环境承载潜力排名省际比较

注：根据表 2-1 中相关数据制作。

图 2-2　资源环境承载潜力排名地区分布

注：根据表 2-1 中相关数据制作。

根据中国 30 个省(区、市)的资源环境承载潜力的测算结果，对各省(区、市)资源环境承载潜力总体特点分析如下。

1. 资源环境承载潜力区域间差异分析

分省区看，资源环境承载潜力的省际差异非常明显，30 个省份得分值的极差为 0.66，标准差为 0.15。排名第 1 位的青海得分是第 2 位贵州的 1.72 倍，是第 3 位云南的 2.08 倍。另外，30 个省份中有 18 个省份得分低于全国平均水平①。

从东部、中部、东北、西部四大区域看，资源环境承载潜力的区域差异也很明显。如图 2-3 所示，西部资源环境承载潜力明显好于其他三个地区，其次是东北地区，而东部、中部的资源环境承载潜力则相对较弱。分析两个二级指标可以发现，资源环境承载潜力区域间的差异主要是由于西部和东北部地区在资源丰裕与生态保护方面明显优于东部和中部地区；而西部地区的资源环境承载潜力得分最高是由于在环境压力和气候变化方面具有绝对优势(见图 2-3 和表 2-2)。

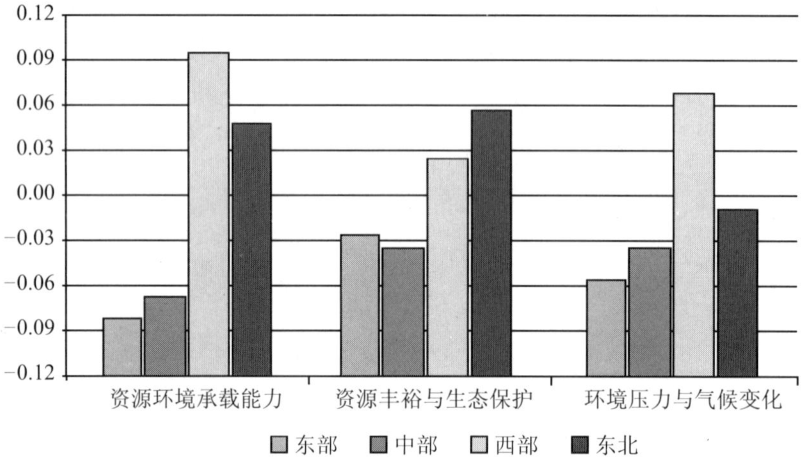

图 2-3　中国四大区域资源环境承载潜力对照图

注：上图中数据为四大区域中各省份指标值的算术平均值。

从四大区域内部各省(区、市)的资源环境承载潜力排名来看，东部地区 10 个省(区、市)中，海南排名最高，列第 6 位；福建、北京和浙江位于全国中游，分别排名在第 13 位、第 14 位和第 19 位；而广东、河北、山东、天津、江苏、上海 6 个省(区、市)排名相对靠后，并且，上海排名全国倒数第 1 位。中部地区 6 个省(区、市)中，江西最靠前，列第 12 位；安徽、湖南处于中游水平，分别列第 17 位和第 18 位；湖北、河南和山西排名全国后十位，分别列第 22 位、第 25 位和第 26 位。西部地区的 11 个(西藏未参评)省(区、市)中，青海、贵州、云南、内蒙古、四川、甘肃、新疆 7 个省(区、市)位列全国前十位，并且有 8 个省份超过全国均值 0。具体而言，青海、贵州、云南排名全国前三位；陕西、广西、重庆位于全国中游，分别排第 11 位、第 15 位和第 16 位；宁夏排名较后，列第 29 位(倒数第 2 位)。东北三省中，黑龙江和吉林的资源环境承载潜力最好，分别列全国第 4 位和第 10 位；辽宁则相对较差，列第 20 位。

① 全国平均水平分值为 0。

表 2-2　　　　　　　　　　分区域资源环境承载潜力排名情况

区　域	地　区	资源环境承载潜力	资源丰裕与生态保护	环境压力与气候变化	区　域	地　区	资源环境承载潜力	资源丰裕与生态保护	环境压力与气候变化
东　部	北　京	14	23	10	西　部	内蒙古	5	2	15
	天　津	27	24	25		广　西	15	10	24
	河　北	23	29	13		重　庆	16	19	14
	上　海	30	12	30		四　川	7	6	8
	江　苏	28	26	28		贵　州	2	20	2
	浙　江	19	16	23		云　南	3	4	3
	福　建	13	9	22		陕　西	11	18	6
	山　东	24	25	18		甘　肃	8	17	4
	广　东	21	15	27		青　海	1	1	1
	海　南	6	7	7		宁　夏	29	27	29
中　部	山　西	26	28	20		新　疆	9	11	9
	安　徽	17	22	11	东　北	辽　宁	20	13	26
	江　西	12	8	16		吉　林	10	5	12
	河　南	25	30	17		黑龙江	4	3	5
	湖　北	22	21	21					
	湖　南	18	14	19					

注：本表根据表 2-1 整理。

通过以上对资源环境承载潜力的综合分析研究，我们发现，资源环境承载潜力在各个地区存在着明显的差异，导致这些差异的原因有着明显的地域性特征。这些地域性特征，有助于我们找到提升各地区资源环境承载潜力的着力点和突破口，尽可能地减小“短板效应”。经济较为发达的地区，由于面临着资源环境承载潜力的压力，应当加快结构转型，促成创新推动绿色发展的新模式，减少资源消耗、大力推进节能减排；资源环境占居优势，但经济发展水平欠发达的地区，则更要汲取东部地区发展的经验和教训，以绿色发展理念这一科学的发展观来引领结构转型和发展道路选择。只有从绿色增长、环境友好、政策支撑这三大方面，协调共进，才能着实提高地区绿色发展总体水平。从宏观上看，为提高我国经济绿色发展总水平，应加快重塑我国的经济社会发展空间结构，主动地调整原有的梯度模式，向平衡、协调、统筹发展模式转变，以更为有力的手段，推进区域间合作。

2. 资源环境承载潜力区域内情况分析

从四大区域内各省(区、市)的情况看，除东北地区以外，其他区域内部资源环境承载潜力情况相似。东部地区 10 个省份，除海南(第 6 位)排名靠前以外，其他省份普遍排名靠后；其中，福建、北京、浙江位于全国中游，分别排名第 13 位、第 14 位和第 19 位，其余 6 个省份全部排名全国后十位，并且上海列倒数第 1 位。中部地区 6 个省份排名均位于全国中下游，除江西得分高于全国平均分以外，其他 5 个省份得分均低于全国平均分。西部 11 个省份在资源环境承载潜力上的排名普遍靠前，青海、贵州和云南位列全国前三位，并且有 8 个省份超过全国平均分，但是宁夏却排名靠后，列全国倒数第 2 位。东北三省在资源环境承载潜力上的排名差异较大，排名最高的是黑龙江，列第 4 位；吉林则位于全国中上游，排名第 10 位；辽宁则位于全国中下游，排名第 20 位。具体情况如表 2-3 所示。

表 2-3　　资源环境承载潜力四大区域内部差异分析

区　域	地　区	指数值	排　名	区　域	地　区	指数值	排　名
东　部	北　京	−0.035	14	西　部	内蒙古	0.103	5
	天　津	−0.134	27		广　西	−0.045	15
	河　北	−0.094	23		重　庆	−0.049	16
	上　海	−0.200	30		四　川	0.093	7
	江　苏	−0.153	28		贵　州	0.271	2
	浙　江	−0.074	19		云　南	0.224	3
	福　建	−0.023	13		陕　西	0.038	11
	山　东	−0.099	24		甘　肃	0.077	8
	广　东	−0.086	21		青　海	0.466	1
	海　南	0.101	6		宁　夏	−0.181	29
中　部	山　西	−0.124	26		新　疆	0.049	9
	安　徽	−0.049	17	东　北	辽　宁	−0.077	20
	江　西	0.021	12		吉　林	0.044	10
	河　南	−0.103	25		黑龙江	0.181	4
	湖　北	−0.091	22				
	湖　南	−0.050	18				

注：本表根据表 2-1 整理。

3. 资源环境承载潜力对区域绿色发展的影响分析

分省区看，大多数省份(区、市)绿色发展指数排名与资源环境承载潜力指数排名之间存在着显著的差异：两者位次差异值在 10 个位次(含 10 位)以上的地区多达 13 个；两者位次差异值在 15 个位次(含 15 位)以上的地区甚至都还有 6 个(见表 2-4)。

表 2-4　　分区域省际绿色发展指数与资源环境承载潜力排名差异比较

区　域	地　区	绿色发展指数排名	资源环境承载潜力排名	差　距	区　域	地　区	绿色发展指数排名	资源环境承载潜力排名	差　距
东　部	北　京	1	14	13	西　部	内蒙古	11	5	−6
	天　津	2	27	25		广　西	26	15	−11
	河　北	17	23	6		重　庆	19	16	−3
	上　海	9	30	21		四　川	21	7	−14
	江　苏	12	28	16		贵　州	13	2	−11
	浙　江	5	19	14		云　南	7	3	−4
	福　建	8	13	5		陕　西	14	11	−3
	山　东	10	24	15		甘　肃	25	8	−17
	广　东	3	21	18		青　海	6	1	−5
	海　南	4	6	2		宁　夏	28	29	1
中　部	山　西	29	26	−3		新　疆	15	9	−6
	安　徽	22	17	−5	东　北	辽　宁	23	20	−3
	江　西	18	12	−6		吉　林	20	10	−10
	河　南	30	25	−5		黑龙江	16	4	−12
	湖　北	24	22	−2					
	湖　南	27	18	−9					

注：本表根据表 0-5 和表 2-1 整理而得。

从四大区域看，差异值超过10位的13个省份中，东部地区含有7个，分别是：北京、天津、上海、江苏、浙江、山东、广东；西部地区有4个，分别是：广西、四川、贵州、甘肃；东北地区有2个，分别是：吉林和黑龙江；而中部地区一个都没有。另外，差异值超过15位的6个省份中，东部地区就含有5个，另外一个是西部地区的甘肃。

从具体省份看，位次差异最大的两个省份都位于东部地区，分别是差异25位的天津和差异21位的上海。

相对地，东部地区资源环境承载潜力与绿色发展指数排名差异最明显。

分析资源环境承载潜力与绿色发展指数排名差异的原因，我们认为，东部地区虽然存在资源环境承载潜力不足的隐忧，但由于其经济增长绿化度较高，且政府政策支持度较大，三方面综合后形成了东部地区绿色发展指数排名居前。对于中部、西部或东北地区，尽管资源丰富、生态环境存在优势，资源环境的承载潜力较大，但产业结构的层次较低，经济效率也较低，经济增长绿化度不高，导致绿色发展指数水平排名落后。资源环境承载潜力与绿色发展指数排名之间的这种差异性或反差，既与经济发展水平有关，也与自然禀赋有关，究其根本则是因中国经济空间梯度发展模式和特殊国情所致。

>>二、省际资源环境承载潜力比较分析<<

省际资源环境承载潜力占绿色发展指数总权重的40%，由资源丰裕与生态保护指标和环境压力与气候变化指标2个二级指标构成，总共有19个三级指标，其中正指标6个，逆指标13个；参与测算的指标有17个。

1. 省际资源丰裕与生态保护指标测算结果及分析

在省际资源环境承载潜力测度体系中，资源丰裕与生态保护指标占资源环境承载潜力的权重为30%，占绿色发展指数的12%。

资源丰裕与生态保护的三级指标选择主要考虑两点。一是资源角度，资源是指自然资源，即一切可被人类开发和利用的，可以产生价值的自然物。因此，它是客观存在的。二是生态保护角度，生态保护是指对人类赖以生存的生态系统进行保护，使之免遭破坏，使生态功能得以正常发挥的各种措施。因此，它是人类的主观行动。

从指标构成来看，资源丰裕与生态保护指标由人均水资源量、人均森林面积、森林覆盖率、自然保护区面积占辖区面积比重、湿地面积占国土面积的比重、人均活立木总蓄积量6个三级指标构成。

同时，资源丰裕与生态保护的这6个三级指标包含了自然资源中最重要的几个方面：水、森林和湿地，且重要性不分上下，因此这6个三级指标平分权重。各项三级指标的权重及其指标属性见表2-5。

表2-5　省际资源丰裕与生态保护三级指标、权重及指标属性

指标序号	指　标	权　重	指标属性
1	人均水资源量	2.00%	正
2	人均森林面积	2.00%	正
3	森林覆盖率	2.00%	正
4	自然保护区面积占辖区面积比重	2.00%	正
5	湿地面积占国土面积的比重	2.00%	正
6	人均活立木总蓄积量	2.00%	正

注：本表内容是由本报告课题组召开的多次专家座谈会研讨确定的。

在对三级指标的原始数据进行标准化处理基础上，根据表2-5中的权重，计算得出了各省(区、市)资源丰裕与生态保护指标测算结果如表2-6所示。

表2-6　省际资源丰裕与生态保护指标指数值及排名

指　标	资源丰裕与生态保护指标		指　标	资源丰裕与生态保护指标	
地　区	指数值	排　名	地　区	指数值	排　名
青　海	0.160	1	浙　江	−0.009	16
内蒙古	0.125	2	甘　肃	−0.021	17
黑龙江	0.114	3	陕　西	−0.022	18
云　南	0.076	4	重　庆	−0.028	19
吉　林	0.060	5	贵　州	−0.028	20
四　川	0.050	6	湖　北	−0.035	21
海　南	0.046	7	安　徽	−0.058	22
江　西	0.045	8	北　京	−0.060	23
福　建	0.034	9	天　津	−0.062	24
广　西	0.027	10	山　东	−0.065	25
新　疆	0.011	11	江　苏	−0.066	26
上　海	0.010	12	宁　夏	−0.068	27
辽　宁	−0.002	13	山　西	−0.072	28
湖　南	−0.004	14	河　北	−0.075	29
广　东	−0.008	15	河　南	−0.075	30

注：以上数据及排名根据《中国统计年鉴2011》、《中国统计年鉴2010》、《中国沙漠及其治理》、《中国环境统计年报2010》、《中国环境统计年鉴2011》等测算。

从表2-6和图2-4中可以看出，整体而言，资源丰裕与生态保护曲线相比资源环境承载潜力曲线更加平缓，说明地区间资源丰裕与生态保护指数整体差异较小。从得分上看，资源丰裕与生态保护指数得分介于−0.075与0.160之间，超过0.1分的仅3个省份，即青海、内蒙古、黑龙江。极差为0.235分，标准差为0.062。

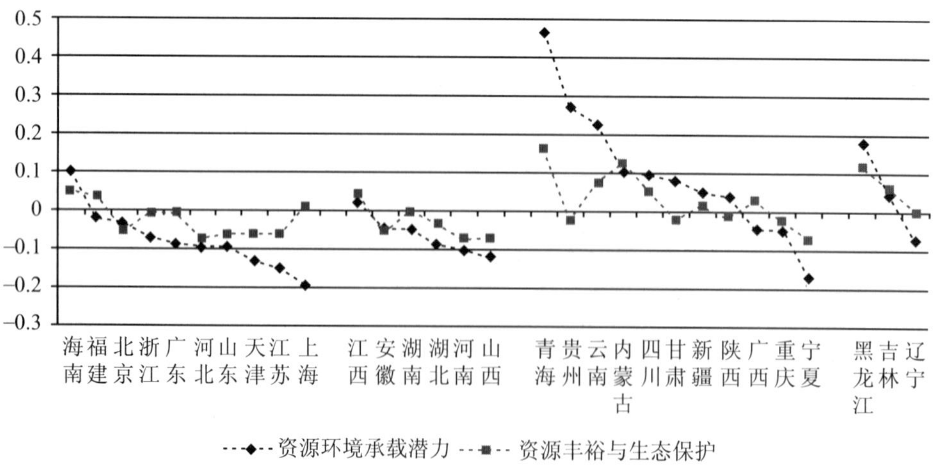

图2-4　省际资源丰裕与生态保护与资源环境承载潜力指数对比

注：本表从东部、中部、西部和东北地区划分的角度，根据资源环境承载潜力指数大小自左到右排列。

从分省排名情况上看，排在资源丰裕与生态保护指标前十位的是：青海、内蒙古、黑龙江、云南、吉林、四川、海南、江西、福建、广西。其中，西部地区有5个，并且占据前两位的位置；东北地区有2个；中部地区有1个；东部地区有2个。排在资源丰裕与生态保护指标第11位～第20位的地区，在地域分布上，西部地区占到一半，分别为新疆(第11位)、甘肃(第17位)、陕西(第18位)、重庆(第19位)、贵州(第20位)；东部地区有3个省，中部地区有1个省；东北地区1个省。排在资源丰裕与生态保护指标后十位的地区有5个省(区、市)在东部地区，分别是北京(第23位)、天津(第24位)、山东(第25位)、江苏(第26位)、河北(第29位)；有4个省(区、市)位于中部地区；1个省(区、市)位于西部地区。

从具体省份看，资源丰裕与生态保护指标排名中排名第1位的是青海，其指数值远高于其他各省。在三级指标中，青海有2个三级指标排名第1位，即人均水资源量、自然保护区面积占辖区面积比重，并且人均森林面积列第2位。值得一提的是，青海的人均水资源量遥遥领先全国其他省份，高达13 225.01立方米/人，是第2位海南的2.39倍。资源丰裕与生态保护指标排名中倒数第1位的省份是河南。河南6个三级指标除"湿地面积占国土面积的比重"之外，均排名全国后十位。

从四大区域看，资源丰裕与生态保护指标东北地区的资源丰裕与生态保护水平最高，西部其次，东部和中部较低且相差无几。通过区域内的比较分析，我们发现，资源丰裕与生态保护指标分值东部地区的极差为0.12，排名最靠前的是海南，最靠后的是河北；中部地区极差为0.12，最靠前的是江西，最靠后的是河南；西部地区极差为0.228，最靠前的是青海，最靠后的是宁夏；东北地区极差为0.116，最靠前的是黑龙江，最靠后的是辽宁。整体而言，四大区域之间的极差为0.091，明显小于各区域内部之间极差。这说明四大区域间的差异没有区域内差异明显。

2. 省际环境压力与气候变化指标测算结果及分析

在省际资源环境承载潜力测度体系中，环境压力和气候变化指标占资源环境承载潜力的权重为70%，占绿色发展指数的28%。

环境压力与气候变化是指由于人类的生活和发展，消耗自然环境资源，并造成环境污染，进而对环境产生压力；同时，污染物的大量排放，尤其是二氧化碳的排放，也会对气候变化造成影响。

由此，选择以下13个指标构成环境压力与气候变化指标的三级指标，分别是：单位土地面积二氧化碳排放量、人均二氧化碳排放量、单位土地面积二氧化硫排放量、人均二氧化硫排放量、单位土地面积化学需氧量排放量、人均化学需氧量排放量、单位土地面积氮氧化物排放量、人均氮氧化物排放量、单位土地面积氨氮排放量、人均氨氮排放量、单位耕地面积化肥施用量、单位耕地面积农药使用量、人均公路交通氮氧化物排放量。

另外，环境压力与气候变化的三级指标权重分配较2011年有所变动。根据2011年评审专家对"中国绿色发展指数指标体系"的修改意见，环境压力与气候变化下的8个地均和人均污染物排放量指标存在一定相关性，因此权重需要适当降低。由此，课题组在专家讨论会的基础上，按照2011年将"单位耕地面积化肥施用量"、"单位耕地面积农药使用量"、"人均公路交通氮氧化物排放量"等权于2011年"单位土地面积二氧化碳排放量"的权重，2.45%，然后剩余的权重再由8个地均和人均污染物排放量指标平分。这样，8个地均和人均污染物排放量的权重由2011年的2.10%降低至2012年的1.97%。具体指标及其权重和指标属性见表2-7。

表 2-7　　省际环境压力与气候变化三级指标、权重及指标属性

指标序号	指　标	权　重	指标属性
1	单位土地面积二氧化碳排放量	2.45%	逆
2	人均二氧化碳排放量	2.45%	逆
3	单位土地面积二氧化硫排放量	1.97%	逆
4	人均二氧化硫排放量	1.97%	逆
5	单位土地面积化学需氧量排放量	1.97%	逆
6	人均化学需氧量排放量	1.97%	逆
7	单位土地面积氮氧化物排放量	1.97%	逆
8	人均氮氧化物排放量	1.97%	逆
9	单位土地面积氨氮排放量	1.97%	逆
10	人均氨氮排放量	1.97%	逆
11	单位耕地面积化肥施用量	2.45%	逆
12	单位耕地面积农药使用量	2.45%	逆
13	人均公路交通氮氧化物排放量	2.45%	逆

注：本表内容是由本报告课题组召开的多次专家座谈会研讨确定的。

在对三级指标的原始数据进行标准化处理基础上，根据表 2-7 中的权重，计算得出了各省(区、市)环境压力与气候变化指标的指数值，排名情况见表 2-8。

表 2-8　　省际环境压力与气候变化指标指数值及排名

指　标	环境压力与气候变化指标		指　标	环境压力与气候变化指标	
地　区	指数值	排　名	地　区	指数值	排　名
青　海	0.307	1	江　西	−0.024	16
贵　州	0.299	2	河　南	−0.028	17
云　南	0.149	3	山　东	−0.034	18
甘　肃	0.098	4	湖　南	−0.047	19
黑龙江	0.067	5	山　西	−0.052	20
陕　西	0.060	6	湖　北	−0.056	21
海　南	0.055	7	福　建	−0.057	22
四　川	0.043	8	浙　江	−0.065	23
新　疆	0.038	9	广　西	−0.072	24
北　京	0.024	10	天　津	−0.072	25
安　徽	0.010	11	辽　宁	−0.075	26
吉　林	−0.017	12	广　东	−0.078	27
河　北	−0.020	13	江　苏	−0.087	28
重　庆	−0.021	14	宁　夏	−0.112	29
内蒙古	−0.023	15	上　海	−0.210	30

注：以上数据及排名根据《中国统计年鉴 2011》、《中国统计年鉴 2010》、《中国沙漠及其治理》、《中国环境统计年报 2010》、《中国环境统计年鉴 2011》等测算。

从表 2-8 和图 2-5 中发现，整体上看，环境压力与气候变化曲线与资源环境承载潜力曲线拟合度相当高。这说明，与资源丰裕与生态保护指标相比，环境压力与气候变化指标对资源环境承载潜力指数得分的影响更大。

从得分上看，环境压力与气候变化指数得分基本介于−0.21 与 0.31 之间。青海、贵州、云南三省得分明显偏高，上海、宁夏得分偏低。并且省际间差异比较大，30 个省份得分值的极差为 0.517 分，标准差为 0.106。

从分省排名情况看，环境压力与气候变化指标排名前十位的省(区、市)分别是：青海、贵州、云南、甘肃、黑龙江、陕西、海南、四川、新疆、北京。从地域上看，西部地区有 7 个地区位列前十位之中，分别为青海(第 1 位)、贵州(第 2 位)、云南(第 3 位)、甘肃(第 4 位)、陕西

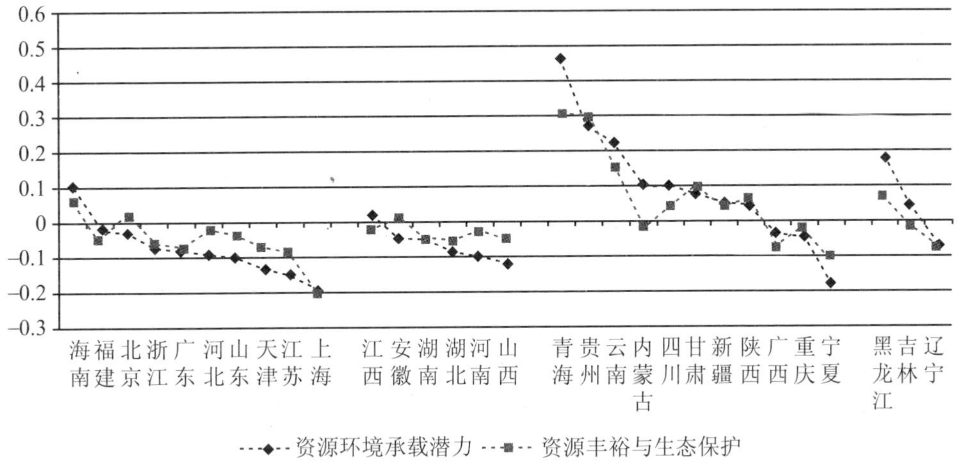

图 2-5　省际环境压力与气候变化与资源环境承载潜力指数对比

注：本表从东部、中部、西部和东北地区划分的角度，根据资源环境承载潜力指数大小自左到右排列。

(第 6 位)、四川(第 8 位)、新疆(第 9 位)。排名前十位的省(区、市)中有 2 个来自东部地区，即海南(第 7 位)、北京(第 10 位)。排名前十位的省(区、市)中还有 1 个来自东北地区，即排名第 5 位的黑龙江。环境压力与气候变化指标排名位于第 11 位～第 20 位的地区分别为安徽、吉林、河北、重庆、内蒙古、江西、河南、山东、湖南、山西，得分除安徽外，均略低于全国平均水平，并且各地区的得分相对差异不大。从地域分布看，中部地区的省份有 5 个，为安徽(第 11 位)、江西(第 16 位)、河南(第 17 位)、湖南(第 19 位)、山西(第 20 位)；西部地区有 2 个，为重庆(第 14 位)、内蒙古(第 15 位)；东部地区有 3 个，为河北(第 13 位)、山东(第 18 位)；东北地区仅吉林(第 12 位)。环境压力与气候变化指标排名位于后十位的地区分别为湖北、福建、浙江、广西、天津、辽宁、广东、江苏、宁夏、上海。从地域分布看，有 6 个省来自东部地区，分别是：福建(第 22 位)、浙江(第 23 位)、天津(第 25 位)、广东(第 27 位)、江苏(第 28 位)、上海(第 30 位)；中部地区有 1 个，湖北(第 21 位)；西部地区有 2 个，即广西(第 24 位)、宁夏(第 29 位)；东北地区仅辽宁(第 26 位)。

从具体省份看，环境压力与气候变化指标排名第 1 位的省份是青海，其次是贵州，且这两个地区的得分差异很小。从三级指标看，11 个参与计算的指标中，青海有 5 个指标排名全国第 1 位。值得一提的是，这 5 个指标中有 4 个指标都是单位土地面积的污染物排放量。对于排名第 2 位的贵州，有两个三级指标排名全国第 1 位，一个三级指标排名全国第 2 位，且这三个指标均是人均污染物排放量。环境压力与气候变化指标排名倒数第 1 位的省份是上海，且得分远低于倒数第 2 位的宁夏。从三级指标看，上海所有的单位土地面积的污染物排放量均排名全国倒数第 1 位，并且其他几个三级指标排名也靠后。

从四大区域看，环境压力与气候变化指标得分西部地区明显较高，东北、中部和东部地区得分差距较小。通过区域内的比较分析，我们发现，环境压力与气候变化指标分值东部地区极差为 0.264，排名最靠前的是海南，最靠后的是上海；中部地区极差为 0.066，最靠前的是安徽，最靠后的是湖北；西部地区极差为 0.419，最靠前的是青海，最靠后的是宁夏；东北地区极差为 0.142，最靠前的是黑龙江，最靠后的是辽宁。整体而言，西部地区的环境压力与气候变化水平指标表现较好，其他三个地区则相对较差。四大区域之间的极差为 0.124，小于东部、西部和东北地区极差，但大于中部地区极差。这说明东部、西部和东北地区内部省份之间差异比四大区域间差异明显，而中部地区内部差异比四大区域间差异小。

第三章 省际政府政策支持度测算及分析

作为绿色发展指数的重要内涵之一，政府政策支持度是对一个地区政府对绿色发展的重视程度和支持力度的综合评价。本章以政府政策支持度的测算结果为基础，从地区比较的视角，分别从绿色投资、基础设施和环境治理三个方面分析我国 30 个省(区、市)的政府政策支持度，探讨政府政策支持与地区绿色发展的关系。

一、省际政府政策支持度的测算结果

根据“中国绿色发展指数评价体系(省区)”中政府政策支持度的测度指标体系和权重标准，我国 30 个省(区、市)政府政策支持度及三项分指数的测算结果及排名如下(见表 3-1)。

表 3-1　　2010 年中国 30 个省(区、市)政府政策支持度指数及排名

指　标	政府政策支持度		二级指标					
			绿色投资指标		基础设施指标		环境治理指标	
地　区	指数值	排　名	指数值	排　名	指数值	排　名	指数值	排　名
北　京	0.226	1	0.073	2	0.149	1	0.004	17
宁　夏	0.164	2	0.096	1	0.031	12	0.037	5
广　东	0.145	3	0.055	3	0.048	9	0.042	3
浙　江	0.076	4	0.002	15	0.064	7	0.010	13
江　苏	0.066	5	−0.032	23	0.075	3	0.022	10
山　东	0.063	6	−0.033	24	0.065	6	0.031	7
河　北	0.061	7	0.016	9	0.033	11	0.012	12
天　津	0.058	8	−0.017	19	0.067	4	0.007	14
重　庆	0.052	9	0.047	4	0.019	14	−0.013	21
海　南	0.048	10	−0.013	17	0.039	10	0.023	9
云　南	0.045	11	0.003	14	−0.007	16	0.049	1
新　疆	0.036	12	0.003	13	0.066	5	−0.033	26
陕　西	0.034	13	0.039	6	−0.002	15	−0.003	18

续表

指　标	政府政策支持度		二级指标					
			绿色投资指标		基础设施指标		环境治理指标	
地　区	指数值	排　名	指数值	排　名	指数值	排　名	指数值	排　名
福　建	0.032	14	−0.033	25	0.050	8	0.014	11
山　西	0.007	15	0.024	7	−0.046	23	0.029	8
江　西	−0.005	16	−0.018	20	0.028	13	−0.015	22
安　徽	−0.016	17	−0.031	22	−0.022	19	0.037	6
内蒙古	−0.022	18	0.021	8	−0.091	28	0.048	2
上　海	−0.032	19	−0.055	30	0.079	2	−0.057	29
广　西	−0.037	20	0.016	10	−0.035	21	−0.019	23
贵　州	−0.044	21	−0.009	16	−0.074	26	0.039	4
湖　北	−0.055	22	−0.014	18	−0.013	18	−0.028	25
辽　宁	−0.056	23	−0.054	29	−0.007	17	0.005	16
湖　南	−0.073	24	−0.030	21	−0.031	20	−0.011	20
甘　肃	−0.101	25	0.040	5	−0.147	30	0.005	15
吉　林	−0.119	26	0.007	12	−0.081	27	−0.045	27
河　南	−0.121	27	−0.040	28	−0.054	25	−0.027	24
四　川	−0.127	28	−0.034	26	−0.045	22	−0.048	28
青　海	−0.145	29	0.008	11	−0.046	24	−0.107	30
黑龙江	−0.162	30	−0.040	27	−0.113	29	−0.009	19

注：①本表根据省区测算体系中政府政策支持度的指标体系，依各指标2010年数据测算而得；②本表各省(区、市)按照政府政策支持度的指数值从大到小排序；③本表一级指标“政府政策支持度”指标值等于“绿色投资指标”、“基础设施指标”、“环境治理指标”三个二级指标指数值之和；④以上数据及排名根据《中国统计年鉴2011》、《中国环境统计年鉴2011》、《中国环境统计年报2010》、《中国城市统计年鉴2011》、《中国水利统计年鉴2011》、《中国工业经济统计年鉴2011》、《中国沙漠及其治理》测算。

从表3-1中看到，2010年指数值最高的北京为0.226，比全国平均水平高出22.6%；最低的黑龙江为−0.162，比平均水平低16.2%；各地区分值离差不大，表明各地区对绿色发展的政策支持力度相差不大，有15个地区得分高于平均水平。

排在政府政策支持度前十位的省份依次是：北京、宁夏、广东、浙江、江苏、山东、河北、天津、重庆和海南(见图3-1)。其中，绿色投资指标排名前十位的省份依次是：宁夏、北京、广东、重庆、甘肃、陕西、山西、内蒙古、河北和广西；基础设施指标排名前十位的省份依次是：北京、上海、江苏、天津、新疆、山东、浙江、福建、广东和海南；环境治理指标排名前十位的省份依次是：云南、内蒙古、广东、贵州、宁夏、安徽、山东、山西、海南和江苏。

各地区政府政策支持度的地理分布见图3-2，地图颜色的深浅代表了政府政策支持度的不同程度，颜色越深，表明政府政策支持度越高，反之则越低。其中，排在前十位的省份用“深绿色”表示，排在第11位～第20位的省份用“中度绿色”来表示，排在后十位的省份用“浅绿色”表示。如图3-2所示，政策支持度的地区差异显而易见，但从东、中、西和东北四大经济区的角度看，深绿色相对集中在东部沿海地区；东北地区仍然全部是浅绿色；不过，中部和西部相对复杂，不同深浅的绿色交织，表明这两个区域内部各省份的差异较大。具体来看，各地区政府政策支持度的总体特点如下。

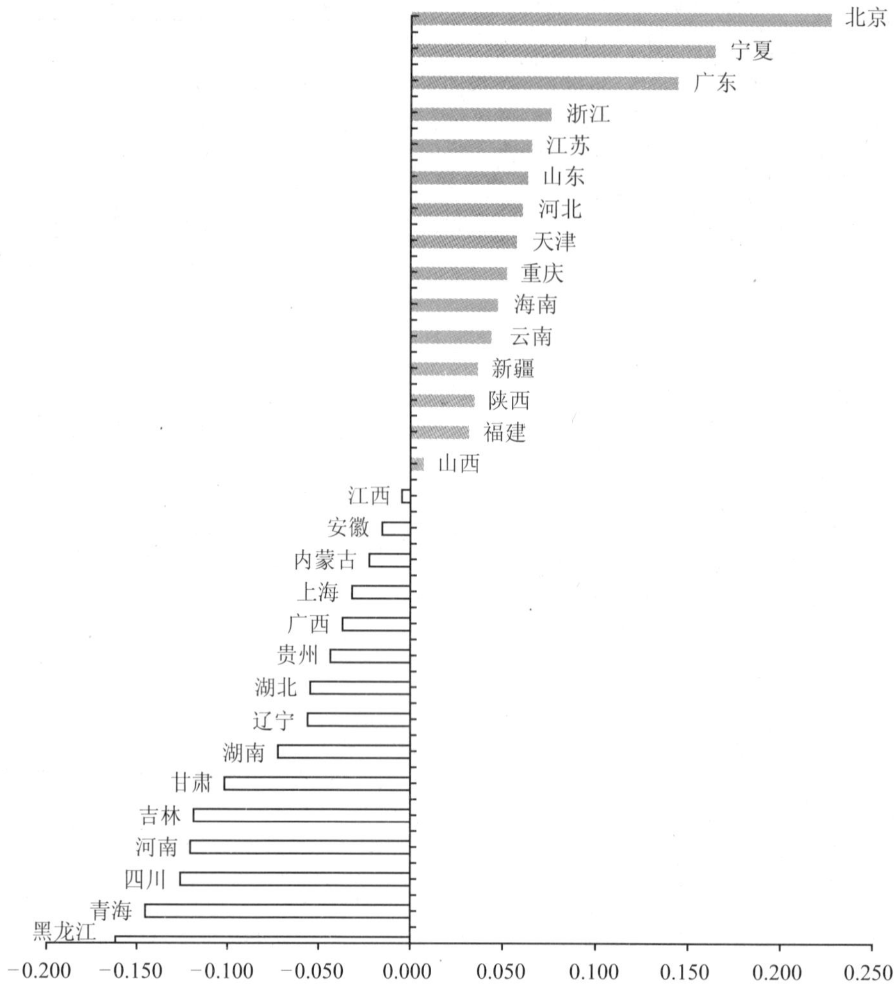

图 3-1　政府政策支持度排名省际比较

注：根据表 3-1 中相关数据制作。

1. 政府政策支持度区域间差异分析

从政府政策支持度的区域分布来看，政府政策支持度总体呈现东部最好、西部较好、中部较落后、东北地区偏低的局面。

东部总体水平明显高于其他地区。在东部地区的 10 个省份中，有 8 个排在前十位，只有福建和上海分别排在第 14 位和第 19 位。西部总体水平较高，但处于前十名的省份减少。西部的 11 个省份中，宁夏和重庆排名进入前十位，分别排在第 2 位和第 9 位；有 5 个省区排在第 11 位～第20 位，依次为云南、新疆、陕西、内蒙古和广西；其他 4 个省区排在第 21 位～第 30 位，依次为甘肃、贵州、四川和青海，整体得分较高。中部总体水平略好于东北。中部 6 省中，山西、江西和安徽排在第 15 位～第 17 位，湖北、湖南和河南分别居第 22 位、第 24 位和第 27 位。东北地区总体相对最低，辽宁、吉林和黑龙江三省的排名分别为第 23 位、第 26 位和第 30 位，整体处于靠后的位置。

就政府政策支持度的三个分指标而言，区域间的差异也非常显著。基础设施指数区域间差异最大，东部地区明显高于全国平均水平及其他三个地区；中部地区和西部地区则较为接近，不过都略低于全国水平；东北地区得分最低。西部地区绿色投资指数明显高于其他地区，也是

图 3-2　政府政策支持度排名地区分布

注：根据表 3-1 中相关数据制作。

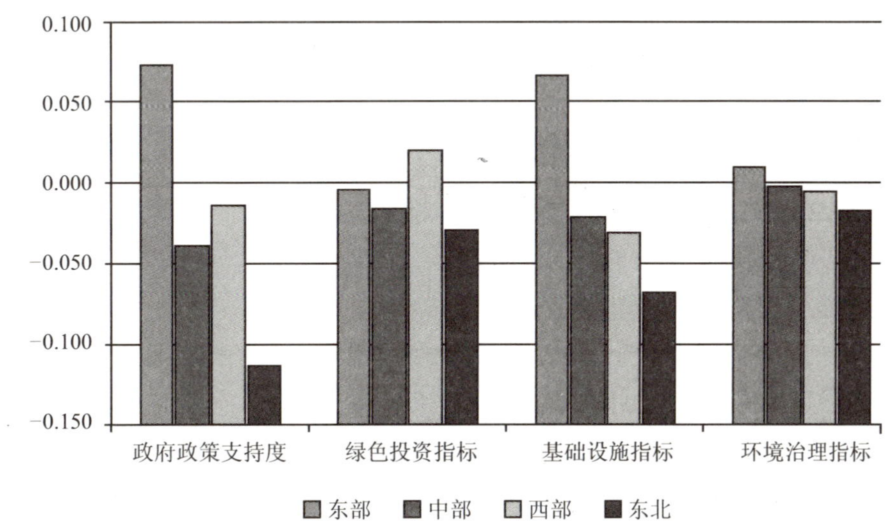

图 3-3　中国四大区域政府政策支持度对照图

注：上图中数据为四大区域中各省份指标值的算术平均值。

唯一高于全国平均水平的地区，其次是东部地区、中部地区和东北地区。环境治理指数的区域差异相对较小，四大区域都处在全国平均水平附近，只有东部地区略高于全国平均水平，中部、西部接近，东北相对最低。总体来看，东部地区各指数得分较高，东北地区得分最低。

2. 政府政策支持度区域内情况分析

从四大区域内各省(区、市)的情况看，东部和东北地区内各省份政策支持度得分差异不大，但中部和西部地区内各省份差异较大(见表 3-2)。东部地区有 9 个省份得分高于全国平均水平，除北京和广东得分明显高于其他地区外，其他 7 个地区得分介于 0.076 与 0.032 之间，相差仅 0.044，比较均衡。上海虽低于全国水平，但只略低 3.2%。东北三省得分介于－0.056 与－0.162之间，得分都处于较低水平。中部 6 省中，只有山西得分高于全国平均水平，为 0.007；其他 5 个省份得分介于－0.005 与－0.121 之间，最高排名与最低排名相差 12 位，中部 6 省政府政策支持度出现了分化。西部 11 省的政府政策支持度内部差异最大，有 5 个省区高于全国平均水平，其中宁夏得分最高，为 0.164；青海得分最低，为－0.145，相差 0.309；从排名来看，宁夏列全国第 2 位，青海排在倒数第 2 位；11 个省份中分列前十位、中间十位和后十位，地区间差异明显。

表 3-2　　政府政策支持度四大区域内部差异分析

区　域	地　区	指数值	排　名	区　域	地　区	指数值	排　名
东　部	北　京	0.226	1	西部	宁　夏	0.164	2
	广　东	0.145	3		重　庆	0.052	9
	浙　江	0.076	4		云　南	0.045	11
	江　苏	0.066	5		新　疆	0.036	12
	山　东	0.063	6		陕　西	0.034	13
	河　北	0.061	7		内蒙古	－0.022	18
	天　津	0.058	8		广　西	－0.037	20
	海　南	0.048	10		贵　州	－0.044	21
	福　建	0.032	14		甘　肃	－0.101	25
	上　海	－0.032	19		四　川	－0.127	28
中　部	山　西	0.007	15		青　海	－0.145	29
	江　西	－0.005	16	东　北	辽　宁	－0.056	23
	安　徽	－0.016	17		吉　林	－0.119	26
	湖　北	－0.055	22		黑龙江	－0.162	30
	湖　南	－0.073	24				
	河　南	－0.121	27				

注：本表根据表 3-1 整理。

3. 政府政策支持度对区域绿色发展的影响分析

政府政策支持影响着地区绿色发展，测算结果表明，多数地区政府政策支持度指数排序与绿色发展指数排序存在一定差异(见表 3-3)，名次变动在 5 个位次(不含变动 5 位)以上的省份有 15 个，接近一半；排名变动 10 个位次及以上的省份有 7 个，分别是青海、上海、黑龙江、河北、重庆、宁夏和山西。其中，上海、河北、重庆、宁夏和山西因政策支持度指数得分较高而明显拉升了绿色发展指数。此外，绿色发展指数排名前十位的省份中，有 5 个地区因政府政策支持度得分较高而拉动其绿色发展指数的提升。这 5 个地区分别是北京、天津、广东、浙江和山东，尽管其绿色增长绿化度排名均在前十位，但资源环境承载潜力指数排名靠后，分别列第 14 位、第 27 位、第 21 位、第 19 位和第 24 位，但政策支持度指数排名均在前十位以内，从而促进了总体绿色指数排名的上升。同时，各省份中也不乏政策支持力度较弱而影响绿色发展指数上升的例子，绿色指数排名后十位的地区中，有 7 个地区政策支持度的排名在后十位。无论经济发展水平高低、资源丰欠程度如何，只要政府大力支持，就能不同程度地促进当地的绿色经济发展。

表 3-3　　省际绿色发展指数与政府政策支持度排名差异比较

地　区	绿色发展指数排名	政府政策支持度排名	位次变化	地　区	绿色发展指数排名	政府政策支持度排名	位次变化
北　京	1	1	0	黑龙江	16	30	−14
天　津	2	8	−6	河　北	17	7	10
广　东	3	3	0	江　西	18	16	2
海　南	4	10	−6	重　庆	19	9	10
浙　江	5	4	1	吉　林	20	26	−6
青　海	6	29	−23	四　川	21	28	−7
云　南	7	11	−4	安　徽	22	17	5
福　建	8	14	−6	辽　宁	23	23	0
上　海	9	19	−10	湖　北	24	22	2
山　东	10	6	4	甘　肃	25	25	0
内蒙古	11	18	−7	广　西	26	20	6
江　苏	12	5	7	湖　南	27	24	3
贵　州	13	21	−8	宁　夏	28	2	26
陕　西	14	13	1	山　西	29	15	14
新　疆	15	12	3	河　南	30	27	3

注：本表根据表 0-5 和表 3-1 整理而得。

二、省际政府政策支持度比较分析

为深入剖析各地区政府政策支持度特征，本节分别从绿色投资指标、基础设施和城市管理指标以及环境治理指标三个方面进行比较分析。省际政府政策支持度指数占绿色发展指数总权重的 30%，三项构成指数绿色投资、基础设施和城市管理、环境治理的权重分别为 25%、45% 和 30%。

1. 省际绿色投资指标测算结果及分析

绿色投资指标由环境保护支出占财政支出比重、环境污染治理投资占地区生产总值比重、农村人均改水改厕的政府投资、单位耕地面积退耕还林投资完成额、科教文卫支出占财政支出比重 5 个三级指标构成，占政府政策支持度指数的权重为 25%，占绿色发展指数的 7.5%，各项指标的权重采用均权法，各占 1.5%(见表 3-4)。

表 3-4　　省际绿色投资指标三级指标、权重及指标属性

指标序号	指　标	权　重	指标属性
1	环境保护支出占财政支出比重	1.50%	正
2	环境污染治理投资总额占地区生产总值比重	1.50%	正
3	农村人均改水、改厕的政府投资	1.50%	正
4	单位耕地面积退耕还林投资完成额	1.50%	正
5	科教文卫支出占财政支出比重	1.50%	正

注：本表内容是由本报告课题组召开的多次专家座谈会研讨确定的。

测算结果表明(见表 3-5 和图 3-4)，各地区绿色投资指数得分相差不大，其中得分最高的是宁夏，为 0.096，比全国平均水平高 9.6%；得分最低的上海为－0.055，比平均水平低 5.5%；共有 15 个省份得分高于全国平均水平。按得分高低，排在前十位的省份依次是：宁夏、北京、广东、重庆、甘肃、陕西、山西、内蒙古、河北和广西，其中东部省区 3 个、中部省区 1 个、西部省区 6 个。

排在第 11 位～第 20 位的省区依次是：青海、吉林、新疆、云南、浙江、贵州、海南、湖北、天津和江西，其中东部省区 3 个、中部省区 2 个、西部省区 4 个、东北省区 1 个。

排在后十位的省份依次是：湖南、安徽、江苏、山东、福建、四川、黑龙江、河南、辽宁和上海，其中东部省区 4 个、中部省区 3 个、西部省区 1 个、东北省区 2 个。

表 3-5　　2010 年中国省际绿色投资指标指数及其排名

地　区	指数值	排　名	地　区	指数值	排　名
宁　夏	0.096	1	贵　州	－0.009	16
北　京	0.073	2	海　南	－0.013	17
广　东	0.055	3	湖　北	－0.014	18
重　庆	0.047	4	天　津	－0.017	19
甘　肃	0.040	5	江　西	－0.018	20
陕　西	0.039	6	湖　南	－0.030	21
山　西	0.024	7	安　徽	－0.031	22
内蒙古	0.021	8	江　苏	－0.032	23
河　北	0.016	9	山　东	－0.033	24
广　西	0.016	10	福　建	－0.033	25
青　海	0.008	11	四　川	－0.034	26
吉　林	0.007	12	黑龙江	－0.040	27
新　疆	0.003	13	河　南	－0.040	28
云　南	0.003	14	辽　宁	－0.054	29
浙　江	0.002	15	上　海	－0.055	30

注：以上数据及排名根据《中国统计年鉴 2011》、《中国环境统计年鉴 2011》、《中国环境统计年报 2010》、《中国城市统计年鉴 2011》、《中国水利统计年鉴 2011》、《中国工业经济统计年鉴 2011》、《中国沙漠及其治理》等测算。

综上所述，西部各省份总体排名较靠前，在绿色投资指标上的得分具有整体优势，除四川和贵州外其余省区均高于全国平均水平。中部和东北地区内部各省份得分差异不大，但整体水平较低。东部各省区绿色投资指标得分呈现明显差异，得分较高的北京、广东、河北等居于全国前十位，浙江、海南、天津处于中间水平，但江苏、山东、福建和上海处于后十位。

2. 省际基础设施指标测算结果及分析

在政府政策支持度测算体系中，基础设施指标占政府政策支持度指数的权重为 45%，共由 8 个三级指标构成，分别是“城市人均绿地面积”、“城市用水普及率”、“城市污水处理率”、“城市生活垃圾无害化处理率”、“城市每万人拥有公交车辆”、“人均城市公共交通运营线路网长度”、“农村累计已改水受益人口占农村总人口比重”和“建成区绿化覆盖率”，每个指标权重均为 1.69%(见表 3-6)。

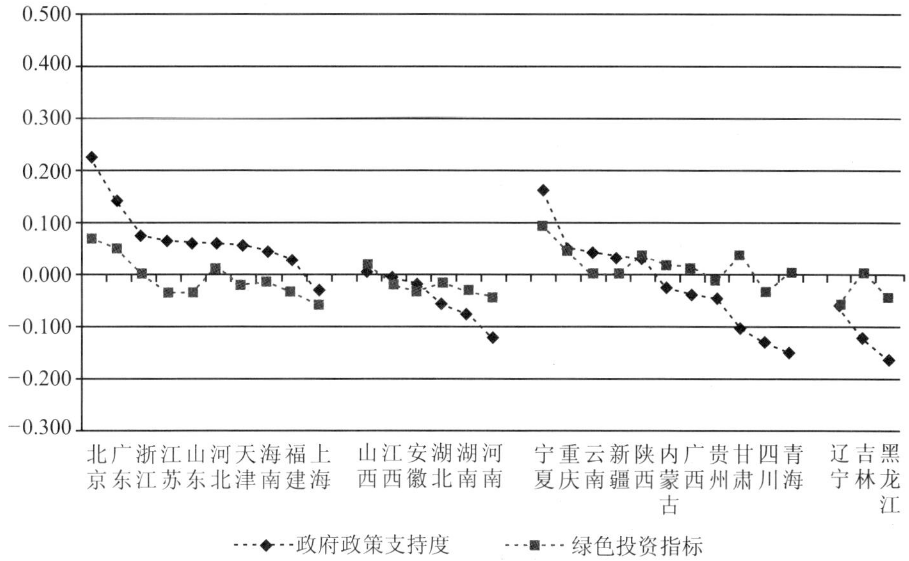

图 3-4　省际绿色投资指标与政府政策支持度指数对比

注：本表从东部、中部、西部和东北地区划分的角度，根据政府政策支持度指数大小自左到右排列。

表 3-6　　省际基础设施三级指标、权重及指标属性

指标序号	指　标	权　重	指标属性
6	城市人均绿地面积	1.69%	正
7	城市用水普及率	1.69%	正
8	城市污水处理率	1.69%	正
9	城市生活垃圾无害化处理率	1.69%	正
10	城市每万人拥有公交车辆	1.69%	正
11	人均城市公共交通运营线路网长度	1.69%	正
12	农村累计已改水受益人口占农村总人口比重	1.69%	正
13	建成区绿化覆盖率	1.69%	正

注：本表内容是由本报告课题组召开的多次专家座谈会研讨确定的。

测算结果表明(见表 3-7 和图 3-5)，基础设施指数地区差异较大，极差为 0.296，大于绿色投资指数间差异；得分最高的北京为 0.149，比全国平均水平高出 14.9%；有 14 个省份高于全国平均水平。

其中，排在前十位的省区依次是：北京、上海、江苏、天津、新疆、山东、浙江、福建、广东和海南，除新疆为西部省区外，其他 9 个均为东部省区，东部省区在基础设施指标上的得分具有绝对优势。

排在第 11 位～第 20 位的省区依次是：河北、宁夏、江西、重庆、陕西、云南、辽宁、湖北、安徽和湖南，其中，除河北为东部省区外，中部省区 4 个、西部省区 4 个、东北省区 1 个。

排名后十位的省区依次是：广西、四川、山西、青海、河南、贵州、吉林、内蒙古、黑龙江和甘肃，其中，中部省区 2 个、西部省区 6 个、东北省区 2 个。

表 3-7　　2010 年中国省际基础设施指标指数及其排名

地　区	指数值	排　名	地　区	指数值	排　名
北　京	0.149	1	云　南	−0.007	16
上　海	0.079	2	辽　宁	−0.007	17
江　苏	0.075	3	湖　北	−0.013	18
天　津	0.067	4	安　徽	−0.022	19
新　疆	0.066	5	湖　南	−0.031	20
山　东	0.065	6	广　西	−0.035	21
浙　江	0.064	7	四　川	−0.045	22
福　建	0.050	8	山　西	−0.046	23
广　东	0.048	9	青　海	−0.046	24
海　南	0.039	10	河　南	−0.054	25
河　北	0.033	11	贵　州	−0.074	26
宁　夏	0.031	12	吉　林	−0.081	27
江　西	0.028	13	内蒙古	−0.091	28
重　庆	0.019	14	黑龙江	−0.113	29
陕　西	−0.002	15	甘　肃	−0.147	30

注：以上数据及排名根据《中国统计年鉴 2011》、《中国环境统计年鉴 2011》、《中国环境统计年报 2010》、《中国城市统计年鉴 2011》、《中国水利统计年鉴 2011》、《中国工业经济统计年鉴 2011》、《中国沙漠及其治理》等测算。

综上所述，东部地区基础设施最具优势，各省均高于全国平均水平，内部差距较小；中部相对较好，但六省中除江西外，其余省区均低于全国平均水平；西部地区和东北地区在基础设施指标上得分较低，且西部各省差异显著，新疆得分 0.066，列全国第 5 位，而甘肃得分仅为 −0.147，列倒数第 1 位，两省区得分相差 0.213。

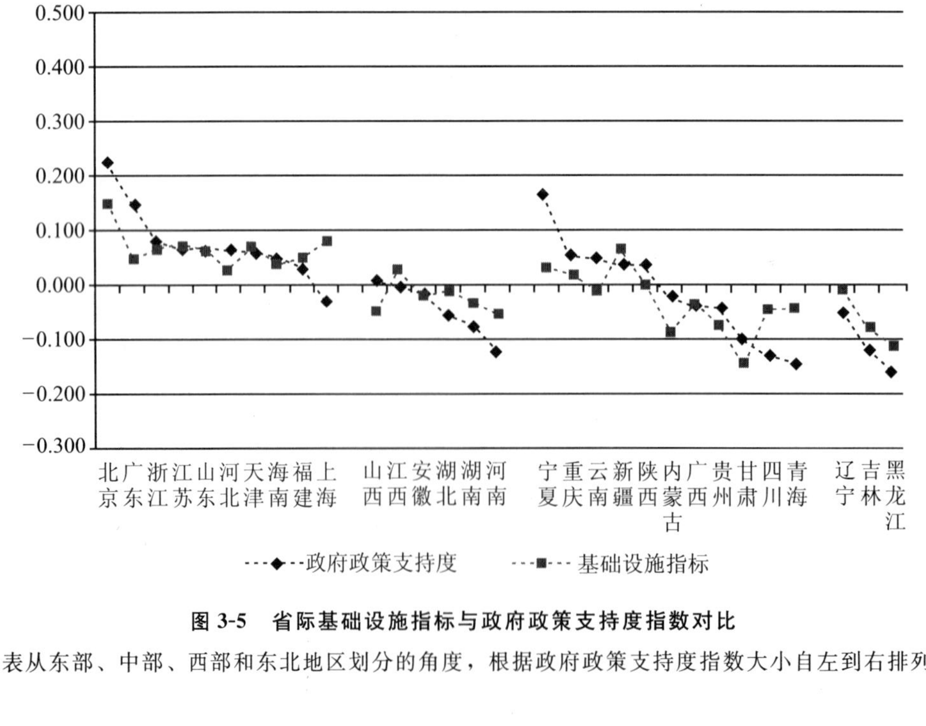

图 3-5　省际基础设施指标与政府政策支持度指数对比

注：本表从东部、中部、西部和东北地区划分的角度，根据政府政策支持度指数大小自左到右排列。

3. 省际环境治理指标测算结果及分析

在政府政策支持度测算体系中，环境治理指标占政府政策支持度指数的权重为30%，由6个三级指标构成，分别是“人均当年新增造林面积”、“工业二氧化硫去除率”、“工业废水化学需氧量去除率”、“工业氮氧化物去除率”、“工业废水氨氮去除率”和“突发环境事件次数”，每个指标权重均为1.50%(见表3-8)。

表3-8 省际环境治理三级指标、权重及指标属性

指标序号	指　标	权　重	指标属性
14	人均当年新增造林面积	1.50%	正
15	工业二氧化硫去除率	1.50%	正
16	工业废水化学需氧量去除率	1.50%	正
17	工业氮氧化物去除率	1.50%	正
18	工业废水氨氮去除率	1.50%	正
19	突发环境事件次数	1.50%	逆

注：本表内容是由本报告课题组召开的多次专家座谈会研讨确定的。

测算结果表明(见表3-9和图3-6)，地区间环境治理指数差异较小，极差为0.156；得分最高的云南为0.049，比全国平均水平高出4.9%；有17个省份高于全国平均水平。

排在全国前十位的省区依次是：云南、内蒙古、广东、贵州、宁夏、安徽、山东、山西、海南和江苏，其中东部省区4个、中部省区2个、西部省区4个。

排在第11位～第20位的省区依次是：福建、河北、浙江、天津、甘肃、辽宁、北京、陕西、黑龙江和湖南，其中东部省区5个、中部省区1个、西部省区2个、东北省区2个。

排在后十位的省区依次是：重庆、江西、广西、河南、湖北、新疆、吉林、四川、上海和青海，其中东部省区1个、中部省区3个、西部省区5个、东北省区1个。

表3-9 2010年中国省际环境治理指标指数及其排名

地　区	指数值	排　名	地　区	指数值	排　名
云　南	0.049	1	辽　宁	0.005	16
内蒙古	0.048	2	北　京	0.004	17
广　东	0.042	3	陕　西	−0.003	18
贵　州	0.039	4	黑龙江	−0.009	19
宁　夏	0.037	5	湖　南	−0.011	20
安　徽	0.037	6	重　庆	−0.013	21
山　东	0.031	7	江　西	−0.015	22
山　西	0.029	8	广　西	−0.019	23
海　南	0.023	9	河　南	−0.027	24
江　苏	0.022	10	湖　北	−0.028	25
福　建	0.014	11	新　疆	−0.033	26
河　北	0.012	12	吉　林	−0.045	27
浙　江	0.010	13	四　川	−0.048	28
天　津	0.007	14	上　海	−0.057	29
甘　肃	0.005	15	青　海	−0.107	30

注：以上数据及排名根据《中国统计年鉴2011》、《中国环境统计年鉴2011》、《中国环境统计年报2010》、《中国城市统计年鉴2011》、《中国水利统计年鉴2011》、《中国工业经济统计年鉴2011》、《中国沙漠及其治理》等测算。

综上所述，东部地区环境治理整体得分较高，除上海外，其余省区均高于全国平均水平；但地区内部各省有一定差距，广东得分 0.042 遥遥领先，而上海则以－0.057 的得分列第 29 位。其次是中部，六省中安徽以 0.037 分为列全国第 6 位，而湖北得分－0.028，列第 25 位，两个省区相差 0.065 分。西部省区内部差异更为显著，云南以 0.049 分居全国第 1 位，青海以－0.107 分居全国倒数第 1 位，两个省区相差 0.156 分。东北三省中辽宁最高，其次是黑龙江，吉林最低，整体得分偏低。

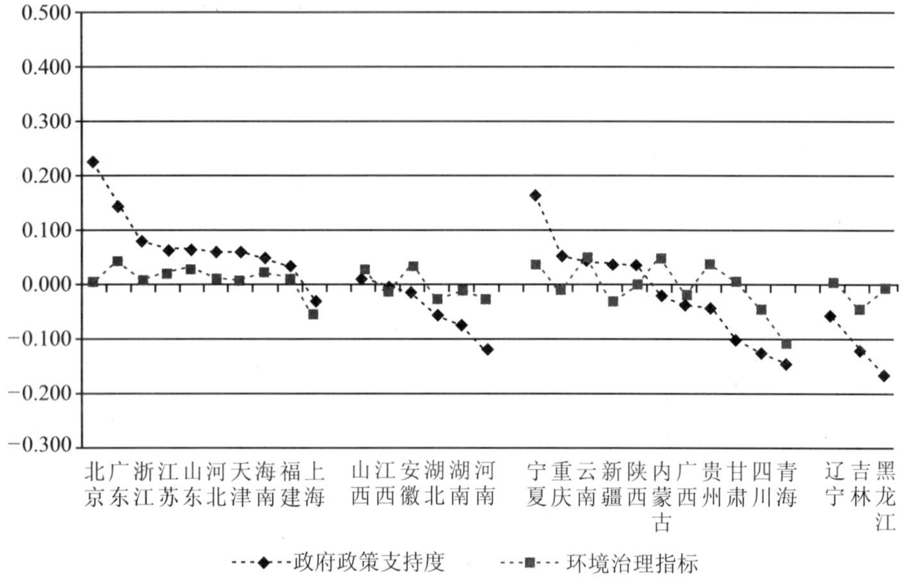

图 3-6　省际环境治理指标与政府政策支持度指数对比

注：本表从东部、中部、西部和东北地区划分的角度，根据政府政策支持度指数大小自左到右排列。

第四章

省区"绿色体检"及绿色发展简析

"绿色体检表"的设计背景和含义我们已经在总论中做过较为详细的介绍。本章是在本篇前三章对绿色发展指数3个一级指标综合分析的基础上，对各省区的"绿色体检表"及绿色发展的具体分析。各省区的顺序是参考《中国统计年鉴》行政区划的排列次序编排的，在本报告目录部分"省区'绿色体检'及绿色发展简析"中也已列出。每个省(区、市)的"体检表"有2页，"简要分析"也有2页。"绿色体检表"的横栏表头和纵栏指标已在总论中进行过介绍，这里不再重复。"简要分析"部分重点针对各省(区、市)绿色发展的一级、二级指标进行了分析，包括两方面：一是2010年的绿色发展指数指标得分情况；二是绿色发展指数两年排名的变化情况。

北京绿色发展"体检"表

序号	指标名称	单位	指标属性	2010年30省区测评均值	2010年北京数值	2009年北京数值	2010年北京排名	2009年北京排名	排名变化	2010年数据来源	进退脸谱
1	人均地区生产总值	元/人	正	33 964.12	75 943	70 452	2	2	0	中国统计	
2	单位地区生产总值能耗	吨标准煤/万元	逆	1.29	0.58	0.61	1	1	0	中国统计	
3	非化石能源消费量占能源消费量的比重		正	NA	NA	NA	NA	NA			
4	单位地区生产总值二氧化碳排放量		逆	NA	NA	NA	NA	NA			
5	单位地区生产总值二氧化硫排放量	吨/万元	逆	0.008 8	0.001 0	0.001 1	1	1	0	中国统计	
6	单位地区生产总值化学需氧量排放量	吨/万元	逆	0.004 5	0.000 8	0.000 9	1	1	0	中国统计	
7	单位地区生产总值氮氧化物排放量	吨/万元	逆	0.006 8	0.001 9	0.001 7	1	1	0	环境年报；中国统计	
8	单位地区生产总值氨氮排放量	吨/万元	逆	0.000 4	0.000 1	0.000 1	1	1	0	环境年报；中国统计	
9	人均城镇生活消费用电	千瓦时/人	逆	295.08	1 084.52	857.13	29	29	0	城市	
10	第一产业劳动生产率	万元/人	正	1.61	1.90	1.80	11	8	−3	中国统计	☹
11	土地产出率	亿元/千公顷	正	0.26	0.49	0.44	1	1	0	中国统计	
12	节灌率		正	0.49	1.35	1.26	1	1	0	水利；中国统计	
13	有效灌溉面积占耕地面积比重	%	正	53.55	91.25	94.40	1	1	0	中国统计	
14	第二产业劳动生产率	万元/人	正	12.13	12.56	10.98	8	9	1	中国统计	☺
15	单位工业增加值水耗	立方米/元	逆	0.010 0	0.001 9	0.002 3	3	3	0	中国统计	
16	规模以上单位工业增加值能耗(无数列表)		逆	NA	NA	NA	NA	NA			
17	工业固体废物综合利用率	%	正	69.80	65.80	68.90	17	17	0	环境年鉴	
18	工业用水重复利用率	%	正	72.90	32.48	96.05	28	2	−26	环境年鉴	☹
19	六大高载能行业产值占工业总产值比重	%	逆	39.65	30.66	29.37	8	8	0	工业经济	
20	第三产业劳动生产率	万元/人	正	6.96	11.14	10.33	3	3	0	中国统计	
21	第三产业增加值比重	%	正	39.97	75.10	75.50	1	1	0	中国统计	
22	第三产业就业人员比重	%	正	36.67	74.13	73.75	1	1	0	中国统计	
23	人均水资源量	立方米/人	正	2 419.38	124.19	126.61	29	30	1	中国统计	☺
24	人均森林面积	公顷/人	正	0.19	0.03	0.03	27	26	−1	中国统计	☹
25	森林覆盖率	%	正	30.63	31.72	31.72	15	15	0	中国统计	
26	自然保护区面积占辖区面积比重	%	正	8.60	7.97	7.97	12	11	−1	中国统计	☹
27	湿地面积占国土面积的比重	%	正	7.01	1.93	1.93	25	25	0	中国统计	
28	人均活立木总蓄积量	立方米/人	正	10.70	0.66	0.74	27	27	0	中国统计	
29	单位土地面积二氧化碳排放量		逆	NA	NA	NA	NA	NA			
30	人均二氧化碳排放量		逆	NA	NA	NA	NA	NA			
31	单位土地面积二氧化硫排放量	吨/平方公里	逆	6.367 7	7.010 7	7.238 9	23	23	0	中国统计；沙漠	
32	人均二氧化硫排放量	吨/人	逆	0.0191	0.0062	0.0069	2	2	0	中国统计	
33	单位土地面积化学需氧量排放量	吨/平方公里	逆	3.772 2	5.606 0	6.023 3	27	27	0	中国统计；沙漠	
34	人均化学需氧量排放量	吨/人	逆	0.010 1	0.005 0	0.005 7	1	2	1	中国统计	☺

续表

序号	指标名称	单　位	指标属性	2010年30省区测评均值	2010年北京数值	2009年北京数值	2010年北京排名	2009年北京排名	排名变化	2010年数据来源	进退脸谱
35	单位土地面积氮氧化物排放量	吨/平方公里	逆	6.447 3	13.588 8	11.029 5	28	27	−1	中国统计；沙漠；环境年报	☹
36	人均氮氧化物排放量	吨/人	逆	0.016 5	0.012 0	0.010 5	13	13	0	环境年报；中国统计	
37	单位土地面积氨氮排放量	吨/平方公里	逆	0.416 4	0.731 2	0.792 2	28	28	0	中国统计；沙漠；环境年报	
38	人均氨氮排放量	吨/人	逆	0.001 0	0.000 6	0.000 8	3	5	2	环境年报；中国统计	☺
39	单位耕地面积化肥施用量	万吨/千公顷	逆	0.05	0.06	0.06	22	22	0	中国统计；中国统计	
40	单位耕地面积农药使用量	吨/千公顷	逆	17.68	17.14	17.18	19	19	0	环境年鉴；中国统计	
41	人均公路交通氮氧化物排放量	吨/万人	逆	24.07	48.43	59.13	28	27	−1	环境年报；中国统计	☹
42	环境保护支出占财政支出比重	%	正	3.35	2.24	2.33	28	25	−3	中国统计	☹
43	环境污染治理投资总额占地区生产总值比重	%	正	1.40	1.64	1.92	10	6	−4	环境年鉴；中国统计	☹
44	农村人均改水、改厕的政府投资	元/人	正	57.01	195.25	263.30	1	2	1	环境年鉴	☺
45	单位耕地面积退耕还林投资完成额	万元/千公顷	正	29.81	25.73	0.00	15	23	8	环境年鉴；中国统计	☺
46	科教文卫支出占财政支出比重	%	正	26.10	32.95	31.62	1	2	1	中国统计	☺
47	城市人均绿地面积	公顷/人	正	0.00	0.01	0.00	5	9	4	城市；中国统计	☺
48	城市用水普及率	%	正	96.08	100.00	100.00	1	1	0	中国统计	
49	城市污水处理率	%	正	79.18	82.10	80.30	16	9	−7	环境年鉴	☹
50	城市生活垃圾无害化处理率	%	正	78.47	96.95	98.22	4	1	−3	中国统计	☹
51	城市每万人拥有公交车辆	标台	正	9.86	14.24	24.75	2	1	−1	中国统计	☹
52	人均城市公共交通运营线路网长度	公里/人	正	0.000 6	0.001 5	0.000 4	4	11	7	中国统计；城市	☺
53	农村累计已改水受益人口占农村总人口比重	%	正	94.44	100.00	100.00	1	1	0	环境年鉴	
54	建成区绿化覆盖率	%	正	37.75	47.69	47.69	1	1	0	中国统计	
55	人均当年新增造林面积	公顷/万人	正	59.50	7.47	10.18	28	26	−2	中国统计	☹
56	工业二氧化硫去除率	%	正	59.83	69.56	65.31	7	9	2	中国统计	☺
57	工业废水化学需氧量去除率	%	正	70.84	88.48	89.09	5	3	−2	环境年报；中国统计	☹
58	工业氮氧化物去除率	%	正	4.07	1.08	36.27	19	1	−18	环境年报	☹
59	工业废水氨氮去除率	%	正	62.87	76.17	92.84	12	1	−11	环境年报；中国统计	😭
60	突发环境事件次数	次	逆	14.00	30	31	27	26	−1	中国统计	☹

年鉴说明：中国统计——《中国统计年鉴 2011》；环境年鉴——《中国环境统计年鉴 2011》；环境年报——《中国环境统计年报 2010》；城市——《中国城市统计年鉴 2011》；水利——中国《水利统计年鉴 2011》；工业经济——《中国工业经济统计年鉴 2011》；沙漠——《中国沙漠及其治理》。

北京绿色发展水平简要分析

北京绿色发展水平在全国参与测评的30个省(区、市)中排名第1位(使用2010年数据)，较2009年没有变化(2009年北京测算排名第1位)。以下分别从各级指标得分情况和2009年、2010年两年变化情况对北京进行简要分析。

一、2010年北京绿色发展指数指标得分情况

2010年北京绿色发展指数为0.655，从经济增长绿化度、资源与环境承载潜力和政府政策支持度3个一级指标数值来看(如图1所示)，北京的经济增长绿化度和政府政策支持度具有明显优势，远高于全国平均水平；而资源环境承载潜力则相对较弱，低于全国平均水平(注：各个指标的全国平均水平为0值)。

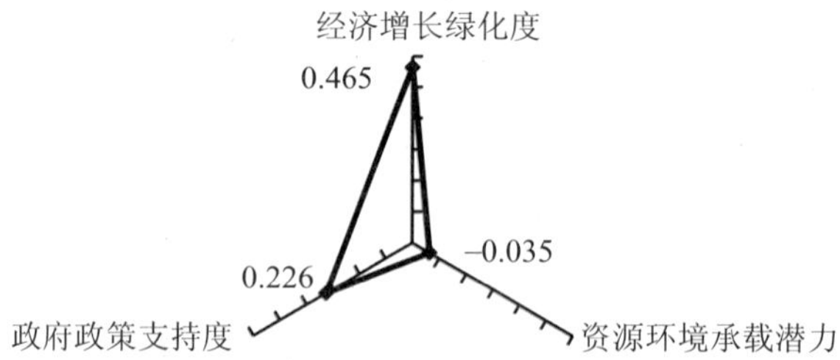

图1 北京一级指标得分情况

从图2中可以看出，2010年北京绿色发展指数二级指标中有8个高于全国平均水平，分别为绿色增长效率指标、第一产业指标、第二产业指标、第三产业指标、环境压力与气候变化指标、绿色投资指标、环境治理指标、基础设施指标。而资源丰裕与生态保护指标则略低于全国平均水平。

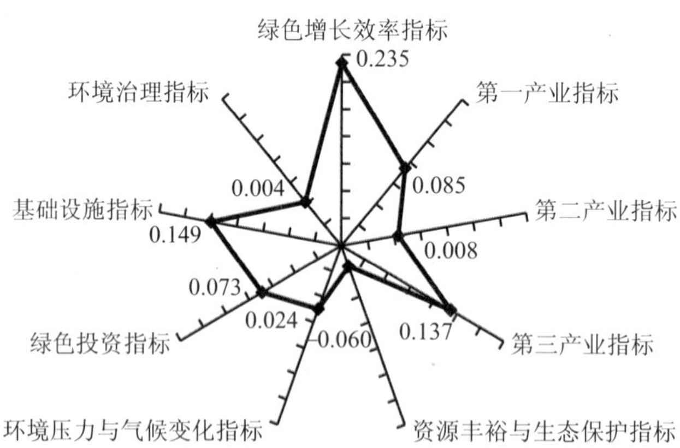

图2 北京二级指标得分情况

二、北京绿色发展指数两年排名变化情况

如表1所示，从一级指标排名变化情况来看，2010年北京排名变化最大的是资源环境承载潜力，上升了4位；而经济增长绿化度和政府政策支持度则没有变化。从二级指标排名变化情况来看，环境治理指标下降最多，降幅为16位，第二产业指标下降了7位。而资源丰裕与生态保护指标上升3位，环境压力与气候变化指标上升2位，基础设施指标上升1位；其余指标较2009年没有变化。

表 1 2009—2010 年北京一级指标和二级指标排名变化情况

指 标	2010 年	2009 年	差 距	指 标	2010 年	2009 年	差 距
中国绿色发展指数	1	1	0				
经济增长绿化度	1	1	0	资源丰裕与生态保护指标	23	26	3
绿色增长效率指标	1	1	0	环境压力与气候变化指标	10	12	2
第一产业指标	1	1	0	政府政策支持度	1	1	0
第二产业指标	11	4	−7	绿色投资指标	2	2	0
第三产业指标	1	1	0	基础设施指标	1	2	1
资源环境承载潜力	14	18	4	环境治理指标	17	1	−16

注：差距值为正数表明排名上升。

为了进一步分析一级、二级指标变化的原因，下面将北京 2009 年与 2010 年两年三级指标排名位次变化超过 3 位的指标列表如下(见表 2)。与 2009 年相比，2010 年北京三级指标排名中，第一产业劳动生产率下降 3 位，工业用水重复利用率下降 26 位，环境保护支出占财政支出比重下降 3 位，环境污染治理投资总额占地区生产总值比重下降 4 位，城市污水处理率下降 7 位，城市生活垃圾无害化处理率下降 3 位，工业氮氧化物去除率下降 18 位，工业废水氨氮去除率下降 11 位；而单位耕地面积退耕还林投资完成额和城市人均绿地面积两个指标则有所上升，分别较上年提高 8 位和 4 位。

表 2 2009—2010 年北京变化超过 3 位的三级指标

三级指标名称	两年原始数据			两年排名变化		
	单 位	2010 年	2009 年	2010 年	2009 年	变 动
第一产业劳动生产率	万元/人	1.90	1.80	11	8	−3
工业用水重复利用率	%	32.48	96.05	28	2	−26
环境保护支出占财政支出比重	%	2.24	2.33	28	25	−3
环境污染治理投资总额占地区生产总值比重	%	1.64	1.92	10	6	−4
单位耕地面积退耕还林投资完成额	万元/千公顷	25.73	0.00	15	23	8
城市人均绿地面积	公顷/人	0.01	0.00	5	9	4
城市污水处理率	%	82.10	80.30	16	9	−7
城市生活垃圾无害化处理率	%	96.95	98.22	4	1	−3
人均城市公共交通运营线路网长度	公里/人	0.001 5	0.000 4	4	11	7
工业氮氧化物去除率	%	1.08	36.27	19	1	−18
工业废水氨氮去除率	%	76.17	92.84	12	1	−11

注：变动值为正数表明排名上升。

天津绿色发展“体检”表

序号	指标名称	单位	指标属性	2010 年 30 省区测评均值	2010 年天津数值	2009 年天津数值	2010 年天津排名	2009 年天津排名	排名变化	2010 年数据来源	进退脸谱
1	人均地区生产总值	元/人	正	33 964.12	72 994	62 574	3	3	0	中国统计	
2	单位地区生产总值能耗	吨标准煤/万元	逆	1.29	0.83	0.84	8	7	−1	中国统计	☹
3	非化石能源消费量占能源消费量的比重		正	NA	NA	NA	NA	NA			
4	单位地区生产总值二氧化碳排放量		逆	NA	NA	NA	NA	NA			
5	单位地区生产总值二氧化硫排放量	吨/万元	逆	0.008 8	0.002 9	0.003 4	5	6	1	中国统计	☺
6	单位地区生产总值化学需氧量排放量	吨/万元	逆	0.004 5	0.001 6	0.001 9	3	3	0	中国统计	
7	单位地区生产总值氮氧化物排放量	吨/万元	逆	0.006 8	0.003 0	0.003 1	3	4	1	环境年报；中国统计	☺
8	单位地区生产总值氨氮排放量	吨/万元	逆	0.000 4	0.000 2	0.000 2	7	2	−5	环境年报；中国统计	☹
9	人均城镇生活消费用电	千瓦时/人	逆	295.08	686.17	692.38	28	28	0	城市	
10	第一产业劳动生产率	万元/人	正	1.61	1.90	1.65	12	12	0	中国统计	
11	土地产出率	亿元/千公顷	正	0.26	0.37	0.31	7	7	0	中国统计	
12	节灌率		正	0.49	0.76	0.72	4	5	1	水利；中国统计	☺
13	有效灌溉面积占耕地面积比重	%	正	53.55	78.13	78.75	5	5	0	中国统计	
14	第二产业劳动生产率	万元/人	正	12.13	22.89	19.30	2	2	0	中国统计	
15	单位工业增加值水耗	立方米/元	逆	0.010 0	0.001 1	0.001 2	1	1	0	中国统计	
16	规模以上单位工业增加值能耗(无数列表)		逆	NA	NA	NA	NA	NA			
17	工业固体废物综合利用率	%	正	69.80	98.60	98.30	1	1	0	环境年鉴	
18	工业用水重复利用率	%	正	72.90	95.86	96.40	1	1	0	环境年鉴	
19	六大高载能行业产值占工业总产值比重	%	逆	39.65	35.23	34.84	14	13	−1	工业经济	☹
20	第三产业劳动生产率	万元/人	正	6.96	18.77	15.43	1	2	1	中国统计	☺
21	第三产业增加值比重	%	正	39.97	46.00	45.30	5	5	0	中国统计	
22	第三产业就业人员比重	%	正	36.67	44.43	43.40	3	3	0	中国统计	
23	人均水资源量	立方米/人	正	2 419.38	72.80	126.79	30	29	−1	中国统计	☹
24	人均森林面积	公顷/人	正	0.19	0.01	0.01	29	29	0	中国统计	
25	森林覆盖率	%	正	30.63	8.24	8.24	28	28	0	中国统计	
26	自然保护区面积占辖区面积比重	%	正	8.60	8.06	8.06	11	10	−1	中国统计	☹
27	湿地面积占国土面积的比重	%	正	7.01	14.95	14.95	3	3	0	中国统计	
28	人均活立木总蓄积量	立方米/人	正	10.70	0.21	0.23	29	29	0	中国统计	
29	单位土地面积二氧化碳排放量		逆	NA	NA	NA	NA	NA			
30	人均二氧化碳排放量		逆	NA	NA	NA	NA	NA			
31	单位土地面积二氧化硫排放量	吨/平方公里	逆	6.367 7	19.731 8	19.861 8	29	29	0	中国统计；沙漠	
32	人均二氧化硫排放量	吨/人	逆	0.019 1	0.018 6	0.019 7	19	20	1	中国统计	☺
33	单位土地面积化学需氧量排放量	吨/平方公里	逆	3.772 2	11.073 7	11.160 2	29	29	0	中国统计；沙漠	
34	人均化学需氧量排放量	吨/人	逆	0.010 1	0.010 4	0.011 1	20	19	−1	中国统计	☹

续表

序号	指标名称	单　位	指标属性	2010年30省区测评均值	2010年天津数值	2009年天津数值	2010年天津排名	2009年天津排名	排名变化	2010年数据来源	进退脸谱
35	单位土地面积氮氧化物排放量	吨/平方公里	逆	6.447 3	20.642 2	18.041 0	29	29	0	中国统计；沙漠；环境年报	
36	人均氮氧化物排放量	吨/人	逆	0.016 5	0.019 5	0.017 9	23	24	1	环境年报；中国统计	☺
37	单位土地面积氨氮排放量	吨/平方公里	逆	0.416 4	1.678 2	1.006 9	29	29	0	中国统计；沙漠；环境年报	
38	人均氨氮排放量	吨/人	逆	0.001 0	0.001 6	0.001 0	28	17	−11	环境年报；中国统计	☹
39	单位耕地面积化肥施用量	万吨/千公顷	逆	0.05	0.06	0.06	21	21	0	中国统计；中国统计	
40	单位耕地面积农药使用量	吨/千公顷	逆	17.68	8.44	8.63	11	12	1	环境年鉴；中国统计	☺
41	人均公路交通氮氧化物排放量	吨/万人	逆	24.07	4.69	4.98	2	2	0	环境年报；中国统计	
42	环境保护支出占财政支出比重	%	正	3.35	1.97	1.19	29	29	0	中国统计	
43	环境污染治理投资总额占地区生产总值比重	%	正	1.40	1.19	1.48	20	15	−5	环境年鉴；中国统计	☹
44	农村人均改水、改厕的政府投资	元/人	正	57.01	111.83	155.80	3	3	0	环境年鉴	
45	单位耕地面积退耕还林投资完成额	万元/千公顷	正	29.81	2.57	0.00	24	23	−1	环境年鉴；中国统计	☹
46	科教文卫支出占财政支出比重	%	正	26.10	26.67	25.05	14	20	6	中国统计	☺
47	城市人均绿地面积	公顷/人	正	0.00	0.00	0.00	9	26	17	城市；中国统计	☺
48	城市用水普及率	%	正	96.08	100.00	100.00	1	1	0	中国统计	
49	城市污水处理率	%	正	79.18	85.30	80.10	10	11	1	环境年鉴	☺
50	城市生活垃圾无害化处理率	%	正	78.47	100.00	94.31	1	4	3	中国统计	☺
51	城市每万人拥有公交车辆	标台	正	9.86	12.05	15.38	4	3	−1	中国统计	☹
52	人均城市公共交通运营线路网长度	公里/人	正	0.000 6	0.001 3	0.000 1	5	30	25	中国统计；城市	☺
53	农村累计已改水受益人口占农村总人口比重	%	正	94.44	100.00	100.00	1	1	0	环境年鉴	
54	建成区绿化覆盖率	%	正	37.75	32.06	30.33	27	27	0	中国统计	
55	人均当年新增造林面积	公顷/万人	正	59.50	8.95	13.02	25	22	−3	中国统计	☹
56	工业二氧化硫去除率	%	正	59.83	63.22	59.73	13	14	1	中国统计	☺
57	工业废水化学需氧量去除率	%	正	70.84	70.22	67.72	18	17	−1	环境年报；中国统计	☹
58	工业氮氧化物去除率	%	正	4.07	14.78	16.65	2	4	2	环境年报	☺
59	工业废水氨氮去除率	%	正	62.87	24.87	29.79	29	28	−1	环境年报；中国统计	☹
60	突发环境事件次数	次	逆	14.00	0	0	1	1	0	中国统计	

年鉴说明：中国统计——《中国统计年鉴2011》；环境年鉴——《中国环境统计年鉴2011》；环境年报——《中国环境统计年报2010》；城市——《中国城市统计年鉴2011》；水利——中国《水利统计年鉴2011》；工业经济——《中国工业经济统计年鉴2011》；沙漠——《中国沙漠及其治理》。

天津绿色发展水平简要分析

天津绿色发展水平在全国参与测评的30个省(区、市)中排名第2位(使用2010年数据),较2009年上升2位(2009年天津测算排名第4位)。以下分别从各级指标得分情况和2009年、2010年两年变化情况对天津进行简要分析。

一、2010年天津绿色发展指数指标得分情况

2010年天津绿色发展指数为0.215,从经济增长绿化度、资源与环境承载潜力和政府政策支持度3个一级指标数值来看(如图1所示),天津的经济增长绿化度和政府政策支持度具有明显优势;而资源环境承载潜力则相对较弱,低于全国平均水平(注:各个指标的全国平均水平为0值)。

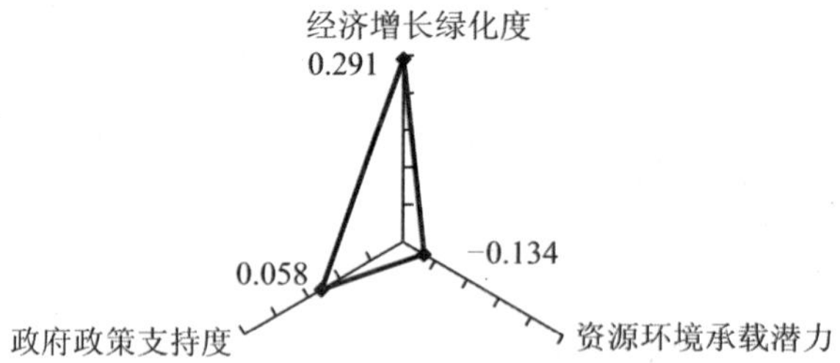

图1 天津一级指标得分情况

从图2中可以看出,2010年天津绿色发展指数二级指标中有6个高于全国平均水平,分别为绿色增长效率指标、第一产业指标、第二产业指标、第三产业指标、基础设施指标、环境治理指标。而资源丰裕与生态保护指标、环境压力与气候变化指标、绿色投资指标3个指标则低于全国平均水平。

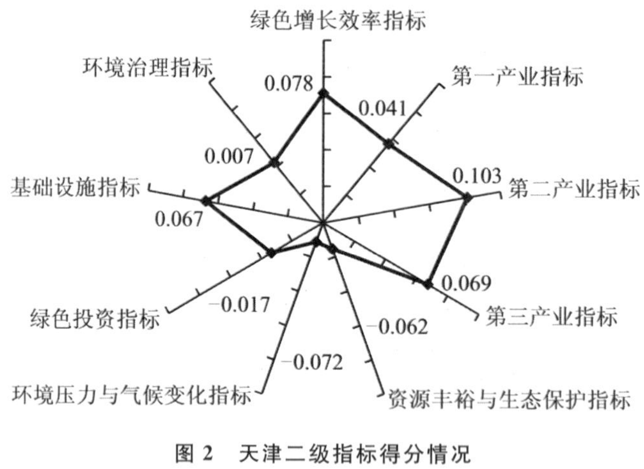

图2 天津二级指标得分情况

二、天津绿色发展指数两年排名变化情况

如表1所示,从一级指标排名变化情况来看,2010年天津排名变化最大的是政府政策支持度,上升9位;资源环境承载潜力下降了6位;而经济增长绿化度则没有变化。从二级指标排名变化情况来看,绿色投资指标上升最多,升幅为8位,基础设施指标上升7位;而第一产业指标下降2位,资源丰裕与生态保护指标下降2位,环境压力与气候变化指标下降3位,环境治理指标下降1位;其余指标较2009年则没有变化。

表 1 2009—2010 年天津一级指标和二级指标排名变化情况

指 标	2010 年	2009 年	差 距	指 标	2010 年	2009 年	差 距
中国绿色发展指数	2	4	2				
经济增长绿化度	3	3	0	资源丰裕与生态保护指标	24	22	−2
绿色增长效率指标	3	3	0	环境压力与气候变化指标	25	22	−3
第一产业指标	6	4	−2	政府政策支持度	8	17	9
第二产业指标	1	1	0	绿色投资指标	19	27	8
第三产业指标	3	3	0	基础设施指标	4	11	7
资源环境承载潜力	27	21	−6	环境治理指标	14	13	−1

注：差距值为正数表明排名上升。

为了进一步分析一级、二级指标变化的原因，下面将天津 2009 年与 2010 年两年三级指标排名位次变化超过 3 位的指标列表如下(见表 2)。与 2009 年相比，2010 年天津三级指标排名中，科教文卫支出占财政支出比重指标上升 6 位，城市人均绿地面积指标上升 17 位，城市生活垃圾无害化处理率指标上升 3 位，人均城市公共交通运营线路网长度指标上升 25 位；而单位地区生产总值氨氮排放量指标下降 5 位，人均氨氮排放量指标下降 11 位，环境污染治理投资总额占地区生产总值比重指标下降 5 位，人均当年新增造林面积指标下降 3 位。

表 2 2009—2010 年天津变化超过 3 位的三级指标

三级指标名称	两年原始数据			两年排名变化		
	单 位	2010 年	2009 年	2010 年	2009 年	变 动
单位地区生产总值氨氮排放量	吨/万元	0.000 2	0.000 2	7	2	−5
人均氨氮排放量	吨/人	0.0016	0.0010	28	17	−11
环境污染治理投资总额占地区生产总值比重	%	1.19	1.48	20	15	−5
科教文卫支出占财政支出比重	%	26.67	25.05	14	20	6
城市人均绿地面积	公顷/人	0.00	0.00	9	26	17
城市生活垃圾无害化处理率	%	100.00	94.31	1	4	3
人均城市公共交通运营线路网长度	公里/人	0.0013	0.0001	5	30	25
人均当年新增造林面积	公顷/万人	8.95	13.02	25	22	−3

注：变动值为正数表明排名上升。

河北绿色发展“体检”表

序号	指标名称	单 位	指标属性	2010年30省区测评均值	2010年河北数值	2009年河北数值	2010年河北排名	2009年河北排名	排名变化	2010年数据来源	进退脸谱
1	人均地区生产总值	元/人	正	33 964.12	28 668	24 581	12	12	0	中国统计	
2	单位地区生产总值能耗	吨标准煤/万元	逆	1.29	1.58	1.64	24	23	−1	中国统计	☹
3	非化石能源消费量占能源消费量的比重		正	NA	NA	NA	NA	NA			
4	单位地区生产总值二氧化碳排放量		逆	NA	NA	NA	NA	NA			
5	单位地区生产总值二氧化硫排放量	吨/万元	逆	0.008 8	0.007 1	0.008 1	17	17	0	中国统计	
6	单位地区生产总值化学需氧量排放量	吨/万元	逆	0.004 5	0.003 1	0.003 7	10	11	1	中国统计	☺
7	单位地区生产总值氮氧化物排放量	吨/万元	逆	0.006 8	0.006 4	0.006 4	21	19	−2	环境年报；中国统计	☹
8	单位地区生产总值氨氮排放量	吨/万元	逆	0.000 4	0.000 3	0.000 4	9	10	1	环境年报；中国统计	☺
9	人均城镇生活消费用电	千瓦时/人	逆	295.08	90.06	208.29	1	3	2	城市	☺
10	第一产业劳动生产率	万元/人	正	1.61	1.74	1.49	14	14	0	中国统计	
11	土地产出率	亿元/千公顷	正	0.26	0.28	0.22	11	11	0	中国统计	
12	节灌率		正	0.49	0.59	0.57	12	11	−1	水利；中国统计	☹
13	有效灌溉面积占耕地面积比重	%	正	53.55	71.99	72.07	9	8	−1	中国统计	☹
14	第二产业劳动生产率	万元/人	正	12.13	8.65	7.44	22	21	−1	中国统计	☹
15	单位工业增加值水耗	立方米/元	逆	0.010 0	0.002 7	0.003 0	4	4	0	中国统计	
16	规模以上单位工业增加值能耗(无数列表)		逆	NA	NA	NA	NA	NA			
17	工业固体废物综合利用率	%	正	69.80	56.60	70.90	20	15	−5	环境年鉴	☹
18	工业用水重复利用率	%	正	72.90	94.64	94.93	3	4	1	环境年鉴	☺
19	六大高载能行业产值占工业总产值比重	%	逆	39.65	50.94	53.16	24	25	1	工业经济	☺
20	第三产业劳动生产率	万元/人	正	6.96	6.30	5.59	13	13	0	中国统计	
21	第三产业增加值比重	%	正	39.97	34.90	35.20	25	27	2	中国统计	☺
22	第三产业就业人员比重	%	正	36.67	27.95	30.81	27	26	−1	中国统计	☹
23	人均水资源量	立方米/人	正	2 419.38	195.28	201.32	26	27	1	中国统计	☺
24	人均森林面积	公顷/人	正	0.19	0.06	0.06	24	23	−1	中国统计	☹
25	森林覆盖率	%	正	30.63	22.29	22.29	19	19	0	中国统计	
26	自然保护区面积占辖区面积比重	%	正	8.60	3.05	2.97	29	29	0	中国统计	
27	湿地面积占国土面积的比重	%	正	7.01	5.82	5.82	12	12	0	中国统计	
28	人均活立木总蓄积量	立方米/人	正	10.70	1.42	1.45	24	24	0	中国统计	
29	单位土地面积二氧化碳排放量		逆	NA	NA	NA	NA	NA			
30	人均二氧化碳排放量		逆	NA	NA	NA	NA	NA			
31	单位土地面积二氧化硫排放量	吨/平方公里	逆	6.367 7	6.547 5	6.652 0	20	18	−2	中国统计；沙漠	☹
32	人均二氧化硫排放量	吨/人	逆	0.019 1	0.017 3	0.017 9	18	17	−1	中国统计	☹
33	单位土地面积化学需氧量排放量	吨/平方公里	逆	3.772 2	2.897 9	3.025 4	16	16	0	中国统计；沙漠	
34	人均化学需氧量排放量	吨/人	逆	0.010 1	0.007 7	0.008 1	8	8	0	中国统计	

续表

序号	指标名称	单　位	指标属性	2010年30省区测评均值	2010年河北数值	2009年河北数值	2010年河北排名	2009年河北排名	排名变化	2010年数据来源	进退脸谱
35	单位土地面积氮氧化物排放量	吨/平方公里	逆	6.447 3	5.922 5	5.285 7	21	20	−1	中国统计；沙漠；环境年报	☹
36	人均氮氧化物排放量	吨/人	逆	0.016 5	0.015 7	0.014 2	19	18	−1	环境年报；中国统计	☹
37	单位土地面积氨氮排放量	吨/平方公里	逆	0.416 4	0.291 9	0.291 9	17	17	0	中国统计；沙漠；环境年报	
38	人均氨氮排放量	吨/人	逆	0.0010	0.0008	0.0008	9	8	−1	环境年报；中国统计	☹
39	单位耕地面积化肥施用量	万吨/千公顷	逆	0.05	0.05	0.05	18	17	−1	中国统计；中国统计	☹
40	单位耕地面积农药使用量	吨/千公顷	逆	17.68	13.39	13.69	15	16	1	环境年鉴；中国统计	☺
41	人均公路交通氮氧化物排放量	吨/万人	逆	24.07	10.69	11.37	6	7	1	环境年报；中国统计	☺
42	环境保护支出占财政支出比重	%	正	3.35	4.08	4.44	7	5	−2	中国统计	☹
43	环境污染治理投资总额占地区生产总值比重	%	正	1.40	1.82	1.60	6	9	3	环境年鉴；中国统计	☺
44	农村人均改水、改厕的政府投资	元/人	正	57.01	6.90	10.35	30	30	0	环境年鉴	
45	单位耕地面积退耕还林投资完成额	万元/千公顷	正	29.81	31.93	11.99	9	20	11	环境年鉴；中国统计	☺
46	科教文卫支出占财政支出比重	%	正	26.10	28.95	28.90	6	7	1	中国统计	☺
47	城市人均绿地面积	公顷/人	正	0.00	0.00	0.00	23	13	−10	城市；中国统计	☹
48	城市用水普及率	%	正	96.08	99.97	99.97	4	4	0	中国统计	
49	城市污水处理率	%	正	79.18	92.30	84.50	2	6	4	环境年鉴	☺
50	城市生活垃圾无害化处理率	%	正	78.47	69.82	59.00	23	25	2	中国统计	☺
51	城市每万人拥有公交车辆	标台	正	9.86	9.53	9.02	16	22	6	中国统计	☺
52	人均城市公共交通运营线路网长度	公里/人	正	0.000 6	0.000 2	0.000 3	25	18	−7	中国统计；城市	☹
53	农村累计已改水受益人口占农村总人口比重	%	正	94.44	97.46	97.40	14	13	−1	环境年鉴	☹
54	建成区绿化覆盖率	%	正	37.75	42.73	40.02	3	7	4	中国统计	☺
55	人均当年新增造林面积	公顷/万人	正	59.50	39.90	43.70	15	14	−1	中国统计	☹
56	工业二氧化硫去除率	%	正	59.83	63.18	54.28	14	20	6	中国统计	☺
57	工业废水化学需氧量去除率	%	正	70.84	77.05	76.66	14	12	−2	环境年报；中国统计	☹
58	工业氮氧化物去除率	%	正	4.07	6.46	4.69	7	12	5	环境年报	☺
59	工业废水氨氮去除率	%	正	62.87	57.57	60.50	18	14	−4	环境年报；中国统计	☹
60	突发环境事件次数	次	逆	14.00	7	4	17	10	−7	中国统计	☹

年鉴说明：中国统计——《中国统计年鉴2011》；环境年鉴——《中国环境统计年鉴2011》；环境年报——《中国环境统计年报2010》；城市——《中国城市统计年鉴2011》；水利——中国《水利统计年鉴2011》；工业经济——《中国工业经济统计年鉴2011》；沙漠——《中国沙漠及其治理》。

河北绿色发展水平简要分析

河北绿色发展水平在全国参与测评的 30 个省(区、市)中排名第 17 位(使用 2010 年数据)，较 2009 年上升 1 位(2009 年河北测算排名第 18 位)。以下分别从各级指标得分情况和 2009 年、2010 年两年变化情况对河北进行简要分析。

一、2010 年河北绿色发展指数指标得分情况

2010 年河北绿色发展指数为－0.040，从经济增长绿化度、资源与环境承载潜力和政府政策支持度 3 个一级指标数值来看(如图 1 所示)，河北的政府政策支持度具有一定优势；而经济增长绿化度和资源环境承载潜力则相对较弱，低于全国平均水平(注：各个指标的全国平均水平为 0 值)。

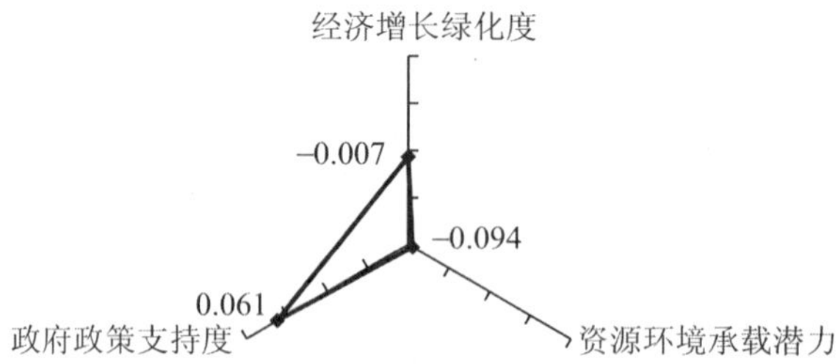

图 1　河北一级指标得分情况

从图 2 中可以看出，2010 年河北绿色发展指数二级指标中有 5 个高于全国平均水平，分别为绿色增长效率指标、第一产业指标、绿色投资指标、基础设施指标、环境治理指标。而第二产业指标、第三产业指标、资源丰裕与生态保护指标、环境压力与气候变化指标 4 个指标则低于全国平均水平。

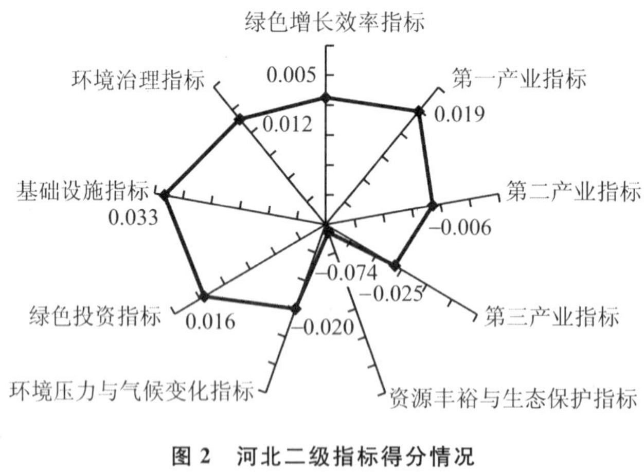

图 2　河北二级指标得分情况

二、河北绿色发展指数两年排名变化情况

如表 1 所示，从一级指标排名变化情况来看，2010 年河北排名变化最大的是政府政策支持度，上升 3 位，资源环境承载潜力上升 2 位；而经济增长绿化度则没有变化。从二级指标排名变化情况来看，第一产业指标上升 1 位，环境压力与气候变化指标上升 3 位；绿色增长效率指标下降 1 位，第二产业指标下降 2 位，基础设施指标下降 1 位；其余指标与 2009 年相比则没有变化。

表 1　2009—2010 年河北一级指标和二级指标排名变化情况

指　标	2010 年	2009 年	差　距	指　标	2010 年	2009 年	差　距
中国绿色发展指数	17	18	1				
经济增长绿化度	12	12	0	资源丰裕与生态保护指标	29	29	0
绿色增长效率指标	12	11	−1	环境压力与气候变化指标	13	16	3
第一产业指标	9	10	1	政府政策支持度	7	10	3
第二产业指标	18	16	−2	绿色投资指标	9	9	0
第三产业指标	24	24	0	基础设施指标	11	10	−1
资源环境承载潜力	23	25	2	环境治理指标	12	12	0

注：差距值为正数表明排名上升。

为了进一步分析一级、二级指标变化的原因，下面将河北 2009 年与 2010 年两年三级指标排名位次变化超过 3 位的指标列表如下(见表 2)。2010 年河北三级指标中工业固体废物综合利用率指标下降 5 位，城市人均绿地面积指标下降 10 位，人均城市公共交通运营线路网长度指标下降 7 位，工业废水氨氮去除率指标下降 4 位，突发环境事件次数指标下降 7 位；而环境污染治理投资总额占地区生产总值比重指标上升 3 位；单位耕地面积退耕还林投资完成额指标上升 11 位；城市污水处理率指标上升 4 位，城市每万人拥有公交车辆指标上升 6 位，建成区绿化覆盖率指标上升 4 位，工业二氧化硫去除率指标上升 6 位，工业氮氧化物去除率指标上升 5 位。

表 2　2009—2010 年河北变化超过 3 位的三级指标

三级指标名称	两年原始数据			两年排名变化		
	单　位	2010 年	2009 年	2010 年	2009 年	变　动
工业固体废物综合利用率	%	56.60	70.90	20	15	−5
环境污染治理投资总额占地区生产总值比重	%	1.82	1.60	6	9	3
单位耕地面积退耕还林投资完成额	万元/千公顷	31.93	11.99	9	20	11
城市人均绿地面积	公顷/人	0.00	0.00	23	13	−10
城市污水处理率	%	92.30	84.50	2	6	4
城市每万人拥有公交车辆	标台	9.53	9.02	16	22	6
人均城市公共交通运营线路网长度	公里/人	0.0002	0.0003	25	18	−7
建成区绿化覆盖率	%	42.73	40.02	3	7	4
工业二氧化硫去除率	%	63.18	54.28	14	20	6
工业氮氧化物去除率	%	6.46	4.69	7	12	5
工业废水氨氮去除率	%	57.57	60.50	18	14	−4
突发环境事件次数	次	7	4	17	10	−7

注：变动值为正数表明排名上升。

山西绿色发展“体检”表

序号	指标名称	单　位	指标属性	2010年30省区测评均值	2010年山西数值	2009年山西数值	2010年山西排名	2009年山西排名	排名变化	2010年数据来源	进退脸谱
1	人均地区生产总值	元/人	正	33 964.12	26 283	21 522	18	18	0	中国统计	
2	单位地区生产总值能耗	吨标准煤/万元	逆	1.29	2.24	2.36	27	28	1	中国统计	☺
3	非化石能源消费量占能源消费量的比重		正	NA	NA	NA	NA	NA			
4	单位地区生产总值二氧化碳排放量		逆	NA	NA	NA	NA	NA			
5	单位地区生产总值二氧化硫排放量	吨/万元	逆	0.008 8	0.017 3	0.020 1	28	28	0	中国统计	
6	单位地区生产总值化学需氧量排放量	吨/万元	逆	0.004 5	0.004 6	0.005 4	19	19	0	中国统计	
7	单位地区生产总值氮氧化物排放量	吨/万元	逆	0.006 8	0.012 7	0.017 2	27	29	2	环境年报；中国统计	☺
8	单位地区生产总值氨氮排放量	吨/万元	逆	0.000 4	0.000 6	0.000 6	24	24	0	环境年报；中国统计	
9	人均城镇生活消费用电	千瓦时/人	逆	295.08	134.33	258.36	9	6	−3	城市	☹
10	第一产业劳动生产率	万元/人	正	1.61	0.87	0.75	27	27	0	中国统计	
11	土地产出率	亿元/千公顷	正	0.26	0.18	0.15	21	21	0	中国统计	
12	节灌率		正	0.49	0.64	0.64	10	10	0	水利；中国统计	
13	有效灌溉面积占耕地面积比重	%	正	53.55	31.42	31.09	25	24	−1	中国统计	☹
14	第二产业劳动生产率	万元/人	正	12.13	12.18	9.55	9	12	3	中国统计	☺
15	单位工业增加值水耗	立方米/元	逆	0.010 0	0.003 5	0.003 0	6	5	−1	中国统计	☹
16	规模以上单位工业增加值能耗(无数列表)		逆	NA	NA	NA	NA	NA			
17	工业固体废物综合利用率	%	正	69.80	65.50	60.10	18	20	2	环境年鉴	☺
18	工业用水重复利用率	%	正	72.90	94.66	94.99	2	3	1	环境年鉴	☺
19	六大高载能行业产值占工业总产值比重	%	逆	39.65	46.00	48.32	21	22	1	工业经济	☺
20	第三产业劳动生产率	万元/人	正	6.96	6.03	5.41	17	16	−1	中国统计	☹
21	第三产业增加值比重	%	正	39.97	37.10	39.20	16	16	0	中国统计	
22	第三产业就业人员比重	%	正	36.67	35.23	34.04	15	18	3	中国统计	☺
23	人均水资源量	立方米/人	正	2 419.38	261.52	250.83	25	25	0	中国统计	
24	人均森林面积	公顷/人	正	0.19	0.06	0.06	22	22	0	中国统计	
25	森林覆盖率	%	正	30.63	14.12	14.12	23	23	0	中国统计	
26	自然保护区面积占辖区面积比重	%	正	8.60	7.40	7.36	14	13	−1	中国统计	☹
27	湿地面积占国土面积的比重	%	正	7.01	3.19	3.19	21	21	0	中国统计	
28	人均活立木总蓄积量	立方米/人	正	10.70	2.48	2.58	22	22	0	中国统计	
29	单位土地面积二氧化碳排放量		逆	NA	NA	NA	NA	NA			
30	人均二氧化碳排放量		逆	NA	NA	NA	NA	NA			
31	单位土地面积二氧化硫排放量	吨/平方公里	逆	6.367 7	7.971 4	8.094 0	24	24	0	中国统计；沙漠	
32	人均二氧化硫排放量	吨/人	逆	0.019 1	0.035 7	0.037 1	28	28	0	中国统计	
33	单位土地面积化学需氧量排放量	吨/平方公里	逆	3.772 2	2.125 6	2.197 8	11	11	0	中国统计；沙漠	
34	人均化学需氧量排放量	吨/人	逆	0.010 1	0.009 5	0.010 1	14	16	2	中国统计	☺

续表

序号	指标名称	单　位	指标属性	2010年30省区测评均值	2010年山西数值	2009年山西数值	2010年山西排名	2009年山西排名	排名变化	2010年数据来源	进退脸谱
35	单位土地面积氮氧化物排放量	吨/平方公里	逆	6.447 3	5.838 8	6.923 6	20	22	2	中国统计；沙漠；环境年报	☺
36	人均氮氧化物排放量	吨/人	逆	0.016 5	0.026 1	0.031 7	27	29	2	环境年报；中国统计	☺
37	单位土地面积氨氮排放量	吨/平方公里	逆	0.416 4	0.268 0	0.261 6	15	16	1	中国统计；沙漠；环境年报	☺
38	人均氨氮排放量	吨/人	逆	0.001 0	0.001 2	0.001 2	23	22	−1	环境年报；中国统计	☹
39	单位耕地面积化肥施用量	万吨/千公顷	逆	0.05	0.03	0.03	6	6	0	中国统计；中国统计	
40	单位耕地面积农药使用量	吨/千公顷	逆	17.68	6.44	6.24	8	8	0	环境年鉴；中国统计	
41	人均公路交通氮氧化物排放量	吨/万人	逆	24.07	24.52	83.98	19	30	11	环境年报；中国统计	☺
42	环境保护支出占财政支出比重	%	正	3.35	4.27	4.52	6	4	−2	中国统计	☹
43	环境污染治理投资总额占地区生产总值比重	%	正	1.40	2.25	2.49	2	2	0	环境年鉴；中国统计	
44	农村人均改水、改厕的政府投资	元/人	正	57.01	31.36	27.54	24	27	3	环境年鉴	☺
45	单位耕地面积退耕还林投资完成额	万元/千公顷	正	29.81	30.76	24.79	10	14	4	环境年鉴；中国统计	☺
46	科教文卫支出占财政支出比重	%	正	26.10	25.57	27.24	18	11	−7	中国统计	☹
47	城市人均绿地面积	公顷/人	正	0.00	0.00	0.00	25	24	−1	城市；中国统计	☹
48	城市用水普及率	%	正	96.08	97.26	95.38	17	18	1	中国统计	☺
49	城市污水处理率	%	正	79.18	84.90	75.20	11	15	4	环境年鉴	☺
50	城市生活垃圾无害化处理率	%	正	78.47	73.58	62.89	19	21	2	中国统计	☺
51	城市每万人拥有公交车辆	标台	正	9.86	6.83	7.09	30	30	0	中国统计	
52	人均城市公共交通运营线路网长度	公里/人	正	0.000 6	0.000 4	0.000 6	17	3	−14	中国统计；城市	☹
53	农村累计已改水受益人口占农村总人口比重	%	正	94.44	87.20	91.40	26	23	−3	环境年鉴	☹
54	建成区绿化覆盖率	%	正	37.75	38.01	36.49	15	18	3	中国统计	☺
55	人均当年新增造林面积	公顷/万人	正	59.50	80.66	95.53	9	7	−2	中国统计	☹
56	工业二氧化硫去除率	%	正	59.83	62.92	58.69	15	15	0	中国统计	
57	工业废水化学需氧量去除率	%	正	70.84	52.95	51.13	28	27	−1	环境年报；中国统计	☹
58	工业氮氧化物去除率	%	正	4.07	15.46	16.89	1	3	2	环境年报	☺
59	工业废水氨氮去除率	%	正	62.87	58.57	58.51	17	15	−2	环境年报；中国统计	☹
60	突发环境事件次数	次	逆	14.00	9	4	19	10	−9	中国统计	☹

年鉴说明：中国统计——《中国统计年鉴2011》；环境年鉴——《中国环境统计年鉴2011》；环境年报——《中国环境统计年报2010》；城市——《中国城市统计年鉴2011》；水利——中国《水利统计年鉴2011》；工业经济——《中国工业经济统计年鉴2011》；沙漠——《中国沙漠及其治理》。

山西绿色发展水平简要分析

山西绿色发展水平在全国参与测评的 30 个省(区、市)中排名第 29 位(使用 2010 年数据)，较 2009 年下降 1 位(2009 年山西测算排名第 28 位)。以下分别从各级指标得分情况和 2009 年、2010 年两年变化情况对山西进行简要分析。

一、2010 年山西绿色发展指数指标得分情况

2010 年山西绿色发展指数为－0.208，从经济增长绿化度、资源与环境承载潜力和政府政策支持度 3 个一级指标数值来看(如图 1 所示)，山西的政府政策支持度略高于全国平均水平；而经济增长绿化度和资源环境承载潜力则相对较弱，远低于全国平均水平(注：各个指标的全国平均水平为 0 值)。

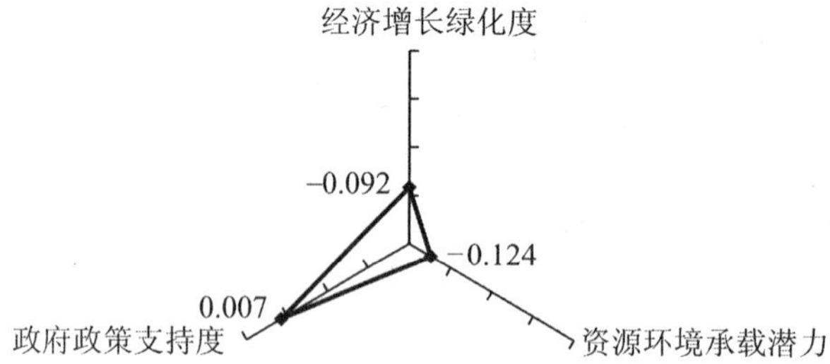

图 1　山西一级指标得分情况

从图 2 中可以看出，2010 年山西绿色发展指数二级指标中第二产业指标、绿色投资指标和环境治理指标 3 个指标高于全国平均水平；而绿色增长效率指标、第一产业指标、第三产业指标、资源丰裕与生态保护指标、基础设施指标、环境压力与气候变化指标 6 个指标则低于全国平均水平。

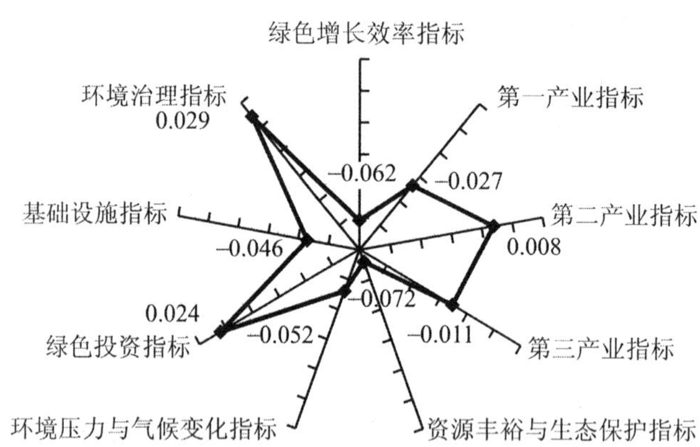

图 2　山西二级指标得分情况

二、山西绿色发展指数两年排名变化情况

如表 1 所示，从一级指标排名变化情况来看，2010 年山西排名变化最大的是政府政策支持度，下降了 4 位，经济增长绿化度也下降了 1 位，而资源环境承载潜力则上升了 3 位。从二级指标排名变化情况来看，第三产业指标下降 1 位，绿色投资指标下降 3 位，基础设施指标下降 4 位；而第一产业指标上升 1 位，第二产业指标上升 6 位，环境压力与气候变化指标上升 5 位，环境治理指标上升 1 位；其余指标则没有变化。

表1　2009—2010年山西一级指标和二级指标排名变化情况

指　标	2010年	2009年	差　距	指　标	2010年	2009年	差　距
中国绿色发展指数	29	28	−1				
经济增长绿化度	23	22	−1	资源丰裕与生态保护指标	28	28	0
绿色增长效率指标	26	26	0	环境压力与气候变化指标	20	25	5
第一产业指标	24	25	1	政府政策支持度	15	11	−4
第二产业指标	12	18	6	绿色投资指标	7	4	−3
第三产业指标	17	16	−1	基础设施指标	23	19	−4
资源环境承载潜力	26	29	3	环境治理指标	8	9	1

注：差距值为正数表明排名上升。

为了进一步分析一级、二级指标变化的原因，下面将山西2009年与2010年两年三级指标排名位次变化超过3位的指标列表如下(见表2)。2010年山西三级指标中，人均城镇生活消费用电指标下降3位，科教文卫支出占财政支出比重指标下降7位，人均城市公共交通运营线路网长度指标下降14位，农村累计已改水受益人口占农村总人口比重指标下降3位，突发环境事件次数指标下降9位；而第二产业劳动生产率指标上升3位，第三产业就业人员比重指标上升3位，人均公路交通氮氧化物排放量指标上升11位，农村人均改水、改厕的政府投资指标上升3位，单位耕地面积退耕还林投资完成额指标上升4位，城市污水处理率指标上升4位，建成区绿化覆盖率指标上升3位。

表2　2009—2010年山西变化超过3位的三级指标

三级指标名称	两年原始数据			两年排名变化		
	单　位	2010年	2009年	2010年	2009年	变　动
人均城镇生活消费用电	千瓦时/人	134.33	258.36	9	6	−3
第二产业劳动生产率	万元/人	12.18	9.55	9	12	3
第三产业就业人员比重	%	35.23	34.04	15	18	3
人均公路交通氮氧化物排放量	吨/万人	24.52	83.98	19	30	11
农村人均改水、改厕的政府投资	元/人	31.36	27.54	24	27	3
单位耕地面积退耕还林投资完成额	万元/千公顷	30.76	24.79	10	14	4
科教文卫支出占财政支出比重	%	25.57	27.24	18	11	−7
城市污水处理率	%	84.90	75.20	11	15	4
人均城市公共交通运营线路网长度	公里/人	0.000 4	0.000 6	17	3	−14
农村累计已改水受益人口占农村总人口比重	%	87.20	91.40	26	23	−3
建成区绿化覆盖率	%	38.01	36.49	15	18	3
突发环境事件次数	次	9	4	19	10	−9

注：变动值为正数表明排名上升。

内蒙古绿色发展“体检”表

序号	指标名称	单位	指标属性	2010年30省区测评均值	2010年内蒙古数值	2009年内蒙古数值	2010年内蒙古排名	2009年内蒙古排名	排名变化	2010年数据来源	进退脸谱
1	人均地区生产总值	元/人	正	33 964.12	47 347	40 282	6	7	1	中国统计	☺
2	单位地区生产总值能耗	吨标准煤/万元	逆	1.29	1.92	2.01	26	26	0	中国统计	
3	非化石能源消费量占能源消费量的比重		正	NA	NA	NA	NA	NA			
4	单位地区生产总值二氧化碳排放量		逆	NA	NA	NA	NA	NA			
5	单位地区生产总值二氧化硫排放量	吨/万元	逆	0.008 8	0.015 9	0.018 3	26	27	1	中国统计	☺
6	单位地区生产总值化学需氧量排放量	吨/万元	逆	0.004 5	0.003 1	0.003 6	9	10	1	中国统计	☺
7	单位地区生产总值氮氧化物排放量	吨/万元	逆	0.006 8	0.014 7	0.013 4	29	28	−1	环境年报；中国统计	☹
8	单位地区生产总值氨氮排放量	吨/万元	逆	0.000 4	0.000 5	0.000 4	21	12	−9	环境年报；中国统计	☹
9	人均城镇生活消费用电	千瓦时/人	逆	295.08	187.84	244.68	17	5	−12	城市	☹
10	第一产业劳动生产率	万元/人	正	1.61	1.94	1.67	10	11	1	中国统计	☺
11	土地产出率	亿元/千公顷	正	0.26	0.13	0.11	28	28	0	中国统计	
12	节灌率		正	0.49	0.77	0.73	3	4	1	水利；中国统计	☺
13	有效灌溉面积占耕地面积比重	%	正	53.55	42.36	41.27	18	18	0	中国统计	
14	第二产业劳动生产率	万元/人	正	12.13	31.88	26.95	1	1	0	中国统计	
15	单位工业增加值水耗	立方米/元	逆	0.010 0	0.005 3	0.004 6	8	8	0	中国统计	
16	规模以上单位工业增加值能耗(无数列表)		逆	NA	NA	NA	NA	NA			
17	工业固体废物综合利用率	%	正	69.80	56.30	52.60	21	23	2	环境年鉴	☺
18	工业用水重复利用率	%	正	72.90	84.70	57.52	13	24	11	环境年鉴	☺
19	六大高载能行业产值占工业总产值比重	%	逆	39.65	41.96	44.95	20	20	0	工业经济	
20	第三产业劳动生产率	万元/人	正	6.96	10.54	9.84	4	4	0	中国统计	
21	第三产业增加值比重	%	正	39.97	36.10	38.00	21	19	−2	中国统计	☹
22	第三产业就业人员比重	%	正	36.67	34.40	34.24	17	17	0	中国统计	
23	人均水资源量	立方米/人	正	2 419.38	1 576.08	1 563.88	17	15	−2	中国统计	☹
24	人均森林面积	公顷/人	正	0.19	0.96	0.98	1	1	0	中国统计	
25	森林覆盖率	%	正	30.63	20.00	20.00	21	21	0	中国统计	
26	自然保护区面积占辖区面积比重	%	正	8.60	11.69	11.69	8	7	−1	中国统计	☹
27	湿地面积占国土面积的比重	%	正	7.01	3.66	3.66	19	19	0	中国统计	
28	人均活立木总蓄积量	立方米/人	正	10.70	55.04	56.18	1	1	0	中国统计	
29	单位土地面积二氧化碳排放量		逆	NA	NA	NA	NA	NA			
30	人均二氧化碳排放量		逆	NA	NA	NA	NA	NA			
31	单位土地面积二氧化硫排放量	吨/平方公里	逆	6.367 7	1.873 5	1.879 8	7	7	0	中国统计；沙漠	
32	人均二氧化硫排放量	吨/人	逆	0.019 1	0.057 0	0.057 9	30	30	0	中国统计	
33	单位土地面积化学需氧量排放量	吨/平方公里	逆	3.772 2	0.369 7	0.374 3	3	3	0	中国统计；沙漠	
34	人均化学需氧量排放量	吨/人	逆	0.010 1	0.011 2	0.011 5	22	20	−2	中国统计	☹

续表

序号	指标名称	单位	指标属性	2010 年 30 省区测评均值	2010 年内蒙古数值	2009 年内蒙古数值	2010 年内蒙古排名	2009 年内蒙古排名	排名变化	2010 年数据来源	进退脸谱
35	单位土地面积氮氧化物排放量	吨/平方公里	逆	6.447 3	1.739 0	1.377 5	10	10	0	中国统计；沙漠；环境年报	
36	人均氮氧化物排放量	吨/人	逆	0.016 5	0.052 9	0.042 4	29	30	1	环境年报；中国统计	☺
37	单位土地面积氨氮排放量	吨/平方公里	逆	0.416 4	0.055 1	0.045 7	4	3	−1	中国统计；沙漠；环境年报	☹
38	人均氨氮排放量	吨/人	逆	0.001 0	0.001 7	0.001 4	29	28	−1	环境年报；中国统计	☹
39	单位耕地面积化肥施用量	万吨/千公顷	逆	0.05	0.02	0.02	5	5	0	中国统计；中国统计	
40	单位耕地面积农药使用量	吨/千公顷	逆	17.68	3.40	3.12	4	3	−1	环境年鉴；中国统计	☹
41	人均公路交通氮氧化物排放量	吨/万人	逆	24.07	36.80	25.66	24	20	−4	环境年报；中国统计	☹
42	环境保护支出占财政支出比重	%	正	3.35	4.75	5.08	3	3	0	中国统计	
43	环境污染治理投资总额占地区生产总值比重	%	正	1.40	2.05	2.03	4	3	−1	环境年鉴；中国统计	☹
44	农村人均改水、改厕的政府投资	元/人	正	57.01	50.67	60.87	14	13	−1	环境年鉴	☹
45	单位耕地面积退耕还林投资完成额	万元/千公顷	正	29.81	29.97	14.89	12	18	6	环境年鉴；中国统计	☺
46	科教文卫支出占财政支出比重	%	正	26.10	22.75	21.37	25	29	4	中国统计	☺
47	城市人均绿地面积	公顷/人	正	0.00	0.00	0.00	11	14	3	城市；中国统计	☺
48	城市用水普及率	%	正	96.08	87.97	87.89	30	29	−1	中国统计	☹
49	城市污水处理率	%	正	79.18	80.60	75.20	19	15	−4	环境年鉴	☹
50	城市生活垃圾无害化处理率	%	正	78.47	82.80	72.01	14	15	1	中国统计	☺
51	城市每万人拥有公交车辆	标台	正	9.86	6.89	7.50	29	29	0	中国统计	
52	人均城市公共交通运营线路网长度	公里/人	正	0.000 6	0.000 4	0.000 2	13	25	12	中国统计；城市	☺
53	农村累计已改水受益人口占农村总人口比重	%	正	94.44	88.35	83.46	25	27	2	环境年鉴	☺
54	建成区绿化覆盖率	%	正	37.75	33.35	32.44	26	26	0	中国统计	
55	人均当年新增造林面积	公顷/万人	正	59.50	267.73	356.48	1	1	0	中国统计	
56	工业二氧化硫去除率	%	正	59.83	57.33	57.76	22	16	−6	中国统计	☹
57	工业废水化学需氧量去除率	%	正	70.84	80.22	75.07	8	14	6	环境年报；中国统计	☺
58	工业氮氧化物去除率	%	正	4.07	0.98	0.28	21	24	3	环境年报	☺
59	工业废水氨氮去除率	%	正	62.87	60.50	61.13	15	13	−2	环境年报；中国统计	☹
60	突发环境事件次数	次	逆	14.00	5	5	14	13	−1	中国统计	☹

年鉴说明：中国统计——《中国统计年鉴 2011》；环境年鉴——《中国环境统计年鉴 2011》；环境年报——《中国环境统计年报 2010》；城市——《中国城市统计年鉴 2011》；水利——中国《水利统计年鉴 2011》；工业经济——《中国工业经济统计年鉴 2011》；沙漠——《中国沙漠及其治理》。

内蒙古绿色发展水平简要分析

内蒙古绿色发展水平在全国参与测评的 30 个省(区、市)中排名第 11 位(使用 2010 年数据)，较 2009 年没有变化(2009 年内蒙古测算排名第 11 位)。以下分别从各级指标得分情况和 2009 年、2010 年两年变化情况对内蒙古进行简要分析。

一、2010 年内蒙古绿色发展指数指标得分情况

2010 年内蒙古绿色发展指数为 0.075，从经济增长绿化度、资源与环境承载潜力和政府政策支持度 3 个一级指标数值来看(如图 1 所示)，内蒙古的资源环境承载潜力相对较好；而经济增长绿化度和政府政策支持度则相对较弱，低于全国平均水平(注：各个指标的全国平均水平为 0 值)。

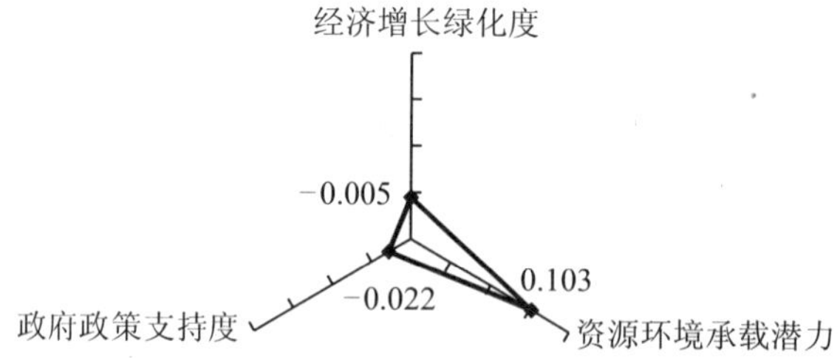

图 1　内蒙古一级指标得分情况

从图 2 中可以看出，2010 年内蒙古绿色发展指数二级指标中第二产业指标、第三产业指标、资源丰裕与生态保护指标、绿色投资指标、环境治理指标 5 个指标高于全国平均水平；而绿色增长效率指标、第一产业指标、环境压力与气候变化指标、基础设施指标 4 个指标则低于全国平均水平。

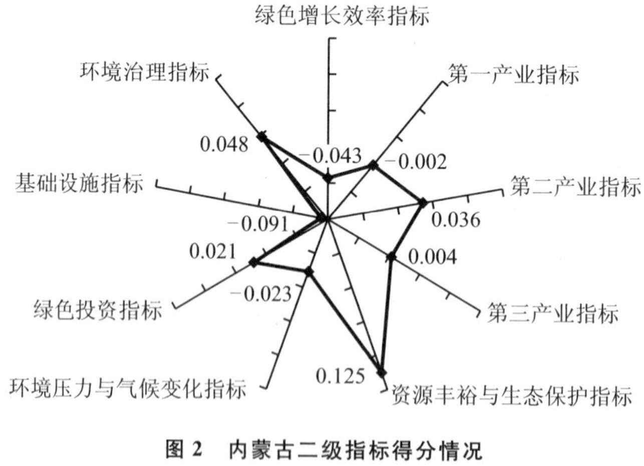

图 2　内蒙古二级指标得分情况

二、内蒙古绿色发展指数两年排名变化情况

如表 1 所示，从一级指标排名变化情况来看，2010 年内蒙古资源环境承载潜力上升 1 位，政府政策支持度上升 1 位；而经济增长绿化度则没有变化。从二级指标排名变化情况来看，绿色增长效率指标下降 7 位，第三产业指标下降 2 位，环境压力与气候变化指标下降 5 位，基础设施指标下降 1 位；而第二产业指标上升 7 位，绿色投资指标上升 4 位；其余指标则没有变化。

表 1 2009—2010 年内蒙古一级指标和二级指标排名变化情况

指 标	2010 年	2009 年	差 距	指 标	2010 年	2009 年	差 距
中国绿色发展指数	11	11	0				
经济增长绿化度	11	11	0	资源丰裕与生态保护指标	2	2	0
绿色增长效率指标	24	17	−7	环境压力与气候变化指标	15	10	−5
第一产业指标	13	13	0	政府政策支持度	18	19	1
第二产业指标	4	11	7	绿色投资指标	8	12	4
第三产业指标	9	7	−2	基础设施指标	28	27	−1
资源环境承载潜力	5	6	1	环境治理指标	2	2	0

注：差距值为正数表明排名上升。

为了进一步分析一级、二级指标变化的原因，下面将内蒙古 2009 年与 2010 年两年三级指标排名位次变化超过 3 位的指标列表如下(见表 2)。2010 年内蒙古三级指标中，单位地区生产总值氨氮排放量指标下降 9 位，人均城镇生活消费用电指标下降 12 位，人均公路交通氮氧化物排放量指标下降 4 位，城市污水处理率指标下降 4 位，工业二氧化硫去除率指标下降 6 位；而工业用水重复利用率指标上升 11 位，单位耕地面积退耕还林投资完成额指标上升 6 位，科教文卫支出占财政支出比重指标上升 4 位，城市人均绿地面积指标上升 3 位，人均城市公共交通运营线路网长度指标上升 12 位，工业废水化学需氧量去除率指标上升 6 位，工业氮氧化物去除率指标上升 3 位。

表 2 2009—2010 年内蒙古变化超过 3 位的三级指标

三级指标名称	两年原始数据			两年排名变化		
	单 位	2010 年	2009 年	2010 年	2009 年	变 动
单位地区生产总值氨氮排放量	吨/万元	0.000 5	0.000 4	21	12	−9
人均城镇生活消费用电	千瓦时/人	187.84	244.68	17	5	−12
工业用水重复利用率	%	84.70	57.52	13	24	11
人均公路交通氮氧化物排放量	吨/万人	36.80	25.66	24	20	−4
单位耕地面积退耕还林投资完成额	万元/千公顷	29.97	14.89	12	18	6
科教文卫支出占财政支出比重	%	22.75	21.37	25	29	4
城市人均绿地面积	公顷/人	0.00	0.00	11	14	3
城市污水处理率	%	80.60	75.20	19	15	−4
人均城市公共交通运营线路网长度	公里/人	0.000 4	0.000 2	13	25	12
工业二氧化硫去除率	%	57.33	57.76	22	16	−6
工业废水化学需氧量去除率	%	80.22	75.07	8	14	6
工业氮氧化物去除率	%	0.98	0.28	21	24	3

注：变动值为正数表明排名上升。

辽宁绿色发展“体检”表

序号	指标名称	单　位	指标属性	2010 年 30 省区测评均值	2010 年辽宁数值	2009 年辽宁数值	2010 年辽宁排名	2009 年辽宁排名	排名变化	2010 年数据来源	进退脸谱
1	人均地区生产总值	元/人	正	33 964.12	42 355	35 239	8	9	1	中国统计	☺
2	单位地区生产总值能耗	吨标准煤/万	逆	1.29	1.38	1.44	22	21	−1	中国统计	☹
3	非化石能源消费量占能源消费量的比重		正	NA	NA	NA	NA	NA			
4	单位地区生产总值二氧化碳排放量		逆	NA	NA	NA	NA	NA			
5	单位地区生产总值二氧化硫排放量	吨/万元	逆	0.008 8	0.006 6	0.007 8	15	15	0	中国统计	
6	单位地区生产总值化学需氧量排放量	吨/万元	逆	0.004 5	0.003 5	0.004 2	13	13	0	中国统计	
7	单位地区生产总值氮氧化物排放量	吨/万元	逆	0.006 8	0.005 2	0.006 0	17	17	0	环境年报；中国统计	
8	单位地区生产总值氨氮排放量	吨/万元	逆	0.000 4	0.000 4	0.000 5	12	15	3	环境年报；中国统计	☺
9	人均城镇生活消费用电	千瓦时/人	逆	295.08	258.22	395.64	19	23	4	城市	☺
10	第一产业劳动生产率	万元/人	正	1.61	2.34	2.03	5	4	−1	中国统计	☹
11	土地产出率	亿元/千公顷	正	0.26	0.28	0.23	12	10	−2	中国统计	☹
12	节灌率		正	0.49	0.33	0.31	22	22	0	水利；中国统计	
13	有效灌溉面积占耕地面积比重	%	正	53.55	37.64	36.95	20	20	0	中国统计	
14	第二产业劳动生产率	万元/人	正	12.13	17.41	14.45	6	6	0	中国统计	
15	单位工业增加值水耗	立方米/元	逆	0.010 0	0.003 2	0.003 5	5	7	2	中国统计	☺
16	规模以上单位工业增加值能耗(无数列表)		逆	NA	NA	NA	NA	NA			
17	工业固体废物综合利用率	%	正	69.80	46.90	47.20	27	26	−1	环境年鉴	☹
18	工业用水重复利用率	%	正	72.90	92.37	91.80	5	6	1	环境年鉴	☺
19	六大高载能行业产值占工业总产值比重	%	逆	39.65	38.52	38.90	18	18	0	工业经济	
20	第三产业劳动生产率	万元/人	正	6.96	7.26	6.54	10	11	1	中国统计	☺
21	第三产业增加值比重	%	正	39.97	37.10	38.70	16	17	1	中国统计	☺
22	第三产业就业人员比重	%	正	36.67	42.52	42.74	4	4	0	中国统计	
23	人均水资源量	立方米/人	正	2 419.38	1 392.10	396.02	19	22	3	中国统计	☺
24	人均森林面积	公顷/人	正	0.19	0.12	0.12	16	16	0	中国统计	
25	森林覆盖率	%	正	30.63	35.13	35.13	12	12	0	中国统计	
26	自然保护区面积占辖区面积比重	%	正	8.60	12.46	12.46	6	6	0	中国统计	
27	湿地面积占国土面积的比重	%	正	7.01	8.37	8.37	7	7	0	中国统计	
28	人均活立木总蓄积量	立方米/人	正	10.70	4.84	4.90	16	16	0	中国统计	
29	单位土地面积二氧化碳排放量		逆	NA	NA	NA	NA	NA			
30	人均二氧化碳排放量		逆	NA	NA	NA	NA	NA			
31	单位土地面积二氧化硫排放量	吨/平方公里	逆	6.367 7	6.984 0	7.183 6	22	22	0	中国统计；沙漠	
32	人均二氧化硫排放量	吨/人	逆	0.019 1	0.023 5	0.024 4	23	23	0	中国统计	
33	单位土地面积化学需氧量排放量	吨/平方公里	逆	3.772 2	3.700 4	3.844 1	20	21	1	中国统计；沙漠	☺
34	人均化学需氧量排放量	吨/人	逆	0.010 1	0.012 5	0.013 0	25	24	−1	中国统计	☹

续表

序号	指标名称	单　位	指标属性	2010年30省区测评均值	2010年辽宁数值	2009年辽宁数值	2010年辽宁排名	2009年辽宁排名	排名变化	2010年数据来源	进退脸谱
35	单位土地面积氮氧化物排放量	吨/平方公里	逆	6.447 3	5.541 0	5.595 6	19	21	2	中国统计；沙漠；环境年报	☺
36	人均氮氧化物排放量	吨/人	逆	0.016 5	0.018 7	0.019 0	22	25	3	环境年报；中国统计	☺
37	单位土地面积氨氮排放量	吨/平方公里	逆	0.416 4	0.382 6	0.423 6	23	23	0	中国统计；沙漠；环境年报	
38	人均氨氮排放量	吨/人	逆	0.001 0	0.001 3	0.001 4	25	29	4	环境年报；中国统计	☺
39	单位耕地面积化肥施用量	万吨/千公顷	逆	0.05	0.03	0.03	10	10	0	中国统计；中国统计	
40	单位耕地面积农药使用量	吨/千公顷	逆	17.68	16.98	13.24	18	15	−3	环境年鉴；中国统计	☹
41	人均公路交通氮氧化物排放量	吨/万人	逆	24.07	12.30	13.42	8	8	0	环境年报；中国统计	
42	环境保护支出占财政支出比重	%	正	3.35	2.42	2.08	26	28	2	中国统计	☺
43	环境污染治理投资总额占地区生产总值比重	%	正	1.40	1.12	1.51	23	12	−11	环境年鉴；中国统计	☹
44	农村人均改水、改厕的政府投资	元/人	正	57.01	45.43	43.77	15	17	2	环境年鉴	☺
45	单位耕地面积退耕还林投资完成额	万元/千公顷	正	29.81	17.42	18.86	19	16	−3	环境年鉴；中国统计	☹
46	科教文卫支出占财政支出比重	%	正	26.10	21.35	24.00	28	25	−3	中国统计	☹
47	城市人均绿地面积	公顷/人	正	0.00	0.00	0.00	8	10	2	城市；中国统计	☺
48	城市用水普及率	%	正	96.08	97.44	97.23	15	15	0	中国统计	
49	城市污水处理率	%	正	79.18	74.90	60.20	22	24	2	环境年鉴	☺
50	城市生活垃圾无害化处理率	%	正	78.47	70.88	59.87	21	24	3	中国统计	☺
51	城市每万人拥有公交车辆	标台	正	9.86	9.35	10.34	19	15	−4	中国统计	☹
52	人均城市公共交通运营线路网长度	公里/人	正	0.000 6	0.000 5	0.000 3	12	14	2	中国统计；城市	☺
53	农村累计已改水受益人口占农村总人口比重	%	正	94.44	96.68	96.56	17	18	1	环境年鉴	☺
54	建成区绿化覆盖率	%	正	37.75	39.32	38.33	10	12	2	中国统计	☺
55	人均当年新增造林面积	公顷/万人	正	59.50	43.86	30.11	14	16	2	中国统计	☺
56	工业二氧化硫去除率	%	正	59.83	60.11	52.67	20	21	1	中国统计	☺
57	工业废水化学需氧量去除率	%	正	70.84	63.82	55.27	22	24	2	环境年报；中国统计	☺
58	工业氮氧化物去除率	%	正	4.07	4.81	2.29	10	20	10	环境年报	☺
59	工业废水氨氮去除率	%	正	62.87	77.84	76.47	11	10	−1	环境年报；中国统计	☹
60	突发环境事件次数	次	逆	14.00	10	6	22	14	−8	中国统计	☹

年鉴说明：中国统计——《中国统计年鉴2011》；环境年鉴——《中国环境统计年鉴2011》；环境年报——《中国环境统计年报2010》；城市——《中国城市统计年鉴2011》；水利——中国《水利统计年鉴2011》；工业经济——《中国工业经济统计年鉴2011》；沙漠——《中国沙漠及其治理》。

辽宁绿色发展水平简要分析

辽宁绿色发展水平在全国参与测评的30个省(区、市)中排名第23位(使用2010年数据),较2009年上升2位(2009年辽宁测算排名第25位)。以下分别从各级指标得分情况和2009年、2010年两年变化情况对辽宁进行简要分析。

一、2010年辽宁绿色发展指数指标得分情况

2010年辽宁绿色发展指数为-0.126,从经济增长绿化度、资源与环境承载潜力和政府政策支持度3个一级指标数值来看(如图1所示),辽宁的经济增长绿化度略高于全国平均水平;而资源环境承载潜力和政府政策支持度则相对较弱,低于全国平均水平(注:各个指标的全国平均水平为0值)。

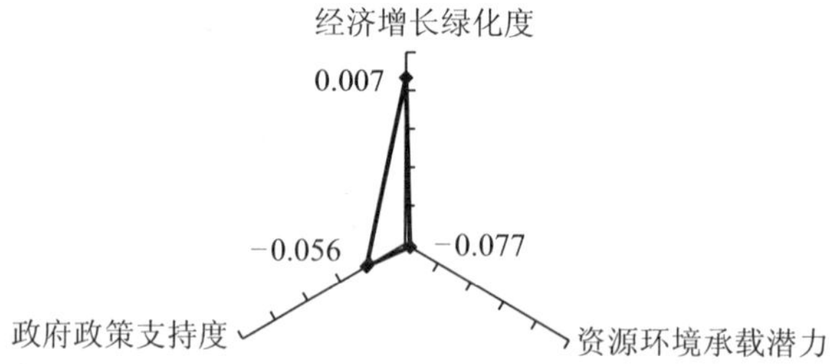

图1 辽宁一级指标得分情况

从图2中可以看出,2010年辽宁绿色发展指数二级指标中有4个高于全国平均水平,分别为第一产业指标、第二产业指标、第三产业指标和环境治理指标;而绿色增长效率指标、资源丰裕与生态保护指标、基础设施指标、环境压力与气候变化指标及绿色投资指标5个指标则低于全国平均水平。

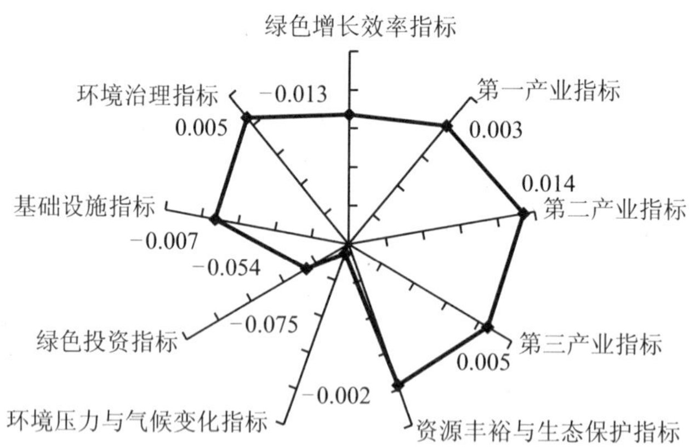

图2 辽宁二级指标得分情况

二、辽宁绿色发展指数两年排名变化情况

如表1所示,从一级指标排名变化情况来看,2010年该地区政府政策支持度下降了2位;资源环境承载潜力上升了7位;而经济增长绿化度则没有变化。从二级指标排名变化情况来看,绿色增长效率指标上升4位,第二产业指标上升2位,资源丰裕与生态保护指标上升3位,环境压力与气候变化指标上升2位,绿色投资指标上升1位,环境治理指标上升4位;第三产业指标下降2位;其他指标较2009年则没有变化。

表1　2009—2010年辽宁一级指标和二级指标排名变化情况

指　标	2010年	2009年	差　距	指　标	2010年	2009年	差　距
中国绿色发展指数	23	25	2				
经济增长绿化度	10	10	0	资源丰裕与生态保护指标	13	16	3
绿色增长效率指标	14	18	4	环境压力与气候变化指标	26	28	2
第一产业指标	12	12	0	政府政策支持度	23	21	−2
第二产业指标	10	12	2	绿色投资指标	29	30	1
第三产业指标	8	6	−2	基础设施指标	17	17	0
资源环境承载潜力	20	27	7	环境治理指标	16	20	4

注：差距值为正数表明排名上升。

为了进一步分析一级、二级指标变化的原因，下面将辽宁2009年与2010年两年三级指标排名位次变化超过3位的指标列表如下(见表2)。与2009年相比，2010年辽宁三级指标排名中，环境污染治理投资总额占地区生产总值比重下降11位，突发环境事件次数下降8位，城市每万人拥有公交车辆下降4位，单位耕地面积农药使用量下降3位，单位耕地面积退耕还林投资完成额下降3位，科教文卫支出占财政支出比重下降3位；单位地区生产总值氨氮排放量上升3位，人均水资源量上升3位，人均氮氧化物排放量上升3位，城市生活垃圾无害化处理率上升3位，人均城镇生活消费用电上升4位，人均氨氮排放量上升4位，工业氮氧化物去除率上升10位。

表2　2009—2010年辽宁变化超过3位的三级指标

三级指标名称	两年原始数据			两年排名变化		
	单　位	2010年	2009年	2010年	2009年	变　动
单位地区生产总值氨氮排放量	吨/万元	0.000 4	0.000 5	12	15	3
人均城镇生活消费用电	千瓦时/人	258.22	395.64	19	23	4
人均水资源量	立方米/人	1 392.10	396.02	19	22	3
人均氮氧化物排放量	吨/人	0.018 7	0.019 0	22	25	3
人均氨氮排放量	吨/人	0.001 3	0.001 4	25	29	4
单位耕地面积农药使用量	吨/千公顷	16.98	13.24	18	15	−3
环境污染治理投资总额占地区生产总值比重	%	1.12	1.51	23	12	−11
单位耕地面积退耕还林投资完成额	万元/千公顷	17.42	18.86	19	16	−3
科教文卫支出占财政支出比重	%	21.35	24.00	28	25	−3
城市生活垃圾无害化处理率	%	70.88	59.87	21	24	3
城市每万人拥有公交车辆	标台	9.35	10.34	19	15	−4
工业氮氧化物去除率	%	4.81	2.29	10	20	10
突发环境事件次数	次	10	6	22	14	−8

注：变动值为正数表明排名上升。

吉林绿色发展"体检"表

序号	指标名称	单位	指标属性	2010年30省区测评均值	2010年吉林数值	2009年吉林数值	2010年吉林排名	2009年吉林排名	排名变化	2010年数据来源	进退脸谱
1	人均地区生产总值	元/人	正	33 964.12	31 599	26 595	11	11	0	中国统计	
2	单位地区生产总值能耗	吨标准煤/万元	逆	1.29	1.15	1.21	16	17	1	中国统计	☺
3	非化石能源消费量占能源消费量的比重		正	NA	NA	NA	NA	NA			
4	单位地区生产总值二氧化碳排放量		逆	NA	NA	NA	NA	NA			
5	单位地区生产总值二氧化硫排放量	吨/万元	逆	0.008 8	0.004 9	0.005 7	10	11	1	中国统计	☺
6	单位地区生产总值化学需氧量排放量	吨/万元	逆	0.004 5	0.004 9	0.005 7	20	20	0	中国统计	
7	单位地区生产总值氮氧化物排放量	吨/万元	逆	0.006 8	0.007 8	0.007 2	24	22	−2	环境年报；中国统计	☹
8	单位地区生产总值氨氮排放量	吨/万元	逆	0.000 4	0.000 4	0.000 5	15	14	−1	环境年报；中国统计	☹
9	人均城镇生活消费用电	千瓦时/人	逆	295.08	179.12	278.77	15	11	−4	城市	☹
10	第一产业劳动生产率	万元/人	正	1.61	2.02	1.91	9	5	−4	中国统计	☹
11	土地产出率	亿元/千公顷	正	0.26	0.17	0.15	24	20	−4	中国统计	☹
12	节灌率		正	0.49	0.15	0.15	28	27	−1	水利；中国统计	☹
13	有效灌溉面积占耕地面积比重	%	正	53.55	31.20	30.44	26	25	−1	中国统计	☹
14	第二产业劳动生产率	万元/人	正	12.13	17.81	15.15	5	5	0	中国统计	
15	单位工业增加值水耗	立方米/元	逆	0.010 0	0.008 0	0.007 7	14	15	1	中国统计	☺
16	规模以上单位工业增加值能耗(无数列表)		逆	NA	NA	NA	NA	NA			
17	工业固体废物综合利用率	%	正	69.80	67.10	64.30	16	19	3	环境年鉴	☺
18	工业用水重复利用率	%	正	72.90	74.51	72.66	20	19	−1	环境年鉴	☹
19	六大高载能行业产值占工业总产值比重	%	逆	39.65	24.13	25.15	2	4	2	工业经济	☺
20	第三产业劳动生产率	万元/人	正	6.96	7.02	6.62	11	10	−1	中国统计	☹
21	第三产业增加值比重	%	正	39.97	35.90	37.90	22	20	−2	中国统计	☹
22	第三产业就业人员比重	%	正	36.67	36.64	36.16	10	10	0	中国统计	
23	人均水资源量	立方米/人	正	2 419.38	2 503.32	1 088.93	12	19	7	中国统计	☺
24	人均森林面积	公顷/人	正	0.19	0.27	0.27	7	6	−1	中国统计	☹
25	森林覆盖率	%	正	30.63	38.93	38.93	10	10	0	中国统计	
26	自然保护区面积占辖区面积比重	%	正	8.60	12.29	6.75	7	15	8	中国统计	☺
27	湿地面积占国土面积的比重	%	正	7.01	6.37	6.37	10	10	0	中国统计	
28	人均活立木总蓄积量	立方米/人	正	10.70	32.13	32.21	4	4	0	中国统计	
29	单位土地面积二氧化碳排放量		逆	NA	NA	NA	NA	NA			
30	人均二氧化碳排放量		逆	NA	NA	NA	NA	NA			
31	单位土地面积二氧化硫排放量	吨/平方公里	逆	6.367 7	1.900 1	1.935 8	8	8	0	中国统计；沙漠	
32	人均二氧化硫排放量	吨/人	逆	0.019 1	0.013 0	0.013 3	12	11	−1	中国统计	☹
33	单位土地面积化学需氧量排放量	吨/平方公里	逆	3.772 2	1.878 0	1.924 0	10	10	0	中国统计；沙漠	
34	人均化学需氧量排放量	吨/人	逆	0.010 1	0.012 8	0.013 2	26	25	−1	中国统计	☹

续表

序号	指标名称	单　位	指标属性	2010年30省区测评均值	2010年吉林数值	2009年吉林数值	2010年吉林排名	2009年吉林排名	排名变化	2010年数据来源	进退脸谱
35	单位土地面积氮氧化物排放量	吨/平方公里	逆	6.447 3	3.007 6	2.431 7	15	13	−2	中国统计；沙漠；环境年报	☹
36	人均氮氧化物排放量	吨/人	逆	0.016 5	0.020 6	0.016 7	25	22	−3	环境年报；中国统计	☹
37	单位土地面积氨氮排放量	吨/平方公里	逆	0.416 4	0.160 0	0.154 6	9	9	0	中国统计；沙漠；环境年报	
38	人均氨氮排放量	吨/人	逆	0.001 0	0.001 1	0.001 1	20	19	−1	环境年报；中国统计	☹
39	单位耕地面积化肥施用量	万吨/千公顷	逆	0.05	0.03	0.03	8	8	0	中国统计；中国统计	
40	单位耕地面积农药使用量	吨/千公顷	逆	17.68	7.73	7.66	10	10	0	环境年鉴；中国统计	
41	人均公路交通氮氧化物排放量	吨/万人	逆	24.07	11.02	10.83	7	6	−1	环境年报；中国统计	☹
42	环境保护支出占财政支出比重	%	正	3.35	4.00	3.35	9	14	5	中国统计	☺
43	环境污染治理投资总额占地区生产总值比重	%	正	1.40	1.43	1.04	15	24	9	环境年鉴；中国统计	☺
44	农村人均改水、改厕的政府投资	元/人	正	57.01	107.78	72.99	4	8	4	环境年鉴	☺
45	单位耕地面积退耕还林投资完成额	万元/千公顷	正	29.81	10.69	11.89	20	21	1	环境年鉴；中国统计	☺
46	科教文卫支出占财政支出比重	%	正	26.10	23.12	25.19	24	19	−5	中国统计	☹
47	城市人均绿地面积	公顷/人	正	0.00	0.00	0.00	16	19	3	城市；中国统计	☺
48	城市用水普及率	%	正	96.08	89.60	88.75	27	27	0	中国统计	
49	城市污水处理率	%	正	79.18	73.90	64.60	25	22	−3	环境年鉴	☹
50	城市生活垃圾无害化处理率	%	正	78.47	44.51	38.39	28	28	0	中国统计	
51	城市每万人拥有公交车辆	标台	正	9.86	9.75	9.56	13	20	7	中国统计	☺
52	人均城市公共交通运营线路网长度	公里/人	正	0.000 6	0.000 4	0.000 3	15	15	0	中国统计；城市	
53	农村累计已改水受益人口占农村总人口比重	%	正	94.44	99.10	98.13	8	10	2	环境年鉴	☺
54	建成区绿化覆盖率	%	正	37.75	34.12	32.78	25	25	0	中国统计	
55	人均当年新增造林面积	公顷/万人	正	59.50	30.11	11.05	19	24	5	中国统计	☺
56	工业二氧化硫去除率	%	正	59.83	40.32	29.86	27	27	0	中国统计	
57	工业废水化学需氧量去除率	%	正	70.84	63.74	56.34	23	23	0	环境年报；中国统计	
58	工业氮氧化物去除率	%	正	4.07	0.00	0.00	29	28	−1	环境年报	☹
59	工业废水氨氮去除率	%	正	62.87	55.00	62.74	21	12	−9	环境年报；中国统计	☹
60	突发环境事件次数	次	逆	14.00	3	0	10	1	−9	中国统计	☹

年鉴说明：中国统计——《中国统计年鉴 2011》；环境年鉴——《中国环境统计年鉴 2011》；环境年报——《中国环境统计年报 2010》；城市——《中国城市统计年鉴 2011》；水利——中国《水利统计年鉴 2011》；工业经济——《中国工业经济统计年鉴 2011》；沙漠——《中国沙漠及其治理》。

吉林绿色发展水平简要分析

吉林绿色发展水平在全国参与测评的 30 个省(区、市)中排名第 20 位(使用 2010 年数据),较 2009 年上升 3 位(2009 年吉林测算排名第 23 位)。以下分别从各级指标得分情况和 2009 年、2010 年两年变化情况对吉林进行简要分析。

一、2010 年吉林绿色发展指数指标得分情况

2010 年吉林绿色发展指数为－0.106,从经济增长绿化度、资源与环境承载潜力和政府政策支持度 3 个一级指标数值来看(如图 1 所示),吉林的资源环境承载潜力略高于全国平均水平;而经济增长绿化度和政府政策支持度则相对较弱,低于全国平均水平(注:各个指标的全国平均水平为 0 值)。

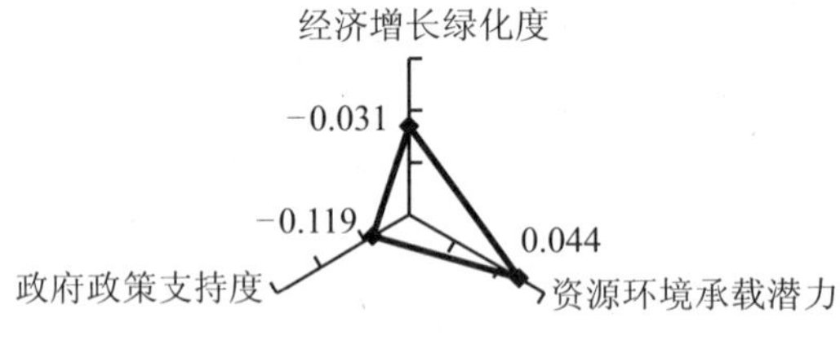

图 1　吉林一级指标得分情况

从图 2 中可以看出,2010 年吉林绿色发展指数二级指标中有 3 个高于全国平均水平,分别为第二产业指标、资源丰裕与生态保护指标、绿色投资指标;而绿色增长效率指标、第一产业指标、第三产业指标、基础设施指标、环境压力与气候变化指标、环境治理指标 6 个指标则低于全国平均水平。

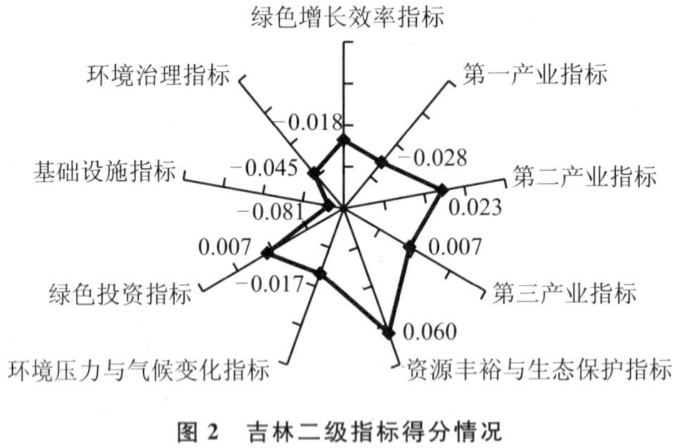

图 2　吉林二级指标得分情况

二、吉林绿色发展指数两年排名变化情况

如表 1 所示,从一级指标排名变化情况来看,2010 年该地区经济增长绿化度下降 1 位;而资源环境承载潜力上升 1 位,政府政策支持度上升 3 位。从二级指标排名变化情况来看,绿色增长效率指标下降 5 位,第一产业指标下降 5 位,第三产业指标下降 2 位,基础设施指标下降 1 位,环境治理指标下降 2 位;第二产业指标上升 2 位,资源丰裕与生态保护指标上升 2 位,环境压力与气候变化指标上升 3 位,绿色投资指标上升 12 位;其他指标较 2009 年没有变化。

表 1 2009—2010 年吉林一级指标和二级指标排名变化情况

指 标	2010 年	2009 年	差 距	指 标	2010 年	2009 年	差 距
中国绿色发展指数	20	23	3				
经济增长绿化度	14	13	−1	资源丰裕与生态保护指标	5	7	2
绿色增长效率指标	19	14	−5	环境压力与气候变化指标	12	15	3
第一产业指标	27	22	−5	政府政策支持度	26	29	3
第二产业指标	7	9	2	绿色投资指标	12	24	12
第三产业指标	14	12	−2	基础设施指标	27	26	−1
资源环境承载潜力	10	11	1	环境治理指标	27	25	−2

注：差距值为正数表明排名上升。

为了进一步分析一级、二级指标变化的原因，下面将吉林 2009 年与 2010 年两年三级指标排名位次变化超过 3 位的指标列表如下（见表 2）。与 2009 年相比，2010 年吉林三级指标排名中，科教文卫支出占财政支出比重指标下降 5 位，人均城镇生活消费用电指标下降 4 位，第一产业劳动生产率指标下降 4 位，土地产出率指标下降 4 位，人均氮氧化物排放量指标下降 3 位，城市污水处理率指标下降 3 位，工业废水氨氮去除率指标下降 9 位，突发环境事件次数指标下降 9 位；工业固体废物综合利用率指标上升 3 位，城市人均绿地面积指标上升 3 位，农村人均改水、改厕的政府投资指标上升 4 位，环境保护支出占财政支出比重指标上升 5 位，人均当年新增造林面积指标上升 5 位，城市每万人拥有公交车辆指标上升 7 位，人均水资源量指标上升 7 位，自然保护区面积占辖区面积比重指标上升 8 位，环境污染治理投资总额占地区生产总值比重指标上升 9 位。

表 2 2009—2010 年吉林变化超过 3 位的三级指标

三级指标名称	两年原始数据			两年排名变化		
	单 位	2010 年	2009 年	2010 年	2009 年	变 动
人均城镇生活消费用电	千瓦时/人	179.12	278.77	15	11	−4
第一产业劳动生产率	万元/人	2.02	1.91	9	5	−4
土地产出率	亿元/千公顷	0.17	0.15	24	20	−4
工业固体废物综合利用率	%	67.10	64.30	16	19	3
人均水资源量	立方米/人	2 503.32	1 088.93	12	19	7
自然保护区面积占辖区面积比重	%	12.29	6.75	7	15	8
人均氮氧化物排放量	吨/人	0.020 6	0.016 7	25	22	−3
环境保护支出占财政支出比重	%	4.00	3.35	9	14	5
环境污染治理投资总额占地区生产总值比重	%	1.43	1.04	15	24	9
农村人均改水、改厕的政府投资	元/人	107.78	72.99	4	8	4
科教文卫支出占财政支出比重	%	23.12	25.19	24	19	−5
城市人均绿地面积	公顷/人	0.00	0.00	16	19	3
城市污水处理率	%	73.90	64.60	25	22	−3
城市每万人拥有公交车辆	标台	9.75	9.56	13	20	7
人均当年新增造林面积	公顷/万人	30.11	11.05	19	24	5
工业废水氨氮去除率	%	55.00	62.74	21	12	−9
突发环境事件次数	次	3	0	10	1	−9

注：变动值为正数表明排名上升。

黑龙江绿色发展“体检”表

序号	指标名称	单位	指标属性	2010年30省区测评均值	2010年黑龙江数值	2009年黑龙江数值	2010年黑龙江排名	2009年黑龙江排名	排名变化	2010年数据来源	进退脸谱
1	人均地区生产总值	元/人	正	33 964.12	27 076	22 447	16	15	−1	中国统计	☹
2	单位地区生产总值能耗	吨标准煤/万元	逆	1.29	1.16	1.21	17	18	1	中国统计	☺
3	非化石能源消费量占能源消费量的比重		正	NA	NA	NA	NA	NA			
4	单位地区生产总值二氧化碳排放量		逆	NA	NA	NA	NA	NA			
5	单位地区生产总值二氧化硫排放量	吨/万元	逆	0.008 8	0.005 0	0.005 7	12	10	−2	中国统计	☹
6	单位地区生产总值化学需氧量排放量	吨/万元	逆	0.004 5	0.004 6	0.005 4	18	18	0	中国统计	
7	单位地区生产总值氮氧化物排放量	吨/万元	逆	0.006 8	0.005 2	0.005 5	16	16	0	环境年报；中国统计	
8	单位地区生产总值氨氮排放量	吨/万元	逆	0.000 4	0.000 4	0.000 6	19	22	3	环境年报；中国统计	☺
9	人均城镇生活消费用电	千瓦时/人	逆	295.08	167.65	267.32	13	10	−3	城市	☹
10	第一产业劳动生产率	万元/人	正	1.61	1.67	1.48	15	15	0	中国统计	
11	土地产出率	亿元/千公顷	正	0.26	0.11	0.10	30	30	0	中国统计	
12	节灌率		正	0.49	0.69	0.66	7	7	0	水利；中国统计	
13	有效灌溉面积占耕地面积比重	%	正	53.55	32.76	28.79	23	27	4	中国统计	☺
14	第二产业劳动生产率	万元/人	正	12.13	15.28	11.82	7	7	0	中国统计	
15	单位工业增加值水耗	立方米/元	逆	0.010 0	0.011 2	0.015 7	20	23	3	中国统计	☺
16	规模以上单位工业增加值能耗(无数列表)		逆	NA	NA	NA	NA	NA			
17	工业固体废物综合利用率	%	正	69.80	76.50	71.70	14	14	0	环境年鉴	
18	工业用水重复利用率	%	正	72.90	42.65	41.10	26	26	0	环境年鉴	
19	六大高载能行业产值占工业总产值比重	%	逆	39.65	32.25	33.56	11	11	0	工业经济	
20	第三产业劳动生产率	万元/人	正	6.96	6.47	6.05	12	12	0	中国统计	
21	第三产业增加值比重	%	正	39.97	37.20	39.30	15	15	0	中国统计	
22	第三产业就业人员比重	%	正	36.67	36.20	33.34	11	20	9	中国统计	☺
23	人均水资源量	立方米/人	正	2 419.38	2 228.59	2 586.87	13	8	−5	中国统计	☹
24	人均森林面积	公顷/人	正	0.19	0.50	0.50	3	3	0	中国统计	
25	森林覆盖率	%	正	30.63	42.39	42.39	9	9	0	中国统计	
26	自然保护区面积占辖区面积比重	%	正	8.60	14.09	13.60	4	4	0	中国统计	
27	湿地面积占国土面积的比重	%	正	7.01	9.49	9.49	5	5	0	中国统计	
28	人均活立木总蓄积量	立方米/人	正	10.70	43.09	43.18	2	2	0	中国统计	
29	单位土地面积二氧化碳排放量		逆	NA	NA	NA	NA	NA			
30	人均二氧化碳排放量		逆	NA	NA	NA	NA	NA			
31	单位土地面积二氧化硫排放量	吨/平方公里	逆	6.367 7	1.089 1	1.089 6	4	4	0	中国统计；沙漠	
32	人均二氧化硫排放量	吨/人	逆	0.019 1	0.012 8	0.012 8	11	10	−1	中国统计	☹
33	单位土地面积化学需氧量排放量	吨/平方公里	逆	3.772 2	0.987 5	1.026 5	6	6	0	中国统计；沙漠	
34	人均化学需氧量排放量	吨/人	逆	0.010 1	0.011 6	0.012 1	23	22	−1	中国统计	☹

续表

序号	指标名称	单　位	指标属性	2010 年 30 省区测评均值	2010 年黑龙江数值	2009 年黑龙江数值	2010 年黑龙江排名	2009 年黑龙江排名	排名变化	2010 年数据来源	进退脸谱
35	单位土地面积氮氧化物排放量	吨/平方公里	逆	6.447 3	1.113 2	1.051 0	4	5	1	中国统计；沙漠；环境年报	☺
36	人均氮氧化物排放量	吨/人	逆	0.016 5	0.013 1	0.012 4	16	14	−2	环境年报；中国统计	☹
37	单位土地面积氨氮排放量	吨/平方公里	逆	0.416 4	0.095 5	0.106 7	7	7	0	中国统计；沙漠；环境年报	
38	人均氨氮排放量	吨/人	逆	0.001 0	0.001 1	0.001 3	21	24	3	环境年报；中国统计	☺
39	单位耕地面积化肥施用量	万吨/千公顷	逆	0.05	0.02	0.02	2	2	0	中国统计；中国统计	
40	单位耕地面积农药使用量	吨/千公顷	逆	17.68	6.23	5.65	7	7	0	环境年鉴；中国统计	
41	人均公路交通氮氧化物排放量	吨/万人	逆	24.07	14.50	15.29	9	10	1	环境年报；中国统计	☺
42	环境保护支出占财政支出比重	%	正	3.35	3.95	3.15	10	18	8	中国统计	☺
43	环境污染治理投资总额占地区生产总值比重	%	正	1.40	1.27	1.25	16	20	4	环境年鉴；中国统计	☺
44	农村人均改水、改厕的政府投资	元/人	正	57.01	14.98	19.16	29	29	0	环境年鉴	
45	单位耕地面积退耕还林投资完成额	万元/千公顷	正	29.81	7.94	16.62	23	17	−6	环境年鉴；中国统计	☹
46	科教文卫支出占财政支出比重	%	正	26.10	22.26	24.26	26	24	−2	中国统计	☹
47	城市人均绿地面积	公顷/人	正	0.00	0.00	0.00	10	7	−3	城市；中国统计	☹
48	城市用水普及率	%	正	96.08	88.43	86.56	29	30	1	中国统计	☺
49	城市污水处理率	%	正	79.18	56.70	55.60	28	28	0	环境年鉴	
50	城市生活垃圾无害化处理率	%	正	78.47	40.36	29.86	29	30	1	中国统计	☺
51	城市每万人拥有公交车辆	标台	正	9.86	10.00	10.14	12	16	4	中国统计	☺
52	人均城市公共交通运营线路网长度	公里/人	正	0.000 6	0.000 3	0.000 3	19	20	1	中国统计；城市	☺
53	农村累计已改水受益人口占农村总人口比重	%	正	94.44	98.57	98.40	12	6	−6	环境年鉴	☹
54	建成区绿化覆盖率	%	正	37.75	34.89	33.62	24	24	0	中国统计	
55	人均当年新增造林面积	公顷/万人	正	59.50	61.04	55.71	10	11	1	中国统计	☺
56	工业二氧化硫去除率	%	正	59.83	20.88	14.99	29	28	−1	中国统计	☹
57	工业废水化学需氧量去除率	%	正	70.84	77.13	74.89	13	15	2	环境年报；中国统计	☺
58	工业氮氧化物去除率	%	正	4.07	2.72	3.46	15	16	1	环境年报	☺
59	工业废水氨氮去除率	%	正	62.87	89.37	80.07	2	7	5	环境年报；中国统计	☺
60	突发环境事件次数	次	逆	14.00	0	0	1	1	0	中国统计	

年鉴说明：中国统计——《中国统计年鉴 2011》；环境年鉴——《中国环境统计年鉴 2011》；环境年报——《中国环境统计年报 2010》；城市——《中国城市统计年鉴 2011》；水利——中国《水利统计年鉴 2011》；工业经济——《中国工业经济统计年鉴 2011》；沙漠——《中国沙漠及其治理》。

黑龙江绿色发展水平简要分析

黑龙江绿色发展水平在全国参与测评的30个省(区、市)中排名第16位(使用2010年数据),较2009年下降1位(2009年黑龙江测算排名第15位)。以下分别从各级指标得分情况和2009年、2010年两年变化情况对黑龙江进行简要分析。

一、2010年黑龙江绿色发展指数指标得分情况

2010年黑龙江绿色发展指数为-0.024,从经济增长绿化度、资源环境承载潜力和政府政策支持度3个一级指标数值来看(如图1所示),黑龙江的资源环境承载潜力具有一定的优势;而经济增长绿化度和政府政策支持度则相对较弱,低于全国平均水平(注:各个指标的全国平均水平为0值)。

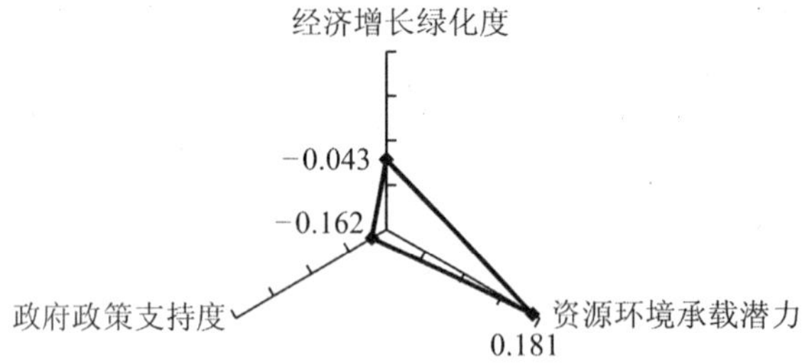

图1 黑龙江一级指标得分情况

从图2中可以看出,2010年黑龙江绿色发展指数二级指标中有2个高于全国平均水平,分别为资源丰裕与生态保护指标、环境压力与气候变化指标。而绿色增长效率指标、第一产业指标、第二产业指标、第三产业指标、基础设施指标、绿色投资指标、环境治理指标7个指标则低于全国平均水平。

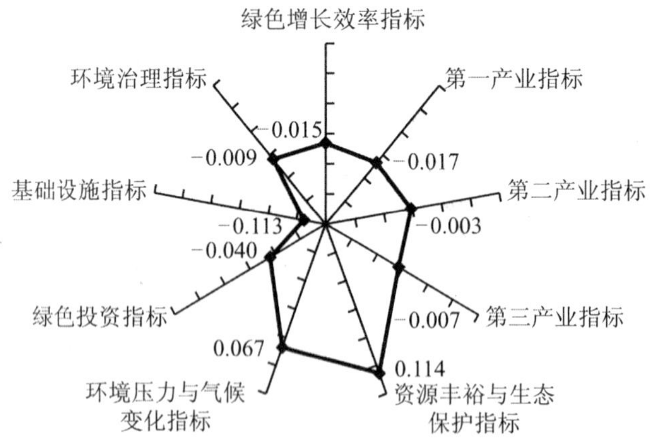

图2 黑龙江二级指标得分情况

二、黑龙江绿色发展指数两年排名变化情况

如表1所示,从一级指标排名变化情况来看,2010年该地区经济增长绿化度没有变化;资源环境承载潜力上升1位;政府政策支持度下降2位。从二级指标排名变化情况来看,绿色增长效率指标下降2位,第二产业指标下降3位,基础设施指标下降1位,环境治理指标下降1位;环境压力与气候变化指标上升2位,绿色投资指标上升2位;其他指标较2009年没有变化。

表 1　2009—2010 年黑龙江一级指标和二级指标排名变化情况

指　标	2010 年	2009 年	差　距	指　标	2010 年	2009 年	差　距
中国绿色发展指数	16	15	－1				
经济增长绿化度	16	16	0	资源丰裕与生态保护指标	3	3	0
绿色增长效率指标	15	13	－2	环境压力与气候变化指标	5	7	2
第一产业指标	18	18	0	政府政策支持度	30	28	－2
第二产业指标	17	14	－3	绿色投资指标	27	29	2
第三产业指标	15	15	0	基础设施指标	29	28	－1
资源环境承载潜力	4	5	1	环境治理指标	19	18	－1

注：差距值为正数表明排名上升。

为了进一步分析一级、二级指标变化的原因，下面将黑龙江 2009 年与 2010 年两年三级指标排名位次变化超过 3 位的指标列表如下(见表 2)。与 2009 年相比，2010 年黑龙江三级指标排名中单位耕地面积退耕还林投资完成额指标下降 6 位，农村累计已改水受益人口占农村总人口比重指标下降 6 位，人均水资源量指标下降 5 位，人均城镇生活消费用电指标下降 3 位，城市人均绿地面积指标下降 3 位；单位地区生产总值氨氮排放量指标上升 3 位，单位工业增加值水耗指标上升 3 位，人均氨氮排放量指标上升 3 位，有效灌溉面积占耕地面积比重指标上升 4 位，环境污染治理投资总额占地区生产总值比重指标上升 4 位，城市每万人拥有公交车辆指标上升 4 位，工业废水氨氮去除率指标上升 5 位，环境保护支出占财政支出比重指标上升 8 位，第三产业就业人员比重指标上升 9 位。

表 2　2009—2010 年黑龙江变化超过 3 位的三级指标

三级指标名称	两年原始数据			两年排名变化		
	单　位	2010 年	2009 年	2010 年	2009 年	变　动
单位地区生产总值氨氮排放量	吨/万元	0.000 4	0.000 6	19	22	3
人均城镇生活消费用电	千瓦时/人	167.65	267.32	13	10	－3
有效灌溉面积占耕地面积比重	%	32.76	28.79	23	27	4
单位工业增加值水耗	立方米/元	0.011 2	0.015 7	20	23	3
第三产业就业人员比重	%	36.20	33.34	11	20	9
人均水资源量	立方米/人	2 228.59	2 586.87	13	8	－5
人均氨氮排放量	吨/人	0.001 1	0.001 3	21	24	3
环境保护支出占财政支出比重	%	3.95	3.15	10	18	8
环境污染治理投资总额占地区生产总值比重	%	1.27	1.25	16	20	4
单位耕地面积退耕还林投资完成额	万元/千公顷	7.94	16.62	23	17	－6
城市人均绿地面积	公顷/人	0.00	0.00	10	7	－3
城市每万人拥有公交车辆	标台	10.00	10.14	12	16	4
农村累计已改水受益人口占农村总人口比重	%	98.57	98.40	12	6	－6
工业废水氨氮去除率	%	89.37	80.07	2	7	5

注：变动值为正数表明排名上升。

上海绿色发展"体检"表

序号	指标名称	单 位	指标属性	2010年30省区测评均值	2010年上海数值	2009年上海数值	2010年上海排名	2009年上海排名	排名变化	2010年数据来源	进退脸谱
1	人均地区生产总值	元/人	正	33 964.12	76 074	78 989	1	1	0	中国统计	
2	单位地区生产总值能耗	吨标准煤/万元	逆	1.29	0.71	0.73	3	3	0	中国统计	
3	非化石能源消费量占能源消费量的比重		正	NA	NA	NA	NA	NA			
4	单位地区生产总值二氧化碳排放量		逆	NA	NA	NA	NA	NA			
5	单位地区生产总值二氧化硫排放量	吨/万元	逆	0.008 8	0.002 3	0.002 7	3	3	0	中国统计	
6	单位地区生产总值化学需氧量排放量	吨/万元	逆	0.004 5	0.001 4	0.001 7	2	2	0	中国统计	
7	单位地区生产总值氮氧化物排放量	吨/万元	逆	0.006 8	0.002 8	0.002 9	2	2	0	环境年报；中国统计	
8	单位地区生产总值氨氮排放量	吨/万元	逆	0.000 4	0.000 2	0.000 2	3	5	2	环境年报；中国统计	☺
9	人均城镇生活消费用电	千瓦时/人	逆	295.08	1201.20	903.77	30	30	0	城市	
10	第一产业劳动生产率	万元/人	正	1.61	2.72	2.35	2	2	0	中国统计	
11	土地产出率	亿元/千公顷	正	0.26	0.39	0.37	6	2	−4	中国统计	☹
12	节灌率		正	0.49	0.75	0.74	5	3	−2	水利；中国统计	☹
13	有效灌溉面积占耕地面积比重	%	正	53.55	82.39	82.93	3	3	0	中国统计	
14	第二产业劳动生产率	万元/人	正	12.13	20.78	17.16	4	3	−1	中国统计	☹
15	单位工业增加值水耗	立方米/元	逆	0.010 0	0.012 3	0.015 6	22	22	0	中国统计	
16	规模以上单位工业增加值能耗(无数列表)		逆	NA	NA	NA	NA	NA			
17	工业固体废物综合利用率	%	正	69.80	96.20	95.70	2	3	1	环境年鉴	☺
18	工业用水重复利用率	%	正	72.90	82.40	82.10	16	13	−3	环境年鉴	☹
19	六大高载能行业产值占工业总产值比重	%	逆	39.65	25.84	25.05	4	3	−1	工业经济	☹
20	第三产业劳动生产率	万元/人	正	6.96	18.29	17.36	2	1	−1	中国统计	☹
21	第三产业增加值比重	%	正	39.97	57.30	59.40	2	2	0	中国统计	
22	第三产业就业人员比重	%	正	36.67	58.50	57.49	2	2	0	中国统计	
23	人均水资源量	立方米/人	正	2 419.38	163.13	218.28	27	26	−1	中国统计	☹
24	人均森林面积	公顷/人	正	0.19	0.00	0.00	30	30	0	中国统计	
25	森林覆盖率	%	正	30.63	9.41	9.41	27	27	0	中国统计	
26	自然保护区面积占辖区面积比重	%	正	8.60	5.22	5.22	22	22	0	中国统计	
27	湿地面积占国土面积的比重	%	正	7.01	53.68	53.68	1	1	0	中国统计	
28	人均活立木总蓄积量	立方米/人	正	10.70	0.12	0.14	30	30	0	中国统计	
29	单位土地面积二氧化碳排放量		逆	NA	NA	NA	NA	NA			
30	人均二氧化碳排放量		逆	NA	NA	NA	NA	NA			
31	单位土地面积二氧化硫排放量	吨/平方公里	逆	6.367 7	43.463 9	45.989 4	30	30	0	中国统计；沙漠	
32	人均二氧化硫排放量	吨/人	逆	0.019 1	0.017 0	0.019 9	17	21	4	中国统计	☺
33	单位土地面积化学需氧量排放量	吨/平方公里	逆	3.772 2	26.677 9	29.545 1	30	30	0	中国统计；沙漠	
34	人均化学需氧量排放量	吨/人	逆	0.010 1	0.010 4	0.012 8	19	23	4	中国统计	☺

续表

序号	指标名称	单　位	指标属性	2010 年 30 省区测评均值	2010 年上海数值	2009 年上海数值	2010 年上海排名	2009 年上海排名	排名变化	2010 年数据来源	进退脸谱
35	单位土地面积氮氧化物排放量	吨/平方公里	逆	6.447 3	54.254 1	50.855 6	30	30	0	中国统计；沙漠；环境年报	
36	人均氮氧化物排放量	吨/人	逆	0.016 5	0.021 2	0.022 0	26	26	0	环境年报；中国统计	
37	单位土地面积氨氮排放量	吨/平方公里	逆	0.416 4	3.398 5	3.641 2	30	30	0	中国统计；沙漠；环境年报	
38	人均氨氮排放量	吨/人	逆	0.001 0	0.001 3	0.001 6	26	30	4	环境年报；中国统计	☺
39	单位耕地面积化肥施用量	万吨/千公顷	逆	0.05	0.05	0.05	15	18	3	中国统计；中国统计	☺
40	单位耕地面积农药使用量	吨/千公顷	逆	17.68	28.85	29.88	23	24	1	环境年鉴；中国统计	☺
41	人均公路交通氮氧化物排放量	吨/万人	逆	24.07	52.02	81.63	29	29	0	环境年报；中国统计	
42	环境保护支出占财政支出比重	%	正	3.35	1.43	1.14	30	30	0	中国统计	
43	环境污染治理投资总额占地区生产总值比重	%	正	1.40	0.78	1.12	26	22	－4	环境年鉴；中国统计	☹
44	农村人均改水、改厕的政府投资	元/人	正	57.01	82.26	352.03	5	1	－4	环境年鉴	☹
45	单位耕地面积退耕还林投资完成额	万元/千公顷	正	29.81	0.00	0.00	25	23	－2	环境年鉴；中国统计	☹
46	科教文卫支出占财政支出比重	%	正	26.10	25.26	25.03	19	21	2	中国统计	☺
47	城市人均绿地面积	公顷/人	正	0.00	0.01	0.01	3	2	－1	城市；中国统计	☹
48	城市用水普及率	%	正	96.08	100.00	100.00	1	1	0	中国统计	
49	城市污水处理率	%	正	79.18	83.30	89.00	14	1	－13	环境年鉴	☹
50	城市生活垃圾无害化处理率	%	正	78.47	81.86	78.77	16	13	－3	中国统计	☹
51	城市每万人拥有公交车辆	标台	正	9.86	8.82	12.76	20	7	－13	中国统计	☹
52	人均城市公共交通运营线路网长度	公里/人	正	0.000 6	0.001 7	0.000 4	3	7	4	中国统计；城市	☺
53	农村累计已改水受益人口占农村总人口比重	%	正	94.44	99.99	99.99	3	3	0	环境年鉴	
54	建成区绿化覆盖率	%	正	37.75	38.15	38.10	14	14	0	中国统计	
55	人均当年新增造林面积	公顷/万人	正	59.50	0.64	1.08	30	30	0	中国统计	
56	工业二氧化硫去除率	%	正	59.83	61.23	61.64	18	13	－5	中国统计	☹
57	工业废水化学需氧量去除率	%	正	70.84	92.34	88.48	1	4	3	环境年报；中国统计	☺
58	工业氮氧化物去除率	%	正	4.07	5.96	6.10	8	10	2	环境年报	☺
59	工业废水氨氮去除率	%	正	62.87	69.63	77.26	14	9	－5	环境年报；中国统计	☹
60	突发环境事件次数	次	逆	14.00	161	118	30	30	0	中国统计	

年鉴说明：中国统计——《中国统计年鉴 2011》；环境年鉴——《中国环境统计年鉴 2011》；环境年报——《中国环境统计年报 2010》；城市——《中国城市统计年鉴 2011》；水利——中国《水利统计年鉴 2011》；工业经济——《中国工业经济统计年鉴 2011》；沙漠——《中国沙漠及其治理》。

上海绿色发展水平简要分析

上海绿色发展水平在全国参与测评的30个省(区、市)中排名第9位(使用2010年数据),较2009年下降7位(2009年上海测算排名第2位)。以下分别从各级指标得分情况和2009年、2010年两年变化情况对上海进行简要分析。

一、2010年上海绿色发展指数指标得分情况

2010年上海绿色发展指数为0.095,从经济增长绿化度、资源环境承载潜力和政府政策支持度3个一级指标数值来看(如图1所示),上海的经济增长绿化度具有明显优势;而资源环境承载潜力和政府政策支持度则相对较弱,低于全国平均水平(注:各个指标的全国平均水平为0值)。

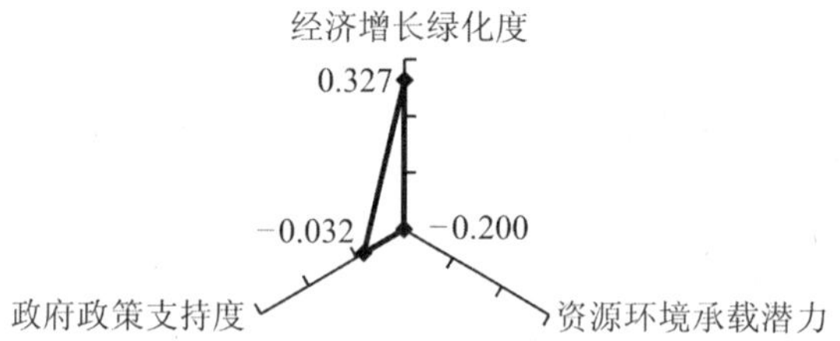

图1　上海一级指标得分情况

从图2中可以看出,2010年上海绿色发展指数二级指标中有6个高于全国平均水平,分别为绿色增长效率指标、第一产业指标、第二产业指标、第三产业指标、资源丰裕与生态保护指标、基础设施指标。而环境压力与气候变化指标、绿色投资指标、环境治理指标3个指标则低于全国平均水平。

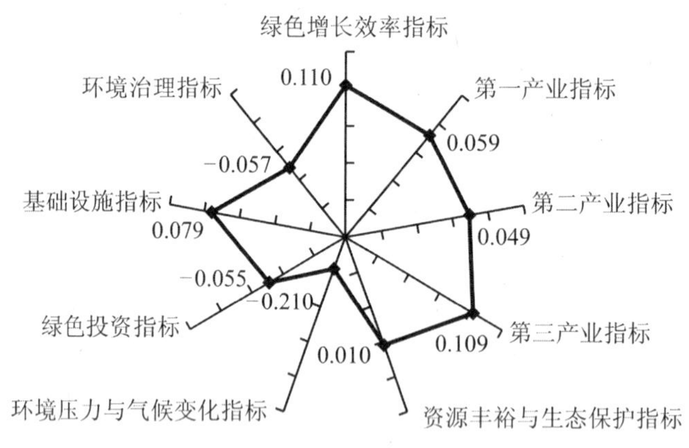

图2　上海二级指标得分情况

二、上海绿色发展指数两年排名变化情况

如表1所示,从一级指标排名变化情况来看,2010年上海排名变化最大的是政府政策支持度,下降了16位,资源环境承载潜力也下降了6位;而经济增长绿化度则没有变化。从二级指标排名变化情况来看,绿色投资指标下降最多,降幅为15位,资源丰裕与生态保护指标下降4位,环境治理指标下降3位,基础设施指标下降1位;而绿色增长效率指标、第一产业指标、第二产业指标、第三产业指标、环境压力与气候变化指标与2009年相比则没有变化。

表 1　2009—2010 年上海一级指标和二级指标排名变化情况

指　标	2010 年	2009 年	差　距	指　标	2010 年	2009 年	差　距
中国绿色发展指数	9	2	－7				
经济增长绿化度	2	2	0	资源丰裕与生态保护指标	12	8	－4
绿色增长效率指标	2	2	0	环境压力与气候变化指标	30	30	0
第一产业指标	2	2	0	政府政策支持度	19	3	－16
第二产业指标	3	3	0	绿色投资指标	30	15	－15
第三产业指标	2	2	0	基础设施指标	2	1	－1
资源环境承载潜力	30	24	－6	环境治理指标	29	26	－3

注：差距值为正数表明排名上升。

为了进一步分析一级、二级指标变化的原因，下面将上海 2009 年与 2010 年两年三级指标排名位次变化超过 3 位的指标列表如下(见表 2)。与 2009 年相比，2010 年上海三级指标中，城市污水处理率指标下降 13 位，城市每万人拥有公交车辆指标下降 13 位，工业二氧化硫去除率指标下降 5 位，工业废水氨氮去除率指标下降 5 位，土地产出率指标下降 4 位，环境污染治理投资总额占地区生产总值比重指标下降 4 位，农村人均改水、改厕的政府投资指标下降 4 位，工业用水重复利用率指标下降 3 位，城市生活垃圾无害化处理率指标下降 3 位；单位耕地面积化肥施用量指标上升 3 位，工业废水化学需氧量去除率指标上升 3 位，人均二氧化硫排放量指标上升 4 位，人均化学需氧量排放量指标上升 4 位，人均氨氮排放量指标上升 4 位，人均城市公共交通运营线路网长度指标上升 4 位。

表 2　2009—2010 年上海变化超过 3 位的三级指标

三级指标名称	两年原始数据			两年排名变化		
	单　位	2010 年	2009 年	2010 年	2009 年	变　动
土地产出率	亿元/千公顷	0.39	0.37	6	2	－4
工业用水重复利用率	%	82.40	82.10	16	13	－3
人均二氧化硫排放量	吨/人	0.017 0	0.019 9	17	21	4
人均化学需氧量排放量	吨/人	0.010 4	0.012 8	19	23	4
人均氨氮排放量	吨/人	0.001 3	0.001 6	26	30	4
单位耕地面积化肥施用量	万吨/千公顷	0.05	0.05	15	18	3
环境污染治理投资总额占地区生产总值比重	%	0.78	1.12	26	22	－4
农村人均改水、改厕的政府投资	元/人	82.26	352.03	5	1	－4
城市污水处理率	%	83.30	89.00	14	1	－13
城市生活垃圾无害化处理率	%	81.86	78.77	16	13	－3
城市每万人拥有公交车辆	标台	8.82	12.76	20	7	－13
人均城市公共交通运营线路网长度	公里/人	0.001 7	0.000 4	3	7	4
工业二氧化硫去除率	%	61.23	61.64	18	13	－5
工业废水化学需氧量去除率	%	92.34	88.48	1	4	3
工业废水氨氮去除率	%	69.63	77.26	14	9	－5

注：变动值为正数表明排名上升。

江苏绿色发展“体检”表

序号	指标名称	单位	指标属性	2010年30省区测评均值	2010年江苏数值	2009年江苏数值	2010年江苏排名	2009年江苏排名	排名变化	2010年数据来源	进退脸谱
1	人均地区生产总值	元/人	正	33 964.12	52 840	44 744	4	4	0	中国统计	
2	单位地区生产总值能耗	吨标准煤/万元	逆	1.29	0.73	0.76	5	5	0	中国统计	
3	非化石能源消费量占能源消费量的比重		正	NA	NA	NA	NA	NA			
4	单位地区生产总值二氧化碳排放量		逆	NA	NA	NA	NA	NA			
5	单位地区生产总值二氧化硫排放量	吨/万元	逆	0.008 8	0.003 0	0.003 5	7	7	0	中国统计	
6	单位地区生产总值化学需氧量排放量	吨/万元	逆	0.004 5	0.002 2	0.002 6	7	7	0	中国统计	
7	单位地区生产总值氮氧化物排放量	吨/万元	逆	0.006 8	0.003 6	0.003 8	8	8	0	环境年报；中国统计	
8	单位地区生产总值氨氮排放量	吨/万元	逆	0.000 4	0.000 2	0.000 2	4	4	0	环境年报；中国统计	
9	人均城镇生活消费用电	千瓦时/人	逆	295.08	271.98	393.35	20	22	2	城市	☺
10	第一产业劳动生产率	万元/人	正	1.61	2.85	2.49	1	1	0	中国统计	
11	土地产出率	亿元/千公顷	正	0.26	0.30	0.26	9	9	0	中国统计	
12	节灌率		正	0.49	0.43	0.42	18	18	0	水利；中国统计	
13	有效灌溉面积占耕地面积比重	%	正	53.55	80.18	80.06	4	4	0	中国统计	
14	第二产业劳动生产率	万元/人	正	12.13	10.43	9.34	15	14	−1	中国统计	☹
15	单位工业增加值水耗	立方米/元	逆	0.010 0	0.010 5	0.011 8	17	19	2	中国统计	☺
16	规模以上单位工业增加值能耗(无数列表)		逆	NA	NA	NA	NA	NA			
17	工业固体废物综合利用率	%	正	69.80	96.10	96.80	3	2	−1	环境年鉴	☹
18	工业用水重复利用率	%	正	72.90	79.82	79.44	18	15	−3	环境年鉴	☹
19	六大高载能行业产值占工业总产值比重	%	逆	39.65	28.76	29.27	7	7	0	工业经济	
20	第三产业劳动生产率	万元/人	正	6.96	10.34	8.71	5	5	0	中国统计	
21	第三产业增加值比重	%	正	39.97	41.40	39.60	9	13	4	中国统计	☺
22	第三产业就业人员比重	%	正	36.67	36.07	35.46	13	12	−1	中国统计	☹
23	人均水资源量	立方米/人	正	2 419.38	489.21	519.82	23	21	−2	中国统计	☹
24	人均森林面积	公顷/人	正	0.19	0.01	0.01	28	28	0	中国统计	
25	森林覆盖率	%	正	30.63	10.48	10.48	24	24	0	中国统计	
26	自然保护区面积占辖区面积比重	%	正	8.60	4.08	4.08	26	26	0	中国统计	
27	湿地面积占国土面积的比重	%	正	7.01	16.32	16.32	2	2	0	中国统计	
28	人均活立木总蓄积量	立方米/人	正	10.70	0.64	0.65	28	28	0	中国统计	
29	单位土地面积二氧化碳排放量		逆	NA	NA	NA	NA	NA			
30	人均二氧化碳排放量		逆	NA	NA	NA	NA	NA			
31	单位土地面积二氧化硫排放量	吨/平方公里	逆	6.367 7	9.841 4	10.063 1	28	27	−1	中国统计；沙漠	☹
32	人均二氧化硫排放量	吨/人	逆	0.019 1	0.013 5	0.013 9	13	14	1	中国统计	☺
33	单位土地面积化学需氧量排放量	吨/平方公里	逆	3.772 2	7.382 7	7.697 9	28	28	0	中国统计；沙漠	
34	人均化学需氧量排放量	吨/人	逆	0.010 1	0.010 1	0.010 7	17	18	1	中国统计	☺

续表

序号	指标名称	单　位	指标属性	2010年30省区测评均值	2010年江苏数值	2009年江苏数值	2010年江苏排名	2009年江苏排名	排名变化	2010年数据来源	进退脸谱
35	单位土地面积氮氧化物排放量	吨/平方公里	逆	6.447 3	11.794 8	11.045 4	27	28	1	中国统计；沙漠；环境年报	☺
36	人均氮氧化物排放量	吨/人	逆	0.016 5	0.016 1	0.015 3	20	20	0	环境年报；中国统计	
37	单位土地面积氨氮排放量	吨/平方公里	逆	0.416 4	0.590 2	0.608 9	26	26	0	中国统计；沙漠；环境年报	
38	人均氨氮排放量	吨/人	逆	0.001 0	0.000 8	0.000 8	11	12	1	环境年报；中国统计	☺
39	单位耕地面积化肥施用量	万吨/千公顷	逆	0.05	0.07	0.07	26	26	0	中国统计；中国统计	
40	单位耕地面积农药使用量	吨/千公顷	逆	17.68	18.92	19.38	20	21	1	环境年鉴；中国统计	☺
41	人均公路交通氮氧化物排放量	吨/万人	逆	24.07	34.75	33.10	23	22	−1	环境年报；中国统计	☹
42	环境保护支出占财政支出比重	%	正	3.35	2.85	3.67	18	12	−6	中国统计	☹
43	环境污染治理投资总额占地区生产总值比重	%	正	1.40	1.13	1.19	22	21	−1	环境年鉴；中国统计	☹
44	农村人均改水、改厕的政府投资	元/人	正	57.01	35.68	63.17	21	12	−9	环境年鉴	☹
45	单位耕地面积退耕还林投资完成额	万元/千公顷	正	29.81	0.00	0.00	25	23	−2	环境年鉴；中国统计	☹
46	科教文卫支出占财政支出比重	%	正	26.10	27.56	26.71	11	13	2	中国统计	☺
47	城市人均绿地面积	公顷/人	正	0.00	0.00	0.01	6	4	−2	城市；中国统计	☹
48	城市用水普及率	%	正	96.08	99.56	99.65	8	6	−2	中国统计	☹
49	城市污水处理率	%	正	79.18	87.60	85.40	6	4	−2	环境年鉴	☹
50	城市生活垃圾无害化处理率	%	正	78.47	93.58	90.98	5	6	1	中国统计	☺
51	城市每万人拥有公交车辆	标台	正	9.86	10.91	13.24	7	6	−1	中国统计	☹
52	人均城市公共交通运营线路网长度	公里/人	正	0.000 6	0.000 6	0.000 4	10	10	0	中国统计；城市	
53	农村累计已改水受益人口占农村总人口比重	%	正	94.44	98.80	98.38	11	8	−3	环境年鉴	☹
54	建成区绿化覆盖率	%	正	37.75	42.07	41.99	5	3	−2	中国统计	☹
55	人均当年新增造林面积	公顷/万人	正	59.50	11.06	10.87	23	25	2	中国统计	☺
56	工业二氧化硫去除率	%	正	59.83	68.28	64.71	9	11	2	中国统计	☺
57	工业废水化学需氧量去除率	%	正	70.84	83.26	82.95	7	6	−1	环境年报；中国统计	☹
58	工业氮氧化物去除率	%	正	4.07	4.00	6.94	11	9	−2	环境年报	☹
59	工业废水氨氮去除率	%	正	62.87	79.02	78.99	9	8	−1	环境年报；中国统计	☹
60	突发环境事件次数	次	逆	14.00	7	10	17	18	1	中国统计	☺

年鉴说明：中国统计——《中国统计年鉴2011》；环境年鉴——《中国环境统计年鉴2011》；环境年报——《中国环境统计年报2010》；城市——《中国城市统计年鉴2011》；水利——中国《水利统计年鉴2011》；工业经济——《中国工业经济统计年鉴2011》；沙漠——《中国沙漠及其治理》。

江苏绿色发展水平简要分析

江苏绿色发展水平在全国参与测评的 30 个省（区、市）中排名第 12 位（使用 2010 年数据），较 2009 年下降 3 位（2009 年江苏测算排名第 3 位）。以下分别从各级指标得分情况和 2009 年、2010 年两年变化情况对江苏进行简要分析。

一、2010 年江苏绿色发展指数指标得分情况

2010 年江苏绿色发展指数为 0.062，从经济增长绿化度、资源环境承载潜力和政府政策支持度 3 个一级指标数值来看（如图 1 所示），江苏的经济增长绿化度和政府政策支持度具有一定的优势；而资源环境承载潜力则相对较弱，低于全国平均水平（注：各个指标的全国平均水平为 0 值）。

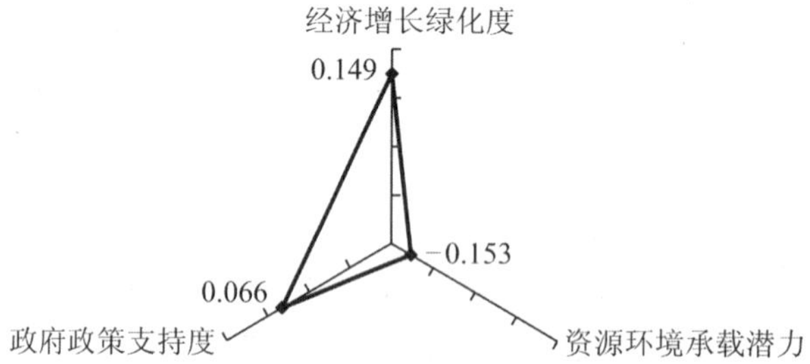

图 1　江苏一级指标得分情况

从图 2 中可以看出，2010 年江苏绿色发展指数二级指标中有 6 个高于全国平均水平，分别为绿色增长效率指标、第一产业指标、第二产业指标、第三产业指标、基础设施指标、环境治理指标；而资源丰裕与生态保护指标、环境压力与气候变化指标、绿色投资指标 3 个指标则低于全国平均水平。

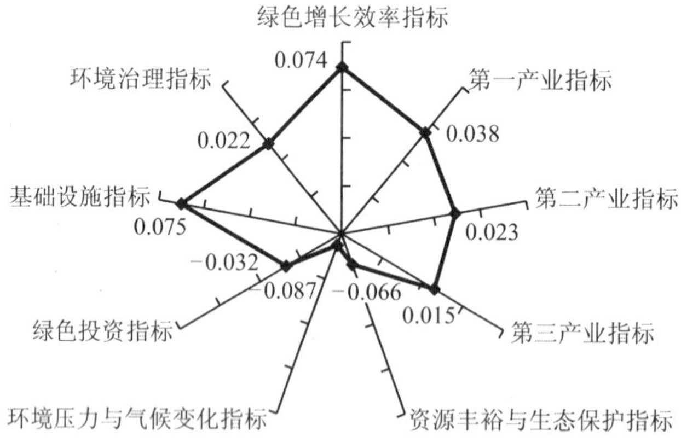

图 2　江苏二级指标得分情况

二、江苏绿色发展指数两年排名变化情况

如表 1 所示，从一级指标排名变化情况来看，2010 年该地区经济增长绿化度则没有变化，资源环境承载潜力上升 2 位；政府政策支持度下降了 3 位。从二级指标排名变化情况来看，第一产业指标下降 1 位，资源丰裕与生态保护指标下降 1 位，环境压力与气候变化指标下降 1 位，绿

色投资指标下降 3 位，环境治理指标下降 4 位；第三产业指标上升 3 位；其他指标较 2009 年则没有变化。

表 1　2009—2010 年江苏一级指标和二级指标排名变化情况

指　标	2010 年	2009 年	差　距	指　标	2010 年	2009 年	差　距
中国绿色发展指数	12	9	−3				
经济增长绿化度	5	5	0	资源丰裕与生态保护指标	26	25	−1
绿色增长效率指标	5	5	0	环境压力与气候变化指标	28	27	−1
第一产业指标	7	6	−1	政府政策支持度	5	2	−3
第二产业指标	6	6	0	绿色投资指标	23	20	−3
第三产业指标	5	8	3	基础设施指标	3	3	0
资源环境承载潜力	28	30	2	环境治理指标	10	6	−4

注：差距值为正数表明排名上升。

为了进一步分析一级、二级指标变化的原因，下面将江苏 2009 年与 2010 年两年三级指标排名位次变化超过 3 位的指标列表如下（见表 2）。与 2009 年相比，2010 年江苏三级指标排名中，农村人均改水、改厕的政府投资指标降低 9 位，环境保护支出占财政支出比重指标降低 6 位，工业用水重复利用率指标降低 3 位，农村累计已改水受益人口占农村总人口比重指标降低 3 位；第三产业增加值比重指标升高 4 位。

表 2　2009—2010 年江苏变化超过 3 位的三级指标

三级指标名称	两年原始数据			两年排名变化		
	单　位	2010 年	2009 年	2010 年	2009 年	变　动
工业用水重复利用率	%	79.82	79.44	18	15	−3
第三产业增加值比重	%	41.40	39.60	9	13	4
环境保护支出占财政支出比重	%	2.85	3.67	18	12	−6
农村人均改水、改厕的政府投资	元/人	35.68	63.17	21	12	−9
农村累计已改水受益人口占农村总人口比重	%	98.80	98.38	11	8	−3

注：变动值为正数表明排名上升。

浙江绿色发展“体检”表

序号	指标名称	单位	指标属性	2010 年 30 省区测评均值	2010 年浙江数值	2009 年浙江数值	2010 年浙江排名	2009 年浙江排名	排名变化	2010 年数据来源	进退脸谱
1	人均地区生产总值	元/人	正	33 964.12	51 711	44 641	5	5	0	中国统计	
2	单位地区生产总值能耗	吨标准煤/万元	逆	1.29	0.72	0.74	4	4	0	中国统计	
3	非化石能源消费量占能源消费量的比重		正	NA	NA	NA	NA	NA			
4	单位地区生产总值二氧化碳排放量		逆	NA	NA	NA	NA	NA			
5	单位地区生产总值二氧化硫排放量	吨/万元	逆	0.008 8	0.002 9	0.003 3	6	5	−1	中国统计	☹
6	单位地区生产总值化学需氧量排放量	吨/万元	逆	0.004 5	0.002 1	0.002 4	5	5	0	中国统计	
7	单位地区生产总值氮氧化物排放量	吨/万元	逆	0.006 8	0.004 0	0.004 2	9	10	1	环境年报；中国统计	☺
8	单位地区生产总值氨氮排放量	吨/万元	逆	0.000 4	0.000 2	0.000 2	2	3	1	环境年报；中国统计	☺
9	人均城镇生活消费用电	千瓦时/人	逆	295.08	300.54	423.36	23	24	1	城市	☺
10	第一产业劳动生产率	万元/人	正	1.61	2.10	1.75	8	10	2	中国统计	☺
11	土地产出率	亿元/千公顷	正	0.26	0.42	0.35	3	5	2	中国统计	☺
12	节灌率		正	0.49	0.71	0.69	6	6	0	水利；中国统计	
13	有效灌溉面积占耕地面积比重	%	正	53.55	75.54	75.30	6	6	0	中国统计	
14	第二产业劳动生产率	万元/人	正	12.13	7.71	6.78	26	25	−1	中国统计	☹
15	单位工业增加值水耗	立方米/元	逆	0.010 0	0.005 4	0.005 3	9	9	0	中国统计	
16	规模以上单位工业增加值能耗(无数列表)		逆	NA	NA	NA	NA	NA			
17	工业固体废物综合利用率	%	正	69.80	94.30	91.60	5	5	0	环境年鉴	
18	工业用水重复利用率	%	正	72.90	75.49	77.02	19	16	−3	环境年鉴	☹
19	六大高载能行业产值占工业总产值比重	%	逆	39.65	26.03	25.40	6	5	−1	工业经济	☹
20	第三产业劳动生产率	万元/人	正	6.96	8.58	7.42	7	7	0	中国统计	
21	第三产业增加值比重	%	正	39.97	43.50	43.10	7	7	0	中国统计	
22	第三产业就业人员比重	%	正	36.67	36.13	35.83	12	11	−1	中国统计	☹
23	人均水资源量	立方米/人	正	2 419.38	2 608.75	1 808.45	11	12	1	中国统计	☺
24	人均森林面积	公顷/人	正	0.19	0.11	0.11	17	17	0	中国统计	
25	森林覆盖率	%	正	30.63	57.41	57.41	3	3	0	中国统计	
26	自然保护区面积占辖区面积比重	%	正	8.60	1.50	1.47	30	30	0	中国统计	
27	湿地面积占国土面积的比重	%	正	7.01	7.88	7.88	8	8	0	中国统计	
28	人均活立木总蓄积量	立方米/人	正	10.70	3.56	3.74	19	19	0	中国统计	
29	单位土地面积二氧化碳排放量		逆	NA	NA	NA	NA	NA			
30	人均二氧化碳排放量		逆	NA	NA	NA	NA	NA			
31	单位土地面积二氧化硫排放量	吨/平方公里	逆	6.367 7	6.436 0	6.654 1	18	19	1	中国统计；沙漠	☺
32	人均二氧化硫排放量	吨/人	逆	0.019 1	0.012 8	0.013 6	10	12	2	中国统计	☺
33	单位土地面积化学需氧量排放量	吨/平方公里	逆	3.772 2	4.618 5	4.874 9	25	25	0	中国统计；沙漠	
34	人均化学需氧量排放量	吨/人	逆	0.010 1	0.009 2	0.010 0	13	14	1	中国统计	☺

续表

序号	指标名称	单　位	指标属性	2010年30省区测评均值	2010年浙江数值	2009年浙江数值	2010年浙江排名	2009年浙江排名	排名变化	2010年数据来源	进退脸谱
35	单位土地面积氮氧化物排放量	吨/平方公里	逆	6.447 3	8.975 6	8.339 9	26	25	−1	中国统计；沙漠；环境年报	☹
36	人均氮氧化物排放量	吨/人	逆	0.016 5	0.017 8	0.017 1	21	23	2	环境年报；中国统计	☺
37	单位土地面积氨氮排放量	吨/平方公里	逆	0.416 4	0.379 5	0.389 0	22	21	−1	中国统计；沙漠；环境年报	☹
38	人均氨氮排放量	吨/人	逆	0.001 0	0.000 8	0.000 8	7	10	3	环境年报；中国统计	☺
39	单位耕地面积化肥施用量	万吨/千公顷	逆	0.05	0.05	0.05	14	16	2	中国统计；中国统计	☺
40	单位耕地面积农药使用量	吨/千公顷	逆	17.68	33.88	34.08	26	26	0	环境年鉴；中国统计	
41	人均公路交通氮氧化物排放量	吨/万人	逆	24.07	43.19	43.48	26	25	−1	环境年报；中国统计	☹
42	环境保护支出占财政支出比重	%	正	3.35	2.56	2.09	23	27	4	中国统计	☺
43	环境污染治理投资总额占地区生产总值比重	%	正	1.40	1.20	0.94	19	25	6	环境年鉴；中国统计	☺
44	农村人均改水、改厕的政府投资	元/人	正	57.01	76.20	123.71	7	5	−2	环境年鉴	☹
45	单位耕地面积退耕还林投资完成额	万元/千公顷	正	29.81	0.00	0.00	25	23	−2	环境年鉴；中国统计	☹
46	科教文卫支出占财政支出比重	%	正	26.10	32.10	32.40	2	1	−1	中国统计	☹
47	城市人均绿地面积	公顷/人	正	0.00	0.00	0.00	12	16	4	城市；中国统计	☺
48	城市用水普及率	%	正	96.08	99.79	99.81	6	5	−1	中国统计	☹
49	城市污水处理率	%	正	79.18	82.70	78.90	15	12	−3	环境年鉴	☹
50	城市生活垃圾无害化处理率	%	正	78.47	98.30	97.60	3	2	−1	中国统计	☹
51	城市每万人拥有公交车辆	标台	正	9.86	11.87	13.70	5	4	−1	中国统计	☹
52	人均城市公共交通运营线路网长度	公里/人	正	0.000 6	0.000 8	0.000 7	6	2	−4	中国统计；城市	☹
53	农村累计已改水受益人口占农村总人口比重	%	正	94.44	97.15	96.77	15	16	1	环境年鉴	☺
54	建成区绿化覆盖率	%	正	37.75	38.30	38.20	12	13	1	中国统计	☺
55	人均当年新增造林面积	公顷/万人	正	59.50	2.86	5.32	29	28	−1	中国统计	☹
56	工业二氧化硫去除率	%	正	59.83	66.49	65.85	11	8	−3	中国统计	☹
57	工业废水化学需氧量去除率	%	正	70.84	85.97	85.53	6	5	−1	环境年报；中国统计	☹
58	工业氮氧化物去除率	%	正	4.07	3.77	3.23	12	17	5	环境年报	☺
59	工业废水氨氮去除率	%	正	62.87	84.61	81.69	6	6	0	环境年报；中国统计	
60	突发环境事件次数	次	逆	14.00	35	50	29	29	0	中国统计	

年鉴说明：中国统计——《中国统计年鉴2011》；环境年鉴——《中国环境统计年鉴2011》；环境年报——《中国环境统计年报2010》；城市——《中国城市统计年鉴2011》；水利——中国《水利统计年鉴2011》；工业经济——《中国工业经济统计年鉴2011》；沙漠——《中国沙漠及其治理》。

浙江绿色发展水平简要分析

浙江绿色发展水平在全国参与测评的 30 个省(区、市)中排名第 5 位(使用 2010 年数据)，较 2009 年上升 1 位(2009 年浙江测算排名第 6 位)。以下分别从各级指标得分情况和 2009 年、2010 年两年变化情况对浙江进行简要分析。

一、2010 年浙江绿色发展指数指标得分情况

2010 年浙江绿色发展指数为 0.160，从经济增长绿化度、资源环境承载潜力和政府政策支持度 3 个一级指标数值来看(如图 1 所示)，浙江的经济增长绿化度和政府政策支持度高于全国平均水平；而资源环境承载潜力则相对较弱，低于全国平均水平(注：各个指标的全国平均水平为 0 值)。

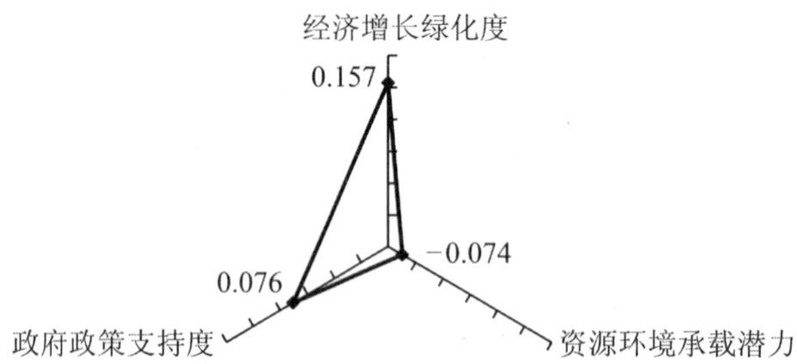

图 1　浙江一级指标得分情况

从图 2 中可以看出，2010 年浙江绿色发展指数二级指标中有 7 个高于全国平均水平，分别为绿色增长效率指标、第一产业指标、第二产业指标、第三产业指标、绿色投资指标、基础设施指标、环境治理指标；而资源丰裕与生态保护指标、环境压力与气候变化指标 2 个指标则低于全国平均水平。

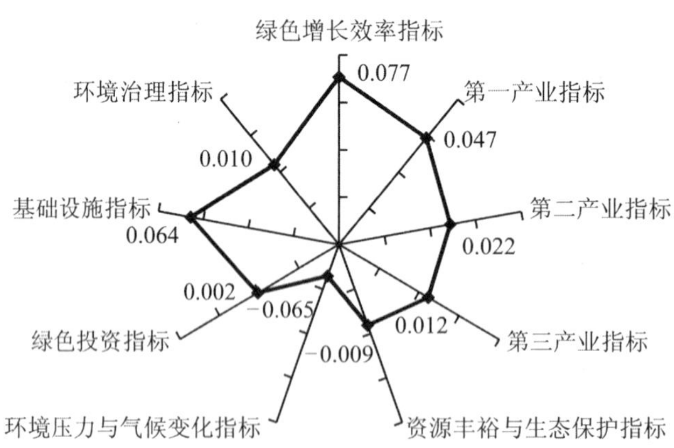

图 2　浙江二级指标得分情况

二、浙江绿色发展指数两年排名变化情况

如表 1 所示，从一级指标排名变化情况来看，2010 年该地区经济增长绿化度、资源环境承载潜力和政府政策支持度均没有变化。从二级指标排名变化情况来看，第一产业指标下降 1 位，第二产业指标下降 1 位，第三产业指标下降 1 位，资源丰裕与生态保护指标下降 2 位，基础设施

指标下降3位；环境压力与气候变化指标上升3位，环境治理指标上升2位；其他指标较2009年则没有变化。

表1　2009—2010年浙江一级指标和二级指标排名变化情况

指　标	2010年	2009年	差　距	指　标	2010年	2009年	差　距
中国绿色发展指数	5	6	1				
经济增长绿化度	4	4	0	资源丰裕与生态保护指标	16	14	−2
绿色增长效率指标	4	4	0	环境压力与气候变化指标	23	26	3
第一产业指标	4	3	−1	政府政策支持度	4	4	0
第二产业指标	8	7	−1	绿色投资指标	15	16	1
第三产业指标	6	5	−1	基础设施指标	7	4	−3
资源环境承载潜力	19	19	0	环境治理指标	13	15	2

注：差距值为正数表明排名上升。

为了进一步分析一级、二级指标变化的原因，下面将浙江2009年与2010年两年三级指标排名位次变化超过3位的指标列表如下(见表2)。与2009年相比，2010年浙江三级指标排名中，人均城市公共交通运营线路网长度指标下降4位，工业用水重复利用率指标下降3位，城市污水处理率指标下降3位，工业二氧化硫去除率指标下降3位；人均氨氮排放量指标上升3位，环境保护支出占财政支出比重指标上升4位，城市人均绿地面积指标上升4位，工业氮氧化物去除率指标上升5位，环境污染治理投资总额占地区生产总值比重指标上升6位。

表2　2009—2010年浙江变化超过3位的三级指标

三级指标名称	两年原始数据			两年排名变化		
	单　位	2010年	2009年	2010年	2009年	变　动
工业用水重复利用率	%	75.49	77.02	19	16	−3
人均氨氮排放量	吨/人	0.000 8	0.000 8	7	10	3
环境保护支出占财政支出比重	%	2.56	2.09	23	27	4
环境污染治理投资总额占地区生产总值比重	%	1.20	0.94	19	25	6
城市人均绿地面积	公顷/人	0.00	0.00	12	16	4
城市污水处理率	%	82.70	78.90	15	12	−3
人均城市公共交通运营线路网长度	公里/人	0.000 8	0.000 7	6	2	−4
工业二氧化硫去除率	%	66.49	65.85	11	8	−3
工业氮氧化物去除率	%	3.77	3.23	12	17	5

注：变动值为正数表明排名上升。

安徽绿色发展“体检”表

序号	指标名称	单　位	指标属性	2010 年 30 省区测评均值	2010 年安徽数值	2009 年安徽数值	2010 年安徽排名	2009 年安徽排名	排名变化	2010 年数据来源	进退脸谱
1	人均地区生产总值	元/人	正	33 964.12	20 888	16 408	26	26	0	中国统计	
2	单位地区生产总值能耗	吨标准煤/万元	逆	1.29	0.97	1.02	10	10	0	中国统计	
3	非化石能源消费量占能源消费量的比重		正	NA	NA	NA	NA	NA			
4	单位地区生产总值二氧化碳排放量		逆	NA	NA	NA	NA	NA			
5	单位地区生产总值二氧化硫排放量	吨/万元	逆	0.008 8	0.005 3	0.006 1	13	13	0	中国统计	
6	单位地区生产总值化学需氧量排放量	吨/万元	逆	0.004 5	0.004 1	0.004 8	15	15	0	中国统计	
7	单位地区生产总值氮氧化物排放量	吨/万元	逆	0.006 8	0.006 3	0.006 1	20	18	−2	环境年报；中国统计	☹
8	单位地区生产总值氨氮排放量	吨/万元	逆	0.000 4	0.000 4	0.000 5	17	20	3	环境年报；中国统计	☺
9	人均城镇生活消费用电	千瓦时/人	逆	295.08	122.06	282.79	7	12	5	城市	☺
10	第一产业劳动生产率	万元/人	正	1.61	1.11	0.94	23	22	−1	中国统计	☹
11	土地产出率	亿元/千公顷	正	0.26	0.17	0.14	22	23	1	中国统计	☺
12	节灌率		正	0.49	0.23	0.23	24	24	0	水利；中国统计	
13	有效灌溉面积占耕地面积比重	%	正	53.55	61.43	60.80	14	14	0	中国统计	
14	第二产业劳动生产率	万元/人	正	12.13	5.92	4.87	30	30	0	中国统计	
15	单位工业增加值水耗	立方米/元	逆	0.010 0	0.021 0	0.023 0	28	29	1	中国统计	☺
16	规模以上单位工业增加值能耗(无数列表)		逆	NA	NA	NA	NA	NA			
17	工业固体废物综合利用率	%	正	69.80	84.60	83.10	7	9	2	环境年鉴	☺
18	工业用水重复利用率	%	正	72.90	94.00	93.32	4	5	1	环境年鉴	☺
19	六大高载能行业产值占工业总产值比重	%	逆	39.65	34.13	35.60	12	14	2	工业经济	☺
20	第三产业劳动生产率	万元/人	正	6.96	3.74	3.51	27	27	0	中国统计	
21	第三产业增加值比重	%	正	39.97	33.90	36.40	27	26	−1	中国统计	☹
22	第三产业就业人员比重	%	正	36.67	30.57	28.96	26	27	1	中国统计	☺
23	人均水资源量	立方米/人	正	2 419.38	1 526.87	1 195.34	18	17	−1	中国统计	☹
24	人均森林面积	公顷/人	正	0.19	0.06	0.06	23	24	1	中国统计	☺
25	森林覆盖率	%	正	30.63	26.06	26.06	18	18	0	中国统计	
26	自然保护区面积占辖区面积比重	%	正	8.60	3.60	3.60	27	27	0	中国统计	
27	湿地面积占国土面积的比重	%	正	7.01	4.73	4.73	16	16	0	中国统计	
28	人均活立木总蓄积量	立方米/人	正	10.70	2.73	2.65	21	21	0	中国统计	
29	单位土地面积二氧化碳排放量		逆	NA	NA	NA	NA	NA			
30	人均二氧化碳排放量		逆	NA	NA	NA	NA	NA			
31	单位土地面积二氧化硫排放量	吨/平方公里	逆	6.367 7	3.797 1	3.842 4	14	15	1	中国统计；沙漠	☺
32	人均二氧化硫排放量	吨/人	逆	0.019 1	0.008 8	0.008 8	3	3	0	中国统计	
33	单位土地面积化学需氧量排放量	吨/平方公里	逆	3.772 2	2.933 8	3.026 6	17	17	0	中国统计；沙漠	
34	人均化学需氧量排放量	吨/人	逆	0.010 1	0.006 8	0.006 9	7	7	0	中国统计	

续表

序号	指标名称	单　位	指标属性	2010年30省区测评均值	2010年安徽数值	2009年安徽数值	2010年安徽排名	2009年安徽排名	排名变化	2010年数据来源	进退脸谱
35	单位土地面积氮氧化物排放量	吨/平方公里	逆	6.447 3	4.538 8	3.846 5	18	18	0	中国统计；沙漠；环境年报	
36	人均氮氧化物排放量	吨/人	逆	0.016 5	0.010 5	0.008 8	10	10	0	环境年报；中国统计	
37	单位土地面积氨氮排放量	吨/平方公里	逆	0.416 4	0.314 0	0.335 4	19	19	0	中国统计；沙漠；环境年报	
38	人均氨氮排放量	吨/人	逆	0.001 0	0.000 7	0.000 8	5	6	1	环境年报；中国统计	☺
39	单位耕地面积化肥施用量	万吨/千公顷	逆	0.05	0.06	0.05	19	20	1	中国统计；中国统计	☺
40	单位耕地面积农药使用量	吨/千公顷	逆	17.68	20.36	19.27	21	20	−1	环境年鉴；中国统计	☹
41	人均公路交通氮氧化物排放量	吨/万人	逆	24.07	15.49	14.18	11	9	−2	环境年报；中国统计	☹
42	环境保护支出占财政支出比重	%	正	3.35	2.50	2.77	25	20	−5	中国统计	☹
43	环境污染治理投资总额占地区生产总值比重	%	正	1.40	1.46	1.58	13	10	−3	环境年鉴；中国统计	☹
44	农村人均改水、改厕的政府投资	元/人	正	57.01	31.56	35.71	23	20	−3	环境年鉴	☹
45	单位耕地面积退耕还林投资完成额	万元/千公顷	正	29.81	10.41	13.32	21	19	−2	环境年鉴；中国统计	☹
46	科教文卫支出占财政支出比重	%	正	26.10	26.29	26.52	15	14	−1	中国统计	☹
47	城市人均绿地面积	公顷/人	正	0.00	0.00	0.00	21	17	−4	城市；中国统计	☹
48	城市用水普及率	%	正	96.08	96.06	95.25	19	19	0	中国统计	
49	城市污水处理率	%	正	79.18	88.50	83.20	5	8	3	环境年鉴	☺
50	城市生活垃圾无害化处理率	%	正	78.47	64.56	60.91	26	22	−4	中国统计	☹
51	城市每万人拥有公交车辆	标台	正	9.86	7.73	8.61	25	23	−2	中国统计	☹
52	人均城市公共交通运营线路网长度	公里/人	正	0.000 6	0.000 1	0.000 2	30	27	−3	中国统计；城市	☹
53	农村累计已改水受益人口占农村总人口比重	%	正	94.44	99.56	98.37	6	9	3	环境年鉴	☺
54	建成区绿化覆盖率	%	正	37.75	37.50	37.16	18	16	−2	中国统计	☹
55	人均当年新增造林面积	公顷/万人	正	59.50	8.06	11.24	27	23	−4	中国统计	☹
56	工业二氧化硫去除率	%	正	59.83	76.92	76.88	5	3	−2	中国统计	☹
57	工业废水化学需氧量去除率	%	正	70.84	78.41	75.27	9	13	4	环境年报；中国统计	☺
58	工业氮氧化物去除率	%	正	4.07	9.52	11.71	4	5	1	环境年报	☺
59	工业废水氨氮去除率	%	正	62.87	86.04	83.78	5	4	−1	环境年报；中国统计	☹
60	突发环境事件次数	次	逆	14.00	30	22	27	25	−2	中国统计	☹

年鉴说明：中国统计——《中国统计年鉴2011》；环境年鉴——《中国环境统计年鉴2011》；环境年报——《中国环境统计年报2010》；城市——《中国城市统计年鉴2011》；水利——中国《水利统计年鉴2011》；工业经济——《中国工业经济统计年鉴2011》；沙漠——《中国沙漠及其治理》。

安徽绿色发展水平简要分析

安徽绿色发展水平在全国参与测评的 30 个省(区、市)中排名第 22 位(使用 2010 年数据),较 2009 年下降 2 位(2009 年安徽测算排名第 20 位)。以下分别从各级指标得分情况和 2009 年、2010 年两年变化情况对安徽进行简要分析。

一、2010 年安徽绿色发展指数指标得分情况

2010 年安徽绿色发展指数为－0.122,从经济增长绿化度、资源环境承载潜力和政府政策支持度 3 个一级指标数值来看(如图 1 所示),安徽的经济增长绿化度、资源环境承载潜力和政府政策支持度均略低于全国平均水平(注:各个指标的全国平均水平为 0 值)。

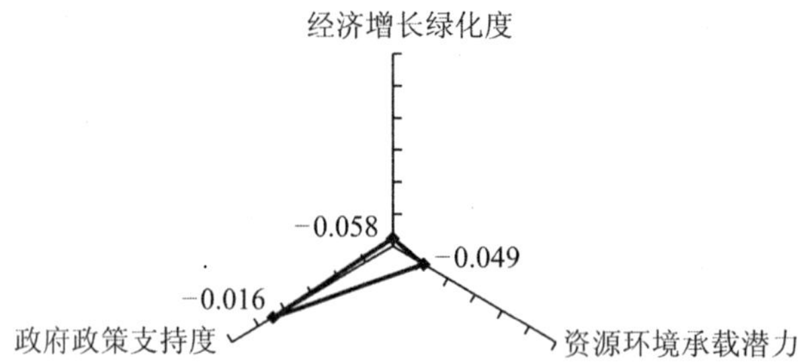

图 1　安徽一级指标得分情况

从图 2 中可以看出,2010 年安徽绿色发展指数二级指标中有 3 个高于全国平均水平,分别为第二产业指标、环境压力与气候变化指标、环境治理指标;而绿色增长效率指标、第一产业指标、第三产业指标、资源丰裕与生态保护指标、基础设施指标、绿色投资指标 6 个指标则低于全国平均水平。

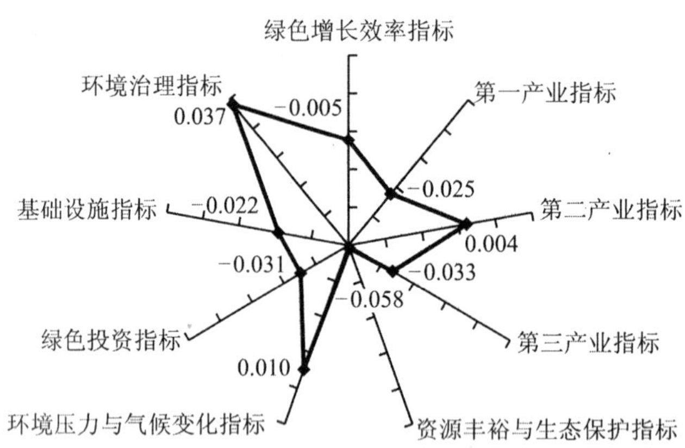

图 2　安徽二级指标得分情况

二、安徽绿色发展指数两年排名变化情况

如表 1 所示,从一级指标排名变化情况来看,2010 年该地区经济增长绿化度上升 1 位;而资源环境承载潜力下降了 1 位,政府政策支持度下降了 2 位。从二级指标排名变化情况来看,第二产业指标下降 1 位,绿色投资指标下降 1 位,基础设施指标下降 1 位,环境治理指标下降 1 位;绿色增长效率指标上升 2 位,资源丰裕与生态保护指标上升 1 位;其他指标较 2009 年则没有变化。

表 1 2009—2010 年安徽一级指标和二级指标排名变化情况

指　标	2010 年	2009 年	差　距	指　标	2010 年	2009 年	差　距
中国绿色发展指数	22	20	−2				
经济增长绿化度	18	19	1	资源丰裕与生态保护指标	22	23	1
绿色增长效率指标	13	15	2	环境压力与气候变化指标	11	11	0
第一产业指标	23	24	1	政府政策支持度	17	15	−2
第二产业指标	14	13	−1	绿色投资指标	22	21	−1
第三产业指标	28	28	0	基础设施指标	19	18	−1
资源环境承载潜力	17	16	−1	环境治理指标	6	5	−1

注：差距值为正数表明排名上升。

为了进一步分析一级、二级指标变化的原因，下面将安徽 2009 年与 2010 年两年三级指标排名位次变化超过 3 位的指标列表如下(见表 2)。与 2009 年相比，2010 年安徽三级指标排名中，环境保护支出占财政支出比重指标下降 5 位，城市人均绿地面积指标下降 4 位，城市生活垃圾无害化处理率指标下降 4 位，人均当年新增造林面积指标下降 4 位，环境污染治理投资总额占地区生产总值比重指标下降 3 位，农村人均改水、改厕的政府投资指标下降 3 位，人均城市公共交通运营线路网长度指标下降 3 位；单位地区生产总值氨氮排放量指标上升 3 位，城市污水处理率指标上升 3 位，农村累计已改水受益人口占农村总人口比重指标上升 3 位，工业废水化学需氧量去除率指标上升 4 位，人均城镇生活消费用电指标上升 5 位。

表 2 2009—2010 年安徽变化超过 3 位的三级指标

三级指标名称	两年原始数据			两年排名变化		
	单　位	2010 年	2009 年	2010 年	2009 年	变　动
单位地区生产总值氨氮排放量	吨/万元	0.000 4	0.000 5	17	20	3
人均城镇生活消费用电	千瓦时/人	122.06	282.79	7	12	5
环境保护支出占财政支出比重	%	2.50	2.77	25	20	−5
环境污染治理投资总额占地区生产总值比重	%	1.46	1.58	13	10	−3
农村人均改水、改厕的政府投资	元/人	31.56	35.71	23	20	−3
城市人均绿地面积	公顷/人	0.00	0.00	21	17	−4
城市污水处理率	%	88.50	83.20	5	8	3
城市生活垃圾无害化处理率	%	64.56	60.91	26	22	−4
人均城市公共交通运营线路网长度	公里/人	0.000 1	0.000 2	30	27	−3
农村累计已改水受益人口占农村总人口比重	%	99.56	98.37	6	9	3
人均当年新增造林面积	公顷/万人	8.06	11.24	27	23	−4
工业废水化学需氧量去除率	%	78.41	75.27	9	13	4

注：变动值为正数表明排名上升。

福建绿色发展"体检"表

序号	指标名称	单位	指标属性	2010 年 30 省区测评均值	2010 年福建数值	2009 年福建数值	2010 年福建排名	2009 年福建排名	排名变化	2010 年数据来源	进退脸谱
1	人均地区生产总值	元/人	正	33 964.12	40 025	33 840	10	10	0	中国统计	
2	单位地区生产总值能耗	吨标准煤/万元	逆	1.29	0.78	0.81	6	6	0	中国统计	
3	非化石能源消费量占能源消费量的比重		正	NA	NA	NA	NA	NA			
4	单位地区生产总值二氧化碳排放量		逆	NA	NA	NA	NA	NA			
5	单位地区生产总值二氧化硫排放量	吨/万元	逆	0.008 8	0.003 3	0.003 8	8	8	0	中国统计	
6	单位地区生产总值化学需氧量排放量	吨/万元	逆	0.004 5	0.003 0	0.003 4	8	8	0	中国统计	
7	单位地区生产总值氮氧化物排放量	吨/万元	逆	0.006 8	0.003 5	0.003 0	7	3	−4	环境年报；中国统计	☹
8	单位地区生产总值氨氮排放量	吨/万元	逆	0.000 4	0.000 2	0.000 3	6	7	1	环境年报；中国统计	☺
9	人均城镇生活消费用电	千瓦时/人	逆	295.08	300.23	549.44	22	26	4	城市	☺
10	第一产业劳动生产率	万元/人	正	1.61	2.14	1.84	7	6	−1	中国统计	☹
11	土地产出率	亿元/千公顷	正	0.26	0.43	0.37	2	4	2	中国统计	☺
12	节灌率		正	0.49	0.57	0.54	13	13	0	水利；中国统计	
13	有效灌溉面积占耕地面积比重	%	正	53.55	72.74	72.18	7	7	0	中国统计	
14	第二产业劳动生产率	万元/人	正	12.13	9.45	7.93	17	18	1	中国统计	☺
15	单位工业增加值水耗	立方米/元	逆	0.010 0	0.0133	0.0151	23	21	−2	中国统计	☹
16	规模以上单位工业增加值能耗(无数列表)		逆	NA	NA	NA	NA	NA			
17	工业固体废物综合利用率	%	正	69.80	82.90	85.40	9	7	−2	环境年鉴	☹
18	工业用水重复利用率	%	正	72.90	80.50	80.06	17	14	−3	环境年鉴	☹
19	六大高载能行业产值占工业总产值比重	%	逆	39.65	24.82	24.64	3	2	−1	工业经济	☹
20	第三产业劳动生产率	万元/人	正	6.96	7.89	6.98	9	8	−1	中国统计	☹
21	第三产业增加值比重	%	正	39.97	39.70	41.30	11	10	−1	中国统计	☹
22	第三产业就业人员比重	%	正	36.67	33.42	34.79	21	14	−7	中国统计	☹
23	人均水资源量	立方米/人	正	2 419.38	4 491.74	2 214.94	5	10	5	中国统计	☺
24	人均森林面积	公顷/人	正	0.19	0.21	0.21	9	9	0	中国统计	
25	森林覆盖率	%	正	30.63	63.10	63.10	1	1	0	中国统计	
26	自然保护区面积占辖区面积比重	%	正	8.60	3.23	3.20	28	28	0	中国统计	
27	湿地面积占国土面积的比重	%	正	7.01	3.65	3.65	20	20	0	中国统计	
28	人均活立木总蓄积量	立方米/人	正	10.70	14.41	14.67	7	7	0	中国统计	
29	单位土地面积二氧化碳排放量		逆	NA	NA	NA	NA	NA			
30	人均二氧化碳排放量		逆	NA	NA	NA	NA	NA			
31	单位土地面积二氧化硫排放量	吨/平方公里	逆	6.367 7	3.298 4	3.383 9	10	11	1	中国统计；沙漠	☺
32	人均二氧化硫排放量	吨/人	逆	0.019 1	0.011 2	0.011 6	7	7	0	中国统计	
33	单位土地面积化学需氧量排放量	吨/平方公里	逆	3.772 2	3.004 8	3.029 5	18	18	0	中国统计；沙漠	
34	人均化学需氧量排放量	吨/人	逆	0.010 1	0.010 2	0.010 4	18	17	−1	中国统计	☹

续表

序号	指标名称	单　位	指标属性	2010 年 30 省区测评均值	2010 年福建数值	2009 年福建数值	2010 年福建排名	2009 年福建排名	排名变化	2010 年数据来源	进退脸谱
35	单位土地面积氮氧化物排放量	吨/平方公里	逆	6.447 3	3.499 6	2.661 0	16	15	−1	中国统计；沙漠；环境年报	☹
36	人均氮氧化物排放量	吨/人	逆	0.016 5	0.011 9	0.009 1	12	11	−1	环境年报；中国统计	☹
37	单位土地面积氨氮排放量	吨/平方公里	逆	0.416 4	0.241 9	0.241 9	14	15	1	中国统计；沙漠；环境年报	☺
38	人均氨氮排放量	吨/人	逆	0.001 0	0.000 8	0.000 8	12	11	−1	环境年报；中国统计	☹
39	单位耕地面积化肥施用量	万吨/千公顷	逆	0.05	0.09	0.09	30	30	0	中国统计；中国统计	
40	单位耕地面积农药使用量	吨/千公顷	逆	17.68	43.78	43.49	29	29	0	环境年鉴；中国统计	
41	人均公路交通氮氧化物排放量	吨/万人	逆	24.07	24.97	22.02	20	19	−1	环境年报；中国统计	☹
42	环境保护支出占财政支出比重	%	正	3.35	2.35	2.40	27	23	−4	中国统计	☹
43	环境污染治理投资总额占地区生产总值比重	%	正	1.40	0.88	0.79	25	27	2	环境年鉴；中国统计	☺
44	农村人均改水、改厕的政府投资	元/人	正	57.01	42.91	35.03	16	22	6	环境年鉴	☺
45	单位耕地面积退耕还林投资完成额	万元/千公顷	正	29.81	0.00	0.00	25	23	−2	环境年鉴；中国统计	☹
46	科教文卫支出占财政支出比重	%	正	26.10	29.78	30.07	3	4	1	中国统计	☺
47	城市人均绿地面积	公顷/人	正	0.00	0.00	0.00	17	15	−2	城市；中国统计	☹
48	城市用水普及率	%	正	96.08	99.50	99.18	9	9	0	中国统计	
49	城市污水处理率	%	正	79.18	84.40	80.30	12	9	−3	环境年鉴	☹
50	城市生活垃圾无害化处理率	%	正	78.47	91.96	92.53	7	5	−2	中国统计	☹
51	城市每万人拥有公交车辆	标台	正	9.86	10.32	11.51	9	9	0	中国统计	
52	人均城市公共交通运营线路网长度	公里/人	正	0.000 6	0.000 4	0.000 4	16	13	−3	中国统计；城市	☹
53	农村累计已改水受益人口占农村总人口比重	%	正	94.44	98.81	98.40	10	7	−3	环境年鉴	☹
54	建成区绿化覆盖率	%	正	37.75	40.97	39.71	8	8	0	中国统计	
55	人均当年新增造林面积	公顷/万人	正	59.50	8.16	9.20	26	27	1	中国统计	☺
56	工业二氧化硫去除率	%	正	59.83	50.86	47.04	25	25	0	中国统计	
57	工业废水化学需氧量去除率	%	正	70.84	90.55	89.63	3	1	−2	环境年报；中国统计	☹
58	工业氮氧化物去除率	%	正	4.07	2.32	7.24	17	8	−9	环境年报	☹
59	工业废水氨氮去除率	%	正	62.87	88.33	72.67	3	11	8	环境年报；中国统计	☺
60	突发环境事件次数	次	逆	14.00	4	6	12	14	2	中国统计	☺

年鉴说明：中国统计——《中国统计年鉴 2011》；环境年鉴——《中国环境统计年鉴 2011》；环境年报——《中国环境统计年报 2010》；城市——《中国城市统计年鉴 2011》；水利——中国《水利统计年鉴 2011》；工业经济——《中国工业经济统计年鉴 2011》；沙漠——《中国沙漠及其治理》。

福建绿色发展水平简要分析

福建绿色发展水平在全国参与测评的30个省(区、市)中排名第8位(使用2010年数据)，较2009年没有变化(2009年福建测算排名第8位)。以下分别从各级指标得分情况和2009年、2010年两年变化情况对福建进行简要分析。

一、2010年福建绿色发展指数指标得分情况

2010年福建绿色发展指数为0.100，从经济增长绿化度、资源环境承载潜力和政府政策支持度3个一级指标数值来看(如图1所示)，福建的经济增长绿化度和政府政策支持度具有优势；而资源环境承载潜力则相对较弱，低于全国平均水平(注：各个指标的全国平均水平为0值)。

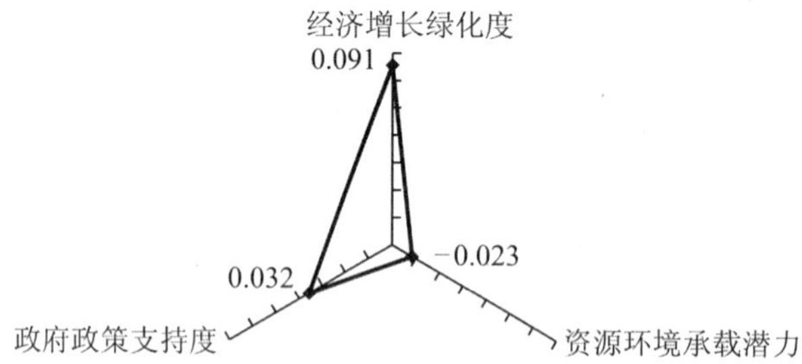

图1　福建一级指标得分情况

从图2中可以看出，2010年福建绿色发展指数二级指标中有6个高于全国平均水平，分别为绿色增长效率指标、第一产业指标、第二产业指标、资源丰裕与生态保护指标、基础设施指标、环境治理指标；而第三产业指标、环境压力与气候变化指标、绿色投资指标3个指标则低于全国平均水平。

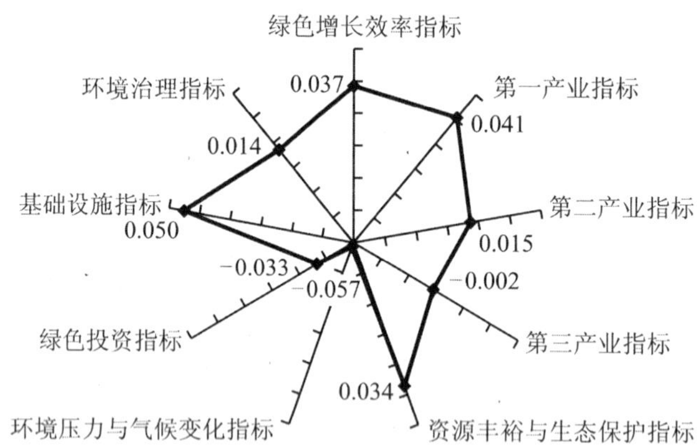

图2　福建二级指标得分情况

二、福建绿色发展指数两年排名变化情况

如表1所示，从一级指标排名变化情况来看，2010年该地区政府政策支持度下降了6位；资源环境承载潜力上升1位；而经济增长绿化度则没有变化。从二级指标排名变化情况来看，第二产业指标下降1位，第三产业指标下降1位，环境压力与气候变化指标下降1位，基础设施指标下降1位，环境治理指标下降1位；资源丰裕与生态保护指标上升2位，绿色投资指标上升3位；其他指标较2009年则没有变化。

表 1　2009—2010 年福建一级指标和二级指标排名变化情况

指　标	2010 年	2009 年	差　距	指　标	2010 年	2009 年	差　距
中国绿色发展指数	8	8	0				
经济增长绿化度	8	8	0	资源丰裕与生态保护指标	9	11	2
绿色增长效率指标	8	8	0	环境压力与气候变化指标	22	21	−1
第一产业指标	5	5	0	政府政策支持度	14	8	−6
第二产业指标	9	8	−1	绿色投资指标	25	28	3
第三产业指标	11	10	−1	基础设施指标	8	7	−1
资源环境承载潜力	13	14	1	环境治理指标	11	10	−1

注：差距值为正数表明排名上升。

为了进一步分析一级、二级指标变化的原因，下面将福建 2009 年与 2010 年两年三级指标排名位次变化超过 3 位的指标列表如下(见表 2)。与 2009 年相比，2010 年福建三级指标排名中，工业氮氧化物去除率指标下降 9 位，第三产业就业人员比重指标下降 7 位，单位地区生产总值氮氧化物排放量指标下降 4 位，环境保护支出占财政支出比重指标下降 4 位，工业用水重复利用率指标下降 3 位，城市污水处理率指标下降 3 位，人均城市公共交通运营线路网长度指标下降 3 位，农村累计已改水受益人口占农村总人口比重指标下降 3 位；人均城镇生活消费用电指标上升 4 位，人均水资源量指标上升 5 位，农村人均改水、改厕的政府投资指标上升 6 位，工业废水氨氮去除率指标上升 8 位。

表 2　2009—2010 年福建变化超过 3 位的三级指标

三级指标名称	两年原始数据			两年排名变化		
	单　位	2010 年	2009 年	2010 年	2009 年	变　动
单位地区生产总值氮氧化物排放量	吨/万元	0.003 5	0.003 0	7	3	−4
人均城镇生活消费用电	千瓦时/人	300.23	549.44	22	26	4
工业用水重复利用率	%	80.50	80.06	17	14	−3
第二产业就业人员比重	%	33.42	34.79	21	14	−7
人均水资源量	立方米/人	4 491.74	2 214.94	5	10	5
环境保护支出占财政支出比重	%	2.35	2.40	27	23	−4
农村人均改水、改厕的政府投资	元/人	42.91	35.03	16	22	6
城市污水处理率	%	84.40	80.30	12	9	−3
人均城市公共交通运营线路网长度	公里/人	0.000 4	0.000 4	16	13	−3
农村累计已改水受益人口占农村总人口比重	%	98.81	98.40	10	7	−3
工业氮氧化物去除率	%	2.32	7.24	17	8	−9
工业废水氨氮去除率	%	88.33	72.67	3	11	8

注：变动值为正数表明排名上升。

江西绿色发展“体检”表

序号	指标名称	单　位	指标属性	2010年30省区测评均值	2010年江西数值	2009年江西数值	2010年江西排名	2009年江西排名	排名变化	2010年数据来源	进退脸谱
1	人均地区生产总值	元/人	正	33 964.12	21 253	17 335	24	25	1	中国统计	☺
2	单位地区生产总值能耗	吨标准煤/万元	逆	1.29	0.85	0.88	9	9	0	中国统计	
3	非化石能源消费量占能源消费量的比重		正	NA	NA	NA	NA	NA			
4	单位地区生产总值二氧化碳排放量		逆	NA	NA	NA	NA	NA			
5	单位地区生产总值二氧化硫排放量	吨/万元	逆	0.008 8	0.007 4	0.008 5	18	18	0	中国统计	
6	单位地区生产总值化学需氧量排放量	吨/万元	逆	0.004 5	0.005 7	0.006 6	25	23	−2	中国统计	☹
7	单位地区生产总值氮氧化物排放量	吨/万元	逆	0.006 8	0.004 5	0.004 5	13	12	−1	环境年报；中国统计	☹
8	单位地区生产总值氨氮排放量	吨/万元	逆	0.000 4	0.000 5	0.000 5	20	18	−2	环境年报；中国统计	☹
9	人均城镇生活消费用电	千瓦时/人	逆	295.08	96.16	220.79	2	4	2	城市	☺
10	第一产业劳动生产率	万元/人	正	1.61	1.38	1.23	17	17	0	中国统计	
11	土地产出率	亿元/千公顷	正	0.26	0.15	0.14	26	24	−2	中国统计	☹
12	节灌率		正	0.49	0.16	0.15	27	28	1	水利；中国统计	☺
13	有效灌溉面积占耕地面积比重	%	正	53.55	65.52	65.10	12	12	0	中国统计	
14	第二产业劳动生产率	万元/人	正	12.13	7.76	6.30	24	26	2	中国统计	☺
15	单位工业增加值水耗	立方米/元	逆	0.010 0	0.016 0	0.016 6	24	25	1	中国统计	☺
16	规模以上单位工业增加值能耗(无数列表)		逆	NA	NA	NA	NA	NA			
17	工业固体废物综合利用率	%	正	69.80	46.50	41.60	28	28	0	环境年鉴	
18	工业用水重复利用率	%	正	72.90	86.76	64.91	12	20	8	环境年鉴	☺
19	六大高载能行业产值占工业总产值比重	%	逆	39.65	48.70	47.34	22	21	−1	工业经济	☹
20	第三产业劳动生产率	万元/人	正	6.96	4.21	3.67	24	24	0	中国统计	
21	第三产业增加值比重	%	正	39.97	33.00	34.40	28	29	1	中国统计	☺
22	第三产业就业人员比重	%	正	36.67	32.73	32.37	22	22	0	中国统计	
23	人均水资源量	立方米/人	正	2 419.38	5 116.68	2 642.46	4	7	3	中国统计	☺
24	人均森林面积	公顷/人	正	0.19	0.22	0.22	8	8	0	中国统计	
25	森林覆盖率	%	正	30.63	58.32	58.32	2	2	0	中国统计	
26	自然保护区面积占辖区面积比重	%	正	8.60	6.69	6.68	17	16	−1	中国统计	☹
27	湿地面积占国土面积的比重	%	正	7.01	5.99	5.99	11	11	0	中国统计	
28	人均活立木总蓄积量	立方米/人	正	10.70	10.09	10.16	9	9	0	中国统计	
29	单位土地面积二氧化碳排放量		逆	NA	NA	NA	NA	NA			
30	人均二氧化碳排放量		逆	NA	NA	NA	NA	NA			
31	单位土地面积二氧化硫排放量	吨/平方公里	逆	6.367 7	3.337 9	3.380 7	11	10	−1	中国统计；沙漠	☹
32	人均二氧化硫排放量	吨/人	逆	0.019 1	0.012 5	0.012 8	9	9	0	中国统计	
33	单位土地面积化学需氧量排放量	吨/平方公里	逆	3.772 2	2.583 0	2.607 7	12	12	0	中国统计；沙漠	
34	人均化学需氧量排放量	吨/人	逆	0.010 1	0.009 7	0.009 9	15	13	−2	中国统计	☹

续表

序号	指标名称	单　位	指标属性	2010年30省区测评均值	2010年江西数值	2009年江西数值	2010年江西排名	2009年江西排名	排名变化	2010年数据来源	进退脸谱
35	单位土地面积氮氧化物排放量	吨/平方公里	逆	6.447 3	2.031 2	1.773 6	12	12	0	中国统计；沙漠；环境年报	
36	人均氮氧化物排放量	吨/人	逆	0.016 5	0.007 6	0.006 7	5	5	0	环境年报；中国统计	
37	单位土地面积氨氮排放量	吨/平方公里	逆	0.416 4	0.209 7	0.203 7	12	13	1	中国统计；沙漠；环境年报	☺
38	人均氨氮排放量	吨/人	逆	0.001 0	0.000 8	0.000 8	10	7	−3	环境年报；中国统计	☹
39	单位耕地面积化肥施用量	万吨/千公顷	逆	0.05	0.05	0.05	17	15	−2	中国统计；中国统计	☹
40	单位耕地面积农药使用量	吨/千公顷	逆	17.68	37.68	34.52	28	27	−1	环境年鉴；中国统计	☹
41	人均公路交通氮氧化物排放量	吨/万人	逆	24.07	20.83	18.98	18	15	−3	环境年报；中国统计	☹
42	环境保护支出占财政支出比重	%	正	3.35	2.56	2.76	24	21	−3	中国统计	☹
43	环境污染治理投资总额占地区生产总值比重	%	正	1.40	1.66	1.07	9	23	14	环境年鉴；中国统计	☺
44	农村人均改水、改厕的政府投资	元/人	正	57.01	29.42	26.50	25	28	3	环境年鉴	☺
45	单位耕地面积退耕还林投资完成额	万元/千公顷	正	29.81	30.68	36.41	11	9	−2	环境年鉴；中国统计	☹
46	科教文卫支出占财政支出比重	%	正	26.10	25.69	26.17	17	17	0	中国统计	
47	城市人均绿地面积	公顷/人	正	0.00	0.00	0.00	24	18	−6	城市；中国统计	☹
48	城市用水普及率	%	正	96.08	97.43	98.00	16	12	−4	中国统计	☹
49	城市污水处理率	%	正	79.18	80.80	74.90	18	17	−1	环境年鉴	☹
50	城市生活垃圾无害化处理率	%	正	78.47	85.89	84.40	13	9	−4	中国统计	☹
51	城市每万人拥有公交车辆	标台	正	9.86	7.61	9.22	26	21	−5	中国统计	☹
52	人均城市公共交通运营线路网长度	公里/人	正	0.000 6	0.000 2	0.000 2	24	23	−1	中国统计；城市	☹
53	农村累计已改水受益人口占农村总人口比重	%	正	94.44	99.64	97.47	4	12	8	环境年鉴	☺
54	建成区绿化覆盖率	%	正	37.75	46.62	44.36	2	2	0	中国统计	
55	人均当年新增造林面积	公顷/万人	正	59.50	45.15	51.77	13	12	−1	中国统计	☹
56	工业二氧化硫去除率	%	正	59.83	77.56	74.46	2	4	2	中国统计	☺
57	工业废水化学需氧量去除率	%	正	70.84	54.63	62.91	26	21	−5	环境年报；中国统计	☹
58	工业氮氧化物去除率	%	正	4.07	0.41	0.71	24	23	−1	环境年报	☹
59	工业废水氨氮去除率	%	正	62.87	57.19	57.73	19	16	3	环境年报；中国统计	☹
60	突发环境事件次数	次	逆	14.00	9	6	19	14	−5	中国统计	☹

年鉴说明：中国统计——《中国统计年鉴2011》；环境年鉴——《中国环境统计年鉴2011》；环境年报——《中国环境统计年报2010》；城市——《中国城市统计年鉴2011》；水利——中国《水利统计年鉴2011》；工业经济——《中国工业经济统计年鉴2011》；沙漠——《中国沙漠及其治理》。

江西绿色发展水平简要分析

江西绿色发展水平在全国参与测评的 30 个省(区、市)中排名第 18 位(使用 2010 年数据),较 2009 年下降 1 位(2009 年江西测算排名第 17 位)。以下分别从各级指标得分情况和 2009 年、2010 年两年变化情况对江西进行简要分析。

一、2010 年江西绿色发展指数指标得分情况

2010 年江西绿色发展指数为－0.062,从经济增长绿化度、资源环境承载潜力和政府政策支持度 3 个一级指标数值来看(如图 1 所示),江西的资源环境承载潜力具有优势;而经济增长绿化度和政府政策支持度则相对较弱,低于全国平均水平(注:各个指标的全国平均水平为 0 值)。

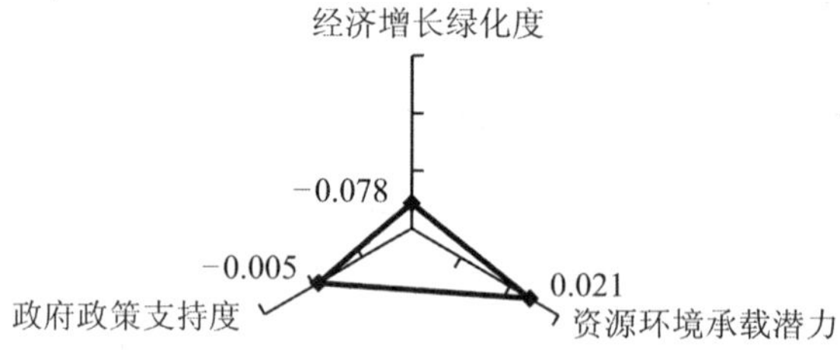

图 1 江西一级指标得分情况

从图 2 中可以看出,2010 年江西绿色发展指数二级指标中有 3 个高于全国平均水平,分别为绿色增长效率指标、资源丰裕与生态保护指标、基础设施指标;而第一产业指标、第二产业指标、第三产业指标、环境压力与气候变化指标、绿色投资指标、环境治理指标 6 个指标则低于全国平均水平。

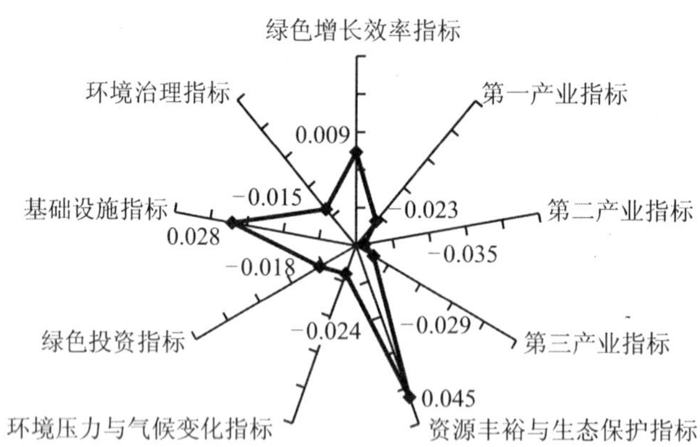

图 2 江西二级指标得分情况

二、江西绿色发展指数两年排名变化情况

如表 1 所示,从一级指标排名变化情况来看,2010 年该地区经济增长绿化度上升 1 位;而资源环境承载潜力下降 2 位,政府政策支持度下降 2 位。从二级指标排名变化情况来看,第一产业指标下降 1 位,第二产业指标下降 1 位,环境压力与气候变化指标下降 3 位,基础设施指标下降 4 位,环境治理指标下降 8 位;绿色增长效率指标上升 1 位,资源丰裕与生态保护指标上升 1 位,绿色投资指标上升 3 位;其他指标较 2009 年则没有变化。

表 1　2009—2010 年江西一级指标和二级指标排名变化情况

指　标	2010 年	2009 年	差　距	指　标	2010 年	2009 年	差　距
中国绿色发展指数	18	17	−1				
经济增长绿化度	20	21	1	资源丰裕与生态保护指标	8	9	1
绿色增长效率指标	9	10	1	环境压力与气候变化指标	16	13	−3
第一产业指标	21	20	−1	政府政策支持度	16	14	−2
第二产业指标	25	24	−1	绿色投资指标	20	23	3
第三产业指标	27	27	0	基础设施指标	13	9	−4
资源环境承载潜力	12	10	−2	环境治理指标	22	14	−8

注：差距值为正数表明排名上升。

为了进一步分析一级、二级指标变化的原因，下面将江西 2009 年与 2010 年两年三级指标排名位次变化超过 3 位的指标列表如下(见表 2)。与 2009 年相比，2010 年江西三级指标排名中，城市人均绿地面积指标下降 6 位，城市每万人拥有公交车辆指标下降 5 位，工业废水化学需氧量去除率指标下降 5 位，突发环境事件次数指标下降 5 位，城市用水普及率指标下降 4 位，城市生活垃圾无害化处理率指标下降 4 位，人均氨氮排放量指标下降 3 位，人均公路交通氮氧化物排放量指标下降 3 位，环境保护支出占财政支出比重指标下降 3 位，工业废水氨氮去除率指标下降 3 位；人均水资源量指标上升 3 位，农村人均改水、改厕的政府投资指标上升 3 位，工业用水重复利用率指标上升 8 位，农村累计已改水受益人口占农村总人口比重指标上升 8 位，环境污染治理投资总额占地区生产总值比重指标上升 14 位。

表 2　2009—2010 年江西变化超过 3 位的三级指标

三级指标名称	两年原始数据			两年排名变化		
	单　位	2010 年	2009 年	2010 年	2009 年	变　动
工业用水重复利用率	%	86.76	64.91	12	20	8
人均水资源量	立方米/人	5 116.68	2 642.46	4	7	3
人均氨氮排放量	吨/人	0.000 8	0.000 8	10	7	−3
人均公路交通氮氧化物排放量	吨/万人	20.83	18.98	18	15	−3
环境保护支出占财政支出比重	%	2.56	2.76	24	21	−3
环境污染治理投资总额占地区生产总值比重	%	1.66	1.07	9	23	14
农村人均改水、改厕的政府投资	元/人	29.42	26.50	25	28	3
城市人均绿地面积	公顷/人	0.00	0.00	24	18	−6
城市用水普及率	%	97.43	98.00	16	12	−4
城市生活垃圾无害化处理率	%	85.89	84.40	13	9	−4
城市每万人拥有公交车辆	标台	7.61	9.22	26	21	−5
农村累计已改水受益人口占农村总人口比重	%	99.64	97.47	4	12	8
工业废水化学需氧量去除率	%	54.63	62.91	26	21	−5
工业废水氨氮去除率	%	57.19	57.73	19	16	−3
突发环境事件次数	次	9	6	19	14	−5

注：变动值为正数表明排名上升。

山东绿色发展“体检”表

序号	指标名称	单 位	指标属性	2010 年 30 省区测评均值	2010 年山东数值	2009 年山东数值	2010 年山东排名	2009 年山东排名	排名变化	2010 年数据来源	进退脸谱
1	人均地区生产总值	元/人	正	33 964.12	41 106	35 894	9	8	−1	中国统计	☹
2	单位地区生产总值能耗	吨标准煤/万元	逆	1.29	1.03	1.07	11	12	1	中国统计	☺
3	非化石能源消费量占能源消费量的比重		正	NA	NA	NA	NA	NA			
4	单位地区生产总值二氧化碳排放量		逆	NA	NA	NA	NA	NA			
5	单位地区生产总值二氧化硫排放量	吨/万元	逆	0.008 8	0.004 5	0.005 3	9	9	0	中国统计	
6	单位地区生产总值化学需氧量排放量	吨/万元	逆	0.004 5	0.001 8	0.002 1	4	4	0	中国统计	
7	单位地区生产总值氮氧化物排放量	吨/万元	逆	0.006 8	0.004 1	0.004 6	10	14	4	环境年报；中国统计	☺
8	单位地区生产总值氨氮排放量	吨/万元	逆	0.000 4	0.000 2	0.000 2	5	6	1	环境年报；中国统计	☺
9	人均城镇生活消费用电	千瓦时/人	逆	295.08	168.44	363.85	14	21	7	城市	☺
10	第一产业劳动生产率	万元/人	正	1.61	1.79	1.62	13	13	0	中国统计	
11	土地产出率	亿元/千公顷	正	0.26	0.34	0.30	8	8	0	中国统计	
12	节灌率		正	0.49	0.46	0.44	17	17	0	水利；中国统计	
13	有效灌溉面积占耕地面积比重	%	正	53.55	65.94	65.16	11	11	0	中国统计	
14	第二产业劳动生产率	万元/人	正	12.13	11.86	11.01	10	8	−2	中国统计	☹
15	单位工业增加值水耗	立方米/元	逆	0.010 0	0.001 4	0.001 5	2	2	0	中国统计	
16	规模以上单位工业增加值能耗(无数列表)		逆	NA	NA	NA	NA	NA			
17	工业固体废物综合利用率	%	正	69.80	94.70	94.80	4	4	0	环境年鉴	
18	工业用水重复利用率	%	正	72.90	92.10	91.45	6	7	1	环境年鉴	☺
19	六大高载能行业产值占工业总产值比重	%	逆	39.65	31.92	31.25	10	10	0	工业经济	
20	第三产业劳动生产率	万元/人	正	6.96	8.14	6.98	8	9	1	中国统计	☺
21	第三产业增加值比重	%	正	39.97	36.60	34.70	18	28	10	中国统计	☺
22	第三产业就业人员比重	%	正	36.67	32.02	31.45	23	24	1	中国统计	☺
23	人均水资源量	立方米/人	正	2 419.38	324.40	301.75	24	24	0	中国统计	
24	人均森林面积	公顷/人	正	0.19	0.03	0.03	26	27	1	中国统计	☺
25	森林覆盖率	%	正	30.63	16.72	16.72	22	22	0	中国统计	
26	自然保护区面积占辖区面积比重	%	正	8.60	4.92	4.89	24	23	−1	中国统计	☹
27	湿地面积占国土面积的比重	%	正	7.01	11.72	11.72	4	4	0	中国统计	
28	人均活立木总蓄积量	立方米/人	正	10.70	0.90	0.91	26	26	0	中国统计	
29	单位土地面积二氧化碳排放量		逆	NA	NA	NA	NA	NA			
30	人均二氧化碳排放量		逆	NA	NA	NA	NA	NA			
31	单位土地面积二氧化硫排放量	吨/平方公里	逆	6.367 7	9.787 1	10.121 2	27	28	1	中国统计；沙漠	☺
32	人均二氧化硫排放量	吨/人	逆	0.019 1	0.016 1	0.016 8	16	16	0	中国统计	
33	单位土地面积化学需氧量排放量	吨/平方公里	逆	3.772 2	3.949 3	4.1177	24	24	0	中国统计；沙漠	
34	人均化学需氧量排放量	吨/人	逆	0.010 1	0.006 5	0.006 9	5	6	1	中国统计	☺

续表

序号	指标名称	单　位	指标属性	2010年30省区测评均值	2010年山东数值	2009年山东数值	2010年山东排名	2009年山东排名	排名变化	2010年数据来源	进退脸谱
35	单位土地面积氮氧化物排放量	吨/平方公里	逆	6.447 3	8.960 9	8.795 5	25	26	1	中国统计；沙漠；环境年报	☺
36	人均氮氧化物排放量	吨/人	逆	0.016 5	0.014 8	0.014 6	18	19	1	环境年报；中国统计	☺
37	单位土地面积氨氮排放量	吨/平方公里	逆	0.416 4	0.420 0	0.426 4	24	24	0	中国统计；沙漠；环境年报	
38	人均氨氮排放量	吨/人	逆	0.001 0	0.000 7	0.000 7	4	3	−1	环境年报；中国统计	☹
39	单位耕地面积化肥施用量	万吨/千公顷	逆	0.05	0.06	0.06	24	24	0	中国统计；中国统计	
40	单位耕地面积农药使用量	吨/千公顷	逆	17.68	21.95	22.49	22	22	0	环境年鉴；中国统计	
41	人均公路交通氮氧化物排放量	吨/万人	逆	24.07	20.35	20.84	16	18	2	环境年报；中国统计	☺
42	环境保护支出占财政支出比重	%	正	3.35	2.72	2.33	20	24	4	中国统计	☺
43	环境污染治理投资总额占地区生产总值比重	%	正	1.40	1.24	1.52	18	11	−7	环境年鉴；中国统计	☹
44	农村人均改水、改厕的政府投资	元/人	正	57.01	21.59	32.09	28	24	−4	环境年鉴	☹
45	单位耕地面积退耕还林投资完成额	万元/千公顷	正	29.81	0.00	0.00	25	23	−2	环境年鉴；中国统计	☹
46	科教文卫支出占财政支出比重	%	正	26.10	28.46	28.64	8	8	0	中国统计	
47	城市人均绿地面积	公顷/人	正	0.00	0.00	0.00	13	11	−2	城市；中国统计	☹
48	城市用水普及率	%	正	96.08	99.57	99.47	7	7	0	中国统计	
49	城市污水处理率	%	正	79.18	91.10	88.10	4	3	−1	环境年鉴	☹
50	城市生活垃圾无害化处理率	%	正	78.47	91.90	90.54	8	7	−1	中国统计	☹
51	城市每万人拥有公交车辆	标台	正	9.86	10.18	10.34	10	14	4	中国统计	☺
52	人均城市公共交通运营线路网长度	公里/人	正	0.000 6	0.000 4	0.000 4	14	8	−6	中国统计；城市	☹
53	农村累计已改水受益人口占农村总人口比重	%	正	94.44	99.61	99.60	5	4	−1	环境年鉴	☹
54	建成区绿化覆盖率	%	正	37.75	41.47	41.18	6	5	−1	中国统计	☹
55	人均当年新增造林面积	公顷/万人	正	59.50	21.53	19.29	21	21	0	中国统计	
56	工业二氧化硫去除率	%	正	59.83	69.51	66.67	8	7	−1	中国统计	☹
57	工业废水化学需氧量去除率	%	正	70.84	88.70	89.48	4	2	−2	环境年报；中国统计	☹
58	工业氮氧化物去除率	%	正	4.07	0.11	0.21	26	26	0	环境年报	
59	工业废水氨氮去除率	%	正	62.87	91.93	90.00	1	2	1	环境年报；中国统计	☺
60	突发环境事件次数	次	逆	14.00	0	19	1	24	23	中国统计	☺

年鉴说明：中国统计——《中国统计年鉴2011》；环境年鉴——《中国环境统计年鉴2011》；环境年报——《中国环境统计年报2010》；城市——《中国城市统计年鉴2011》；水利——中国《水利统计年鉴2011》；工业经济——《中国工业经济统计年鉴2011》；沙漠——《中国沙漠及其治理》。

山东绿色发展水平简要分析

山东绿色发展水平在全国参与测评的30个省(区、市)中排名第10位(使用2010年数据),较2009年上升2位(2009年山东测算排名第12位)。以下分别从各级指标得分情况和2009年、2010年两年变化情况对山东进行简要分析。

一、2010年山东绿色发展指数指标得分情况

2010年山东绿色发展指数为0.086,从经济增长绿化度、资源环境承载潜力和政府政策支持度3个一级指标数值来看(如图1所示),山东的经济增长绿化度和政府政策支持度具有明显优势;而资源环境承载潜力则相对较弱,低于全国平均水平(注:各个指标的全国平均水平为0值)。

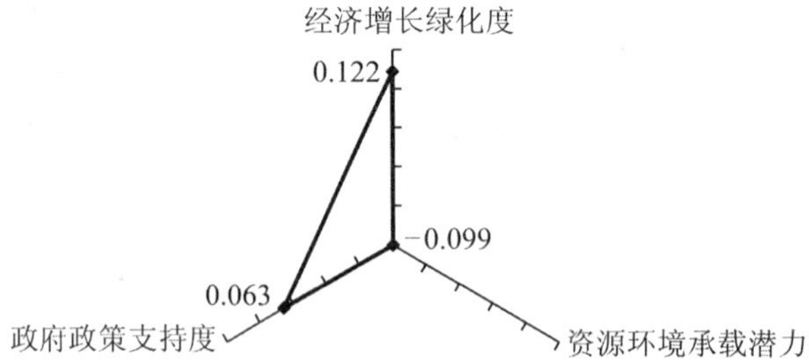

图1 山东一级指标得分情况

从图2中可以看出,2010年山东绿色发展指数二级指标中有5个高于全国平均水平,分别为绿色增长效率指标、第一产业指标、第二产业指标、基础设施指标、环境治理指标;而第三产业指标、资源丰裕与生态保护指标、环境压力与气候变化指标、绿色投资指标4个指标则低于全国平均水平。

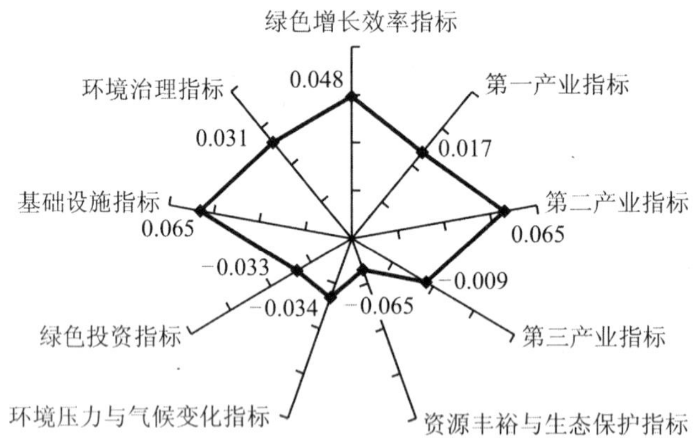

图2 山东二级指标得分情况

二、山东绿色发展指数两年排名变化情况

如表1所示,从一级指标排名变化情况来看,2010年该地区经济增长绿化度上升1位;而资源环境承载潜力下降2位,政府政策支持度下降1位。从二级指标排名变化情况来看,第一产业指标下降1位,资源丰裕与生态保护指标下降1位,基础设施指标下降1位,绿色投资指标下降2位;绿色增长效率指标上升2位,第三产业指标上升4位,环境压力与气候变化指标上升1位;其他指标较2009年则没有变化。

表 1 2009—2010 年山东一级指标和二级指标排名变化情况

指 标	2010 年	2009 年	差 距	指 标	2010 年	2009 年	差 距
中国绿色发展指数	10	12	2				
经济增长绿化度	6	7	1	资源丰裕与生态保护指标	25	24	−1
绿色增长效率指标	7	9	2	环境压力与气候变化指标	18	19	1
第一产业指标	10	9	−1	政府政策支持度	6	5	−1
第二产业指标	2	2	0	绿色投资指标	24	22	−2
第三产业指标	16	20	4	基础设施指标	6	5	−1
资源环境承载潜力	24	22	−2	环境治理指标	7	7	0

注：差距值为正数表明排名上升。

为了进一步分析一级、二级指标变化的原因，下面将山东 2009 年与 2010 年两年三级指标排名位次变化超过 3 位的指标列表如下(见表 2)。与 2009 年相比，2010 年山东三级指标排名中，环境污染治理投资总额占地区生产总值比重指标下降 7 位，人均城市公共交通运营线路网长度指标下降 6 位，农村人均改水、改厕的政府投资指标下降 4 位；单位地区生产总值氮氧化物排放量指标上升 4 位，环境保护支出占财政支出比重指标上升 4 位，城市每万人拥有公交车辆指标上升 4 位，人均城镇生活消费用电指标上升 7 位，第三产业增加值比重指标上升 10 位，突发环境事件次数指标上升 23 位。

表 2 2009—2010 年山东变化超过 3 位的三级指标

三级指标名称	两年原始数据			两年排名变化		
	单 位	2010 年	2009 年	2010 年	2009 年	变 动
单位地区生产总值氮氧化物排放量	吨/万元	0.004 1	0.004 6	10	14	4
人均城镇生活消费用电	千瓦时/人	168.44	363.85	14	21	7
第三产业增加值比重	%	36.60	34.70	18	28	10
环境保护支出占财政支出比重	%	2.72	2.33	20	24	4
环境污染治理投资总额占地区生产总值比重	%	1.24	1.52	18	11	−7
农村人均改水、改厕的政府投资	元/人	21.59	32.09	28	24	−4
城市每万人拥有公交车辆	标台	10.18	10.34	10	14	4
人均城市公共交通运营线路网长度	公里/人	0.000 4	0.000 4	14	8	−6
突发环境事件次数	次	0	19	1	24	23

注：变动值为正数表明排名上升。

河南绿色发展"体检"表

序号	指标名称	单位	指标属性	2010 年 30 省区测评均值	2010 年河南数值	2009 年河南数值	2010 年河南排名	2009 年河南排名	排名变化	2010 年数据来源	进退脸谱
1	人均地区生产总值	元/人	正	33 964.12	24 446	20 597	21	19	−2	中国统计	☹
2	单位地区生产总值能耗	吨标准煤/万元	逆	1.29	1.12	1.16	13	13	0	中国统计	
3	非化石能源消费量占能源消费量的比重		正	NA	NA	NA	NA	NA			
4	单位地区生产总值二氧化碳排放量		逆	NA	NA	NA	NA	NA			
5	单位地区生产总值二氧化硫排放量	吨/万元	逆	0.008 8	0.006 9	0.007 9	16	16	0	中国统计	
6	单位地区生产总值化学需氧量排放量	吨/万元	逆	0.004 5	0.003 2	0.003 6	11	9	−2	中国统计	☹
7	单位地区生产总值氮氧化物排放量	吨/万元	逆	0.006 8	0.006 2	0.006 9	19	21	2	环境年报；中国统计	☺
8	单位地区生产总值氨氮排放量	吨/万元	逆	0.000 4	0.000 4	0.000 4	13	11	−2	环境年报；中国统计	☹
9	人均城镇生活消费用电	千瓦时/人	逆	295.08	98.12	262.38	3	7	4	城市	☺
10	第一产业劳动生产率	万元/人	正	1.61	1.19	0.99	20	20	0	中国统计	
11	土地产出率	亿元/千公顷	正	0.26	0.25	0.20	15	13	−2	中国统计	☹
12	节灌率		正	0.49	0.30	0.29	23	23	0	水利；中国统计	
13	有效灌溉面积占耕地面积比重	%	正	53.55	64.10	63.50	13	13	0	中国统计	
14	第二产业劳动生产率	万元/人	正	12.13	7.72	6.80	25	24	−1	中国统计	☹
15	单位工业增加值水耗	立方米/元	逆	0.010 0	0.005 4	0.005 4	10	10	0	中国统计	
16	规模以上单位工业增加值能耗(无数列表)		逆	NA	NA	NA	NA	NA			
17	工业固体废物综合利用率	%	正	69.80	77.10	73.70	13	13	0	环境年鉴	
18	工业用水重复利用率	%	正	72.90	87.09	85.99	10	11	1	环境年鉴	☺
19	六大高载能行业产值占工业总产值比重	%	逆	39.65	38.44	38.45	17	17	0	工业经济	
20	第三产业劳动生产率	万元/人	正	6.96	4.28	3.89	23	23	0	中国统计	
21	第三产业增加值比重	%	正	39.97	28.60	29.30	30	30	0	中国统计	
22	第三产业就业人员比重	%	正	36.67	26.09	25.37	29	29	0	中国统计	
23	人均水资源量	立方米/人	正	2 419.38	566.25	347.61	22	23	1	中国统计	☺
24	人均森林面积	公顷/人	正	0.19	0.04	0.04	25	25	0	中国统计	
25	森林覆盖率	%	正	30.63	20.16	20.16	20	20	0	中国统计	
26	自然保护区面积占辖区面积比重	%	正	8.60	4.40	4.41	25	25	0	中国统计	
27	湿地面积占国土面积的比重	%	正	7.01	3.74	3.74	18	18	0	中国统计	
28	人均活立木总蓄积量	立方米/人	正	10.70	1.92	1.90	23	23	0	中国统计	
29	单位土地面积二氧化碳排放量		逆	NA	NA	NA	NA	NA			
30	人均二氧化碳排放量		逆	NA	NA	NA	NA	NA			
31	单位土地面积二氧化硫排放量	吨/平方公里	逆	6.367 7	8.087 0	8.185 5	25	25	0	中国统计；沙漠	
32	人均二氧化硫排放量	吨/人	逆	0.019 1	0.014 2	0.014 3	15	15	0	中国统计	
33	单位土地面积化学需氧量排放量	吨/平方公里	逆	3.772 2	3.743 6	3.783 0	21	20	−1	中国统计；沙漠	☹
34	人均化学需氧量排放量	吨/人	逆	0.010 1	0.006 6	0.006 6	6	5	−1	中国统计	☹

续表

序号	指标名称	单位	指标属性	2010年30省区测评均值	2010年河南数值	2009年河南数值	2010年河南排名	2009年河南排名	排名变化	2010年数据来源	进退脸谱
35	单位土地面积氮氧化物排放量	吨/平方公里	逆	6.447 3	7.321 7	7.206 9	23	24	1	中国统计；沙漠；环境年报	☺
36	人均氮氧化物排放量	吨/人	逆	0.016 5	0.012 8	0.012 6	14	15	1	环境年报；中国统计	☺
37	单位土地面积氨氮排放量	吨/平方公里	逆	0.416 4	0.434 9	0.453 1	25	25	0	中国统计；沙漠；环境年报	
38	人均氨氮排放量	吨/人	逆	0.001 0	0.000 8	0.000 8	8	9	1	环境年报；中国统计	☺
39	单位耕地面积化肥施用量	万吨/千公顷	逆	0.05	0.08	0.08	28	28	0	中国统计；中国统计	
40	单位耕地面积农药使用量	吨/千公顷	逆	17.68	15.75	15.32	17	18	1	环境年鉴；中国统计	☺
41	人均公路交通氮氧化物排放量	吨/万人	逆	24.07	15.31	19.88	10	17	7	环境年报；中国统计	☺
42	环境保护支出占财政支出比重	%	正	3.35	2.82	3.20	19	16	−3	中国统计	☹
43	环境污染治理投资总额占地区生产总值比重	%	正	1.40	0.57	0.70	29	28	−1	环境年鉴；中国统计	☹
44	农村人均改水、改厕的政府投资	元/人	正	57.01	27.98	28.50	26	25	−1	环境年鉴	☹
45	单位耕地面积退耕还林投资完成额	万元/千公顷	正	29.81	10.25	11.43	22	22	0	环境年鉴；中国统计	
46	科教文卫支出占财政支出比重	%	正	26.10	28.67	29.03	7	5	−2	中国统计	☹
47	城市人均绿地面积	公顷/人	正	0.00	0.00	0.00	30	22	−8	城市；中国统计	☹
48	城市用水普及率	%	正	96.08	91.03	88.34	25	28	3	中国统计	☺
49	城市污水处理率	%	正	79.18	87.60	83.90	6	7	1	环境年鉴	☺
50	城市生活垃圾无害化处理率	%	正	78.47	82.59	75.33	15	14	−1	中国统计	☹
51	城市每万人拥有公交车辆	标台	正	9.86	7.58	8.15	27	26	−1	中国统计	☹
52	人均城市公共交通运营线路网长度	公里/人	正	0.000 6	0.000 2	0.000 3	29	21	−8	中国统计；城市	☹
53	农村累计已改水受益人口占农村总人口比重	%	正	94.44	91.19	95.41	23	19	−4	环境年鉴	☹
54	建成区绿化覆盖率	%	正	37.75	36.56	36.29	21	21	0	中国统计	
55	人均当年新增造林面积	公顷/万人	正	59.50	24.53	44.00	20	13	−7	中国统计	☹
56	工业二氧化硫去除率	%	正	59.83	55.21	54.60	23	19	−4	中国统计	☹
57	工业废水化学需氧量去除率	%	正	70.84	78.02	77.29	11	11	0	环境年报；中国统计	
58	工业氮氧化物去除率	%	正	4.07	0.42	0.22	23	25	2	环境年报	☺
59	工业废水氨氮去除率	%	正	62.87	53.36	52.08	23	19	−4	环境年报；中国统计	☹
60	突发环境事件次数	次	逆	14.00	18	10	24	18	−6	中国统计	☹

年鉴说明：中国统计——《中国统计年鉴2011》；环境年鉴——《中国环境统计年鉴2011》；环境年报——《中国环境统计年报2010》；城市——《中国城市统计年鉴2011》；水利——中国《水利统计年鉴2011》；工业经济——《中国工业经济统计年鉴2011》；沙漠——《中国沙漠及其治理》。

河南绿色发展水平简要分析

河南绿色发展水平在全国参与测评的 30 个省(区、市)中排名第 30 位(使用 2010 年数据)，较 2009 年没有变化(2009 年河南测算排名第 30 位)。以下分别从各级指标得分情况和 2009 年、2010 年两年变化情况对河南进行简要分析。

一、2010 年河南绿色发展指数指标得分情况

2010 年河南绿色发展指数为－0.272，从经济增长绿化度、资源环境承载潜力和政府政策支持度 3 个一级指标数值来看(如图 1 所示)，河南的经济增长绿化度、资源环境承载潜力和政府政策支持度均相对较弱，低于全国平均水平(注：各个指标的全国平均水平为 0 值)。

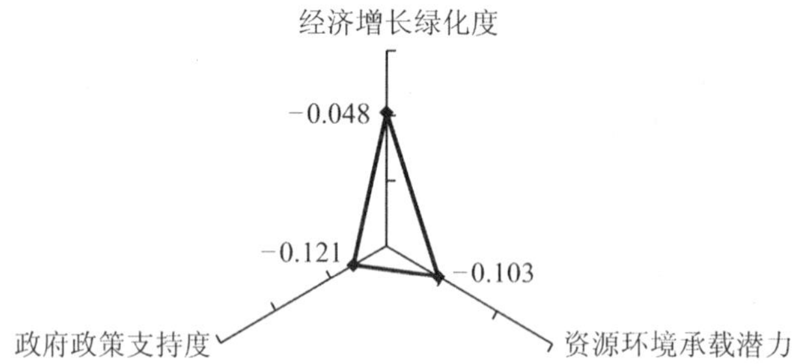

图 1　河南一级指标得分情况

从图 2 中可以看出，2010 年河南绿色发展指数二级指标中有 2 个高于全国平均水平，分别为绿色增长效率指标、第二产业指标；而第一产业指标、第三产业指标、资源丰裕与生态保护指标、环境压力与气候变化指标、绿色投资指标、基础设施指标、环境治理指标 7 个指标则低于全国平均水平。

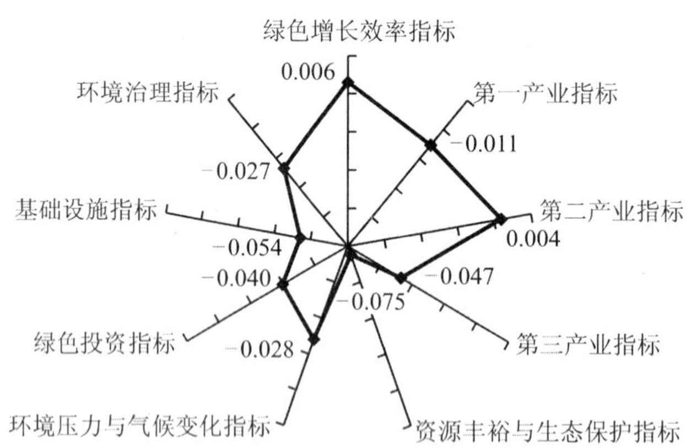

图 2　河南二级指标得分情况

二、河南绿色发展指数两年排名变化情况

如表 1 所示，从一级指标排名变化情况来看，2010 年该地区经济增长绿化度上升 3 位，资源环境承载潜力上升 1 位；而政府政策支持度下降 2 位。从二级指标排名变化情况来看，绿色投资指标下降 3 位，基础设施指标下降 4 位，环境治理指标下降 5 位；绿色增长效率指标上升 1 位，环境压力与气候变化指标上升 1 位；其他指标较 2009 年则没有变化。

表 1　2009—2010 年河南一级指标和二级指标排名变化情况

指　标	2010 年	2009 年	差　距	指　标	2010 年	2009 年	差　距
中国绿色发展指数	30	30	0				
经济增长绿化度	17	20	3	资源丰裕与生态保护指标	30	30	0
绿色增长效率指标	11	12	1	环境压力与气候变化指标	17	18	1
第一产业指标	15	15	0	政府政策支持度	27	25	−2
第二产业指标	15	15	0	绿色投资指标	28	25	−3
第三产业指标	30	30	0	基础设施指标	25	21	−4
资源环境承载潜力	25	26	1	环境治理指标	24	19	−5

注：差距值为正数表明排名上升。

为了进一步分析一级、二级指标变化的原因，下面将河南 2009 年与 2010 年两年三级指标排名位次变化超过 3 位的指标列表如下（见表 2）。与 2009 年相比，2010 年河南三级指标排名中，城市人均绿地面积指标下降 8 位，人均城市公共交通运营线路网长度指标下降 8 位，人均当年新增造林面积指标下降 7 位，突发环境事件次数指标下降 6 位，农村累计已改水受益人口占农村总人口比重指标下降 4 位，工业二氧化硫去除率指标下降 4 位，工业废水氨氮去除率指标下降 4 位，环境保护支出占财政支出比重指标下降 3 位；城市用水普及率指标上升 3 位，人均城镇生活消费用电指标上升 4 位，人均公路交通氮氧化物排放量指标上升 7 位。

表 2　2009—2010 年河南变化超过 3 位的三级指标

三级指标名称	两年原始数据			两年排名变化		
	单　位	2010 年	2009 年	2010 年	2009 年	变　动
人均城镇生活消费用电	千瓦时/人	98.12	262.38	3	7	4
人均公路交通氮氧化物排放量	吨/万人	15.31	19.88	10	17	7
环境保护支出占财政支出比重	%	2.82	3.20	19	16	−3
城市人均绿地面积	公顷/人	0.00	0.00	30	22	−8
城市用水普及率	%	91.03	88.34	25	28	3
人均城市公共交通运营线路网长度	公里/人	0.000 2	0.000 3	29	21	−8
农村累计已改水受益人口占农村总人口比重	%	91.19	95.41	23	19	−4
人均当年新增造林面积	公顷/万人	24.53	44.00	20	13	−7
工业二氧化硫去除率	%	55.21	54.60	23	19	−4
工业废水氨氮去除率	%	53.36	52.08	23	19	−4
突发环境事件次数	次	18	10	24	18	−6

注：变动值为正数表明排名上升。

湖北绿色发展“体检”表

序号	指标名称	单位	指标属性	2010 年 30 省区测评均值	2010 年湖北数值	2009 年湖北数值	2010 年湖北排名	2009 年湖北排名	排名变化	2010 年数据来源	进退脸谱
1	人均地区生产总值	元/人	正	33 964.12	27 906	22 677	13	14	1	中国统计	☺
2	单位地区生产总值能耗	吨标准煤/万元	逆	1.29	1.18	1.23	19	19	0	中国统计	
3	非化石能源消费量占能源消费量的比重		正	NA	NA	NA	NA	NA			
4	单位地区生产总值二氧化碳排放量		逆	NA	NA	NA	NA	NA			
5	单位地区生产总值二氧化硫排放量	吨/万元	逆	0.008 8	0.005 0	0.005 9	11	12	1	中国统计	☺
6	单位地区生产总值化学需氧量排放量	吨/万元	逆	0.004 5	0.004 5	0.005 2	17	17	0	中国统计	
7	单位地区生产总值氮氧化物排放量	吨/万元	逆	0.006 8	0.004 4	0.004 6	12	13	1	环境年报；中国统计	☺
8	单位地区生产总值氨氮排放量	吨/万元	逆	0.000 4	0.000 5	0.000 6	23	23	0	环境年报；中国统计	
9	人均城镇生活消费用电	千瓦时/人	逆	295.08	186.68	347.11	16	19	3	城市	☺
10	第一产业劳动生产率	万元/人	正	1.61	2.25	1.79	6	9	3	中国统计	☺
11	土地产出率	亿元/千公顷	正	0.26	0.24	0.20	16	12	−4	中国统计	☹
12	节灌率		正	0.49	0.17	0.16	26	26	0	水利；中国统计	
13	有效灌溉面积占耕地面积比重	%	正	53.55	51.02	50.39	15	15	0	中国统计	
14	第二产业劳动生产率	万元/人	正	12.13	9.02	7.94	19	17	−2	中国统计	☹
15	单位工业增加值水耗	立方米/元	逆	0.010 0	0.022 1	0.019 4	29	28	−1	中国统计	☹
16	规模以上单位工业增加值能耗(无数列表)		逆	NA	NA	NA	NA	NA			
17	工业固体废物综合利用率	%	正	69.80	80.50	74.80	11	12	1	环境年鉴	☺
18	工业用水重复利用率	%	正	72.90	82.57	82.81	15	12	−3	环境年鉴	☹
19	六大高载能行业产值占工业总产值比重	%	逆	39.65	36.04	36.96	15	15	0	工业经济	
20	第三产业劳动生产率	万元/人	正	6.96	4.83	4.32	20	20	0	中国统计	
21	第三产业增加值比重	%	正	39.97	37.90	39.60	13	13	0	中国统计	
22	第三产业就业人员比重	%	正	36.67	41.33	40.33	5	5	0	中国统计	
23	人均水资源量	立方米/人	正	2 419.38	2 216.51	1 443.94	14	16	2	中国统计	☺
24	人均森林面积	公顷/人	正	0.19	0.10	0.10	18	18	0	中国统计	
25	森林覆盖率	%	正	30.63	31.14	31.14	17	17	0	中国统计	
26	自然保护区面积占辖区面积比重	%	正	8.60	5.16	4.68	23	24	1	中国统计	☺
27	湿地面积占国土面积的比重	%	正	7.01	4.99	4.99	15	15	0	中国统计	
28	人均活立木总蓄积量	立方米/人	正	10.70	4.04	4.04	18	18	0	中国统计	
29	单位土地面积二氧化碳排放量		逆	NA	NA	NA	NA	NA			
30	人均二氧化碳排放量		逆	NA	NA	NA	NA	NA			
31	单位土地面积二氧化硫排放量	吨/平方公里	逆	6.367 7	3.403 0	3.463 2	12	12	0	中国统计；沙漠	
32	人均二氧化硫排放量	吨/人	逆	0.019 1	0.011 1	0.011 3	6	6	0	中国统计	
33	单位土地面积化学需氧量排放量	吨/平方公里	逆	3.772 2	3.078 6	3.097 0	19	19	0	中国统计；沙漠	
34	人均化学需氧量排放量	吨/人	逆	0.010 1	0.010 0	0.010 1	16	15	−1	中国统计	☹

续表

序号	指标名称	单　位	指标属性	2010年30省区测评均值	2010年湖北数值	2009年湖北数值	2010年湖北排名	2009年湖北排名	排名变化	2010年数据来源	进退脸谱
35	单位土地面积氮氧化物排放量	吨/平方公里	逆	6.447 3	2.996 4	2.700 5	14	16	2	中国统计；沙漠；环境年报	☺
36	人均氮氧化物排放量	吨/人	逆	0.016 5	0.009 7	0.008 8	8	9	1	环境年报；中国统计	☺
37	单位土地面积氨氮排放量	吨/平方公里	逆	0.416 4	0.328 2	0.349 7	20	20	0	中国统计；沙漠；环境年报	
38	人均氨氮排放量	吨/人	逆	0.001 0	0.001 1	0.001 1	18	20	2	环境年报；中国统计	☺
39	单位耕地面积化肥施用量	万吨/千公顷	逆	0.05	0.08	0.07	27	27	0	中国统计；中国统计	
40	单位耕地面积农药使用量	吨/千公顷	逆	17.68	30.01	29.78	24	23	−1	环境年鉴；中国统计	☹
41	人均公路交通氮氧化物排放量	吨/万人	逆	24.07	18.77	18.10	15	14	−1	环境年报；中国统计	☹
42	环境保护支出占财政支出比重	%	正	3.35	3.85	3.55	11	13	2	中国统计	☺
43	环境污染治理投资总额占地区生产总值比重	%	正	1.40	0.92	1.37	24	17	−7	环境年鉴；中国统计	☹
44	农村人均改水、改厕的政府投资	元/人	正	57.01	55.05	69.42	13	10	−3	环境年鉴	☹
45	单位耕地面积退耕还林投资完成额	万元/千公顷	正	29.81	28.55	32.31	13	10	−3	环境年鉴；中国统计	☹
46	科教文卫支出占财政支出比重	%	正	26.10	24.48	24.77	22	23	1	中国统计	☺
47	城市人均绿地面积	公顷/人	正	0.00	0.00	0.00	20	12	−8	城市；中国统计	☹
48	城市用水普及率	%	正	96.08	97.59	97.45	14	14	0	中国统计	
49	城市污水处理率	%	正	79.18	81.00	75.30	17	14	−3	环境年鉴	☹
50	城市生活垃圾无害化处理率	%	正	78.47	61.43	55.65	27	26	−1	中国统计	☹
51	城市每万人拥有公交车辆	标台	正	9.86	9.47	11.02	18	11	−7	中国统计	☹
52	人均城市公共交通运营线路网长度	公里/人	正	0.000 6	0.000 3	0.000 5	20	5	−15	中国统计；城市	☹
53	农村累计已改水受益人口占农村总人口比重	%	正	94.44	99.17	97.15	7	14	7	环境年鉴	☺
54	建成区绿化覆盖率	%	正	37.75	37.74	37.79	17	15	−2	中国统计	☹
55	人均当年新增造林面积	公顷/万人	正	59.50	33.58	26.10	16	18	2	中国统计	☺
56	工业二氧化硫去除率	%	正	59.83	67.90	62.65	10	12	2	中国统计	☺
57	工业废水化学需氧量去除率	%	正	70.84	69.63	71.28	19	16	−3	环境年报；中国统计	☹
58	工业氮氧化物去除率	%	正	4.07	0.98	3.15	20	18	−2	环境年报	☹
59	工业废水氨氮去除率	%	正	62.87	45.78	47.16	26	22	−4	环境年报；中国统计	☹
60	突发环境事件次数	次	逆	14.00	27	11	26	22	−4	中国统计	☹

年鉴说明：中国统计——《中国统计年鉴2011》；环境年鉴——《中国环境统计年鉴2011》；环境年报——《中国环境统计年报2010》；城市——《中国城市统计年鉴2011》；水利——中国《水利统计年鉴2011》；工业经济——《中国工业经济统计年鉴2011》；沙漠——《中国沙漠及其治理》。

湖北绿色发展水平简要分析

湖北绿色发展水平在全国参与测评的 30 个省(区、市)中排名第 24 位(使用 2010 年数据)，较 2009 年下降 2 位(2009 年湖北测算排名第 22 位)。以下分别从各级指标得分情况和 2009 年、2010 年两年变化情况对湖北进行简要分析。

一、2010 年湖北绿色发展指数指标得分情况

2010 年湖北绿色发展指数为－0.173，从经济增长绿化度、资源环境承载潜力和政府政策支持度 3 个一级指标数值来看(如图 1 所示)，湖北的经济增长绿化度、资源环境承载潜力和政府政策支持度均相对较弱，低于全国平均水平(注：各个指标的全国平均水平为 0 值)。

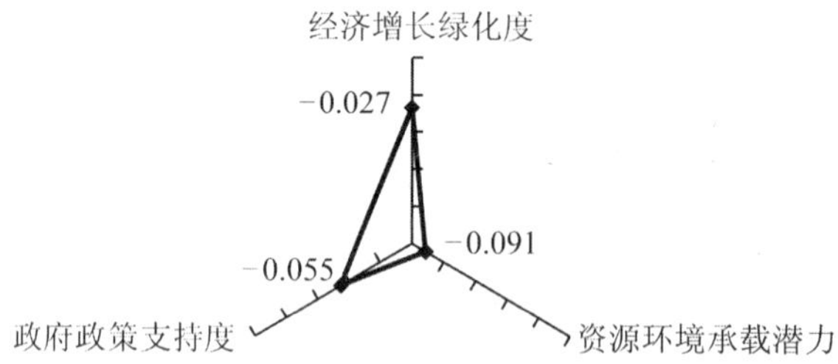

图 1　湖北一级指标得分情况

从图 2 中可以看出，2010 年湖北绿色发展指数二级指标中第二产业指标高于全国平均水平；而绿色增长效率指标、第一产业指标、第三产业指标、资源丰裕与生态保护指标、环境压力与气候变化指标、绿色投资指标、基础设施指标、环境治理指标 8 个指标则低于全国平均水平。

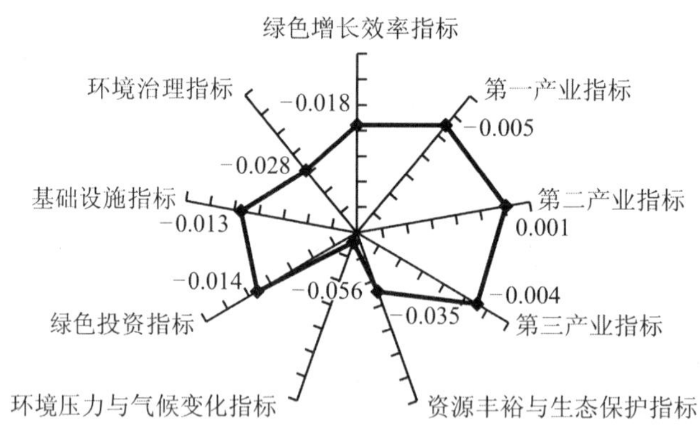

图 2　湖北二级指标得分情况

二、湖北绿色发展指数两年排名变化情况

如表 1 所示，从一级指标排名变化情况来看，2010 年该地区经济增长绿化度上升 2 位；而资源环境承载潜力下降 2 位，政府政策支持度下降 6 位。从二级指标排名变化情况来看，基础设施指标下降 5 位，环境治理指标下降 4 位；绿色增长效率指标上升 1 位，第二产业指标上升 1 位，环境压力与气候变化指标上升 2 位，绿色投资指标上升 1 位；其他指标较 2009 年则没有变化。

表 1　2009—2010 年湖北一级指标和二级指标排名变化情况

指　标	2010 年	2009 年	差　距	指　标	2010 年	2009 年	差　距
中国绿色发展指数	24	22	−2				
经济增长绿化度	13	15	2	资源丰裕与生态保护指标	21	21	0
绿色增长效率指标	18	19	1	环境压力与气候变化指标	21	23	2
第一产业指标	14	14	0	政府政策支持度	22	16	−6
第二产业指标	16	17	1	绿色投资指标	18	19	1
第三产业指标	13	13	0	基础设施指标	18	13	−5
资源环境承载潜力	22	20	−2	环境治理指标	25	21	−4

注：差距值为正数表明排名上升。

为了进一步分析一级、二级指标变化的原因，下面将湖北 2009 年与 2010 年两年三级指标排名位次变化超过 3 位的指标列表如下(见表 2)。与 2009 年相比，2010 年湖北三级指标排名中，人均城市公共交通运营线路网长度指标下降 15 位，城市人均绿地面积指标下降 8 位，环境污染治理投资总额占地区生产总值比重指标下降 7 位，城市每万人拥有公交车辆指标下降 7 位，土地产出率指标下降 4 位，工业废水氨氮去除率指标下降 4 位，突发环境事件次数指标下降 4 位，工业用水重复利用率指标下降 3 位，农村人均改水、改厕的政府投资指标下降 3 位，单位耕地面积退耕还林投资完成额指标下降 3 位，城市污水处理率指标下降 3 位，工业废水化学需氧量去除率指标下降 3 位；人均城镇生活消费用电指标上升 3 位，第一产业劳动生产率指标上升 3 位，农村累计已改水受益人口占农村总人口比重指标上升 7 位。

表 2　2009—2010 年湖北变化超过 3 位的三级指标

三级指标名称	两年原始数据			两年排名变化		
	单　位	2010 年	2009 年	2010 年	2009 年	变　动
人均城镇生活消费用电	千瓦时/人	186.68	347.11	16	19	3
第一产业劳动生产率	万元/人	2.25	1.79	6	9	3
土地产出率	亿元/千公顷	0.24	0.20	16	12	−4
工业用水重复利用率	%	82.57	82.81	15	12	−3
环境污染治理投资总额占地区生产总值比重	%	0.92	1.37	24	17	−7
农村人均改水、改厕的政府投资	元/人	55.05	69.42	13	10	−3
单位耕地面积退耕还林投资完成额	万元/千公顷	28.55	32.31	13	10	−3
城市人均绿地面积	公顷/人	0.00	0.00	20	12	−8
城市污水处理率	%	81.00	75.30	17	14	−3
城市每万人拥有公交车辆	标台	9.47	11.02	18	11	−7
人均城市公共交通运营线路网长度	公里/人	0.000 3	0.000 5	20	5	−15
农村累计已改水受益人口占农村总人口比重	%	99.17	97.15	7	14	7
工业废水化学需氧量去除率	%	69.63	71.28	19	16	−3
工业废水氨氮去除率	%	45.78	47.16	26	22	−4
突发环境事件次数	次	27	11	26	22	−4

注：变动值为正数表明排名上升。

湖南绿色发展“体检”表

序号	指标名称	单位	指标属性	2010年30省区测评均值	2010年湖南数值	2009年湖南数值	2010年湖南排名	2009年湖南排名	排名变化	2010年数据来源	进退脸谱
1	人均地区生产总值	元/人	正	33 964.12	24 719	20 428	20	20	0	中国统计	
2	单位地区生产总值能耗	吨标准煤/万元	逆	1.29	1.17	1.20	18	16	−2	中国统计	☹
3	非化石能源消费量占能源消费量的比重		正	NA	NA	NA	NA	NA			
4	单位地区生产总值二氧化碳排放量		逆	NA	NA	NA	NA	NA			
5	单位地区生产总值二氧化硫排放量	吨/万元	逆	0.008 8	0.006 3	0.007 3	14	14	0	中国统计	
6	单位地区生产总值化学需氧量排放量	吨/万元	逆	0.004 5	0.006 3	0.007 7	26	27	1	中国统计	☺
7	单位地区生产总值氮氧化物排放量	吨/万元	逆	0.006 8	0.003 2	0.003 3	5	6	1	环境年报；中国统计	☺
8	单位地区生产总值氨氮排放量	吨/万元	逆	0.000 4	0.000 6	0.000 8	25	27	2	环境年报；中国统计	☺
9	人均城镇生活消费用电	千瓦时/人	逆	295.08	131.14	323.37	8	16	8	城市	☺
10	第一产业劳动生产率	万元/人	正	1.61	1.24	1.05	18	18	0	中国统计	
11	土地产出率	亿元/千公顷	正	0.26	0.25	0.20	14	14	0	中国统计	
12	节灌率		正	0.49	0.11	0.11	29	29	0	水利；中国统计	
13	有效灌溉面积占耕地面积比重	%	正	53.55	72.28	71.80	8	9	1	中国统计	☺
14	第二产业劳动生产率	万元/人	正	12.13	8.76	7.21	20	22	2	中国统计	☺
15	单位工业增加值水耗	立方米/元	逆	0.010 0	0.018 1	0.017 3	26	26	0	中国统计	
16	规模以上单位工业增加值能耗(无数列表)		逆	NA	NA	NA	NA	NA			
17	工业固体废物综合利用率	%	正	69.80	81.00	76.70	10	11	1	环境年鉴	☺
18	工业用水重复利用率	%	正	72.90	42.48	30.91	27	28	1	环境年鉴	☺
19	六大高载能行业产值占工业总产值比重	%	逆	39.65	37.24	37.62	16	16	0	工业经济	
20	第三产业劳动生产率	万元/人	正	6.96	5.11	4.55	19	19	0	中国统计	
21	第三产业增加值比重	%	正	39.97	39.70	41.40	11	9	−2	中国统计	☹
22	第三产业就业人员比重	%	正	36.67	31.81	31.13	24	25	1	中国统计	☺
23	人均水资源量	立方米/人	正	2 419.38	2 938.66	2 190.63	9	11	2	中国统计	☺
24	人均森林面积	公顷/人	正	0.19	0.14	0.15	15	14	−1	中国统计	☹
25	森林覆盖率	%	正	30.63	44.76	44.76	8	8	0	中国统计	
26	自然保护区面积占辖区面积比重	%	正	8.60	5.88	5.42	19	20	1	中国统计	☺
27	湿地面积占国土面积的比重	%	正	7.01	5.79	5.79	13	13	0	中国统计	
28	人均活立木总蓄积量	立方米/人	正	10.70	5.81	5.96	15	15	0	中国统计	
29	单位土地面积二氧化碳排放量		逆	NA	NA	NA	NA	NA			
30	人均二氧化碳排放量		逆	NA	NA	NA	NA	NA			
31	单位土地面积二氧化硫排放量	吨/平方公里	逆	6.367 7	3.782 4	3.830 5	13	14	1	中国统计；沙漠	☺
32	人均二氧化硫排放量	吨/人	逆	0.019 1	0.012 4	0.01 27	8	8	0	中国统计	
33	单位土地面积化学需氧量排放量	吨/平方公里	逆	3.772 2	3.767 4	4.004 4	22	22	0	中国统计；沙漠	
34	人均化学需氧量排放量	吨/人	逆	0.010 1	0.012 3	0.013 3	24	26	2	中国统计	☺

续表

序号	指标名称	单　位	指标属性	2010年30省区测评均值	2010年湖南数值	2009年湖南数值	2010年湖南排名	2009年湖南排名	排名变化	2010年数据来源	进退脸谱
35	单位土地面积氮氧化物排放量	吨/平方公里	逆	6.447 3	1.925 8	1.713 4	11	11	0	中国统计；沙漠；环境年报	
36	人均氮氧化物排放量	吨/人	逆	0.016 5	0.006 3	0.005 7	2	3	1	环境年报；中国统计	☺
37	单位土地面积氨氮排放量	吨/平方公里	逆	0.416 4	0.354 0	0.396 5	21	22	1	中国统计；沙漠；环境年报	☺
38	人均氨氮排放量	吨/人	逆	0.001 0	0.001 2	0.001 3	22	27	5	环境年报；中国统计	☺
39	单位耕地面积化肥施用量	万吨/千公顷	逆	0.05	0.06	0.06	23	23	0	中国统计；中国统计	
40	单位耕地面积农药使用量	吨/千公顷	逆	17.68	31.34	30.44	25	25	0	环境年鉴；中国统计	
41	人均公路交通氮氧化物排放量	吨/万人	逆	24.07	9.82	9.49	5	4	−1	环境年报；中国统计	☹
42	环境保护支出占财政支出比重	%	正	3.35	3.36	3.33	14	15	1	中国统计	☺
43	环境污染治理投资总额占地区生产总值比重	%	正	1.40	0.66	1.32	27	19	−8	环境年鉴；中国统计	☹
44	农村人均改水、改厕的政府投资	元/人	正	57.01	27.46	36.25	27	19	−8	环境年鉴	☹
45	单位耕地面积退耕还林投资完成额	万元/千公顷	正	29.81	46.35	46.95	8	8	0	环境年鉴；中国统计	
46	科教文卫支出占财政支出比重	%	正	26.10	24.36	26.22	23	16	−7	中国统计	☹
47	城市人均绿地面积	公顷/人	正	0.00	0.00	0.00	27	20	−7	城市；中国统计	☹
48	城市用水普及率	%	正	96.08	95.17	94.82	20	20	0	中国统计	
49	城市污水处理率	%	正	79.18	75.00	59.20	21	25	4	环境年鉴	☺
50	城市生活垃圾无害化处理率	%	正	78.47	78.99	66.60	18	17	−1	中国统计	☹
51	城市每万人拥有公交车辆	标台	正	9.86	10.01	10.59	11	12	1	中国统计	☺
52	人均城市公共交通运营线路网长度	公里/人	正	0.000 6	0.000 2	0.000 2	23	26	3	中国统计；城市	☺
53	农村累计已改水受益人口占农村总人口比重	%	正	94.44	94.26	92.98	20	22	2	环境年鉴	☺
54	建成区绿化覆盖率	%	正	37.75	36.64	36.59	20	17	−3	中国统计	☹
55	人均当年新增造林面积	公顷/万人	正	59.50	32.90	19.56	17	20	3	中国统计	☺
56	工业二氧化硫去除率	%	正	59.83	61.49	56.62	17	18	1	中国统计	☺
57	工业废水化学需氧量去除率	%	正	70.84	70.96	53.99	17	25	8	环境年报；中国统计	☺
58	工业氮氧化物去除率	%	正	4.07	3.55	8.72	14	7	−7	环境年报	☹
59	工业废水氨氮去除率	%	正	62.87	46.16	39.88	25	25	0	环境年报；中国统计	
60	突发环境事件次数	次	逆	14.00	1	0	6	1	−5	中国统计	☹

年鉴说明：中国统计——《中国统计年鉴2011》；环境年鉴——《中国环境统计年鉴2011》；环境年报——《中国环境统计年报2010》；城市——《中国城市统计年鉴2011》；水利——中国《水利统计年鉴2011》；工业经济——《中国工业经济统计年鉴2011》；沙漠——《中国沙漠及其治理》。

湖南绿色发展水平简要分析

湖南绿色发展水平在全国参与测评的 30 个省(区、市)中排名第 27 位(使用 2010 年数据)，较 2009 年下降 1 位(2009 年湖南测算排名第 26 位)。以下分别从各级指标得分情况和 2009 年、2010 年两年变化情况对湖南进行简要分析。

一、2010 年湖南绿色发展指数指标得分情况

2010 年湖南绿色发展指数为−0.188，从经济增长绿化度、资源环境承载潜力和政府政策支持度 3 个一级指标数值来看(如图 1 所示)，湖南的经济增长绿化度、资源环境承载潜力和政府政策支持度均相对较弱，低于全国平均水平(注：各个指标的全国平均水平为 0 值)。

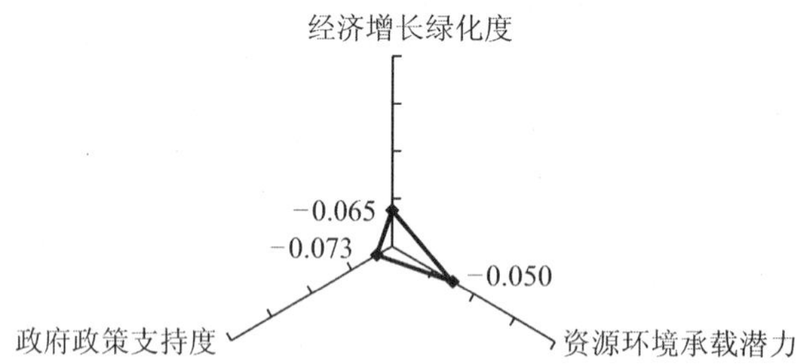

图 1　湖南一级指标得分情况

从图 2 中可以看出，2010 年湖南绿色发展指数二级指标中绿色增长效率指标、第一产业指标、第二产业指标、第三产业指标、资源丰裕与生态保护指标、基础设施指标、环境压力与气候变化指标、绿色投资指标、环境治理指标 9 个指标均低于全国平均水平。

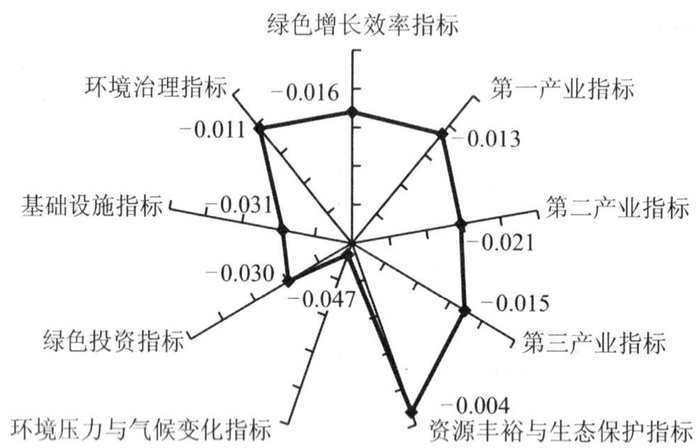

图 2　湖南二级指标得分情况

二、湖南绿色发展指数两年排名变化情况

如表 1 所示，从一级指标排名变化情况来看，2010 年该地区，经济增长绿化度下降 1 位，资源环境承载潜力下降 3 位；而政府政策支持度没有变化。从二级指标排名变化情况来看，第一产业指标下降 1 位，第二产业指标下降 1 位，资源丰裕与生态保护指标下降 1 位，环境压力与气候变化指标下降 2 位，绿色投资指标下降 4 位；基础设施指标上升 4 位，环境治理指标上升 3 位；其他指标较 2009 年则没有变化。

表 1　2009—2010 年湖南一级指标和二级指标排名变化情况

指　标	2010 年	2009 年	差　距	指　标	2010 年	2009 年	差　距
中国绿色发展指数	27	26	−1				
经济增长绿化度	19	18	−1	资源丰裕与生态保护指标	14	13	−1
绿色增长效率指标	16	16	0	环境压力与气候变化指标	19	17	−2
第一产业指标	17	16	−1	政府政策支持度	24	24	0
第二产业指标	22	21	−1	绿色投资指标	21	17	−4
第三产业指标	18	18	0	基础设施指标	20	24	4
资源环境承载潜力	18	15	−3	环境治理指标	20	23	3

注：差距值为正数表明排名上升。

为了进一步分析一级、二级指标变化的原因，下面将湖南 2009 年与 2010 年两年三级指标排名位次变化超过 3 位的指标列表如下(见表 2)。与 2009 年相比，2010 年湖南三级指标排名中，环境污染治理投资总额占地区生产总值比重指标下降 8 位，农村人均改水、改厕的政府投资指标下降 8 位，科教文卫支出占财政支出比重指标下降 7 位，城市人均绿地面积指标下降 7 位，工业氮氧化物去除率指标下降 7 位，突发环境事件次数指标下降 5 位，建成区绿化覆盖率指标下降 3 位；人均城市公共交通运营线路网长度指标上升 3 位，人均当年新增造林面积指标上升 3 位，城市污水处理率指标上升 4 位，人均氨氮排放量指标上升 5 位，人均城镇生活消费用电指标上升 8 位，工业废水化学需氧量去除率指标上升 8 位。

表 2　2009—2010 年湖南变化超过 3 位的三级指标

三级指标名称	两年原始数据			两年排名变化		
	单　位	2010 年	2009 年	2010 年	2009 年	变　动
人均城镇生活消费用电	千瓦时/人	131.14	323.37	8	16	8
人均氨氮排放量	吨/人	0.0012	0.0013	22	27	5
环境污染治理投资总额占地区生产总值比重	%	0.66	1.32	27	19	−8
农村人均改水、改厕的政府投资	元/人	27.46	36.25	27	19	−8
科教文卫支出占财政支出比重	%	24.36	26.22	23	16	−7
城市人均绿地面积	公顷/人	0.00	0.00	27	20	−7
城市污水处理率	%	75.00	59.20	21	25	4
人均城市公共交通运营线路网长度	公里/人	0.000 2	0.000 2	23	26	3
建成区绿化覆盖率	%	36.64	36.59	20	17	−3
人均当年新增造林面积	公顷/万人	32.90	19.56	17	20	3
工业废水化学需氧量去除率	%	70.96	53.99	17	25	8
工业氮氧化物去除率	%	3.55	8.72	14	7	−7
突发环境事件次数	次	1	0	6	1	−5

注：变动值为正数表明排名上升。

广东绿色发展“体检”表

序号	指标名称	单位	指标属性	2010 年 30 省区测评均值	2010 年广东数值	2009 年广东数值	2010 年广东排名	2009 年广东排名	排名变化	2010 年数据来源	进退脸谱
1	人均地区生产总值	元/人	正	33 964.12	44 736	41 166	7	6	−1	中国统计	☹
2	单位地区生产总值能耗	吨标准煤/万元	逆	1.29	0.66	0.68	2	2	0	中国统计	
3	非化石能源消费量占能源消费量的比重		正	NA	NA	NA	NA	NA			
4	单位地区生产总值二氧化碳排放量		逆	NA	NA	NA	NA	NA			
5	单位地区生产总值二氧化硫排放量	吨/万元	逆	0.008 8	0.002 6	0.003 0	4	4	0	中国统计	
6	单位地区生产总值化学需氧量排放量	吨/万元	逆	0.004 5	0.002 1	0.002 5	6	6	0	中国统计	
7	单位地区生产总值氮氧化物排放量	吨/万元	逆	0.006 8	0.003 2	0.003 6	4	7	3	环境年报；中国统计	☺
8	单位地区生产总值氨氮排放量	吨/万元	逆	0.000 4	0.000 3	0.000 3	8	8	0	环境年报；中国统计	
9	人均城镇生活消费用电	千瓦时/人	逆	295.08	517.40	673.83	26	27	1	城市	☺
10	第一产业劳动生产率	万元/人	正	1.61	1.51	1.30	16	16	0	中国统计	
11	土地产出率	亿元/千公顷	正	0.26	0.39	0.35	5	6	1	中国统计	☺
12	节灌率		正	0.49	0.11	0.10	30	30	0	水利；中国统计	
13	有效灌溉面积占耕地面积比重	%	正	53.55	66.15	66.10	10	10	0	中国统计	
14	第二产业劳动生产率	万元/人	正	12.13	11.68	10.35	12	10	−2	中国统计	☹
15	单位工业增加值水耗	立方米/元	逆	0.010 0	0.006 8	0.007 5	12	14	2	中国统计	☺
16	规模以上单位工业增加值能耗(无数列表)		逆	NA	NA	NA	NA	NA			
17	工业固体废物综合利用率	%	正	69.80	90.20	90.30	6	6	0	环境年鉴	
18	工业用水重复利用率	%	正	72.90	83.64	75.34	14	18	4	环境年鉴	☺
19	六大高载能行业产值占工业总产值比重	%	逆	39.65	21.74	21.32	1	1	0	工业经济	
20	第三产业劳动生产率	万元/人	正	6.96	9.29	8.44	6	6	0	中国统计	
21	第三产业增加值比重	%	正	39.97	45.00	45.70	6	4	−2	中国统计	☹
22	第三产业就业人员比重	%	正	36.67	39.39	38.70	6	6	0	中国统计	
23	人均水资源量	立方米/人	正	2 419.38	1 943.31	1 682.49	15	13	−2	中国统计	☹
24	人均森林面积	公顷/人	正	0.19	0.08	0.09	20	20	0	中国统计	
25	森林覆盖率	%	正	30.63	49.44	49.44	6	6	0	中国统计	
26	自然保护区面积占辖区面积比重	%	正	8.60	6.95	6.68	16	16	0	中国统计	
27	湿地面积占国土面积的比重	%	正	7.01	7.86	7.86	9	9	0	中国统计	
28	人均活立木总蓄积量	立方米/人	正	10.70	3.08	3.34	20	20	0	中国统计	
29	单位土地面积二氧化碳排放量		逆	NA	NA	NA	NA	NA			
30	人均二氧化碳排放量		逆	NA	NA	NA	NA	NA			
31	单位土地面积二氧化硫排放量	吨/平方公里	逆	6.367 7	5.842 2	5.953 4	17	17	0	中国统计；沙漠	
32	人均二氧化硫排放量	吨/人	逆	0.019 1	0.010 5	0.011 2	4	5	1	中国统计	☺
33	单位土地面积化学需氧量排放量	吨/平方公里	逆	3.772 2	4.773 7	5.067 7	26	26	0	中国统计；沙漠	
34	人均化学需氧量排放量	吨/人	逆	0.010 1	0.008 5	0.009 5	11	12	1	中国统计	☺

续表

序号	指标名称	单　位	指标属性	2010 年 30 省区测评均值	2010 年广东数值	2009 年广东数值	2010 年广东排名	2009 年广东排名	排名变化	2010 年数据来源	进退脸谱
35	单位土地面积氮氧化物排放量	吨/平方公里	逆	6.447 3	7.213 1	7.151 9	22	23	1	中国统计；沙漠；环境年报	☺
36	人均氮氧化物排放量	吨/人	逆	0.016 5	0.01 29	0.013 4	15	17	2	环境年报；中国统计	☺
37	单位土地面积氨氮排放量	吨/平方公里	逆	0.416 4	0.595 1	0.639 6	27	27	0	中国统计；沙漠；环境年报	
38	人均氨氮排放量	吨/人	逆	0.001 0	0.001 1	0.001 2	19	21	2	环境年报；中国统计	☺
39	单位耕地面积化肥施用量	万吨/千公顷	逆	0.05	0.08	0.08	29	29	0	中国统计；中国统计	
40	单位耕地面积农药使用量	吨/千公顷	逆	17.68	36.87	36.64	27	28	1	环境年鉴；中国统计	☺
41	人均公路交通氮氧化物排放量	吨/万人	逆	24.07	43.51	45.53	27	26	−1	环境年报；中国统计	☹
42	环境保护支出占财政支出比重	%	正	3.35	4.41	2.33	5	26	21	中国统计	☺
43	环境污染治理投资总额占地区生产总值比重	%	正	1.40	3.08	0.67	1	29	28	环境年鉴；中国统计	☺
44	农村人均改水、改厕的政府投资	元/人	正	57.01	41.60	66.79	17	11	−6	环境年鉴	☹
45	单位耕地面积退耕还林投资完成额	万元/千公顷	正	29.81	0.00	0.00	25	23	−2	环境年鉴；中国统计	☹
46	科教文卫支出占财政支出比重	%	正	26.10	29.62	30.82	4	3	−1	中国统计	☹
47	城市人均绿地面积	公顷/人	正	0.00	0.01	0.01	4	1	−3	城市；中国统计	☹
48	城市用水普及率	%	正	96.08	98.37	97.70	12	13	1	中国统计	☺
49	城市污水处理率	%	正	79.18	86.10	71.50	9	19	10	环境年鉴	☺
50	城市生活垃圾无害化处理率	%	正	78.47	72.12	65.49	20	18	−2	中国统计	☹
51	城市每万人拥有公交车辆	标台	正	9.86	9.53	10.43	17	13	−4	中国统计	☹
52	人均城市公共交通运营线路网长度	公里/人	正	0.000 6	0.000 8	0.000 4	7	9	2	中国统计；城市	☺
53	农村累计已改水受益人口占农村总人口比重	%	正	94.44	98.99	98.57	9	5	−4	环境年鉴	☹
54	建成区绿化覆盖率	%	正	37.75	41.31	40.75	7	6	−1	中国统计	☹
55	人均当年新增造林面积	公顷/万人	正	59.50	9.48	2.08	24	29	5	中国统计	☺
56	工业二氧化硫去除率	%	正	59.83	59.45	64.92	21	10	−11	中国统计	☹
57	工业废水化学需氧量去除率	%	正	70.84	76.06	77.55	15	10	−5	环境年报；中国统计	☹
58	工业氮氧化物去除率	%	正	4.07	13.75	5.98	3	11	8	环境年报	☺
59	工业废水氨氮去除率	%	止	62.87	78.76	83.11	10	5	−5	环境年报；中国统计	☹
60	突发环境事件次数	次	逆	14.00	2	10	9	18	9	中国统计	☺

年鉴说明：中国统计——《中国统计年鉴 2011》；环境年鉴——《中国环境统计年鉴 2011》；环境年报——《中国环境统计年报 2010》；城市——《中国城市统计年鉴 2011》；水利——中国《水利统计年鉴 2011》；工业经济——《中国工业经济统计年鉴 2011》；沙漠——《中国沙漠及其治理》。

广东绿色发展水平简要分析

广东绿色发展水平在全国参与测评的30个省(区、市)中排名第3位(使用2010年数据),较2009年上升7位(2009年广东测算排名第10位)。以下分别从各级指标得分情况和2009年、2010年两年变化情况对广东进行简要分析。

一、2010年广东绿色发展指数指标得分情况

2010年广东绿色发展指数为0.175,从经济增长绿化度、资源环境承载潜力和政府政策支持度3个一级指标数值来看(如图1所示),广东的经济增长绿化度和政府政策支持度具有明显优势;而资源环境承载潜力则相对较弱,低于全国平均水平(注:各个指标的全国平均水平为0值)。

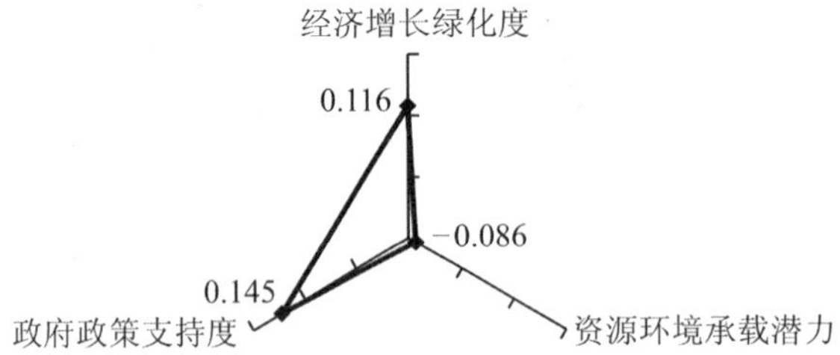

图1 广东一级指标得分情况

从图2中可以看出,2010年广东绿色发展指数二级指标中有7个高于全国平均水平,分别为绿色增长效率指标、第一产业指标、第二产业指标、第三产业指标、绿色投资指标、基础设施指标、环境治理指标;而资源丰裕与生态保护指标、环境压力与气候变化指标则低于全国平均水平。

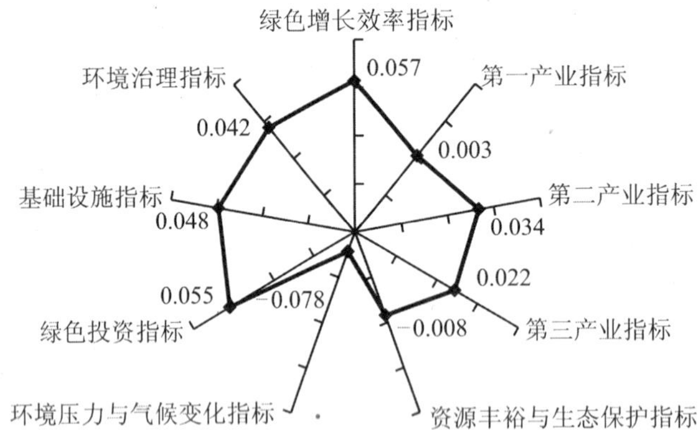

图2 广东二级指标得分情况

二、广东绿色发展指数两年排名变化情况

如表1所示,从一级指标排名变化情况来看,2010年该地区经济增长绿化度下降1位;而资源环境承载潜力上升2位,政府政策支持度上升4位。从二级指标排名变化情况来看,基础设施指标下降3位;绿色增长效率指标上升1位,环境压力与气候变化指标上升2位,绿色投资指标上升23位,环境治理指标上升5位;其他指标较2009年则没有变化。

表 1　2009—2010 年广东一级指标和二级指标排名变化情况

指　标	2010 年	2009 年	差　距	指　标	2010 年	2009 年	差　距
中国绿色发展指数	3	10	7				
经济增长绿化度	7	6	－1	资源丰裕与生态保护指标	15	15	0
绿色增长效率指标	6	7	1	环境压力与气候变化指标	27	29	2
第一产业指标	11	11	0	政府政策支持度	3	7	4
第二产业指标	5	5	0	绿色投资指标	3	26	23
第三产业指标	4	4	0	基础设施指标	9	6	－3
资源环境承载潜力	21	23	2	环境治理指标	3	8	5

注：差距值为正数表明排名上升。

为了进一步分析一级、二级指标变化的原因，下面将广东 2009 年与 2010 年两年三级指标排名位次变化超过 3 位的指标列表如下(见表 2)。与 2009 年相比，2010 年广东三级指标排名中，工业二氧化硫去除率指标下降 11 位，农村人均改水、改厕的政府投资指标下降 6 位，工业废水化学需氧量去除率指标下降 5 位，工业废水氨氮去除率指标下降 5 位，城市每万人拥有公交车辆指标下降 4 位，农村累计已改水受益人口占农村总人口比重指标下降 4 位，城市人均绿地面积指标下降 3 位；单位地区生产总值氮氧化物排放量指标上升 3 位，工业用水重复利用率指标上升 4 位，人均当年新增造林面积指标上升 5 位，工业氮氧化物去除率指标上升 8 位，突发环境事件次数指标上升 9 位，城市污水处理率指标上升 10 位，环境保护支出占财政支出比重指标上升 21 位，环境污染治理投资总额占地区生产总值比重指标上升 28 位。

表 2　2009—2010 年广东变化超过 3 位的三级指标

三级指标名称	两年原始数据			两年排名变化		
	单　位	2010 年	2009 年	2010 年	2009 年	变　动
单位地区生产总值氮氧化物排放量	吨/万元	0.003 2	0.003 6	4	7	3
工业用水重复利用率	%	83.64	75.34	14	18	4
环境保护支出占财政支出比重	%	4.41	2.33	5	26	21
环境污染治理投资总额占地区生产总值比重	%	3.08	0.67	1	29	28
农村人均改水、改厕的政府投资	元/人	41.60	66.79	17	11	－6
城市人均绿地面积	公顷/人	0.01	0.01	4	1	－3
城市污水处理率	%	86.10	71.50	9	19	10
城市每万人拥有公交车辆	标台	9.53	10.43	17	13	－4
农村累计已改水受益人口占农村总人口比重	%	98.99	98.57	9	5	－4
人均当年新增造林面积	公顷/万人	9.48	2.08	24	29	5
工业二氧化硫去除率	%	59.45	64.92	21	10	－11
工业废水化学需氧量去除率	%	76.06	77.55	15	10	－5
工业氮氧化物去除率	%	13.75	5.98	3	11	8
工业废水氨氮去除率	%	78.76	83.11	10	5	－5
突发环境事件次数	次	2	10	9	18	9

注：变动值为正数表明排名上升。

广西绿色发展"体检"表

序号	指标名称	单位	指标属性	2010年30省区测评均值	2010年广西数值	2009年广西数值	2010年广西排名	2009年广西排名	排名变化	2010年数据来源	进退脸谱
1	人均地区生产总值	元/人	正	33 964.12	20 219	16 045	27	27	0	中国统计	
2	单位地区生产总值能耗	吨标准煤/万元	逆	1.29	1.04	1.06	12	11	−1	中国统计	☹
3	非化石能源消费量占能源消费量的比重		正	NA	NA	NA	NA	NA			
4	单位地区生产总值二氧化碳排放量		逆	NA	NA	NA	NA	NA			
5	单位地区生产总值二氧化硫排放量	吨/万元	逆	0.008 8	0.011 8	0.013 3	23	23	0	中国统计	
6	单位地区生产总值化学需氧量排放量	吨/万元	逆	0.004 5	0.012 3	0.014 6	30	30	0	中国统计	
7	单位地区生产总值氮氧化物排放量	吨/万元	逆	0.006 8	0.004 5	0.004 5	14	11	−3	环境年报；中国统计	☹
8	单位地区生产总值氨氮排放量	吨/万元	逆	0.000 4	0.000 6	0.000 7	26	26	0	环境年报；中国统计	
9	人均城镇生活消费用电	千瓦时/人	逆	295.08	120.46	309.69	5	15	10	城市	☺
10	第一产业劳动生产率	万元/人	正	1.61	1.07	0.94	25	23	−2	中国统计	☹
11	土地产出率	亿元/千公顷	正	0.26	0.23	0.19	17	16	−1	中国统计	☹
12	节灌率		正	0.49	0.46	0.45	16	16	0	水利；中国统计	
13	有效灌溉面积占耕地面积比重	%	正	53.55	36.11	36.09	21	21	0	中国统计	
14	第二产业劳动生产率	万元/人	正	12.13	7.51	5.91	28	28	0	中国统计	
15	单位工业增加值水耗	立方米/元	逆	0.010 0	0.0180	0.0188	25	27	2	中国统计	☺
16	规模以上单位工业增加值能耗(无数列表)		逆	NA	NA	NA	NA	NA			
17	工业固体废物综合利用率	%	正	69.80	67.80	67.30	15	18	3	环境年鉴	☺
18	工业用水重复利用率	%	正	72.90	89.19	90.46	9	9	0	环境年鉴	
19	六大高载能行业产值占工业总产值比重	%	逆	39.65	41.75	40.93	19	19	0	工业经济	
20	第三产业劳动生产率	万元/人	正	6.96	4.59	4.13	22	21	−1	中国统计	☹
21	第三产业增加值比重	%	正	39.97	35.40	37.60	23	22	−1	中国统计	☹
22	第三产业就业人员比重	%	正	36.67	25.62	25.13	30	30	0	中国统计	
23	人均水资源量	立方米/人	正	2 419.38	3 852.88	3 069.30	7	5	−2	中国统计	☹
24	人均森林面积	公顷/人	正	0.19	0.27	0.26	6	7	1	中国统计	☺
25	森林覆盖率	%	正	30.63	52.71	52.71	4	4	0	中国统计	
26	自然保护区面积占辖区面积比重	%	正	8.60	5.97	5.99	18	18	0	中国统计	
27	湿地面积占国土面积的比重	%	正	7.01	2.76	2.76	23	23	0	中国统计	
28	人均活立木总蓄积量	立方米/人	正	10.70	11.08	10.51	8	8	0	中国统计	
29	单位土地面积二氧化碳排放量		逆	NA	NA	NA	NA	NA			
30	人均二氧化碳排放量		逆	NA	NA	NA	NA	NA			
31	单位土地面积二氧化硫排放量	吨/平方公里	逆	6.367 7	3.804 7	3.748 5	15	13	−2	中国统计；沙漠	☹
32	人均二氧化硫排放量	吨/人	逆	0.019 1	0.019 1	0.018 4	20	18	−2	中国统计	☹
33	单位土地面积化学需氧量排放量	吨/平方公里	逆	3.772 2	3.943 7	4.109 7	23	23	0	中国统计；沙漠	
34	人均化学需氧量排放量	吨/人	逆	0.010 1	0.019 8	0.020 2	30	30	0	中国统计	

续表

序号	指标名称	单　位	指标属性	2010年30省区测评均值	2010年广西数值	2009年广西数值	2010年广西排名	2009年广西排名	排名变化	2010年数据来源	进退脸谱
35	单位土地面积氮氧化物排放量	吨/平方公里	逆	6.447 3	1.456 5	1.258 6	8	8	0	中国统计；沙漠；环境年报	
36	人均氮氧化物排放量	吨/人	逆	0.016 5	0.007 3	0.006 2	4	4	0	环境年报；中国统计	
37	单位土地面积氨氮排放量	吨/平方公里	逆	0.416 4	0.197 8	0.202 1	11	12	1	中国统计；沙漠；环境年报	☺
38	人均氨氮排放量	吨/人	逆	0.001 0	0.001 0	0.001 0	17	16	−1	环境年报；中国统计	☹
39	单位耕地面积化肥施用量	万吨/千公顷	逆	0.05	0.06	0.05	20	19	−1	中国统计；中国统计	☹
40	单位耕地面积农药使用量	吨/千公顷	逆	17.68	15.28	14.74	16	17	1	环境年鉴；中国统计	☺
41	人均公路交通氮氧化物排放量	吨/万人	逆	24.07	20.47	19.58	17	16	−1	环境年报；中国统计	☹
42	环境保护支出占财政支出比重	%	正	3.35	3.19	3.08	16	19	3	中国统计	☺
43	环境污染治理投资总额占地区生产总值比重	%	正	1.40	1.71	1.98	8	5	−3	环境年鉴；中国统计	☹
44	农村人均改水、改厕的政府投资	元/人	正	57.01	59.76	52.07	12	15	3	环境年鉴	☺
45	单位耕地面积退耕还林投资完成额	万元/千公顷	正	29.81	19.78	23.85	17	15	−2	环境年鉴；中国统计	☹
46	科教文卫支出占财政支出比重	%	正	26.10	29.23	28.37	5	9	4	中国统计	☺
47	城市人均绿地面积	公顷/人	正	0.00	0.00	0.00	18	8	−10	城市；中国统计	☹
48	城市用水普及率	%	正	96.08	94.65	94.43	21	22	1	中国统计	☺
49	城市污水处理率	%	正	79.18	83.40	73.40	13	18	5	环境年鉴	☺
50	城市生活垃圾无害化处理率	%	正	78.47	91.14	86.32	9	8	−1	中国统计	☹
51	城市每万人拥有公交车辆	标台	正	9.86	8.07	9.94	24	18	−6	中国统计	☹
52	人均城市公共交通运营线路网长度	公里/人	正	0.000 6	0.000 2	0.000 3	28	22	−6	中国统计；城市	☹
53	农村累计已改水受益人口占农村总人口比重	%	正	94.44	91.99	87.93	22	25	3	环境年鉴	☺
54	建成区绿化覆盖率	%	正	37.75	34.96	33.69	23	23	0	中国统计	
55	人均当年新增造林面积	公顷/万人	正	59.50	30.27	28.83	18	17	−1	中国统计	☹
56	工业二氧化硫去除率	%	正	59.83	53.72	51.24	24	23	−1	中国统计	☹
57	工业废水化学需氧量去除率	%	正	70.84	64.16	61.65	21	22	1	环境年报；中国统计	☺
58	工业氮氧化物去除率	%	正	4.07	8.02	9.71	6	6	0	环境年报	
59	工业废水氨氮去除率	%	正	62.87	36.76	39.11	27	26	−1	环境年报；中国统计	☹
60	突发环境事件次数	次	逆	14.00	4	11	12	22	10	中国统计	☺

年鉴说明：中国统计——《中国统计年鉴2011》；环境年鉴——《中国环境统计年鉴2011》；环境年报——《中国环境统计年报2010》；城市——《中国城市统计年鉴2011》；水利——中国《水利统计年鉴2011》；工业经济——《中国工业经济统计年鉴2011》；沙漠——《中国沙漠及其治理》。

广西绿色发展水平简要分析

广西绿色发展水平在全国参与测评的30个省(区、市)中排名第26位(使用2010年数据),较2009年下降2位(2009年广西测算排名第24位)。以下分别从各级指标得分情况和2009年、2010年两年变化情况对广西进行简要分析。

一、2010年广西绿色发展指数指标得分情况

2010年广西绿色发展指数−0.179,从经济增长绿化度、资源环境承载潜力和政府政策支持度3个一级指标数值来看(如图1所示),广西的经济增长绿化度、资源环境承载潜力和政府政策支持度均相对较弱,低于全国平均水平(注:各个指标的全国平均水平为0值)。

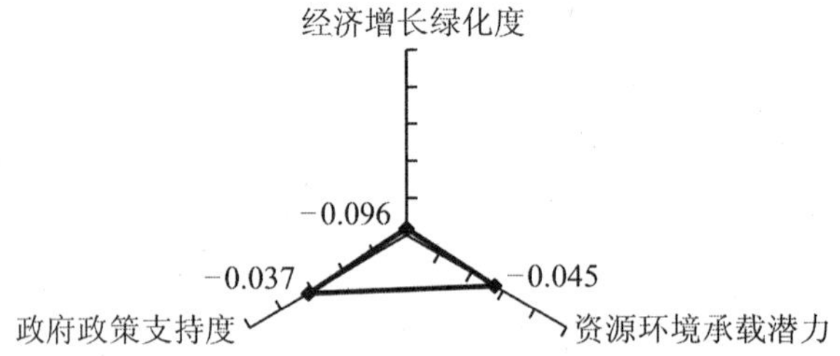

图1 广西一级指标得分情况

从图2中可以看出,2010年广西绿色发展指数二级指标中资源丰裕与生态保护指标、绿色投资指标高于全国平均水平;而绿色增长效率指标、第一产业指标、第二产业指标、第三产业指标、环境压力与气候变化指标、基础设施指标、环境治理指标7个指标则低于全国平均水平。

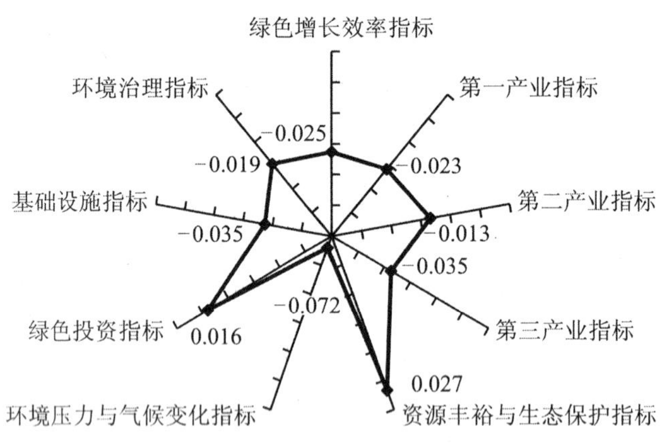

图2 广西二级指标得分情况

二、广西绿色发展指数两年排名变化情况

如表1所示,从一级指标排名变化情况来看,2010年该地区政府政策支持度下降了2位,资源环境承载潜力也下降了2位;而经济增长绿化度则没有变化。从二级指标排名变化情况来看,第一产业指标下降1位,环境压力与气候变化指标下降4位,绿色投资指标下降2位,基础设施指标下降1位;绿色增长效率指标上升3位,环境治理指标上升1位;其他指标较2009年则没有变化。

表 1　2009—2010 年广西一级指标和二级指标排名变化情况

指　标	2010 年	2009 年	差　距	指　标	2010 年	2009 年	差　距
中国绿色发展指数	26	24	−2				
经济增长绿化度	24	24	0	资源丰裕与生态保护指标	10	10	0
绿色增长效率指标	22	25	3	环境压力与气候变化指标	24	20	−4
第一产业指标	22	21	−1	政府政策支持度	20	18	−2
第二产业指标	19	19	0	绿色投资指标	10	8	−2
第三产业指标	29	29	0	基础设施指标	21	20	−1
资源环境承载潜力	15	13	−2	环境治理指标	23	24	1

注：差距值为正数表明排名上升。

为了进一步分析一级、二级指标变化的原因，下面将广西 2009 年与 2010 年两年三级指标排名位次变化超过 3 位的指标列表如下(见表 2)。与 2009 年相比，2010 年广西三级指标排名中，城市人均绿地面积指标下降 10 位，城市每万人拥有公交车辆指标下降 6 位，人均城市公共交通运营线路网长度指标下降 6 位，单位地区生产总值氮氧化物排放量指标下降 3 位，环境污染治理投资总额占地区生产总值比重指标下降 3 位；工业固体废物综合利用率指标上升 3 位，环境保护支出占财政支出比重指标上升 3 位，农村人均改水、改厕的政府投资指标上升 3 位，农村累计已改水受益人口占农村总人口比重指标上升 3 位，科教文卫支出占财政支出比重指标上升 4 位，城市污水处理率指标上升 5 位，人均城镇生活消费用电指标上升 10 位，突发环境事件次数指标上升 10 位。

表 2　2009—2010 年广西变化超过 3 位的三级指标

三级指标名称	两年原始数据			两年排名变化		
	单　位	2010 年	2009 年	2010 年	2009 年	变　动
单位地区生产总值氮氧化物排放量	吨/万元	0.004 5	0.004 5	14	11	−3
人均城镇生活消费用电	千瓦时/人	120.46	309.69	5	15	10
工业固体废物综合利用率	%	67.80	67.30	15	18	3
环境保护支出占财政支出比重	%	3.19	3.08	16	19	3
环境污染治理投资总额占地区生产总值比重	%	1.71	1.98	8	5	−3
农村人均改水、改厕的政府投资	元/人	59.76	52.07	12	15	3
科教文卫支出占财政支出比重	%	29.23	28.37	5	9	4
城市人均绿地面积	公顷/人	0.00	0.00	18	8	−10
城市污水处理率	%	83.40	73.40	13	18	5
城市每万人拥有公交车辆	标台	8.07	9.94	24	18	−6
人均城市公共交通运营线路网长度	公里/人	0.0002	0.0003	28	22	−6
农村累计已改水受益人口占农村总人口比重	%	91.99	87.93	22	25	3
突发环境事件次数	次	4	11	12	22	10

注：变动值为正数表明排名上升。

海南绿色发展“体检”表

序号	指标名称	单　位	指标属性	2010 年 30 省区测评均值	2010 年海南数值	2009 年海南数值	2010 年海南排名	2009 年海南排名	排名变化	2010 年数据来源	进退脸谱
1	人均地区生产总值	元/人	正	33 964.12	23 831	19 254	23	23	0	中国统计	
2	单位地区生产总值能耗	吨标准煤/万元	逆	1.29	0.81	0.85	7	8	1	中国统计	☺
3	非化石能源消费量占能源消费量的比重		正	NA	NA	NA	NA	NA			
4	单位地区生产总值二氧化碳排放量		逆	NA	NA	NA	NA	NA			
5	单位地区生产总值二氧化硫排放量	吨/万元	逆	0.008 8	0.001 7	0.001 5	2	2	0	中国统计	
6	单位地区生产总值化学需氧量排放量	吨/万元	逆	0.004 5	0.005 5	0.006 9	23	25	2	中国统计	☺
7	单位地区生产总值氮氧化物排放量	吨/万元	逆	0.006 8	0.003 3	0.003 2	6	5	−1	环境年报；中国统计	☹
8	单位地区生产总值氨氮排放量	吨/万元	逆	0.000 4	0.000 5	0.000 6	22	21	−1	环境年报；中国统计	☹
9	人均城镇生活消费用电	千瓦时/人	逆	295.08	467.35	201.67	25	2	−23	城市	☹
10	第一产业劳动生产率	万元/人	正	1.61	2.41	2.07	4	3	−1	中国统计	☹
11	土地产出率	亿元/千公顷	正	0.26	0.41	0.37	4	3	−1	中国统计	☹
12	节灌率		正	0.49	0.47	0.46	15	15	0	水利；中国统计	
13	有效灌溉面积占耕地面积比重	%	正	53.55	33.51	33.43	22	22	0	中国统计	
14	第二产业劳动生产率	万元/人	正	12.13	11.10	9.25	14	15	1	中国统计	☺
15	单位工业增加值水耗	立方米/元	逆	0.010 0	0.010 6	0.013 0	18	20	2	中国统计	☺
16	规模以上单位工业增加值能耗(无数列表)		逆	NA	NA	NA	NA	NA			
17	工业固体废物综合利用率	%	正	69.80	84.10	83.60	8	8	0	环境年鉴	
18	工业用水重复利用率	%	正	72.90	73.17	75.76	21	17	−4	环境年鉴	☹
19	六大高载能行业产值占工业总产值比重	%	逆	39.65	55.62	58.01	26	28	2	工业经济	☺
20	第三产业劳动生产率	万元/人	正	6.96	5.85	4.99	18	18	0	中国统计	
21	第三产业增加值比重	%	正	39.97	46.20	45.30	4	5	1	中国统计	☺
22	第三产业就业人员比重	%	正	36.67	38.16	36.18	8	9	1	中国统计	☺
23	人均水资源量	立方米/人	正	2 419.38	5 538.66	5 596.16	2	2	0	中国统计	
24	人均森林面积	公顷/人	正	0.19	0.20	0.20	12	10	−2	中国统计	☹
25	森林覆盖率	%	正	30.63	51.98	51.98	5	5	0	中国统计	
26	自然保护区面积占辖区面积比重	%	正	8.60	7.01	7.20	15	14	−1	中国统计	☹
27	湿地面积占国土面积的比重	%	正	7.01	9.13	9.13	6	6	0	中国统计	
28	人均活立木总蓄积量	立方米/人	正	10.70	9.14	9.19	11	11	0	中国统计	
29	单位土地面积二氧化碳排放量		逆	NA	NA	NA	NA	NA			
30	人均二氧化碳排放量		逆	NA	NA	NA	NA	NA			
31	单位土地面积二氧化硫排放量	吨/平方公里	逆	6.367 7	0.814 9	0.623 2	3	3	0	中国统计；沙漠	
32	人均二氧化硫排放量	吨/人	逆	0.019 1	0.003 3	0.002 6	1	1	0	中国统计	
33	单位土地面积化学需氧量排放量	吨/平方公里	逆	3.772 2	2.611 9	2.836 4	13	14	1	中国统计；沙漠	☺
34	人均化学需氧量排放量	吨/人	逆	0.010 1	0.010 7	0.011 7	21	21	0	中国统计	

续表

序号	指标名称	单　位	指标属性	2010年30省区测评均值	2010年海南数值	2009年海南数值	2010年海南排名	2009年海南排名	排名变化	2010年数据来源	进退脸谱
35	单位土地面积氮氧化物排放量	吨/平方公里	逆	6.447 3	1.584 0	1.301 1	9	9	0	中国统计；沙漠；环境年报	
36	人均氮氧化物排放量	吨/人	逆	0.016 5	0.006 5	0.005 4	3	1	−2	环境年报；中国统计	☹
37	单位土地面积氨氮排放量	吨/平方公里	逆	0.416 4	0.226 3	0.226 3	13	14	1	中国统计；沙漠；环境年报	☺
38	人均氨氮排放量	吨/人	逆	0.001 0	0.000 9	0.000 9	15	14	−1	环境年报；中国统计	☹
39	单位耕地面积化肥施用量	万吨/千公顷	逆	0.05	0.06	0.06	25	25	0	中国统计；中国统计	
40	单位耕地面积农药使用量	吨/千公顷	逆	17.68	62.54	64.35	30	30	0	环境年鉴；中国统计	
41	人均公路交通氮氧化物排放量	吨/万人	逆	24.07	26.42	26.70	21	21	0	环境年报；中国统计	
42	环境保护支出占财政支出比重	%	正	3.35	2.56	3.81	22	11	−11	中国统计	☹
43	环境污染治理投资总额占地区生产总值比重	%	正	1.40	1.14	1.36	21	18	−3	环境年鉴；中国统计	☹
44	农村人均改水、改厕的政府投资	元/人	正	57.01	80.86	101.30	6	6	0	环境年鉴	
45	单位耕地面积退耕还林投资完成额	万元/千公顷	正	29.81	21.88	25.13	16	12	−4	环境年鉴；中国统计	☹
46	科教文卫支出占财政支出比重	%	正	26.10	26.19	24.78	16	22	6	中国统计	☺
47	城市人均绿地面积	公顷/人	正	0.00	0.02	0.00	1	25	24	城市；中国统计	☺
48	城市用水普及率	%	正	96.08	89.43	89.65	28	26	−2	中国统计	☹
49	城市污水处理率	%	正	79.18	54.90	58.40	29	26	−3	环境年鉴	☹
50	城市生活垃圾无害化处理率	%	正	78.47	67.97	64.98	24	20	−4	中国统计	☹
51	城市每万人拥有公交车辆	标台	正	9.86	8.61	7.77	21	28	7	中国统计	☺
52	人均城市公共交通运营线路网长度	公里/人	正	0.000 6	0.001 8	0.000 3	2	16	14	中国统计；城市	☺
53	农村累计已改水受益人口占农村总人口比重	%	正	94.44	96.41	95.05	18	20	2	环境年鉴	☺
54	建成区绿化覆盖率	%	正	37.75	42.63	41.88	4	4	0	中国统计	
55	人均当年新增造林面积	公顷/万人	正	59.50	16.35	22.56	22	19	−3	中国统计	☹
56	工业二氧化硫去除率	%	正	59.83	75.71	73.73	6	5	−1	中国统计	☹
57	工业废水化学需氧量去除率	%	正	70.84	90.69	81.78	2	7	5	环境年报；中国统计	☺
58	工业氮氧化物去除率	%	正	4.07	0.42	1.62	22	21	−1	环境年报	☹
59	工业废水氨氮去除率	%	正	62.87	69.68	56.79	13	18	5	环境年报；中国统计	☺
60	突发环境事件次数	次	逆	14.00	0	7	1	17	16	中国统计	☺

年鉴说明：中国统计——《中国统计年鉴2011》；环境年鉴——《中国环境统计年鉴2011》；环境年报——《中国环境统计年报2010》；城市——《中国城市统计年鉴2011》；水利——中国《水利统计年鉴2011》；工业经济——《中国工业经济统计年鉴2011》；沙漠——《中国沙漠及其治理》。

海南绿色发展水平简要分析

海南绿色发展水平在全国参与测评的 30 个省(区、市)中排名第 4 位(使用 2010 年数据)，较 2009 年上升 1 位(2009 年海南测算排名第 5 位)。以下分别从各级指标得分情况和 2009 年、2010 年两年变化情况对海南进行简要分析。

一、2010 年海南绿色发展指数指标得分情况

2010 年海南绿色发展指数为 0.171，从经济增长绿化度、资源环境承载潜力和政府政策支持度 3 个一级指标数值来看(如图 1 所示)，海南的经济增长绿化度、资源环境承载潜力和政府政策支持度均相对较好，高于全国平均水平(注：各个指标的全国平均水平为 0 值)。

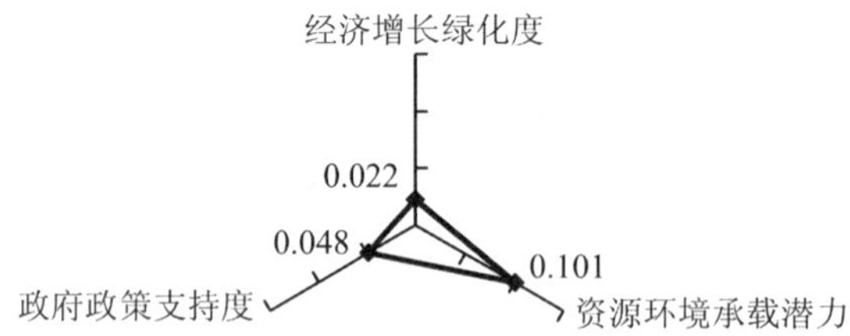

图 1　海南一级指标得分情况

从图 2 中可以看出，2010 年海南绿色发展指数二级指标中有 7 个高于全国平均水平，分别为绿色增长效率指标、第一产业指标、第三产业指标、资源丰裕与生态保护指标、环境压力与气候变化指标、基础设施指标、环境治理指标；而第二产业指标、绿色投资指标则低于全国平均水平。

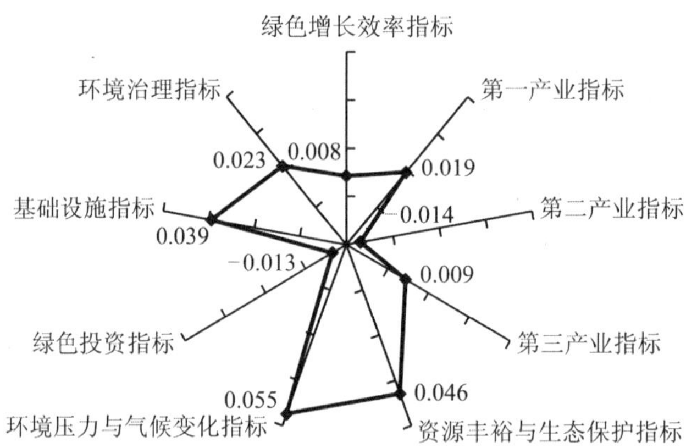

图 2　海南二级指标得分情况

二、海南绿色发展指数两年排名变化情况

如表 1 所示，从一级指标排名变化情况来看，2010 年该地区政府政策支持度上升 10 位；资源环境承载潜力下降 2 位；而经济增长绿化度则没有变化。从二级指标排名变化情况来看，绿色增长效率指标下降 4 位，资源丰裕与生态保护指标下降 2 位，环境压力与气候变化指标下降 3 位，绿色投资指标下降 3 位；第三产业指标上升 2 位，基础设施指标上升 15 位，环境治理指标上升 2 位；其他指标较 2009 年则没有变化。

表 1　2009—2010 年海南一级指标和二级指标排名变化情况

指　标	2010 年	2009 年	差　距	指　标	2010 年	2009 年	差　距
中国绿色发展指数	4	5	1				
经济增长绿化度	9	9	0	资源丰裕与生态保护指标	7	5	－2
绿色增长效率指标	10	6	－4	环境压力与气候变化指标	7	4	－3
第一产业指标	8	8	0	政府政策支持度	10	20	10
第二产业指标	20	20	0	绿色投资指标	17	14	－3
第三产业指标	7	9	2	基础设施指标	10	25	15
资源环境承载潜力	6	4	－2	环境治理指标	9	11	2

注：差距值为正数表明排名上升。

为了进一步分析一级、二级指标变化的原因，下面将海南 2009 年与 2010 年两年三级指标排名位次变化超过 3 位的指标列表如下(见表 2)。与 2009 年相比，2010 年海南三级指标排名中，人均城镇生活消费用电指标下降 23 位，环境保护支出占财政支出比重指标下降 11 位，工业用水重复利用率指标下降 4 位，单位耕地面积退耕还林投资完成额指标下降 4 位，城市生活垃圾无害化处理率指标下降 4 位，环境污染治理投资总额占地区生产总值比重指标下降 3 位，城市污水处理率指标下降 3 位，人均当年新增造林面积指标下降 3 位；工业废水化学需氧量去除率指标上升 5 位，工业废水氨氮去除率指标上升 5 位，科教文卫支出占财政支出比重指标上升 6 位，城市每万人拥有公交车辆指标上升 7 位，人均城市公共交通运营线路网长度指标上升 14 位，突发环境事件次数指标上升 16 位，城市人均绿地面积指标上升 24 位。

表 2　2009—2010 年海南变化超过 3 位的三级指标

三级指标名称	两年原始数据			两年排名变化		
	单　位	2010 年	2009 年	2010 年	2009 年	变　动
人均城镇生活消费用电	千瓦时/人	467.35	201.67	25	2	－23
工业用水重复利用率	%	73.17	75.76	21	17	－4
环境保护支出占财政支出比重	%	2.56	3.81	22	11	－11
环境污染治理投资总额占地区生产总值比重	%	1.14	1.36	21	18	－3
单位耕地面积退耕还林投资完成额	万元/千公顷	21.88	25.13	16	12	－4
科教文卫支出占财政支出比重	%	26.19	24.78	16	22	6
城市人均绿地面积	公顷/人	0.02	0.00	1	25	24
城市污水处理率	%	54.90	58.40	29	26	－3
城市生活垃圾无害化处理率	%	67.97	64.98	24	20	－4
城市每万人拥有公交车辆	标台	8.61	7.77	21	28	7
人均城市公共交通运营线路网长度	公里/人	0.001 8	0.000 3	2	16	14
人均当年新增造林面积	公顷/万人	16.35	22.56	22	19	－3
工业废水化学需氧量去除率	%	90.69	81.78	2	7	5
工业废水氨氮去除率	%	69.68	56.79	13	18	5
突发环境事件次数	次	0	7	1	17	16

注：变动值为正数表明排名上升。

重庆绿色发展“体检”表

序号	指标名称	单位	指标属性	2010 年 30 省区测评均值	2010 年重庆数值	2009 年重庆数值	2010 年重庆排名	2009 年重庆排名	排名变化	2010 年数据来源	进退脸谱
1	人均地区生产总值	元/人	正	33 964.12	27 596	22 920	14	13	-1	中国统计	☹
2	单位地区生产总值能耗	吨标准煤/万元	逆	1.29	1.13	1.18	14	15	1	中国统计	☺
3	非化石能源消费量占能源消费量的比重		正	NA	NA	NA	NA	NA			
4	单位地区生产总值二氧化碳排放量		逆	NA	NA	NA	NA	NA			
5	单位地区生产总值二氧化硫排放量	吨/万元	逆	0.008 8	0.010 3	0.012 6	22	22	0	中国统计	
6	单位地区生产总值化学需氧量排放量	吨/万元	逆	0.004 5	0.003 4	0.004 0	12	12	0	中国统计	
7	单位地区生产总值氮氧化物排放量	吨/万元	逆	0.006 8	0.004 3	0.004 0	11	9	-2	环境年报；中国统计	☹
8	单位地区生产总值氨氮排放量	吨/万元	逆	0.000 4	0.000 4	0.000 5	11	13	2	环境年报；中国统计	☺
9	人均城镇生活消费用电	千瓦时/人	逆	295.08	219.41	463.60	18	25	7	城市	☺
10	第一产业劳动生产率	万元/人	正	1.61	1.06	0.91	26	24	-2	中国统计	☹
11	土地产出率	亿元/千公顷	正	0.26	0.19	0.16	20	19	-1	中国统计	☹
12	节灌率		正	0.49	0.22	0.21	25	25	0	水利；中国统计	
13	有效灌溉面积占耕地面积比重	%	正	53.55	30.65	30.06	27	26	-1	中国统计	☹
14	第二产业劳动生产率	万元/人	正	12.13	8.11	6.84	23	23	0	中国统计	
15	单位工业增加值水耗	立方米/元	逆	0.010 0	0.018 6	0.016 3	27	24	-3	中国统计	☹
16	规模以上单位工业增加值能耗(无数列表)		逆	NA	NA	NA	NA	NA			
17	工业固体废物综合利用率	%	正	69.80	80.20	79.80	12	10	-2	环境年鉴	☹
18	工业用水重复利用率	%	正	72.90	4.14	4.61	30	30	0	环境年鉴	
19	六大高载能行业产值占工业总产值比重	%	逆	39.65	25.89	25.52	5	6	1	工业经济	☺
20	第三产业劳动生产率	万元/人	正	6.96	4.04	3.61	25	26	1	中国统计	☺
21	第三产业增加值比重	%	正	39.97	36.40	37.90	19	20	1	中国统计	☺
22	第三产业就业人员比重	%	正	36.67	37.85	37.44	9	7	-2	中国统计	☹
23	人均水资源量	立方米/人	正	2 419.38	1 616.75	1 600.27	16	14	-2	中国统计	☹
24	人均森林面积	公顷/人	正	0.19	0.10	0.10	19	19	0	中国统计	
25	森林覆盖率	%	正	30.63	34.85	34.85	13	13	0	中国统计	
26	自然保护区面积占辖区面积比重	%	正	8.60	9.92	10.18	9	8	-1	中国统计	☹
27	湿地面积占国土面积的比重	%	正	7.01	0.52	0.52	29	29	0	中国统计	
28	人均活立木总蓄积量	立方米/人	正	10.70	4.79	4.83	17	17	0	中国统计	
29	单位土地面积二氧化碳排放量		逆	NA	NA	NA	NA	NA			
30	人均二氧化碳排放量		逆	NA	NA	NA	NA	NA			
31	单位土地面积二氧化硫排放量	吨/平方公里	逆	6.367 7	8.744 6	9.069 0	26	26	0	中国统计；沙漠	
32	人均二氧化硫排放量	吨/人	逆	0.019 1	0.025 1	0.026 2	24	25	1	中国统计	☺
33	单位土地面积化学需氧量排放量	吨/平方公里	逆	3.772 2	2.850 8	2.914 8	15	15	0	中国统计；沙漠	
34	人均化学需氧量排放量	吨/人	逆	0.010 1	0.008 2	0.008 4	9	9	0	中国统计	

续表

序号	指标名称	单 位	指标属性	2010年30省区测评均值	2010年重庆数值	2009年重庆数值	2010年重庆排名	2009年重庆排名	排名变化	2010年数据来源	进退脸谱
35	单位土地面积氮氧化物排放量	吨/平方公里	逆	6.447 3	3.646 6	2.856 5	17	17	0	中国统计；沙漠；环境年报	
36	人均氮氧化物排放量	吨/人	逆	0.016 5	0.010 4	0.008 2	9	7	−2	环境年报；中国统计	☹
37	单位土地面积氨氮排放量	吨/平方公里	逆	0.416 4	0.303 9	0.328 2	18	18	0	中国统计；沙漠；环境年报	
38	人均氨氮排放量	吨/人	逆	0.001 0	0.000 9	0.000 9	14	15	1	环境年报；中国统计	☺
39	单位耕地面积化肥施用量	万吨/千公顷	逆	0.05	0.04	0.04	12	12	0	中国统计；中国统计	
40	单位耕地面积农药使用量	吨/千公顷	逆	17.68	9.33	9.84	12	13	1	环境年鉴；中国统计	☺
41	人均公路交通氮氧化物排放量	吨/万人	逆	24.07	16.76	17.47	12	12	0	环境年报；中国统计	
42	环境保护支出占财政支出比重	%	正	3.35	4.04	3.87	8	10	2	中国统计	☺
43	环境污染治理投资总额占地区生产总值比重	%	正	1.40	2.22	1.85	3	7	4	环境年鉴；中国统计	☺
44	农村人均改水、改厕的政府投资	元/人	正	57.01	60.45	78.03	11	7	−4	环境年鉴	☹
45	单位耕地面积退耕还林投资完成额	万元/千公顷	正	29.81	90.92	98.90	2	2	0	环境年鉴；中国统计	
46	科教文卫支出占财政支出比重	%	正	26.10	22.07	23.34	27	27	0	中国统计	
47	城市人均绿地面积	公顷/人	正	0.00	0.00	0.01	19	5	−14	城市；中国统计	☹
48	城市用水普及率	%	正	96.08	94.05	94.60	23	21	−2	中国统计	☹
49	城市污水处理率	%	正	79.18	91.70	88.40	3	2	−1	环境年鉴	☹
50	城市生活垃圾无害化处理率	%	正	78.47	98.82	95.88	2	3	1	中国统计	☺
51	城市每万人拥有公交车辆	标台	正	9.86	7.23	7.85	28	27	−1	中国统计	☹
52	人均城市公共交通运营线路网长度	公里/人	正	0.000 6	0.000 3	0.000 2	18	28	10	中国统计；城市	☺
53	农村累计已改水受益人口占农村总人口比重	%	正	94.44	98.55	98.13	13	11	−2	环境年鉴	☹
54	建成区绿化覆盖率	%	正	37.75	40.57	38.48	9	11	2	中国统计	☺
55	人均当年新增造林面积	公顷/万人	正	59.50	88.88	33.60	8	15	7	中国统计	☺
56	工业二氧化硫去除率	%	正	59.83	62.69	57.10	16	17	1	中国统计	☺
57	工业废水化学需氧量去除率	%	正	70.84	59.29	52.48	24	26	2	环境年报；中国统计	☺
58	工业氮氧化物去除率	%	正	4.07	3.64	3.64	13	15	2	环境年报	☺
59	工业废水氨氮去除率	%	正	62.87	53.62	47.88	22	20	2	环境年报；中国统计	☹
60	突发环境事件次数	次	逆	14.00	23	33	25	27	2	中国统计	☺

年鉴说明：中国统计——《中国统计年鉴2011》；环境年鉴——《中国环境统计年鉴2011》；环境年报——《中国环境统计年报2010》；城市——《中国城市统计年鉴2011》；水利——中国《水利统计年鉴2011》；工业经济——《中国工业经济统计年鉴2011》；沙漠——《中国沙漠及其治理》。

重庆绿色发展水平简要分析

重庆绿色发展水平在全国参与测评的 30 个省(区、市)中排名第 19 位(使用 2010 年数据),较 2009 年上升 2 位(2009 年重庆测算排名第 21 位)。以下分别从各级指标得分情况和 2009 年、2010 年两年变化情况对重庆进行简要分析。

一、2010 年重庆绿色发展指数指标得分情况

2010 年重庆绿色发展指数为－0.101,从经济增长绿化度、资源环境承载潜力和政府政策支持度 3 个一级指标数值来看(如图 1 所示),重庆的政府政策支持度具有优势;而经济增长绿化度和资源环境承载潜力则相对较弱,低于全国平均水平(注:各个指标的全国平均水平为 0 值)。

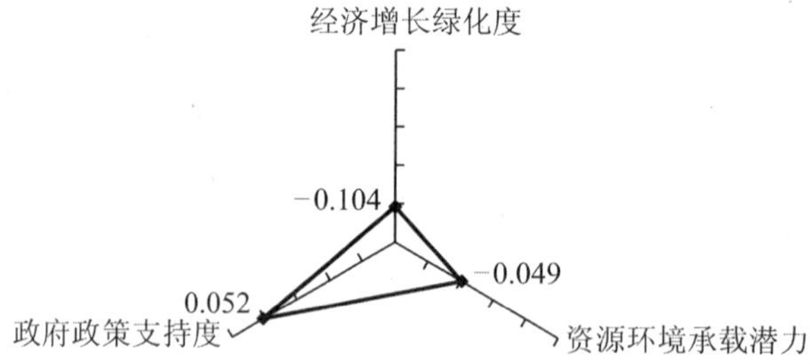

图 1　重庆一级指标得分情况

从图 2 中可以看出,2010 年重庆绿色发展指数二级指标中有 2 个高于全国平均水平,分别为绿色投资指标、基础设施指标。而绿色增长效率指标、第一产业指标、第二产业指标、第三产业指标、资源丰裕与生态保护指标、环境压力与气候变化指标、环境治理指标 7 个指标则低于全国平均水平。

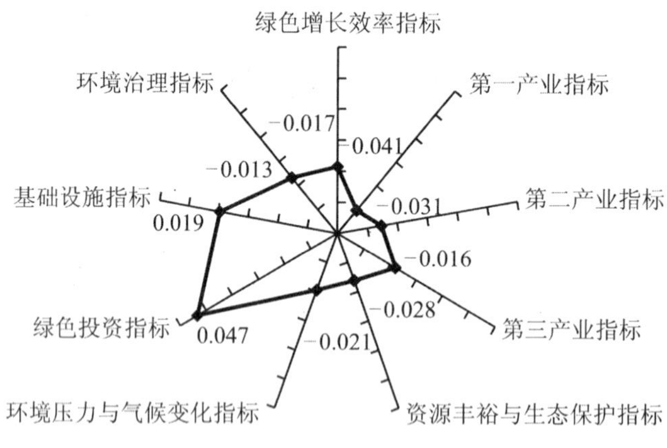

图 2　重庆二级指标得分情况

二、重庆绿色发展指数两年排名变化情况

如表 1 所示,从一级指标排名变化情况来看,2010 年该地区经济增长绿化度没有变化;而资源环境承载潜力上升 1 位,政府政策支持度上升 3 位。从二级指标排名变化情况来看,第二产业指标下降 2 位,资源丰裕与生态保护指标下降 2 位,基础设施指标下降 6 位;绿色增长效率指标上升 3 位,绿色投资指标上升 1 位,环境治理指标上升 7 位;其他指标较 2009 年则没有变化。

表 1　2009—2010 年重庆一级指标和二级指标排名变化情况

指　标	2010 年	2009 年	差　距	指　标	2010 年	2009 年	差　距
中国绿色发展指数	19	21	2				
经济增长绿化度	25	25	0	资源丰裕与生态保护指标	19	17	−2
绿色增长效率指标	17	20	3	环境压力与气候变化指标	14	14	0
第一产业指标	28	28	0	政府政策支持度	9	12	3
第二产业指标	24	22	−2	绿色投资指标	4	5	1
第三产业指标	19	19	0	基础设施指标	14	8	−6
资源环境承载潜力	16	17	1	环境治理指标	21	28	7

注：差距值为正数表明排名上升。

为了进一步分析一级、二级指标变化的原因，下面将重庆 2009 年与 2010 年两年三级指标排名位次变化超过 3 位的指标列表如下(见表 2)。与 2009 年相比，2010 年重庆三级指标排名中，城市人均绿地面积指标下降 14 位，农村人均改水、改厕的政府投资指标下降 4 位，单位工业增加值水耗指标下降 3 位；环境污染治理投资总额占地区生产总值比重指标上升 4 位，人均城镇生活消费用电指标上升 7 位，人均当年新增造林面积指标上升 7 位，人均城市公共交通运营线路网长度指标上升 10 位。

表 2　2009—2010 年重庆变化超过 3 位的三级指标

三级指标名称	两年原始数据			两年排名变化		
	单　位	2010 年	2009 年	2010 年	2009 年	变　动
人均城镇生活消费用电	千瓦时/人	219.41	463.60	18	25	7
单位工业增加值水耗	立方米/元	0.018 6	0.016 3	27	24	−3
环境污染治理投资总额占地区生产总值比重	%	2.22	1.85	3	7	4
农村人均改水、改厕的政府投资	元/人	60.45	78.03	11	7	−4
城市人均绿地面积	公顷/人	0.00	0.01	19	5	−14
人均城市公共交通运营线路网长度	公里/人	0.000 3	0.000 2	18	28	10
人均当年新增造林面积	公顷/万人	88.88	33.60	8	15	7

注：变动值为正数表明排名上升。

四川绿色发展"体检"表

序号	指标名称	单位	指标属性	2010年30省区测评均值	2010年四川数值	2009年四川数值	2010年四川排名	2009年四川排名	排名变化	2010年数据来源	进退脸谱
1	人均地区生产总值	元/人	正	33 964.12	21 182	17 339	25	24	－1	中国统计	☹
2	单位地区生产总值能耗	吨标准煤/万元	逆	1.29	1.28	1.34	20	20	0	中国统计	
3	非化石能源消费量占能源消费量的比重		正	NA	NA	NA	NA	NA			
4	单位地区生产总值二氧化碳排放量		逆	NA	NA	NA	NA	NA			
5	单位地区生产总值二氧化硫排放量	吨/万元	逆	0.008 8	0.008 1	0.009 3	19	20	1	中国统计	☺
6	单位地区生产总值化学需氧量排放量	吨/万元	逆	0.004 5	0.005 3	0.006 1	22	22	0	中国统计	
7	单位地区生产总值氮氧化物排放量	吨/万元	逆	0.006 8	0.004 8	0.004 9	15	15	0	环境年报；中国统计	
8	单位地区生产总值氨氮排放量	吨/万元	逆	0.000 4	0.000 4	0.000 5	16	17	1	环境年报；中国统计	☺
9	人均城镇生活消费用电	千瓦时/人	逆	295.08	121.98	287.94	6	13	7	城市	☺
10	第一产业劳动生产率	万元/人	正	1.61	1.15	1.03	21	19	－2	中国统计	☹
11	土地产出率	亿元/千公顷	正	0.26	0.22	0.19	18	18	0	中国统计	
12	节灌率		正	0.49	0.49	0.47	14	14	0	水利；中国统计	
13	有效灌溉面积占耕地面积比重	%	正	53.55	42.93	42.43	17	17	0	中国统计	
14	第二产业劳动生产率	万元/人	正	12.13	7.66	6.16	27	27	0	中国统计	
15	单位工业增加值水耗	立方米/元	逆	0.010 0	0.010 0	0.010 8	16	17	1	中国统计	☺
16	规模以上单位工业增加值能耗(无数列表)		逆	NA	NA	NA	NA	NA			
17	工业固体废物综合利用率	%	正	69.80	54.80	57.50	22	21	－1	环境年鉴	☹
18	工业用水重复利用率	%	正	72.90	71.79	38.51	22	27	5	环境年鉴	☺
19	六大高载能行业产值占工业总产值比重	%	逆	39.65	31.63	31.22	9	9	0	工业经济	
20	第三产业劳动生产率	万元/人	正	6.96	3.57	3.16	28	28	0	中国统计	
21	第三产业增加值比重	%	正	39.97	35.10	36.70	24	25	1	中国统计	☺
22	第三产业就业人员比重	%	正	36.67	34.05	33.91	19	19	0	中国统计	
23	人均水资源量	立方米/人	正	2 419.38	3 173.51	2 857.51	8	6	－2	中国统计	☹
24	人均森林面积	公顷/人	正	0.19	0.21	0.20	10	12	2	中国统计	☺
25	森林覆盖率	%	正	30.63	34.31	34.31	14	14	0	中国统计	
26	自然保护区面积占辖区面积比重	%	正	8.60	18.42	18.41	2	2	0	中国统计	
27	湿地面积占国土面积的比重	%	正	7.01	1.98	1.98	24	24	0	中国统计	
28	人均活立木总蓄积量	立方米/人	正	10.70	20.98	20.62	5	5	0	中国统计	
29	单位土地面积二氧化碳排放量		逆	NA	NA	NA	NA	NA			
30	人均二氧化碳排放量		逆	NA	NA	NA	NA	NA			
31	单位土地面积二氧化硫排放量	吨/平方公里	逆	6.367 7	2.336 4	2.345 4	9	9	0	中国统计；沙漠	
32	人均二氧化硫排放量	吨/人	逆	0.019 1	0.013 9	0.013 9	14	13	－1	中国统计	☹
33	单位土地面积化学需氧量排放量	吨/平方公里	逆	3.772 2	1.530 5	1.544 6	8	8	0	中国统计；沙漠	
34	人均化学需氧量排放量	吨/人	逆	0.010 1	0.009 1	0.009 2	12	11	－1	中国统计	☹

续表

序号	指标名称	单　位	指标属性	2010年30省区测评均值	2010年四川数值	2009年四川数值	2010年四川排名	2009年四川排名	排名变化	2010年数据来源	进退脸谱
35	单位土地面积氮氧化物排放量	吨/平方公里	逆	6.447 3	1.396 5	1.223 0	7	7	0	中国统计；沙漠；环境年报	
36	人均氮氧化物排放量	吨/人	逆	0.016 5	0.008 3	0.007 3	6	6	0	环境年报；中国统计	
37	单位土地面积氨氮排放量	吨/平方公里	逆	0.416 4	0.126 0	0.124 0	8	8	0	中国统计；沙漠；环境年报	
38	人均氨氮排放量	吨/人	逆	0.001 0	0.000 8	0.000 7	6	4	−2	环境年报；中国统计	☹
39	单位耕地面积化肥施用量	万吨/千公顷	逆	0.05	0.04	0.04	13	13	0	中国统计；中国统计	
40	单位耕地面积农药使用量	吨/千公顷	逆	17.68	10.46	10.41	14	14	0	环境年鉴；中国统计	
41	人均公路交通氮氧化物排放量	吨/万人	逆	24.07	6.83	10.73	3	5	2	环境年报；中国统计	☺
42	环境保护支出占财政支出比重	%	正	3.35	2.65	3.19	21	17	−4	中国统计	☹
43	环境污染治理投资总额占地区生产总值比重	%	正	1.40	0.52	0.85	30	26	−4	环境年鉴；中国统计	☹
44	农村人均改水、改厕的政府投资	元/人	正	57.01	67.36	137.13	10	4	−6	环境年鉴	☹
45	单位耕地面积退耕还林投资完成额	万元/千公顷	正	29.81	66.60	89.34	5	3	−2	环境年鉴；中国统计	☹
46	科教文卫支出占财政支出比重	%	正	26.10	21.09	20.74	29	30	1	中国统计	☺
47	城市人均绿地面积	公顷/人	正	0.00	0.00	0.00	26	28	2	城市；中国统计	☺
48	城市用水普及率	%	正	96.08	90.80	89.68	26	24	−2	中国统计	☹
49	城市污水处理率	%	正	79.18	74.80	67.50	23	20	−3	环境年鉴	☹
50	城市生活垃圾无害化处理率	%	正	78.47	86.86	83.50	12	10	−2	中国统计	☹
51	城市每万人拥有公交车辆	标台	正	9.86	9.65	11.18	15	10	−5	中国统计	☹
52	人均城市公共交通运营线路网长度	公里/人	正	0.000 6	0.000 2	0.000 3	26	19	−7	中国统计；城市	☹
53	农村累计已改水受益人口占农村总人口比重	%	正	94.44	92.61	90.95	21	24	3	环境年鉴	☺
54	建成区绿化覆盖率	%	正	37.75	37.88	36.40	16	19	3	中国统计	☺
55	人均当年新增造林面积	公顷/万人	正	59.50	47.10	59.77	12	10	−2	中国统计	☹
56	工业二氧化硫去除率	%	正	59.83	48.07	46.96	26	26	0	中国统计	
57	工业废水化学需氧量去除率	%	正	70.84	56.57	63.76	25	20	−5	环境年报；中国统计	☹
58	工业氮氧化物去除率	%	正	4.07	2.42	4.10	16	14	−2	环境年报	☹
59	工业废水氨氮去除率	%	正	62.87	30.49	42.70	28	24	−4	环境年报；中国统计	☹
60	突发环境事件次数	次	逆	14.00	1	0	6	1	−5	中国统计	☹

年鉴说明：中国统计——《中国统计年鉴2011》；环境年鉴——《中国环境统计年鉴2011》；环境年报——《中国环境统计年报2010》；城市——《中国城市统计年鉴2011》；水利——中国《水利统计年鉴2011》；工业经济——《中国工业经济统计年鉴2011》；沙漠——《中国沙漠及其治理》。

四川绿色发展水平简要分析

四川绿色发展水平在全国参与测评的 30 个省(区、市)中排名第 21 位(使用 2010 年数据),较 2009 年下降 2 位(2009 年四川测算排名第 19 位)。以下分别从各级指标得分情况和 2009 年、2010 年两年变化情况对四川进行简要分析。

一、2010 年四川绿色发展指数指标得分情况

2010 年四川绿色发展指数为－0.115,从经济增长绿化度、资源环境承载潜力和政府政策支持度 3 个一级指标数值来看(如图 1 所示),四川的资源环境承载潜力具有一定优势;而经济增长绿化度和政府政策支持度则相对较弱,低于全国平均水平(注:各个指标的全国平均水平为 0 值)。

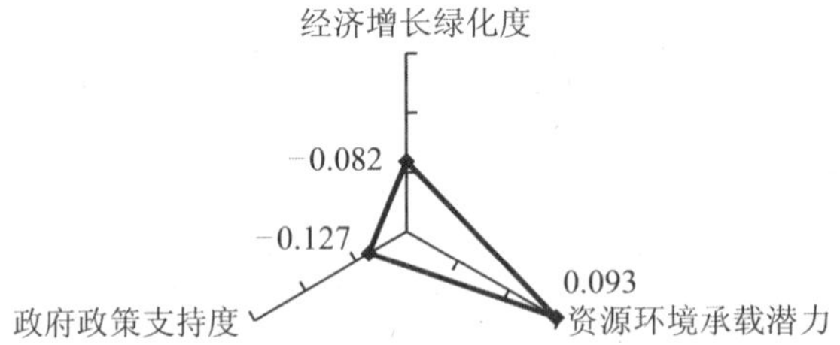

图 1　四川一级指标得分情况

从图 2 中可以看出,2010 年四川绿色发展指数二级指标中有 2 个高于全国平均水平,分别为资源丰裕与生态保护指标、环境压力与气候变化指标;而绿色增长效率指标、第一产业指标、第二产业指标、第三产业指标、绿色投资指标、基础设施指标、环境治理指标 7 个指标则低于全国平均水平。

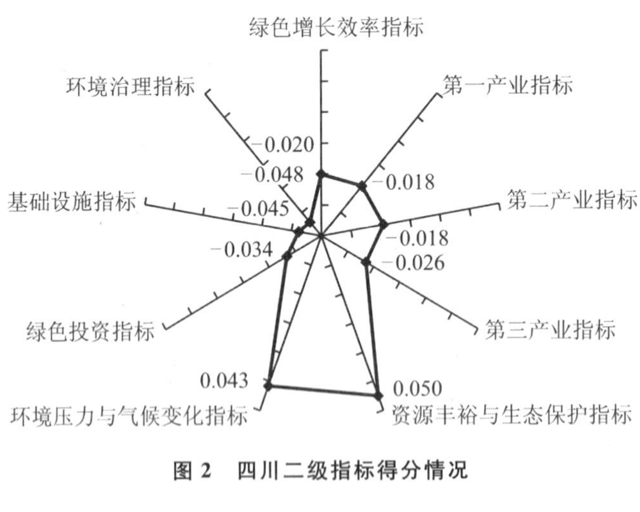

图 2　四川二级指标得分情况

二、四川绿色发展指数两年排名变化情况

如表 1 所示,从一级指标排名变化情况来看,2010 年该地区经济增长绿化度上升 2 位;资源环境承载潜力没有变化;政府政策支持度下降 5 位。从二级指标排名变化情况来看,第一产业指标下降 1 位,绿色投资指标下降 8 位,环境治理指标下降 6 位;第二产业指标上升 2 位;其他指标较 2009 年则没有变化。

表 1　2009—2010 年四川一级指标和二级指标排名变化情况

指　标	2010 年	2009 年	差　距	指　标	2010 年	2009 年	差　距
中国绿色发展指数	21	19	−2				
经济增长绿化度	21	23	2	资源丰裕与生态保护指标	6	6	0
绿色增长效率指标	21	21	0	环境压力与气候变化指标	8	8	0
第一产业指标	20	19	−1	政府政策支持度	28	23	−5
第二产业指标	21	23	2	绿色投资指标	26	18	−8
第三产业指标	25	25	0	基础设施指标	22	22	0
资源环境承载潜力	7	7	0	环境治理指标	28	22	−6

注：差距值为正数表明排名上升。

为了进一步分析一级、二级指标变化的原因，下面将四川 2009 年与 2010 年两年三级指标排名位次变化超过 3 位的指标列表如下(见表 2)。与 2009 年相比，2010 年四川三级指标排名中，人均城市公共交通运营线路网长度指标下降 7 位，农村人均改水、改厕的政府投资指标下降 6 位，城市每万人拥有公交车辆指标下降 5 位，工业废水化学需氧量去除率指标下降 5 位，突发环境事件次数指标下降 5 位，环境保护支出占财政支出比重指标下降 4 位，环境污染治理投资总额占地区生产总值比重指标下降 4 位，工业废水氨氮去除率指标下降 4 位，城市污水处理率指标下降 3 位；农村累计已改水受益人口占农村总人口比重指标上升 3 位，建成区绿化覆盖率指标上升 3 位，工业用水重复利用率指标上升 5 位，人均城镇生活消费用电指标上升 7 位。

表 2　2009—2010 年四川变化超过 3 位的三级指标

三级指标名称	两年原始数据			两年排名变化		
	单　位	2010 年	2009 年	2010 年	2009 年	变　动
人均城镇生活消费用电	千瓦时/人	121.98	287.94	6	13	7
工业用水重复利用率	%	71.79	38.51	22	27	5
环境保护支出占财政支出比重	%	2.65	3.19	21	17	−4
环境污染治理投资总额占地区生产总值比重	%	0.52	0.85	30	26	−4
农村人均改水、改厕的政府投资	元/人	67.36	137.13	10	4	−6
城市污水处理率	%	74.80	67.50	23	20	−3
城市每万人拥有公交车辆	标台	9.65	11.18	15	10	−5
人均城市公共交通运营线路网长度	公里/人	0.000 2	0.000 3	26	19	−7
农村累计已改水受益人口占农村总人口比重	%	92.61	90.95	21	24	3
建成区绿化覆盖率	%	37.88	36.40	16	19	3
工业废水化学需氧量去除率	%	56.57	63.76	25	20	−5
工业废水氨氮去除率	%	30.49	42.70	28	24	−4
突发环境事件次数	次	1	0	6	1	−5

注：变动值为正数表明排名上升。

贵州绿色发展“体检”表

序号	指标名称	单位	指标属性	2010年30省区测评均值	2010年贵州数值	2009年贵州数值	2010年贵州排名	2009年贵州排名	排名变化	2010年数据来源	进退脸谱
1	人均地区生产总值	元/人	正	33 964.12	13 119	10 309	30	30	0	中国统计	
2	单位地区生产总值能耗	吨标准煤/万元	逆	1.29	2.25	2.35	28	27	−1	中国统计	☹
3	非化石能源消费量占能源消费量的比重		正	NA	NA	NA	NA	NA			
4	单位地区生产总值二氧化碳排放量		逆	NA	NA	NA	NA	NA			
5	单位地区生产总值二氧化硫排放量	吨/万元	逆	0.008 8	0.031 6	0.036 5	30	30	0	中国统计	
6	单位地区生产总值化学需氧量排放量	吨/万元	逆	0.004 5	0.005 7	0.006 7	24	24	0	中国统计	
7	单位地区生产总值氮氧化物排放量	吨/万元	逆	0.006 8	0.006 2	0.006 6	18	20	2	环境年报；中国统计	☺
8	单位地区生产总值氨氮排放量	吨/万元	逆	0.000 4	0.000 4	0.000 5	18	19	1	环境年报；中国统计	☺
9	人均城镇生活消费用电	千瓦时/人	逆	295.08	276.16	346.64	21	18	−3	城市	☹
10	第一产业劳动生产率	万元/人	正	1.61	0.52	0.46	30	30	0	中国统计	
11	土地产出率	亿元/千公顷	正	0.26	0.12	0.10	29	29	0	中国统计	
12	节灌率		正	0.49	0.35	0.38	21	19	−2	水利；中国统计	☹
13	有效灌溉面积占耕地面积比重	%	正	53.55	25.23	22.65	30	30	0	中国统计	
14	第二产业劳动生产率	万元/人	正	12.13	6.51	5.58	29	29	0	中国统计	
15	单位工业增加值水耗	立方米/元	逆	0.010 0	0.026 0	0.027 3	30	30	0	中国统计	
16	规模以上单位工业增加值能耗(无数列表)		逆	NA	NA	NA	NA	NA			
17	工业固体废物综合利用率	%	正	69.80	50.90	45.60	24	27	3	环境年鉴	☺
18	工业用水重复利用率	%	正	72.90	59.34	57.99	24	23	−1	环境年鉴	☹
19	六大高载能行业产值占工业总产值比重	%	逆	39.65	50.56	53.00	23	24	1	工业经济	☺
20	第三产业劳动生产率	万元/人	正	6.96	2.44	2.22	30	30	0	中国统计	
21	第三产业增加值比重	%	正	39.97	47.30	48.20	3	3	0	中国统计	
22	第三产业就业人员比重	%	正	36.67	38.51	36.84	7	8	1	中国统计	☺
23	人均水资源量	立方米/人	正	2 419.38	2 726.76	2 397.65	10	9	−1	中国统计	☹
24	人均森林面积	公顷/人	正	0.19	0.16	0.15	14	15	1	中国统计	☺
25	森林覆盖率	%	正	30.63	31.61	31.61	16	16	0	中国统计	
26	自然保护区面积占辖区面积比重	%	正	8.60	5.39	5.41	21	21	0	中国统计	
27	湿地面积占国土面积的比重	%	正	7.01	0.45	0.45	30	30	0	中国统计	
28	人均活立木总蓄积量	立方米/人	正	10.70	8.02	7.35	13	14	1	中国统计	☺
29	单位土地面积二氧化碳排放量		逆	NA	NA	NA	NA	NA			
30	人均二氧化碳排放量		逆	NA	NA	NA	NA	NA			
31	单位土地面积二氧化硫排放量	吨/平方公里	逆	6.367 7	6.521 8	6.673 2	19	20	1	中国统计；沙漠	☺
32	人均二氧化硫排放量	吨/人	逆	0.019 1	0.031 6	0.031 0	27	27	0	中国统计	
33	单位土地面积化学需氧量排放量	吨/平方公里	逆	3.772 2	1.180 4	1.226 0	7	7	0	中国统计；沙漠	
34	人均化学需氧量排放量	吨/人	逆	0.010 1	0.005 7	0.005 7	2	1	−1	中国统计	☹

续表

序号	指标名称	单　位	指标属性	2010年30省区测评均值	2010年贵州数值	2009年贵州数值	2010年贵州排名	2009年贵州排名	排名变化	2010年数据来源	进退脸谱
35	单位土地面积氮氧化物排放量	吨/平方公里	逆	6.447 3	1.283 0	1.197 8	6	6	0	中国统计；沙漠；环境年报	
36	人均氮氧化物排放量	吨/人	逆	0.016 5	0.006 2	0.005 6	1	2	1	环境年报；中国统计	☺
37	单位土地面积氨氮排放量	吨/平方公里	逆	0.416 4	0.090 8	0.096 5	6	6	0	中国统计；沙漠；环境年报	
38	人均氨氮排放量	吨/人	逆	0.001 0	0.000 4	0.000 4	1	2	1	环境年报；中国统计	☺
39	单位耕地面积化肥施用量	万吨/千公顷	逆	0.05	0.02	0.02	4	4	0	中国统计；中国统计	
40	单位耕地面积农药使用量	吨/千公顷	逆	17.68	2.88	2.78	2	2	0	环境年鉴；中国统计	
41	人均公路交通氮氧化物排放量	吨/万人	逆	24.07	2.51	2.40	1	1	0	环境年报；中国统计	
42	环境保护支出占财政支出比重	%	正	3.35	3.33	4.03	15	9	−6	中国统计	☹
43	环境污染治理投资总额占地区生产总值比重	%	正	1.40	0.65	0.66	28	30	2	环境年鉴；中国统计	☺
44	农村人均改水、改厕的政府投资	元/人	正	57.01	38.06	33.84	19	23	4	环境年鉴	☺
45	单位耕地面积退耕还林投资完成额	万元/千公顷	正	29.81	46.60	52.85	7	6	−1	环境年鉴；中国统计	☹
46	科教文卫支出占财政支出比重	%	正	26.10	28.22	28.96	9	6	−3	中国统计	☹
47	城市人均绿地面积	公顷/人	正	0.00	0.00	0.00	14	23	9	城市；中国统计	☺
48	城市用水普及率	%	正	96.08	94.10	92.09	22	23	1	中国统计	☺
49	城市污水处理率	%	正	79.18	86.80	56.20	8	27	19	环境年鉴	☺
50	城市生活垃圾无害化处理率	%	正	78.47	90.64	81.70	10	11	1	中国统计	☺
51	城市每万人拥有公交车辆	标台	正	9.86	8.46	8.28	22	24	2	中国统计	☺
52	人均城市公共交通运营线路网长度	公里/人	正	0.000 6	0.000 3	0.000 2	21	24	3	中国统计；城市	☺
53	农村累计已改水受益人口占农村总人口比重	%	正	94.44	81.04	77.14	29	29	0	环境年鉴	
54	建成区绿化覆盖率	%	正	37.75	29.58	27.44	28	29	1	中国统计	☺
55	人均当年新增造林面积	公顷/万人	正	59.50	56.78	62.21	11	9	−2	中国统计	☹
56	工业二氧化硫去除率	%	正	59.83	77.19	67.87	3	6	3	中国统计	☺
57	工业废水化学需氧量去除率	%	正	70.84	78.41	80.73	10	8	−2	环境年报；中国统计	☹
58	工业氮氧化物去除率	%	正	4.07	8.53	17.33	5	2	−3	环境年报	☹
59	工业废水氨氮去除率	%	正	62.87	59.32	57.05	16	17	1	环境年报；中国统计	☺
60	突发环境事件次数	次	逆	14.00	5	4	14	10	−4	中国统计	☹

年鉴说明：中国统计——《中国统计年鉴 2011》；环境年鉴——《中国环境统计年鉴 2011》；环境年报——《中国环境统计年报 2010》；城市——《中国城市统计年鉴 2011》；水利——中国《水利统计年鉴 2011》；工业经济——《中国工业经济统计年鉴 2011》；沙漠——《中国沙漠及其治理》。

贵州绿色发展水平简要分析

贵州绿色发展水平在全国参与测评的 30 个省(区、市)中排名第 13 位(使用 2010 年数据),较 2009 年没有变化(2009 年贵州测算排名第 13 位)。以下分别从各级指标得分情况和 2009 年、2010 年两年变化情况对贵州进行简要分析。

一、2010 年贵州绿色发展指数指标得分情况

2010 年贵州绿色发展指数为 0.041,从经济增长绿化度、资源环境承载潜力和政府政策支持度 3 个一级指标数值来看(如图 1 所示),贵州的资源环境承载潜力具有优势;而经济增长绿化度和政府政策支持度则相对较弱,低于全国平均水平(注:各个指标的全国平均水平为 0 值)。

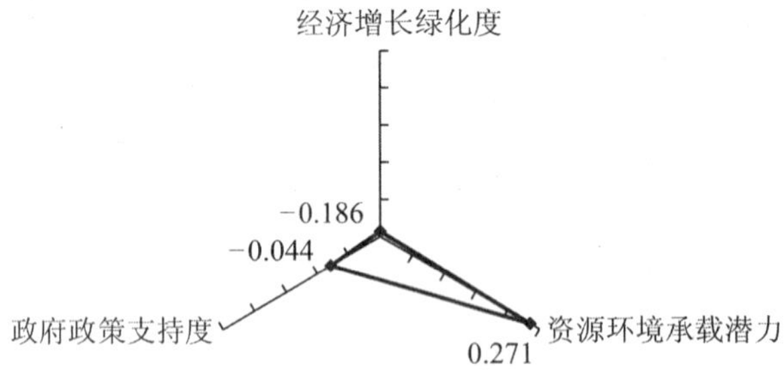

图 1 贵州一级指标得分情况

从图 2 中可以看出,2010 年贵州绿色发展指数二级指标中有 2 个高于全国平均水平,分别为环境压力与气候变化指标、环境治理指标。而绿色增长效率指标、第一产业指标、第二产业指标、第三产业指标、资源丰裕与生态保护指标、绿色投资指标、基础设施指标 7 个指标则低于全国平均水平。

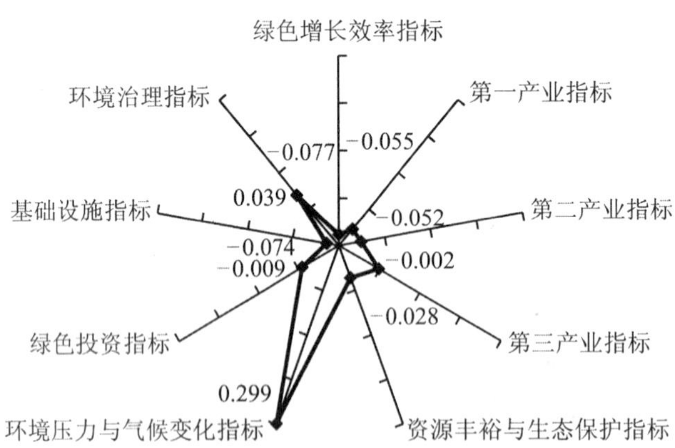

图 2 贵州二级指标得分情况

二、贵州绿色发展指数两年排名变化情况

如表 1 所示,从一级指标排名变化情况来看,2010 年该地区经济增长绿化度上升 1 位,政府政策支持度上升 5 位;而资源环境承载潜力没有变化。从二级指标排名变化情况来看,绿色投资指标下降 5 位;绿色增长效率指标上升 1 位,第三产业指标上升 1 位,基础设施指标上升 3 位;其他指标较 2009 年则没有变化。

表 1　2009—2010 年贵州一级指标和二级指标排名变化情况

指　标	2010 年	2009 年	差　距
中国绿色发展指数	13	13	0
经济增长绿化度	29	30	1
绿色增长效率指标	27	28	1
第一产业指标	30	30	0
第二产业指标	29	29	0
第三产业指标	10	11	1
资源环境承载潜力	2	2	0
资源丰裕与生态保护指标	20	20	0
环境压力与气候变化指标	2	2	0
政府政策支持度	21	26	5
绿色投资指标	16	11	－5
基础设施指标	26	29	3
环境治理指标	4	4	0

注：差距值为正数表明排名上升。

为了进一步分析一级、二级指标变化的原因，下面将贵州 2009 年与 2010 年两年三级指标排名位次变化超过 3 位的指标列表如下(见表 2)。与 2009 年相比，2010 年贵州三级指标排名中，环境保护支出占财政支出比重指标下降 6 位，突发环境事件次数指标下降 4 位，人均城镇生活消费用电指标下降 3 位，科教文卫支出占财政支出比重指标下降 3 位，工业氮氧化物去除率指标下降 3 位；工业固体废物综合利用率指标上升 3 位，人均城市公共交通运营线路网长度指标上升 3 位，工业二氧化硫去除率指标上升 3 位，农村人均改水、改厕的政府投资指标上升 4 位，城市人均绿地面积指标上升 9 位，城市污水处理率指标上升 19 位。

表 2　2009—2010 年贵州变化超过 3 位的三级指标

三级指标名称	两年原始数据			两年排名变化		
	单　位	2010 年	2009 年	2010 年	2009 年	变　动
人均城镇生活消费用电	千瓦时/人	276.16	346.64	21	18	－3
工业固体废物综合利用率	%	50.90	45.60	24	27	3
环境保护支出占财政支出比重	%	3.33	4.03	15	9	－6
农村人均改水、改厕的政府投资	元/人	38.06	33.84	19	23	4
科教文卫支出占财政支出比重	%	28.22	28.96	9	6	－3
城市人均绿地面积	公顷/人	0.00	0.00	14	23	9
城市污水处理率	%	86.80	56.20	8	27	19
人均城市公共交通运营线路网长度	公里/人	0.000 3	0.000 2	21	24	3
工业二氧化硫去除率	%	77.19	67.87	3	6	3
工业氮氧化物去除率	%	8.53	17.33	5	2	－3
突发环境事件次数	次	5	4	14	10	－4

注：变动值为正数表明排名上升。

云南绿色发展"体检"表

序号	指标名称	单　位	指标属性	2010 年 30 省区测评均值	2010 年云南数值	2009 年云南数值	2010 年云南排名	2009 年云南排名	排名变化	2010 年数据来源	进退脸谱
1	人均地区生产总值	元/人	正	33 964.12	15 752	13 539	29	28	−1	中国统计	☹
2	单位地区生产总值能耗	吨标准煤/万元	逆	1.29	1.44	1.50	23	22	−1	中国统计	☹
3	非化石能源消费量占能源消费量的比重		正	NA	NA	NA	NA	NA			
4	单位地区生产总值二氧化碳排放量		逆	NA	NA	NA	NA	NA			
5	单位地区生产总值二氧化硫排放量	吨/万元	逆	0.008 8	0.008 3	0.009 3	20	19	−1	中国统计	☹
6	单位地区生产总值化学需氧量排放量	吨/万元	逆	0.004 5	0.004 4	0.005 1	16	16	0	中国统计	
7	单位地区生产总值氮氧化物排放量	吨/万元	逆	0.006 8	0.007 2	0.007 3	23	24	1	环境年报；中国统计	☺
8	单位地区生产总值氨氮排放量	吨/万元	逆	0.000 4	0.000 3	0.000 4	10	9	−1	环境年报；中国统计	☹
9	人均城镇生活消费用电	千瓦时/人	逆	295.08	154.07	263.73	11	8	−3	城市	☹
10	第一产业劳动生产率	万元/人	正	1.61	0.66	0.64	29	29	0	中国统计	
11	土地产出率	亿元/千公顷	正	0.26	0.14	0.13	27	25	−2	中国统计	☹
12	节灌率		正	0.49	0.35	0.34	20	20	0	水利；中国统计	
13	有效灌溉面积占耕地面积比重	%	正	53.55	26.16	25.73	29	29	0	中国统计	
14	第二产业劳动生产率	万元/人	正	12.13	8.76	7.58	21	19	−2	中国统计	☹
15	单位工业增加值水耗	立方米/元	逆	0.010 0	0.011 0	0.010 7	19	16	−3	中国统计	☹
16	规模以上单位工业增加值能耗(无数列表)		逆	NA	NA	NA	NA	NA			
17	工业固体废物综合利用率	%	正	69.80	50.80	48.90	25	24	−1	环境年鉴	☹
18	工业用水重复利用率	%	正	72.90	64.65	62.20	23	22	−1	环境年鉴	☹
19	六大高载能行业产值占工业总产值比重	%	逆	39.65	55.63	53.47	27	26	−1	工业经济	☹
20	第三产业劳动生产率	万元/人	正	6.96	3.95	3.66	26	25	−1	中国统计	☹
21	第三产业增加值比重	%	正	39.97	40.00	40.80	10	11	1	中国统计	☺
22	第三产业就业人员比重	%	正	36.67	27.00	25.79	28	28	0	中国统计	
23	人均水资源量	立方米/人	正	2 419.38	4 233.15	3 459.73	6	4	−2	中国统计	☹
24	人均森林面积	公顷/人	正	0.19	0.40	0.40	4	4	0	中国统计	
25	森林覆盖率	%	正	30.63	47.50	47.50	7	7	0	中国统计	
26	自然保护区面积占辖区面积比重	%	正	8.60	7.80	7.41	13	12	−1	中国统计	☹
27	湿地面积占国土面积的比重	%	正	7.01	0.61	0.61	28	28	0	中国统计	
28	人均活立木总蓄积量	立方米/人	正	10.70	37.21	37.46	3	3	0	中国统计	
29	单位土地面积二氧化碳排放量		逆	NA	NA	NA	NA	NA			
30	人均二氧化碳排放量		逆	NA	NA	NA	NA	NA			
31	单位土地面积二氧化硫排放量	吨/平方公里	逆	6.367 7	1.306 7	1.303 0	5	5	0	中国统计；沙漠	
32	人均二氧化硫排放量	吨/人	逆	0.019 1	0.010 9	0.011 0	5	4	−1	中国统计	☹
33	单位土地面积化学需氧量排放量	吨/平方公里	逆	3.772 2	0.700 2	0.712 6	5	5	0	中国统计；沙漠	
34	人均化学需氧量排放量	吨/人	逆	0.010 1	0.005 9	0.006 0	3	3	0	中国统计	

续表

序号	指标名称	单　位	指标属性	2010 年 30 省区测评均值	2010 年云南数值	2009 年云南数值	2010 年云南排名	2009 年云南排名	排名变化	2010 年数据来源	进退脸谱
35	单位土地面积氮氧化物排放量	吨/平方公里	逆	6.447 3	1.135 2	1.030 8	5	4	−1	中国统计；沙漠；环境年报	☹
36	人均氮氧化物排放量	吨/人	逆	0.016 5	0.009 5	0.008 7	7	8	1	环境年报；中国统计	☺
37	单位土地面积氨氮排放量	吨/平方公里	逆	0.416 4	0.054 8	0.049 6	3	4	1	中国统计；沙漠；环境年报	☺
38	人均氨氮排放量	吨/人	逆	0.001 0	0.000 5	0.000 4	2	1	−1	环境年报；中国统计	☹
39	单位耕地面积化肥施用量	万吨/千公顷	逆	0.05	0.03	0.03	7	7	0	中国统计；中国统计	
40	单位耕地面积农药使用量	吨/千公顷	逆	17.68	7.61	7.01	9	9	0	环境年鉴；中国统计	
41	人均公路交通氮氧化物排放量	吨/万人	逆	24.07	18.26	17.74	14	13	−1	环境年报；中国统计	☹
42	环境保护支出占财政支出比重	%	正	3.35	3.78	4.21	12	8	−4	中国统计	☹
43	环境污染治理投资总额占地区生产总值比重	%	正	1.40	1.47	1.48	12	14	2	环境年鉴；中国统计	☺
44	农村人均改水、改厕的政府投资	元/人	正	57.01	37.16	28.38	20	26	6	环境年鉴	☺
45	单位耕地面积退耕还林投资完成额	万元/千公顷	正	29.81	27.19	28.27	14	11	−3	环境年鉴；中国统计	☹
46	科教文卫支出占财政支出比重	%	正	26.10	26.93	26.17	13	18	5	中国统计	☺
47	城市人均绿地面积	公顷/人	正	0.00	0.00	0.00	22	21	−1	城市；中国统计	☹
48	城市用水普及率	%	正	96.08	96.50	96.23	18	17	−1	中国统计	☹
49	城市污水处理率	%	正	79.18	93.40	85.30	1	5	4	环境年鉴	☺
50	城市生活垃圾无害化处理率	%	正	78.47	88.28	80.88	11	12	1	中国统计	☺
51	城市每万人拥有公交车辆	标台	正	9.86	9.74	9.80	14	19	5	中国统计	☺
52	人均城市公共交通运营线路网长度	公里/人	正	0.000 6	0.000 5	0.000 4	11	12	1	中国统计；城市	☺
53	农村累计已改水受益人口占农村总人口比重	%	正	94.44	85.05	81.80	27	28	1	环境年鉴	☺
54	建成区绿化覆盖率	%	正	37.75	37.31	36.29	19	21	2	中国统计	☺
55	人均当年新增造林面积	公顷/万人	正	59.50	144.23	156.57	4	4	0	中国统计	
56	工业二氧化硫去除率	%	正	59.83	77.14	77.23	4	2	−2	中国统计	☹
57	工业废水化学需氧量去除率	%	正	70.84	77.69	78.30	12	9	−3	环境年报；中国统计	☹
58	工业氮氧化物去除率	%	正	4.07	0.00	0.00	30	28	−2	环境年报	☹
59	工业废水氨氮去除率	%	正	62.87	82.16	85.63	7	3	−4	环境年报；中国统计	☹
60	突发环境事件次数	次	逆	14.00	0	3	1	9	8	中国统计	☺

年鉴说明：中国统计——《中国统计年鉴 2011》；环境年鉴——《中国环境统计年鉴 2011》；环境年报——《中国环境统计年报 2010》；城市——《中国城市统计年鉴 2011》；水利——中国《水利统计年鉴 2011》；工业经济——《中国工业经济统计年鉴 2011》；沙漠——《中国沙漠及其治理》。

云南绿色发展水平简要分析

云南绿色发展水平在全国参与测评的30个省(区、市)中排名第7位(使用2010年数据),较2009年没有变化(2009年云南测算排名第7位)。以下分别从各级指标得分情况和2009年、2010年两年变化情况对云南进行简要分析。

一、2010年云南绿色发展指数指标得分情况

2010年云南绿色发展指数为0.109,从经济增长绿化度、资源环境承载潜力和政府政策支持度3个一级指标数值来看(如图1所示),云南的资源环境承载潜力和政府政策支持度具有优势;而经济增长绿化度则相对较弱,低于全国平均水平(注:各个指标的全国平均水平为0值)。

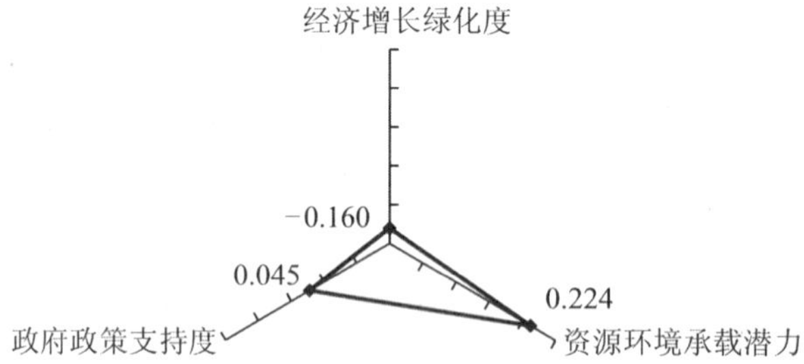

图1 云南一级指标得分情况

从图2中可以看出,2010年云南绿色发展指数二级指标中有4个高于全国平均水平,分别为资源丰裕与生态保护指标、环境压力与气候变化指标、绿色投资指标、环境治理指标;而绿色增长效率指标、第一产业指标、第二产业指标、第三产业指标、基础设施指标5个指标则低于全国平均水平。

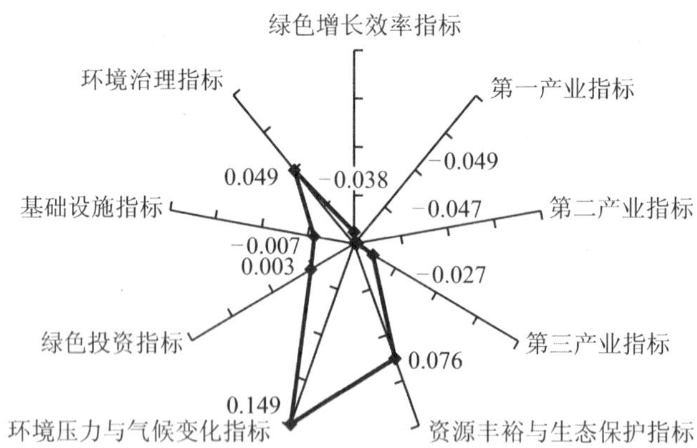

图2 云南二级指标得分情况

二、云南绿色发展指数两年排名变化情况

如表1所示,从一级指标排名变化情况来看,2010年该地区经济增长绿化度下降1位,政府政策支持度下降2位;而资源环境承载潜力没有变化。从二级指标排名变化情况来看,绿色投资指标下降1位,基础设施指标下降1位;绿色增长效率指标上升1位,环境治理指标上升2位;其他指标较2009年则没有变化。

表 1　2009—2010 年云南一级指标和二级指标排名变化情况

指　标	2010 年	2009 年	差　距	指　标	2010 年	2009 年	差　距
中国绿色发展指数	7	7	0				
经济增长绿化度	27	26	−1	资源丰裕与生态保护指标	4	4	0
绿色增长效率指标	23	24	1	环境压力与气候变化指标	3	3	0
第一产业指标	29	29	0	政府政策支持度	11	9	−2
第二产业指标	27	27	0	绿色投资指标	14	13	−1
第三产业指标	26	26	0	基础设施指标	16	15	−1
资源环境承载潜力	3	3	0	环境治理指标	1	3	2

注：差距值为正数表明排名上升。

为了进一步分析一级、二级指标变化的原因，下面将云南 2009 年与 2010 年两年三级指标排名位次变化超过 3 位的指标列表如下(见表 2)。与 2009 年相比，2010 年云南三级指标排名中，环境保护支出占财政支出比重指标下降 4 位，工业废水氨氮去除率指标下降 4 位，人均城镇生活消费用电指标下降 3 位，单位工业增加值水耗指标下降 3 位，单位耕地面积退耕还林投资完成额指标下降 3 位，工业废水化学需氧量去除率指标下降 3 位；城市污水处理率指标上升 4 位，科教文卫支出占财政支出比重指标上升 5 位，城市每万人拥有公交车辆指标上升 5 位，农村人均改水、改厕的政府投资指标上升 6 位，突发环境事件次数指标上升 8 位。

表 2　2009—2010 年云南变化超过 3 位的三级指标

三级指标名称	两年原始数据			两年排名变化		
	单　位	2010 年	2009 年	2010 年	2009 年	变　动
人均城镇生活消费用电	千瓦时/人	154.07	263.73	11	8	−3
单位工业增加值水耗	立方米/元	0.011 0	0.010 7	19	16	−3
环境保护支出占财政支出比重	%	3.78	4.21	12	8	−4
农村人均改水、改厕的政府投资	元/人	37.16	28.38	20	26	6
单位耕地面积退耕还林投资完成额	万元/千公顷	27.19	28.27	14	11	−3
科教文卫支出占财政支出比重	%	26.93	26.17	13	18	5
城市污水处理率	%	93.40	85.30	1	5	4
城市每万人拥有公交车辆	标台	9.74	9.80	14	19	5
工业废水化学需氧量去除率	%	77.69	78.30	12	9	−3
工业废水氨氮去除率	%	82.16	85.63	7	3	−4
突发环境事件次数	次	0	3	1	9	8

注：变动值为正数表明排名上升。

陕西绿色发展“体检”表

序号	指标名称	单位	指标属性	2010 年 30 省区测评均值	2010 年陕西数值	2009 年陕西数值	2010 年陕西排名	2009 年陕西排名	排名变化	2010 年数据来源	进退脸谱
1	人均地区生产总值	元/人	正	33 964.12	27 133	21 688	15	17	2	中国统计	☺
2	单位地区生产总值能耗	吨标准煤/万元	逆	1.29	1.13	1.17	15	14	−1	中国统计	☹
3	非化石能源消费量占能源消费量的比重		正	NA	NA	NA	NA	NA			
4	单位地区生产总值二氧化碳排放量		逆	NA	NA	NA	NA	NA			
5	单位地区生产总值二氧化硫排放量	吨/万元	逆	0.008 8	0.009 9	0.011 7	21	21	0	中国统计	
6	单位地区生产总值化学需氧量排放量	吨/万元	逆	0.004 5	0.003 9	0.004 6	14	14	0	中国统计	
7	单位地区生产总值氮氧化物排放量	吨/万元	逆	0.006 8	0.006 6	0.007 3	22	23	1	环境年报；中国统计	☺
8	单位地区生产总值氨氮排放量	吨/万元	逆	0.000 4	0.000 4	0.000 5	14	16	2	环境年报；中国统计	☺
9	人均城镇生活消费用电	千瓦时/人	逆	295.08	157.94	323.86	12	17	5	城市	☺
10	第一产业劳动生产率	万元/人	正	1.61	1.14	0.88	22	25	3	中国统计	☺
11	土地产出率	亿元/千公顷	正	0.26	0.26	0.20	13	15	2	中国统计	☺
12	节灌率		正	0.49	0.66	0.66	9	8	−1	水利；中国统计	☹
13	有效灌溉面积占耕地面积比重	%	正	53.55	31.72	31.93	24	23	−1	中国统计	☹
14	第二产业劳动生产率	万元/人	正	12.13	11.83	10.13	11	11	0	中国统计	
15	单位工业增加值水耗	立方米/元	逆	0.010 0	0.003 8	0.003 3	7	6	−1	中国统计	☹
16	规模以上单位工业增加值能耗(无数列表)		逆	NA	NA	NA	NA	NA			
17	工业固体废物综合利用率	%	正	69.80	54.40	54.00	23	22	−1	环境年鉴	☹
18	工业用水重复利用率	%	正	72.90	91.06	91.11	8	8	0	环境年鉴	
19	六大高载能行业产值占工业总产值比重	%	逆	39.65	34.97	34.32	13	12	−1	工业经济	☹
20	第三产业劳动生产率	万元/人	正	6.96	6.06	5.06	15	17	2	中国统计	☺
21	第三产业增加值比重	%	正	39.97	36.40	38.50	19	18	−1	中国统计	☹
22	第三产业就业人员比重	%	正	36.67	31.16	31.75	25	23	−2	中国统计	☹
23	人均水资源量	立方米/人	正	2 419.38	1 360.25	1 105.63	20	18	−2	中国统计	☹
24	人均森林面积	公顷/人	正	0.19	0.21	0.20	11	11	0	中国统计	
25	森林覆盖率	%	正	30.63	37.26	37.26	11	11	0	中国统计	
26	自然保护区面积占辖区面积比重	%	正	8.60	5.64	5.62	20	19	−1	中国统计	☹
27	湿地面积占国土面积的比重	%	正	7.01	1.42	1.42	26	26	0	中国统计	
28	人均活立木总蓄积量	立方米/人	正	10.70	9.68	9.58	10	10	0	中国统计	
29	单位土地面积二氧化碳排放量		逆	NA	NA	NA	NA	NA			
30	人均二氧化碳排放量		逆	NA	NA	NA	NA	NA			
31	单位土地面积二氧化硫排放量	吨/平方公里	逆	6.367 7	3.997 3	4.129 5	16	16	0	中国统计；沙漠	
32	人均二氧化硫排放量	吨/人	逆	0.019 1	0.020 7	0.021 4	21	22	1	中国统计	☺
33	单位土地面积化学需氧量排放量	吨/平方公里	逆	3.772 2	1.579 4	1.632 9	9	9	0	中国统计；沙漠	
34	人均化学需氧量排放量	吨/人	逆	0.010 1	0.008 2	0.008 4	10	10	0	中国统计	

续表

序号	指标名称	单　位	指标属性	2010年30省区测评均值	2010年陕西数值	2009年陕西数值	2010年陕西排名	2009年陕西排名	排名变化	2010年数据来源	进退脸谱
35	单位土地面积氮氧化物排放量	吨/平方公里	逆	6.447 3	2.659 2	2.561 7	13	14	1	中国统计；沙漠；环境年报	☺
36	人均氮氧化物排放量	吨/人	逆	0.016 5	0.013 8	0.013 2	17	16	−1	环境年报；中国统计	☹
37	单位土地面积氨氮排放量	吨/平方公里	逆	0.416 4	0.164 3	0.164 3	10	10	0	中国统计；沙漠；环境年报	
38	人均氨氮排放量	吨/人	逆	0.001 0	0.000 9	0.000 8	13	13	0	环境年报；中国统计	
39	单位耕地面积化肥施用量	万吨/千公顷	逆	0.05	0.05	0.04	16	14	−2	中国统计；中国统计	☹
40	单位耕地面积农药使用量	吨/千公顷	逆	17.68	3.06	3.25	3	4	1	环境年鉴；中国统计	☺
41	人均公路交通氮氧化物排放量	吨/万人	逆	24.07	6.88	8.59	4	3	−1	环境年报；中国统计	☹
42	环境保护支出占财政支出比重	%	正	3.35	3.74	4.32	13	6	−7	中国统计	☹
43	环境污染治理投资总额占地区生产总值比重	%	正	1.40	1.77	1.74	7	8	1	环境年鉴；中国统计	☺
44	农村人均改水、改厕的政府投资	元/人	正	57.01	69.69	48.21	9	16	7	环境年鉴	☺
45	单位耕地面积退耕还林投资完成额	万元/千公顷	正	29.81	55.30	58.30	6	5	−1	环境年鉴；中国统计	☹
46	科教文卫支出占财政支出比重	%	正	26.10	27.38	27.07	12	12	0	中国统计	
47	城市人均绿地面积	公顷/人	正	0.00	0.00	0.00	28	27	−1	城市；中国统计	☹
48	城市用水普及率	%	正	96.08	99.39	98.06	10	11	1	中国统计	☺
49	城市污水处理率	%	正	79.18	74.20	66.40	24	21	−3	环境年鉴	☹
50	城市生活垃圾无害化处理率	%	正	78.47	79.84	69.16	17	16	−1	中国统计	☹
51	城市每万人拥有公交车辆	标台	正	9.86	12.64	13.36	3	5	2	中国统计	☺
52	人均城市公共交通运营线路网长度	公里/人	正	0.000 6	0.000 2	0.000 2	22	29	7	中国统计；城市	☺
53	农村累计已改水受益人口占农村总人口比重	%	正	94.44	89.27	96.93	24	15	−9	环境年鉴	☹
54	建成区绿化覆盖率	%	正	37.75	38.29	38.76	13	9	−4	中国统计	☹
55	人均当年新增造林面积	公顷/万人	正	59.50	97.06	119.31	6	6	0	中国统计	
56	工业二氧化硫去除率	%	正	59.83	60.36	50.09	19	24	5	中国统计	☺
57	工业废水化学需氧量去除率	%	正	70.84	66.81	65.85	20	18	−2	环境年报；中国统计	☹
58	工业氮氧化物去除率	%	正	4.07	2.22	2.89	18	19	1	环境年报	☺
59	工业废水氨氮去除率	%	止	62.87	55.47	47.22	20	21	1	环境午报；中国统计	☺
60	突发环境事件次数	次	逆	14.00	9	10	19	18	−1	中国统计	☹

年鉴说明：中国统计——《中国统计年鉴2011》；环境年鉴——《中国环境统计年鉴2011》；环境年报——《中国环境统计年报2010》；城市——《中国城市统计年鉴2011》；水利——中国《水利统计年鉴2011》；工业经济——《中国工业经济统计年鉴2011》；沙漠——《中国沙漠及其治理》。

陕西绿色发展水平简要分析

陕西绿色发展水平在全国参与测评的 30 个省(区、市)中排名第 14 位(使用 2010 年数据),较 2009 年没有变化(2009 年陕西测算排名第 14 位)。以下分别从各级指标得分情况和 2009 年、2010 年两年变化情况对陕西进行简要分析。

一、2010 年陕西绿色发展指数指标得分情况

2010 年陕西绿色发展指数为 0.030,从经济增长绿化度、资源环境承载潜力和政府政策支持度 3 个一级指标数值来看(如图 1 所示),陕西的资源环境承载潜力和政府政策支持度具有优势;而经济增长绿化度则相对较弱,低于全国平均水平(注:各个指标的全国平均水平为 0 值)。

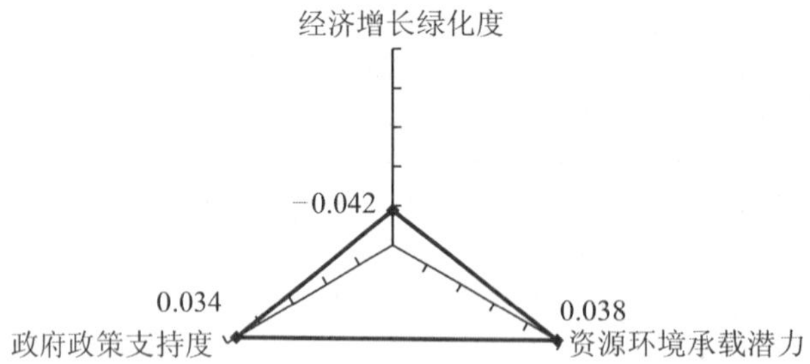

图 1 陕西一级指标得分情况

从图 2 中可以看出,2010 年陕西绿色发展指数二级指标中有 3 个高于全国平均水平,分别为第二产业指标、环境压力与气候变化指标、绿色投资指标;而绿色增长效率指标、第一产业指标、第三产业指标、资源丰裕与生态保护指标、基础设施指标、环境治理指标 6 个指标则低于全国平均水平。

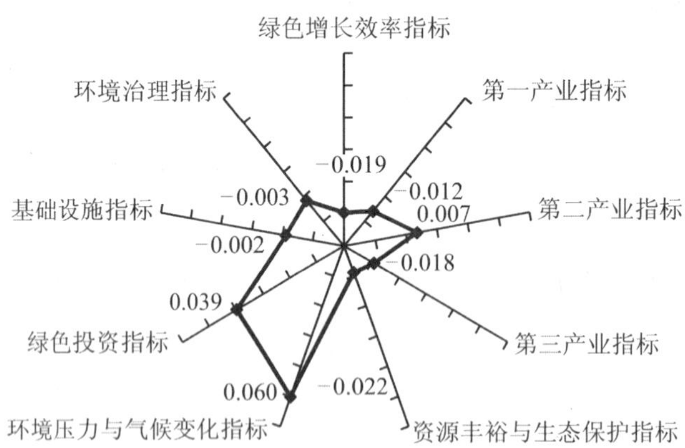

图 2 陕西二级指标得分情况

二、陕西绿色发展指数两年排名变化情况

如表 1 所示,从一级指标排名变化情况来看,2010 年该地区资源环境承载潜力上升 1 位;经济增长绿化度下降 1 位;而政府政策支持度则没有变化。从二级指标排名变化情况来看,第二产业指标下降 3 位,基础设施指标下降 1 位,环境治理指标下降 1 位;绿色增长效率指标上升 2 位,第一产业指标上升 1 位,第三产业指标上升 1 位,资源丰裕与生态保护指标上升 1 位,环境压力与气候变化指标上升 3 位;其他指标较 2009 年则没有变化。

表 1　2009—2010 年陕西一级指标和二级指标排名变化情况

指　标	2010 年	2009 年	差　距	指　标	2010 年	2009 年	差　距
中国绿色发展指数	14	14	0				
经济增长绿化度	15	14	－1	资源丰裕与生态保护指标	18	19	1
绿色增长效率指标	20	22	2	环境压力与气候变化指标	6	9	3
第一产业指标	16	17	1	政府政策支持度	13	13	0
第二产业指标	13	10	－3	绿色投资指标	6	6	0
第三产业指标	20	21	1	基础设施指标	15	14	－1
资源环境承载潜力	11	12	1	环境治理指标	18	17	－1

注：差距值为正数表明排名上升。

为了进一步分析一级、二级指标变化的原因，下面将陕西 2009 年与 2010 年两年三级指标排名位次变化超过 3 位的指标列表如下(见表 2)。与 2009 年相比，2010 年陕西三级指标排名中，农村累计已改水受益人口占农村总人口比重指标下降 9 位，环境保护支出占财政支出比重指标下降 7 位，建成区绿化覆盖率指标下降 4 位，城市污水处理率指标下降 3 位；第一产业劳动生产率指标上升 3 位，人均城镇生活消费用电指标上升 5 位，工业二氧化硫去除率指标上升 5 位，农村人均改水、改厕的政府投资指标上升 7 位，人均城市公共交通运营线路网长度指标上升 7 位。

表 2　2009—2010 年陕西变化超过 3 位的三级指标

三级指标名称	两年原始数据			两年排名变化		
	单　位	2010 年	2009 年	2010 年	2009 年	变　动
人均城镇生活消费用电	千瓦时/人	157.94	323.86	12	17	5
第一产业劳动生产率	万元/人	1.14	0.88	22	25	3
环境保护支出占财政支出比重	%	3.74	4.32	13	6	－7
农村人均改水、改厕的政府投资	元/人	69.69	48.21	9	16	7
城市污水处理率	%	74.20	66.40	24	21	－3
人均城市公共交通运营线路网长度	公里/人	0.000 2	0.000 2	22	29	7
农村累计已改水受益人口占农村总人口比重	%	89.27	96.93	24	15	－9
建成区绿化覆盖率	%	38.29	38.76	13	9	－4
工业二氧化硫去除率	%	60.36	50.09	19	24	5

注：变动值为正数表明排名上升。

甘肃绿色发展“体检”表

序号	指标名称	单位	指标属性	2010 年 30 省区测评均值	2010 年甘肃数值	2009 年甘肃数值	2010 年甘肃排名	2009 年甘肃排名	排名变化	2010 年数据来源	进退脸谱
1	人均地区生产总值	元/人	正	33 964.12	16 113	12 872	28	29	1	中国统计	☺
2.	单位地区生产总值能耗	吨标准煤/万元	逆	1.29	1.80	1.86	25	24	−1	中国统计	☹
3	非化石能源消费量占能源消费量的比重		正	NA	NA	NA	NA	NA			
4	单位地区生产总值二氧化碳排放量		逆	NA	NA	NA	NA	NA			
5	单位地区生产总值二氧化硫排放量	吨/万元	逆	0.008 8	0.016 8	0.017 0	27	26	−1	中国统计	☹
6	单位地区生产总值化学需氧量排放量	吨/万元	逆	0.004 5	0.005 1	0.005 7	21	21	0	中国统计	
7	单位地区生产总值氮氧化物排放量	吨/万元	逆	0.006 8	0.008 9	0.008 7	25	25	0	环境年报；中国统计	
8	单位地区生产总值氨氮排放量	吨/万元	逆	0.000 4	0.000 7	0.000 9	28	30	2	环境年报；中国统计	☺
9	人均城镇生活消费用电	千瓦时/人	逆	295.08	107.45	266.19	4	9	5	城市	☺
10	第一产业劳动生产率	万元/人	正	1.61	0.81	0.67	28	28	0	中国统计	
11	土地产出率	亿元/千公顷	正	0.26	0.19	0.15	19	22	3	中国统计	☺
12	节灌率		正	0.49	0.67	0.65	8	9	1	水利；中国统计	☺
13	有效灌溉面积占耕地面积比重	%	正	53.55	27.44	27.14	28	28	0	中国统计	
14	第二产业劳动生产率	万元/人	正	12.13	9.43	7.57	18	20	2	中国统计	☺
15	单位工业增加值水耗	立方米/元	逆	0.010 0	0.011 2	0.010 9	21	18	−3	中国统计	☹
16	规模以上单位工业增加值能耗(无数列表)		逆	NA	NA	NA	NA	NA			
17	工业固体废物综合利用率	%	正	69.80	46.30	33.40	29	30	1	环境年鉴	☺
18	工业用水重复利用率	%	正	72.90	87.09	89.21	10	10	0	环境年鉴	
19	六大高载能行业产值占工业总产值比重	%	逆	39.65	67.41	68.92	30	30	0	工业经济	
20	第三产业劳动生产率	万元/人	正	6.96	3.25	2.97	29	29	0	中国统计	
21	第三产业增加值比重	%	正	39.97	37.30	40.20	14	12	−2	中国统计	☹
22	第三产业就业人员比重	%	正	36.67	33.81	32.88	20	21	1	中国统计	☺
23	人均水资源量	立方米/人	正	2 419.38	841.66	794.32	21	20	−1	中国统计	☹
24	人均森林面积	公顷/人	正	0.19	0.18	0.18	13	13	0	中国统计	
25	森林覆盖率	%	正	30.63	10.42	10.42	25	25	0	中国统计	
26	自然保护区面积占辖区面积比重	%	正	8.60	16.17	16.16	3	3	0	中国统计	
27	湿地面积占国土面积的比重	%	正	7.01	2.80	2.80	22	22	0	中国统计	
28	人均活立木总蓄积量	立方米/人	正	10.70	8.48	8.24	12	12	0	中国统计	
29	单位土地面积二氧化碳排放量		逆	NA	NA	NA	NA	NA			
30	人均二氧化碳排放量		逆	NA	NA	NA	NA	NA			
31	单位土地面积二氧化硫排放量	吨/平方公里	逆	6.367 7	1.641 8	1.488 6	6	6	0	中国统计；沙漠	
32	人均二氧化硫排放量	吨/人	逆	0.019 1	0.021 2	0.019 0	22	19	−3	中国统计	☹
33	单位土地面积化学需氧量排放量	吨/平方公里	逆	3.772 2	0.498 6	0.500 2	4	4	0	中国统计；沙漠	
34	人均化学需氧量排放量	吨/人	逆	0.010 1	0.006 5	0.006 4	4	4	0	中国统计	

续表

序号	指标名称	单　位	指标属性	2010年30省区测评均值	2010年甘肃数值	2009年甘肃数值	2010年甘肃排名	2009年甘肃排名	排名变化	2010年数据来源	进退脸谱
35	单位土地面积氮氧化物排放量	吨/平方公里	逆	6.447 3	0.868 8	0.758 7	3	3	0	中国统计；沙漠；环境年报	
36	人均氮氧化物排放量	吨/人	逆	0.016 5	0.011 2	0.009 7	11	12	1	环境年报；中国统计	☺
37	单位土地面积氨氮排放量	吨/平方公里	逆	0.416 4	0.071 4	0.080 3	5	5	0	中国统计；沙漠；环境年报	
38	人均氨氮排放量	吨/人	逆	0.001 0	0.000 9	0.001 0	16	18	2	环境年报；中国统计	☺
39	单位耕地面积化肥施用量	万吨/千公顷	逆	0.05	0.02	0.02	3	3	0	中国统计；中国统计	
40	单位耕地面积农药使用量	吨/千公顷	逆	17.68	9.57	8.57	13	11	−2	环境年鉴；中国统计	☹
41	人均公路交通氮氧化物排放量	吨/万人	逆	24.07	17.74	15.54	13	11	−2	环境年报；中国统计	☹
42	环境保护支出占财政支出比重	%	正	3.35	4.65	4.26	4	7	3	中国统计	☺
43	环境污染治理投资总额占地区生产总值比重	%	正	1.40	1.55	1.51	11	13	2	环境年鉴；中国统计	☺
44	农村人均改水、改厕的政府投资	元/人	正	57.01	41.06	40.53	18	18	0	环境年鉴	
45	单位耕地面积退耕还林投资完成额	万元/千公顷	正	29.81	82.80	49.46	4	7	3	环境年鉴；中国统计	☺
46	科教文卫支出占财政支出比重	%	正	26.10	25.15	26.43	20	15	−5	中国统计	☹
47	城市人均绿地面积	公顷/人	正	0.00	0.00	0.00	29	29	0	城市；中国统计	
48	城市用水普及率	%	正	96.08	91.57	89.66	24	25	1	中国统计	☺
49	城市污水处理率	%	正	79.18	62.60	61.30	27	23	−4	环境年鉴	☹
50	城市生活垃圾无害化处理率	%	正	78.47	37.95	32.37	30	29	−1	中国统计	☹
51	城市每万人拥有公交车辆	标台	正	9.86	8.10	8.20	23	25	2	中国统计	☺
52	人均城市公共交通运营线路网长度	公里/人	正	0.000 6	0.000 2	0.000 3	27	17	−10	中国统计；城市	☹
53	农村累计已改水受益人口占农村总人口比重	%	正	94.44	97.09	94.95	16	21	5	环境年鉴	☺
54	建成区绿化覆盖率	%	正	37.75	27.12	27.32	30	30	0	中国统计	
55	人均当年新增造林面积	公顷/万人	正	59.50	89.60	80.70	7	8	1	中国统计	☺
56	工业二氧化硫去除率	%	正	59.83	79.32	82.68	1	1	0	中国统计	
57	工业废水化学需氧量去除率	%	正	70.84	54.42	44.71	27	29	2	环境年报；中国统计	☺
58	工业氮氧化物去除率	%	正	4.07	5.41	4.32	9	13	4	环境年报	☺
59	工业废水氨氮去除率	%	正	62.87	46.38	17.99	24	29	5	环境年报，中国统计	☺
60	突发环境事件次数	次	逆	14.00	10	36	22	28	6	中国统计	☺

年鉴说明：中国统计——《中国统计年鉴2011》；环境年鉴——《中国环境统计年鉴2011》；环境年报——《中国环境统计年报2010》；城市——《中国城市统计年鉴2011》；水利——中国《水利统计年鉴2011》；工业经济——《中国工业经济统计年鉴2011》；沙漠——《中国沙漠及其治理》。

甘肃绿色发展水平简要分析

甘肃绿色发展水平在全国参与测评的 30 个省(区、市)中排名第 25 位(使用 2010 年数据),较 2009 年上升 4 位(2009 年甘肃测算排名第 29 位)。以下分别从各级指标得分情况和 2009 年、2010 年两年变化情况对甘肃进行简要分析。

一、2010 年甘肃绿色发展指数指标得分情况

2010 年甘肃绿色发展指数为－0.176,从经济增长绿化度、资源环境承载潜力和政府政策支持度 3 个一级指标数值来看(如图 1 所示),甘肃的资源环境承载潜力具有优势;而经济增长绿化度和政府政策支持度则相对较弱,低于全国平均水平(注:各个指标的全国平均水平为 0 值)。

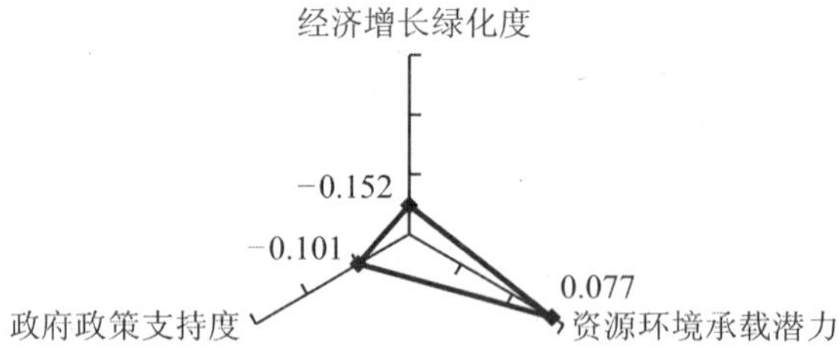

图 1　甘肃一级指标得分情况

从图 2 中可以看出,2010 年甘肃绿色发展指数二级指标中有 3 个高于全国平均水平,分别为环境压力与气候变化指标、绿色投资指标、环境治理指标;而绿色增长效率指标、第一产业指标、第二产业指标、第三产业指标、资源丰裕与生态保护指标、基础设施指标 6 个指标则低于全国平均水平。

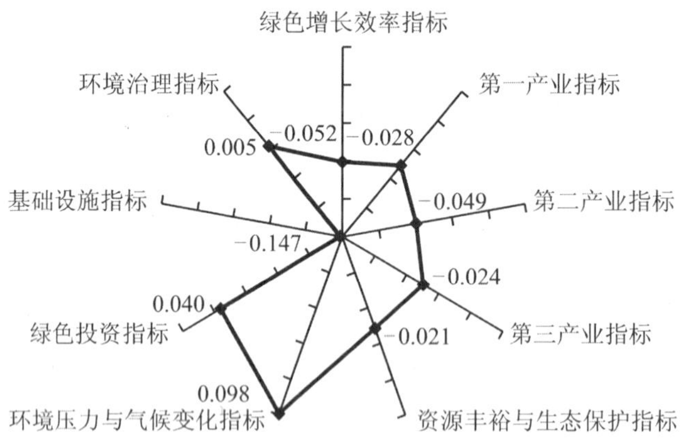

图 2　甘肃二级指标得分情况

二、甘肃绿色发展指数两年排名变化情况

如表 1 所示,从一级指标排名变化情况来看,2010 年该地区经济增长绿化度上升 2 位,政府政策支持度上升 5 位;而资源环境承载潜力没有变化。从二级指标排名变化情况来看,绿色增长效率指标上升 2 位,第一产业指标上升 1 位,资源丰裕与生态保护指标上升 1 位,环境压力与气候变化指标上升 1 位,绿色投资指标上升 2 位,环境治理指标上升 12 位;其他指标较 2009 年没有变化。

表 1　2009—2010 年甘肃一级指标和二级指标排名变化情况

指　标	2010 年	2009 年	差　距	指　标	2010 年	2009 年	差　距
中国绿色发展指数	25	29	4				
经济增长绿化度	26	28	2	资源丰裕与生态保护指标	17	18	1
绿色增长效率指标	25	27	2	环境压力与气候变化指标	4	5	1
第一产业指标	25	26	1	政府政策支持度	25	30	5
第二产业指标	28	28	0	绿色投资指标	5	7	2
第三产业指标	23	23	0	基础设施指标	30	30	0
资源环境承载潜力	8	8	0	环境治理指标	15	27	12

注：差距值为正数表明排名上升。

为了进一步分析一级、二级指标变化的原因，下面将甘肃 2009 年与 2010 年两年三级指标排名位次变化超过 3 位的指标列表如下(见表 2)。与 2009 年相比，2010 年甘肃三级指标排名中，人均城市公共交通运营线路网长度指标下降 10 位，科教文卫支出占财政支出比重指标下降 5 位，城市污水处理率指标下降 4 位，单位工业增加值水耗指标下降 3 位，人均二氧化硫排放量指标下降 3 位；土地产出率指标上升 3 位，环境保护支出占财政支出比重指标上升 3 位，单位耕地面积退耕还林投资完成额指标上升 3 位，工业氮氧化物去除率指标上升 4 位，人均城镇生活消费用电指标上升 5 位，农村累计已改水受益人口占农村总人口比重指标上升 5 位，工业废水氨氮去除率指标上升 5 位，突发环境事件次数指标上升 6 位。

表 2　2009—2010 年甘肃变化超过 3 位的三级指标

三级指标名称	两年原始数据			两年排名变化		
	单　位	2010 年	2009 年	2010 年	2009 年	变　动
人均城镇生活消费用电	千瓦时/人	107.45	266.19	4	9	5
土地产出率	亿元/千公顷	0.19	0.15	19	22	3
单位工业增加值水耗	立方米/元	0.011 2	0.010 9	21	18	−3
人均二氧化硫排放量	吨/人	0.021 2	0.019 0	22	19	−3
环境保护支出占财政支出比重	%	4.65	4.26	4	7	3
单位耕地面积退耕还林投资完成额	万元/千公顷	82.80	49.46	4	7	3
科教文卫支出占财政支出比重	%	25.15	26.43	20	15	−5
城市污水处理率	%	62.60	61.30	27	23	−4
人均城市公共交通运营线路网长度	公里/人	0.000 2	0.000 3	27	17	−10
农村累计已改水受益人口占农村总人口比重	%	97.09	94.95	16	21	5
工业氮氧化物去除率	%	5.41	4.32	9	13	4
工业废水氨氮去除率	%	46.38	17.99	24	29	5
突发环境事件次数	次	10	36	22	28	6

注：变动值为正数表明排名上升。

青海绿色发展“体检”表

序号	指标名称	单位	指标属性	2010 年 30 省区测评均值	2010 年青海数值	2009 年青海数值	2010 年青海排名	2009 年青海排名	排名变化	2010 年数据来源	进退脸谱
1	人均地区生产总值	元/人	正	33 964.12	24 115	19 454	22	22	0	中国统计	
2	单位地区生产总值能耗	吨标准煤/万元	逆	1.29	2.55	2.69	29	29	0	中国统计	
3	非化石能源消费量占能源消费量的比重		正	NA	NA	NA	NA	NA			
4	单位地区生产总值二氧化碳排放量		逆	NA	NA	NA	NA	NA			
5	单位地区生产总值二氧化硫排放量	吨/万元	逆	0.008 8	0.014 2	0.015 5	25	25	0	中国统计	
6	单位地区生产总值化学需氧量排放量	吨/万元	逆	0.004 5	0.008 3	0.008 7	28	28	0	中国统计	
7	单位地区生产总值氮氧化物排放量	吨/万元	逆	0.006 8	0.010 9	0.010 4	26	26	0	环境年报；中国统计	
8	单位地区生产总值氨氮排放量	吨/万元	逆	0.000 4	0.000 8	0.000 8	29	28	−1	环境年报；中国统计	☹
9	人均城镇生活消费用电	千瓦时/人	逆	295.08	351.62	307.41	24	14	−10	城市	☹
10	第一产业劳动生产率	万元/人	正	1.61	1.10	0.87	24	26	2	中国统计	☺
11	土地产出率	亿元/千公顷	正	0.26	0.17	0.12	23	27	4	中国统计	☺
12	节灌率		正	0.49	0.35	0.31	19	21	2	水利；中国统计	☺
13	有效灌溉面积占耕地面积比重	%	正	53.55	46.37	46.37	16	16	0	中国统计	
14	第二产业劳动生产率	万元/人	正	12.13	11.52	9.45	13	13	0	中国统计	
15	单位工业增加值水耗	立方米/元	逆	0.010 0	0.007 3	0.006 4	13	11	−2	中国统计	☹
16	规模以上单位工业增加值能耗(无数列表)		逆	NA	NA	NA	NA	NA			
17	工业固体废物综合利用率	%	正	69.80	42.20	37.30	30	29	−1	环境年鉴	☹
18	工业用水重复利用率	%	正	72.90	44.62	42.31	25	25	0	环境年鉴	
19	六大高载能行业产值占工业总产值比重	%	逆	39.65	62.22	63.42	29	29	0	工业经济	
20	第三产业劳动生产率	万元/人	正	6.96	4.61	4.10	21	22	1	中国统计	☺
21	第三产业增加值比重	%	正	39.97	34.90	36.90	25	24	−1	中国统计	☹
22	第三产业就业人员比重	%	正	36.67	35.47	35.06	14	13	−1	中国统计	☹
23	人均水资源量	立方米/人	正	2 419.38	13 225.01	7 488.50	1	1	0	中国统计	
24	人均森林面积	公顷/人	正	0.19	0.59	0.59	2	2	0	中国统计	
25	森林覆盖率	%	正	30.63	4.57	4.57	29	29	0	中国统计	
26	自然保护区面积占辖区面积比重	%	正	8.60	30.21	30.21	1	1	0	中国统计	
27	湿地面积占国土面积的比重	%	正	7.01	5.72	5.72	14	14	0	中国统计	
28	人均活立木总蓄积量	立方米/人	正	10.70	7.84	7.92	14	13	−1	中国统计	☹
29	单位土地面积二氧化碳排放量		逆	NA	NA	NA	NA	NA			
30	人均二氧化碳排放量		逆	NA	NA	NA	NA	NA			
31	单位土地面积二氧化硫排放量	吨/平方公里	逆	6.367 7	0.223 2	0.211 2	1	1	0	中国统计；沙漠	
32	人均二氧化硫排放量	吨/人	逆	0.019 1	0.025 6	0.024 4	25	24	−1	中国统计	☹
33	单位土地面积化学需氧量排放量	吨/平方公里	逆	3.772 2	0.129 3	0.118 5	1	1	0	中国统计；沙漠	
34	人均化学需氧量排放量	吨/人	逆	0.010 1	0.014 8	0.013 7	28	28	0	中国统计	

续表

序号	指标名称	单　位	指标属性	2010年30省区测评均值	2010年青海数值	2009年青海数值	2010年青海排名	2009年青海排名	排名变化	2010年数据来源	进退脸谱
35	单位土地面积氮氧化物排放量	吨/平方公里	逆	6.447 3	0.171 2	0.141 6	1	1	0	中国统计；沙漠；环境年报	
36	人均氮氧化物排放量	吨/人	逆	0.016 5	0.019 6	0.016 4	24	21	−3	环境年报；中国统计	☹
37	单位土地面积氨氮排放量	吨/平方公里	逆	0.416 4	0.012 5	0.010 9	1	1	0	中国统计；沙漠；环境年报	
38	人均氨氮排放量	吨/人	逆	0.001 0	0.001 4	0.001 3	27	25	−2	环境年报；中国统计	☹
39	单位耕地面积化肥施用量	万吨/千公顷	逆	0.05	0.02	0.01	1	1	0	中国统计；中国统计	
40	单位耕地面积农药使用量	吨/千公顷	逆	17.68	3.80	3.73	5	5	0	环境年鉴；中国统计	
41	人均公路交通氮氧化物排放量	吨/万人	逆	24.07	40.31	36.18	25	23	−2	环境年报；中国统计	☹
42	环境保护支出占财政支出比重	%	正	3.35	4.86	5.95	2	1	−1	中国统计	☹
43	环境污染治理投资总额占地区生产总值比重	%	正	1.40	1.26	1.41	17	16	−1	环境年鉴；中国统计	☹
44	农村人均改水、改厕的政府投资	元/人	正	57.01	32.05	35.49	22	21	−1	环境年鉴	☹
45	单位耕地面积退耕还林投资完成额	万元/千公顷	正	29.81	93.60	113.49	1	1	0	环境年鉴；中国统计	
46	科教文卫支出占财政支出比重	%	正	26.10	18.44	23.56	30	26	−4	中国统计	☹
47	城市人均绿地面积	公顷/人	正	0.00	0.00	0.00	15	30	15	城市；中国统计	☺
48	城市用水普及率	%	正	96.08	99.87	99.45	5	8	3	中国统计	☺
49	城市污水处理率	%	正	79.18	43.50	46.40	30	29	−1	环境年鉴	☹
50	城市生活垃圾无害化处理率	%	正	78.47	67.28	65.11	25	19	−6	中国统计	☹
51	城市每万人拥有公交车辆	标台	正	9.86	18.30	17.62	1	2	1	中国统计	☺
52	人均城市公共交通运营线路网长度	公里/人	正	0.000 6	0.000 7	0.000 5	8	6	−2	中国统计；城市	☹
53	农村累计已改水受益人口占农村总人口比重	%	正	94.44	85.04	84.98	28	26	−2	环境年鉴	☹
54	建成区绿化覆盖率	%	正	37.75	29.38	29.02	29	28	−1	中国统计	☹
55	人均当年新增造林面积	公顷/万人	正	59.50	210.31	253.07	2	2	0	中国统计	
56	工业二氧化硫去除率	%	正	59.83	17.34	9.58	30	29	−1	中国统计	☹
57	工业废水化学需氧量去除率	%	正	70.84	12.11	16.65	30	30	0	环境年报；中国统计	
58	工业氮氧化物去除率	%	正	4.07	0.06	0.00	27	27	0	环境年报	
59	工业废水氨氮去除率	%	正	62.87	2.53	17.11	30	30	0	环境年报；中国统计	
60	突发环境事件次数	次	逆	14.00	1	2	6	8	2	中国统计	☺

年鉴说明：中国统计——《中国统计年鉴2011》；环境年鉴——《中国环境统计年鉴2011》；环境年报——《中国环境统计年报2010》；城市——《中国城市统计年鉴2011》；水利——中国《水利统计年鉴2011》；工业经济——《中国工业经济统计年鉴2011》；沙漠——《中国沙漠及其治理》。

青海绿色发展水平简要分析

青海绿色发展水平在全国参与测评的 30 个省(区、市)中排名第 6 位(使用 2010 年数据)，较 2009 年下降 3 位(2009 年青海测算排名第 3 位)。以下分别从各级指标得分情况和 2009 年、2010 年两年变化情况对青海进行简要分析。

一、2010 年青海绿色发展指数指标得分情况

2010 年青海绿色发展指数为 0.121，从经济增长绿化度、资源环境承载潜力和政府政策支持度 3 个一级指标数值来看(如图 1 所示)，青海的资源环境承载潜力具有明显优势；而经济增长绿化度和政府政策支持度则相对较弱，低于全国平均水平(注：各个指标的全国平均水平为 0 值)。

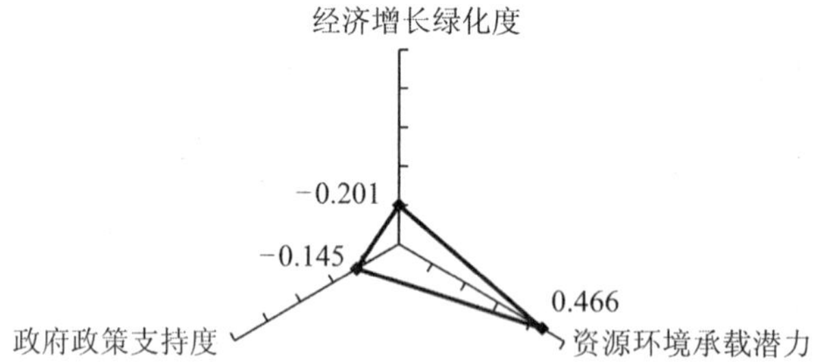

图 1 青海一级指标得分情况

从图 2 中可以看出，2010 年青海绿色发展指数二级指标中有 3 个高于全国平均水平，分别为资源丰裕与生态保护指标、环境压力与气候变化指标、绿色投资指标；而绿色增长效率指标、第一产业指标、第二产业指标、第三产业指标、基础设施指标、环境治理指标 6 个指标则低于全国平均水平。

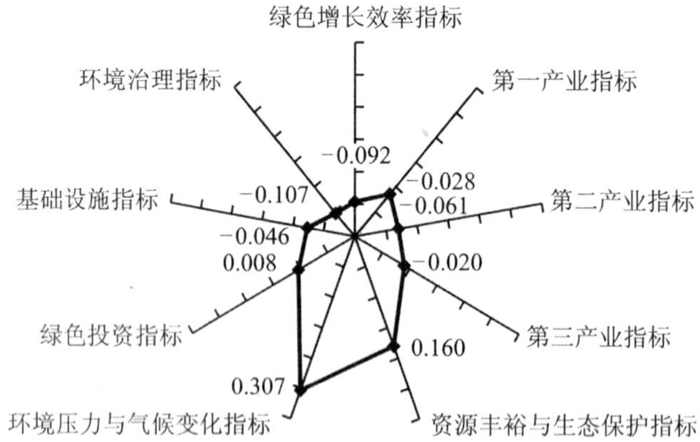

图 2 青海二级指标得分情况

二、青海绿色发展指数两年排名变化情况

如表 1 所示，从一级指标排名变化情况来看，2010 年该地区经济增长绿化度下降 1 位，政府政策支持度下降 2 位；而资源环境承载潜力没有变化。从二级指标排名变化情况来看，绿色投资指标下降 8 位，基础设施指标下降 1 位；第一产业指标上升 1 位；其他指标较 2009 年没有变化。

表 1　2009—2010 年青海一级指标和二级指标排名变化情况

指　标	2010 年	2009 年	差　距	指　标	2010 年	2009 年	差　距
中国绿色发展指数	6	3	−3				
经济增长绿化度	30	29	−1	资源丰裕与生态保护指标	1	1	0
绿色增长效率指标	29	29	0	环境压力与气候变化指标	1	1	0
第一产业指标	26	27	1	政府政策支持度	29	27	−2
第二产业指标	30	30	0	绿色投资指标	11	3	−8
第三产业指标	22	22	0	基础设施指标	24	23	−1
资源环境承载潜力	1	1	0	环境治理指标	30	30	0

注：差距值为正数表明排名上升。

为了进一步分析一级、二级指标变化的原因，下面将青海 2009 年与 2010 年两年三级指标排名位次变化超过 3 位的指标列表如下(见表 2)。与 2009 年相比，2010 年青海三级指标排名中，人均城镇生活消费用电指标下降 10 位，城市生活垃圾无害化处理率指标下降 6 位，科教文卫支出占财政支出比重指标下降 4 位，人均氮氧化物排放量指标下降 3 位；城市用水普及率指标上升 3 位，土地产出率指标上升 4 位，城市人均绿地面积指标上升 15 位。

表 2　2009—2010 年青海变化超过 3 位的三级指标

三级指标名称	两年原始数据			两年排名变化		
	单　位	2010 年	2009 年	2010 年	2009 年	变　动
人均城镇生活消费用电	千瓦时/人	351.62	307.41	24	14	−10
土地产出率	亿元/千公顷	0.17	0.12	23	27	4
人均氮氧化物排放量	吨/人	0.019 6	0.016 4	24	21	−3
科教文卫支出占财政支出比重	%	18.44	23.56	30	26	−4
城市人均绿地面积	公顷/人	0.00	0.00	15	30	15
城市用水普及率	%	99.87	99.45	5	8	3
城市生活垃圾无害化处理率	%	67.28	65.11	25	19	−6

注：变动值为正数表明排名上升。

宁夏绿色发展“体检”表

序号	指标名称	单 位	指标属性	2010 年 30 省区测评均值	2010 年宁夏数值	2009 年宁夏数值	2010 年宁夏排名	2009 年宁夏排名	排名变化	2010 年数据来源	进退脸谱
1	人均地区生产总值	元/人	正	33 964.12	26 860	21 777	17	16	−1	中国统计	☹
2	单位地区生产总值能耗	吨标准煤/万元	逆	1.29	3.31	3.45	30	30	0	中国统计	
3	非化石能源消费量占能源消费量的比重		正	NA	NA	NA	NA	NA			
4	单位地区生产总值二氧化碳排放量		逆	NA	NA	NA	NA	NA			
5	单位地区生产总值二氧化硫排放量	吨/万元	逆	0.008 8	0.027 9	0.032 1	29	29	0	中国统计	
6	单位地区生产总值化学需氧量排放量	吨/万元	逆	0.004 5	0.010 9	0.012 8	29	29	0	中国统计	
7	单位地区生产总值氮氧化物排放量	吨/万元	逆	0.006 8	0.031 4	0.018 1	30	30	0	环境年报；中国统计	
8	单位地区生产总值氨氮排放量	吨/万元	逆	0.000 4	0.001 2	0.000 8	30	29	−1	环境年报；中国统计	☹
9	人均城镇生活消费用电	千瓦时/人	逆	295.08	151.76	353.92	10	20	10	城市	☺
10	第一产业劳动生产率	万元/人	正	1.61	1.23	0.95	19	21	2	中国统计	☺
11	土地产出率	亿元/千公顷	正	0.26	0.16	0.12	25	26	1	中国统计	☺
12	节灌率		正	0.49	0.64	0.55	11	12	1	水利；中国统计	☺
13	有效灌溉面积占耕地面积比重	%	正	53.55	41.97	40.97	19	19	0	中国统计	
14	第二产业劳动生产率	万元/人	正	12.13	9.69	8.23	16	16	0	中国统计	
15	单位工业增加值水耗	立方米/元	逆	0.010 0	0.008 8	0.007 1	15	13	−2	中国统计	☹
16	规模以上单位工业增加值能耗(无数列表)		逆	NA	NA	NA	NA	NA			
17	工业固体废物综合利用率	%	正	69.80	57.50	70.60	19	16	−3	环境年鉴	☹
18	工业用水重复利用率	%	正	72.90	91.18	62.64	7	21	14	环境年鉴	☺
19	六大高载能行业产值占工业总产值比重	%	逆	39.65	59.49	57.34	28	27	−1	工业经济	☹
20	第三产业劳动生产率	万元/人	正	6.96	6.26	5.52	14	15	1	中国统计	☺
21	第三产业增加值比重	%	正	39.97	41.60	41.70	8	8	0	中国统计	
22	第三产业就业人员比重	%	正	36.67	34.19	34.39	18	16	−2	中国统计	☹
23	人均水资源量	立方米/人	正	2 419.38	148.18	135.51	28	28	0	中国统计	
24	人均森林面积	公顷/人	正	0.19	0.08	0.08	21	21	0	中国统计	
25	森林覆盖率	%	正	30.63	9.84	9.84	26	26	0	中国统计	
26	自然保护区面积占辖区面积比重	%	正	8.60	9.79	9.79	10	9	−1	中国统计	☹
27	湿地面积占国土面积的比重	%	正	7.01	3.85	3.85	17	17	0	中国统计	
28	人均活立木总蓄积量	立方米/人	正	10.70	0.99	1.00	25	25	0	中国统计	
29	单位土地面积二氧化碳排放量		逆	NA	NA	NA	NA	NA			
30	人均二氧化碳排放量		逆	NA	NA	NA	NA	NA			
31	单位土地面积二氧化硫排放量	吨/平方公里	逆	6.367 7	6.836 6	6.913 4	21	21	0	中国统计；沙漠	
32	人均二氧化硫排放量	吨/人	逆	0.019 1	0.049 4	0.050 6	29	29	0	中国统计	
33	单位土地面积化学需氧量排放量	吨/平方公里	逆	3.772 2	2.677 2	2.753 9	14	13	−1	中国统计；沙漠	☹
34	人均化学需氧量排放量	吨/人	逆	0.010 1	0.019 3	0.020 1	29	29	0	中国统计	

续表

序号	指标名称	单　位	指标属性	2010年30省区测评均值	2010年宁夏数值	2009年宁夏数值	2010年宁夏排名	2009年宁夏排名	排名变化	2010年数据来源	进退脸谱
35	单位土地面积氮氧化物排放量	吨/平方公里	逆	6.447 3	7.678 0	3.894 0	24	19	−5	中国统计；沙漠；环境年报	☹
36	人均氮氧化物排放量	吨/人	逆	0.016 5	0.055 5	0.028 5	30	28	−2	环境年报；中国统计	☹
37	单位土地面积氨氮排放量	吨/平方公里	逆	0.416 4	0.286 0	0.176 0	16	11	−5	中国统计；沙漠；环境年报	☹
38	人均氨氮排放量	吨/人	逆	0.001 0	0.002 1	0.001 3	30	26	−4	环境年报；中国统计	☹
39	单位耕地面积化肥施用量	万吨/千公顷	逆	0.05	0.03	0.03	9	9	0	中国统计；中国统计	
40	单位耕地面积农药使用量	吨/千公顷	逆	17.68	2.38	2.16	1	1	0	环境年鉴；中国统计	
41	人均公路交通氮氧化物排放量	吨/万人	逆	24.07	33.69	38.28	22	24	2	环境年报；中国统计	☺
42	环境保护支出占财政支出比重	%	正	3.35	5.52	5.22	1	2	1	中国统计	☺
43	环境污染治理投资总额占地区生产总值比重	%	正	1.40	2.04	2.93	5	1	−4	环境年鉴；中国统计	☹
44	农村人均改水、改厕的政府投资	元/人	正	57.01	114.06	69.44	2	9	7	环境年鉴	☺
45	单位耕地面积退耕还林投资完成额	万元/千公顷	正	29.81	88.79	70.39	3	4	1	环境年鉴；中国统计	☺
46	科教文卫支出占财政支出比重	%	正	26.10	24.69	23.09	21	28	7	中国统计	☺
47	城市人均绿地面积	公顷/人	正	0.00	0.00	0.01	7	6	−1	城市；中国统计	☹
48	城市用水普及率	%	正	96.08	98.23	97.20	13	16	3	中国统计	☺
49	城市污水处理率	%	正	79.18	78.00	42.20	20	30	10	环境年鉴	☺
50	城市生活垃圾无害化处理率	%	正	78.47	92.53	41.96	6	27	21	中国统计	☺
51	城市每万人拥有公交车辆	标台	正	9.86	10.63	10.06	8	17	9	中国统计	☺
52	人均城市公共交通运营线路网长度	公里/人	正	0.000 6	0.000 7	0.000 9	9	1	−8	中国统计；城市	☹
53	农村累计已改水受益人口占农村总人口比重	%	正	94.44	94.56	96.71	19	17	−2	环境年鉴	☹
54	建成区绿化覆盖率	%	正	37.75	38.75	38.75	11	10	−1	中国统计	☹
55	人均当年新增造林面积	公顷/万人	正	59.50	150.91	143.99	3	5	2	中国统计	☺
56	工业二氧化硫去除率	%	正	59.83	65.41	51.27	12	22	10	中国统计	☺
57	工业废水化学需氧量去除率	%	正	70.84	72.50	64.66	16	19	3	环境年报；中国统计	☺
58	工业氮氧化物去除率	%	正	4.07	0.06	0.00	28	28	0	环境年报	
59	工业废水氨氮去除率	%	正	62.87	87.15	43.54	4	23	19	环境年报；中国统计	☺
60	突发环境事件次数	次	逆	14.00	3	0	10	1	−9	中国统计	☹

年鉴说明：中国统计——《中国统计年鉴2011》；环境年鉴——《中国环境统计年鉴2011》；环境年报——《中国环境统计年报2010》；城市——《中国城市统计年鉴2011》；水利——中国《水利统计年鉴2011》；工业经济——《中国工业经济统计年鉴2011》；沙漠——《中国沙漠及其治理》。

宁夏绿色发展水平简要分析

宁夏绿色发展水平在全国参与测评的 30 个省(区、市)中排名第 28 位(使用 2010 年数据)，较 2009 年下降 1 位(2009 年宁夏测算排名第 27 位)。以下分别从各级指标得分情况和 2009 年、2010 年两年变化情况对宁夏进行简要分析。

一、2010 年宁夏绿色发展指数指标得分情况

2010 年宁夏绿色发展指数为－0.200，从经济增长绿化度、资源环境承载潜力和政府政策支持度 3 个一级指标数值来看(如图 1 所示)，宁夏的政府政策支持度具有明显优势；而经济增长绿化度和资源环境承载潜力则相对较弱，低于全国平均水平(注：各个指标的全国平均水平为 0 值)。

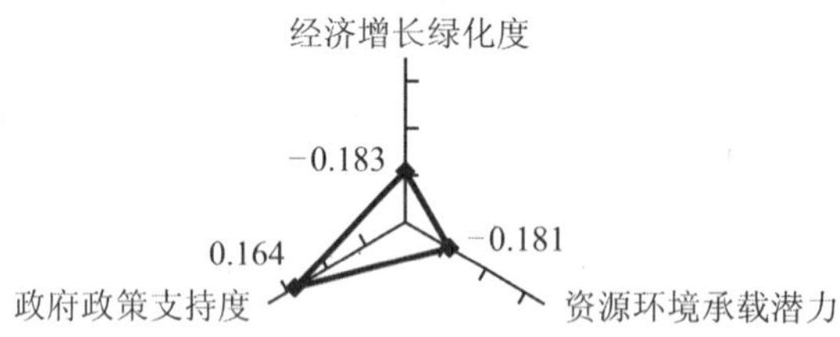

图 1　宁夏一级指标得分情况

从图 2 中可以看出，2010 年宁夏绿色发展指数二级指标中有 3 个高于全国平均水平，分别为绿色投资指标、基础设施指标、环境治理指标；而绿色增长效率指标、第一产业指标、第二产业指标、第三产业指标、资源丰裕与生态保护指标、环境压力与气候变化指标 6 个指标则低于全国平均水平。

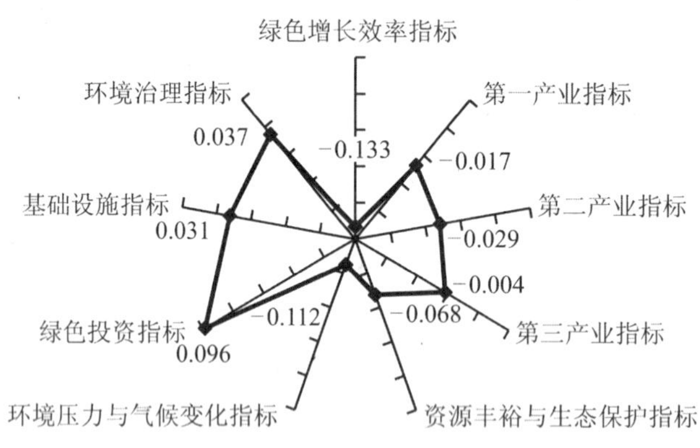

图 2　宁夏二级指标得分情况

二、宁夏绿色发展指数两年排名变化情况

如表 1 所示，从一级指标排名变化情况来看，2010 年该地区经济增长绿化度下降 1 位，资源环境承载潜力下降 1 位；政府政策支持度上升 4 位。从二级指标排名变化情况来看，第一产业指标上升 4 位，第二产业指标上升 2 位，第三产业指标上升 2 位，环境治理指标上升 11 位；环境压力与气候变化指标下降 5 位；其他指标较 2009 年没有变化。

表 1 2009—2010 年宁夏一级指标和二级指标排名变化情况

指 标	2010 年	2009 年	差 距	指 标	2010 年	2009 年	差 距
中国绿色发展指数	28	27	−1				
经济增长绿化度	28	27	−1	资源丰裕与生态保护指标	27	27	0
绿色增长效率指标	30	30	0	环境压力与气候变化指标	29	24	−5
第一产业指标	19	23	4	政府政策支持度	2	6	4
第二产业指标	23	25	2	绿色投资指标	1	1	0
第三产业指标	12	14	2	基础设施指标	12	12	0
资源环境承载潜力	29	28	−1	环境治理指标	5	16	11

注：差距值为正数表明排名上升。

为了进一步分析一级、二级指标变化的原因，下面将宁夏 2009 年与 2010 年两年三级指标排名位次变化超过 3 位的指标列表如下(见表 2)。与 2009 年相比，2010 年宁夏三级指标排名中，突发环境事件次数指标下降 9 位，人均城市公共交通运营线路网长度指标下降 8 位，单位土地面积氮氧化物排放量指标下降 5 位，单位土地面积氨氮排放量指标下降 5 位，人均氨氮排放量指标下降 4 位，环境污染治理投资总额占地区生产总值比重指标下降 4 位，工业固体废物综合利用率指标下降 3 位；城市用水普及率指标上升 3 位，工业废水化学需氧量去除率指标上升 3 位，农村人均改水、改厕的政府投资指标上升 7 位，科教文卫支出占财政支出比重指标上升 7 位，城市每万人拥有公交车辆指标上升 9 位，人均城镇生活消费用电指标上升 10 位，城市污水处理率指标上升 10 位，工业二氧化硫去除率指标上升 10 位，工业用水重复利用率指标上升 14 位，工业废水氨氮去除率指标上升 19 位，城市生活垃圾无害化处理率指标上升 21 位。

表 2 2009—2010 年宁夏变化超过 3 位的三级指标

三级指标名称	两年原始数据			两年排名变化		
	单 位	2010 年	2009 年	2010 年	2009 年	变 动
人均城镇生活消费用电	千瓦时/人	151.76	353.92	10	20	10
工业固体废物综合利用率	%	57.50	70.60	19	16	−3
工业用水重复利用率	%	91.18	62.64	7	21	14
单位土地面积氮氧化物排放量	吨/平方公里	7.6780	3.8940	24	19	−5
单位土地面积氨氮排放量	吨/平方公里	0.286 0	0.176 0	16	11	−5
人均氨氮排放量	吨/人	0.002 1	0.001 3	30	26	−4
环境污染治理投资总额占地区生产总值比重	%	2.04	2.93	5	1	−4
农村人均改水、改厕的政府投资	元/人	114.06	69.44	2	9	7
科教文卫支出占财政支出比重	%	24.69	23.09	21	28	7
城市用水普及率	%	98.23	97.20	13	16	3
城市污水处理率	%	78.00	42.20	20	30	10
城市生活垃圾无害化处理率	%	92.53	41.96	6	27	21
城市每万人拥有公交车辆	标台	10.63	10.06	8	17	9
人均城市公共交通运营线路网长度	公里/人	0.000 7	0.000 9	9	1	−8
工业二氧化硫去除率	%	65.41	51.27	12	22	10
工业废水化学需氧量去除率	%	72.50	64.66	16	19	3
工业废水氨氮去除率	%	87.15	43.54	4	23	19
突发环境事件次数	次	3	0	10	1	−9

注：变动值为正数表明排名上升。

新疆绿色发展“体检”表

序号	指标名称	单 位	指标属性	2010 年 30 省区测评均值	2010 年新疆数值	2009 年新疆数值	2010 年新疆排名	2009 年新疆排名	排名变化	2010 年数据来源	进退脸谱
1	人均地区生产总值	元/人	正	33 964.12	25 034	19 942	19	21	2	中国统计	☺
2	单位地区生产总值能耗	吨标准煤/万元	逆	1.29	1.29	1.93	21	25	4	中国统计	☺
3	非化石能源消费量占能源消费量的比重		正	NA	NA	NA	NA	NA			
4	单位地区生产总值二氧化碳排放量		逆	NA	NA	NA	NA	NA			
5	单位地区生产总值二氧化硫排放量	吨/万元	逆	0.008 8	0.013 7	0.015 2	24	24	0	中国统计	
6	单位地区生产总值化学需氧量排放量	吨/万元	逆	0.004 5	0.006 9	0.007 4	27	26	−1	中国统计	☹
7	单位地区生产总值氮氧化物排放量	吨/万元	逆	0.006 8	0.014 0	0.013 1	28	27	−1	环境年报；中国统计	☹
8	单位地区生产总值氨氮排放量	吨/万元	逆	0.000 4	0.000 6	0.000 7	27	25	−2	环境年报；中国统计	☹
9	人均城镇生活消费用电	千瓦时/人	逆	295.08	542.41	162.09	27	1	−26	城市	☹
10	第一产业劳动生产率	万元/人	正	1.61	2.50	1.80	3	7	4	中国统计	☺
11	土地产出率	亿元/千公顷	正	0.26	0.29	0.19	10	17	7	中国统计	☺
12	节灌率		正	0.49	0.80	0.77	2	2	0	水利；中国统计	
13	有效灌溉面积占耕地面积比重	%	正	53.55	90.23	89.12	2	2	0	中国统计	
14	第二产业劳动生产率	万元/人	正	12.13	21.96	16.94	3	4	1	中国统计	☺
15	单位工业增加值水耗	立方米/元	逆	0.010 0	0.006 5	0.006 5	11	12	1	中国统计	☺
16	规模以上单位工业增加值能耗(无数列表)		逆	NA	NA	NA	NA	NA			
17	工业固体废物综合利用率	%	正	69.80	47.50	47.30	26	25	−1	环境年鉴	☹
18	工业用水重复利用率	%	正	72.90	11.96	11.75	29	29	0	环境年鉴	
19	六大高载能行业产值占工业总产值比重	%	逆	39.65	51.07	48.84	25	23	−2	工业经济	☹
20	第三产业劳动生产率	万元/人	正	6.96	6.05	5.58	16	14	−2	中国统计	☹
21	第三产业增加值比重	%	正	39.97	32.50	37.10	29	23	−6	中国统计	☹
22	第三产业就业人员比重	%	正	36.67	34.79	34.63	16	15	−1	中国统计	☹
23	人均水资源量	立方米/人	正	2 419.38	5 125.24	3 516.60	3	3	0	中国统计	
24	人均森林面积	公顷/人	正	0.19	0.30	0.31	5	5	0	中国统计	
25	森林覆盖率	%	正	30.63	4.02	4.02	30	30	0	中国统计	
26	自然保护区面积占辖区面积比重	%	正	8.60	12.95	12.95	5	5	0	中国统计	
27	湿地面积占国土面积的比重	%	正	7.01	0.86	0.86	27	27	0	中国统计	
28	人均活立木总蓄积量	立方米/人	正	10.70	15.52	15.71	6	6	0	中国统计	
29	单位土地面积二氧化碳排放量		逆	NA	NA	NA	NA	NA			
30	人均二氧化碳排放量		逆	NA	NA	NA	NA	NA			
31	单位土地面积二氧化硫排放量	吨/平方公里	逆	6.367 7	0.618 2	0.619 7	2	2	0	中国统计；沙漠	
32	人均二氧化硫排放量	吨/人	逆	0.019 1	0.027 1	0.027 5	26	26	0	中国统计	
33	单位土地面积化学需氧量排放量	吨/平方公里	逆	3.772 2	0.311 0	0.301 2	2	2	0	中国统计；沙漠	
34	人均化学需氧量排放量	吨/人	逆	0.010 1	0.013 6	0.013 4	27	27	0	中国统计	

续表

序号	指标名称	单　位	指标属性	2010 年 30 省区测评均值	2010 年新疆数值	2009 年新疆数值	2010 年新疆排名	2009 年新疆排名	排名变化	2010 年数据来源	进退脸谱
35	单位土地面积氮氧化物排放量	吨/平方公里	逆	6.447 3	0.634 5	0.534 7	2	2	0	中国统计；沙漠；环境年报	
36	人均氮氧化物排放量	吨/人	逆	0.016 5	0.027 8	0.023 7	28	27	−1	环境年报；中国统计	☹
37	单位土地面积氨氮排放量	吨/平方公里	逆	0.416 4	0.028 4	0.027 3	2	2	0	中国统计；沙漠；环境年报	
38	人均氨氮排放量	吨/人	逆	0.001 0	0.001 2	0.001 2	24	23	−1	环境年报；中国统计	☹
39	单位耕地面积化肥施用量	万吨/千公顷	逆	0.05	0.04	0.04	11	11	0	中国统计；中国统计	
40	单位耕地面积农药使用量	吨/千公顷	逆	17.68	4.41	4.40	6	6	0	环境年鉴；中国统计	
41	人均公路交通氮氧化物排放量	吨/万人	逆	24.07	70.22	72.34	30	28	−2	环境年报；中国统计	☹
42	环境保护支出占财政支出比重	%	正	3.35	3.00	2.70	17	22	5	中国统计	☺
43	环境污染治理投资总额占地区生产总值比重	%	正	1.40	1.44	2.01	14	4	−10	环境年鉴；中国统计	☹
44	农村人均改水、改厕的政府投资	元/人	正	57.01	73.80	52.57	8	14	6	环境年鉴	☺
45	单位耕地面积退耕还林投资完成额	万元/千公顷	正	29.81	17.46	24.92	18	13	−5	环境年鉴；中国统计	☹
46	科教文卫支出占财政支出比重	%	正	26.10	27.75	27.81	10	10	0	中国统计	
47	城市人均绿地面积	公顷/人	正	0.00	0.01	0.01	2	3	1	城市；中国统计	☺
48	城市用水普及率	%	正	96.08	99.17	99.03	11	10	−1	中国统计	☹
49	城市污水处理率	%	正	79.18	73.30	75.40	26	13	−13	环境年鉴	☹
50	城市生活垃圾无害化处埋率	%	正	78.47	70.58	60.63	22	23	1	中国统计	☺
51	城市每万人拥有公交车辆	标台	正	9.86	11.66	12.22	6	8	2	中国统计	☺
52	人均城市公共交通运营线路网长度	公里/人	正	0.000 6	0.003 7	0.000 5	1	4	3	中国统计；城市	☺
53	农村累计已改水受益人口占农村总人口比重	%	正	94.44	76.97	66.70	30	30	0	环境年鉴	
54	建成区绿化覆盖率	%	正	37.75	36.42	36.30	22	20	−2	中国统计	☹
55	人均当年新增造林面积	公顷/万人	正	59.50	115.85	160.19	5	3	−2	中国统计	☹
56	工业二氧化硫去除率	%	正	59.83	25.68	5.43	28	30	2	中国统计	☺
57	工业废水化学需氧量去除率	%	正	70.84	50.51	46.42	29	28	−1	环境年报；中国统计	☹
58	工业氮氧化物去除率	%	正	4.07	0.21	1.14	25	22	−3	环境年报	☹
59	工业废水氨氮去除率	%	正	62.87	81.87	32.60	8	27	19	环境年报；中国统计	☺
60	突发环境事件次数	次	逆	14.00	6	0	16	1	−15	中国统计	☹

年鉴说明：中国统计——《中国统计年鉴 2011》；环境年鉴——《中国环境统计年鉴 2011》；环境年报——《中国环境统计年报 2010》；城市——《中国城市统计年鉴 2011》；水利——中国《水利统计年鉴 2011》；工业经济——《中国工业经济统计年鉴 2011》；沙漠——《中国沙漠及其治理》。

新疆绿色发展水平简要分析

新疆绿色发展水平在全国参与测评的 30 个省(区、市)中排名第 15 位(使用 2010 年数据),较 2009 年上升 1 位(2009 年新疆测算排名第 16 位)。以下分别从各级指标得分情况和 2009 年、2010 年两年变化情况对新疆进行简要分析。

一、2010 年新疆绿色发展指数指标得分情况

2010 年新疆绿色发展指数为-0.002,从经济增长绿化度、资源环境承载潜力和政府政策支持度 3 个一级指标数值来看(如图 1 所示),新疆的资源环境承载潜力和政府政策支持度具有优势;而经济增长绿化度则相对较弱,低于全国平均水平(注:各个指标的全国平均水平为 0 值)。

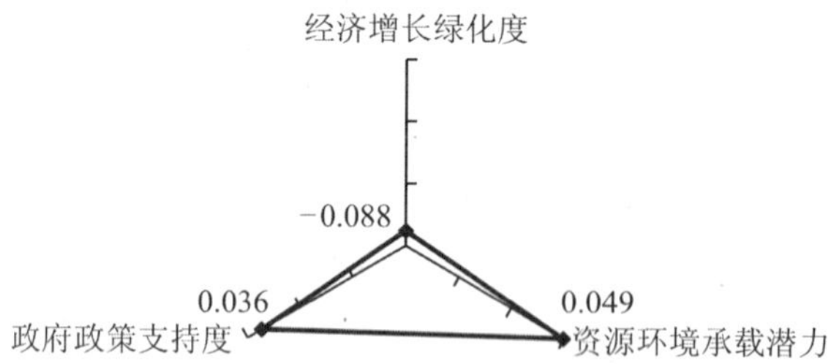

图 1　新疆一级指标得分情况

从图 2 中可以看出,2010 年新疆绿色发展指数二级指标中有 5 个高于全国平均水平,分别为第一产业指标、资源丰裕与生态保护指标、环境压力与气候变化指标、绿色投资指标、基础设施指标;而绿色增长效率指标、第二产业指标、第三产业指标、环境治理指标 4 个指标则低于全国平均水平。

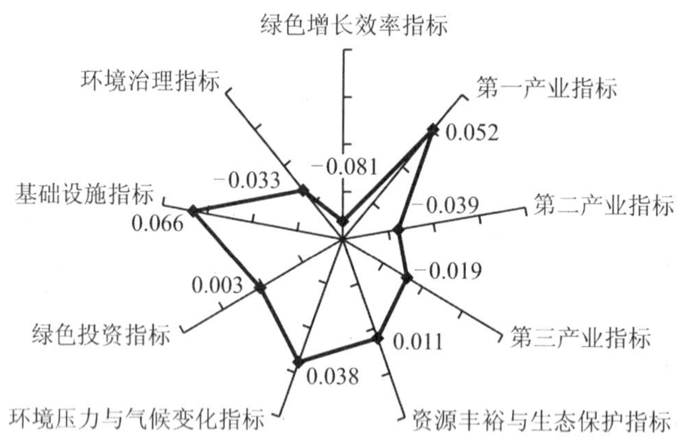

图 2　新疆二级指标得分情况

二、新疆绿色发展指数两年排名变化情况

如表 1 所示,从一级指标排名变化情况来看,2010 年该地区经济增长绿化度下降 5 位;资源环境承载潜力没有变化;而政府政策支持度上升了 10 位。从二级指标排名变化情况来看,绿色增长效率指标下降 5 位,第三产业指标下降 4 位,环境压力与气候变化指标下降 3 位,绿色投资指标下降 3 位;第一产业指标上升 4 位,资源丰裕与生态保护指标上升 1 位,基础设施指标上升 11 位,环境治理指标上升 3 位;其他指标较 2009 年则没有变化。

表 1 2009—2010 年新疆一级指标和二级指标排名变化情况

指　标	2010 年	2009 年	差　距	指　标	2010 年	2009 年	差　距
中国绿色发展指数	15	16	1				
经济增长绿化度	22	17	−5	资源丰裕与生态保护指标	11	12	1
绿色增长效率指标	28	23	−5	环境压力与气候变化指标	9	6	−3
第一产业指标	3	7	4	政府政策支持度	12	22	10
第二产业指标	26	26	0	绿色投资指标	13	10	−3
第三产业指标	21	17	−4	基础设施指标	5	16	11
资源环境承载潜力	9	9	0	环境治理指标	26	29	3

注：差距值为正数表明排名上升。

为了进一步分析一级、二级指标变化的原因，下面将新疆 2009 年与 2010 年两年三级指标排名位次变化超过 3 位的指标列表如下(见表 2)。与 2009 年相比，2010 年新疆三级指标排名中，人均城镇生活消费用电指标下降 26 位，突发环境事件次数指标下降 15 位，城市污水处理率指标下降 13 位，环境污染治理投资总额占地区生产总值比重指标下降 10 位，第三产业增加值比重指标下降 6 位，单位耕地面积退耕还林投资完成额指标下降 5 位，工业氮氧化物去除率指标下降 3 位；人均城市公共交通运营线路网长度指标上升 3 位，单位地区生产总值能耗指标上升 4 位，第一产业劳动生产率指标上升 4 位，环境保护支出占财政支出比重指标上升 5 位，农村人均改水、改厕的政府投资指标上升 6 位，土地产出率指标上升 7 位，工业废水氨氮去除率指标上升 19 位。

表 2 2009—2010 年新疆变化超过 3 位的三级指标

三级指标名称	两年原始数据			两年排名变化		
	单　位	2010 年	2009 年	2010 年	2009 年	变　动
单位地区生产总值能耗	吨标准煤/万元	1.29	1.93	21	25	4
人均城镇生活消费用电	千瓦时/人	542.41	162.09	27	1	−26
第一产业劳动生产率	万元/人	2.50	1.80	3	7	4
土地产出率	亿元/千公顷	0.29	0.19	10	17	7
第二产业增加值比重	%	32.50	37.10	29	23	−6
环境保护支出占财政支出比重	%	3.00	2.70	17	22	5
环境污染治理投资总额占地区生产总值比重	%	1.44	2.01	14	4	−10
农村人均改水、改厕的政府投资	元/人	73.80	52.57	8	14	6
单位耕地面积退耕还林投资完成额	万元/千公顷	17.46	24.92	18	13	−5
城市污水处理率	%	73.30	75.40	26	13	−13
人均城市公共交通运营线路网长度	公里/人	0.003 7	0.000 5	1	4	3
工业氮氧化物去除率	%	0.21	1.14	25	22	−3
工业废水氨氮去除率	%	81.87	32.60	8	27	19
突发环境事件次数	次	6	0	16	1	−15

注：变动值为正数表明排名上升。

西藏绿色发展“体检”表

序号	指标名称	单位	指标属性	2010 年 30 省区测评均值	2010 年西藏数值	2009 年西藏数值	增长率	与全国其他地区均值的差距	2010 年数据来源
1	人均地区生产总值	元/人	正	33 964.12	17 319	15 295	13.23%	−16 645.12	中国统计
2	单位地区生产总值能耗	吨标准煤/万元	逆	1.29	1.28	NA	NA	−0.02	中国统计
3	非化石能源消费量占能源消费量的比重		正	NA	NA	NA	NA	NA	
4	单位地区生产总值二氧化碳排放量		逆	NA	NA	NA	NA	NA	
5	单位地区生产总值二氧化硫排放量	吨/万元	逆	0.008 8	0.000 9	0.000 5	71.73%	−0.01	中国统计
6	单位地区生产总值化学需氧量排放量	吨/万元	逆	0.004 5	0.006 4	0.003 9	66.52%	0.00	中国统计
7	单位地区生产总值氮氧化物排放量	吨/万元	逆	0.006 8	0.000 0	0.000 0	NA	−0.01	环境年报；中国统计
8	单位地区生产总值氨氮排放量	吨/万元	逆	0.000 4	0.000 4	0.000 3	78.09%	0.00	环境年报；中国统计
9	人均城镇生活消费用电	千瓦时/人	逆	295.08	217.37	0.00	NA	−77.71	城市
10	第一产业劳动生产率	万元/人	正	1.61	0.74	0.70	5.42%	−0.87	中国统计
11	土地产出率	亿元/千公顷	正	0.26	0.19	0.17	15.61%	−0.06	中国统计
12	节灌率		正	0.49	0.22	0.17	28.03%	−0.27	水利；中国统计
13	有效灌溉面积占耕地面积比重	%	正	53.55	65.55	65.02	0.80%	12.00	中国统计
14	第二产业劳动生产率	万元/人	正	12.13	8.73	7.82	11.59%	−3.40	中国统计
15	单位工业增加值水耗	立方米/元	逆	0.010 0	0.044 3	0.041 6	6.59%	0.03	中国统计
16	规模以上单位工业增加值能耗(无数列表)		逆	NA	NA	NA	NA	NA	
17	工业固体废物综合利用率	%	正	69.80	1.80	1.80	0.00%	−68.00	环境年鉴
18	工业用水重复利用率	%	正	72.90	63.61	NA	NA	−9.29	环境年鉴
19	六大高载能行业产值占工业总产值比重	%	逆	39.65	47.51	NA	NA	7.85	工业经济
20	第三产业劳动生产率	万元/人	正	6.96	4.53	4.26	6.32%	−2.44	中国统计
21	第三产业增加值比重	%	正	39.97	54.20	54.60	−0.73%	14.23	中国统计
22	第三产业就业人员比重	%	正	36.67	35.80	34.74	3.06%	−0.87	中国统计
23	人均水资源量	立方米/人	正	2 419.38	153 681.86	139 658.8	10.04%	151 262.48	中国统计
24	人均森林面积	公顷/人	正	0.19	4.86	5.04	−3.56%	4.67	中国统计
25	森林覆盖率	%	正	30.63	11.91	11.91	0.00%	−18.72	中国统计
26	自然保护区面积占辖区面积比重	%	正	8.60	34.02	33.94	0.24%	25.42	中国统计
27	湿地面积占国土面积的比重	%	正	7.01	4.26	4.26	0.00%	−2.75	中国统计
28	人均活立木总蓄积量	立方米/人	正	10.70	755.75	783.61	−3.56%	745.06	中国统计
29	单位土地面积二氧化碳排放量		逆	NA	NA	NA	NA	NA	
30	人均二氧化碳排放量		逆	NA	NA	NA	NA	NA	
31	单位土地面积二氧化硫排放量	吨/平方公里	逆	6.3677	0.0032	0.0017	92.85%	−6.36	中国统计；沙漠
32	人均二氧化硫排放量	吨/人	逆	0.019 1	0.001 3	0.000 7	88.37%	−0.02	中国统计
33	单位土地面积化学需氧量排放量	吨/平方公里	逆	3.772 2	0.024 0	0.012 8	87.00%	−3.75	中国统计；沙漠
34	人均化学需氧量排放量	吨/人	逆	0.010 1	0.009 7	0.005 3	82.66%	0.00	中国统计

续表

序号	指标名称	单位	指标属性	2010年30省区测评均值	2010年西藏数值	2009年西藏数值	增长率	与全国其他地区均值的差距	2010年数据来源
35	单位土地面积氮氧化物排放量	吨/平方公里	逆	6.447 3	0.000 0	0.000 0	NA	−6.45	中国统计；沙漠；环境年报
36	人均氮氧化物排放量	吨/人	逆	0.016 5	0.000 0	0.000 0	NA	−0.02	环境年报；中国统计
37	单位土地面积氨氮排放量	吨/平方公里	逆	0.416 4	0.001 7	0.000 8	100.00%	−0.41	中国统计；沙漠；环境年报
38	人均氨氮排放量	吨/人	逆	0.001 0	0.000 7	0.000 3	95.35%	0.00	环境年报；中国统计
39	单位耕地面积化肥施用量	万吨/千公顷	逆	0.05	0.01	0.01	1.07%	−0.04	中国统计；中国统计
40	单位耕地面积农药使用量	吨/千公顷	逆	17.68	2.86	2.55	12.49%	−14.82	环境年鉴；中国统计
41	人均公路交通氮氧化物排放量	吨/万人	逆	24.07	24.59	NA	NA	0.52	环境年报；中国统计
42	环境保护支出占财政支出比重	%	正	3.35	2.14	2.07	3.00%	−1.21	中国统计
43	环境污染治理投资总额占地区生产总值比重	%	正	1.40	0.06	0.68	−91.29%	−1.34	环境年鉴；中国统计
44	农村人均改水、改厕的政府投资	元/人	正	57.01	58.56	NA	NA	1.55	环境年鉴
45	单位耕地面积退耕还林投资完成额	万元/千公顷	正	29.81	20.50	21.84	−6.13%	−9.30	环境年鉴；中国统计
46	科教文卫支出占财政支出比重	%	正	26.10	19.60	21.10	−7.08%	−6.50	中国统计
47	城市人均绿地面积	公顷/人	正	0.00	0.00	0.01	−74.54%	0.00	城市；中国统计
48	城市用水普及率	%	正	96.08	97.42	92.53	5.28%	1.34	中国统计
49	城市污水处理率	%	正	79.18	76.57	NA	NA	−2.61	环境年鉴
50	城市生活垃圾无害化处理率	%	正	78.47	80.61	NA	NA	2.15	中国统计
51	城市每万人拥有公交车辆	标台	正	9.86	20.91	12.60	65.97%	11.05	中国统计
52	人均城市公共交通运营线路网长度	公里/人	正	0.000 6	0.000 7	0.001 1	−38.69%	0.00	中国统计；城市
53	农村累计已改水受益人口占农村总人口比重	%	正	94.44	89.14	NA	NA	−5.30	环境年鉴
54	建成区绿化覆盖率	%	正	37.75	25.40	29.62	−14.25%	−12.35	中国统计
55	人均当年新增造林面积	公顷/万人	正	59.50	210.91	243.66	−13.44%	151.41	中国统计
56	工业二氧化硫去除率	%	正	59.83	56.75	NA	NA	−3.08	中国统计
57	工业废水化学需氧量去除率	%	正	70.84	3.49	5.27	−33.83%	−67.35	环境年报；中国统计
58	工业氮氧化物去除率	%	正	4.07	2.87	NA	NA	−1.20	环境年报
59	工业废水氨氮去除率	%	正	62.87	54.20	NA	NA	−8.67	环境年报；中国统计
60	突发环境事件次数	次	逆	14.00	6	0	NA	−7.91	中国统计

年鉴说明：中国统计——《中国统计年鉴2011》；环境年鉴——《中国环境统计年鉴2011》；环境年报——《中国环境统计年报2010》；城市——《中国城市统计年鉴2011》；水利——中国《水利统计年鉴2011》；工业经济——《中国工业经济统计年鉴2011》；沙漠——《中国沙漠及其治理》。

西藏绿色发展水平简要分析

在测算各省份绿色发展指数时，由于西藏统计数据缺失较多，因此并未将其列入整体体系进行测算。鉴于此，以下将主要分析西藏 2009 年、2010 年两年三级指标数据的变化以及 2010 年西藏数值与全国均值①的差距。

一、西藏绿色增长绿化度三级指标情况

绿色增长绿化度共 22 个三级指标，分为 12 个正指标和 10 个逆指标。其中，2 个正指标和 4 个逆指标数据缺失。

从两年变化看，2010 年西藏有 8 个正指标的数据值高于 2009 年，且增长率高于 10%的指标有 3 个；1 个指标与 2009 年齐平；有 1 个指标数值降低，即“第三产业增加值比重”，从 2009 年的 54.6%降低至 2010 年的 54.2%。

另外，2010 年西藏有 5 个逆指标数值高于 2009 年，增长率高于 10%的指标有 3 个；1 个指标与 2009 年齐平，即“单位地区生产总值氮氧化物排放量”。

从全面层面上看，10 个数据可得的正指标中，有 8 个指标低于全国均值，差距最明显的正指标是“工业固体废物综合利用率”，仅为全国均值的 2.58%；另外，有 2 个指标高于全国均值，即“有效灌溉面积占耕地面积比重”和“第三产业增加值比重”，分别是全国均值的 1.22 倍和 1.36 倍。

6 个数据可得的逆指标中，有 3 个指标高于全国均值，差距最明显的是“单位工业增加值水耗”，是全国的 4.4 倍；另外，有 3 个指标低于全国均值，差距最明显的是“单位地区生产总值二氧化硫排放量”，仅占全国均值的 9.79%。

二、西藏资源环境承载潜力三级指标情况

资源环境承载潜力共 19 个三级指标，分为 6 个正指标和 13 个逆指标。其中，3 个逆指标数据缺失。

从两年变化看，2010 年西藏有 2 个正指标的数据值高于 2009 年，且增长率高于 10%的指标有 1 个；2 个指标与 2009 年齐平；有 2 个指标数值降低，“人均森林面积”从 2009 年的 5.04 公顷/人降低至 2010 年的 4.86 公顷/人，“人均活立木总蓄积量”从 2009 年的 783.61 立方米/人降低至 2010 年的 755.75 立方米/人。

另外，2010 年西藏有 8 个逆指标数值高于 2009 年，增长率高于 10%的指标有 7 个；2 个指标与 2009 年齐平，即“单位土地面积氮氧化物排放量”和“人均氮氧化物排放量”。

从全面层面上看，6 个数据可得的正指标中，有 2 个指标低于全国均值；另外，有 4 个指标高于且明显高于全国均值，“人均水资源量”、“人均森林面积”、“自然保护区面积占辖区面积比重”及“人均活立木总蓄积量”分别是全国均值的 63 倍、25 倍、3.9 倍和 70 倍。

10 个数据可得的逆指标中，所有指标均低于全国均值，差距最明显的指标有“单位土地面积二氧化硫排放量”、“单位土地面积化学需氧量排放量”和“单位土地面积氨氮排放量”，分别占全国均值的 0.05%、0.64%和 0.40%。

---

① 全国均值计算时不含西藏数据。

三、西藏政府政策支持度三级指标情况

政府政策支持度共19个三级指标，分为18个正指标和1个逆指标。其中，7个正指标数据缺失。

从两年变化看，2010年西藏有3个正指标的数据值高于2009年，且增长率高于10%的指标有1个；有8个指标数值降低，变化幅度较大有2个，即"环境污染治理投资总额占地区生产总值比重"和"城市人均绿地面积"，较2009年分别降低91.3%和74.5%。另外，2010年西藏唯一的逆指标数值也高于2009年，且增幅较大。

从全面层面上看，11个数据可得的正指标中，有8个指标低于全国均值，差距最明显是"环境污染治理投资总额占地区生产总值比重"和"工业废水化学需氧量去除率"，仅占全国均值的4.21%和4.92%；另外，有3个指标高于全国均值，其中"人均当年新增造林面积"达到全国均值的3.5倍。唯一的逆指标"突发环境事件次数"，其数值低于全国均值，为全国均值的43.5%。

第二篇

城市篇

本篇以公开出版的统计年鉴为基础，以2010中国绿色发展指数(城市)指标体系为依据，全面系统地反映了2010年中国38个测评城市的绿色发展情况，分析了这些城市的绿色发展排名。同时，本篇从绿色发展指数3个一级指标出发，分别编排了三章，即“第五章　城市经济增长绿化度测算及分析”、“第六章　城市资源环境承载潜力测算及分析”和“第七章　城市政府政策支持度测算及分析”，深入解析了2010年中国38个测评城市经济增长绿化度、资源环境承载潜力与政府政策支持度的具体情况。此外，为详细阐释2010年各测评城市的绿色发展水平，本篇还向大家展示了绿色发展指数各测评城市43个三级指标的数值、排名及前后两年排名变化等，形成了本篇的另外一章：“第八章　城市‘绿色体检’及绿色发展简析”。

第五章

城市经济增长绿化度测算及分析

作为绿色发展指数的重要内涵之一，经济增长绿化度是对一个地区经济发展过程中绿色程度的综合评价。本章根据“中国绿色发展指数评价体系(城市)”(以下简称“城市测算体系”)中经济增长绿化度的测度标准，利用2010年的年度数据，从绿色增长效率和三次产业等四个方面对中国38个大中城市[①]的经济增长绿化度进行了测度。

一、城市经济增长绿化度的测算结果

根据“中国绿色发展指数评价体系(城市)”中经济增长绿化度的测度体系和权重标准，中国38个大中城市的经济增长绿化度测算结果如下表5-1。

表5-1　2010年中国38个城市经济增长绿化度指数及排名

城　市	一级指标		二级指标							
	经济增长绿化度		绿色增长效率指标		第一产业指标		第二产业指标		第三产业指标	
	指数值	排　名	指数值	排　名	指数值	排　名	指数值	排　名	指数值	排　名
深　圳	0.503	1	0.309	1	0.091	1	0.069	2	0.035	7
北　京	0.205	2	0.103	2	−0.004	21	−0.008	26	0.115	1
海　口	0.120	3	0.080	5	−0.004	20	0.000	19	0.043	5
沈　阳	0.103	4	0.026	13	0.002	8	0.057	3	0.018	11
长　沙	0.100	5	0.083	3	−0.006	27	0.038	4	−0.015	26
青　岛	0.096	6	0.082	4	0.000	14	0.016	11	−0.002	17
大　连	0.079	7	0.057	7	0.014	3	0.004	16	0.003	15
广　州	0.077	8	0.065	6	−0.002	18	−0.047	35	0.061	3
苏　州	0.077	9	0.029	10	0.017	2	0.022	7	0.009	14
南　京	0.053	10	0.029	11	0.002	9	−0.002	20	0.025	8

① 包括4个直辖市，26个省会城市，5个计划单列市及苏州、珠海和克拉玛依，拉萨、中国香港、中国澳门、中国台湾由于缺少主要的测算数据，因此并未参与测评。

续表

城市	一级指标		二级指标							
	经济增长绿化度		绿色增长效率指标		第一产业指标		第二产业指标		第三产业指标	
	指数值	排名	指数值	排名	指数值	排名	指数值	排名	指数值	排名
克拉玛依	0.044	11	0.034	8	0.002	6	0.088	1	−0.081	38
上海	0.039	12	−0.019	24	0.000	13	−0.004	23	0.061	2
济南	0.032	13	0.000	17	0.001	10	0.019	9	0.012	12
合肥	0.018	14	0.033	9	−0.006	28	0.018	10	−0.027	33
成都	0.008	15	0.014	15	−0.005	25	0.007	14	−0.008	22
哈尔滨	0.007	16	0.000	16	0.000	11	0.008	12	−0.002	18
杭州	0.005	17	0.026	12	0.000	12	−0.020	30	−0.001	16
天津	0.004	18	−0.029	26	−0.004	24	0.026	6	0.011	13
长春	0.000	19	−0.004	20	−0.004	22	0.035	5	−0.027	32
武汉	−0.021	20	−0.060	31	0.000	15	0.019	8	0.020	10
西安	−0.032	21	−0.013	22	−0.009	32	−0.003	21	−0.007	21
福州	−0.039	22	−0.003	19	0.002	7	−0.022	31	−0.016	27
厦门	−0.041	23	−0.040	28	−0.001	17	0.003	17	−0.003	19
乌鲁木齐	−0.046	24	−0.096	36	−0.004	23	0.007	15	0.048	4
南昌	−0.051	25	−0.028	25	−0.006	29	0.008	13	−0.024	30
石家庄	−0.055	26	−0.011	21	−0.001	16	0.003	18	−0.045	35
珠海	−0.057	27	−0.052	30	0.007	5	−0.007	25	−0.005	20
宁波	−0.067	28	0.015	14	0.010	4	−0.075	38	−0.016	28
南宁	−0.073	29	−0.018	23	−0.009	31	−0.007	24	−0.039	34
郑州	−0.075	30	−0.038	27	−0.009	33	−0.003	22	−0.024	31
呼和浩特	−0.081	31	−0.061	32	−0.003	19	−0.053	37	0.037	6
昆明	−0.087	32	−0.002	18	−0.011	35	−0.053	36	−0.021	29
太原	−0.101	33	−0.083	34	−0.009	30	−0.032	32	0.023	9
银川	−0.112	34	−0.081	33	−0.005	26	−0.010	28	−0.015	25
兰州	−0.121	35	−0.091	35	−0.011	37	−0.010	27	−0.009	23
重庆	−0.161	36	−0.051	29	−0.011	34	−0.034	33	−0.066	37
贵阳	−0.168	37	−0.100	37	−0.011	36	−0.045	34	−0.011	24
西宁	−0.183	38	−0.107	38	−0.012	38	−0.012	29	−0.052	36

注：①本表根据经济增长绿化度的指标体系，依据各指标2010年数据测算而得；②本表各测评城市按照经济增长绿化度的指数值从大到小排序；③本表一级指标“经济增长绿化度”指数值等于四个二级指标“绿色增长效率指标”、“第一产业指标”、“第二产业指标”和“第三产业指标”指数值之和；④各项指标的全国平均水平为0；⑤以上数据及排名根据《中国统计年鉴2011》、《中国环境统计年报2010》、《中国环境统计年鉴2011》、《中国城市统计年鉴2011》、《中国城市建设统计年鉴2010》、《中国区域经济统计年鉴2011》测算。

从表 5-1 中可以看到，排在经济增长绿化度前十位的城市依次是：深圳、北京、海口、沈阳、长沙、青岛、大连、广州、苏州和南京。其中，绿色增长效率指标排名前十位的依次是：深圳、北京、长沙、青岛、海口、广州、大连、克拉玛依、合肥和苏州；第一产业指标排名前十位的依次是：深圳、苏州、大连、宁波、珠海、克拉玛依、福州、沈阳、南京和济南；第二产业指标排名前十位的依次是：克拉玛依、深圳、沈阳、长沙、长春、天津、苏州、武汉、济南和合肥；第三产业指标排名前十位的依次是：北京、上海、广州、乌鲁木齐、海口、呼和浩特、深圳、南京、太原和武汉。

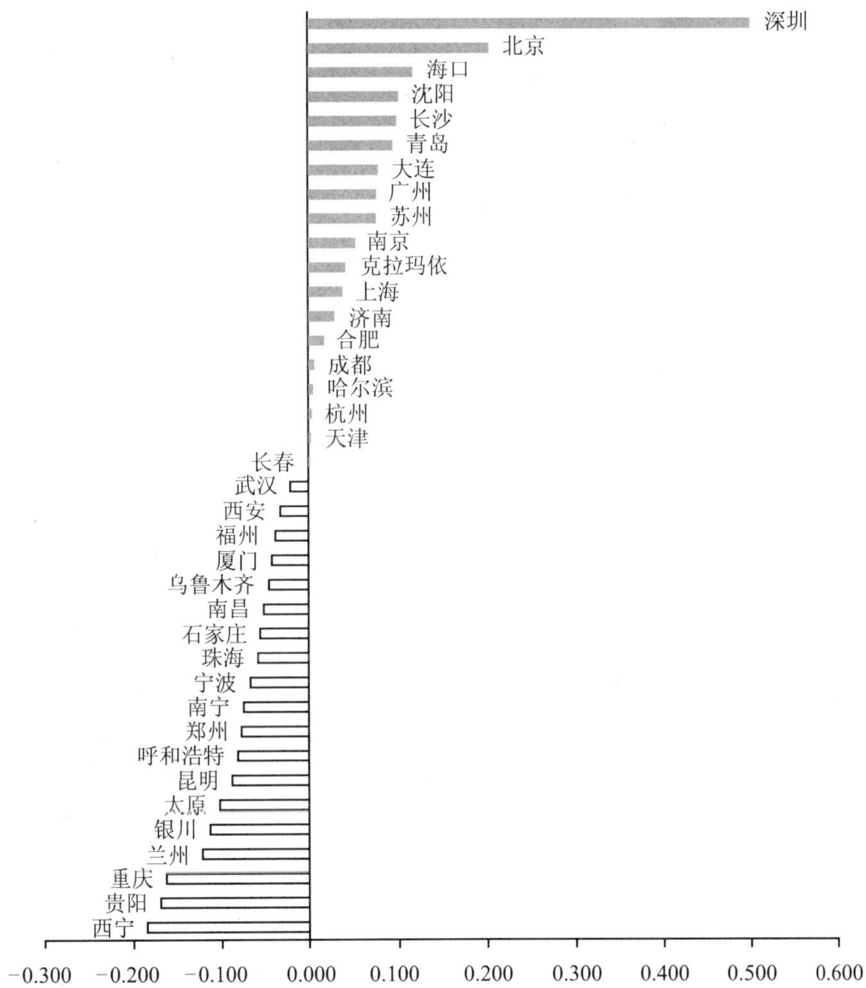

图 5-1　2010 年中国 38 个城市经济增长绿化度排名比较

注：本图根据表 5-1 中相关数据制作。

根据表 5-1 和图 5-1，下面进一步从城市经济增长绿化度区域间差异、城市经济增长绿化度区域内差异，以及 2010 中国绿色发展指数(城市)与城市经济增长绿化度的相关关系三个方面进行分析。

1. 城市经济增长绿化度区域间差异分析

经济增长绿化度对绿色发展指数的贡献的区域性则具体表现在，相对于中西部城市来说，东部城市在经济增长绿化度上对绿色发展指数的拉动作用更大，而中西部城市在绿色发展指数的另外两个分指数——资源环境承载潜力和政府政策支持度上则更有优势。总体来看，经济增长绿化度东部地区最好，东北地区次之，中部较弱，西部最弱，具体如图 5-2 所示。① 其中，东部所有测评城市的均值达到 0.060，东北部地区均值为 0.047，明显高于其他两个地区。中部和西部均值分别为－0.022 和－0.084，均低于全国平均水平。

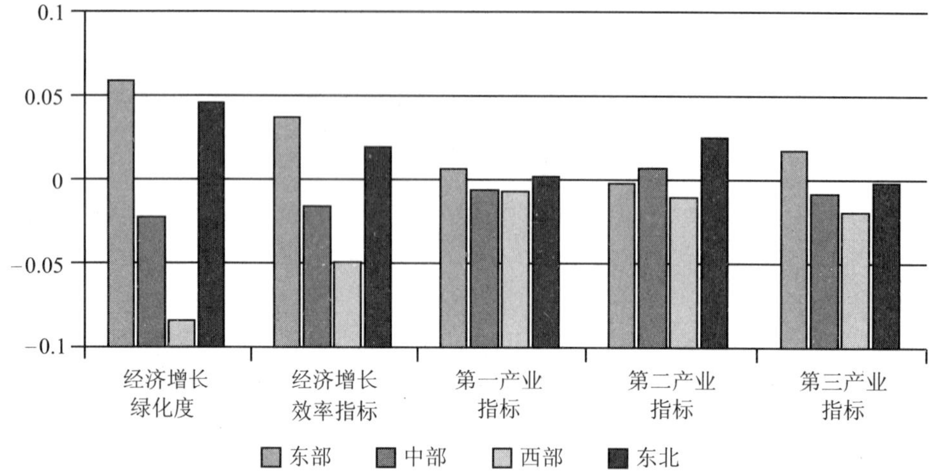

图 5-2　2010 年中国四大区域城市经济增长绿化度对照图

注：本图数据为四大区域中各城市指数值的算术平均值。

具体到各二级指标，经济增长效率指标中，东部地区指数值为 0.037，位居首位；东北地区略低于东部，值为 0.020；中部和西部均低于全国平均水平，值分别为－0.016 和－0.048。

第一产业指标中，东部地区和东北地区城市指数值均值分别为 0.007 和 0.003，稍高于全国平均水平；中部地区和西部地区稍低于全国平均水平，值分别为－0.006 和－0.007；总体上四大地区水平都很接近。

第二产业指标中，东北地区指数值为 0.026，在四大地区中最高；中部地区次之，值为 0.008；东部和西部地区指数值分别为－0.002 和－0.010，均低于全国平均水平。

第三产业指标中，东部地区指数值最高，为 0.018；其他三个地区均低于全国平均水平，其中中部地区指数值为－0.008，西部为－0.019，东北部为－0.002。

2. 城市经济增长绿化度区域内差异分析

从经济增长绿化度测算结果来看，城市排名呈现出区域化特征。东部地区城市排名相对靠前，东北部次之，中部稍弱，西部最弱。而且不同区域内部各城市之间的排名状况差异也很明显。

(1)东部地区城市经济增长绿化度指数及排名

2010 年中国东部地区城市经济增长绿化度指数及排名如表 5-2 所示。

① 东部地区城市包括：北京、天津、石家庄、上海、南京、苏州、杭州、宁波、福州、厦门、济南、青岛、广州、深圳、珠海和海口；中部地区城市包括太原、合肥、南昌、郑州、武汉和长沙；西部地区城市包括呼和浩特、乌鲁木齐、南宁、重庆、成都、贵阳、昆明、西安、兰州、西宁、银川和克拉玛依；东北地区城市包括沈阳、大连、长春和哈尔滨。

表 5-2　　2010 年中国东部地区城市经济增长绿化度指数及排名

城　市	指数值	所有测评城市排名	区域内部排名	城　市	指数值	所有测评城市排名	区域内部排名
深　圳	0.503	1	1	济　南	0.032	13	9
北　京	0.205	2	2	杭　州	0.005	17	10
海　口	0.120	3	3	天　津	0.004	18	11
青　岛	0.096	6	4	福　州	−0.039	22	12
广　州	0.077	8	5	厦　门	−0.041	23	13
苏　州	0.077	9	6	石家庄	−0.055	26	14
南　京	0.053	10	7	珠　海	−0.057	27	15
上　海	0.039	12	8	宁　波	−0.067	28	16

注：本表根据表 5-1 整理。

在东部的 16 个城市中，深圳、北京、海口、青岛、广州、苏州和南京 7 个城市排在全国前十位，优势十分明显。其中深圳得分高达 0.503，北京也得到 0.205 分，远远超出其他城市。除此以外，有 4 个城市排名位于第 11 位～第 20 位，其余 5 个城市位于第 21 位～第 30 位，较为集中，也较为靠前。从得分上看，东部共有 11 个城市得分大于 0，即高于全国平均水平，占所有城市的 68.7%，可见东部地区在经济增长绿化度上还是处于领先地位。

(2)中部地区城市经济增长绿化度指数及排名

2010 年中国中部地区城市经济增长绿化度指数及排名如表 5-3 所示。

表 5-3　　2010 年中国中部地区城市经济增长绿化度指数及排名

城　市	指数值	所有测评城市排名	区域内部排名	城　市	指数值	所有测评城市排名	区域内部排名
长　沙	0.100	5	1	南　昌	−0.051	25	4
合　肥	0.018	14	2	郑　州	−0.075	30	5
武　汉	−0.021	20	3	太　原	−0.101	33	6

注：本表根据表 5-1 整理。

中部地区城市排名较为分散，有高有低。从排名上看，6 个城市中 1 个位于第 1 位～第 10 位之间，2 个位于第 11 位～第 20 位之间，2 个位于第 25 位～第 30 位之间，1 个位于第 31 位～第 38 位之间。得分上看，两个城市得分大于 0，其中，长沙得分 0.100，合肥得分 0.018，高于全国平均水平；其余 4 个城市得分均小于 0，低于平均水平。由此可见，中部地区不同城市间的经济增长绿化度差异明显，在不同的排位区间都有体现。

(3)西部地区城市经济增长绿化度指数及排名

2010 年中国西部地区城市经济增长绿化度指数及排名如表 5-4 所示。

表 5-4　　2010 年中国西部地区城市经济增长绿化度指数及排名

城　市	指数值	所有测评城市排名	区域内部排名	城　市	指数值	所有测评城市排名	区域内部排名
克拉玛依	0.044	11	1	昆　明	−0.087	32	7
成　都	0.008	15	2	银　川	−0.112	34	8
西　安	−0.032	21	3	兰　州	−0.121	35	9
乌鲁木齐	−0.046	24	4	重　庆	−0.161	36	10
南　宁	−0.073	29	5	贵　阳	−0.168	37	11
呼和浩特	−0.081	31	6	西　宁	−0.183	38	12

注：本表根据表 5-1 整理。

西部地区在经济增长绿化度上情况排名较为集中靠后。具体来看，西部 12 个城市中有 7 个城市位于第 31 位～第 38 位之间，几乎全部占据了最后八位。只有 2 个城市排在前二十位，分别是克拉玛依第 11 位，成都第十五位，没有一个城市进入前十位。得分上看，同样除克拉玛依和成都外，其余均小于 0，低于全国平均水平，劣势十分明显。

(4)东北部地区城市经济增长绿化度指数及排名

2010 年中国东北部地区城市经济增长绿化度指数及排名如表 5-5 所示。

表 5-5　　2010 年中国东北地区城市经济增长绿化度指数及排名

城　市	指数值	所有测评城市排名	区域内部排名	城　市	指数值	所有测评城市排名	区域内部排名
沈　阳	0.103	4	1	哈尔滨	0.007	16	3
大　连	0.079	7	2	长　春	0.000	19	4

注：本表根据表 5-1 整理。

东北部 4 个城市排名分散，总体靠前。具体来看，沈阳第 4 位，大连第 7 位，哈尔滨第 16 位，长春第 19 位。得分上，沈阳、大连和哈尔滨得分均大于 0，高于全国平均水平，而长春接近总体平均水平。这说明东北地区各城市之间经济增长绿化度情况虽然不同，但总体上还是比较靠前的。

3. 城市经济增长绿化度对 2010 中国绿色发展指数（城市）的影响分析

从测算结果来看，城市的经济增长绿化度对绿色发展指数影响较大，但在不同区域又存在明显差异。将城市经济增长绿化度和绿色发展指数进行对比后能够发现，名次变动在 5 位以内的城市有 19 个，变化 10 位以内的城市有 29 个。名次变化最大的是昆明，变化 22 位。说明昆明在经济增长绿化度方面比较薄弱，发展过程中污染物的排放量相对较大。

表 5-6　　2010 年中国绿色发展指数(城市)与城市经济增长绿化度排名差异比较

城　市	绿色发展指数排名	经济增长绿化度排名	排名差异	城　市	绿色发展指数排名	经济增长绿化度排名	排名差异
深　圳	1	1	0	贵　阳	20	37	−17
海　口	2	3	−1	沈　阳	21	4	17
克拉玛依	3	11	−8	合　肥	22	14	8

续表

城市	绿色发展指数排名	经济增长绿化度排名	排名差异	城市	绿色发展指数排名	经济增长绿化度排名	排名差异
昆明	4	32	−28	太原	23	33	−10
广州	5	8	−3	厦门	24	23	1
北京	6	2	4	石家庄	25	26	−1
大连	7	7	0	上海	26	12	14
青岛	8	6	2	呼和浩特	27	31	−4
南京	9	10	−1	天津	28	18	10
福州	10	22	−12	长春	29	19	10
珠海	11	27	−16	成都	30	15	15
南宁	12	29	−17	南昌	31	25	6
长沙	13	5	8	西安	32	21	11
苏州	14	9	5	重庆	33	36	−3
哈尔滨	15	16	−1	武汉	34	20	14
银川	16	34	−18	乌鲁木齐	35	24	11
宁波	17	28	−11	郑州	36	30	6
杭州	18	17	1	兰州	37	35	2
济南	19	13	6	西宁	38	38	0

注：①本表根据表 0-6 和表 5-1 整理；②表中排名差异为经济增长绿化度排名与绿色发展指数排名之差，正值表示经济增长绿化度较之于绿色发展指数进步的名次，负值表示经济增长绿化度较之于绿色发展指数退后的名次。

>>二、城市经济增长绿化度比较分析<<

根据经济增长绿化度的测算体系，下面将对参与本次测算的 38 个城市的绿色增长效率指标、第一产业指标、第二产业指标和第三产业指标四个方面进行分析，评价各测算城市的经济增长绿化度情况。为了保证测算体系的稳定性和连续性，本次经济增长绿化度的评价指标和权重均与 2011 年报告相同。城市经济增长绿化度指数由 17 个三级指标构成，其中正指标 8 个，逆指标 9 个，包含两个无数列表指标，权重占绿色发展指数总权重的 33%，三级指标权重介于 1.65%～2.36%。

(一)城市绿色增长效率指标比较

在城市经济增长绿化度测度体系中，绿色增长效率指标占经济增长绿化度指数的权重为 50%，占城市绿色发展指数总权重的 16.5%，是经济增长绿化度中权重最大的一个二级指标，这一指标对经济增长绿化度指数的贡献较大。表 5-7 中列出了绿色增长效率指标下面的 8 个三级指标。

表 5-7　　城市绿色增长效率三级指标、权重及指标属性

指标序号	指　标	权　重	指标属性
1	人均地区生产总值	2.02%	正
2	单位地区生产总值能耗	2.36%	逆
3	人均城镇生活消费用电	2.02%	逆
4	单位地区生产总值二氧化碳排放量	2.02%	逆
5	单位地区生产总值二氧化硫排放量	2.02%	逆
6	单位地区生产总值化学需氧量排放量	2.02%	逆
7	单位地区生产总值氮氧化物排放量	2.02%	逆
8	单位地区生产总值氨氮排放量	2.02%	逆

注：本表内容是由本报告课题组召开的多次专家座谈会研讨确定的。

由于指标 2“单位地区生产总值能耗”是国务院重点监测的约束性指标，其重要性更强于其他指标，因此，赋予最大的权重为 2.36%；其他三级指标按照平均分配的原则，权重各为 2.02%。根据表 5-7 所列指标和权重，经过标准化处理综合测算，最后得出 2010 年中国城市绿色增长效率指标指数及其排名情况，如表 5-8 所示。

表 5-8　　2010 年中国城市绿色增长效率指标指数及其排名

指　标	绿色增长效率指标		指　标	绿色增长效率指标	
城　市	指数值	排　名	城　市	指数值	排　名
深　圳	0.309	1	长　春	−0.004	20
北　京	0.103	2	石家庄	−0.011	21
长　沙	0.083	3	西　安	−0.013	22
青　岛	0.082	4	南　宁	−0.018	23
海　口	0.080	5	上　海	−0.019	24
广　州	0.065	6	南　昌	−0.028	25
大　连	0.057	7	天　津	−0.029	26
克拉玛依	0.034	8	郑　州	−0.038	27
合　肥	0.033	9	厦　门	−0.040	28
苏　州	0.029	10	重　庆	−0.051	29
南　京	0.029	11	珠　海	−0.052	30
杭　州	0.026	12	武　汉	−0.060	31
沈　阳	0.026	13	呼和浩特	−0.061	32
宁　波	0.015	14	银　川	−0.081	33
成　都	0.014	15	太　原	−0.083	34
哈尔滨	0.000	16	兰　州	−0.091	35
济　南	0.000	17	乌鲁木齐	−0.096	36
昆　明	−0.002	18	贵　阳	−0.100	37
福　州	−0.003	19	西　宁	−0.107	38

注：本表数据及排名根据《中国统计年鉴 2011》、《中国环境统计年报 2010》、《中国环境统计年鉴 2011》、《中国城市统计年鉴 2011》、《中国城市建设统计年鉴 2010》、《中国区域经济统计年鉴 2011》测算。

从表 5-8 中我们可以看出，全国 38 个城市的绿色增长效率指标测算结果介于－0.107～0.309，差距较大。其中高于全国平均水平的城市主要集中在东部地区，包括深圳、北京、长沙、青岛、海口、广州、大连、克拉玛依、合肥、苏州、南京、杭州、沈阳、宁波和成都 15 个，约占全部测评城市的 40%；与之对应，昆明、福州、长春、石家庄、西安、南宁、上海、南昌、天津、郑州、厦门、重庆、珠海、武汉、呼和浩特、银川、太原、兰州、乌鲁木齐、贵阳和西宁 21 个城市的绿色投资指标低于全部测评城市平均水平；哈尔滨和济南的绿色增长效率指标和全国平均水平相当。

下面将从东、中、西和东北地区划分的角度，比较参与测算的各城市绿色增长效率指标情况。东部地区城市包括：深圳、北京、海口、青岛、广州、苏州、南京、上海、济南、杭州、天津、福州、厦门、石家庄、珠海和宁波 16 个；中部地区城市包括：长沙、合肥、武汉、南昌、郑州和太原 6 个；西部地区城市包括：克拉玛依、成都、西安、乌鲁木齐、南宁、呼和浩特、昆明、银川、兰州、重庆、贵阳和西宁 12 个；东北地区城市包括：沈阳、大连、哈尔滨、长春 4 个，结果如图 5-3 所示。

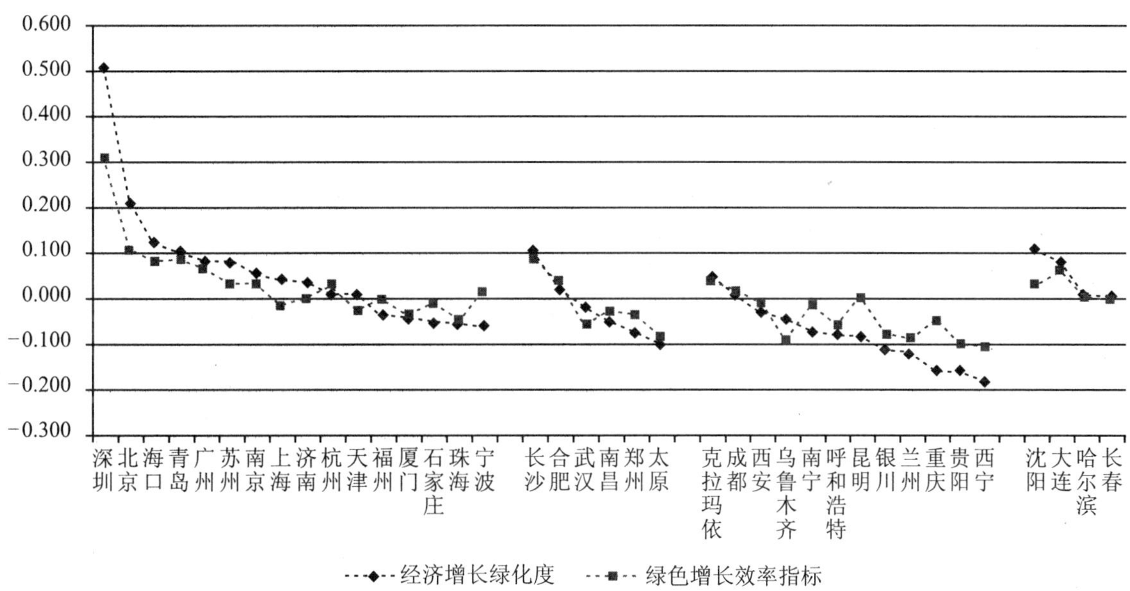

图 5-3　城市绿色增长效率指标与经济增长绿化度指数对比

注：本表从东部、中部、西部和东北地区划分的角度，根据经济增长绿化度指数大小自左到右排列。

从图 5-3 中可知，在城市绿色增长效率指标的城市排名中，呈现东部地区城市差异较大，东北地区城市得分普遍高于中部地区和西部地区的趋势。通过计算可知，东部地区绿色增长效率指标平均得分为 0.037，中部地区城市平均为－0.016，西部地区城市平均为－0.048，东北地区城市平均得分为 0.020，可以看出平均而言，东部地区城市绿色发展效率指标最高，东北地区城市次之，随后为中部地区城市，西部地区城市平均得分在四大区域中最少。

就排名结果而言，在绿色增长效率指标前十位的城市中，东部地区城市有 6 个，分别是深圳、北京、海口、青岛、广州和苏州，中部地区城市有 2 个，西部地区和东北地区城市各 1 个；而绿色增长效率指标排名后十位的城市里，东部地区城市为珠海，中部地区为武汉和太原 2 个城市，西部地区有 7 个，分别是乌鲁木齐、呼和浩特、银川、兰州、重庆、贵阳和西宁。从总体看，西部地区绿色增长效率指标落后于其他三大地区。这与前面的数据分析结论一致。

(二)城市第一产业指标比较

在城市经济增长绿化度测算体系中，第一产业指标仅包括"第一产业劳动生产率"1个三级指标，其权重占经济增长绿化度指数的权重为5%，即城市绿色发展指数总权重的1.65%，属于正指标(见表5-9)。

表5-9　城市第一产业三级指标、权重及指标属性

指标序号	指　标	权　重	指标属性
9	第一产业劳动生产率	1.65%	正

注：本表内容是由本报告课题组召开的多次专家座谈会研讨确定的。

按照表5-9中给出的权重，我们对38个城市的第一产业指标进行了标准化处理和测算，得出2010年中国城市第一产业指标指数及其排名，结果如表5-10所示。

表5-10　2010年中国城市第一产业指标指数及其排名

指　标	第一产业指标		指　标	第一产业指标	
城　市	指数值	排　名	城　市	指数值	排　名
深　圳	0.091	1	海　口	−0.004	20
苏　州	0.017	2	北　京	−0.004	21
大　连	0.014	3	长　春	−0.004	22
宁　波	0.010	4	乌鲁木齐	−0.004	23
珠　海	0.007	5	天　津	−0.004	24
克拉玛依	0.002	6	成　都	−0.005	25
福　州	0.002	7	银　川	−0.005	26
沈　阳	0.002	8	长　沙	−0.006	27
南　京	0.002	9	合　肥	−0.006	28
济　南	0.001	10	南　昌	−0.006	29
哈尔滨	0.000	11	太　原	−0.009	30
杭　州	0.000	12	南　宁	−0.009	31
上　海	0.000	13	西　安	−0.009	32
青　岛	0.000	14	郑　州	−0.009	33
武　汉	0.000	15	重　庆	−0.011	34
石家庄	−0.001	16	昆　明	−0.011	35
厦　门	−0.001	17	贵　阳	−0.011	36
广　州	−0.002	18	兰　州	−0.011	37
呼和浩特	−0.003	19	西　宁	−0.012	38

注：本表数据及排名根据《中国统计年鉴2011》、《中国环境统计年报2010》、《中国环境统计年鉴2011》、《中国城市统计年鉴2011》、《中国城市建设统计年鉴2010》、《中国区域经济统计年鉴2011》测算。

从表5-10中可以看到，在38个参与测算的城市中，高于全国平均水平的城市仅有10个，分别是深圳、苏州、大连、宁波、珠海、克拉玛依、福州、沈阳、南京和济南，主要分布于东部地区；低于全国平均水平的城市数量则相对较多，总计23个，分别是石家庄、厦门、广州、呼和浩特、海口、北京、长春、乌鲁木齐、天津、成都、银川、长沙、合肥、南昌、太原、南宁、西安、郑州、重庆、昆明、贵阳、兰州和西宁；接近全国平均水平的城市数量为5个，与其他二级指标相比，数量较多。城市第一产业指标指数的最大值为0.091，最小值为－0.012，相差0.103分，差异不明显。此外，由于第一产业指标占总比重较小，因此第一产业指标的指标值对经济增长绿化度指数的排序影响不大。

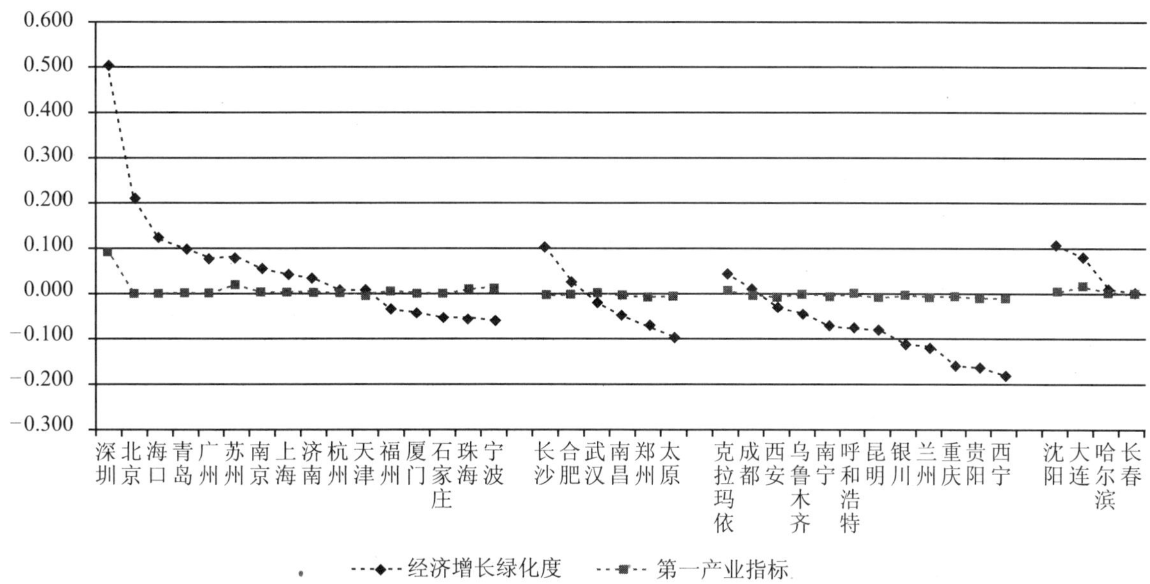

图5-4　城市第一产业指标与经济增长绿化度指数对比

注：本表从东部、中部、西部和东北地区划分的角度，根据经济增长绿化度指数大小自左到右排列。

为了更清晰地看到第一产业指标的区域差别，下面将对图5-4进行具体分析。从图5-4中可以看出，在38个参与测算的城市中，只有深圳第一产业指标得分明显处于高位，其他城市的第一产业指标得分基本呈一条水平线，城市间差距不明显，与城市经济增长绿化度指数曲线没有明显的趋同关系，因此第一产业指标得分对经济增长绿化度的影响不显著。

从四大地区第一产业指标平均情况来看，东部地区城市的平均得分最高为0.007，其次为东北地区0.003，中部地区城市平均得分为－0.006，西部地区为－0.007，区域间平均得分差别不大。这与之前的结论一致。

(三)城市第二产业指标比较

在经济增长绿化度测算体系中，第二产业指标占经济增长绿化度指数的权重为30%，是权重仅次于“绿色增长效率指标”的第二大二级指标。城市第二产业指标由5个三级指标构成，包含3个正指标，2个逆指标，其中指标“单位工业增加值能耗”为无数列表。除“第二产业的劳动效率”以外，其余4个指标均代表了第二产业能源利用效率和资源的循环利用程度，反映了第二产业发展的绿化度。第二产业指标在权重分配上，采取均权处理方法，每个三级指标的权重均为1.98%(见表5-11)。

表 5-11　　城市第二产业三级指标、权重及指标属性

指标序号	指　标	权　重	指标属性
10	第二产业劳动生产率	1.98%	正
11	单位工业增加值水耗	1.98%	逆
12	单位工业增加值能耗	1.98%	逆
13	工业固体废物综合利用率	1.98%	正
14	工业用水重复利用率	1.98%	正

注：本表内容是由本报告课题组召开的多次专家座谈会研讨确定的。

根据表 5-11 中给出的指标和权重，我们对 38 个城市 2010 年的数据进行了标准化处理和综合测算，得出 2010 年中国城市第二产业指标指数及其排名，结果如表 5-12 所示。

表 5-12　　2010 年中国城市第二产业指标指数及其排名

指　标	第二产业指标		指　标	第二产业指标	
城　市	指数值	排　名	城　市	指数值	排　名
克拉玛依	0.088	1	南　京	−0.002	20
深　圳	0.069	2	西　安	−0.003	21
沈　阳	0.057	3	郑　州	−0.003	22
长　沙	0.038	4	上　海	−0.004	23
长　春	0.035	5	南　宁	−0.007	24
天　津	0.026	6	珠　海	−0.007	25
苏　州	0.022	7	北　京	−0.008	26
武　汉	0.019	8	兰　州	−0.010	27
济　南	0.019	9	银　川	−0.010	28
合　肥	0.018	10	西　宁	−0.012	29
青　岛	0.016	11	杭　州	−0.020	30
哈尔滨	0.008	12	福　州	−0.022	31
南　昌	0.008	13	太　原	−0.032	32
成　都	0.007	14	重　庆	−0.034	33
乌鲁木齐	0.007	15	贵　阳	−0.045	34
大　连	0.004	16	广　州	−0.047	35
厦　门	0.003	17	昆　明	−0.053	36
石家庄	0.003	18	呼和浩特	−0.053	37
海　口	0.000	19	宁　波	−0.075	38

注：本表数据及排名根据《中国统计年鉴 2011》、《中国环境统计年报 2010》、《中国环境统计年鉴 2011》、《中国城市统计年鉴 2011》、《中国城市建设统计年鉴 2010》、《中国区域经济统计年鉴 2011》测算。

从表 5-12 中可以看出，全国城市第二产业指标指数介于－0.075～0.088，得分最高和最低的城市分别为克拉玛依和宁波。测算结果表明，在 38 个城市中有 18 个城市高于全国平均水平，相当于参与测算城市的一半，分别是克拉玛依、深圳、沈阳、长沙、长春、天津、苏州、武汉、济南、合肥、青岛、哈尔滨、南昌、成都、乌鲁木齐、大连、厦门和石家庄；与之对应，低于全国平均水平的城市分别为南京、西安、郑州、上海、南宁、珠海、北京、兰州、银川、西宁、杭州、福州、太原、重庆、贵阳、广州、昆明、呼和浩特和宁波 19 个城市；海口市的第二产业指标得分为 0.000，与全国平均水平相当。

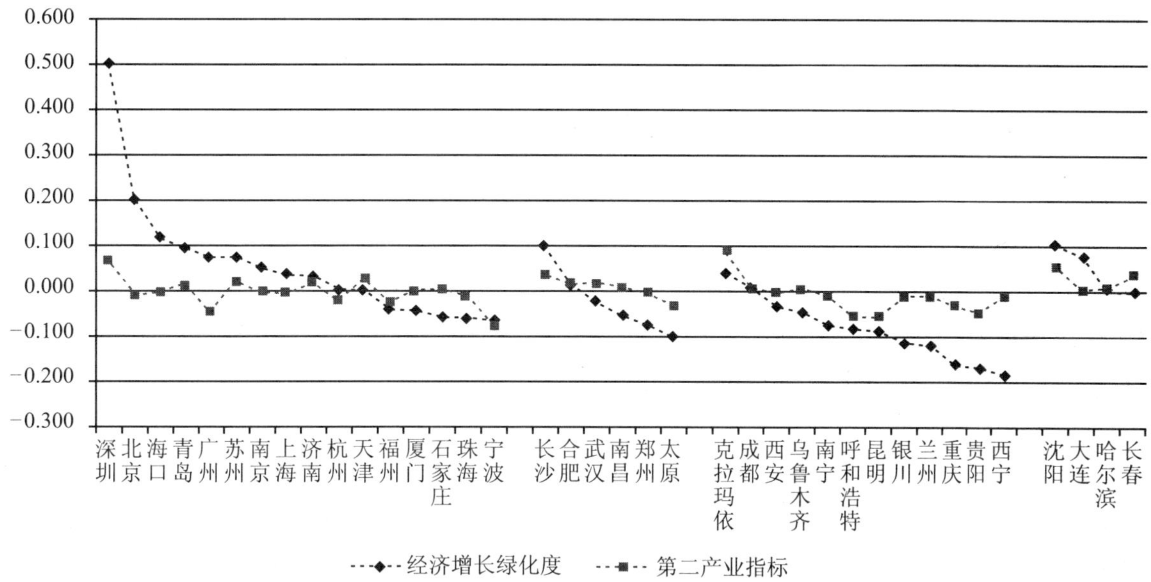

图 5-5　城市第二产业指标与经济增长绿化度指数对比

注：本表从东部、中部、西部和东北地区划分的角度，根据经济增长绿化度指数大小自左到右排列。

以下分析城市第二产业指标指数区域差距。从图 5-5 中可以看出，本次测算的 38 个城市中，区域间没有明显的差异，区域内城市之间呈现出小范围的波动，整体差异不明显。

从第二产业指标指数数据来看，东部地区城市第二产业指标指数平均值为－0.002，中部地区城市为 0.008，西部地区城市为－0.010，而东北地区最高为 0.026。在城市第二产业指标的得分上，东部地区不再像前面两个二级指标得分那样位于四大地区之首，而东北地区和中部地区表现出一定的相对优势。

就排名结果而言，在城市第二产业指标前十位的城市中，东部地区城市有 4 个，分别是深圳、天津、苏州和济南；中部地区城市有 2 个，分别是长沙和武汉；西部地区城市有 1 个为克拉玛依，同时克拉玛依也是 38 个城市中第二产业指标得分最高的城市；东北地区 4 个城市中有 2 个排名居前十位，分别是沈阳和长春。而绿色增长效率指标排名后十位的城市里，东部地区城市有 4 个，其中宁波排名最后；中部地区城市有 1 个为太原；西部地区城市为西宁、呼和浩特、昆明、重庆和贵阳 5 个城市；排名后十位的城市中没有出现东北地区的城市。东北地区城市在排名上较其他地区城市有相对优势，而西部地区城市在第二产业指标的得分上仍表现出相对较弱。

(四)城市第三产业指标比较

在城市经济增长绿化度的测度体系中，第三产业指标权重为 15%，相当于绿色发展指数总权重的 4.95%。第三产业指标由 3 个指标构成，均为正指标。在三级指标权重设计上，采取均权的处理方法，每个三级指标在总指数中的权重为 1.65%(见表 5-13)。

表 5-13 城市第三产业三级指标、权重及指标属性

指标序号	指　标	权　重	指标属性
15	第三产业劳动生产率	1.65%	正
16	第三产业增加值比重	1.65%	正
17	第三产业就业人员比重	1.65%	正

注：本表内容是由本报告课题组召开的多次专家座谈会研讨确定的。

第三产业各项指标不仅与经济发展的整体水平密切相关，也是衡量产业结构优化程度以及经济绿色发展的重要评价内容之一。根据表 4-14 中所列的指标和权重，利用相关数据测算，得出 2010 年中国城市第三产业指标指数和排名情况，如表 5-14 所示。

表 5-14 2010 年中国城市第三产业指标指数及其排名

指　标	第三产业指标		指　标	第三产业指标	
城　市	指数值	排　名	城　市	指数值	排　名
北　京	0.115	1	珠　海	−0.005	20
上　海	0.061	2	西　安	−0.007	21
广　州	0.061	3	成　都	−0.008	22
乌鲁木齐	0.048	4	兰　州	−0.009	23
海　口	0.043	5	贵　阳	−0.011	24
呼和浩特	0.037	6	银　川	−0.015	25
深　圳	0.035	7	长　沙	−0.015	26
南　京	0.025	8	福　州	−0.016	27
太　原	0.023	9	宁　波	−0.016	28
武　汉	0.020	10	昆　明	−0.021	29
沈　阳	0.018	11	南　昌	−0.024	30
济　南	0.012	12	郑　州	−0.024	31
天　津	0.011	13	长　春	−0.027	32
苏　州	0.009	14	合　肥	−0.027	33
大　连	0.003	15	南　宁	−0.039	34
杭　州	−0.001	16	石家庄	−0.045	35
青　岛	−0.002	17	西　宁	−0.052	36
哈尔滨	−0.002	18	重　庆	−0.066	37
厦　门	−0.003	19	克拉玛依	−0.081	38

注：本表数据及排名根据《中国统计年鉴 2011》、《中国环境统计年报 2010》、《中国环境统计年鉴 2011》、《中国城市统计年鉴 2011》、《中国城市建设统计年鉴 2010》、《中国区域经济统计年鉴 2011》测算。

表 5-14 显示，在 38 个参评城市中，第三产业指标指数最高的是北京，指数值为 0.115，指标值最低的城市是克拉玛依，为－0.081，两者相差 0.196。在参与测算城市中，有 15 个城市第三产业指标指数高于全国平均水平，分别是北京、上海、广州、乌鲁木齐、海口、呼和浩特、深圳、南京、太原、武汉、沈阳、济南、天津、苏州和大连；而低于全国平均水平的城市则相对较多，共 23 个，分别为杭州、青岛、哈尔滨、厦门、珠海、西安、成都、兰州、贵阳、银川、长沙、福州、宁波、昆明、南昌、郑州、长春、合肥、南宁、石家庄、西宁、重庆和克拉玛依。

从地区分布上来看，高于全国平均水平的城市中，东部地区有 9 个，中部地区、西部地区和东北地区各 2 个；低于全国平均水平的城市中，东部地区有 7 个，中部地区有 4 个，西部地区有 10 个，东北地区有 2 个。第三产业指标指数高于全国平均水平的城市多数位于东部地区，低于全国平均水平的城市主要分布在西部地区。下面将结合图 4-6 具体分析城市第三产业指标指数的区域差异情况。

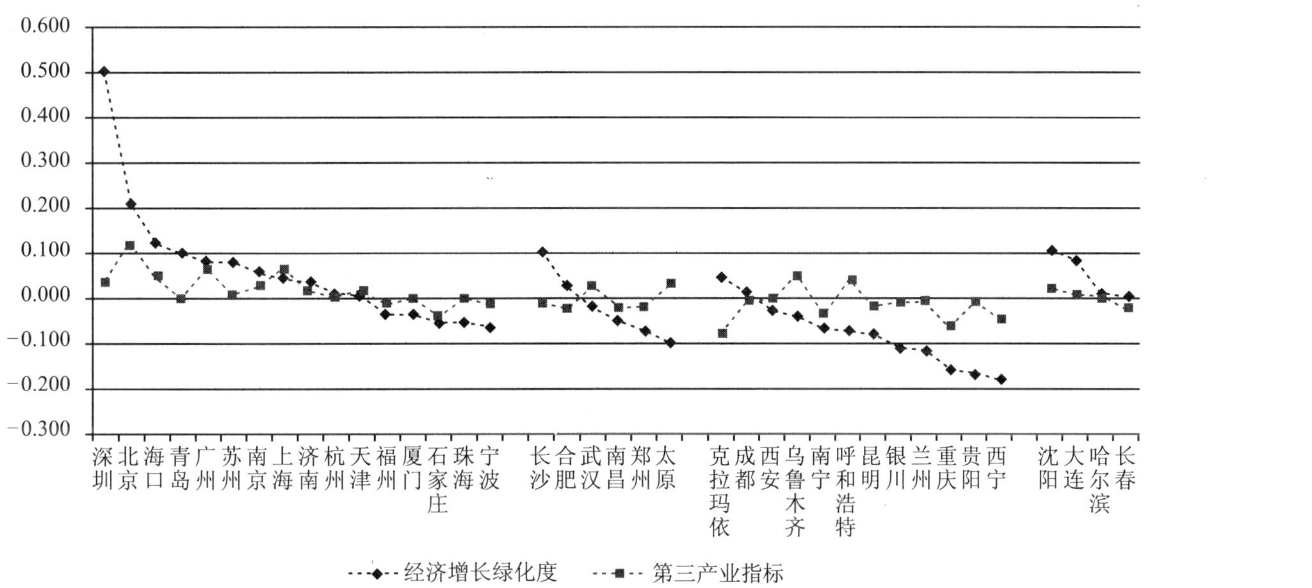

图 5-6　城市第三产业指标与经济增长绿化度指数对比

注：本表从东部、中部、西部和东北地区划分的角度，根据经济增长绿化度指数大小自左到右排列。

从图 5-6 中看出，东部地区的第三产业指标指数整体高于其他三大区域，具有一定的优势，东北地区和中部地区次之，而西部地区相对最低。

从第三产业指标指数数据来看，东部地区城市第三产业指标指数平均值为 0.018，中部地区为－0.008，西部地区为－0.019，东北地区为－0.002，东部地区相对其他三大区域具有明显优势。

就排名结果而言，在城市第三产业指标排名前十位的城市中，东部地区城市有 6 个，其中北京、上海、广州三大都市居前三甲的位置，尤其是北京的第三产业指标指数为 0.115，远远高于居第二位的上海；中部地区城市为太原和武汉；西部地区为乌鲁木齐和呼和浩特。而第三产业指标指数排名后十位的城市里，东部地区城市仅有石家庄；中部地区城市为合肥、南昌和郑州，共 3 个，占参与测算的中部地区城市一半；西部地区城市有 5 个，分别是克拉玛依、南宁、昆明、重庆和西宁；东北地区的长春也居于后十位之列。从中可以看出，东部地区在第三产业指标指数中具有绝对优势；中部地区城市的第三产业指标仍有较大提升空间；东北地区城市虽然整体情况不错，但没有特别占优势的城市，有待加强第三产业的发展，争取培育排名靠前的重点城市；西部地区第三产业发展相对滞后，应抓住发展机遇，加强第三产业扶持力度，力争在第三产业发展上向全国平均水平靠拢。

第六章

城市资源环境承载潜力测算及分析

城市资源环境承载潜力衡量的是城市资源丰裕、生态保护、环境压力与气候变化对今后经济发展与人类活动的承载潜力。本章根据“中国绿色发展指数评价体系(城市)”(以下简称“城市测算体系”)中资源环境承载潜力的测度标准，利用2010年的年度数据，从资源丰裕与生态保护、环境压力与气候变化两个方面对中国38个大中城市的资源环境承载潜力进行了测度。

>>一、城市资源环境承载潜力的测算结果<<

根据“中国绿色发展指数评价体系(城市)”中资源环境承载潜力的测度体系和权重标准，中国38个大中城市的资源环境承载潜力测算结果如表6-1所示。

表6-1　　2010年中国38个城市资源环境承载潜力指数及排名

城　市	一级指标		二级指标			
	资源环境承载潜力		资源丰裕与生态保护指标		环境压力与气候变化指标	
	指数值	排　名	指数值	排　名	指数值	排　名
昆　明	0.416	1	0.002	11	0.414	1
海　口	0.399	2	−0.009	36	0.408	2
克拉玛依	0.227	3	−0.002	14	0.229	3
哈尔滨	0.195	4	0.005	8	0.190	4
南　宁	0.190	5	0.006	7	0.184	5
深　圳	0.166	6	−0.003	16	0.169	6
福　州	0.111	7	0.011	3	0.100	7
长　沙	0.057	8	0.006	5	0.051	9
大　连	0.054	9	−0.004	17	0.057	8
贵　阳	0.046	10	0.003	10	0.043	10
重　庆	0.035	11	0.005	9	0.031	11
合　肥	0.011	12	−0.004	18	0.015	12
呼和浩特	0.002	13	−0.005	24	0.007	13

续表

城市	一级指标		二级指标			
	资源环境承载潜力		资源丰裕与生态保护指标		环境压力与气候变化指标	
	指数值	排名	指数值	排名	指数值	排名
成都	−0.001	14	−0.005	22	0.004	14
长春	−0.006	15	−0.005	21	−0.002	15
青岛	−0.016	16	−0.008	29	−0.008	16
南昌	−0.024	17	−0.008	30	−0.016	17
宁波	−0.032	18	0.006	6	−0.038	19
银川	−0.035	19	−0.010	38	−0.025	18
广州	−0.041	20	0.001	12	−0.042	20
珠海	−0.048	21	0.008	4	−0.056	23
沈阳	−0.048	22	−0.005	23	−0.044	21
南京	−0.056	23	−0.005	20	−0.052	22
杭州	−0.058	24	0.018	2	−0.076	25
兰州	−0.073	25	0.094	1	−0.167	38
太原	−0.081	26	−0.009	33	−0.072	24
厦门	−0.083	27	−0.003	15	−0.081	27
济南	−0.085	28	−0.008	27	−0.078	26
石家庄	−0.095	29	−0.009	35	−0.086	28
郑州	−0.099	30	−0.009	34	−0.090	29
西安	−0.107	31	−0.009	31	−0.099	30
北京	−0.109	32	−0.009	32	−0.100	31
上海	−0.116	33	−0.008	28	−0.108	32
苏州	−0.124	34	−0.006	26	−0.118	33
西宁	−0.132	35	−0.004	19	−0.127	36
乌鲁木齐	−0.132	36	−0.006	25	−0.126	34
天津	−0.136	37	−0.010	37	−0.126	35
武汉	−0.168	38	−0.001	13	−0.167	37

注：①本表根据资源环境承载潜力的指标体系，依据各指标2010年数据测算而得；②本表各测评城市按照资源环境承载潜力的指数值从大到小排序；③本表一级指标"资源环境承载潜力"指数值等于两个二级指标"资源丰裕与环境保护指标"和"环境压力与气候变化指标"指数值之和；④各项指标数值的全国平均水平为0；⑤以上数据及排名根据《中国统计年鉴2011》、《中国环境统计年报2010》、《中国环境统计年鉴2011》、《中国城市统计年鉴2011》、《中国城市建设统计年鉴2010》、《中国区域经济统计年鉴2011》测算。

从表6-1中可以看到，2010年中国38个城市资源环境承载潜力中，指数值最高的是昆明，达到0.416；最低的是武汉，仅为−0.168。38个测评城市中，有13个城市资源环境承载潜力高出全国平均水平，仅占到1/3。排在前十位的城市依次是：昆明、海口、克拉玛依、哈尔滨、南宁、深圳、福州、长沙、大连和贵阳。其中，资源丰裕与生态保护指标排名前十位的城市依次是：兰州、杭州、福州、珠海、长沙、宁波、南宁、哈尔滨、重庆和贵阳；环境压力与气候变化指标排名前十位的城市依次是：昆明、海口、克拉玛依、哈尔滨、南宁、深圳、福州、大连、长沙和贵阳。2010年中国38个城市资源环境承载潜力排名的具体情况见图6-1。

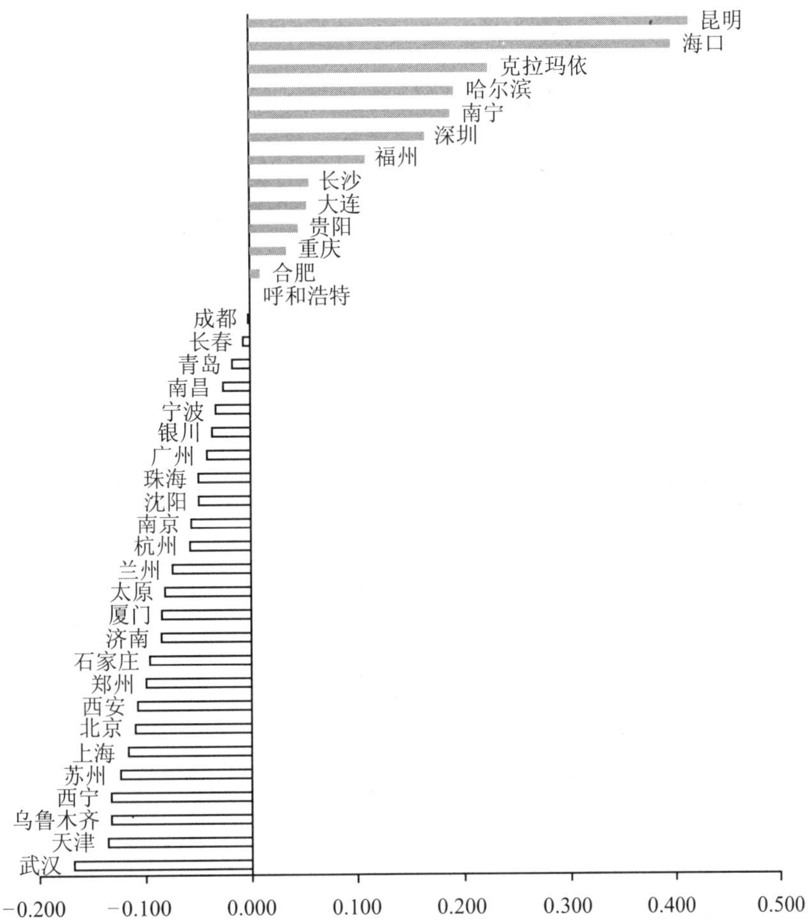

图 6-1 2010 年中国 38 个城市资源环境承载潜力排名比较

注：本图根据表 6-1 中相关数据制作。

根据表 6-1 和图 6-1，下面进一步从城市资源环境承载潜力区域间差异、城市资源环境承载潜力区域内差异，以及 2010 中国绿色发展指数(城市)与城市资源环境承载潜力的相关关系三个方面进行分析。

1. 城市资源环境承载潜力区域间差异分析

资源环境承载潜力具有东北地区和西部地区明显好于东部和中部地区的地域分化格局。具体如图 6-2 所示。其中，东北地区所有测评城市的均值达到 0.048，西部所有测评城市的均值达到 0.036，而东部和中部地区城市的均值分别为−0.020 和−0.051，均低于全国平均水平。

二级指标方面，资源丰裕与生态保护指标中，西部地区指数值均值达到 0.004，位居四大区域首位；东部、中部和东北地区指数值均值均低于全国平均水平，其中中部地区城市指标值均值最低，为−0.003。

环境压力与气候变化指标中，东北地区城市指数值均值达到 0.050，远高于其他区域；东部、中部和西部地区城市指数值均值均低于全国平均水平，其中中部地区城市指标值均值最低，为−0.054。

2. 城市资源环境承载潜力区域内差异分析

城市资源环境承载潜力虽然在区域间呈现东北地区和西部地区较好、东部和中部地区较弱的局面，但区域内部各城市之间的差异较为明显，排名有高有低。

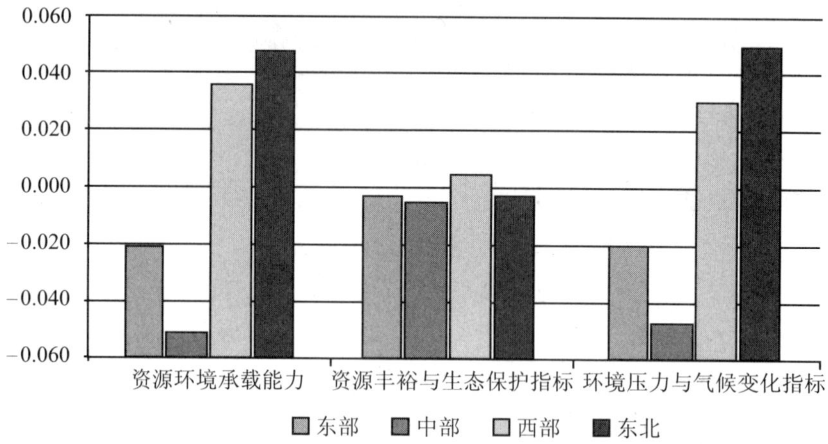

图 6-2　2010 年中国四大区域城市资源环境承载潜力对照图

注：本图数据为四大区域中各城市指数值的算术平均值。

(1)东部地区城市资源环境承载潜力指数及排名

2010 年中国东部地区城市资源环境承载潜力指数及排名如表 6-2 所示。

表 6-2　2010 年中国东部地区城市资源环境承载潜力指数及排名

城　市	指数值	所有测评城市排名	区域内部排名	城　市	指数值	所有测评城市排名	区域内部排名
海　口	0.399	2	1	杭　州	−0.058	24	9
深　圳	0.166	6	2	厦　门	−0.083	27	10
福　州	0.111	7	3	济　南	−0.085	28	11
青　岛	−0.016	16	4	石家庄	−0.095	29	12
宁　波	−0.032	18	5	北　京	−0.109	32	13
广　州	−0.041	20	6	上　海	−0.116	33	14
珠　海	−0.048	21	7	苏　州	−0.124	34	15
南　京	−0.056	23	8	天　津	−0.136	37	16

注：本表根据表 6-1 整理。

东部参与测评的 16 个城市中，只有 3 个城市位居所有测评城市的前十位，分别是海口、深圳和福州，占东部测评城市的 18.75%。其中海口以 0.399 的高分位居所有测评城市第 2 位，远高于其他东部测评城市。东部的青岛、宁波和广州位于所有测评城市的第 11 位～第 20 位，但这 3 个城市的资源环境承载潜力指数值均小于 0，低于全国平均水平。东部的珠海、南京、杭州、厦门、济南和石家庄 6 个城市排名位于所有测评城市的第 21 位～第 30 位，北京、上海、苏州和天津 4 个城市位于所有测评城市的第 31 位～第 38 位，这些东部城市的指数值均小于 0，表明其资源环境承载潜力低于全国平均水平。

(2)中部地区城市资源环境承载潜力指数及排名

2010 年中国中部地区城市资源环境承载潜力指数及排名如表 6-3 所示。

表 6-3　　2010 年中国中部地区城市资源环境承载潜力指数及排名

城　市	指数值	所有测评城市排名	区域内部排名	城　市	指数值	所有测评城市排名	区域内部排名
长　沙	0.057	8	1	南　昌	−0.024	22	4
合　肥	0.011	12	2	郑　州	−0.099	30	5
太　原	−0.081	13	3	武　汉	−0.168	38	6

注：本表根据表 6-1 整理。

中部参与测评的 6 个城市中，只有长沙 1 个城市位居所有测评城市的前十位，占中部测评城市的 16.7%，其资源环境承载潜力高于全国平均水平。合肥在所有测评城市中排名第 12 位，其资源环境承载潜力高于全国平均水平。中部的太原、南昌、郑州和武汉分别位居所有测评城市的第 13 位、第 22 位、第 30 位和第 38 位，这 4 个城市的指数值均小于 0，低于全国平均水平。

(3)西部地区城市资源环境承载潜力指数及排名

2010 年中国西部地区城市资源环境承载潜力指数及排名如表 6-4 所示。

表 6-4　　2010 年中国西部地区城市资源环境承载潜力指数及排名

城　市	指数值	所有测评城市排名	区域内部排名	城　市	指数值	所有测评城市排名	区域内部排名
昆　明	0.416	1	1	成　都	−0.001	14	7
克拉玛依	0.227	3	2	银　川	−0.035	19	8
南　宁	0.190	5	3	兰　州	−0.073	25	9
贵　阳	0.046	10	4	西　安	−0.107	31	10
重　庆	0.035	11	5	西　宁	−0.132	35	11
呼和浩特	0.002	13	6	乌鲁木齐	−0.132	36	12

注：本表根据表 6-1 整理。

西部参与测评的 12 个城市中，有 4 个城市位居所有测评城市的前十位，分别是昆明、克拉玛依、南宁和贵阳，占西部测评城市的 33.3%，这些城市的指数值均高于全国平均水平，其中昆明排名位列所有测评城市首位，指数值达到 0.416。西部的重庆和呼和浩特指数值也高于全国平均水平，分别位于第 11 位和第 13 位。而西部的成都、银川、兰州、西安、西宁和乌鲁木齐 6 个城市在 38 个测评城市中排名有高有低，其指数值位于−0.001～−0.132，资源环境承载潜力均低于全国平均水平。

(4)东北地区城市资源环境承载潜力指数及排名

2010 年中国东北地区城市资源环境承载潜力指数及排名如表 6-5 所示。

表 6-5　　2010 年中国东北地区城市资源环境承载潜力指数及排名

城　市	指数值	所有测评城市排名	区域内部排名	城　市	指数值	所有测评城市排名	区域内部排名
哈尔滨	0.195	4	1	长　春	−0.006	15	3
大　连	0.054	9	2	沈　阳	−0.048	22	4

注：本表根据表 6-1 整理。

东北地区参与测评的 4 个城市中，哈尔滨排名最高，位居所有测评城市第 4 位，指数值为

0.195，大连位居所有测评城市第 9 位，指数值为 0.054，这 2 个城市的指数值均高于全国平均水平。长春和沈阳在所有测评城市中的排名分别为第 15 位和第 22 位，指数值分别为－0.006 和－0.048，低于全国平均水平。

3. 城市资源环境承载潜力对 2010 中国绿色发展指数（城市）影响分析

对比 2010 中国绿色发展指数(城市)与城市资源环境承载潜力后发现，38 个测评城市中，名次变动较小(5 位及其以内)的城市有 17 个，占所有城市的 44.74%，如海口、克拉玛依、大连等，这表明这些城市的资源环境承载潜力对绿色发展指数总排名影响较小；名次变动较大(5 位以上)的城市有 21 个，超过 38 个测评城市的一半，如广州、北京、南京等，这表明这些城市的资源环境承载潜力对绿色发展指数总排名影响较大。其中，北京的排名差异最大，其绿色发展指数为第 6 位，而资源环境承载潜力仅为第 32 位，名次变化达到 26 位。2010 中国绿色发展指数(城市)与城市资源环境承载潜力排名差异的具体情况如表 6-6 所示。

表 6-6　2010 年中国绿色发展指数(城市)与城市资源环境承载潜力排名差异比较

城　市	绿色发展指数排名	资源环境承载潜力排名	排名差异	城　市	绿色发展指数排名	资源环境承载潜力排名	排名差异
深　圳	1	6	－5	贵　阳	20	10	10
海　口	2	2	0	沈　阳	21	22	－1
克拉玛依	3	3	0	合　肥	22	12	10
昆　明	4	1	3	太　原	23	26	－3
广　州	5	20	－15	厦　门	24	27	－3
北　京	6	32	－26	石家庄	25	29	－4
大　连	7	9	－2	上　海	26	33	－7
青　岛	8	16	－8	呼和浩特	27	13	14
南　京	9	23	－14	天　津	28	37	－9
福　州	10	7	3	长　春	29	15	14
珠　海	11	21	－10	成　都	30	14	16
南　宁	12	5	7	南　昌	31	17	14
长　沙	13	8	5	西　安	32	31	1
苏　州	14	34	－20	重　庆	33	11	22
哈尔滨	15	4	11	武　汉	34	38	－4
银　川	16	19	－3	乌鲁木齐	35	36	－1
宁　波	17	18	－1	郑　州	36	30	6
杭　州	18	24	－6	兰　州	37	25	12
济　南	19	28	－9	西　宁	38	35	3

注：①本表根据表 0-6 和表 6-1 整理；②表中排名差异为资源环境承载潜力排名与绿色发展指数排名之差，正值表示资源环境承载潜力较之于绿色发展指数进步的名次，负值表示资源环境承载潜力较之于绿色发展指数退后的名次。

二、城市资源环境承载潜力比较分析

城市资源环境承载潜力占2010中国绿色发展指数(城市)总权重的34%，共由14个三级指标构成，包含2个正指标和12个逆指标。其中，有3个无数列表指标。

(一)城市资源丰裕与生态保护指标测算结果及分析

城市资源丰裕与生态保护指标占资源环境承载潜力指标总体权重的5%，相对于环境压力与气候变化指标，该指标对资源环境承载潜力的贡献很小。从指标结构上看，资源丰裕与生态保护指标只包括1个三级指标，即人均水资源量。人均水资源量这一指标是正指标，占绿色发展指数的权重仅为1.70%。

在对三级指标的原始数据进行标准化处理的基础上，我们得到2010年中国城市资源丰裕与生态保护指标指数及其排名情况，如表6-7所示。

表6-7　　2010年中国城市资源丰裕与生态保护指标指数及其排名

指　标	资源丰裕与生态保护指标		指　标	资源丰裕与生态保护指标	
城　市	指数值	排　名	城　市	指数值	排　名
兰　州	0.094	1	南　京	−0.005	20
杭　州	0.018	2	长　春	−0.005	21
福　州	0.011	3	成　都	−0.005	22
珠　海	0.008	4	沈　阳	−0.005	23
长　沙	0.006	5	呼和浩特	−0.005	24
宁　波	0.006	6	乌鲁木齐	−0.006	25
南　宁	0.006	7	苏　州	−0.006	26
哈尔滨	0.005	8	济　南	−0.008	27
重　庆	0.005	9	上　海	−0.008	28
贵　阳	0.003	10	青　岛	−0.008	29
昆　明	0.002	11	南　昌	−0.008	30
广　州	0.001	12	西　安	−0.009	31
武　汉	−0.001	13	北　京	−0.009	32
克拉玛依	−0.002	14	太　原	−0.009	33
厦　门	−0.003	15	郑　州	−0.009	34
深　圳	−0.003	16	石家庄	−0.009	35
大　连	−0.004	17	海　口	−0.009	36
合　肥	−0.004	18	天　津	−0.010	37
西　宁	−0.004	19	银　川	−0.010	38

注：本表数据及排名根据《中国统计年鉴2011》、《中国环境统计年报2010》、《中国环境统计年鉴2011》、《中国城市统计年鉴2011》、《中国城市建设统计年鉴2010》、《中国区域经济统计年鉴2011》测算。

从表 6-7 中可以看出，全国 38 个城市的资源丰裕与生态保护指标测算结果介于－0.010～0.094，总体差距并不大。其中高于全国平均水平的城市有 12 个，为兰州、杭州、福州、珠海、长沙、宁波、南宁、哈尔滨、重庆、贵阳、昆明、广州，约占全部测评城市的 1/3；与之对应，其他 26 个城市的资源丰裕与生态保护指标低于全部测评城市平均水平。

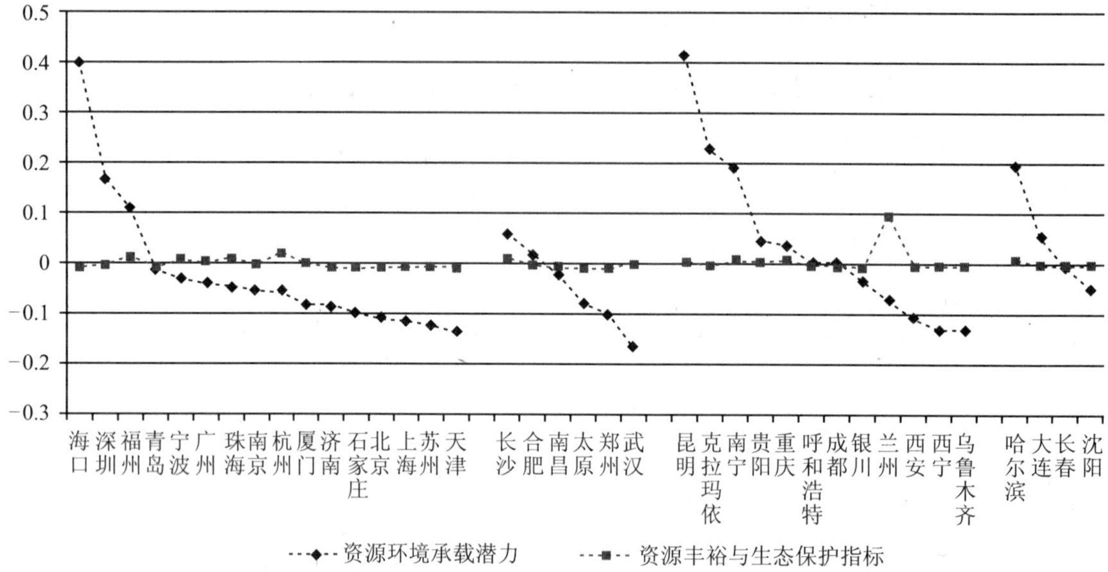

图 6-3　城市资源环境承载潜力与城市资源丰裕与生态保护指标对比

注：本图从东部、中部、西部和东北地区划分的角度，根据资源环境承载潜力指数大小自左到右排列。

为了进行地区间的比较，图 6-3 从东部、中部、西部和东北地区划分的角度，根据资源环境承载潜力指数大小顺序给出了城市资源环境承载潜力与城市资源丰裕与生态保护指标的对比。从地区间差异的角度来看，东部、中部、西部和东北地区资源丰裕与生态保护指标平均值分别为－0.002、－0.004、0.006、－0.002(保留三位有效数字)，可以看出平均而言西部地区的资源丰裕与生态保护水平较高，而中部地区则相对落后。

就排名结果而言，资源丰裕与生态保护指标前十位的城市中，西部城市有 4 个，分别是兰州、南宁、重庆和贵阳；东部地区占 4 个，分别是杭州、福州、珠海和宁波。而资源丰裕与生态保护指标排名后十位的城市里东部城市有 5 个，分别是青岛、北京、石家庄、海口和天津，占到了半数；中部地区有 3 个，分别是南昌、太原和郑州。

(二)城市环境压力与气候变化指标测算结果及分析

城市环境压力与气候变化指标是测度城市资源环境承载潜力最重要的二级指标，也是所占权重最大的一个指标。它包含单位土地面积二氧化碳排放量、人均二氧化碳排放量、单位土地面积二氧化硫排放量、人均二氧化硫排放量、单位土地面积化学需氧量排放量、人均化学需氧量排放量、单位土地面积氮氧化物排放量、人均氮氧化物排放量、单位土地面积氨氮排放量、人均氨氮排放量、空气质量达到二级以上天数占全年比重、首要污染物可吸入颗粒物天数占全年比重、可吸入细颗粒物浓度(PM2.5)年均值 13 个三级指标。这 13 个指标共占城市资源环境承载潜力权重的 95%，每个指标占总权重有所不同，具体情况如表 6-8 所示。

表 6-8　　城市环境压力与气候变化三级指标、权重及指标属性

指标序号	指　标	权　重	指标属性
19	单位土地面积二氧化碳排放量	3.08%	逆
20	人均二氧化碳排放量	3.08%	逆
21	单位土地面积二氧化硫排放量	2.50%	逆
22	人均二氧化硫排放量	2.50%	逆
23	单位土地面积化学需氧量排放量	2.50%	逆
24	人均化学需氧量排放量	2.50%	逆
25	单位土地面积氮氧化物排放量	2.50%	逆
26	人均氮氧化物排放量	2.50%	逆
27	单位土地面积氨氮排放量	2.50%	逆
28	人均氨氮排放量	2.50%	逆
29	空气质量达到二级以上天数占全年比重	3.08%	正
30	首要污染物可吸入颗粒物天数占全年比重	3.08%	逆
31	可吸入细颗粒物浓度(PM2.5)年均值	0.00%	逆

注：本表内容是由本报告课题组召开的多次专家座谈会研讨确定的。

在对三级指标原始数据加以标准化处理后，根据表 6-8 中所示的权重，计算得出了本次测评的 38 个城市的环境压力与气候变化指标的指数值。测算结果和排名如表 6-9 所示。

表 6-9　　2010 年中国城市环境压力与气候变化指标指数及其排名

指　标	环境压力与气候变化指标		指　标	环境压力与气候变化指标	
城　市	指数值	排　名	城　市	指数值	排　名
昆　明	0.414	1	广　州	−0.042	20
海　口	0.408	2	沈　阳	−0.044	21
克拉玛依	0.229	3	南　京	−0.052	22
哈尔滨	0.190	4	珠　海	−0.056	23
南　宁	0.184	5	太　原	−0.072	24
深　圳	0.169	6	杭　州	−0.076	25
福　州	0.100	7	济　南	−0.078	26
大　连	0.057	8	厦　门	−0.081	27
长　沙	0.051	9	石家庄	−0.086	28
贵　阳	0.043	10	郑　州	−0.090	29
重　庆	0.031	11	西　安	−0.099	30
合　肥	0.015	12	北　京	−0.100	31
呼和浩特	0.007	13	上　海	−0.108	32
成　都	0.004	14	苏　州	−0.118	33
长　春	−0.002	15	乌鲁木齐	−0.126	34
青　岛	−0.008	16	天　津	−0.126	35
南　昌	−0.016	17	西　宁	−0.127	36
银　川	−0.025	18	武　汉	−0.167	37
宁　波	−0.038	19	兰　州	−0.167	38

注：本表数据及排名根据《中国统计年鉴 2011》、《中国环境统计年报 2010》、《中国环境统计年鉴 2011》、《中国城市统计年鉴 2011》、《中国城市建设统计年鉴 2010》、《中国区域经济统计年鉴 2011》测算。

从表 6-9 中我们看到，排名最高的昆明市城市环境压力与气候变化指标指数值为 0.414，排名最低的兰州市城市环境压力与气候变化指标指数值为－0.167，虽然这两个城市都位于西部地区，但分位相差较大。这说明在同一地区内，不同城市的环境压力与气候变化指标值有很大幅度的波动。这一波动在东部地区也很明显，海口市该项指标值为 0.408，而天津市的指标值为－0.126。就排名情况来看，38 个测评城市中，有 14 个城市指标值大于零，即他们的城市环境压力与气候变化指标高于全国平均水平，这些城市分别是昆明、海口、克拉玛依、哈尔滨、南宁、深圳、福州、大连、长沙、贵阳、重庆、合肥、呼和浩特和成都。其他 24 个城市环境压力与气候变化指标低于全国平均水平。

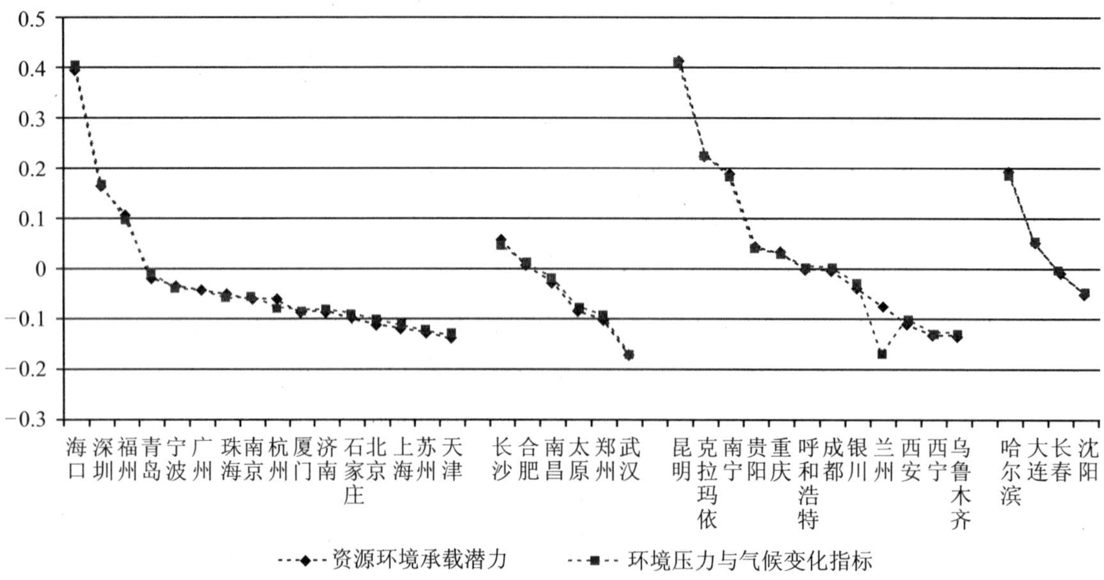

图 6-4　城市资源环境承载潜力与城市环境压力与气候变化指标对比

注：本图从东部、中部、西部和东北地区划分的角度，根据资源环境承载潜力指数大小自左到右排列。

图 6-4 按照不同地区显示了城市资源环境承载潜力与城市环境压力与气候变化指标的对比，城市资源环境承载潜力和城市环境压力与气候变化指标之间有着很强的一致性，特别是东部地区、中部地区和东北地区，城市环境压力与气候变化指标对城市资源环境承载潜力作出了很大的贡献。西部地区的城市中，兰州市的环境压力与气候变化指标远低于资源环境承载潜力。

从指标值来看，东部、中部、西部和东北地区环境压力与气候变化指标平均值分别为－0.018、－0.046、0.031、0.050(保留三位有效数字)，可以看出平均而言西部地区和东北地区的环境压力与气候变化指标水平较高，而东部和中部地区则相对落后。从排名的角度看，西部地区和东北地区在城市环境压力与气候变化指标排名前十位的城市中占到了 6 个，而东部地区和中部地区则占据了城市环境压力与气候变化指标排名后十位城市中的 6 个。

第七章

城市政府政策支持度测算及分析

城市政府政策支持度是对城市经济社会发展过程中政府绿色行动的综合评价。本章根据“中国绿色发展指数评价体系(城市)”(以下简称“城市测算体系”)中政府政策支持度的测度标准，利用2010年的年度数据，从绿色投资、基础设施建设和环境治理三个方面对中国38个大中城市的政府政策支持度进行了测度。

>>一、城市政府政策支持度的测算结果<<

根据“中国绿色发展指数评价体系(城市)”中政府政策支持度的测度体系和权重标准，中国38个大中城市的政府政策支持度测算结果如表7-1。

表7-1　　2010年中国38个城市政府政策支持度指数及排名

城市	一级指标		二级指标					
	政府政策支持度		绿色投资指标		基础设施指标		环境治理指标	
	指数值	排名	指数值	排名	指数值	排名	指数值	排名
深圳	0.333	1	−0.020	21	0.331	1	0.022	17
广州	0.247	2	−0.012	16	0.084	3	0.174	1
珠海	0.166	3	0.142	2	0.032	12	−0.008	23
北京	0.143	4	0.028	9	0.088	2	0.027	15
银川	0.141	5	0.067	6	0.049	8	0.025	16
克拉玛依	0.132	6	0.175	1	0.028	14	−0.070	35
太原	0.124	7	0.074	5	−0.020	25	0.071	5
贵阳	0.091	8	0.053	7	−0.045	32	0.083	4
南京	0.090	9	−0.014	17	0.013	18	0.091	3
海口	0.085	10	0.000	13	0.025	15	0.060	6
宁波	0.080	11	−0.029	25	0.012	19	0.096	2
昆明	0.072	12	−0.023	22	0.050	7	0.045	8
厦门	0.066	13	0.011	10	0.048	9	0.008	20

续表

城市	一级指标		二级指标					
	政府政策支持度		绿色投资指标		基础设施指标		环境治理指标	
	指数值	排名	指数值	排名	指数值	排名	指数值	排名
大连	0.058	14	−0.044	34	0.064	4	0.038	11
石家庄	0.058	15	−0.019	20	0.060	5	0.017	18
苏州	0.055	16	−0.031	26	0.048	10	0.038	10
杭州	0.032	17	0.009	11	0.042	11	−0.019	24
青岛	0.029	18	−0.052	35	0.054	6	0.028	14
济南	0.024	19	0.001	12	−0.008	24	0.031	12
福州	−0.001	20	−0.042	32	0.031	13	0.011	19
上海	−0.015	21	−0.008	15	−0.036	31	0.029	13
天津	−0.022	22	0.034	8	−0.036	30	−0.020	25
呼和浩特	−0.053	23	−0.018	19	−0.078	34	0.043	9
南宁	−0.068	24	−0.043	33	0.016	16	−0.042	29
武汉	−0.074	25	−0.040	30	−0.029	27	−0.005	21
合肥	−0.076	26	−0.054	36	0.016	17	−0.039	27
沈阳	−0.091	27	−0.032	27	0.001	23	−0.060	31
西安	−0.093	28	−0.034	28	0.004	21	−0.063	33
乌鲁木齐	−0.096	29	−0.002	14	−0.087	35	−0.007	22
南昌	−0.100	30	−0.040	31	0.004	22	−0.063	32
郑州	−0.110	31	−0.034	29	−0.030	28	−0.045	30
长沙	−0.113	32	−0.055	37	0.011	20	−0.069	34
重庆	−0.117	33	−0.027	23	−0.051	33	−0.039	28
长春	−0.157	34	−0.015	18	−0.030	29	−0.112	37
兰州	−0.161	35	0.111	3	−0.243	38	−0.029	26
成都	−0.179	36	−0.072	38	−0.023	26	−0.085	36
哈尔滨	−0.198	37	−0.027	24	−0.226	37	0.055	7
西宁	−0.300	38	0.082	4	−0.165	36	−0.217	38

注：①本表根据政府政策支持度的指标体系，依据各指标2010年数据测算而得；②本表各测评城市按照政府政策支持度的指数值从大到小排序；③本表一级指标“政府政策支持度”指数值等于三个二级指标“绿色投资指标”、“基础设施指标”和“环境治理指标”指数值之和；④各项指标的全国平均水平为0；⑤以上数据及排名根据《中国统计年鉴2011》、《中国环境统计年报2010》、《中国环境统计年鉴2011》、《中国城市统计年鉴2011》、《中国城市建设统计年鉴2010》、《中国区域经济统计年鉴2011》测算。

从表7-1中可以看到，2010年中国38个城市政府政策支持度中，指数值最高的是深圳，达到0.333；最低的是西宁，仅为−0.300。38个测评城市中，有19个城市政府政策支持度高出全国平均水平，达到半数。排在前十位的城市依次是：深圳、广州、珠海、北京、银川、克拉玛依、太原、贵阳、南京和海口。其中，二级指标中，绿色投资指标排名前十位的城市依次是：克拉玛依、珠海、兰州、西宁、太原、银川、贵阳、天津、北京和厦门；基础设施指标排名前十位的城市依次是：深圳、北京、广州、大连、石家庄、青岛、昆明、银川、厦门和苏州；环境治理指标排名前十位的城市依次是：广州、宁波、南京、贵阳、太原、海口、哈尔滨、昆明、呼和浩特和苏州。2010 年中国 38 个城市政府政策支持度排名的具体情况见图 7-1。

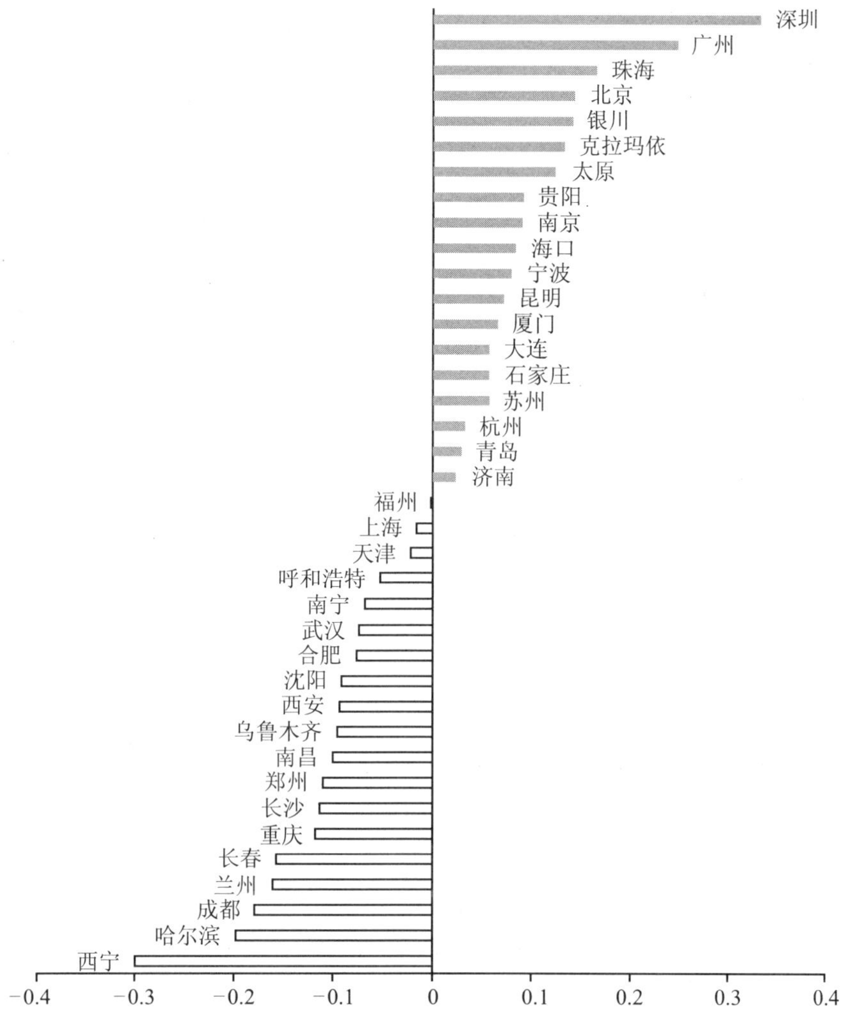

图 7-1　2010 年中国 38 个城市政府政策支持度排名比较

注：本图根据表 7-1 中相关数据制作。

根据表 7-1 和图 7-1，下面进一步从城市政府政策支持度区域间差异、城市政府政策支持度区域内差异、城市政府政策支持度与省区政府政策支持度差异，以及 2010 中国绿色发展指数(城市)与城市政府政策支持度的相关关系四个方面进行分析。

1. 城市政府政策支持度区域间差异分析

从区域分布的角度来看，城市政府政策支持度总体呈现东部最好、西部和中部次之、东北地区城市最弱的局面，具体如图 7-2 所示。其中，东部所有测评城市的均值达到 0.086，远高于其他地区；西部和中部地区城市的均值分别为－0.053 和－0.058，均低于东部地区，也低于全国平均水平；而东北地区城市的均值仅为－0.097，较之东部、西部和中部地区城市最弱。

二级指标方面，绿色投资指标中，西部地区指数值达到 0.022，位居四大区域首位；东部地区指数值与全国平均水平相当，略低于西部地区；中部地区和东北地区城市的绿色投资水平较弱，均低于全国平均水平。

基础设施指标中，东部地区城市指数值均值达到 0.049，远高于其他区域；中部地区指数值

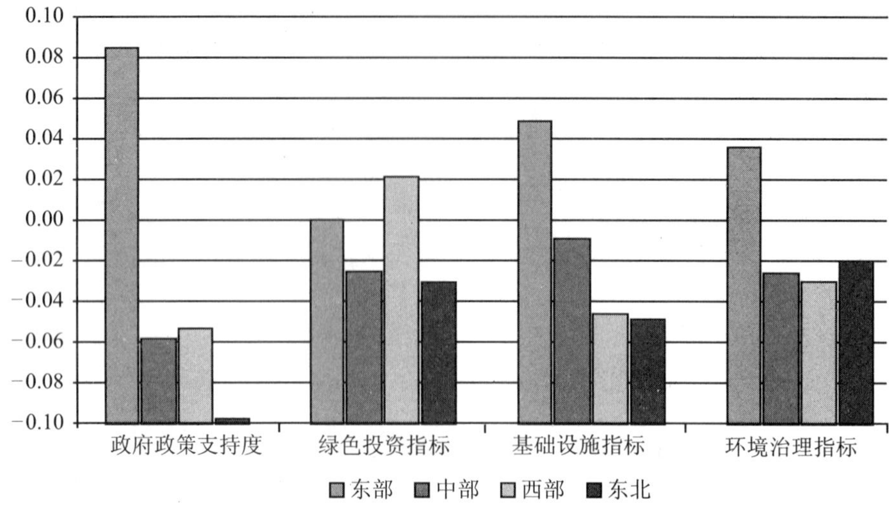

图 7-2　2010 年中国四大区域城市政府政策支持度对照图

注：本图数据为四大区域中各城市指数值的算术平均值。

次之，但低于全国平均水平，为－0.008；西部和东北地区城市基础设施建设有待提高，指数值仅为－0.045 和－0.048，位居四大区域后两位。

环境治理指标中，排名首位的是东部地区城市，其指数值达到 0.037，高于全国平均水平；随后依次是东北、中部和西部地区，三者间的差距较小，但都低于全国平均水平。

2. 城市政府政策支持度区域内差异分析

城市政府政策支持度虽然在区域间呈现东部较好、西部和中部次之、东北地区城市最弱的局面，但区域内部各城市之间的差异较为明显，排名有高有低。

(1)东部地区城市政府政策支持度指数及排名

2010 年中国东部地区城市政府政策支持度指数及排名如表 7-2 所示。

表 7-2　　2010 年中国东部地区城市政府政策支持度指数及排名

城　市	指数值	所有测评城市排名	区域内部排名	城　市	指数值	所有测评城市排名	区域内部排名
深　圳	0.333	1	1	石家庄	0.058	15	9
广　州	0.247	2	2	苏　州	0.055	16	10
珠　海	0.166	3	3	杭　州	0.032	17	11
北　京	0.143	4	4	青　岛	0.029	18	12
南　京	0.090	9	5	济　南	0.024	19	13
海　口	0.085	10	6	福　州	－0.001	20	14
宁　波	0.080	11	7	上　海	－0.015	21	15
厦　门	0.066	13	8	天　津	－0.022	22	16

注：本表根据表 7-1 整理。

东部参与测评的 16 个城市中，有 6 个城市位居所有测评城市的前十位，分别是深圳、广州、珠海、北京、南京和海口，占东部测评城市的 37.5%。其中深圳以 0.333 的高分位居所有测评城市首位，远高于其他测评城市。东部的宁波、厦门、石家庄、苏州、杭州、青岛和济南 7 个城市位于所有测评城市的第 11 位～第 19 位，这些城市的政府政策支持度指数值均大于 0，高于全国平均水平。而东部的福州、上海、天津 3 个城市排名位于所有测评城市的第 21 位、第 22 位和第 23 位，其指数值均小于 0，它们的政府政策支持度低于全国平均水平。

(2)中部地区城市政府政策支持度指数及排名

2010 年中国中部地区城市政府政策支持度指数及排名如表 7-3 所示。

表 7-3　　2010 年中国中部地区城市政府政策支持度指数及排名

城　市	指数值	所有测评城市排名	区域内部排名	城　市	指数值	所有测评城市排名	区域内部排名
太　原	0.124	7	1	南　昌	−0.100	30	4
武　汉	−0.074	25	2	郑　州	−0.110	31	5
合　肥	−0.076	26	3	长　沙	−0.113	32	6

注：本表根据表 7-1 整理。

中部参与测评的 6 个城市中，有 1 个城市位居所有测评城市的前十位，即太原，占中部测评城市的 16.7%，其政府政策支持度高于全国平均水平。中部的武汉、合肥、南昌、郑州和长沙分别位居所有测评城市的第 25 位、第 26 位、第 30 位、第 31 位和第 32 位，它们的指数值都小于 0，低于全国平均水平。

(3)西部地区城市政府政策支持度指数及排名

2010 年中国西部地区城市政府政策支持度指数及排名如表 7-4 所示。

表 7-4　　2010 年中国西部地区城市政府政策支持度指数及排名

城　市	指数值	所有测评城市排名	区域内部排名	城　市	指数值	所有测评城市排名	区域内部排名
银　川	0.141	5	1	西　安	−0.093	28	7
克拉玛依	0.132	6	2	乌鲁木齐	−0.096	29	8
贵　阳	0.091	8	3	重　庆	−0.117	33	9
昆　明	0.072	12	4	兰　州	−0.161	35	10
呼和浩特	−0.053	23	5	成　都	−0.179	36	11
南　宁	−0.068	24	6	西　宁	−0.300	38	12

注：本表根据表 7-1 整理。

西部参与测评的 12 个城市中，有 3 个城市位居所有测评城市的前十位，分别是银川、克拉玛依和贵阳，占西部测评城市的 25.0%。西部的昆明排名位列所有测评城市第 12 位，指数值达到 0.072，其政府支持支持度与前三个城市一样高于全国平均水平。而西部的呼和浩特、南宁、西安等 8 个城市在 38 个测评城市中排名有高有低，其指数值位于−0.053～−0.300，政府政策支持度均低于全国平均水平。

(4)东北地区城市政府政策支持度指数及排名

2010 年中国东北地区城市政府政策支持度指数及排名如表 7-5 所示。

表 7-5　　2010 年中国东北地区城市政府政策支持度指数及排名

城　市	指数值	所有测评城市排名	区域内部排名	城　市	指数值	所有测评城市排名	区域内部排名
大　连	0.058	14	1	长　春	−0.157	34	3
沈　阳	−0.091	27	2	哈尔滨	−0.198	37	4

注：本表根据表 7-1 整理。

东北地区参与测评的 4 个城市中，大连排名最高，位居所有测评城市第 14 位，指数值为 0.058，高于全国平均水平。沈阳、长春和哈尔滨 3 个城市都位于 38 个测评城市的末段，排名分别为第 27 位、第 34 位和第 37 位，指数值位于−0.091～−0.198，低于全国平均水平。

3. 城市政府政策支持度对 2010 中国绿色发展指数（城市）影响分析

对比 2010 中国绿色发展指数(城市)与城市政府政策支持度后发现，38 个测评城市中，名次变动较小(5 位及其以内)的城市有 18 个，占所有城市的 47.4%，如深圳、克拉玛依、广州、北京等，这表明这些城市的政府政策支持度对绿色发展指数总排名影响较小；名次变动较大(5 位以上)的城市有 20 个，超过 38 个测评城市的一半，如海口、昆明、大连、青岛等，这表明这些城市的政府政策支持度对绿色发展指数总排名影响较大。其中，哈尔滨的排名差异最大，其绿色发展指数为第 15 位，政府政策支持度仅为第 37 位，名次变化达到 22 位；而深圳、南京、济南、重庆、西宁这 5 个城市的绿色发展指数与城市政府政策支持度一致，没有变化。2010 中国绿色发展指数(城市)与城市政府政策支持度排名差异的具体情况如表 7-6 所示。

表 7-6　　2010 年中国绿色发展指数(城市)与城市政府政策支持度排名差异比较

城　市	绿色发展指数排名	政府政策支持度排名	位次变化	城　市	绿色发展指数排名	政府政策支持度排名	排名差异
深　圳	1	1	0	贵　阳	20	8	12
海　口	2	10	−8	沈　阳	21	27	−6
克拉玛依	3	6	−3	合　肥	22	26	−4
昆　明	4	12	−8	太　原	23	7	16
广　州	5	2	3	厦　门	24	13	11
北　京	6	4	2	石家庄	25	15	10
大　连	7	14	−7	上　海	26	21	5
青　岛	8	18	−10	呼和浩特	27	23	4
南　京	9	9	0	天　津	28	22	6
福　州	10	20	−10	长　春	29	34	−5
珠　海	11	3	8	成　都	30	36	−6
南　宁	12	24	−12	南　昌	31	30	1
长　沙	13	32	−19	西　安	32	28	4
苏　州	14	16	−2	重　庆	33	33	0
哈尔滨	15	37	−22	武　汉	34	25	9
银　川	16	5	11	乌鲁木齐	35	29	6
宁　波	17	11	6	郑　州	36	31	5
杭　州	18	17	1	兰　州	37	35	2
济　南	19	19	0	西　宁	38	38	0

注：①本表根据表 0-6 和表 7-1 整理；②表中排名差异为政府政策支持度排名与绿色发展指数排名之差，正值表示政府政策支持度较之于绿色发展指数进步的名次，负值表示政府政策支持度较之于绿色发展指数退后的名次。

二、城市政府政策支持度比较分析

城市政府政策支持度占2010中国绿色发展指数(城市)总权重的33%，共由13个三级指标构成，全部都为正指标，且都参与测算，没有无数列表指标。

(一)城市绿色投资指标测算结果及分析

城市绿色投资指标占政府政策支持度指标总体权重的25%，衡量城市对绿色发展的资金支持，从经济投入角度反映了城市对绿色发展的重视程度。城市绿色投资指标由3个三级指标构成，分别是环境保护支出占财政支出比重、工业环境污染治理投资占地区生产总值比重、科教文卫支出占财政支出比重，权重均为2.75%，具体情况见表7-7。

表7-7　城市绿色投资三级指标、权重及指标属性

指标序号	指　标	权　重	指标属性
31	环境保护支出占财政支出比重	2.75%	正
32	工业环境污染治理投资占地区生产总值比重	2.75%	正
33	科教文卫支出占财政支出比重	2.75%	正

注：本表内容是由本报告课题组召开的多次专家座谈会研讨确定的。

根据表7-7所列指标和权重，经过标准化处理及综合测算，我们得到2010年中国城市绿色投资指标指数及其排名情况，如表7-8所示。

表7-8　2010年中国城市绿色投资指标指数及其排名

指　标	绿色投资指标		指　标	绿色投资指标	
城　市	指数值	排　名	城　市	指数值	排　名
克拉玛依	0.175	1	石家庄	−0.019	20
珠　海	0.142	2	深　圳	−0.020	21
兰　州	0.111	3	昆　明	−0.023	22
西　宁	0.082	4	重　庆	−0.027	23
太　原	0.074	5	哈尔滨	−0.027	24
银　川	0.067	6	宁　波	−0.029	25
贵　阳	0.053	7	苏　州	−0.031	26
天　津	0.034	8	沈　阳	−0.032	27
北　京	0.028	9	西　安	−0.034	28
厦　门	0.011	10	郑　州	−0.034	29
杭　州	0.009	11	武　汉	−0.040	30
济　南	0.001	12	南　昌	0.040	31
海　口	0.000	13	福　州	−0.042	32
乌鲁木齐	−0.002	14	南　宁	−0.043	33
上　海	−0.008	15	大　连	−0.044	34

续表

指　标	绿色投资指标		指　标	绿色投资指标	
城　市	指数值	排　名	城　市	指数值	排　名
广　州	－0.012	16	青　岛	－0.052	35
南　京	－0.014	17	合　肥	－0.054	36
长　春	－0.015	18	长　沙	－0.055	37
呼和浩特	－0.018	19	成　都	－0.072	38

注：本表数据及排名根据《中国统计年鉴 2011》、《中国环境统计年报 2010》、《中国环境统计年鉴 2011》、《中国城市统计年鉴 2011》、《中国城市建设统计年鉴 2010》、《中国区域经济统计年鉴 2011》测算。

从表 7-8 中我们可以看出，测评的 38 个城市绿色投资指数介于－0.072～0.175，总体差距并不大。其中，高于全国平均水平的有克拉玛依、珠海、兰州、西宁、太原、银川、贵阳、天津、北京、厦门、杭州、济南 12 个城市，约占全部测评城市的 1/3；与之对应，乌鲁木齐、上海、广州、南京、长春、呼和浩特、石家庄、深圳、昆明、重庆、哈尔滨、宁波、苏州、沈阳、西安、郑州、武汉、南昌、福州、南宁、大连、青岛、合肥、长沙、成都 25 个城市的绿色投资均低于全国平均水平。而海口的绿色投资与全国平均水平持平。

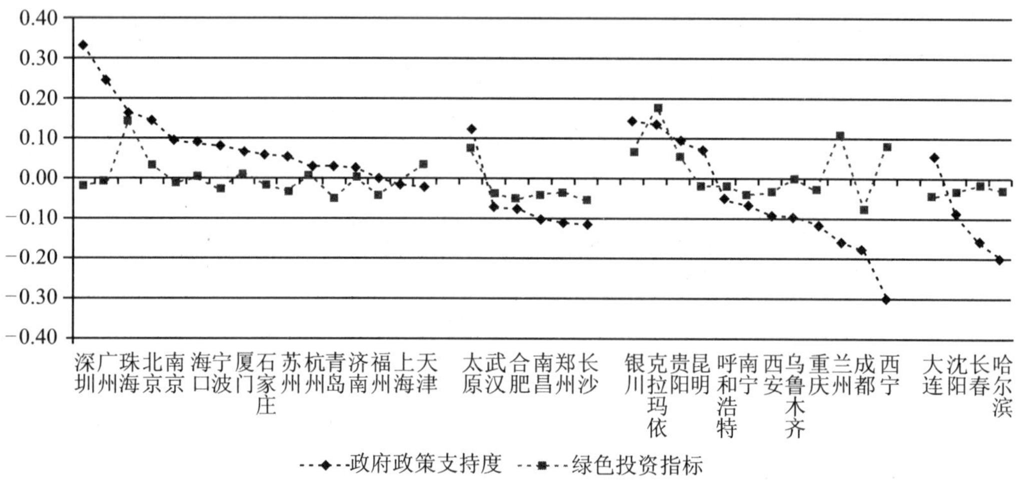

图 7-3　城市政府政策支持度与城市绿色投资指标对比

注：本图从东部、中部、西部和东北地区划分的角度，根据政府政策支持度指数大小自左到右排列。

为了反映城市政府政策支持度与城市绿色投资指标之间的关系，图 7-3 从东部、中部、西部和东北地区角度，给出了城市政府政策支持度与城市绿色投资指标的对比。从图中可以看出：其一，东部地区城市绿色投资指标在全国平均水平上下浮动，除珠海较为突出以外，各城市之间的差距不大；西部地区克拉玛依、银川、贵阳、兰州等城市高于全国平均水平，而昆明、西安、成都等则低于全国平均水平，各城市之间差异较大；而中部和东北地区城市普遍低于全国平均水平；其二，东部地区城市绿色投资指标普遍低于其政府政策支持度，对政府政策支持度的贡献较小；而中部、西部和东北地区城市绿色投资指标大都高于其政府政策支持度，总体对政府政策支持度的贡献较大。

(二)城市基础设施指标测算结果及分析

城市基础设施指标是测度城市政府政策支持度最重要的二级指标，其所占权重最大，内含指标最多，包括人均绿地面积、建成区绿化覆盖率、用水普及率、城镇生活污水处理率、生活垃圾无害化处理率、每万人拥有公共汽车 6 个三级指标。城市基础设施指标共占城市政府政策支持度权重的 45%，每个三级指标占总权重的 2.48%，具体情况见表 7-9。

表 7-9　　城市基础设施三级指标、权重及指标属性

指标序号	指　标	权　重	指标属性
34	人均绿地面积	2.48%	正
35	建成区绿化覆盖率	2.48%	正
36	用水普及率	2.48%	正
37	城镇生活污水处理率	2.48%	正
38	生活垃圾无害化处理率	2.48%	正
39	每万人拥有公共汽车	2.48%	正

注：本表内容是由本报告课题组召开的多次专家座谈会研讨确定的。

对三级指标原始数据标准化处理后，根据表 7-9 中所示权重，计算出 38 个测评城市基础设施指标指数值，具体如表 7-10 所示。

表 7-10　　2010 年中国城市基础设施指标指数及其排名

指　标	基础设施指标		指　标	基础设施指标	
城　市	指数值	排　名	城　市	指数值	排　名
深　圳	0.331	1	长　沙	0.011	20
北　京	0.088	2	西　安	0.004	21
广　州	0.084	3	南　昌	0.004	22
大　连	0.064	4	沈　阳	0.001	23
石家庄	0.060	5	济　南	−0.008	24
青　岛	0.054	6	太　原	−0.020	25
昆　明	0.050	7	成　都	−0.023	26
银　川	0.049	8	武　汉	−0.029	27
厦　门	0.048	9	郑　州	−0.030	28
苏　州	0.048	10	长　春	−0.030	29
杭　州	0.042	11	天　津	−0.036	30
珠　海	0.032	12	上　海	−0.036	31
福　州	0.031	13	贵　阳	−0.045	32
克拉玛依	0.028	14	重　庆	−0.051	33
海　口	0.025	15	呼和浩特	−0.078	34
南　宁	0.016	16	乌鲁木齐	−0.087	35
合　肥	0.016	17	西　宁	−0.165	36
南　京	0.013	18	哈尔滨	−0.226	37
宁　波	0.012	19	兰　州	−0.243	38

注：本表数据及排名根据《中国统计年鉴 2011》、《中国环境统计年报 2010》、《中国环境统计年鉴 2011》、《中国城市统计年鉴 2011》、《中国城市建设统计年鉴 2010》、《中国区域经济统计年鉴 2011》测算。

从表7-10中我们看到，城市基础设施指标中，排名最高的是深圳，其指数值达到0.331；排名最低的是兰州，其指数值仅为－0.243，两者之间的差距较大。在同一区域内，如西部地区，昆明市的指数值为0.050，而兰州市的指标值为－0.243，城市基础设施水平在区域内也有较大幅度波动。就排名情况来看，38个测评城市中，有23个城市指数值大于零，即深圳、北京、广州、大连、石家庄、青岛、昆明、银川、厦门、苏州、杭州、珠海、福州、克拉玛依、海口、南宁、合肥、南京、宁波、长沙、西安、南昌和沈阳，它们的基础设施指标高于全国平均水平；其余15个城市基础设施指标低于全国平均水平，分别是济南、太原、成都、武汉、郑州、长春、天津、上海、贵阳、重庆、呼和浩特、乌鲁木齐、西宁、哈尔滨和兰州。

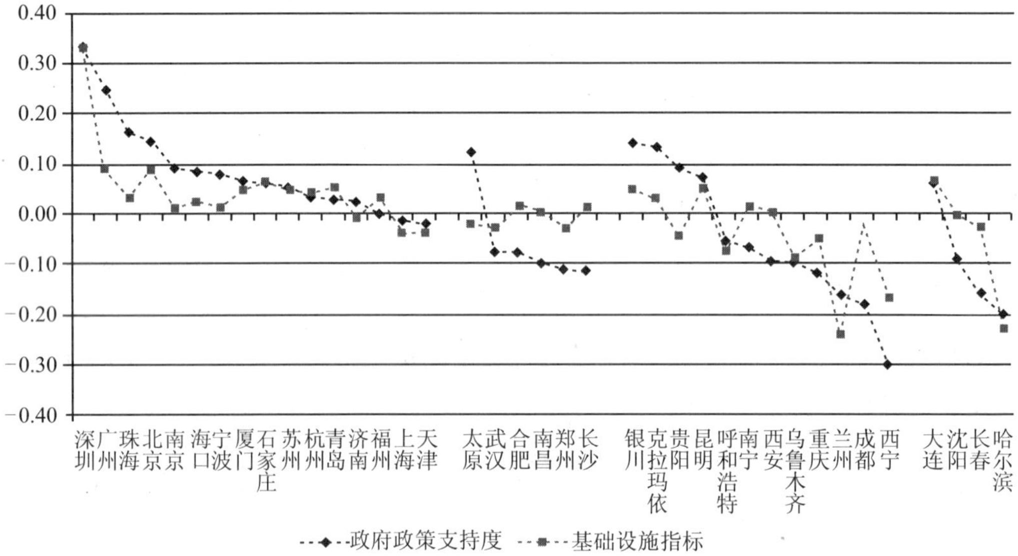

图7-4　城市政府政策支持度与城市基础设施指标对比

注：本图从东部、中部、西部和东北地区划分的角度，根据政府政策支持度指数大小自左到右排列。

图7-4按照不同区域显示了城市政府政策支持度与城市基础设施指标的差异。从图中可以看出：其一，东部地区城市基础设施指标均高于全国平均水平，除深圳较为突出以外，各城市之间的差距不大；中部、西部和东北地区城市部分高于全国平均水平，部分低于全国平均水平，各城市之间水平差异显著；其二，东部地区城市基础设施指标普遍低于城市政府政策支持度，其对政府政策支持度的贡献较小；中部和东北地区城市绝大部分基础设施指标高于城市政府政策支持度，其对政府政策支持度的贡献较大；而西部地区部分城市其基础设施指标高于政府政策支持度，如南宁、西安、乌鲁木齐；部分城市低于政府政策支持度，如克拉玛依、贵阳、兰州等，区域内差异明显。

(三)城市环境治理指标测算结果及分析

城市政府政策支持度的第三个二级指标是城市环境治理指标，它是对城市环境治理力度的综合衡量，占城市政府政策支持度权重的30%。该指标由4个三级指标组成，即工业二氧化硫去除率、工业废水化学需氧量去除率、工业氮氧化物去除率、工业废水氨氮去除率，每个指标占总权重的2.48%，具体情况见表7-11。

表 7-11 城市环境治理三级指标、权重及指标属性

指标序号	指 标	权 重	指标属性
40	工业二氧化硫去除率	2.48%	正
41	工业废水化学需氧量去除率	2.48%	正
42	工业氮氧化物去除率	2.48%	正
43	工业废水氨氮去除率	2.48%	正

注：本表内容是由本报告课题组召开的多次专家座谈会研讨确定的。

根据表 7-11 中的权重，我们得到 2010 年中国城市环境治理指标指数及其排名，其结果如表 7-12 所示。

表 7-12 2010 年中国城市环境治理指标指数及其排名

指 标	环境治理指标		指 标	环境治理指标	
城 市	指数值	排 名	城 市	指数值	排 名
广 州	0.174	1	厦 门	0.008	20
宁 波	0.096	2	武 汉	−0.005	21
南 京	0.091	3	乌鲁木齐	−0.007	22
贵 阳	0.083	4	珠 海	−0.008	23
太 原	0.071	5	杭 州	−0.019	24
海 口	0.060	6	天 津	−0.020	25
哈尔滨	0.055	7	兰 州	−0.029	26
昆 明	0.045	8	合 肥	−0.039	27
呼和浩特	0.043	9	重 庆	−0.039	28
苏 州	0.038	10	南 宁	−0.042	29
大 连	0.038	11	郑 州	−0.045	30
济 南	0.031	12	沈 阳	−0.060	31
上 海	0.029	13	南 昌	−0.063	32
青 岛	0.028	14	西 安	−0.063	33
北 京	0.027	15	长 沙	−0.069	34
银 川	0.025	16	克拉玛依	−0.070	35
深 圳	0.022	17	成 都	−0.085	36
石家庄	0.017	18	长 春	−0.112	37
福 州	0.011	19	西 宁	−0.217	38

注：本表数据及排名根据《中国统计年鉴 2011》、《中国环境统计年报 2010》、《中国环境统计年鉴 2011》、《中国城市统计年鉴 2011》、《中国城市建设统计年鉴 2010》、《中国区域经济统计年鉴 2011》测算。

从表 7-12 中可以看出，城市环境治理指标中，排名最高的是广州，其指数值达到 0.174；排名最低的是西宁，其指数值仅为−0.217，两者之间的差距较大。在 38 个测评城市中，广州、宁波、南京、贵阳、太原、海口、哈尔滨、昆明、呼和浩特、苏州、大连、济南、上海、青岛、北京、银川、深圳、石家庄、福州和厦门 20 个城市的环境治理指标高于全国平均水平；而武汉、乌鲁木齐、珠海、杭州、天津、兰州、合肥、重庆、南宁、郑州、沈阳、南昌、西安、长沙、

克拉玛依、成都、长春和西宁 18 个城市的环境治理指标低于全国平均水平。

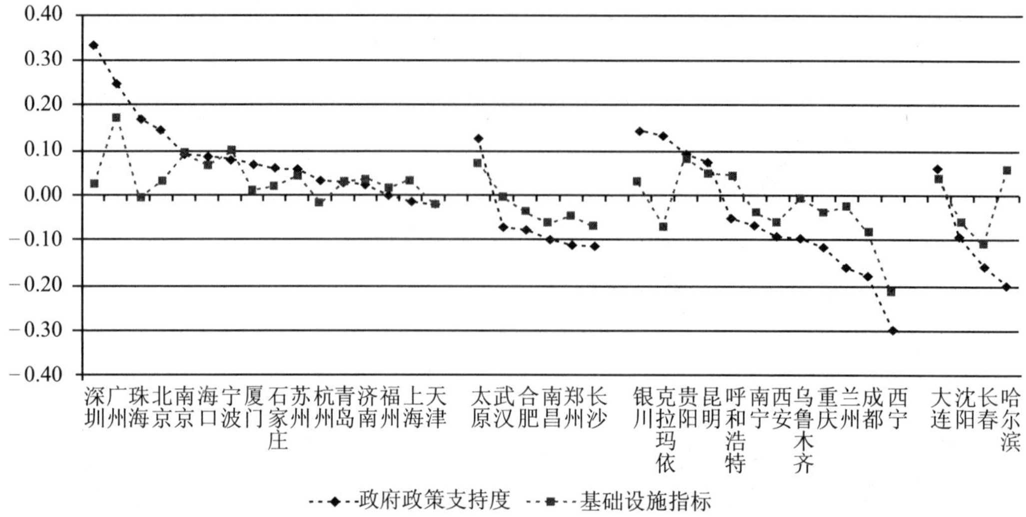

图 7-5　城市政府政策支持度与城市环境治理指标对比

注：本图从东部、中部、西部和东北地区划分的角度，根据政府政策支持度指数大小自左到右排列。

图 7-5 按照不同区域显示了城市政府政策支持度与城市环境治理指标的差异。从图中可以看出：其一，东部地区城市环境治理指标普遍高于全国平均水平，但各城市之间波动幅度较大；中部地区城市环境治理指标普遍低于全国平均水平，但各城市之间波动幅度较小；而西部和东北地区城市部分高于全国平均水平，部分低于全国平均水平，各城市之间水平差异显著；其二，东部地区城市环境治理指标普遍低于城市政府政策支持度，其对政府政策支持度的贡献较小；中部西部和东北地区除克拉玛依、银川等城市以外，绝大部分城市环境治理指标高于城市政府政策支持度，其对政府政策支持度的贡献较大。

第八章

城市“绿色体检”及绿色发展简析

需要再次说明的是，“绿色体检表”的设计背景和含义我们已经在总论中做过较为详细的介绍。本章是在本篇前三章对绿色发展指数3个一级指标综合分析的基础上，对各城市的“绿色体检表”及绿色发展的具体分析。各城市的编排顺序在本报告目录部分“城市‘绿色体检’及绿色发展简析目录”中也已列出。每个城市的“体检表”有2页，“简要分析”也有2页。“绿色体检表”的横栏表头和纵栏指标已在总论中进行过介绍，这里不再重复。“简要分析”部分重点针对城市绿色发展的一级、二级指标进行了分析，包括两方面：一是2010年的绿色发展指数指标得分情况；二是绿色发展指数两年排名的变化情况。

北京市绿色发展“体检”表

序号	指标名称	单位	口径	指标属性	2010年38城市测评均值	2010年北京市数值	2009年北京市数值	2010年北京市排名	2009年北京市排名	排名变化	2010年数据来源	进退脸谱
1	人均地区生产总值	元	全市	正	56 231.37	75 943	70 452.35	8	7	−1	区域经济；城市	☹
2	单位地区生产总值能耗	吨/万元	全市	逆	0.81	0.18	N/A	3	N/A	N/A	区域经济；城市	
3	人均城镇生活消费用电	千瓦时/人	全市	逆	580.70	1 084.52	1 016.51	34	34	0	城市	
4	单位地区生产总值二氧化碳排放量			逆	无数列表			N/A	N/A	N/A		
5	单位地区生产总值二氧化硫排放量	吨/亿元	全市	逆	43.72	9.87	11.24	4	3	−1	区域经济；环境年报2010	☹
6	单位地区生产总值化学需氧量排放量	吨/亿元	全市	逆	24.81	7.89	9.35	3	3	0	区域经济；环境年报2010	
7	单位地区生产总值氮氧化物排放量	吨/亿元	全市	逆	41.71	19.13	17.14	6	4	−2	区域经济；环境年报2010	☹
8	单位地区生产总值氨氮排放量	吨/亿元	全市	逆	2.63	1.04	1.23	6	6	0	区域经济；环境年报2010	
9	第一产业劳动生产率	万元/人	全市	正	3.03	2.01	1.89	22	19	−3	区域经济	☹
10	第二产业劳动生产率	万元/人	全市	正	17.91	16.85	14.03	10	11	1	区域经济	☺
11	单位工业增加值水耗	万吨/万元	全市	逆	0.03	0.02	0.02	17	18	1	区域经济；环境年报2010	☺
12	单位工业增加值能耗			逆	无数列表			N/A	N/A	N/A		
13	工业固体废物综合利用率	%	全市	正	85.58	65.80	68.90	34	32	−2	环境年报2010	☹
14	工业用水重复利用率	%	全市	正	83.81	96.30	96.05	3	4	1	环境年报2010	☺
15	第三产业劳动生产率	万元/人	全市	正	11.40	14.10	12.69	8	9	1	区域经济	☺
16	第三产业增加值比重	%	全市	正	47.97	75.11	75.53	1	1	0	城市	
17	第三产业就业人员比重	%	全市	正	46.44	74.40	73.78	1	1	0	区域经济	
18	人均水资源量	立方米/人	全市	正	1 026.43	190.01	175.30	32	33	1	环境年报2010；城市	☺
19	单位土地面积二氧化碳排放量			逆	无数列表			N/A	N/A	N/A		
20	人均二氧化碳排放量			逆	无数列表			N/A	N/A	N/A		
21	单位土地面积二氧化硫排放量	吨/平方公里	全市	逆	11.64	7.01	7.24	13	15	2	环境年报2010；城市	☺
22	人均二氧化硫排放量	吨/万人	全市	逆	216.46	91.91	96.14	6	9	3	环境年报2010；城市	☺

续表

序号	指标名称	单位	口径	指标属性	2010年38城市测评均值	2010年北京市数值	2009年北京市数值	2010年北京市排名	2009年北京市排名	排名变化	2010年数据来源	进退脸谱
23	单位土地面积化学需氧量排放量	吨/平方公里	全市	逆	7.83	5.61	6.02	20	20	0	环境年报2010；城市	
24	人均化学需氧量排放量	吨/万人	全市	逆	118.15	73.49	80.00	10	11	1	环境年报2010；城市	☺
25	单位土地面积氮氧化物排放量	吨/平方公里	全市	逆	15.00	13.59	11.04	26	26	0	环境年报2010；城市	
26	人均氮氧化物排放量	吨/万人	全市	逆	237.70	178.17	146.67	17	17	0	环境年报2010；城市	
27	单位土地面积氨氮排放量	吨/平方公里	全市	逆	0.86	0.74	0.79	25	25	0	环境年报2010；城市	
28	人均氨氮排放量	吨/万人	全市	逆	12.63	9.69	10.54	15	19	4	环境年报2010；城市	☺
29	空气质量达到二级以上天数占全年比重	%	市辖区	正	89.20	78.30	78.02	35	35	0	环境保护部数据	
30	首要污染物可吸入颗粒物天数占全年比重	%	市辖区	逆	70.81	84.11	84.38	27	29	2	环境保护部数据	☺
31	环境保护支出占财政支出比重	%	全市	正	3.13	2.24	2.33	23	16	−7	统计；城市	☹
32	工业环境污染治理投资占地区生产总值比重	%	全市	正	0.08	N/A	0.03	N/A	28	N/A	环境年报2010；区域经济	
33	科教文卫支出占财政支出比重	%	全市	正	21.08	32.32	31.62	2	5	3	统计；城市；区域经济	☺
34	人均绿地面积	平方米	市辖区	正	59.39	53.00	52.52	15	13	−2	城市	☹
35	建成区绿化覆盖率	%	市辖区	正	40.04	55.10	47.69	1	1	0	城市建设	
36	用水普及率	%	市辖区	正	98.82	100.00	100.00	1	1	0	城市建设	
37	城镇生活污水处理率	%	市辖区	正	86.16	82.09	80.29	30	24	−6	城市建设	☹
38	生活垃圾无害化处理率	%	市辖区	正	94.38	96.95	98.22	21	17	−4	城市建设	☹
39	每万人拥有公共汽车	辆	市辖区	正	15.61	18.15	18.49	7	3	−4	城市	☹
40	工业二氧化硫去除率	%	全市	正	57.30	69.56	65.31	11	17	6	环境年报2010	☺
41	工业废水化学需氧量去除率	%	全市	正	77.86	88.48	89.09	10	9	−1	环境年报2010	☹
42	工业氮氧化物去除率	%	全市	正	5.29	1.08	36.27	21	3	−18	环境年报2010	☹
43	工业废水氨氮去除率	%	全市	正	67.89	76.16	92.84	15	5	−10	环境年报2010	☹

年鉴说明：区域经济——《中国区域经济统计年鉴2011》；城市——《中国城市统计年鉴2011》；统计——《中国统计年鉴2011》；城市建设——《中国城市建设统计年鉴2010》；环境年报2010——《中国环境统计年报2010》；环境年鉴——《中国环境统计年鉴2011》；环保部数据——环境保护部数据中心。

北京市绿色发展水平简要分析

北京市绿色发展水平在全国参与测评的 38 个城市中排名第 6 位(使用 2010 年数据),较 2009 年下降 1 位(2009 年北京市测算排名第 5 位)。以下分别从各级指标得分情况和 2009 年、2010 年两年变化情况对北京市进行简要分析。

一、2010 年北京市绿色发展指数指标得分情况

2010 年北京市绿色发展指数为 0.239,从经济增长绿化度、资源与环境承载潜力和政府政策支持度 3 个一级指标数值来看(如图 1 所示),北京市的经济增长绿化度和政府政策支持度具有明显优势;而资源环境承载潜力则相对较弱,低于全国平均水平(注:各个指标的全国平均水平为 0 值)。

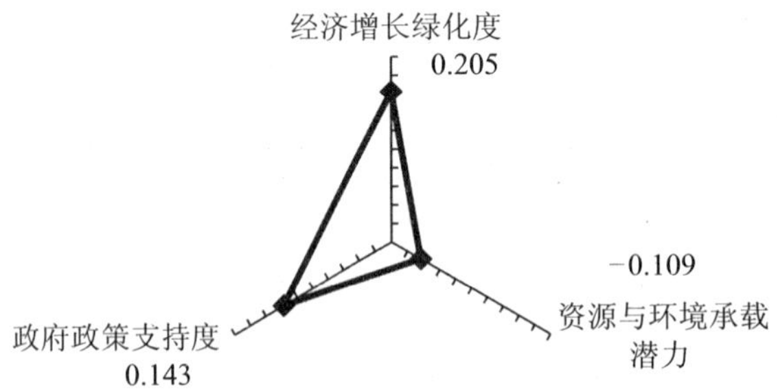

图 1　北京市一级指标得分情况

从图 2 中可以看出,2010 年北京市绿色发展指数二级指标中有 5 个二级指标高于全国平均水平,分别为绿色增长效率指标、第三产业指标、绿色投资指标、基础设施指标、环境治理指标;而第一产业指标、第二产业指标、资源丰裕与生态保护指标、环境压力与气候变化指标 4 个指标则低于全国平均水平。

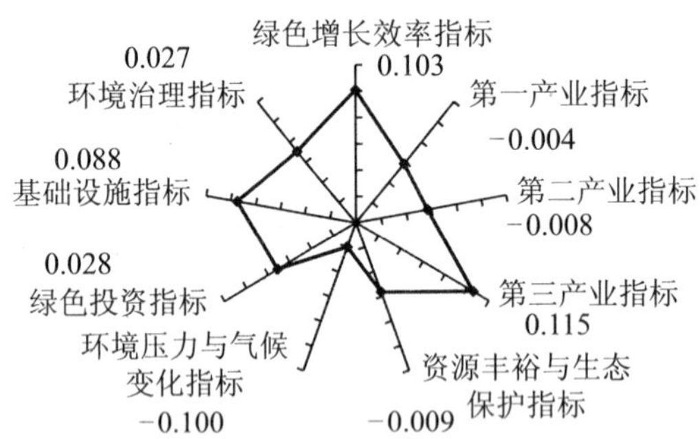

图 2　北京市二级指标得分情况

二、北京市绿色发展指数两年排名变化情况

如表 1 所示,从一级指标排名变化情况来看,2010 年北京市排名变化最大的是资源环境承载潜力,下降了 5 位,政府政策支持度下降了 2 位;而经济增长绿化度则没有变化。从二级指标排名变化情况来看,绿色增长效率指标、绿色投资指标和资源丰裕与生态保护指标分别上升 4 位、3 位和 1 位;环境治理指标、环境压力与气候变化指标、第二产业指标和第一产业指标分别下降 13 位、5 位、3 位和 2 位;而第三产业指标和基础设施指标与 2009 年相比则没有变化。

表 1　2009—2010 年北京市一级指标和二级指标排名变化情况

指　标	2010 年	2009 年	差　距	指　标	2010 年	2009 年	差　距
中国绿色发展指数	6	5	−1				
经济增长绿化度	2	2	0	资源丰裕与生态保护指标	32	33	1
绿色增长效率指标	2	6	4	环境压力与气候变化指标	31	26	−5
第一产业指标	21	19	−2	政府政策支持度	4	2	−2
第二产业指标	26	23	−3	绿色投资指标	9	12	3
第三产业指标	1	1	0	基础设施指标	2	2	0
资源环境承载潜力	32	27	−5	环境治理指标	15	2	−13

注：差距值为正数表明排名上升。

为了进一步分析一级、二级指标变化的原因，下面将北京市 2009 年与 2010 年两年三级指标排名位次变化超过 3 位的指标列表如下(见表 2)。与 2009 年相比，2010 年北京市三级指标排名有升有降，但下降趋势更为显著。其中，工业氮氧化物去除率较 2009 年下降 18 位，工业废水氨氮去除率下降 10 位，环境保护支出占财政支出比重下降 7 位，城镇生活污水处理率下降 6 位，生活垃圾无害化处理率下降 4 位，每万人拥有公共汽车下降 4 位，第一产业劳动生产率下降 3 位；而北京市的人均二氧化硫排放量、人均氨氮排放量、科教文卫支出占财政支出比重、工业二氧化硫去除率 4 个指标较 2009 年则有了较大的提升。

表 2　2009—2010 年北京市变化超过 3 位的三级指标

三级指标名称	两年原始数据			两年排名变化		
	2010 年	2009 年	单　位	2010 年	2009 年	变　动
第一产业劳动生产率	2.01	1.89	万元/人	22	19	−3
人均二氧化硫排放量	91.91	96.14	吨/万人	6	9	3
人均氨氮排放量	9.69	10.54	吨/万人	15	19	4
环境保护支出占财政支出比重	2.24	2.33	%	23	16	−7
科教文卫支出占财政支出比重	32.32	31.62	%	2	5	3
城镇生活污水处理率	82.09	80.29	%	30	24	−6
生活垃圾无害化处理率	96.95	98.22	%	21	17	−4
每万人拥有公共汽车	18.15	18.49	辆	7	3	−4
工业二氧化硫去除率	69.56	65.31	%	11	17	6
工业氮氧化物去除率	1.08	36.27	%	21	3	−18
工业废水氨氮去除率	76.16	92.84	%	15	5	−10

注：变动值为正数表明排名上升。

天津市绿色发展“体检”表

序号	指标名称	单　位	口　径	指标属性	2010 年 38 城市测评均值	2010 年天津市数值	2009 年天津市数值	2010 年天津市排名	2009 年天津市排名	排名变化	2010 年数据来源	进退脸谱
1	人均地区生产总值	元	全市	正	56 231.37	72 994	62 574.00	9	11	2	区域经济；城市	☺
2	单位地区生产总值能耗	吨/万元	全市	逆	0.81	0.88	0.89	25	21	−4	区域经济；城市	☹
3	人均城镇生活消费用电	千瓦时/人	全市	逆	580.70	686.17	663.10	29	28	−1	城市	☹
4	单位地区生产总值二氧化碳排放量			逆	无数列表			N/A	N/A	N/A		
5	单位地区生产总值二氧化硫排放量	吨/亿元	全市	逆	43.72	30.26	35.76	22	22	0	区域经济；环境年报 2010	
6	单位地区生产总值化学需氧量排放量	吨/亿元	全市	逆	24.81	16.98	20.09	16	15	−1	区域经济；环境年报 2010	☹
7	单位地区生产总值氮氧化物排放量	吨/亿元	全市	逆	41.71	31.62	32.43	18	19	1	区域经济；环境年报 2010	☺
8	单位地区生产总值氨氮排放量	吨/亿元	全市	逆	2.63	2.54	1.81	23	12	−11	区域经济；环境年报 2010	☹
9	第一产业劳动生产率	万元/人	全市	正	3.03	1.95	1.70	24	23	−1	区域经济	☹
10	第二产业劳动生产率	万元/人	全市	正	17.91	16.60	14.42	12	9	−3	区域经济	☹
11	单位工业增加值水耗	万吨/万元	全市	逆	0.03	0.03	0.03	22	23	1	区域经济；环境年报 2010	☺
12	单位工业增加值能耗			逆	无数列表			N/A	N/A	N/A		
13	工业固体废物综合利用率	%	全市	正	85.58	98.60	98.30	6	7	1	环境年报 2010	☺
14	工业用水重复利用率	%	全市	正	83.81	93.77	94.18	11	12	1	环境年报 2010	☺
15	第三产业劳动生产率	万元/人	全市	正	11.40	12.60	10.99	13	11	−2	区域经济	☹
16	第三产业增加值比重	%	全市	正	47.97	45.95	45.27	23	26	3	城市	☺
17	第三产业就业人员比重	%	全市	正	46.44	48.37	47.32	14	15	1	区域经济	☺
18	人均水资源量	立方米/人	全市	正	1 026.43	93.42	155.54	37	34	−3	环境年报 2010；城市	☹
19	单位土地面积二氧化碳排放量			逆	无数列表			N/A	N/A	N/A		
20	人均二氧化碳排放量			逆	无数列表			N/A	N/A	N/A		
21	单位土地面积二氧化硫排放量	吨/平方公里	全市	逆	11.64	20.00	20.13	33	32	−1	环境年报 2010；城市	☹
22	人均二氧化硫排放量	吨/万人	全市	逆	216.46	239.37	242.93	27	27	0	环境年报 2010；城市	

续表

序号	指标名称	单位	口径	指标属性	2010年38城市测评均值	2010年天津市数值	2009年天津市数值	2010年天津市排名	2009年天津市排名	排名变化	2010年数据来源	进退脸谱
23	单位土地面积化学需氧量排放量	吨/平方公里	全市	逆	7.83	11.22	11.31	31	30	−1	环境年报2010；城市	☹
24	人均化学需氧量排放量	吨/万人	全市	逆	118.15	134.34	136.50	25	23	−2	环境年报2010；城市	☹
25	单位土地面积氮氧化物排放量	吨/平方公里	全市	逆	15.00	20.89	18.25	30	28	−2	环境年报2010；城市	☹
26	人均氮氧化物排放量	吨/万人	全市	逆	237.70	250.12	220.30	29	28	−1	环境年报2010；城市	☹
27	单位土地面积氨氮排放量	吨/平方公里	全市	逆	0.86	1.68	1.02	35	30	−5	环境年报2010；城市	☹
28	人均氨氮排放量	吨/万人	全市	逆	12.63	20.13	12.30	32	24	−8	环境年报2010；城市	☹
29	空气质量达到二级以上天数占全年比重	%	市辖区	正	89.20	84.34	84.07	30	29	−1	环境保护部数据	☹
30	首要污染物可吸入颗粒物天数占全年比重	%	市辖区	逆	70.81	68.22	71.51	15	14	−1	环境保护部数据	☹
31	环境保护支出占财政支出比重	%	全市	正	3.13	1.97	1.19	28	35	7	统计；城市	☺
32	工业环境污染治理投资占地区生产总值比重	%	全市	正	0.08	0.18	0.24	6	8	2	环境年报2010；区域经济	☺
33	科教文卫支出占财政支出比重	%	全市	正	21.08	25.06	25.05	7	23	16	统计；城市；区域经济	☺
34	人均绿地面积	平方米	市辖区	正	59.39	24.00	21.63	33	35	2	城市	☺
35	建成区绿化覆盖率	%	市辖区	正	40.04	32.06	30.33	37	37	0	城市建设	
36	用水普及率	%	市辖区	正	98.82	100.00	100.00	1	1	0	城市建设	
37	城镇生活污水处理率	%	市辖区	正	86.16	85.30	80.11	26	25	−1	城市建设	☹
38	生活垃圾无害化处理率	%	市辖区	正	94.38	100.00	94.31	1	23	22	城市建设	☺
39	每万人拥有公共汽车	辆	市辖区	正	15.61	8.87	9.84	34	35	1	城市	☺
40	工业二氧化硫去除率	%	全市	正	57.30	63.22	59.73	17	21	4	环境年报2010	☺
41	工业废水化学需氧量去除率	%	全市	正	77.86	70.22	67.72	31	31	0	环境年报2010	
42	工业氮氧化物去除率	%	全市	正	5.29	14.78	16.65	6	6	0	环境年报2010	
43	工业废水氨氮去除率	%	全市	正	67.89	24.86	29.78	35	35	0	环境年报2010	

年鉴说明：区域经济——《中国区域经济统计年鉴2011》；城市——《中国城市统计年鉴2011》；统计——《中国统计年鉴2011》；城市建设——《中国城市建设统计年鉴2010》；环境年报2010——《中国环境统计年报2010》；环境年鉴——《中国环境统计年鉴2011》；环保部数据——环境保护部数据中心。

天津市绿色发展水平简要分析

天津市绿色发展水平在全国参与测评的 38 个城市中排名第 28 位（使用 2010 年数据），较 2009 年上升 3 位（2009 年天津市测算排名第 31 位）。以下分别从各级指标得分情况和 2009 年、2010 年两年变化情况对天津市进行简要分析。

一、2010 年天津市绿色发展指数指标得分情况

2010 年天津市绿色发展指数为－0.153，从经济增长绿化度、资源与环境承载潜力和政府政策支持度 3 个一级指标数值来看（如图 1 所示），天津市的经济增长绿化度具有一定的比较优势；而资源环境承载潜力和政府政策支持度则相对较弱，均低于全国平均水平（注：各个指标的全国平均水平为 0 值）。

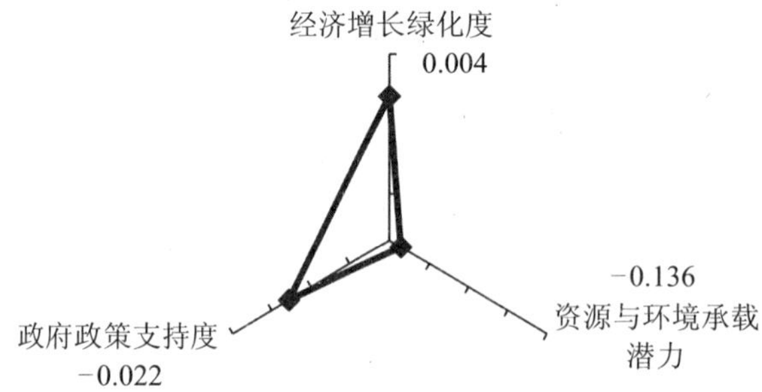

图 1　天津市一级指标得分情况

从图 2 中可以看出，2010 年天津市绿色发展指数二级指标中有 3 个高于全国平均水平，分别为第二产业指标、第三产业指标、绿色投资指标；而绿色增长效率指标、第一产业指标、资源丰裕与生态保护指标、环境压力与气候变化指标、基础设施指标、环境治理指标 6 个指标则低于全国平均水平。

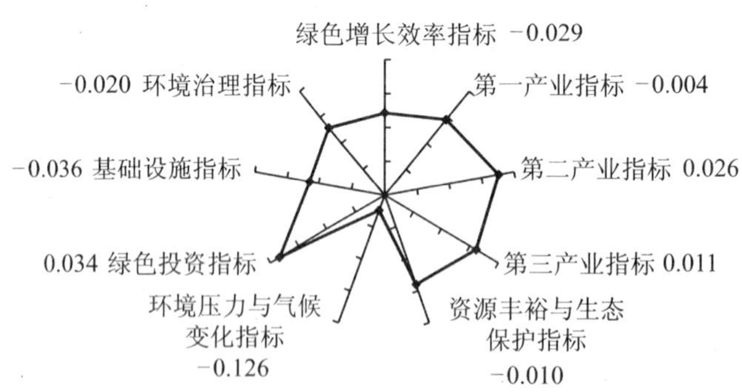

图 2　天津市二级指标得分情况

二、天津市绿色发展指数两年排名变化情况

如表 1 所示，从一级指标排名变化情况来看，2010 年天津市排名变化最大的是政府政策支持度，上升了 10 位；经济增长绿化度和资源环境承载潜力分别下降了 1 位和 7 位。从二级指标排名变化情况来看，绿色投资指标、第三产业指标、基础设施指标、环境治理指标分别上升 12 位、1 位、1 位和 1 位；环境压力与气候变化指标、绿色增长效率指标、资源丰裕与生态保护指

标、第一产业指标分别下降 6 位、4 位、3 位和 1 位；而第二产业指标与 2009 年相比则没有变化。

表 1　2009—2010 年天津市一级指标和二级指标排名变化情况

指　标	2010 年	2009 年	差　距	指　标	2010 年	2009 年	差　距
中国绿色发展指数	28	31	3				
经济增长绿化度	18	17	−1	资源丰裕与生态保护指标	37	34	−3
绿色增长效率指标	26	22	−4	环境压力与气候变化指标	35	29	−6
第一产业指标	24	23	−1	政府政策支持度	22	32	10
第二产业指标	6	6	0	绿色投资指标	8	20	12
第三产业指标	13	14	1	基础设施指标	30	31	1
资源环境承载潜力	37	30	−7	环境治理指标	25	26	1

注：差距值为正数表明排名上升。

为了进一步分析一级、二级指标变化的原因，下面将天津市 2009 年与 2010 年两年三级指标排名位次变化超过 3 位的指标列表如下(见表 2)。与 2009 年相比，2010 年天津市三级指标排名有升有降，但上升趋势相对显著。其中，生活垃圾无害化处理率较 2009 年上升 22 位，科教文卫支出占财政支出比重上升 16 位，环境保护支出占财政支出比重上升 7 位，工业二氧化硫去除率上升 4 位，第三产业增加值比重上升 3 位；而天津市的单位地区生产总值氨氮排放量、人均氨氮排放量、单位土地面积氨氮排放量、单位地区生产总值能耗、第二产业劳动生产率、人均水资源量 6 个指标较 2009 年则有了一定程度下降。

表 2　2009—2010 年天津市变化超过 3 位的三级指标

三级指标名称	两年原始数据			两年排名变化		
	2010 年	2009 年	单　位	2010 年	2009 年	变　动
单位地区生产总值能耗	0.88	0.89	吨/万元	25	21	−4
单位地区生产总值氨氮排放量	2.54	1.81	吨/亿元	23	12	−11
第二产业劳动生产率	16.60	14.42	万元/人	12	9	−3
第三产业增加值比重	45.95	45.27	%	23	26	3
人均水资源量	93.42	155.54	立方米/人	37	34	−3
单位土地面积氨氮排放量	1.68	1.02	吨/平方公里	35	30	−5
人均氨氮排放量	20.13	12.30	吨/万人	32	24	−8
环境保护支出占财政支出比重	1.97	1.19	%	28	35	7
科教文卫支出占财政支出比重	25.06	25.05	%	7	23	16
生活垃圾无害化处理率	100.00	94.31	%	1	23	22
工业二氧化硫去除率	63.22	59.73	%	17	21	4

注：变动值为正数表明排名上升。

石家庄市绿色发展"体检"表

序号	指标名称	单位	口径	指标属性	2010年38城市测评均值	2010年石家庄市数值	2009年石家庄市数值	2010年石家庄市排名	2009年石家庄市排名	排名变化	2010年数据来源	进退脸谱
1	人均地区生产总值	元	全市	正	56 231.37	33 915	30 427.83	32	32	0	区域经济；城市	
2	单位地区生产总值能耗	吨/万元	全市	逆	0.81	0.87	1.44	24	32	8	区域经济；城市	☺
3	人均城镇生活消费用电	千瓦时/人	全市	逆	580.70	162.82	125.82	1	1	0	城市	
4	单位地区生产总值二氧化碳排放量			逆	无数列表			N/A	N/A	N/A		
5	单位地区生产总值二氧化硫排放量	吨/亿元	全市	逆	43.72	57.01	63.84	29	29	0	区域经济；环境年报2010	
6	单位地区生产总值化学需氧量排放量	吨/亿元	全市	逆	24.81	37.64	44.46	31	31	0	区域经济；环境年报2010	
7	单位地区生产总值氮氧化物排放量	吨/亿元	全市	逆	41.71	56.39	45.66	29	27	−2	区域经济；环境年报2010	☹
8	单位地区生产总值氨氮排放量	吨/亿元	全市	逆	2.63	3.04	3.63	27	28	1	区域经济；环境年报2010	☺
9	第一产业劳动生产率	万元/人	全市	正	3.03	2.51	2.07	17	17	0	区域经济	
10	第二产业劳动生产率	万元/人	全市	正	17.91	9.03	8.26	36	33	−3	区域经济	☹
11	单位工业增加值水耗	万吨/万元	全市	逆	0.03	0.05	0.05	34	35	1	区域经济；环境年报2010	☺
12	单位工业增加值能耗			逆	无数列表			N/A	N/A	N/A		
13	工业固体废物综合利用率	%	全市	正	85.58	93.40	92.50	19	17	−2	环境年报2010	☹
14	工业用水重复利用率	%	全市	正	83.81	95.36	95.21	7	7	0	环境年报2010	
15	第三产业劳动生产率	万元/人	全市	正	11.40	7.67	7.03	30	27	−3	区域经济	☹
16	第三产业增加值比重	%	全市	正	47.97	40.51	40.15	35	34	−1	城市	☹
17	第三产业就业人员比重	%	全市	正	46.44	35.56	34.86	35	35	0	区域经济	
18	人均水资源量	立方米/人	全市	正	1 026.43	133.35	192.96	35	31	−4	环境年报2010；城市	☹
19	单位土地面积二氧化碳排放量			逆	无数列表			N/A	N/A	N/A		
20	人均二氧化碳排放量			逆	无数列表			N/A	N/A	N/A		
21	单位土地面积二氧化硫排放量	吨/平方公里	全市	逆	11.64	11.43	11.39	26	24	−2	环境年报2010；城市	☹
22	人均二氧化硫排放量	吨/万人	全市	逆	216.46	184.16	183.08	22	22	0	环境年报2010；城市	

续表

序号	指标名称	单位	口径	指标属性	2010年38城市测评均值	2010年石家庄市数值	2009年石家庄市数值	2010年石家庄市排名	2009年石家庄市排名	排名变化	2010年数据来源	进退脸谱
23	单位土地面积化学需氧量排放量	吨/平方公里	全市	逆	7.83	7.55	7.94	26	26	0	环境年报2010；城市	
24	人均化学需氧量排放量	吨/万人	全市	逆	118.15	121.61	127.51	22	21	−1	环境年报2010；城市	☹
25	单位土地面积氮氧化物排放量	吨/平方公里	全市	逆	15.00	11.30	8.15	25	20	−5	环境年报2010；城市	☹
26	人均氮氧化物排放量	吨/万人	全市	逆	237.70	182.18	130.95	19	14	−5	环境年报2010；城市	☹
27	单位土地面积氨氮排放量	吨/平方公里	全市	逆	0.86	0.61	0.65	21	20	−1	环境年报2010；城市	☹
28	人均氨氮排放量	吨/万人	全市	逆	12.63	9.82	10.41	17	16	−1	环境年报2010；城市	☹
29	空气质量达到二级以上天数占全年比重	%	市辖区	正	89.20	87.36	87.09	21	25	4	环境保护部数据	☺
30	首要污染物可吸入颗粒物天数占全年比重	%	市辖区	逆	70.81	83.56	80.27	25	24	−1	环境保护部数据	☹
31	环境保护支出占财政支出比重	%	全市	正	3.13	2.85	3.30	18	8	−10	统计；城市	☹
32	工业环境污染治理投资占地区生产总值比重	%	全市	正	0.08	0.03	0.07	21	18	−3	环境年报2010；区域经济	☹
33	科教文卫支出占财政支出比重	%	全市	正	21.08	20.58	36.98	19	2	−17	统计；城市；区域经济	☹
34	人均绿地面积	平方米	市辖区	正	59.39	36.00	33.89	21	23	2	城市	☺
35	建成区绿化覆盖率	%	市辖区	正	40.04	43.03	41.52	8	13	5	城市建设	☺
36	用水普及率	%	市辖区	正	98.82	100.00	100.00	1	1	0	城市建设	
37	城镇生活污水处理率	%	市辖区	正	86.16	95.38	83.28	8	20	12	城市建设	☺
38	生活垃圾无害化处理率	%	市辖区	正	94.38	100.00	100.00	1	1	0	城市建设	
39	每万人拥有公共汽车	辆	市辖区	正	15.61	18.29	17.05	6	5	−1	城市	☹
40	工业二氧化硫去除率	%	全市	正	57.30	72.92	65.89	10	15	5	环境年报2010	☺
41	工业废水化学需氧量去除率	%	全市	正	77.86	81.43	83.74	22	21	−1	环境年报2010	☹
42	工业氮氧化物去除率	%	全市	正	5.29	0.41	3.48	23	18	−5	环境年报2010	☹
43	工业废水氨氮去除率	%	全市	正	67.89	73.79	72.70	18	18	0	环境年报2010	

年鉴说明：区域经济——《中国区域经济统计年鉴2011》；城市——《中国城市统计年鉴2011》；统计——《中国统计年鉴2011》；城市建设——《中国城市建设统计年鉴2010》；环境年报2010——《中国环境统计年报2010》；环境年鉴——《中国环境统计年鉴2011》；环保部数据——环境保护部数据中心。

石家庄市绿色发展水平简要分析

石家庄市绿色发展水平在全国参与测评的 38 个城市中排名第 25 位(使用 2010 年数据)，较 2009 年下降 9 位(2009 年石家庄市测算排名第 16 位)。以下分别从各级指标得分情况和 2009 年、2010 年两年变化情况对石家庄市进行简要分析。

一、2010 年石家庄市绿色发展指数指标得分情况

2010 年石家庄市绿色发展指数为－0.093，从经济增长绿化度、资源与环境承载潜力和政府政策支持度 3 个一级指标数值来看(如图 1 所示)，石家庄市的政府政策支持度具有一定的比较优势；而经济增长绿化度和资源环境承载潜力则相对较弱，均低于全国平均水平(注：各个指标的全国平均水平为 0 值)。

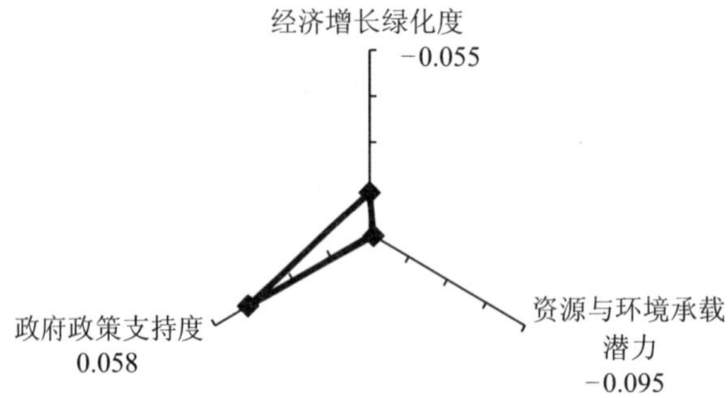

图 1　石家庄市一级指标得分情况

从图 2 中可以看出，2010 年石家庄市绿色发展指数二级指标中有 3 个高于全国平均水平，分别为第二产业指标、基础设施指标、环境治理指标；而绿色增长效率指标、第一产业指标、第三产业指标、资源丰裕与生态保护指标、环境压力与气候变化指标、绿色投资指标 6 个指标则低于全国平均水平。

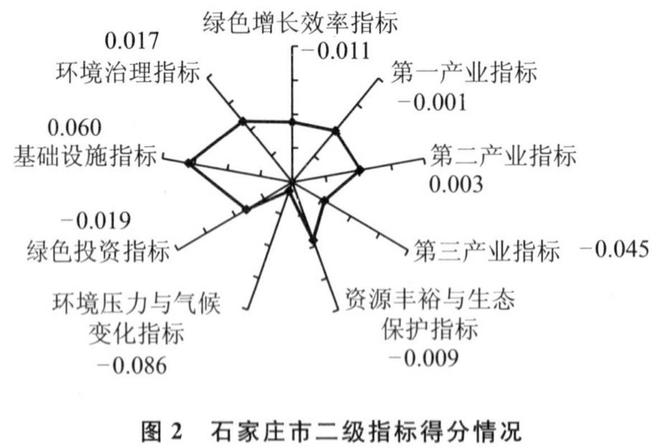

图 2　石家庄市二级指标得分情况

二、石家庄市绿色发展指数两年排名变化情况

如表 1 所示，从一级指标排名变化情况来看，2010 年石家庄市排名变化最大的是政府政策支持度，下降了 9 位，资源环境承载潜力下降了 3 位；而经济增长绿化度排名保持不变。从二级指标排名变化情况来看，基础设施指标、第一产业指标、第三产业指标分别上升 6 位、1 位和 1

位；绿色投资指标、资源丰裕与生态保护指标、环境压力与气候变化指标、绿色增长效率指标和第二产业指标分别下降 14 位、4 位、4 位、2 位和 2 位；而环境治理指标与 2009 年相比则没有变化。

表 1　2009—2010 年石家庄市一级指标和二级指标排名变化情况

指　标	2010 年	2009 年	差　距	指　标	2010 年	2009 年	差　距
中国绿色发展指数	25	16	－9				
经济增长绿化度	26	26	0	资源丰裕与生态保护指标	35	31	－4
绿色增长效率指标	21	19	－2	环境压力与气候变化指标	28	24	－4
第一产业指标	16	17	1	政府政策支持度	15	6	－9
第二产业指标	18	16	－2	绿色投资指标	20	6	－14
第三产业指标	35	36	1	基础设施指标	5	11	6
资源环境承载潜力	29	26	－3	环境治理指标	18	18	0

注：差距值为正数表明排名上升。

为了进一步分析一级、二级指标变化的原因，下面将石家庄市 2009 年与 2010 年两年三级指标排名位次变化超过 3 位的指标列表如下(见表 2)。与 2009 年相比，2010 年石家庄市三级指标排名有升有降，但下降趋势相对明显。其中，科教文卫支出占财政支出比重较 2009 年下降 17 位，环境保护支出占财政支出比重下降 10 位，单位土地面积氮氧化物排放量等 3 个指标下降 5 位，人均水资源量下降 4 位，第二产业劳动生产率等 3 个指标下降 3 位；而石家庄市的城镇生活污水处理率、单位地区生产总值能耗、建成区绿化覆盖率、工业二氧化硫去除率、空气质量达到二级以上天数占全年比重 5 个指标较 2009 年则有了一定程度的上升。

表 2　2009—2010 年石家庄市变化超过 3 位的三级指标

三级指标名称	两年原始数据			两年排名变化		
	2010 年	2009 年	单　位	2010 年	2009 年	变　动
单位地区生产总值能耗	0.87	1.44	吨/万元	24	32	8
第二产业劳动生产率	9.03	8.26	万元/人	36	33	－3
第三产业劳动生产率	7.67	7.03	万元/人	30	27	－3
人均水资源量	133.35	192.96	立方米/人	35	31	－4
单位土地面积氮氧化物排放量	11.30	8.15	吨/平方公里	25	20	－5
人均氮氧化物排放量	182.18	130.95	吨/万人	19	14	－5
空气质量达到二级以上天数占全年比重	87.36	87.09	%	21	25	4
环境保护支出占财政支出比重	2.85	3.30	%	18	8	－10
工业环境污染治理投资占地区生产总值比重	0.03	0.07	%	21	18	－3
科教文卫支出占财政支出比重	20.58	36.98	%	19	2	－17
建成区绿化覆盖率	43.03	41.52	%	8	13	5
城镇生活污水处理率	95.38	83.28	%	8	20	12
工业二氧化硫去除率	72.92	65.89	%	10	15	5
工业氮氧化物去除率	0.41	3.48	%	23	18	－5

注：变动值为正数表明排名上升。

太原市绿色发展“体检”表

序号	指标名称	单　位	口　径	指标属性	2010 年 38 城市测评均值	2010 年太原市数值	2009 年太原市数值	2010 年太原市排名	2009 年太原市排名	排名变化	2010 年数据来源	进退脸谱
1	人均地区生产总值	元	全市	正	56 231.37	46 144	44 319.00	22	20	−2	区域经济；城市	☹
2	单位地区生产总值能耗	吨/万元	全市	逆	0.81	1.74	1.26	36	29	−7	区域经济；城市	☹
3	人均城镇生活消费用电	千瓦时/人	全市	逆	580.70	525.60	438.55	22	21	−1	城市	☹
4	单位地区生产总值二氧化碳排放量			逆	无数列表			N/A	N/A	N/A		
5	单位地区生产总值二氧化硫排放量	吨/亿元	全市	逆	43.72	86.73	100.18	33	34	1	区域经济；环境年报 2010	☺
6	单位地区生产总值化学需氧量排放量	吨/亿元	全市	逆	24.81	19.19	22.26	18	18	0	区域经济；环境年报 2010	
7	单位地区生产总值氮氧化物排放量	吨/亿元	全市	逆	41.71	68.26	54.99	33	30	−3	区域经济；环境年报 2010	☹
8	单位地区生产总值氨氮排放量	吨/亿元	全市	逆	2.63	4.03	4.56	30	31	1	区域经济；环境年报 2010	☺
9	第一产业劳动生产率	万元/人	全市	正	3.03	1.23	1.14	30	30	0	区域经济	
10	第二产业劳动生产率	万元/人	全市	正	17.91	14.57	12.46	14	15	1	区域经济	☺
11	单位工业增加值水耗	万吨/万元	全市	逆	0.03	0.07	0.08	36	36	0	区域经济；环境年报 2010	
12	单位工业增加值能耗			逆	无数列表			N/A	N/A	N/A		
13	工业固体废物综合利用率	%	全市	正	85.58	52.30	48.60	36	35	−1	环境年报 2010	☹
14	工业用水重复利用率	%	全市	正	83.81	96.89	96.85	1	2	1	环境年报 2010	☺
15	第三产业劳动生产率	万元/人	全市	正	11.40	10.28	9.38	22	19	−3	区域经济	☹
16	第三产业增加值比重	%	全市	正	47.97	53.39	54.43	8	7	−1	城市	☹
17	第三产业就业人员比重	%	全市	正	46.44	53.89	53.68	5	5	0	区域经济	
18	人均水资源量	立方米/人	全市	正	1 026.43	154.79	145.19	33	36	3	环境年报 2010；城市	☺
19	单位土地面积二氧化碳排放量			逆	无数列表			N/A	N/A	N/A		
20	人均二氧化碳排放量			逆	无数列表			N/A	N/A	N/A		
21	单位土地面积二氧化硫排放量	吨/平方公里	全市	逆	11.64	17.78	18.50	30	31	1	环境年报 2010；城市	☺
22	人均二氧化硫排放量	吨/万人	全市	逆	216.46	338.81	355.17	32	33	1	环境年报 2010；城市	☺

续表

序号	指标名称	单　位	口　径	指标属性	2010年38城市测评均值	2010年太原市数值	2009年太原市数值	2010年太原市排名	2009年太原市排名	排名变化	2010年数据来源	进退脸谱
23	单位土地面积化学需氧量排放量	吨/平方公里	全市	逆	7.83	3.93	4.11	11	12	1	环境年报2010；城市	☺
24	人均化学需氧量排放量	吨/万人	全市	逆	118.15	74.95	78.91	11	10	−1	环境年报2010；城市	☹
25	单位土地面积氮氧化物排放量	吨/平方公里	全市	逆	15.00	13.99	10.15	27	24	−3	环境年报2010；城市	☹
26	人均氮氧化物排放量	吨/万人	全市	逆	237.70	266.66	194.94	31	24	−7	环境年报2010；城市	☹
27	单位土地面积氨氮排放量	吨/平方公里	全市	逆	0.86	0.83	0.84	27	27	0	环境年报2010；城市	
28	人均氨氮排放量	吨/万人	全市	逆	12.63	15.76	16.18	27	30	3	环境年报2010；城市	☺
29	空气质量达到二级以上天数占全年比重	%	市辖区	正	89.20	83.24	81.04	32	33	1	环境保护部数据	☺
30	首要污染物可吸入颗粒物天数占全年比重	%	市辖区	逆	70.81	60.55	78.90	10	20	10	环境保护部数据	☺
31	环境保护支出占财政支出比重	%	全市	正	3.13	4.34	3.24	6	11	5	统计；城市	☺
32	工业环境污染治理投资占地区生产总值比	%	全市	正	0.08	0.23	0.48	5	3	−2	环境年报2010；区域经济	☹
33	科教文卫支出占财政支出比重	%	全市	正	21.08	24.12	28.23	9	13	4	统计；城市；区域经济	☺
34	人均绿地面积	平方米	市辖区	正	59.39	29.00	27.01	29	30	1	城市	☺
35	建成区绿化覆盖率	%	市辖区	正	40.04	35.75	34.77	32	33	1	城市建设	☺
36	用水普及率	%	市辖区	正	98.82	100.00	99.66	1	22	21	城市建设	☺
37	城镇生活污水处理率	%	市辖区	正	86.16	83.86	70.00	28	30	2	城市建设	☺
38	生活垃圾无害化处理率	%	市辖区	正	94.38	100.00	94.81	1	22	21	城市建设	☺
39	每万人拥有公共汽车	辆	市辖区	正	15.61	7.76	6.59	36	36	0	城市	
40	工业二氧化硫去除率	%	全市	正	57.30	73.01	65.75	8	16	8	环境年报2010	☺
41	工业废水化学需氧量去除率	%	全市	正	77.86	85.87	82.05	15	22	7	环境年报2010	☺
42	工业氮氧化物去除率	%	全市	正	5.29	19.91	17.65	2	5	3	环境年报2010	☺
43	工业废水氨氮去除率	%	全市	正	67.89	63.96	76.56	25	15	−10	环境年报2010	☹

年鉴说明：区域经济——《中国区域经济统计年鉴2011》；城市——《中国城市统计年鉴2011》；统计——《中国统计年鉴2011》；城市建设——《中国城市建设统计年鉴2010》；环境年报2010——《中国环境统计年报2010》；环境年鉴——《中国环境统计年鉴2011》；环保部数据——环境保护部数据中心。

太原市绿色发展水平简要分析

太原市绿色发展水平在全国参与测评的 38 个城市中排名第 23 位(使用 2010 年数据)，较 2009 年上升 3 位(2009 年太原市测算排名第 26 位)。以下分别从各级指标得分情况和 2009 年、2010 年两年变化情况对太原市进行简要分析。

一、2010 年太原市绿色发展指数指标得分情况

2010 年太原市绿色发展指数为－0.057，从经济增长绿化度、资源与环境承载潜力和政府政策支持度 3 个一级指标数值来看(如图 1 所示)，太原市的政府政策支持度具有一定的比较优势；而经济增长绿化度和资源环境承载潜力则相对较弱，低于全国平均水平(注：各个指标的全国平均水平为 0 值)。

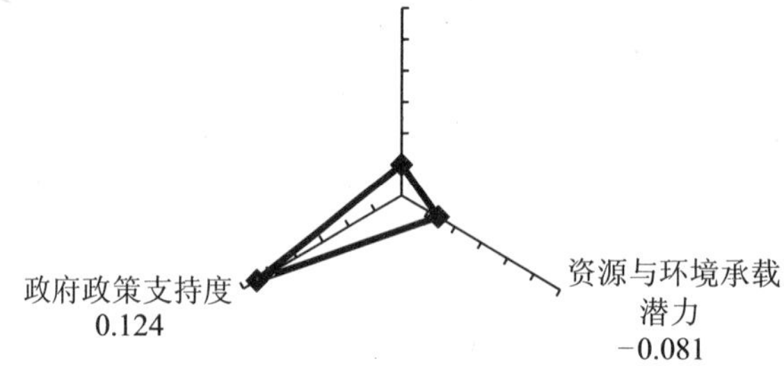

图 1　太原市一级指标得分情况

从图 2 中可以看出，2010 年太原市绿色发展指数二级指标中有 3 个高于全国平均水平，分别为第三产业指标、绿色投资指标、环境治理指标；而绿色增长效率指标、第一产业指标、第二产业指标、资源丰裕与生态保护指标、环境压力与气候变化指标、基础设施指标 6 个指标则低于全国平均水平。

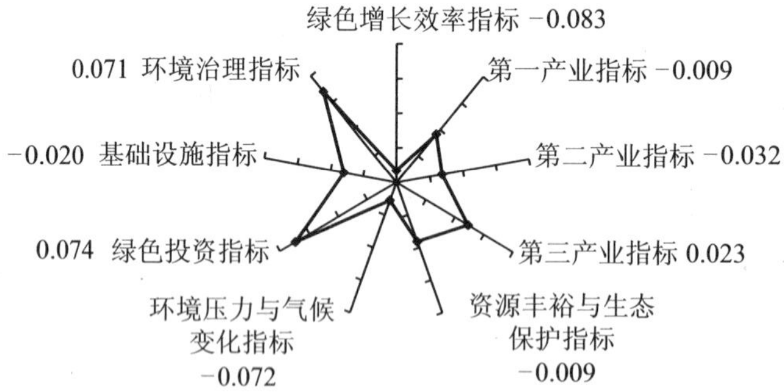

图 2　太原市二级指标得分情况

二、太原市绿色发展指数两年排名变化情况

如表 1 所示，从一级指标排名变化情况来看，2010 年太原市排名变化最大的是资源环境承载潜力，上升了 2 位；政府政策支持度上升了 1 位；经济增长绿化度下降 1 位。从二级指标排名变化情况来看，基础设施指标上升 5 位，资源丰裕与生态保护指标、环境压力与气候变化指标和环境治理指标均上升了 3 位；绿色投资指标、绿色增长效率指标和第三产业指标分别下降 2 位、1 位和 1 位；而第一产业指标和第二产业指标与 2009 年相比则没有变化。

表 1　2009—2010 年太原市一级指标和二级指标排名变化情况

指　标	2010 年	2009 年	差　距	指　标	2010 年	2009 年	差　距
中国绿色发展指数	23	26	3				
经济增长绿化度	33	32	−1	资源丰裕与生态保护指标	33	36	3
绿色增长效率指标	34	33	−1	环境压力与气候变化指标	24	27	3
第一产业指标	30	30	0	政府政策支持度	7	8	1
第二产业指标	32	32	0	绿色投资指标	5	3	−2
第三产业指标	9	8	−1	基础设施指标	25	30	5
资源环境承载潜力	26	28	2	环境治理指标	5	8	3

注：差距值为正数表明排名上升。

为了进一步分析一级、二级指标变化的原因，下面将太原市 2009 年与 2010 年两年三级指标排名位次变化超过 3 位的指标列表如下(见表 2)。与 2009 年相比，2010 年太原市三级指标排名有升有降，但上升趋势更为显著。其中，用水普及率和生活垃圾无害化处理率较 2009 年均上升 21 位，首要污染物可吸入颗粒物天数占全年比重上升 10 位，工业二氧化硫去除率上升 8 位，工业废水化学需氧量去除率等其他多个指标都有不同程度上升；而太原市工业废水氨氮去除率、单位地区生产总值能耗、人均氮氧化物排放量等 6 个指标较 2009 年则有一定的下降。

表 2　2009—2010 年太原市变化超过 3 位的三级指标

三级指标名称	两年原始数据			两年排名变化		
	2010 年	2009 年	单　位	2010 年	2009 年	变　动
单位地区生产总值能耗	1.74	1.26	吨/万元	36	29	−7
单位地区生产总值氮氧化物排放量	68.26	54.99	吨/亿元	33	30	−3
第三产业劳动生产率	10.28	9.38	万元/人	22	19	−3
人均水资源量	154.79	145.19	立方米/人	33	36	3
单位土地面积氮氧化物排放量	13.99	10.15	吨/平方公里	27	24	−3
人均氮氧化物排放量	266.66	194.94	吨/万人	31	24	−7
人均氨氮排放量	15.76	16.18	吨/万人	27	30	3
首要污染物可吸入颗粒物天数占全年比重	60.55	78.90	%	10	20	10
环境保护支出占财政支出比重	4.34	3.24	%	6	11	5
科教文卫支出占财政支出比重	24.12	28.23	%	9	13	4
用水普及率	100.00	99.66	%	1	22	21
生活垃圾无害化处理率	100.00	94.81	%	1	22	21
工业二氧化硫去除率	73.01	65.75	%	8	16	8
工业废水化学需氧量去除率	85.87	82.05	%	15	22	7
工业氮氧化物去除率	19.91	17.65	%	2	5	3
工业废水氨氮去除率	63.96	76.56	%	25	15	−10

注：变动值为正数表明排名上升。

呼和浩特市绿色发展“体检”表

序号	指标名称	单位	口径	指标属性	2010年38城市测评均值	2010年呼和浩特市数值	2009年呼和浩特市数值	2010年呼和浩特市排名	2009年呼和浩特市排名	排名变化	2010年数据来源	进退脸谱
1	人均地区生产总值	元	全市	正	56 231.37	65 518	61 108.00	14	12	−2	区域经济；城市	☹
2	单位地区生产总值能耗	吨/万元	全市	逆	0.81	1.54	1.65	35	34	−1	区域经济；城市	☹
3	人均城镇生活消费用电	千瓦时/人	全市	逆	580.70	416.05	308.20	14	9	−5	城市	☹
4	单位地区生产总值二氧化碳排放量			逆	无数列表			N/A	N/A	N/A		
5	单位地区生产总值二氧化硫排放量	吨/亿元	全市	逆	43.72	66.16	69.41	31	31	0	区域经济；环境年报2010	
6	单位地区生产总值化学需氧量排放量	吨/亿元	全市	逆	24.81	24.00	22.51	25	20	−5	区域经济；环境年报2010	☹
7	单位地区生产总值氮氧化物排放量	吨/亿元	全市	逆	41.71	83.16	75.63	36	35	−1	区域经济；环境年报2010	☹
8	单位地区生产总值氨氮排放量	吨/亿元	全市	逆	2.63	4.04	3.45	31	27	−4	区域经济；环境年报2010	☹
9	第一产业劳动生产率	万元/人	全市	正	3.03	2.15	1.80	20	20	0	区域经济	
10	第二产业劳动生产率	万元/人	全市	正	17.91	13.77	12.58	17	13	−4	区域经济	☹
11	单位工业增加值水耗	万吨/万元	全市	逆	0.03	0.03	0.02	24	17	−7	区域经济；环境年报2010	☹
12	单位工业增加值能耗			逆	无数列表			N/A	N/A	N/A		
13	工业固体废物综合利用率	%	全市	正	85.58	38.70	26.70	38	38	0	环境年报2010	
14	工业用水重复利用率	%	全市	正	83.81	93.08	90.64	13	17	4	环境年报2010	☺
15	第三产业劳动生产率	万元/人	全市	正	11.40	15.51	14.53	6	4	−2	区域经济	☹
16	第三产业增加值比重	%	全市	正	47.97	58.71	59.16	4	5	1	城市	☺
17	第三产业就业人员比重	%	全市	正	46.44	44.05	42.94	25	24	−1	区域经济	☹
18	人均水资源量	立方米/人	全市	正	1 026.43	517.42	522.41	24	20	−4	环境年报2010；城市	☹
19	单位土地面积二氧化碳排放量			逆	无数列表			N/A	N/A	N/A		
20	人均二氧化碳排放量			逆	无数列表			N/A	N/A	N/A		
21	单位土地面积二氧化硫排放量	吨/平方公里	全市	逆	11.64	5.92	5.50	12	11	−1	环境年报2010；城市	☹
22	人均二氧化硫排放量	吨/万人	全市	逆	216.46	446.45	419.34	36	35	−1	环境年报2010；城市	☹

续表

序号	指标名称	单　位	口　径	指标属性	2010年38城市测评均值	2010年呼和浩特市数值	2009年呼和浩特市数值	2010年呼和浩特市排名	2009年呼和浩特市排名	排名变化	2010年数据来源	进退脸谱
23	单位土地面积化学需氧量排放量	吨/平方公里	全市	逆	7.83	2.15	1.78	5	4	−1	环境年报2010；城市	☹
24	人均化学需氧量排放量	吨/万人	全市	逆	118.15	161.95	136.00	30	22	−8	环境年报2010；城市	☹
25	单位土地面积氮氧化物排放量	吨/平方公里	全市	逆	15.00	7.44	5.99	17	14	−3	环境年报2010；城市	☹
26	人均氮氧化物排放量	吨/万人	全市	逆	237.70	561.18	456.90	35	36	1	环境年报2010；城市	☺
27	单位土地面积氨氮排放量	吨/平方公里	全市	逆	0.86	0.36	0.27	11	5	−6	环境年报2010；城市	☹
28	人均氨氮排放量	吨/万人	全市	逆	12.63	27.26	20.84	38	34	−4	环境年报2010；城市	☹
29	空气质量达到二级以上天数占全年比重	%	市辖区	正	89.20	95.60	94.78	10	13	3	环境保护部数据	☺
30	首要污染物可吸入颗粒物天数占全年比重	%	市辖区	逆	70.81	42.19	47.40	5	4	−1	环境保护部数据	☹
31	环境保护支出占财政支出比重	%	全市	正	3.13	3.66	3.42	10	7	−3	统计；城市	☹
32	工业环境污染治理投资占地区生产总值比重	%	全市	正	0.08	0.18	0.14	7	11	4	环境年报2010；区域经济	☺
33	科教文卫支出占财政支出比重	%	全市	正	21.08	10.82	21.00	38	38	0	统计；城市；区域经济	
34	人均绿地面积	平方米	市辖区	正	59.39	22.00	22.26	35	34	−1	城市	☹
35	建成区绿化覆盖率	%	市辖区	正	40.04	35.69	35.45	33	31	−2	城市建设	☹
36	用水普及率	%	市辖区	正	98.82	95.50	95.41	34	33	1	城市建设	☹
37	城镇生活污水处理率	%	市辖区	正	86.16	77.10	56.96	32	34	2	城市建设	☺
38	生活垃圾无害化处理率	%	市辖区	正	94.38	97.88	95.20	19	19	0	城市建设	
39	每万人拥有公共汽车	辆	市辖区	正	15.61	15.78	16.99	11	6	−5	城市	☹
40	工业二氧化硫去除率	%	全市	正	57.30	73.03	70.83	7	9	2	环境年报2010	☺
41	工业废水化学需氧量去除率	%	全市	正	77.86	94.17	90.31	3	7	4	环境年报2010	☺
42	工业氮氧化物去除率	%	全市	正	5.29	0.00	0.00	31	29	−2	环境年报2010	☹
43	工业废水氨氮去除率	%	全市	正	67.89	82.48	73.95	11	17	6	环境年报2010	☺

年鉴说明：区域经济——《中国区域经济统计年鉴2011》；城市——《中国城市统计年鉴2011》；统计——《中国统计年鉴2011》；城市建设——《中国城市建设统计年鉴2010》；环境年报2010——《中国环境统计年报2010》；环境年鉴——《中国环境统计年鉴2011》；环保部数据——环境保护部数据中心。

呼和浩特市绿色发展水平简要分析

呼和浩特市绿色发展水平在全国参与测评的 38 个城市中排名第 27 位(使用 2010 年数据),较 2009 年上升 3 位(2009 年呼和浩特市测算排名第 30 位)。以下分别从各级指标得分情况和 2009 年、2010 年两年变化情况对呼和浩特市进行简要分析。

一、2010 年呼和浩特市绿色发展指数指标得分情况

2010 年呼和浩特市绿色发展指数为—0.132,从经济增长绿化度、资源与环境承载潜力和政府政策支持度 3 个一级指标数值来看(如图 1 所示),呼和浩特市的资源环境承载潜力具有一定的比较优势;而经济增长绿化度和政府政策支持度则相对较弱,低于全国平均水平(注:各个指标的全国平均水平为 0 值)。

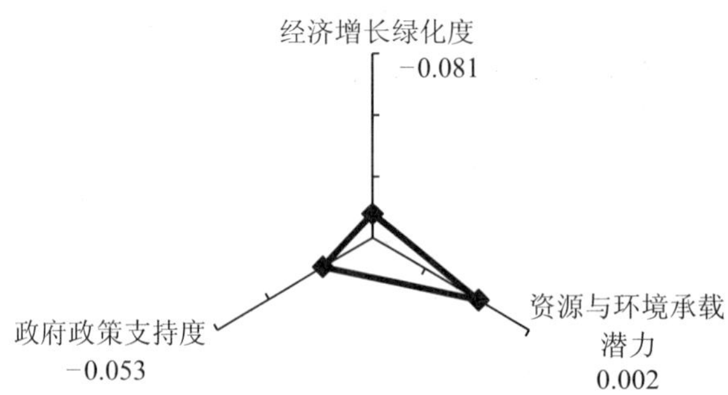

图 1 呼和浩特市一级指标得分情况

从图 2 中可以看出,2010 年呼和浩特市绿色发展指数二级指标中有 3 个高于全国平均水平,分别为第三产业指标、环境压力与气候变化指标、环境治理指标;而绿色增长效率指标、第一产业指标、第二产业指标、资源丰裕与生态保护指标、绿色投资指标、基础设施指标 6 个指标则低于全国平均水平。

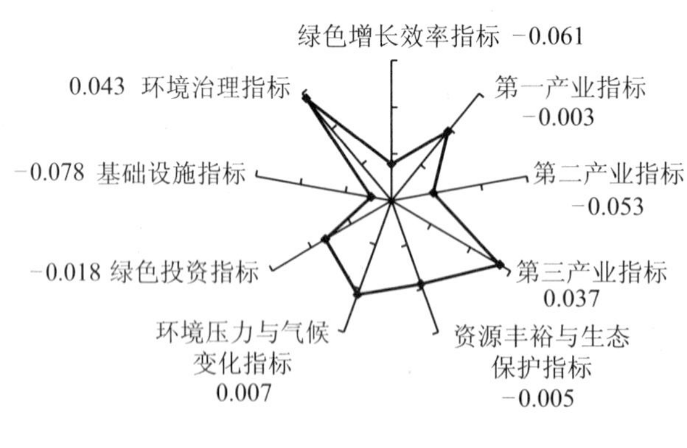

图 2 呼和浩特市二级指标得分情况

二、呼和浩特市绿色发展指数两年排名变化情况

如表 1 所示,从一级指标排名变化来看,2010 年呼和浩特市排名变化最大的是政府政策支持度,上升了 4 位;资源环境承载潜力上升了 2 位;经济增长绿化度下降 2 位。从二级指标排名变化情况来看,环境治理指标上升 6 位,环境压力与气候变化指标上升了 2 位,第一产业指标上

升了1位；资源丰裕与生态保护指标和绿色增长效率指标均下降4位；而第二产业指标、绿色投资指标和基础设施指标与2009年相比则没有变化。

表1　2009—2010年呼和浩特市一级指标和二级指标排名变化情况

指　标	2010年	2009年	差　距	指　标	2010年	2009年	差　距
中国绿色发展指数	27	30	3				
经济增长绿化度	31	29	−2	资源丰裕与生态保护指标	24	20	−4
绿色增长效率指标	32	28	−4	环境压力与气候变化指标	13	15	2
第一产业指标	19	20	1	政府政策支持度	23	27	4
第二产业指标	37	37	0	绿色投资指标	19	19	0
第三产业指标	6	6	0	基础设施指标	34	34	0
资源环境承载潜力	13	15	2	环境治理指标	9	15	6

注：差距值为正数表明排名上升。

为了进一步分析一级、二级指标变化的原因，下面将呼和浩特市2009年与2010年两年三级指标排名位次变化超过3位的指标列表如下(见表2)。与2009年相比，2010年呼和浩特市三级指标排名有升有降，但上升趋势更为显著。其中，工业废水氨氮去除率上升6位，工业废水化学需氧量去除率上升4位，工业用水重复利用率等其他多个指标都有不同程度上升；而呼和浩特市人均化学需氧量排放量、单位工业增加值水耗等指标较2009年则有一定程度的下降。

表2　2009—2010年呼和浩特市变化超过3位的三级指标

三级指标名称	两年原始数据			两年排名变化		
	2010年	2009年	单　位	2010年	2009年	变　动
人均城镇生活消费用电	416.05	308.20	千瓦时/人	14	9	−5
单位地区生产总值化学需氧量排放量	24.00	22.51	吨/亿元	25	20	−5
单位地区生产总值氨氮排放量	4.04	3.45	吨/亿元	31	27	−4
第二产业劳动生产率	13.77	12.58	万元/人	17	13	−4
单位工业增加值水耗	0.03	0.02	万吨/万元	24	17	−7
工业用水重复利用率	93.08	90.64	%	13	17	4
人均水资源量	517.42	522.41	立方米/人	24	20	−4
人均化学需氧量排放量	161.95	136.00	吨/万人	30	22	−8
单位土地面积氮氧化物排放量	7.44	5.99	吨/平方公里	17	14	−3
单位土地面积氨氮排放量	0.36	0.27	吨/平方公里	11	5	−6
人均氨氮排放量	27.26	20.84	吨/万人	38	34	−4
空气质量达到二级以上天数占全年比重	95.60	94.78	%	10	13	3
环境保护支出占财政支出比重	3.66	3.42	%	10	7	−3
工业环境污染治理投资占地区生产总值比重	0.18	0.14	%	7	11	4
每万人拥有公共汽车	15.78	16.99	辆	11	6	−5
工业废水化学需氧量去除率	94.17	90.31	%	3	7	4
工业废水氨氮去除率	82.48	73.95	%	11	17	6

注：变动值为正数表明排名上升。

沈阳市绿色发展“体检”表

序号	指标名称	单　位	口　径	指标属性	2010 年 38 城市测评均值	2010 年沈阳市数值	2009 年沈阳市数值	2010 年沈阳市排名	2009 年沈阳市排名	排名变化	2010 年数据来源	进退脸谱
1	人均地区生产总值	元	全市	正	56 231.37	62 357	54 654.00	16	17	1	区域经济；城市	☺
2	单位地区生产总值能耗	吨/万元	全市	逆	0.81	0.28	0.28	7	4	−3	区域经济；城市	☹
3	人均城镇生活消费用电	千瓦时/人	全市	逆	580.70	536.02	499.58	25	23	−2	城市	☹
4	单位地区生产总值二氧化碳排放量			逆	无数列表			N/A	N/A	N/A		
5	单位地区生产总值二氧化硫排放量	吨/亿元	全市	逆	43.72	24.09	26.47	16	14	−2	区域经济；环境年报 2010	☹
6	单位地区生产总值化学需氧量排放量	吨/亿元	全市	逆	24.81	15.18	15.58	12	10	−2	区域经济；环境年报 2010	☹
7	单位地区生产总值氮氧化物排放量	吨/亿元	全市	逆	41.71	22.52	25.92	7	12	5	区域经济；环境年报 2010	☺
8	单位地区生产总值氨氮排放量	吨/亿元	全市	逆	2.63	1.98	2.37	18	18	0	区域经济；环境年报 2010	
9	第一产业劳动生产率	万元/人	全市	正	3.03	2.95	2.59	9	9	0	区域经济	
10	第二产业劳动生产率	万元/人	全市	正	17.91	27.37	24.12	5	2	−3	区域经济	☹
11	单位工业增加值水耗	万吨/万元	全市	逆	0.03	0.00	0.00	4	2	−2	区域经济；环境年报 2010	☹
12	单位工业增加值能耗			逆	无数列表			N/A	N/A	N/A		
13	工业固体废物综合利用率	%	全市	正	85.58	95.70	93.90	14	15	1	环境年报 2010	☺
14	工业用水重复利用率	%	全市	正	83.81	89.51	88.43	20	19	−1	环境年报 2010	☹
15	第三产业劳动生产率	万元/人	全市	正	11.40	13.60	12.96	10	6	−4	区域经济	☹
16	第三产业增加值比重	%	全市	正	47.97	44.94	45.31	25	25	0	城市	
17	第三产业就业人员比重	%	全市	正	46.44	50.14	48.14	10	12	2	区域经济	☺
18	人均水资源量	立方米/人	全市	正	1 026.43	574.35	389.51	23	24	1	环境年报 2010；城市	☺
19	单位土地面积二氧化碳排放量			逆	无数列表			N/A	N/A	N/A		
20	人均二氧化碳排放量			逆	无数列表			N/A	N/A	N/A		
21	单位土地面积二氧化硫排放量	吨/平方公里	全市	逆	11.64	8.39	8.08	18	17	−1	环境年报 2010；城市	☹
22	人均二氧化硫排放量	吨/万人	全市	逆	216.46	151.66	146.66	19	17	−2	环境年报 2010；城市	☹

续表

序号	指标名称	单 位	口 径	指标属性	2010年38城市测评均值	2010年沈阳市数值	2009年沈阳市数值	2010年沈阳市排名	2009年沈阳市排名	排名变化	2010年数据来源	进退脸谱
23	单位土地面积化学需氧量排放量	吨/平方公里	全市	逆	7.83	5.29	4.75	19	17	−2	环境年报2010；城市	☹
24	人均化学需氧量排放量	吨/万人	全市	逆	118.15	95.53	86.30	17	16	−1	环境年报2010；城市	☹
25	单位土地面积氮氧化物排放量	吨/平方公里	全市	逆	15.00	7.84	7.91	18	19	1	环境年报2010；城市	☺
26	人均氮氧化物排放量	吨/万人	全市	逆	237.70	141.77	143.60	14	15	1	环境年报2010；城市	☺
27	单位土地面积氨氮排放量	吨/平方公里	全市	逆	0.86	0.69	0.72	22	23	1	环境年报2010；城市	☺
28	人均氨氮排放量	吨/万人	全市	逆	12.63	12.46	13.12	23	26	3	环境年报2010；城市	☺
29	空气质量达到二级以上天数占全年比重	%	市辖区	正	89.20	90.11	90.11	19	18	−1	环境保护部数据	☹
30	首要污染物可吸入颗粒物天数占全年比重	%	市辖区	逆	70.81	75.07	86.03	19	30	11	环境保护部数据	☺
31	环境保护支出占财政支出比重	%	全市	正	3.13	2.05	1.69	26	26	0	统计；城市	
32	工业环境污染治理投资占地区生产总值比重	%	全市	正	0.08	0.01	0.01	30	36	6	环境年报2010；区域经济	☺
33	科教文卫支出占财政支出比重	%	全市	正	21.08	20.98	27.52	18	14	−4	统计；城市；区域经济	☹
34	人均绿地面积	平方米	市辖区	正	59.39	50.00	50.75	16	15	−1	城市	☹
35	建成区绿化覆盖率	%	市辖区	正	40.04	42.01	41.83	13	12	−1	城市建设	☹
36	用水普及率	%	市辖区	正	98.82	100.00	100.00	1	1	0	城市建设	
37	城镇生活污水处理率	%	市辖区	正	86.16	73.61	78.59	34	27	−7	城市建设	☹
38	生活垃圾无害化处理率	%	市辖区	正	94.38	100.00	100.00	1	1	0	城市建设	
39	每万人拥有公共汽车	辆	市辖区	正	15.61	9.73	9.92	30	34	4	城市	☺
40	工业二氧化硫去除率	%	全市	正	57.30	53.16	34.89	24	30	6	环境年报2010	☺
41	工业废水化学需氧量去除率	%	全市	正	77.86	82.71	86.14	20	16	−4	环境年报2010	☹
42	工业氮氧化物去除率	%	全市	正	5.29	0.53	0.51	22	24	2	环境年报2010	☺
43	工业废水氨氮去除率	%	全市	正	67.89	23.61	27.18	36	36	0	环境年报2010	

年鉴说明：区域经济——《中国区域经济统计年鉴2011》；城市——《中国城市统计年鉴2011》；统计——《中国统计年鉴2011》；城市建设——《中国城市建设统计年鉴2010》；环境年报2010——《中国环境统计年报2010》；环境年鉴——《中国环境统计年鉴2011》；环保部数据——环境保护部数据中心。

沈阳市绿色发展水平简要分析

沈阳市绿色发展水平在全国参与测评的 38 个城市中排名第 21 位(使用 2010 年数据)，较 2009 年下降 3 位(2009 年沈阳市测算排名第 18 位)。以下分别从各级指标得分情况和 2009 年、2010 年两年变化情况对沈阳市进行简要分析。

一、2010 年沈阳市绿色发展指数指标得分情况

2010 年沈阳市绿色发展指数为－0.037，从经济增长绿化度、资源与环境承载潜力和政府政策支持度 3 个一级指标数值来看(如图 1 所示)，沈阳市的经济增长绿化度具有一定的比较优势；而资源环境承载潜力和政府政策支持度则相对较弱，均低于全国平均水平(注：各个指标的全国平均水平为 0 值)。

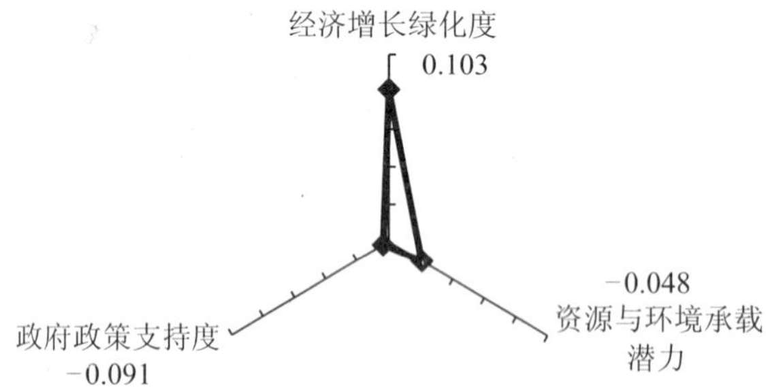

图 1　沈阳市一级指标得分情况

从图 2 中可以看出，2010 年沈阳市绿色发展指数二级指标中有 5 个高于全国平均水平，分别为绿色增长效率指标、第一产业指标、第二产业指标、第三产业指标、基础设施指标；而资源丰裕与生态保护指标、环境压力与气候变化指标、绿色投资指标、环境治理指标 4 个指标则低于全国平均水平。

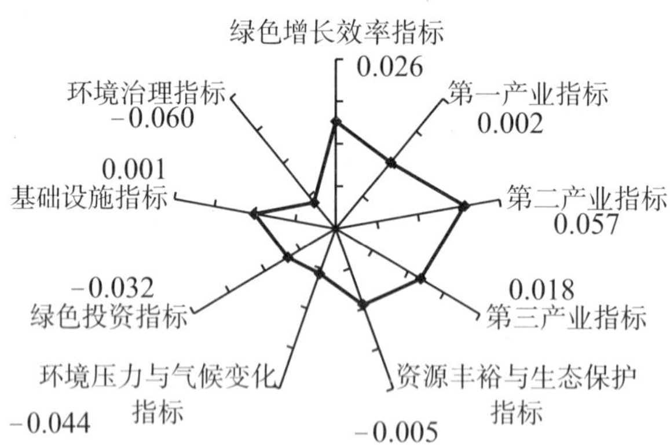

图 2　沈阳市二级指标得分情况

二、沈阳市绿色发展指数两年排名变化情况

如表 1 所示，从一级指标排名变化情况来看，2010 年沈阳市经济增长绿化度排名上升了 2 位，资源环境承载潜力上升了 1 位；而政府政策支持度下降了 1 位。从二级指标排名变化情况来看，基础设施指标排名下降幅度较大，较 2009 年下降了 10 位，绿色增长效率指标和第三产业指标分别下降了 1 位；而第一产业指标、资源丰裕与生态保护指标、环境压力与气候变化指标排名则分别上升了 1 位；其他三个二级指标排名与 2009 年相比，没有发生变化。

表 1　2009—2010 年沈阳市一级指标和二级指标排名变化情况

指　标	2010 年	2009 年	差　距	指　标	2010 年	2009 年	差　距
中国绿色发展指数	21	18	−3				
经济增长绿化度	4	6	2	资源丰裕与生态保护指标	23	24	1
绿色增长效率指标	13	12	−1	环境压力与气候变化指标	21	22	1
第一产业指标	8	9	1	政府政策支持度	27	26	−1
第二产业指标	3	3	0	绿色投资指标	27	27	0
第三产业指标	11	10	−1	基础设施指标	23	13	−10
资源环境承载潜力	22	23	1	环境治理指标	31	31	0

注：差距值为正数表明排名上升。

为了进一步分析一级、二级指标变化的原因，下面将沈阳市 2009 年与 2010 年两年三级指标排名位次变化超过 3 位的指标列表如下(见表 2)。与 2009 年相比，2010 年沈阳市三级指标排名有升有降。其中，首要污染物可吸入颗粒物天数占全年比重、工业环境污染治理投资占地区生产总值比重、工业二氧化硫去除率、单位地区生产总值氮氧化物排放量、每万人拥有公共汽车、人均氨氮排放量排名分别上升了 11 位、6 位、6 位、5 位、4 位和 3 位；而沈阳市的城镇生活污水处理率较 2009 年下降了 7 位，第三产业劳动生产率、科教文卫支出占财政支出比重和工业废水化学需氧量去除率分别下降了 4 位，单位地区生产总值能耗及第二产业劳动生产率则分别下降了 3 位，排名上升与下降的指标数量相差不大。

表 2　2009—2010 年沈阳市变化超过 3 位的三级指标

三级指标名称	两年原始数据			两年排名变化		
	2010 年	2009 年	单　位	2010 年	2009 年	变　动
单位地区生产总值能耗	0.28	0.28	吨/万元	7	4	−3
单位地区生产总值氮氧化物排放量	22.52	25.92	吨/亿元	7	12	5
第二产业劳动生产率	27.37	24.12	万元/人	5	2	−3
第三产业劳动生产率	13.60	12.96	万元/人	10	6	−4
人均氨氮排放量	12.46	13.12	吨/万人	23	26	3
首要污染物可吸入颗粒物天数占全年比重	75.07	86.03	%	19	30	11
工业环境污染治理投资占地区生产总值比重	0.01	0.01	%	30	36	6
科教文卫支出占财政支出比重	20.98	27.52	%	18	14	−4
城镇生活污水处理率	73.61	78.59	%	34	27	−7
每万人拥有公共汽车	9.73	9.92	辆	30	34	4
工业二氧化硫去除率	53.16	34.89	%	24	30	6
工业废水化学需氧量去除率	82.71	86.14	%	20	16	−4

注：变动值为正数表明排名上升。

大连市绿色发展“体检”表

序号	指标名称	单位	口径	指标属性	2010年38城市测评均值	2010年大连市数值	2009年大连市数值	2010年大连市排名	2009年大连市排名	排名变化	2010年数据来源	进退脸谱
1	人均地区生产总值	元	全市	正	56 231.37	77 704	70 781.00	6	6	0	区域经济；城市	
2	单位地区生产总值能耗	吨/万元	全市	逆	0.81	0.36	0.44	11	11	0	区域经济；城市	
3	人均城镇生活消费用电	千瓦时/人	全市	逆	580.70	401.24	366.77	13	13	0	城市	
4	单位地区生产总值二氧化碳排放量			逆	无数列表			N/A	N/A	N/A		
5	单位地区生产总值二氧化硫排放量	吨/亿元	全市	逆	43.72	22.28	24.02	12	9	−3	区域经济；环境年报2010	☹
6	单位地区生产总值化学需氧量排放量	吨/亿元	全市	逆	24.81	11.12	11.88	7	6	−1	区域经济；环境年报2010	☹
7	单位地区生产总值氮氧化物排放量	吨/亿元	全市	逆	41.71	24.30	28.35	10	16	6	区域经济；环境年报2010	☺
8	单位地区生产总值氨氮排放量	吨/亿元	全市	逆	2.63	1.25	1.74	9	11	2	区域经济；环境年报2010	☺
9	第一产业劳动生产率	万元/人	全市	正	3.03	5.03	4.53	5	3	−2	区域经济	☹
10	第二产业劳动生产率	万元/人	全市	正	17.91	21.18	17.79	6	4	−2	区域经济	☹
11	单位工业增加值水耗	万吨/万元	全市	逆	0.03	0.01	0.01	6	6	0	区域经济；环境年报2010	
12	单位工业增加值能耗			逆	无数列表			N/A	N/A	N/A		
13	工业固体废物综合利用率	%	全市	正	85.58	94.70	94.90	15	13	−2	环境年报2010	☹
14	工业用水重复利用率	%	全市	正	83.81	65.48	55.18	34	36	2	环境年报2010	☺
15	第三产业劳动生产率	万元/人	全市	正	11.40	10.93	10.13	20	16	−4	区域经济	☹
16	第三产业增加值比重	%	全市	正	47.97	42.43	43.89	28	29	1	城市	☺
17	第三产业就业人员比重	%	全市	正	46.44	51.34	50.59	6	8	2	区域经济	☺
18	人均水资源量	立方米/人	全市	正	1 026.43	669.46	240.94	17	30	13	环境年报2010；城市	☺
19	单位土地面积二氧化碳排放量			逆	无数列表			N/A	N/A	N/A		
20	人均二氧化碳排放量			逆	无数列表			N/A	N/A	N/A		
21	单位土地面积二氧化硫排放量	吨/平方公里	全市	逆	11.64	8.05	7.53	17	16	−1	环境年报2010；城市	☹
22	人均二氧化硫排放量	吨/万人	全市	逆	216.46	172.81	162.20	20	19	−1	环境年报2010；城市	☹

续表

序号	指标名称	单　位	口　径	指标属性	2010年38城市测评均值	2010年大连市数值	2009年大连市数值	2010年大连市排名	2009年大连市排名	排名变化	2010年数据来源	进退脸谱
23	单位土地面积化学需氧量排放量	吨/平方公里	全市	逆	7.83	4.02	3.73	12	10	−2	环境年报2010；城市	☹
24	人均化学需氧量排放量	吨/万人	全市	逆	118.15	86.23	80.20	16	12	−4	环境年报2010；城市	☹
25	单位土地面积氮氧化物排放量	吨/平方公里	全市	逆	15.00	8.78	8.89	20	23	3	环境年报2010；城市	☺
26	人均氮氧化物排放量	吨/万人	全市	逆	237.70	188.48	191.40	21	23	2	环境年报2010；城市	☺
27	单位土地面积氨氮排放量	吨/平方公里	全市	逆	0.86	0.45	0.55	17	17	0	环境年报2010；城市	
28	人均氨氮排放量	吨/万人	全市	逆	12.63	9.70	11.74	16	22	6	环境年报2010；城市	☺
29	空气质量达到二级以上天数占全年比重	%	市辖区	正	89.20	98.90	98.35	5	8	3	环境保护部数据	☺
30	首要污染物可吸入颗粒物天数占全年比重	%	市辖区	逆	70.81	41.37	49.59	4	6	2	环境保护部数据	☺
31	环境保护支出占财政支出比重	%	全市	正	3.13	1.83	1.59	30	28	−2	统计；城市	☹
32	工业环境污染治理投资占地区生产总值比重	%	全市	正	0.08	0.02	0.03	26	26	0	环境年报2010；区域经济	
33	科教文卫支出占财政支出比重	%	全市	正	21.08	18.83	22.75	27	35	8	统计；城市；区域经济	☺
34	人均绿地面积	平方米	市辖区	正	59.39	60.00	40.37	8	18	10	城市	☺
35	建成区绿化覆盖率	%	市辖区	正	40.04	45.17	44.75	3	4	1	城市建设	☺
36	用水普及率	%	市辖区	正	98.82	100.00	100.00	1	1	0	城市建设	
37	城镇生活污水处理率	%	市辖区	正	86.16	90.40	90.40	17	9	−8	城市建设	☹
38	生活垃圾无害化处理率	%	市辖区	正	94.38	100.00	100.00	1	1	0	城市建设	
39	每万人拥有公共汽车	辆	市辖区	正	15.61	15.43	15.60	14	8	−6	城市	☹
40	工业二氧化硫去除率	%	全市	正	57.30	75.71	74.76	6	5	−1	环境年报2010	☹
41	工业废水化学需氧量去除率	%	全市	正	77.86	76.38	64.45	29	32	3	环境年报2010	☺
42	工业氮氧化物去除率	%	全市	正	5.29	0.19	0.27	28	26	−2	环境年报2010	☹
43	工业废水氨氮去除率	%	全市	正	67.89	97.43	96.21	2	3	1	环境年报2010	☺

年鉴说明：区域经济——《中国区域经济统计年鉴2011》；城市——《中国城市统计年鉴2011》；统计——《中国统计年鉴2011》；城市建设——《中国城市建设统计年鉴2010》；环境年报2010——《中国环境统计年报2010》；环境年鉴——《中国环境统计年鉴2011》；环保部数据——环境保护部数据中心。

大连市绿色发展水平简要分析

大连市绿色发展水平在全国参与测评的 38 个城市中排名第 7 位(使用 2010 年数据)，较 2009 年上升了 1 位(2009 年大连市测算排名第 8 位)。以下分别从各级指标得分情况和 2009 年、2010 年两年变化情况对大连市进行简要分析。

一、2010 年大连市绿色发展指数指标得分情况

2010 年大连市绿色发展指数为 0.191，从经济增长绿化度、资源与环境承载潜力和政府政策支持度 3 个一级指标数值来看(如图 1 所示)，大连市的 3 个一级指标得分相对均衡，均明显高于全国平均水平(注：各个指标的全国平均水平为 0 值)。

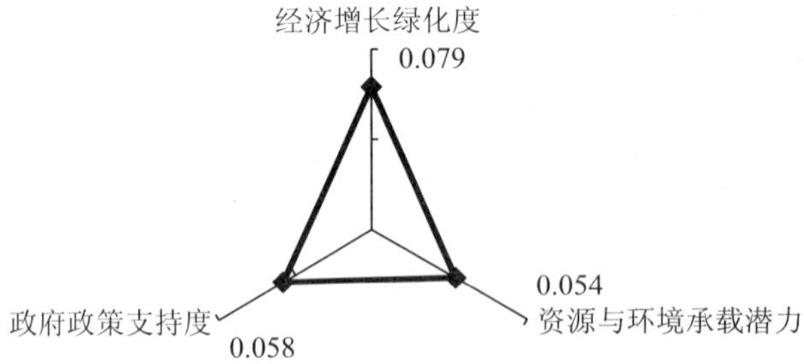

图 1　大连市一级指标得分情况

从图 2 中可以看出，在 2010 年大连市绿色发展指数二级指标中，除了资源丰裕与生态保护指标和绿色投资指标低于全国平均水平外，其他 7 个二级指标均高于全国平均水平。

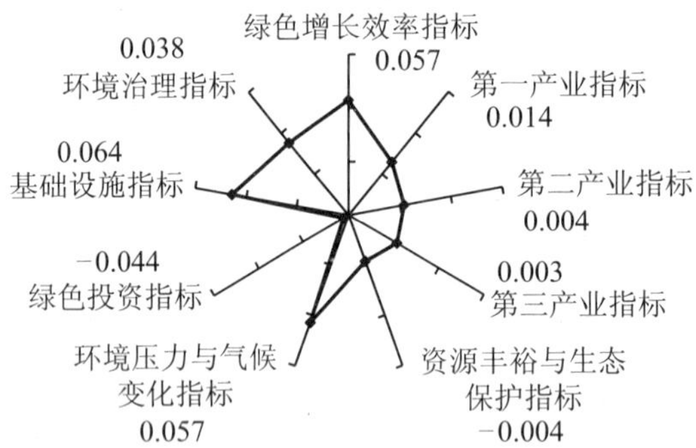

图 2　大连市二级指标得分情况

二、大连市绿色发展指数两年排名变化情况

如表 1 所示，从一级指标排名变化情况来看，2010 年大连市经济增长绿化度和资源环境承载潜力排名分别上升了 3 位，政府政策支持度排名上升了 2 位。从二级指标排名变化情况来看，基础设施指标下降了 1 位；第一产业指标和第三产业指标没有变化；其他 6 个二级指标排名均有所上升，其中资源丰裕与生态保护指标、第二产业指标和环境治理指标排名分别上升了 13 位、12 位和 10 位，环境压力与气候变化指标、绿色投资指标排名分别上升了 3 位，绿色增长效率指标排名上升了 2 位。整体来看，2010 年大连市二级指标排名有较大上升。

表 1　2009—2010 年大连市一级指标和二级指标排名变化情况

指　标	2010 年	2009 年	差　距	指　标	2010 年	2009 年	差　距
中国绿色发展指数	7	8	1				
经济增长绿化度	7	10	3	资源丰裕与生态保护指标	17	30	13
绿色增长效率指标	7	9	2	环境压力与气候变化指标	8	11	3
第一产业指标	3	3	0	政府政策支持度	14	16	2
第二产业指标	16	28	12	绿色投资指标	34	37	3
第三产业指标	15	15	0	基础设施指标	4	3	−1
资源环境承载潜力	9	12	3	环境治理指标	11	21	10

注：差距值为正数表明排名上升。

为了进一步分析一级、二级指标变化的原因，下面将大连市 2009 年与 2010 年两年三级指标排名位次变化超过 3 位的指标列表如下(见表 2)。与 2009 年相比，2010 年大连市三级指标排名整体呈上升趋势，升幅超过 3 位的指标有单位地区生产总值氮氧化物排放量、人均水资源量、单位土地面积氮氧化物排放量、人均氨氮排放量、空气质量达到二级以上天数占全年比重、科教文卫支出占财政支出比重、人均绿地面积和工业废水化学需氧量去除率等；而城镇生活污水处理率、每万人拥有公共汽车、第三产业劳动生产率、人均化学需氧量排放量、单位地区生产总值二氧化硫排放量则分别下降了 8 位、6 位、4 位、4 位和 3 位。

表 2　2009—2010 年大连市变化超过 3 位的三级指标

三级指标名称	两年原始数据			两年排名变化		
	2010 年	2009 年	单　位	2010 年	2009 年	变　动
单位地区生产总值二氧化硫排放量	22.28	24.02	吨/亿元	12	9	−3
单位地区生产总值氮氧化物排放量	24.30	28.35	吨/亿元	10	16	6
第三产业劳动生产率	10.93	10.13	万元/人	20	16	−4
人均水资源量	669.46	240.94	立方米/人	17	30	13
人均化学需氧量排放量	86.23	80.20	吨/万人	16	12	−4
单位土地面积氮氧化物排放量	8.78	8.89	吨/平方公里	20	23	3
人均氨氮排放量	9.70	11.74	吨/万人	16	22	6
空气质量达到二级以上天数占全年比重	98.90	98.35	%	5	8	3
科教文卫支出占财政支出比重	18.83	22.75	%	27	35	8
人均绿地面积	60.00	40.37	平方米	8	18	10
城镇生活污水处理率	90.40	90.40	%	17	9	−8
每万人拥有公共汽车	15.43	15.60	辆	14	8	−6
工业废水化学需氧量去除率	76.38	64.45	%	29	32	3

注：变动值为正数表明排名上升。

长春市绿色发展"体检"表

序号	指标名称	单 位	口 径	指标属性	2010 年 38 城市测评均值	2010 年长春市数值	2009 年长春市数值	2010 年长春市排名	2009 年长春市排名	排名变化	2010 年数据来源	进退脸谱
1	人均地区生产总值	元	全市	正	56 231.37	43 936	37 753.00	25	27	2	区域经济；城市	☺
2	单位地区生产总值能耗	吨/万元	全市	逆	0.81	0.33	0.37	10	10	0	区域经济；城市	
3	人均城镇生活消费用电	千瓦时/人	全市	逆	580.70	304.32	267.48	6	5	－1	城市	☹
4	单位地区生产总值二氧化碳排放量			逆	无数列表			N/A	N/A	N/A		
5	单位地区生产总值二氧化硫排放量	吨/亿元	全市	逆	43.72	23.90	25.68	15	12	－3	区域经济；环境年报 2010	☹
6	单位地区生产总值化学需氧量排放量	吨/亿元	全市	逆	24.81	20.27	22.39	19	19	0	区域经济；环境年报 2010	
7	单位地区生产总值氮氧化物排放量	吨/亿元	全市	逆	41.71	47.27	24.36	26	11	－15	区域经济；环境年报 2010	☹
8	单位地区生产总值氨氮排放量	吨/亿元	全市	逆	2.63	1.88	2.37	17	19	2	区域经济；环境年报 2010	☺
9	第一产业劳动生产率	万元/人	全市	正	3.03	1.99	1.78	23	21	－2	区域经济	☹
10	第二产业劳动生产率	万元/人	全市	正	17.91	18.96	16.55	7	5	－2	区域经济	☹
11	单位工业增加值水耗	万吨/万元	全市	逆	0.03	0.01	0.01	12	9	－3	区域经济；环境年报 2010	☹
12	单位工业增加值能耗			逆	无数列表			N/A	N/A	N/A		
13	工业固体废物综合利用率	%	全市	正	85.58	99.60	99.50	2	1	－1	环境年报 2010	☹
14	工业用水重复利用率	%	全市	正	83.81	91.81	88.47	16	18	2	环境年报 2010	☺
15	第三产业劳动生产率	万元/人	全市	正	11.40	10.53	9.50	21	18	－3	区域经济	☹
16	第三产业增加值比重	%	全市	正	47.97	40.74	41.49	33	32	－1	城市	☹
17	第三产业就业人员比重	%	全市	正	46.44	37.73	36.53	32	33	1	区域经济	☺
18	人均水资源量	立方米/人	全市	正	1 026.43	584.34	362.99	21	25	4	环境年报 2010；城市	☺
19	单位土地面积二氧化碳排放量			逆	无数列表			N/A	N/A	N/A		
20	人均二氧化碳排放量			逆	无数列表			N/A	N/A	N/A		
21	单位土地面积二氧化硫排放量	吨/平方公里	全市	逆	11.64	3.66	3.41	5	5	0	环境年报 2010；城市	
22	人均二氧化硫排放量	吨/万人	全市	逆	216.46	99.59	93.19	8	7	－1	环境年报 2010；城市	☹

续表

序号	指标名称	单　位	口　径	指标属性	2010年38城市测评均值	2010年长春市数值	2009年长春市数值	2010年长春市排名	2009年长春市排名	排名变化	2010年数据来源	进退脸谱
23	单位土地面积化学需氧量排放量	吨/平方公里	全市	逆	7.83	3.11	2.97	8	8	0	环境年报2010；城市	
24	人均化学需氧量排放量	吨/万人	全市	逆	118.15	84.46	81.24	15	14	−1	环境年报2010；城市	☹
25	单位土地面积氮氧化物排放量	吨/平方公里	全市	逆	15.00	7.24	3.24	13	8	−5	环境年报2010；城市	☹
26	人均氮氧化物排放量	吨/万人	全市	逆	237.70	196.96	88.40	22	8	−14	环境年报2010；城市	☹
27	单位土地面积氨氮排放量	吨/平方公里	全市	逆	0.86	0.29	0.31	6	7	1	环境年报2010；城市	☺
28	人均氨氮排放量	吨/万人	全市	逆	12.63	7.84	8.60	10	10	0	环境年报2010；城市	
29	空气质量达到二级以上天数占全年比重	%	市辖区	正	89.20	93.41	93.13	14	14	0	环境保护部数据	
30	首要污染物可吸入颗粒物天数占全年比重	%	市辖区	逆	70.81	87.40	79.18	32	21	−11	环境保护部数据	☹
31	环境保护支出占财政支出比重	%	全市	正	3.13	3.97	2.08	7	20	13	统计；城市	☺
32	工业环境污染治理投资占地区生产总值比重	%	全市	正	0.08	0.03	0.08	20	16	−4	环境年报2010；区域经济	☹
33	科教文卫支出占财政支出比重	%	全市	正	21.08	18.52	25.91	29	17	−12	统计；城市；区域经济	☹
34	人均绿地面积	平方米	市辖区	正	59.39	37.00	31.93	20	26	6	城市	☺
35	建成区绿化覆盖率	%	市辖区	正	40.04	38.58	36.11	24	30	6	城市建设	☺
36	用水普及率	%	市辖区	正	98.82	99.46	99.30	30	26	−4	城市建设	☹
37	城镇生活污水处理率	%	市辖区	正	86.16	89.46	88.71	20	12	−8	城市建设	☹
38	生活垃圾无害化处理率	%	市辖区	正	94.38	87.45	76.14	31	34	3	城市建设	☺
39	每万人拥有公共汽车	辆	市辖区	正	15.61	12.22	12.20	23	26	3	城市	☺
40	工业二氧化硫去除率	%	全市	正	57.30	36.75	21.32	32	35	3	环境年报2010	☺
41	工业废水化学需氧量去除率	%	全市	正	77.86	42.87	47.65	36	37	1	环境年报2010	☺
42	工业氮氧化物去除率	%	全市	正	5.29	0.00	0.00	31	29	−2	环境年报2010	☹
43	工业废水氨氮去除率	%	全市	正	67.89	48.30	49.04	32	27	−5	环境年报2010	☹

年鉴说明：区域经济——《中国区域经济统计年鉴2011》；城市——《中国城市统计年鉴2011》；统计——《中国统计年鉴2011》；城市建设——《中国城市建设统计年鉴2010》；环境年报2010——《中国环境统计年报2010》；环境年鉴——《中国环境统计年鉴2011》；环保部数据——环境保护部数据中心。

长春市绿色发展水平简要分析

长春市绿色发展水平在全国参与测评的 38 个城市中排名第 29 位(使用 2010 年数据)，较 2009 年下降 2 位(2009 年长春市测算排名第 27 位)。以下分别从各级指标得分情况和 2009 年、2010 年两年变化情况对长春市进行简要分析。

一、2010 年长春市绿色发展指数指标得分情况

2010 年长春市绿色发展指数为－0.164，从经济增长绿化度、资源与环境承载潜力和政府政策支持度 3 个一级指标数值来看(如图 1 所示)，长春市的资源与环境承载潜力、政府政策支持度均低于全国平均水平，尤其是政府政策支持度，得分为－0.157；而经济增长绿化度与全国平均水平相当(注：各个指标的全国平均水平为 0 值)。

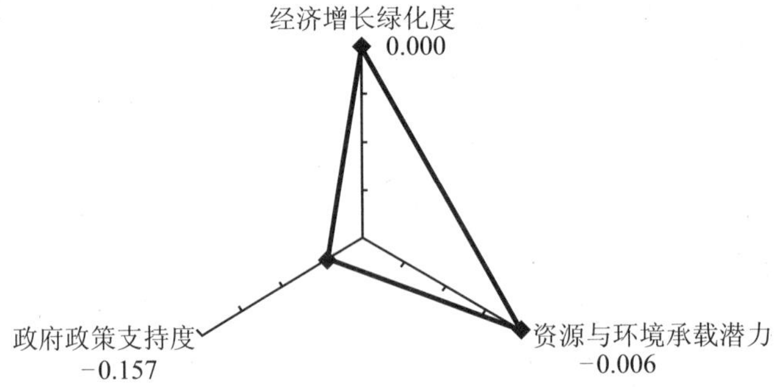

图 1　长春市一级指标得分情况

从图 2 中可以看出，2010 年长春市绿色发展指数二级指标中只有第二产业指标 1 个高于全国平均水平，得分为 0.035 分，其他二级指标得分均低于全国平均水平。

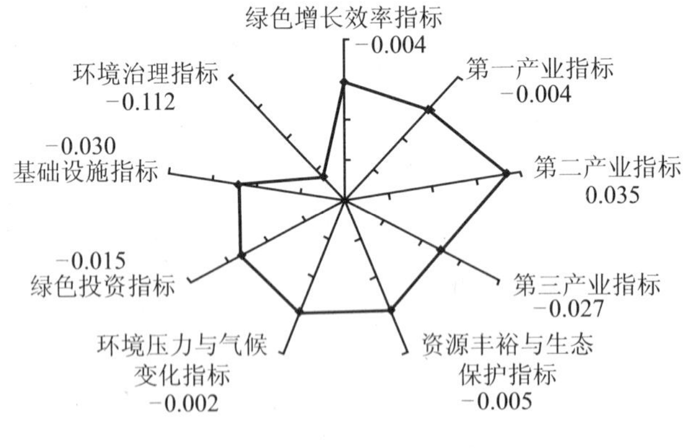

图 2　长春市二级指标得分情况

二、长春市绿色发展指数两年排名变化情况

如表 1 所示，从一级指标排名变化情况来看，2010 年长春市资源环境承载潜力和经济增长绿化度两个一级指标排名分别下降了 5 位和 4 位；政府政策支持度排名上升了 1 位。从二级指标排名变化情况来看，只有资源丰裕与生态保护指标和绿色投资指标排名分别上升了 4 位，基础设施指标和环境治理指标排名与 2009 年相同；其他三级指标不同程度地有所下降，其中环境压力与气候变化指标和绿色增长效率指标排名分别下降了 6 位和 5 位，三次产业指标各下降了 1 位。

表 1　2009—2010 年长春市一级指标和二级指标排名变化情况

指　标	2010 年	2009 年	差　距	指　标	2010 年	2009 年	差　距
中国绿色发展指数	29	27	−2				
经济增长绿化度	19	15	−4	资源丰裕与生态保护指标	21	25	4
绿色增长效率指标	20	15	−5	环境压力与气候变化指标	15	9	−6
第一产业指标	22	21	−1	政府政策支持度	34	35	1
第二产业指标	5	4	−1	绿色投资指标	18	22	4
第三产业指标	32	31	−1	基础设施指标	29	29	0
资源环境承载潜力	15	10	−5	环境治理指标	37	37	0

注：差距值为正数表明排名上升。

为了进一步分析一级、二级指标变化的原因，下面将长春市 2009 年与 2010 年两年三级指标排名位次变化超过 3 位的指标列表如下(见表 2)。与 2009 年相比，2010 年长春市三级指标排名主要呈下降趋势。其中，单位地区生产总值氮氧化物排放量、人均氮氧化物排放量、科教文卫支出占财政支出比重、首要污染物可吸入颗粒物天数占全年比重排名降幅均超过 10 位，分别下降了 15 位、14 位、12 位和 11 位，城镇生活污水处理率排名下降了 8 位，单位土地面积氮氧化物排放量、工业废水氨氮去除率分别下降了 5 位，工业环境污染治理投资占地区生产总值比重、用水普及率分别下降了 4 位，单位地区生产总值二氧化硫排放量、单位工业增加值水耗、第三产业劳动生产率排名均下降了 3 位；而长春市 2010 年排名上升幅度超过 3 位的指标较少，只有 7 个。

表 2　2009—2010 年长春市变化超过 3 位的三级指标

三级指标名称	两年原始数据			两年排名变化		
	2010 年	2009 年	单　位	2010 年	2009 年	变　动
单位地区生产总值二氧化硫排放量	23.90	25.68	吨/亿元	15	12	−3
单位地区生产总值氮氧化物排放量	47.27	24.36	吨/亿元	26	11	−15
单位工业增加值水耗	0.01	0.01	万吨/万元	12	9	−3
第三产业劳动生产率	10.53	9.50	万元/人	21	18	−3
人均水资源量	584.34	362.99	立方米/人	21	25	4
单位土地面积氮氧化物排放量	7.24	3.24	吨/平方公里	13	8	−5
人均氮氧化物排放量	196.96	88.40	吨/万人	22	8	−14
首要污染物可吸入颗粒物天数占全年比重	87.40	79.18	%	32	21	−11
环境保护支出占财政支出比重	3.97	2.08	%	7	20	13
工业环境污染治理投资占地区生产总值比重	0.03	0.08	%	20	16	−4
科教文卫支出占财政支出比重	18.52	25.91	%	29	17	−12
人均绿地面积	37.00	31.93	平方米	20	26	6
建成区绿化覆盖率	38.58	36.11	%	24	30	6
用水普及率	99.46	99.30	%	30	26	−4
城镇生活污水处理率	89.46	88.71	%	20	12	−8
生活垃圾无害化处理率	87.45	76.14	%	31	34	3
每万人拥有公共汽车	12.22	12.20	辆	23	26	3
工业二氧化硫去除率	36.75	21.32	%	32	35	3
工业废水氨氮去除率	48.30	49.04	%	32	27	−5

注：变动值为正数表明排名上升。

哈尔滨市绿色发展"体检"表

序号	指标名称	单位	口径	指标属性	2010年38城市测评均值	2010年哈尔滨市数值	2009年哈尔滨市数值	2010年哈尔滨市排名	2009年哈尔滨市排名	排名变化	2010年数据来源	进退脸谱
1	人均地区生产总值	元	全市	正	56 231.37	36 951	32 053.00	31	30	−1	区域经济；城市	☹
2	单位地区生产总值能耗	吨/万元	全市	逆	0.81	1.15	1.24	29	28	−1	区域经济；城市	☹
3	人均城镇生活消费用电	千瓦时/人	全市	逆	580.70	224.24	213.80	3	3	0	城市	
4	单位地区生产总值二氧化碳排放量			逆	无数列表			N/A	N/A	N/A		
5	单位地区生产总值二氧化硫排放量	吨/亿元	全市	逆	43.72	22.19	24.59	11	10	−1	区域经济；环境年报2010	☹
6	单位地区生产总值化学需氧量排放量	吨/亿元	全市	逆	24.81	22.98	26.53	22	21	−1	区域经济；环境年报2010	☹
7	单位地区生产总值氮氧化物排放量	吨/亿元	全市	逆	41.71	25.21	28.98	14	17	3	区域经济；环境年报2010	☺
8	单位地区生产总值氨氮排放量	吨/亿元	全市	逆	2.63	1.80	2.51	16	21	5	区域经济；环境年报2010	☺
9	第一产业劳动生产率	万元/人	全市	正	3.03	2.70	2.60	12	8	−4	区域经济	☹
10	第二产业劳动生产率	万元/人	全市	正	17.91	12.28	9.50	24	27	3	区域经济	☺
11	单位工业增加值水耗	万吨/万元	全市	逆	0.03	0.02	0.03	21	25	4	区域经济；环境年报2010	☺
12	单位工业增加值能耗			逆	无数列表			N/A	N/A	N/A		
13	工业固体废物综合利用率	%	全市	正	85.58	89.70	76.30	22	30	8	环境年报2010	☺
14	工业用水重复利用率	%	全市	正	83.81	95.94	95.93	5	5	0	环境年报2010	
15	第三产业劳动生产率	万元/人	全市	正	11.40	8.90	8.24	24	21	−3	区域经济	☹
16	第三产业增加值比重	%	全市	正	47.97	50.96	51.28	14	15	1	城市	☺
17	第三产业就业人员比重	%	全市	正	46.44	46.14	42.15	18	26	8	区域经济	☺
18	人均水资源量	立方米/人	全市	正	1 026.43	1 504.91	675.57	8	16	8	环境年报2010；城市	☺
19	单位土地面积二氧化碳排放量			逆	无数列表			N/A	N/A	N/A		
20	人均二氧化碳排放量			逆	无数列表			N/A	N/A	N/A		
21	单位土地面积二氧化硫排放量	吨/平方公里	全市	逆	11.64	1.44	1.40	2	2	0	环境年报2010；城市	
22	人均二氧化硫排放量	吨/万人	全市	逆	216.46	76.95	74.87	4	5	1	环境年报2010；城市	☺

续表

序号	指标名称	单　位	口　径	指标属性	2010年38城市测评均值	2010年哈尔滨市数值	2009年哈尔滨市数值	2010年哈尔滨市排名	2009年哈尔滨市排名	排名变化	2010年数据来源	进退脸谱
23	单位土地面积化学需氧量排放量	吨/平方公里	全市	逆	7.83	1.49	1.51	3	3	0	环境年报2010；城市	
24	人均化学需氧量排放量	吨/万人	全市	逆	118.15	79.68	80.76	14	13	−1	环境年报2010；城市	☹
25	单位土地面积氮氧化物排放量	吨/平方公里	全市	逆	15.00	1.63	1.65	1	1	0	环境年报2010；城市	
26	人均氮氧化物排放量	吨/万人	全市	逆	237.70	87.42	88.23	5	7	2	环境年报2010；城市	☺
27	单位土地面积氨氮排放量	吨/平方公里	全市	逆	0.86	0.12	0.14	3	3	0	环境年报2010；城市	
28	人均氨氮排放量	吨/万人	全市	逆	12.63	6.24	7.63	7	6	−1	环境年报2010；城市	☹
29	空气质量达到二级以上天数占全年比重	%	市辖区	正	89.20	85.71	85.16	26	28	2	环境保护部数据	☺
30	首要污染物可吸入颗粒物天数占全年比重	%	市辖区	逆	70.81	90.96	82.74	35	25	−10	环境保护部数据	☹
31	环境保护支出占财政支出比重	%	全市	正	3.13	3.27	2.08	16	21	5	统计；城市	☺
32	工业环境污染治理投资占地区生产总值比重	%	全市	正	0.08	0.00	0.01	38	35	−3	环境年报2010；区域经济	☹
33	科教文卫支出占财政支出比重	%	全市	正	21.08	19.70	30.78	23	6	−17	统计；城市；区域经济	☹
34	人均绿地面积	平方米	市辖区	正	59.39	27.00	25.65	30	32	2	城市	☺
35	建成区绿化覆盖率	%	市辖区	正	40.04	38.38	39.11	25	19	−6	城市建设	☹
36	用水普及率	%	市辖区	正	98.82	89.17	85.15	38	38	0	城市建设	
37	城镇生活污水处理率	%	市辖区	正	86.16	57.18	73.94	37	29	−8	城市建设	☹
38	生活垃圾无害化处理率	%	市辖区	正	94.38	82.91	53.93	34	38	4	城市建设	☺
39	每万人拥有公共汽车	辆	市辖区	正	15.61	10.96	10.55	28	31	3	城市	☺
40	工业二氧化硫去除率	%	全市	正	57.30	35.62	34.63	33	31	−2	环境年报2010	☹
41	工业废水化学需氧量去除率	%	全市	正	77.86	92.10	85.76	6	17	11	环境年报2010	☺
42	工业氮氧化物去除率	%	全市	正	5.29	15.60	14.97	4	8	4	环境年报2010	☺
43	工业废水氨氮去除率	%	全市	正	67.89	98.97	97.40	1	2	1	环境年报2010	☺

年鉴说明：区域经济——《中国区域经济统计年鉴2011》；城市——《中国城市统计年鉴2011》；统计——《中国统计年鉴2011》；城市建设——《中国城市建设统计年鉴2010》；环境年报2010——《中国环境统计年报2010》；环境年鉴——《中国环境统计年鉴2011》；环保部数据——环境保护部数据中心。

哈尔滨市绿色发展水平简要分析

哈尔滨市绿色发展水平在全国参与测评的 38 个城市中排名第 15 位(使用 2010 年数据)，较 2009 年上升了 7 位(2009 年哈尔滨市测算排名第 22 位)。以下分别从各级指标得分情况和 2009 年、2010 年两年变化情况对哈尔滨市进行简要分析。

一、2010 年哈尔滨市绿色发展指数指标得分情况

2010 年哈尔滨市绿色发展指数为 0.003，从经济增长绿化度、资源与环境承载潜力和政府政策支持度 3 个一级指标数值来看(如图 1 所示)，哈尔滨市的资源环境承载潜力相对全国平均水平而言，具有一定优势；经济增长绿化度和全国平均水平相当；但是政府政策支持度得分相对较弱，低于全国平均水平(注：各个指标的全国平均水平为 0 值)。

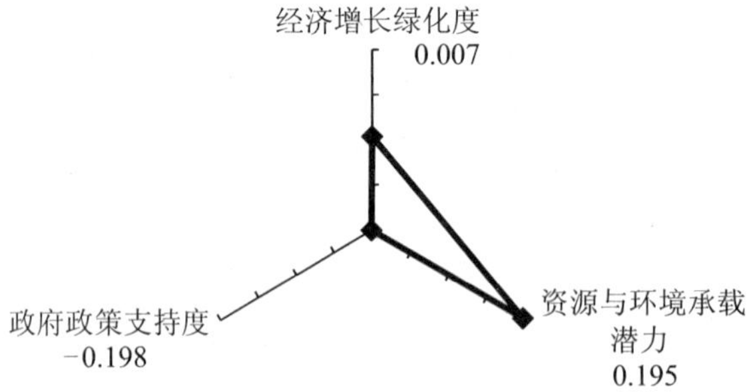

图 1　哈尔滨市一级指标得分情况

从图 2 中可以看出，2010 年哈尔滨市绿色发展指数二级指标中有 4 个高于全国平均水平，分别为第二产业指标、资源丰裕与生态保护指标、环境压力与气候变化指标、环境治理指标；而第三产业指标、绿色投资指标、基础设施指标 3 个指标则低于全国平均水平；绿色增长效率指标和第一产业指标和全国平均水平相当。

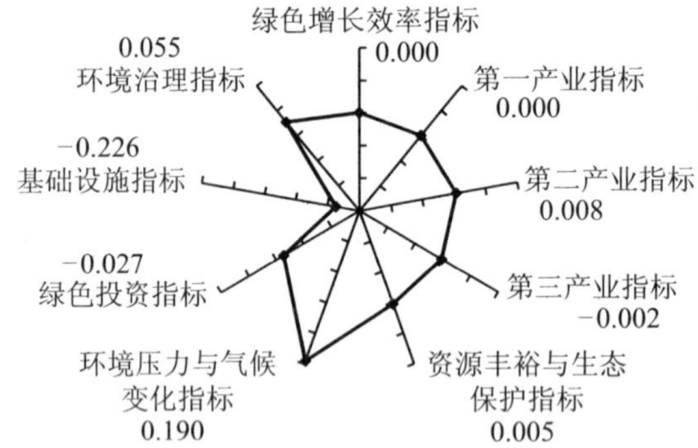

图 2　哈尔滨市二级指标得分情况

二、哈尔滨市绿色发展指数两年排名变化情况

如表 1 所示，从一级指标排名变化情况来看，2010 年哈尔市排名变化最大的是经济增长绿化度，上升了 4 位，资源环境承载潜力上升了 2 位；政府政策支持度下降了 1 位。从二级指标排名变化情况来看，第二产业指标、资源丰裕与生态保护指标、绿色增长效率指标、环境治理指标、第三产业指标、环境压力与气候变化指标以及基础设施指标分别上升了 12 位、8 位、7 位、5 位、3 位、2 位和 1 位；绿色投资指标和第一产业指标分别下降了 6 位和 3 位。

表 1 2009—2010 年哈尔滨市一级指标和二级指标排名变化情况

指 标	2010 年	2009 年	差 距	指 标	2010 年	2009 年	差 距
中国绿色发展指数	15	22	7				
经济增长绿化度	16	20	4	资源丰裕与生态保护指标	8	16	8
绿色增长效率指标	16	23	7	环境压力与气候变化指标	4	6	2
第一产业指标	11	8	−3	政府政策支持度	37	36	−1
第二产业指标	12	24	12	绿色投资指标	24	18	−6
第三产业指标	18	21	3	基础设施指标	37	38	1
资源环境承载潜力	4	6	2	环境治理指标	7	12	5

注：差距值为正数表明排名上升。

为了进一步分析一级、二级指标变化的原因，下面将哈尔滨市 2009 年与 2010 年两年三级指标排名位次变化超过 3 位的指标列表如下(见表 2)。与 2009 年相比，2010 年哈尔滨市排名上升的指标有 12 个，其中工业废水化学需氧量去除率上升了 11 位，工业固体废物综合利用率、人均水资源量、第三产业就业人员比重 3 个指标分别上升了 8 位；而在哈尔滨下降了的 7 个指标中，科教文卫支出占财政支出比重、首要污染物可吸入颗粒物天数占全年比重、城镇生活污水处理率和建成区绿化覆盖率下降幅度较大，分别下降了 17 位、10 位、8 位和 6 位；但总体来说，哈尔滨三级指标的上升趋势更为明显。

表 2 2009—2010 年哈尔滨市变化超过 3 位的三级指标

三级指标名称	两年原始数据			两年排名变化		
	2010 年	2009 年	单 位	2010 年	2009 年	变 动
单位地区生产总值氮氧化物排放量	25.21	28.98	吨/亿元	14	17	3
单位地区生产总值氨氮排放量	1.8	2.51	吨/亿元	16	21	5
第一产业劳动生产率	2.7	2.6	万元/人	12	8	−4
第二产业劳动生产率	12.28	9.5	万元/人	24	27	3
单位工业增加值水耗	0.02	0.03	万吨/万元	21	25	4
工业固体废物综合利用率	89.7	76.3	%	22	30	8
第三产业劳动生产率	8.9	8.24	万元/人	24	21	−3
第三产业就业人员比重	46.14	42.15	%	18	26	8
人均水资源量	1 504.91	675.57	立方米/人	8	16	8
首要污染物可吸入颗粒物天数占全年比重	90.96	82.74	%	35	25	−10
环境保护支出占财政支出比重	3.27	2.08	%	16	21	5
工业环境污染治理投资占地区生产总值比重	0	0.01	%	38	35	−3
科教文卫支出占财政支出比重	19.7	30.78	%	23	6	−17
建成区绿化覆盖率	38.38	39.11	%	25	19	−6
城镇生活污水处理率	57.18	73.94	%	37	29	−8
生活垃圾无害化处理率	82.91	53.93	%	34	38	4
每万人拥有公共汽车	10.96	10.55	辆	28	31	3
工业废水化学需氧量去除率	92.1	85.76	%	6	17	11
工业氮氧化物去除率	15.6	14.97	%	4	8	4

注：变动值为正数表明排名上升。

上海市绿色发展“体检”表

序号	指标名称	单　位	口　径	指标属性	2010 年 38 城市测评均值	2010 年上海市数值	2009 年上海市数值	2010 年上海市排名	2009 年上海市排名	排名变化	2010 年数据来源	进退脸谱
1	人均地区生产总值	元	全市	正	56 231.37	76 074	78 989.00	7	5	−2	区域经济；城市	☹
2	单位地区生产总值能耗	吨/万元	全市	逆	0.81	0.73	0.75	19	18	−1	区域经济；城市	☹
3	人均城镇生活消费用电	千瓦时/人	全市	逆	580.70	1 201.20	1 092.65	35	35	0	城市	
4	单位地区生产总值二氧化碳排放量			逆	无数列表			N/A	N/A	N/A		
5	单位地区生产总值二氧化硫排放量	吨/亿元	全市	逆	43.72	23.36	27.26	14	15	1	区域经济；环境年报 2010	☺
6	单位地区生产总值化学需氧量排放量	吨/亿元	全市	逆	24.81	14.34	17.52	10	13	3	区域经济；环境年报 2010	☺
7	单位地区生产总值氮氧化物排放量	吨/亿元	全市	逆	41.71	29.13	30.12	16	18	2	区域经济；环境年报 2010	☺
8	单位地区生产总值氨氮排放量	吨/亿元	全市	逆	2.63	1.79	2.14	15	16	1	区域经济；环境年报 2010	☺
9	第一产业劳动生产率	万元/人	全市	正	3.03	2.67	2.32	14	13	−1	区域经济	☹
10	第二产业劳动生产率	万元/人	全市	正	17.91	16.66	14.17	11	10	−1	区域经济	☹
11	单位工业增加值水耗	万吨/万元	全市	逆	0.03	0.02	0.02	19	20	1	区域经济；环境年报 2010	☺
12	单位工业增加值能耗			逆	无数列表			N/A	N/A	N/A		
13	工业固体废物综合利用率	%	全市	正	85.58	96.20	95.70	13	11	−2	环境年报 2010	☹
14	工业用水重复利用率	%	全市	正	83.81	72.35	77.10	32	30	−2	环境年报 2010	☹
15	第三产业劳动生产率	万元/人	全市	正	11.40	16.35	15.23	5	3	−2	区域经济	☹
16	第三产业增加值比重	%	全市	正	47.97	57.28	59.36	5	4	−1	城市	☹
17	第三产业就业人员比重	%	全市	正	46.44	55.92	55.70	4	4	0	区域经济	
18	人均水资源量	立方米/人	全市	正	1 026.43	260.63	296.78	28	29	1	环境年报 2010；城市	☺
19	单位土地面积二氧化碳排放量			逆	无数列表			N/A	N/A	N/A		
20	人均二氧化碳排放量			逆	无数列表			N/A	N/A	N/A		
21	单位土地面积二氧化硫排放量	吨/平方公里	全市	逆	11.64	56.48	59.76	38	38	0	环境年报 2010；城市	
22	人均二氧化硫排放量	吨/万人	全市	逆	216.46	254.60	271.45	28	30	2	环境年报 2010；城市	☺

续表

序号	指标名称	单　位	口　径	指标属性	2010 年 38 城市测评均值	2010 年上海市数值	2009 年上海市数值	2010 年上海市排名	2009 年上海市排名	排名变化	2010 年数据来源	进退脸谱
23	单位土地面积化学需氧量排放量	吨/平方公里	全市	逆	7.83	34.67	38.39	38	38	0	环境年报 2010；城市	
24	人均化学需氧量排放量	吨/万人	全市	逆	118.15	156.27	174.39	29	31	2	环境年报 2010；城市	☺
25	单位土地面积氮氧化物排放量	吨/平方公里	全市	逆	15.00	70.44	66.03	38	37	−1	环境年报 2010；城市	☹
26	人均氮氧化物排放量	吨/万人	全市	逆	237.70	317.51	299.90	32	32	0	环境年报 2010；城市	
27	单位土地面积氨氮排放量	吨/平方公里	全市	逆	0.86	4.34	4.70	38	38	0	环境年报 2010；城市	
28	人均氨氮排放量	吨/万人	全市	逆	12.63	19.56	21.34	31	35	4	环境年报 2010；城市	☺
29	空气质量达到二级以上天数占全年比重	%	市辖区	正	89.20	92.03	91.48	16	15	−1	环境保护部数据	☹
30	首要污染物可吸入颗粒物天数占全年比重	%	市辖区	逆	70.81	61.10	70.41	11	13	2	环境保护部数据	☺
31	环境保护支出占财政支出比重	%	全市	正	3.13	1.43	1.14	36	36	0	统计；城市	
32	工业环境污染治理投资占地区生产总值比重	%	全市	正	0.08	0.05	0.05	16	24	8	环境年报 2010；区域经济	☺
33	科教文卫支出占财政支出比重	%	全市	正	21.08	24.90	25.03	8	24	16	统计；城市；区域经济	☺
34	人均绿地面积	平方米	市辖区	正	59.39	89.00	87.81	6	5	−1	城市	☹
35	建成区绿化覆盖率	%	市辖区	正	40.04	38.15	38.10	26	26	0	城市建设；上海 2010	
36	用水普及率	%	市辖区	正	98.82	100.00	100.00	1	1	0	城市建设	
37	城镇生活污水处理率	%	市辖区	正	86.16	83.29	88.97	29	11	−18	城市建设	☹
38	生活垃圾无害化处理率	%	市辖区	正	94.38	81.86	78.77	35	31	−4	城市建设	☹
39	每万人拥有公共汽车	辆	市辖区	正	15.61	12.99	12.22	20	25	5	城市	☺
40	工业二氧化硫去除率	%	全市	正	57.30	61.23	61.64	20	19	−1	环境年报 2010	☹
41	工业废水化学需氧量去除率	%	全市	正	77.86	92.34	88.48	5	12	7	环境年报 2010	☺
42	工业氮氧化物去除率	%	全市	正	5.29	5.96	6.10	11	16	5	环境年报 2010	☺
43	工业废水氨氮去除率	%	全市	正	67.89	69.63	77.26	21	14	−7	环境年报 2010	☹

年鉴说明：区域经济——《中国区域经济统计年鉴 2011》；城市——《中国城市统计年鉴 2011》；统计——《中国统计年鉴 2011》；城市建设——《中国城市建设统计年鉴 2010》；环境年报 2010——《中国环境统计年报 2010》；环境年鉴——《中国环境统计年鉴 2011》；环保部数据——环境保护部数据中心；上海 2010——《上海统计年鉴 2010》。

注：对于上海市“城镇生活污水处理率”这一指标，2010 年上海市因世博会对城镇污水处理做了很多工作，但《中国城市建设统计年鉴 2010》里面数据却显示这一指标较 2009 年下降。对此，课题组对这一统计结果持保留意见。

上海市绿色发展水平简要分析

上海市绿色发展水平在全国参与测评的38个城市中排名第26位(使用2010年数据)，较2009年下降3位(2009年上海市测算排名第23位)。以下分别从各级指标得分情况和2009年、2010年两年变化情况对上海市进行简要分析。

一、2010年上海市绿色发展指数指标得分情况

2010年上海市绿色发展指数为－0.093，从经济增长绿化度、资源与环境承载潜力和政府政策支持度3个一级指标数值来看(如图1所示)，上海市的经济增长绿化度具有一定的优势；而资源环境承载潜力和政府政策支持度则相对较弱，低于全国平均水平(注：各个指标的全国平均水平为0值)。

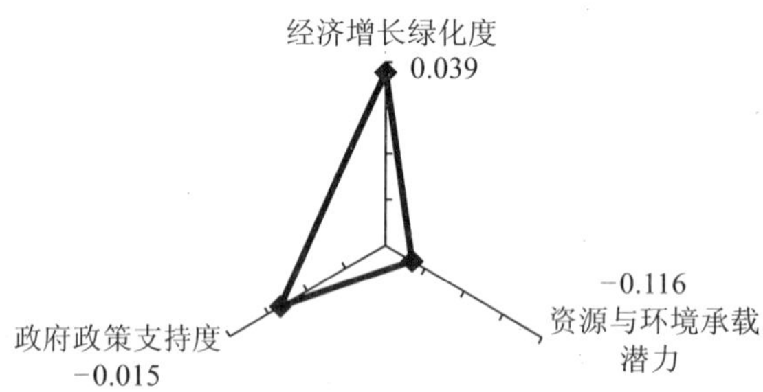

图1　上海市一级指标得分情况

从图2中可以看出，2010年上海市绿色发展指数二级指标中有2个高于全国平均水平，分别为第三产业指标、环境治理指标；而绿色增长效率指标、第二产业指标、资源丰裕与生态保护指标、环境压力与气候变化指标、绿色投资指标、基础设施指标6个指标低于全国平均水平；第一产业指标则与全国平均水平持平。

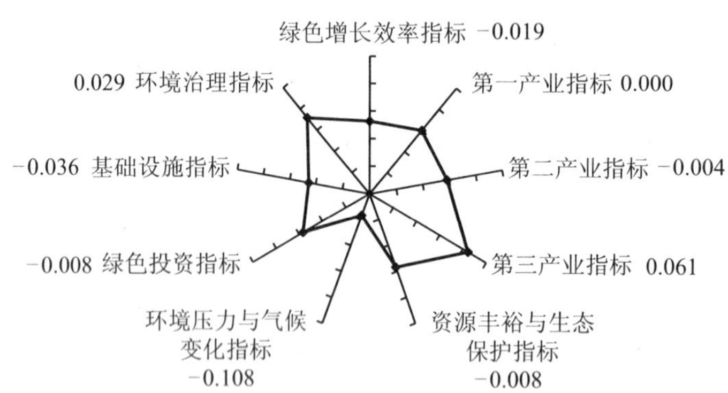

图2　上海市二级指标得分情况

二、上海市绿色发展指数两年排名变化情况

如表1所示，从一级指标排名变化情况来看，2010年上海市排名变化最大的是资源环境承载潜力，上升了2位；政府政策支持度上升1位；经济增长绿化度与2009年保持不变。从二级指标排名变化情况来看，绿色投资指标、环境压力与气候变化指标、资源丰裕与生态保护指标和环境治理指标分别上升19位、2位、1位和1位；基础设施指标、绿色增长效率指标和第二产业指标分别下降9位、7位和3位；而第一产业指标、第三产业指标与2009年相比则没有变化。

表 1　2009—2010 年上海市一级指标和二级指标排名变化情况

指　标	2010 年	2009 年	差　距	指　标	2010 年	2009 年	差　距
中国绿色发展指数	26	23	−3				
经济增长绿化度	12	12	0	资源丰裕与生态保护指标	28	29	1
绿色增长效率指标	24	17	−7	环境压力与气候变化指标	32	34	2
第一产业指标	13	13	0	政府政策支持度	21	22	1
第二产业指标	23	20	−3	绿色投资指标	15	34	19
第三产业指标	2	2	0	基础设施指标	31	22	−9
资源环境承载潜力	33	35	2	环境治理指标	13	14	1

注：差距值为正数表明排名上升。

为了进一步分析一级、二级指标变化的原因，下面将上海市 2009 年与 2010 年两年三级指标排名位次变化超过 3 位的指标列表如下(见表 2)。与 2009 年相比，2010 年上海市三级指标排名有升有降，变动显著。其中，城镇生活污水处理率较 2009 年下降 18 位，生活垃圾无害化处理率下降 4 位；而上海市的科教文卫支出占财政支出比重、工业环境污染治理投资占地区生产总值比重、工业废水化学需氧量去除率等指标较 2009 年则有了较大的提升。

表 2　2009—2010 年上海市变化超过 3 位的三级指标

三级指标名称	两年原始数据			两年排名变化		
	2010 年	2009 年	单　位	2010 年	2009 年	变　动
单位地区生产总值化学需氧量排放量	14.34	17.52	吨/亿元	10	13	3
人均氨氮排放量	19.56	21.34	吨/万人	31	35	4
工业环境污染治理投资占地区生产总值比重	0.05	0.05	%	16	24	8
科教文卫支出占财政支出比重	24.90	25.03	%	8	24	16
城镇生活污水处理率	83.29	88.97	%	29	11	−18
生活垃圾无害化处理率	81.86	78.77	%	35	31	−4
每万人拥有公共汽车	12.99	12.22	辆	20	25	5
工业废水化学需氧量去除率	92.34	88.48	%	5	12	7
工业氮氧化物去除率	5.96	6.10	%	11	16	5
工业废水氨氮去除率	69.63	77.26	%	21	14	−7

注：变动值为正数表明排名上升。

南京市绿色发展“体检”表

序号	指标名称	单位	口径	指标属性	2010 年 38 城市测评均值	2010 年南京市数值	2009 年南京市数值	2010 年南京市排名	2009 年南京市排名	排名变化	2010 年数据来源	进退脸谱
1	人均地区生产总值	元	全市	正	56 231.37	65 273	55 290.29	15	16	1	区域经济；城市	☺
2	单位地区生产总值能耗	吨/万元	全市	逆	0.81	1.08	N/A	27	N/A	N/A	区域经济；城市	
3	人均城镇生活消费用电	千瓦时/人	全市	逆	580.70	790.17	679.47	31	30	−1	城市	☹
4	单位地区生产总值二氧化碳排放量			逆	无数列表			N/A	N/A	N/A		
5	单位地区生产总值二氧化硫排放量	吨/亿元	全市	逆	43.72	26.72	34.89	19	21	2	区域经济；环境年报 2010	☺
6	单位地区生产总值化学需氧量排放量	吨/亿元	全市	逆	24.81	26.63	31.72	28	27	−1	区域经济；环境年报 2010	☹
7	单位地区生产总值氮氧化物排放量	吨/亿元	全市	逆	41.71	34.61	33.35	22	20	−2	区域经济；环境年报 2010	☹
8	单位地区生产总值氨氮排放量	吨/亿元	全市	逆	2.63	0.48	1.47	1	9	8	区域经济；环境年报 2010	☺
9	第一产业劳动生产率	万元/人	全市	正	3.03	2.93	2.82	10	5	−5	区域经济	☹
10	第二产业劳动生产率	万元/人	全市	正	17.91	13.55	11.99	18	17	−1	区域经济	☹
11	单位工业增加值水耗	万吨/万元	全市	逆	0.03	0.05	0.05	35	33	−2	区域经济；环境年报 2010	☹
12	单位工业增加值能耗			逆	无数列表			N/A	N/A	N/A		
13	工业固体废物综合利用率	%	全市	正	85.58	88.80	91.40	24	20	−4	环境年报 2010	☹
14	工业用水重复利用率	%	全市	正	83.81	88.10	87.16	23	22	−1	环境年报 2010	☹
15	第三产业劳动生产率	万元/人	全市	正	11.40	12.53	11.59	14	10	−4	区域经济	☹
16	第三产业增加值比重	%	全市	正	47.97	51.85	51.31	12	14	2	城市	☺
17	第三产业就业人员比重	%	全市	正	46.44	50.61	47.37	8	14	6	区域经济	☺
18	人均水资源量	立方米/人	全市	正	1 026.43	587.76	539.13	20	19	−1	环境年报 2010；城市	☹
19	单位土地面积二氧化碳排放量			逆	无数列表			N/A	N/A	N/A		
20	人均二氧化碳排放量			逆	无数列表			N/A	N/A	N/A		
21	单位土地面积二氧化硫排放量	吨/平方公里	全市	逆	11.64	18.42	21.28	32	34	2	环境年报 2010；城市	☺
22	人均二氧化硫排放量	吨/万人	全市	逆	216.46	192.25	223.35	23	24	1	环境年报 2010；城市	☺

续表

序号	指标名称	单　位	口　径	指标属性	2010年38城市测评均值	2010年南京市数值	2009年南京市数值	2010年南京市排名	2009年南京市排名	排名变化	2010年数据来源	进退脸谱
23	单位土地面积化学需氧量排放量	吨/平方公里	全市	逆	7.83	18.36	19.35	36	35	−1	环境年报2010；城市	☹
24	人均化学需氧量排放量	吨/万人	全市	逆	118.15	191.61	203.10	36	36	0	环境年报2010；城市	
25	单位土地面积氮氧化物排放量	吨/平方公里	全市	逆	15.00	23.86	20.35	31	30	−1	环境年报2010；城市	☹
26	人均氮氧化物排放量	吨/万人	全市	逆	237.70	249.01	213.53	28	26	−2	环境年报2010；城市	☹
27	单位土地面积氨氮排放量	吨/平方公里	全市	逆	0.86	0.33	0.90	8	28	20	环境年报2010；城市	☺
28	人均氨氮排放量	吨/万人	全市	逆	12.63	3.44	9.44	1	11	10	环境年报2010；城市	☺
29	空气质量达到二级以上天数占全年比重	%	市辖区	正	89.20	82.97	86.26	34	26	−8	环境保护部数据	☹
30	首要污染物可吸入颗粒物天数占全年比重	%	市辖区	逆	70.81	87.95	83.84	34	28	−6	环境保护部数据	☹
31	环境保护支出占财政支出比重	%	全市	正	3.13	1.53	2.29	33	17	−16	统计；城市	☹
32	工业环境污染治理投资占地区生产总值比重	%	全市	正	0.08	0.06	0.10	14	15	1	环境年报2010；区域经济	☺
33	科教文卫支出占财政支出比重	%	全市	正	21.08	23.22	23.91	13	28	15	统计；城市；区域经济	☺
34	人均绿地面积	平方米	市辖区	正	59.39	141.00	141.47	3	3	0	城市	
35	建成区绿化覆盖率	%	市辖区	正	40.04	44.38	44.11	5	5	0	城市建设	
36	用水普及率	%	市辖区	正	98.82	100.00	100.00	1	1	0	城市建设	
37	城镇生活污水处理率	%	市辖区	正	86.16	88.82	87.50	21	16	−5	城市建设	☹
38	生活垃圾无害化处理率	%	市辖区	正	94.38	78.74	74.88	37	35	−2	城市建设	☹
39	每万人拥有公共汽车	辆	市辖区	正	15.61	11.27	11.14	27	30	3	城市	☺
40	工业二氧化硫去除率	%	全市	正	57.30	84.00	78.65	3	4	1	环境年报2010	☺
41	工业废水化学需氧量去除率	%	全市	正	77.86	79.42	76.03	25	26	1	环境年报2010	☺
42	工业氮氧化物去除率	%	全市	正	5.29	15.02	15.90	5	7	2	环境年报2010	☺
43	工业废水氨氮去除率	%	全市	正	67.89	91.17	90.71	7	7	0	环境年报2010	

年鉴说明：区域经济——《中国区域经济统计年鉴2011》；城市——《中国城市统计年鉴2011》；统计——《中国统计年鉴2011》；城市建设——《中国城市建设统计年鉴2010》；环境年报2010——《中国环境统计年报2010》；环境年鉴——《中国环境统计年鉴2011》；环保部数据——环境保护部数据中心。

南京市绿色发展水平简要分析

南京市绿色发展水平在全国参与测评的38个城市中排名第9位(使用2010年数据)，较2009年上升了10位(2009年南京市测算排名第19位)。以下分别从各级指标得分情况和2009年、2010年两年变化情况对南京市进行简要分析。

一、2010年南京市绿色发展指数指标得分情况

2010年南京市绿色发展指数为0.087，从经济增长绿化度、资源与环境承载潜力和政府政策支持度3个一级指标数值来看(如图1所示)，南京市的经济增长绿化度和政府政策支持度具有一定的比较优势；而资源与环境承载潜力则相对较弱，低于全国平均水平(注：各个指标的全国平均水平为0值)。

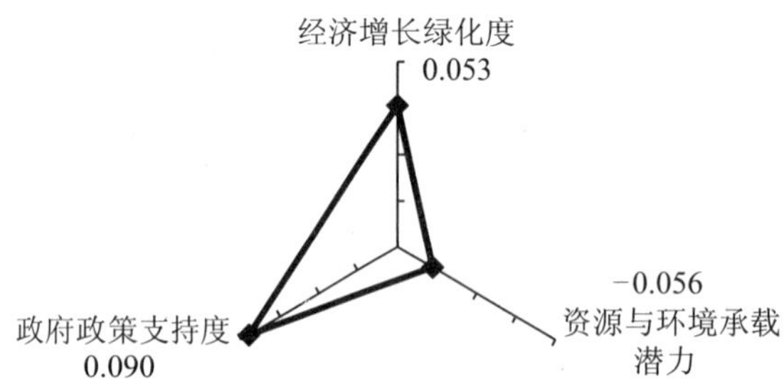

图1 南京市一级指标得分情况

从图2中可以看出，2010年南京市绿色发展指数二级指标中有5个高于全国平均水平，分别为绿色增长效率指标、第一产业指标、第三产业指标、基础设施指标、环境治理指标；而第二产业指标、资源丰裕与生态保护指标、环境压力与气候变化指标、绿色投资指标4个指标则低于全国平均水平。

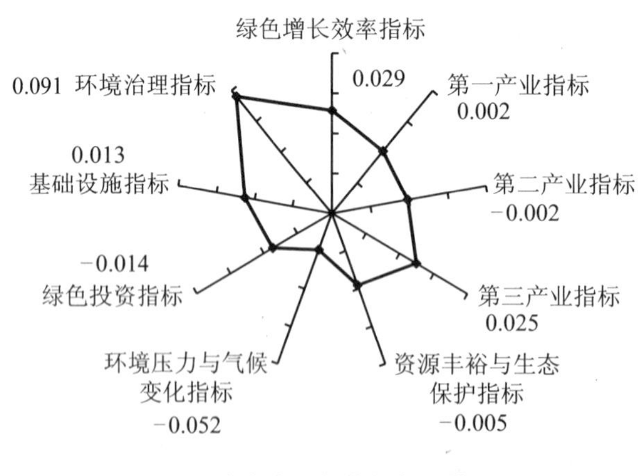

图2 南京市二级指标得分情况

二、南京市绿色发展指数两年排名变化情况

如表1所示，从一级指标排名变化情况来看，2010年南京市排名变化较大的是资源环境承载潜力和经济增长绿化度，分别上升了11位和8位；政府政策支持度也上升了1位。从二级指标排名变化情况来看，绿色增长效率指标、环境压力与气候变化指标和绿色投资指标，分别上

升了14位、11位和8位，环境治理指标上升了3位，第三产业指标上升了1位；而基础设施指标、第一产业指标分别下降了8位和4位，第二产业指标及资源丰裕与生态保护指标各下降了1位。

表1　2009—2010年南京市一级指标和二级指标排名变化情况

指　标	2010年	2009年	差　距	指　标	2010年	2009年	差　距
中国绿色发展指数	9	19	10				
经济增长绿化度	10	18	8	资源丰裕与生态保护指标	20	19	−1
绿色增长效率指标	11	25	14	环境压力与气候变化指标	22	33	11
第一产业指标	9	5	−4	政府政策支持度	9	10	1
第二产业指标	20	19	−1	绿色投资指标	17	25	8
第三产业指标	8	9	1	基础设施指标	18	10	−8
资源环境承载潜力	23	34	11	环境治理指标	3	6	3

注：差距值为正数表明排名上升。

为了进一步分析一级、二级指标变化的原因，下面将南京市2009年与2010年两年三级指标排名位次变化超过3位的指标列表如下(见表2)。与2009年相比，2010年南京市三级指标排名有升有降，但上升趋势更为明显。其中，单位土地面积氨氮排放量上升了20位，科教文卫支出占财政支出比重上升了15位，人均氨氮排放量上升了10位，单位地区生产总值氨氮排放量、第三产业就业人员比重和每万人拥有公共汽车指标分别上升了8位、6位和3位；而南京的环境保护支出占财政支出比重和空气质量达到二级以上天数占全年比重排名分别下降了16位和8位，首要污染物可吸入颗粒物天数占全年比重、城镇生活污水处理率、第一产业劳动生产率、工业固体废物综合利用率和第三产业劳动生产率排名也分别有所下降。

表2　2009—2010年南京市变化超过3位的三级指标

三级指标名称	两年原始数据			两年排名变化		
	2010年	2009年	单　位	2010年	2009年	变　动
单位地区生产总值氨氮排放量	0.48	1.47	吨/亿元	1	9	8
第一产业劳动生产率	2.93	2.82	万元/人	10	5	−5
工业固体废物综合利用率	88.80	91.40	%	24	20	−4
第三产业劳动生产率	12.53	11.59	万元/人	14	10	−4
第三产业就业人员比重	50.61	47.37	%	8	14	6
单位土地面积氨氮排放量	0.33	0.90	吨/平方公里	8	28	20
人均氨氮排放量	3.44	9.44	吨/万人	1	11	10
空气质量达到二级以上天数占全年比重	82.97	86.26	%	34	26	−8
首要污染物可吸入颗粒物天数占全年比重	87.95	83.84	%	34	28	−6
环境保护支出占财政支出比重	1.53	2.29	%	33	17	−16
科教文卫支出占财政支出比重	23.22	23.91	%	13	28	15
城镇生活污水处理率	88.82	87.50	%	21	16	−5
每万人拥有公共汽车	11.27	11.14	辆	27	30	3

注：变动值为正数表明排名上升。

苏州市绿色发展"体检"表

序号	指标名称	单　位	口　径	指标属性	2010年38城市测评均值	2010年苏州市数值	2009年苏州市数值	2010年苏州市排名	2009年苏州市排名	排名变化	2010年数据来源	进退脸谱
1	人均地区生产总值	元	全市	正	56 231.37	93 043	83 696.00	3	4	1	区域经济；城市	☺
2	单位地区生产总值能耗	吨/万元	全市	逆	0.81	0.85	N/A	22	N/A	N/A	区域经济；城市	
3	人均城镇生活消费用电	千瓦时/人	全市	逆	580.70	483.05	408.28	19	17	－2	城市	☹
4	单位地区生产总值二氧化碳排放量			逆	无数列表			N/A	N/A	N/A		
5	单位地区生产总值二氧化硫排放量	吨/亿元	全市	逆	43.72	25.63	33.42	17	18	1	区域经济；环境年报2010	☺
6	单位地区生产总值化学需氧量排放量	吨/亿元	全市	逆	24.81	14.45	16.66	11	11	0	区域经济；环境年报2010	
7	单位地区生产总值氮氧化物排放量	吨/亿元	全市	逆	41.71	33.21	37.57	20	23	3	区域经济；环境年报2010	☺
8	单位地区生产总值氨氮排放量	吨/亿元	全市	逆	2.63	1.05	1.16	7	5	－2	区域经济；环境年报2010	☹
9	第一产业劳动生产率	万元/人	全市	正	3.03	5.43	4.63	2	2	0	区域经济	
10	第二产业劳动生产率	万元/人	全市	正	17.91	16.31	14.71	3	8	5	区域经济	☺
11	单位工业增加值水耗	万吨/万元	全市	逆	0.03	0.02	0.02	18	19	1	区域经济；环境年报2010	☺
12	单位工业增加值能耗			逆	无数列表			N/A	N/A	N/A		
13	工业固体废物综合利用率	%	全市	正	85.58	98.70	98.60	5	5	0	环境年报2010	
14	工业用水重复利用率	%	全市	正	83.81	89.82	80.63	19	28	9	环境年报2010	☺
15	第三产业劳动生产率	万元/人	全市	正	11.40	17.47	15.74	1	1	0	区域经济	
16	第三产业增加值比重	%	全市	正	47.97	41.38	39.41	30	35	5	城市	☺
17	第三产业就业人员比重	%	全市	正	46.44	39.25	37.47	31	32	1	区域经济	☺
18	人均水资源量	立方米/人	全市	正	1 026.43	403.35	730.03	26	14	－12	环境年报2010；城市	☹
19	单位土地面积二氧化碳排放量			逆	无数列表			N/A	N/A	N/A		
20	人均二氧化碳排放量			逆	无数列表			N/A	N/A	N/A		
21	单位土地面积二氧化硫排放量	吨/平方公里	全市	逆	11.64	23.14	26.63	36	36	0	环境年报2010；城市	
22	人均二氧化硫排放量	吨/万人	全市	逆	216.46	309.11	357.96	31	34	3	环境年报2010；城市	☺

续表

序号	指标名称	单　位	口　径	指标属性	2010年38城市测评均值	2010年苏州市数值	2009年苏州市数值	2010年苏州市排名	2009年苏州市排名	排名变化	2010年数据来源	进退脸谱
23	单位土地面积化学需氧量排放量	吨/平方公里	全市	逆	7.83	13.05	13.28	33	31	−2	环境年报2010；城市	☹
24	人均化学需氧量排放量	吨/万人	全市	逆	118.15	174.32	178.45	32	32	0	环境年报2010；城市	
25	单位土地面积氮氧化物排放量	吨/平方公里	全市	逆	15.00	29.99	29.94	35	35	0	环境年报2010；城市	
26	人均氮氧化物排放量	吨/万人	全市	逆	237.70	400.55	402.46	33	35	2	环境年报2010；城市	☺
27	单位土地面积氨氮排放量	吨/平方公里	全市	逆	0.86	0.94	0.92	28	29	1	环境年报2010；城市	☺
28	人均氨氮排放量	吨/万人	全市	逆	12.63	12.62	12.37	24	25	1	环境年报2010；城市	☺
29	空气质量达到二级以上天数占全年比重	%	市辖区	正	89.20	90.11	90.11	19	18	−1	环境保护部数据	☹
30	首要污染物可吸入颗粒物天数占全年比重	%	市辖区	逆	70.81	75.34	77.50	20	18	−2	环境保护部数据	☹
31	环境保护支出占财政支出比重	%	全市	正	3.13	3.48	3.29	11	9	−2	统计；城市	☹
32	工业环境污染治理投资占地区生产总值比重	%	全市	正	0.08	0.08	0.11	11	13	2	环境年报2010；区域经济	☺
33	科教文卫支出占财政支出比重	%	全市	正	21.08	13.90	24.81	35	25	−10	统计；城市；区域经济	☹
34	人均绿地面积	平方米	市辖区	正	59.39	58.00	54.14	11	12	1	城市	☺
35	建成区绿化覆盖率	%	市辖区	正	40.04	42.70	42.04	12	11	−1	城市建设	☹
36	用水普及率	%	市辖区	正	98.82	100.00	100.00	1	1	0	城市建设	
37	城镇生活污水处理率	%	市辖区	正	86.16	90.34	87.84	18	15	−3	城市建设	☹
38	生活垃圾无害化处理率	%	市辖区	正	94.38	100.00	100.00	1	1	0	城市建设	
39	每万人拥有公共汽车	辆	市辖区	正	15.61	13.21	12.31	18	24	6	城市	☺
40	工业二氧化硫去除率	%	全市	正	57.30	69.18	67.59	12	12	0	环境年报2010	
41	工业废水化学需氧量去除率	%	全市	正	77.86	87.87	88.79	11	10	−1	环境年报2010	☹
42	工业氮氧化物去除率	%	全市	正	5.29	3.83	8.81	14	12	−2	环境年报2010	☹
43	工业废水氨氮去除率	%	全市	正	67.89	80.40	82.75	12	11	−1	环境年报2010	☹

年鉴说明：区域经济——《中国区域经济统计年鉴2011》；城市——《中国城市统计年鉴2011》；统计——《中国统计年鉴2011》；城市建设——《中国城市建设统计年鉴2010》；环境年报2010——《中国环境统计年报2010》；环境年鉴——《中国环境统计年鉴2011》；环保部数据——环境保护部数据中心。

苏州市绿色发展水平简要分析

苏州市绿色发展水平在全国参与测评的 38 个城市中排名第 14 位（使用 2010 年数据），与 2009 年数据测算的结果相同。以下分别从各级指标得分情况和 2009 年、2010 年两年变化情况对苏州市进行简要分析。

一、2010 年苏州市绿色发展指数指标得分情况

2010 年苏州市绿色发展指数为 0.007，从经济增长绿化度、资源与环境承载潜力和政府政策支持度 3 个一级指标数值来看（如图 1 所示），苏州市的经济增长绿化度和政府政策支持度具有一定的比较优势；而资源与环境承载潜力则相对较弱，低于全国平均水平（注：各个指标的全国平均水平为 0 值）。

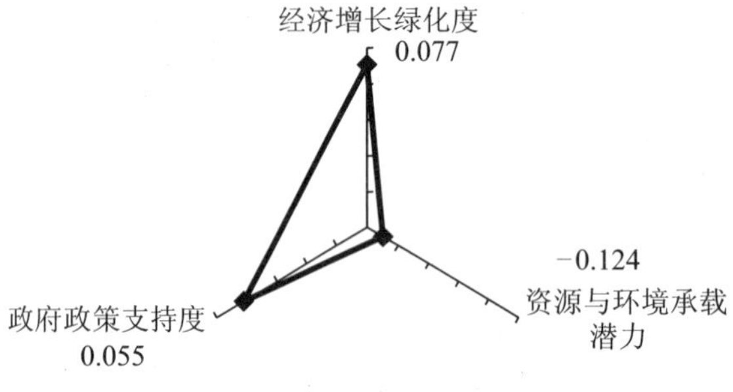

图 1　苏州市一级指标得分情况

从图 2 中可以看出，2010 年苏州市绿色发展指数二级指标中有 6 个高于全国平均水平，分别为绿色增长效率指标、第一产业指标、第二产业指标、第三产业指标、基础设施指标、环境治理指标；而资源丰裕与生态保护指标、环境压力与气候变化指标、绿色投资指标 3 个指标则低于全国平均水平。

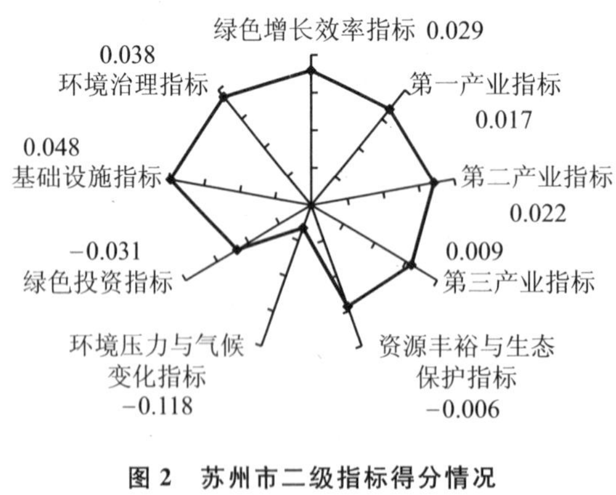

图 2　苏州市二级指标得分情况

二、苏州市绿色发展指数两年排名变化情况

如表 1 所示，从一级指标排名变化情况来看，2010 年苏州市排名变化较大的是政府政策支持度，下降了 9 位；资源环境承载潜力下降了 1 位；而经济增长绿化度上升了 2 位。从二级指标排名变化情况来看，第二产业指标上升了 7 位，第三产业指标上升了 2 位，绿色增长效率指标上升了 1 位；而资源丰裕与生态保护指标下降了 12 位，绿色投资指标下降了 10 位，基础设施指

标、环境治理指标和环境压力与气候变化指标分别下降了4位、3位和1位；第一产业指标排名和2009年相同。

表1 2009—2010年苏州市一级指标和二级指标排名变化情况

指 标	2010年	2009年	差 距	指 标	2010年	2009年	差 距
中国绿色发展指数	14	14	0				
经济增长绿化度	9	11	2	资源丰裕与生态保护指标	26	14	−12
绿色增长效率指标	10	11	1	环境压力与气候变化指标	33	32	−1
第一产业指标	2	2	0	政府政策支持度	16	7	−9
第二产业指标	7	14	7	绿色投资指标	26	16	−10
第三产业指标	14	16	2	基础设施指标	10	6	−4
资源环境承载潜力	34	33	−1	环境治理指标	10	7	−3

注：差距值为正数表明排名上升。

为了进一步分析一级、二级指标变化的原因，下面将苏州市2009年与2010年两年三级指标排名位次变化超过3位的指标列表如下(见表2)。与2009年相比，2010年苏州市三级指标排名变化超过3位的指标中，上升指标的数量大于下降指标的数量，但下降指标的降幅大于上升指标的升幅。其中，工业用水重复利用率、每万人拥有公共汽车、第二产业劳动生产率、第三产业增加值比重、单位地区生产总值氮氧化物排放量和人均二氧化硫排放量排名分别上升了9位、6位、5位、5位、3位和3位；而苏州的人均水资源量和科教文卫支出占财政支出比重排名分别下降了12位和10位，城镇生活污水处理率排名下降了3位。

表2 2009—2010年苏州市变化超过3位的三级指标

三级指标名称	两年原始数据			两年排名变化		
	2010年	2009年	单 位	2010年	2009年	变 动
单位地区生产总值氮氧化物排放量	33.21	37.57	吨/亿元	20	23	3
第二产业劳动生产率	16.31	14.71	万元/人	3	8	5
工业用水重复利用率	89.82	80.63	%	19	28	9
第三产业增加值比重	41.38	39.41	%	30	35	5
人均水资源量	403.35	730.03	立方米/人	26	14	−12
人均二氧化硫排放量	309.11	357.96	吨/万人	31	34	3
科教文卫支出占财政支出比重	13.90	24.81	%	35	25	−10
城镇生活污水处理率	90.34	87.84	%	18	15	−3
每万人拥有公共汽车	13.21	12.31	辆	18	24	6

注：变动值为正数表明排名上升。

杭州市绿色发展“体检”表

序号	指标名称	单位	口径	指标属性	2010年38城市测评均值	2010年杭州市数值	2009年杭州市数值	2010年杭州市排名	2009年杭州市排名	排名变化	2010年数据来源	进退脸谱
1	人均地区生产总值	元	全市	正	56 231.37	69 828	63 333.16	10	10	0	区域经济；城市	
2	单位地区生产总值能耗	吨/万元	全市	逆	0.81	0.30	0.33	8	8	0	区域经济；城市	
3	人均城镇生活消费用电	千瓦时/人	全市	逆	580.70	739.35	665.85	30	29	−1	城市	☹
4	单位地区生产总值二氧化碳排放量			逆	无数列表			N/A	N/A	N/A		
5	单位地区生产总值二氧化硫排放量	吨/亿元	全市	逆	43.72	17.52	20.56	6	7	1	区域经济；环境年报2010	☺
6	单位地区生产总值化学需氧量排放量	吨/亿元	全市	逆	24.81	23.00	26.96	23	23	0	区域经济；环境年报2010	
7	单位地区生产总值氮氧化物排放量	吨/亿元	全市	逆	41.71	23.25	23.13	8	10	2	区域经济；环境年报2010	☺
8	单位地区生产总值氨氮排放量	吨/亿元	全市	逆	2.63	1.26	1.52	11	10	−1	区域经济；环境年报2010	☹
9	第一产业劳动生产率	万元/人	全市	正	3.03	2.67	2.37	13	12	−1	区域经济	☹
10	第二产业劳动生产率	万元/人	全市	正	17.91	10.08	8.82	33	31	−2	区域经济	☹
11	单位工业增加值水耗	万吨/万元	全市	逆	0.03	0.02	0.02	16	14	−2	区域经济；环境年报2010	☹
12	单位工业增加值能耗			逆	无数列表			N/A	N/A	N/A		
13	工业固体废物综合利用率	%	全市	正	85.58	94.10	95.40	16	12	−4	环境年报2010	☹
14	工业用水重复利用率	%	全市	正	83.81	73.43	72.43	30	32	2	环境年报2010	☺
15	第三产业劳动生产率	万元/人	全市	正	11.40	11.50	10.80	18	12	−6	区域经济	☹
16	第三产业增加值比重	%	全市	正	47.97	48.69	49.33	20	19	−1	城市	☹
17	第三产业就业人员比重	%	全市	正	46.44	42.21	40.05	28	30	2	区域经济	☺
18	人均水资源量	立方米/人	全市	正	1 026.43	2 762.99	2 259.21	2	2	0	环境年报2010；城市	
19	单位土地面积二氧化碳排放量			逆	无数列表			N/A	N/A	N/A		
20	人均二氧化碳排放量			逆	无数列表			N/A	N/A	N/A		
21	单位土地面积二氧化硫排放量	吨/平方公里	全市	逆	11.64	5.56	5.83	11	12	1	环境年报2010；城市	☺
22	人均二氧化硫排放量	吨/万人	全市	逆	216.46	134.56	142.13	14	14	0	环境年报2010；城市	

续表

序号	指标名称	单位	口径	指标属性	2010年38城市测评均值	2010年杭州市数值	2009年杭州市数值	2010年杭州市排名	2009年杭州市排名	排名变化	2010年数据来源	进退脸谱
23	单位土地面积化学需氧量排放量	吨/平方公里	全市	逆	7.83	7.30	7.64	25	25	0	环境年报2010；城市	
24	人均化学需氧量排放量	吨/万人	全市	逆	118.15	176.63	186.39	33	35	2	环境年报2010；城市	☺
25	单位土地面积氮氧化物排放量	吨/平方公里	全市	逆	15.00	7.38	6.56	15	16	1	环境年报2010；城市	☺
26	人均氮氧化物排放量	吨/万人	全市	逆	237.70	178.53	159.96	18	19	1	环境年报2010；城市	☺
27	单位土地面积氨氮排放量	吨/平方公里	全市	逆	0.86	0.40	0.43	12	12	0	环境年报2010；城市	
28	人均氨氮排放量	吨/万人	全市	逆	12.63	9.67	10.49	14	17	3	环境年报2010；城市	☺
29	空气质量达到二级以上天数占全年比重	%	市辖区	正	89.20	86.26	89.56	25	22	−3	环境保护部数据	☹
30	首要污染物可吸入颗粒物天数占全年比重	%	市辖区	逆	70.81	83.29	83.29	24	26	2	环境保护部数据	☺
31	环境保护支出占财政支出比重	%	全市	正	3.13	2.25	1.96	22	24	2	统计；城市	☺
32	工业环境污染治理投资占地区生产总值比重	%	全市	正	0.08	0.06	0.13	13	12	−1	环境年报2010；区域经济	☹
33	科教文卫支出占财政支出比重	%	全市	正	21.08	25.75	30.69	6	7	1	统计；城市；区域经济	☺
34	人均绿地面积	平方米	市辖区	正	59.39	35.00	36.53	23	21	−2	城市	☹
35	建成区绿化覆盖率	%	市辖区	正	40.04	39.95	39.94	21	15	−6	城市建设	☹
36	用水普及率	%	市辖区	正	98.82	100.00	100.00	1	1	0	城市建设	
37	城镇生活污水处理率	%	市辖区	正	86.16	95.40	90.02	7	10	3	城市建设	☺
38	生活垃圾无害化处理率	%	市辖区	正	94.38	100.00	100.00	1	1	0	城市建设	
39	每万人拥有公共汽车	辆	市辖区	正	15.61	16.89	18.80	10	2	−8	城市	☹
40	工业二氧化硫去除率	%	全市	正	57.30	50.96	46.48	25	26	1	环境年报2010	☺
41	工业废水化学需氧量去除率	%	全市	正	77.86	80.39	84.25	24	20	−4	环境年报2010	☹
42	工业氮氧化物去除率	%	全市	正	5.29	2.76	3.36	17	19	2	环境年报2010	☺
43	工业废水氨氮去除率	%	全市	正	67.89	61.67	43.74	26	29	3	环境年报2010	☺

年鉴说明：区域经济——《中国区域经济统计年鉴2011》；城市——《中国城市统计年鉴2011》；统计——《中国统计年鉴2011》；城市建设——《中国城市建设统计年鉴2010》；环境年报2010——《中国环境统计年报2010》；环境年鉴——《中国环境统计年鉴2011》；环保部数据——环境保护部数据中心。

杭州市绿色发展水平简要分析

杭州市绿色发展水平在全国参与测评的 38 个城市中排名第 18 位(使用 2010 年数据)，较 2009 年下降了 1 位(2009 年杭州市测算排名第 17 位)。以下分别从各级指标得分情况和 2009 年、2010 年两年变化情况对杭州市进行简要分析。

一、2010 年杭州市绿色发展指数指标得分情况

2010 年杭州市绿色发展指数为－0.021，从经济增长绿化度、资源与环境承载潜力和政府政策支持度 3 个一级指标数值来看(如图 1 所示)，杭州市的经济增长绿化度和政府政策支持度具有一定的比较优势；而资源与环境承载潜力则相对较弱，低于全国平均水平(注：各个指标的全国平均水平为 0 值)。

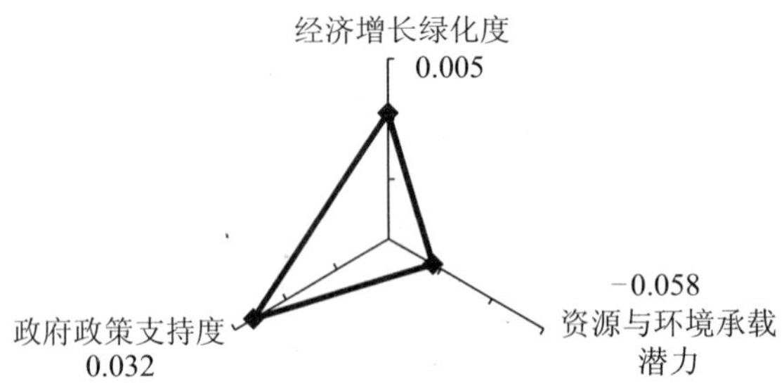

图 1　杭州市一级指标得分情况

从图 2 中可以看出，2010 年杭州市绿色发展指数二级指标中有 4 个高于全国平均水平，分别为绿色增长效率指标、资源丰裕与生态保护指标、绿色投资指标、基础设施指标；而第二产业指标、第三产业指标、环境压力与气候变化指标、环境治理指标 4 个指标则低于全国平均水平；第一产业指标与全国平均水平相当。

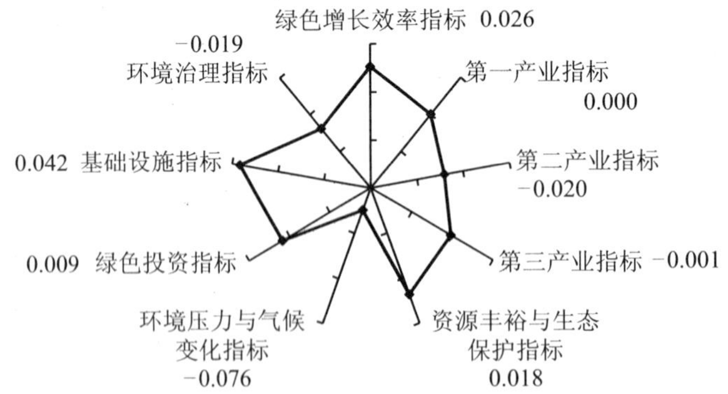

图 2　杭州市二级指标得分情况

二、杭州市绿色发展指数两年排名变化情况

如表 1 所示，从一级指标排名变化情况来看，2010 年杭州市资源环境承载潜力和政府政策支持度分别下降了 2 位，经济增长绿化度下降了 1 位。从二级指标排名变化情况来看，与 2009 年相比，杭州市排名上升的二级指标中环境治理指标、第三产业指标均上升了 3 位，绿色增长效率指标和第二产业指标均上升了 1 位；第一产业指标、资源丰裕与生态保护指标和环境压力

与气候变化指标排名与2009年没有变化；其他指标排名均有所下降，基础设施指标下降了3位，绿色投资指标下降了2位。

表1　2009—2010年杭州市一级指标和二级指标排名变化情况

指　标	2010年	2009年	差　距	指　标	2010年	2009年	差　距
中国绿色发展指数	18	17	−1				
经济增长绿化度	17	16	−1	资源丰裕与生态保护指标	2	2	0
绿色增长效率指标	12	13	1	环境压力与气候变化指标	25	25	0
第一产业指标	12	12	0	政府政策支持度	17	15	−2
第二产业指标	30	31	1	绿色投资指标	11	9	−2
第三产业指标	16	19	3	基础设施指标	11	8	−3
资源环境承载潜力	24	22	−2	环境治理指标	24	27	3

注：差距值为正数表明排名上升。

为了进一步分析一级、二级指标变化的原因，下面将杭州市2009年与2010年两年三级指标排名位次变化超过3位的指标列表如下(见表2)。与2009年相比，2010年杭州市三级指标排名变化有升有降，但下降趋势相对明显。其中，人均氨氮排放量、城镇生活污水处理率和工业废水氨氮去除率分别上升了3位；而杭州的每万人拥有公共汽车、第三产业劳动生产率、建成区绿化覆盖率、工业固体废物综合利用率、工业废水化学需氧量去除率和空气质量达到二级以上天数占全年比重排名则分别下降了8位、6位、6位、4位、4位和3位。

表2　2009—2010年杭州市变化超过3位的三级指标

三级指标名称	两年原始数据			两年排名变化		
	2010年	2009年	单　位	2010年	2009年	变　动
工业固体废物综合利用率	94.10	95.40	%	16	12	−4
第三产业劳动生产率	11.50	10.80	万元/人	18	12	−6
人均氨氮排放量	9.67	10.49	吨/万人	14	17	3
空气质量达到二级以上天数占全年比重	86.26	89.56	%	25	22	−3
建成区绿化覆盖率	39.95	39.94	%	21	15	−6
城镇生活污水处理率	95.40	90.02	%	7	10	3
每万人拥有公共汽车	16.89	18.80	辆	10	2	−8
工业废水化学需氧量去除率	80.39	84.25	%	24	20	−4
工业废水氨氮去除率	61.67	43.74	%	26	29	3

注：变动值为正数表明排名上升。

宁波市绿色发展"体检"表

序号	指标名称	单位	口径	指标属性	2010年38城市测评均值	2010年宁波市数值	2009年宁波市数值	2010年宁波市排名	2009年宁波市排名	排名变化	2010年数据来源	进退脸谱
1	人均地区生产总值	元	全市	正	56 231.37	69 368	60 719.53	11	13	2	区域经济；城市	☺
2	单位地区生产总值能耗	吨/万元	全市	逆	0.81	1.90	1.85	37	36	−1	区域经济；城市	☹
3	人均城镇生活消费用电	千瓦时/人	全市	逆	580.70	421.75	366.78	15	14	−1	城市	☹
4	单位地区生产总值二氧化碳排放量			逆	无数列表			N/A	N/A	N/A		
5	单位地区生产总值二氧化硫排放量	吨/亿元	全市	逆	43.72	25.71	34.10	18	19	1	区域经济；环境年报2010	☺
6	单位地区生产总值化学需氧量排放量	吨/亿元	全市	逆	24.81	9.51	11.59	5	5	0	区域经济；环境年报2010	
7	单位地区生产总值氮氧化物排放量	吨/亿元	全市	逆	41.71	64.24	56.94	32	31	−1	区域经济；环境年报2010	☹
8	单位地区生产总值氨氮排放量	吨/亿元	全市	逆	2.63	0.77	0.81	3	1	−2	区域经济；环境年报2010	☹
9	第一产业劳动生产率	万元/人	全市	正	3.03	4.31	2.74	6	6	0	区域经济	
10	第二产业劳动生产率	万元/人	全市	正	17.91	11.35	10.02	29	23	−6	区域经济	☹
11	单位工业增加值水耗	万吨/万元	全市	逆	0.03	0.03	0.04	28	29	1	区域经济；环境年报2010	☺
12	单位工业增加值能耗			逆	无数列表			N/A	N/A	N/A		
13	工业固体废物综合利用率	%	全市	正	85.58	89.70	83.50	22	27	5	环境年报2010	☺
14	工业用水重复利用率	%	全市	正	83.81	34.62	47.24	38	37	−1	环境年报2010	☹
15	第三产业劳动生产率	万元/人	全市	正	11.40	13.24	12.82	12	7	−5	区域经济	☹
16	第三产业增加值比重	%	全市	正	47.97	40.15	41.20	36	33	−3	城市	☹
17	第三产业就业人员比重	%	全市	正	46.44	37.29	30.50	34	38	4	区域经济	☺
18	人均水资源量	立方米/人	全市	正	1 026.43	1 579.57	1 440.58	6	6	0	环境年报2010；城市	
19	单位土地面积二氧化碳排放量			逆	无数列表			N/A	N/A	N/A		
20	人均二氧化碳排放量			逆	无数列表			N/A	N/A	N/A		
21	单位土地面积二氧化硫排放量	吨/平方公里	全市	逆	11.64	11.30	13.32	25	27	2	环境年报2010；城市	☺
22	人均二氧化硫排放量	吨/万人	全市	逆	216.46	193.73	229.57	24	26	2	环境年报2010；城市	☺

续表

序号	指标名称	单　位	口　径	指标属性	2010年38城市测评均值	2010年宁波市数值	2009年宁波市数值	2010年宁波市排名	2009年宁波市排名	排名变化	2010年数据来源	进退脸谱
23	单位土地面积化学需氧量排放量	吨/平方公里	全市	逆	7.83	4.18	4.53	14	15	1	环境年报2010；城市	☺
24	人均化学需氧量排放量	吨/万人	全市	逆	118.15	71.63	78.05	7	8	1	环境年报2010；城市	☺
25	单位土地面积氮氧化物排放量	吨/平方公里	全市	逆	15.00	28.23	22.24	34	32	－2	环境年报2010；城市	☹
26	人均氮氧化物排放量	吨/万人	全市	逆	237.70	483.97	383.32	34	33	－1	环境年报2010；城市	☹
27	单位土地面积氨氮排放量	吨/平方公里	全市	逆	0.86	0.34	0.32	9	8	－1	环境年报2010；城市	☹
28	人均氨氮排放量	吨/万人	全市	逆	12.63	5.83	5.47	6	2	－4	环境年报2010；城市	☹
29	空气质量达到二级以上天数占全年比重	%	市辖区	正	89.20	86.54	89.84	23	21	－2	环境保护部数据	☹
30	首要污染物可吸入颗粒物天数占全年比重	%	市辖区	逆	70.81	75.62	76.16	21	16	－5	环境保护部数据	☹
31	环境保护支出占财政支出比重	%	全市	正	3.13	3.23	1.12	17	37	20	统计；城市	☺
32	工业环境污染治理投资占地区生产总值比重	%	全市	正	0.08	0.01	0.05	33	22	－11	环境年报2010；区域经济	☹
33	科教文卫支出占财政支出比重	%	全市	正	21.08	19.03	26.76	26	16	－10	统计；城市；区域经济	☹
34	人均绿地面积	平方米	市辖区	正	59.39	44.00	38.90	17	20	3	城市	☺
35	建成区绿化覆盖率	%	市辖区	正	40.04	38.04	37.83	27	27	0	城市建设	
36	用水普及率	%	市辖区	正	98.82	100.00	100.00	1	1	0	城市建设	
37	城镇生活污水处理率	%	市辖区	正	86.16	85.21	83.97	27	19	－8	城市建设	☹
38	生活垃圾无害化处理率	%	市辖区	正	94.38	100.00	100.00	1	1	0	城市建设	
39	每万人拥有公共汽车	辆	市辖区	正	15.61	15.47	14.63	13	13	0	城市	
40	工业二氧化硫去除率	%	全市	正	57.30	86.79	84.68	2	3	1	环境年报2010	☺
41	工业废水化学需氧量去除率	%	全市	正	77.86	92.44	91.00	4	6	2	环境年报2010	☺
42	工业氮氧化物去除率	%	全市	正	5.29	7.74	7.64	9	14	5	环境年报2010	☺
43	工业废水氨氮去除率	%	全市	正	67.89	96.19	97.75	4	1	－3	环境年报2010	☹

年鉴说明：区域经济——《中国区域经济统计年鉴2011》；城市——《中国城市统计年鉴2011》；统计——《中国统计年鉴2011》；城市建设——《中国城市建设统计年鉴2010》；环境年报2010——《中国环境统计年报2010》；环境年鉴——《中国环境统计年鉴2011》；环保部数据——环境保护部数据中心。

宁波市绿色发展水平简要分析

宁波市绿色发展水平在全国参与测评的 38 个城市中排名第 17 位(使用 2010 年数据)，较 2009 年下降 2 位(2009 年宁波市测算排名第 15 位)。以下分别从各级指标得分情况和 2009 年、2010 年两年变化情况对宁波市进行简要分析。

一、2010 年宁波市绿色发展指数指标得分情况

2010 年宁波市绿色发展指数为−0.019，从经济增长绿化度、资源与环境承载潜力和政府政策支持度 3 个一级指标数值来看(如图 1 所示)，宁波市的政府政策支持度具有一定的比较优势；而经济增长绿化度和资源与环境承载潜力则相对较弱，低于全国平均水平(注：各个指标的全国平均水平为 0 值)。

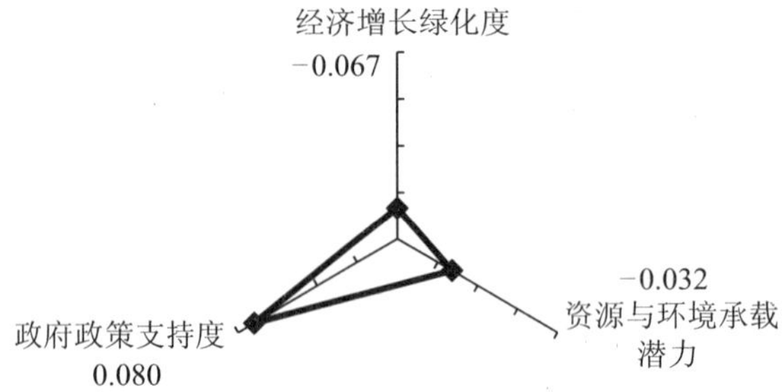

图 1　宁波市一级指标得分情况

从图 2 中可以看出，2010 年宁波市绿色发展指数二级指标中有 5 个高于全国平均水平，分别为绿色增长效率指标、第一产业指标、资源丰裕与生态保护指标、基础设施指标、环境治理指标；而第二产业指标、第三产业指标、环境压力与气候变化指标、绿色投资指标 4 个指标则低于全国平均水平。

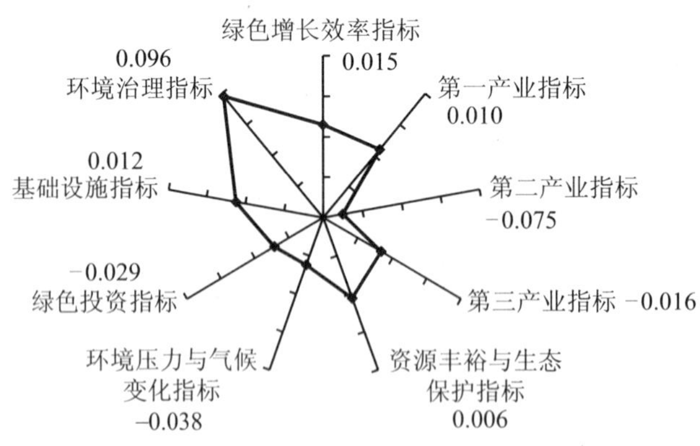

图 2　宁波市二级指标得分情况

二、宁波市绿色发展指数两年排名变化情况

如表 1 所示，从一级指标排名变化情况来看，2010 年宁波市排名变化最大的是经济增长绿化度，下降了 5 位，资源环境承载潜力和政府政策支持度分别下降了 2 位和上升了 1 位。从二级指标排名变化情况来看，第一产业指标和绿色投资指标分别上升 2 位和 3 位，环境治理指标上升

了 1 位；绿色增长效率指标、环境压力与气候变化指标和基础设施指标分别下降 4 位、3 位和 2 位；而第二产业指标、第三产业指标和资源丰裕与生态保护指标与 2009 年相比则没有变化。

表 1　2009—2010 年宁波市一级指标和二级指标排名变化情况

指　标	2010 年	2009 年	差　距	指　标	2010 年	2009 年	差　距
中国绿色发展指数	17	15	−2				
经济增长绿化度	28	23	−5	资源丰裕与生态保护指标	6	6	0
绿色增长效率指标	14	10	−4	环境压力与气候变化指标	19	16	−3
第一产业指标	4	6	2	政府政策支持度	11	12	1
第二产业指标	38	38	0	绿色投资指标	25	28	3
第三产业指标	28	28	0	基础设施指标	19	17	−2
资源环境承载潜力	18	16	−2	环境治理指标	3	2	1

注：差距值为正数表明排名上升。

为了进一步分析一级、二级指标变化的原因，下面将宁波市 2009 年与 2010 年两年三级指标排名位次变化超过 3 位的指标列表如下(见表 2)。与 2009 年相比，2010 年宁波市三级指标排名有升有降，但下降趋势更为显著。其中，工业环境污染治理投资占地区生产总值比重较 2009 年下降 11 位，科教文卫支出占财政支出比重下降 10 位，城镇生活污水处理率下降 8 位，第二产业劳动生产率下降 6 位，第三产业劳动生产率等其他多个指标都有不同程度下降；而宁波市的环境保护支出占财政支出比重、工业固体废物综合利用率、工业氮氧化物去除率等指标较 2009 年则有了较大幅度的提升。

表 2　2009—2010 年宁波市变化超过 3 位的三级指标

三级指标名称	两年原始数据			两年排名变化		
	2010 年	2009 年	单　位	2010 年	2009 年	变　动
第二产业劳动生产率	11.35	10.02	万元/人	29	23	−6
工业固体废物综合利用率	89.70	83.50	%	22	27	5
第三产业劳动生产率	13.24	12.82	万元/人	12	7	−5
第三产业增加值比重	40.15	41.20	%	36	33	−3
第三产业就业人员比重	37.29	30.50	%	34	38	4
人均氨氮排放量	5.83	5.47	吨/万人	6	2	−4
首要污染物可吸入颗粒物天数占全年比重	75.62	76.16	%	21	16	−5
环境保护支出占财政支出比重	3.23	1.12	%	17	37	20
工业环境污染治理投资占地区生产总值比重	0.01	0.05	%	33	22	−11
科教文卫支出占财政支出比重	19.03	26.76	%	26	16	−10
人均绿地面积	44.00	38.90	平方米	17	20	3
城镇生活污水处理率	85.21	83.97	%	27	19	−8
工业氮氧化物去除率	7.74	7.64	%	9	14	5
工业废水氨氮去除率	96.19	97.75	%	4	1	−3

注：变动值为正数表明排名上升。

合肥市绿色发展“体检”表

序号	指标名称	单　位	口　径	指标属性	2010 年 38 城市测评均值	2010 年合肥市数值	2009 年合肥市数值	2010 年合肥市排名	2009 年合肥市排名	排名变化	2010 年数据来源	进退脸谱
1	人均地区生产总值	元	全市	正	56 231.37	48 312	41 585.00	20	22	2	区域经济；城市	☺
2	单位地区生产总值能耗	吨/万元	全市	逆	0.81	0.23	0.28	5	5	0	区域经济；城市	
3	人均城镇生活消费用电	千瓦时/人	全市	逆	580.70	441.10	405.02	17	16	－1	城市	☹
4	单位地区生产总值二氧化碳排放量			逆	无数列表			N/A	N/A	N/A		
5	单位地区生产总值二氧化硫排放量	吨/亿元	全市	逆	43.72	17.32	19.22	5	6	1	区域经济；环境年报 2010	☺
6	单位地区生产总值化学需氧量排放量	吨/亿元	全市	逆	24.81	16.56	19.74	15	14	－1	区域经济；环境年报 2010	☹
7	单位地区生产总值氮氧化物排放量	吨/亿元	全市	逆	41.71	24.80	8.49	11	1	－10	区域经济；环境年报 2010	☹
8	单位地区生产总值氨氮排放量	吨/亿元	全市	逆	2.63	1.49	2.32	13	17	4	区域经济；环境年报 2010	☺
9	第一产业劳动生产率	万元/人	全市	正	3.03	1.74	1.51	28	27	－1	区域经济	☹
10	第二产业劳动生产率	万元/人	全市	正	17.91	12.72	9.75	20	26	6	区域经济	☺
11	单位工业增加值水耗	万吨/万元	全市	逆	0.03	0.11	0.12	37	38	1	区域经济；环境年报 2010	☺
12	单位工业增加值能耗			逆	无数列表			N/A	N/A	N/A		
13	工业固体废物综合利用率	%	全市	正	85.58	98.80	98.70	4	3	－1	环境年报 2010	☹
14	工业用水重复利用率	%	全市	正	83.81	95.72	95.87	6	6	0	环境年报 2010	
15	第三产业劳动生产率	万元/人	全市	正	11.40	8.24	7.48	26	24	－2	区域经济	☹
16	第三产业增加值比重	%	全市	正	47.97	41.17	42.26	32	31	－1	城市	☹
17	第三产业就业人员比重	%	全市	正	46.44	42.90	39.80	27	31	4	区域经济	☺
18	人均水资源量	立方米/人	全市	正	1 026.43	608.55	358.34	18	26	8	环境年报 2010；城市	☺
19	单位土地面积二氧化碳排放量			逆	无数列表			N/A	N/A	N/A		
20	人均二氧化碳排放量			逆	无数列表			N/A	N/A	N/A		
21	单位土地面积二氧化硫排放量	吨/平方公里	全市	逆	11.64	4.73	4.46	7	7	0	环境年报 2010；城市	
22	人均二氧化硫排放量	吨/万人	全市	逆	216.46	67.52	64.29	3	3	0	环境年报 2010；城市	

续表

序号	指标名称	单　位	口　径	指标属性	2010年38城市测评均值	2010年合肥市数值	2009年合肥市数值	2010年合肥市排名	2009年合肥市排名	排名变化	2010年数据来源	进退脸谱
23	单位土地面积化学需氧量排放量	吨/平方公里	全市	逆	7.83	4.52	4.58	17	16	－1	环境年报2010；城市	☹
24	人均化学需氧量排放量	吨/万人	全市	逆	118.15	64.54	66.03	4	5	1	环境年报2010；城市	☺
25	单位土地面积氮氧化物排放量	吨/平方公里	全市	逆	15.00	6.77	1.97	11	4	－7	环境年报2010；城市	☹
26	人均氮氧化物排放量	吨/万人	全市	逆	237.70	96.67	28.39	9	1	－8	环境年报2010；城市	☹
27	单位土地面积氨氮排放量	吨/平方公里	全市	逆	0.86	0.41	0.54	13	16	3	环境年报2010；城市	☺
28	人均氨氮排放量	吨/万人	全市	逆	12.63	5.79	7.77	5	7	2	环境年报2010；城市	☺
29	空气质量达到二级以上天数占全年比重	%	市辖区	正	89.20	85.16	87.91	28	24	－4	环境保护部数据	☹
30	首要污染物可吸入颗粒物天数占全年比重	%	市辖区	逆	70.81	85.21	87.12	30	32	2	环境保护部数据	☺
31	环境保护支出占财政支出比重	%	全市	正	3.13	2.18	2.07	24	22	－2	统计；城市	☹
32	工业环境污染治理投资占地区生产总值比重	%	全市	正	0.08	0.00	0.07	37	19	－18	环境年报2010；区域经济	☹
33	科教文卫支出占财政支出比重	%	全市	正	21.08	16.92	21.19	31	36	5	统计；城市；区域经济	☺
34	人均绿地面积	平方米	市辖区	正	59.39	54.00	50.52	14	16	2	城市	☺
35	建成区绿化覆盖率	%	市辖区	正	40.04	38.82	38.44	23	23	0	城市建设	
36	用水普及率	%	市辖区	正	98.82	97.22	97.16	31	31	0	城市建设	
37	城镇生活污水处理率	%	市辖区	正	86.16	99.81	99.78	2	1	－1	城市建设	☹
38	生活垃圾无害化处理率	%	市辖区	正	94.38	99.97	99.97	17	16	－1	城市建设	☹
39	每万人拥有公共汽车	辆	市辖区	正	15.61	12.19	12.76	24	20	－4	城市	☹
40	工业二氧化硫去除率	%	全市	正	57.30	41.15	36.65	31	29	－2	环境年报2010	☹
41	工业废水化学需氧量去除率	%	全市	正	77.86	77.41	89.20	27	8	－19	环境年报2010	☹
42	工业氮氧化物去除率	%	全市	正	5.29	0.26	10.56	26	11	－15	环境年报2010	☹
43	工业废水氨氮去除率	%	全市	正	67.89	65.89	83.53	24	10	－14	环境年报2010	☹

年鉴说明：区域经济——《中国区域经济统计年鉴2011》；城市——《中国城市统计年鉴2011》；统计——《中国统计年鉴2011》；城市建设——《中国城市建设统计年鉴2010》；环境年报2010——《中国环境统计年报2010》；环境年鉴——《中国环境统计年鉴2011》；环保部数据——环境保护部数据中心。

合肥市绿色发展水平简要分析

合肥市绿色发展水平在全国参与测评的 38 个城市中排名第 22 位(使用 2010 年数据)，较 2009 年下降 16 位(2009 年合肥市测算排名第 6 位)。以下分别从各级指标得分情况和 2009 年、2010 年两年变化情况对合肥市进行简要分析。

一、2010 年合肥市绿色发展指数指标得分情况

2010 年合肥市绿色发展指数为－0.048，从经济增长绿化度、资源与环境承载潜力和政府政策支持度 3 个一级指标数值来看(如图 1 所示)，合肥市的经济增长绿化度和资源与环境承载潜力具有一定的比较优势；而政府政策支持度则相对较弱，低于全国平均水平(注：各个指标的全国平均水平为 0 值)。

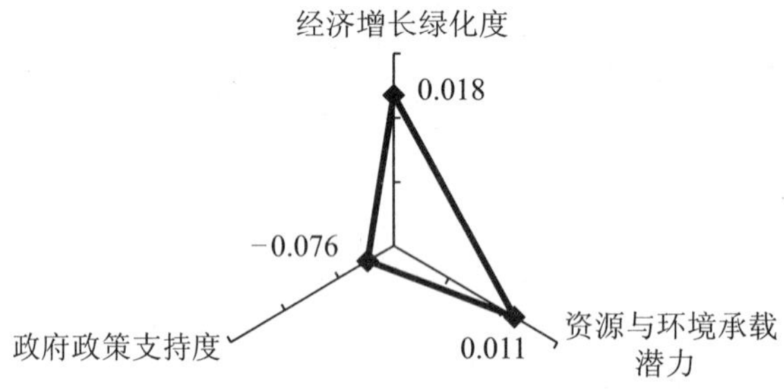

图 1　合肥市一级指标得分情况

从图 2 中可以看出，2010 年合肥市绿色发展指数二级指标中有 4 个高于全国平均水平，分别为绿色增长效率指标、第二产业指标、环境压力与气候变化指标、基础设施指标；而第一产业指标、第三产业指标、资源丰裕与生态保护指标、绿色投资指标、环境治理指标 5 个指标则低于全国平均水平。

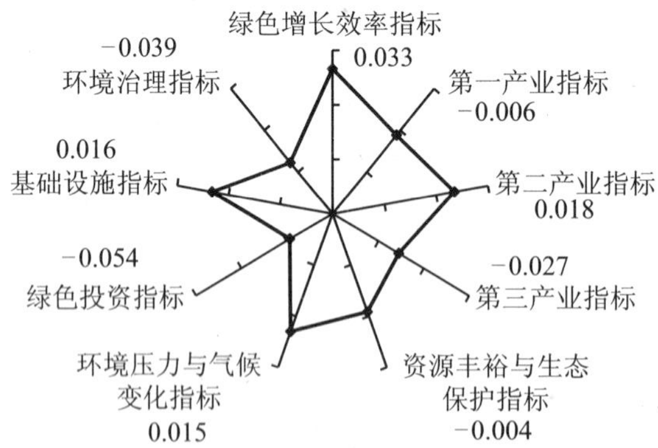

图 2　合肥市二级指标得分情况

二、合肥市绿色发展指数两年排名变化情况

如表 1 所示，从一级指标排名变化来看，2010 年合肥市排名变化最大的是资源环境承载潜力和政府政策支持度，均下降了 7 位；经济增长绿化度下降了 6 位。从二级指标排名变化情况来看，资源丰裕与生态保护指标上升 8 位，第三产业指标上升 1 位；环境治理指标下降 8 位，环境压力与气候变化指标下降了 7 位，绿色增长效率指标下降了 6 位，其余指标也均有小幅下降。

表 1　2009—2010 年合肥市一级指标和二级指标排名变化情况

指　标	2010 年	2009 年	差　距	指　标	2010 年	2009 年	差　距
中国绿色发展指数	22	6	−16				
经济增长绿化度	14	8	−6	资源丰裕与生态保护指标	18	26	8
绿色增长效率指标	9	3	−6	环境压力与气候变化指标	12	5	−7
第一产业指标	28	27	−1	政府政策支持度	26	19	−7
第二产业指标	10	9	−1	绿色投资指标	36	35	−1
第三产业指标	33	34	1	基础设施指标	17	14	−3
资源环境承载潜力	12	5	−7	环境治理指标	27	19	−8

注：差距值为正数表明排名上升。

为了进一步分析一级、二级指标变化的原因，下面将合肥市 2009 年与 2010 年两年三级指标排名位次变化超过 3 位的指标列表如下(见表 2)。与 2009 年相比，2010 年合肥市三级指标排名有升有降，但下降趋势更为显著。其中，人均水资源量上升 8 位，第二产业劳动生产率上升 6 位，单位地区生产总值氨氮排放量等指标也有小幅上升；而合肥市工业废水化学需氧量去除率指标较 2009 年下降 19 位，工业环境污染治理投资占地区生产总值比重指标下降 18 位，工业氮氧化物去除率和工业废水氨氮去除率等指标也有很大程度的下降。

表 2　2009—2010 年合肥市变化超过 3 位的三级指标

三级指标名称	两年原始数据			两年排名变化		
	2010 年	2009 年	单　位	2010 年	2009 年	变　动
单位地区生产总值氮氧化物排放量	24.80	8.49	吨/亿元	11	1	−10
单位地区生产总值氨氮排放量	1.49	2.32	吨/亿元	13	17	4
第二产业劳动生产率	12.72	9.75	万元/人	20	26	6
第三产业就业人员比重	42.90	39.80	%	27	31	4
人均水资源量	608.55	358.34	立方米/人	18	26	8
单位土地面积氮氧化物排放量	6.77	1.97	吨/平方公里	11	4	−7
人均氮氧化物排放量	96.67	28.39	吨/万人	9	1	−8
单位土地面积氨氮排放量	0.41	0.54	吨/平方公里	13	16	3
空气质量达到二级以上天数占全年比重	85.16	87.91	%	28	24	−4
工业环境污染治理投资占地区生产总值比重	0.00	0.07	%	37	19	−18
科教文卫支出占财政支出比重	16.92	21.19	%	31	36	5
每万人拥有公共汽车	12.19	12.76	辆	24	20	−4
工业废水化学需氧量去除率	77.41	89.20	%	27	8	−19
工业氮氧化物去除率	0.26	10.56	%	26	11	−15
工业废水氨氮去除率	65.89	83.53	%	24	10	−14

注：变动值为正数表明排名上升。

福州市绿色发展"体检"表

序号	指标名称	单　位	口　径	指标属性	2010 年 38 城市测评均值	2010 年福州市数值	2009 年福州市数值	2010 年福州市排名	2009 年福州市排名	排名变化	2010 年数据来源	进退脸谱
1	人均地区生产总值	元	全市	正	56 231.37	44 000	38 015.00	23	26	3	区域经济；城市	☺
2	单位地区生产总值能耗	吨/万元	全市	逆	0.81	0.40	0.66	12	15	3	区域经济；城市	☺
3	人均城镇生活消费用电	千瓦时/人	全市	逆	580.70	474.68	498.96	18	22	4	城市	☺
4	单位地区生产总值二氧化碳排放量			逆	无数列表			N/A	N/A	N/A		
5	单位地区生产总值二氧化硫排放量	吨/亿元	全市	逆	43.72	34.37	37.58	25	24	－1	区域经济；环境年报 2010	☹
6	单位地区生产总值化学需氧量排放量	吨/亿元	全市	逆	24.81	17.74	20.60	17	16	－1	区域经济；环境年报 2010	☹
7	单位地区生产总值氮氧化物排放量	吨/亿元	全市	逆	41.71	43.42	26.11	25	13	－12	区域经济；环境年报 2010	☹
8	单位地区生产总值氨氮排放量	吨/亿元	全市	逆	2.63	0.94	1.85	5	14	9	区域经济；环境年报 2010	☺
9	第一产业劳动生产率	万元/人	全市	正	3.03	3.04	2.57	8	10	2	区域经济	☺
10	第二产业劳动生产率	万元/人	全市	正	17.91	11.04	9.01	30	29	－1	区域经济	☹
11	单位工业增加值水耗	万吨/万元	全市	逆	0.03	0.00	0.01	3	5	2	区域经济；环境年报 2010	☺
12	单位工业增加值能耗			逆	无数列表			N/A	N/A	N/A		
13	工业固体废物综合利用率	%	全市	正	85.58	80.40	94.40	28	14	－14	环境年报 2010	☹
14	工业用水重复利用率	%	全市	正	83.81	70.44	87.25	33	21	－12	环境年报 2010	☹
15	第三产业劳动生产率	万元/人	全市	正	11.40	9.03	8.33	23	20	－3	区域经济	☹
16	第三产业增加值比重	%	全市	正	47.97	46.06	48.15	22	20	－2	城市	☹
17	第三产业就业人员比重	%	全市	正	46.44	43.00	40.96	26	28	2	区域经济	☺
18	人均水资源量	立方米/人	全市	正	1 026.43	2 057.59	1 255.64	3	9	6	环境年报 2010；城市	☺
19	单位土地面积二氧化碳排放量			逆	无数列表			N/A	N/A	N/A		
20	人均二氧化碳排放量			逆	无数列表			N/A	N/A	N/A		
21	单位土地面积二氧化硫排放量	吨/平方公里	全市	逆	11.64	7.32	7.01	15	14	－1	环境年报 2010；城市	☹
22	人均二氧化硫排放量	吨/万人	全市	逆	216.46	148.99	143.78	18	15	－3	环境年报 2010；城市	☹

续表

序号	指标名称	单　位	口　径	指标属性	2010年38城市测评均值	2010年福州市数值	2009年福州市数值	2010年福州市排名	2009年福州市排名	排名变化	2010年数据来源	进退脸谱
23	单位土地面积化学需氧量排放量	吨/平方公里	全市	逆	7.83	3.78	3.84	10	11	1	环境年报2010；城市	☺
24	人均化学需氧量排放量	吨/万人	全市	逆	118.15	76.90	78.80	12	9	−3	环境年报2010；城市	☹
25	单位土地面积氮氧化物排放量	吨/平方公里	全市	逆	15.00	9.25	4.87	22	12	−10	环境年报2010；城市	☹
26	人均氮氧化物排放量	吨/万人	全市	逆	237.70	188.21	99.89	20	11	−9	环境年报2010；城市	☹
27	单位土地面积氨氮排放量	吨/平方公里	全市	逆	0.86	0.20	0.35	4	10	6	环境年报2010；城市	☺
28	人均氨氮排放量	吨/万人	全市	逆	12.63	4.09	7.09	2	4	2	环境年报2010；城市	☺
29	空气质量达到二级以上天数占全年比重	%	市辖区	正	89.20	96.15	96.70	9	9	0	环境保护部数据	
30	首要污染物可吸入颗粒物天数占全年比重	%	市辖区	逆	70.81	62.74	58.36	12	10	−2	环境保护部数据	☹
31	环境保护支出占财政支出比重	%	全市	正	3.13	1.64	1.55	32	30	−2	统计；城市	☹
32	工业环境污染治理投资占地区生产总值比重	%	全市	正	0.08	0.04	0.06	18	21	3	环境年报2010；区域经济	☺
33	科教文卫支出占财政支出比重	%	全市	正	21.08	18.72	32.76	28	4	−24	统计；城市；区域经济	☹
34	人均绿地面积	平方米	市辖区	正	59.39	43.00	40.68	18	17	−1	城市	☹
35	建成区绿化覆盖率	%	市辖区	正	40.04	40.27	39.25	20	18	−2	城市建设	☹
36	用水普及率	%	市辖区	正	98.82	99.86	99.01	23	28	5	城市建设	☺
37	城镇生活污水处理率	%	市辖区	正	86.16	87.10	80.87	24	23	−1	城市建设	☹
38	生活垃圾无害化处理率	%	市辖区	正	94.38	100.00	100.00	1	1	0	城市建设	
39	每万人拥有公共汽车	辆	市辖区	正	15.61	18.91	14.17	4	16	12	城市	☺
40	工业二氧化硫去除率	%	全市	正	57.30	54.51	50.44	23	23	0	环境年报2010	
41	工业废水化学需氧量去除率	%	全市	正	77.86	94.89	92.06	2	4	2	环境年报2010	☺
42	工业氮氧化物去除率	%	全市	正	5.29	0.01	0.00	29	29	0	环境年报2010	
43	工业废水氨氮去除率	%	全市	正	67.89	73.81	58.13	17	26	9	环境年报2010	☺

年鉴说明：区域经济——《中国区域经济统计年鉴2011》；城市——《中国城市统计年鉴2011》；统计——《中国统计年鉴2011》；城市建设——《中国城市建设统计年鉴2010》；环境年报2010——《中国环境统计年报2010》；环境年鉴——《中国环境统计年鉴2011》；环保部数据——环境保护部数据中心。

福州市绿色发展水平简要分析

福州市绿色发展水平在全国参与测评的 38 个城市中排名第 10 位(使用 2010 年数据)，较 2009 年上升 2 位(2009 年福州市测算排名第 12 位)。以下分别从各级指标得分情况和 2009 年、2010 年两年变化情况对福州市进行简要分析。

一、2010 年福州市绿色发展指数指标得分情况

2010 年福州市绿色发展指数为 0.072，从经济增长绿化度、资源与环境承载潜力和政府政策支持度 3 个一级指标数值来看(如图 1 所示)，福州市的资源与环境承载潜力具有一定的优势；而经济增长绿化度和政府政策支持度则相对较弱，低于全国平均水平(注：各个指标的全国平均水平为 0 值)。

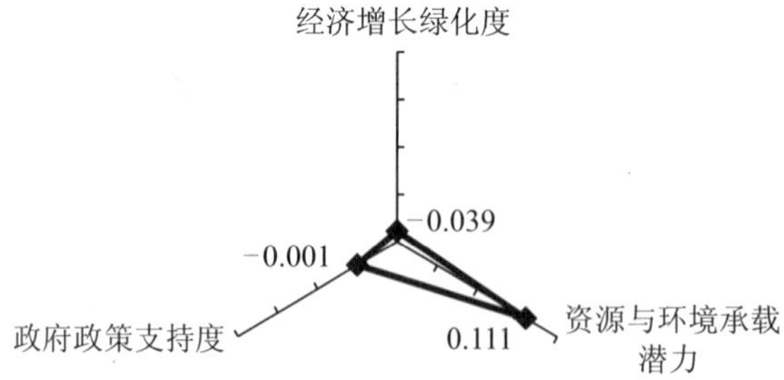

图 1　福州市一级指标得分情况

从图 2 中可以看出，2010 年福州市绿色发展指数二级指标中有 5 个高于全国平均水平，分别为第一产业指标、资源丰裕与生态保护指标、环境压力与气候变化指标、基础设施指标、环境治理指标；而绿色增长效率指标、第二产业指标、第三产业指标、绿色投资指标 4 个指标低于全国平均水平。

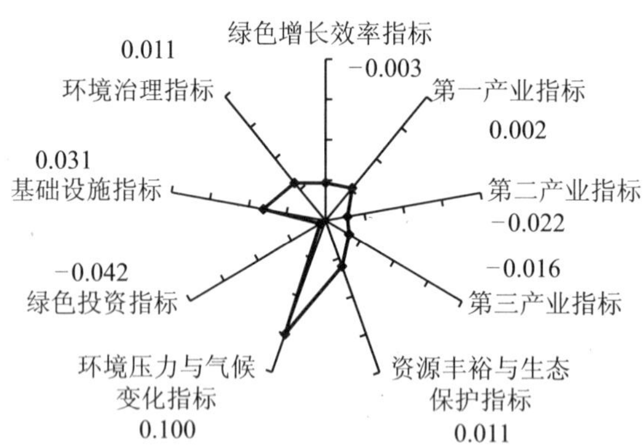

图 2　福州市二级指标得分情况

二、福州市绿色发展指数两年排名变化情况

如表 1 所示，从一级指标排名来看，2010 年福州市变化最大的是经济增长绿化度和政府政策支持度，均下降了 3 位；资源环境承载潜力上升 1 位。从二级指标排名来看，资源丰裕与生态保护指标和基础设施指标均上升 6 位，绿色增长效率指标上升 5 位，环境治理指标、第一产业指标、环境压力与气候变化指标分别上升 4 位、3 位和 1 位；而第二产业指标、绿色投资指标和第三产业指标则分别下降了 21 位、18 位和 1 位。

表 1 2009—2010 年福州市一级指标和二级指标排名变化情况

指 标	2010 年	2009 年	差 距	指 标	2010 年	2009 年	差 距
中国绿色发展指数	10	12	2				
经济增长绿化度	22	19	−3	资源丰裕与生态保护指标	3	9	6
绿色增长效率指标	19	24	5	环境压力与气候变化指标	7	8	1
第一产业指标	7	10	3	政府政策支持度	20	17	−3
第二产业指标	31	10	−21	绿色投资指标	32	14	−18
第三产业指标	27	26	−1	基础设施指标	13	19	6
资源环境承载潜力	7	8	1	环境治理指标	19	23	4

注：差距值为正数表明排名上升。

为了进一步分析一级、二级指标变化的原因，下面将福州市 2009 年与 2010 年两年三级指标排名位次变化超过 3 位的指标列表如下(见表 2)。与 2009 年相比，2010 年福州市三级指标排名有升有降，变动显著。其中，每万人拥有公共汽车较 09 年上升 12 位，工业废水氨氮去除率上升 9 位，其余多个指标均有不同程度上升；而单位地区生产总值氮氧化物排放量等指标较 2009 年有所下降。

表 2 2009—2010 年福州市变化超过 3 位的三级指标

三级指标名称	两年原始数据			两年排名变化		
	2010 年	2009 年	单 位	2010 年	2009 年	变 动
人均地区生产总值	44 000.00	38 015.00	元	23	26	3
单位地区生产总值能耗	0.40	0.66	吨/万元	12	15	3
人均城镇生活消费用电	474.68	498.96	千瓦时/人	18	22	4
单位地区生产总值氮氧化物排放量	43.42	26.11	吨/亿元	25	13	−12
单位地区生产总值氨氮排放量	0.94	1.85	吨/亿元	5	14	9
工业固体废物综合利用率	80.40	94.40	%	28	14	−14
工业用水重复利用率	70.44	87.25	%	33	21	−12
第三产业劳动生产率	9.03	8.33	万元/人	23	20	−3
人均水资源量	2 057.59	1 255.64	立方米/人	3	9	6
人均二氧化硫排放量	148.99	143.78	吨/万人	18	15	−3
人均化学需氧量排放量	76.90	78.80	吨/万人	12	9	−3
单位土地面积氮氧化物排放量	9.25	4.87	吨/平方公里	22	12	−10
人均氮氧化物排放量	188.21	99.89	吨/万人	20	11	−9
单位土地面积氨氮排放量	0.20	0.35	吨/平方公里	4	10	6
工业环境污染治理投资占地区生产总值比重	0.04	0.06	%	18	21	3
科教文卫支出占财政支出比重	18.72	32.76	%	28	4	−24
用水普及率	99.86	99.01	%	23	28	5
每万人拥有公共汽车	18.91	14.17	辆	4	16	12
工业废水氨氮去除率	73.81	58.13	%	17	26	9

注：变动值为正数表明排名上升。

厦门市绿色发展“体检”表

序号	指标名称	单　位	口　径	指标属性	2010年38城市测评均值	2010年厦门市数值	2009年厦门市数值	2010年厦门市排名	2009年厦门市排名	排名变化	2010年数据来源	进退脸谱
1	人均地区生产总值	元	全市	正	55 399.15	59 323	68 938.00	17	9	−8	区域经济；城市	☹
2	单位地区生产总值能耗	吨/万元	全市	逆	0.82	0.57	0.30	15	6	−9	区域经济；城市	☹
3	人均城镇生活消费用电	千瓦时/人	全市	逆	580.70	1 711.76	1 569.29	38	38	0	城市	
4	单位地区生产总值二氧化碳排放量			逆	无数列表			N/A	N/A	N/A		
5	单位地区生产总值二氧化硫排放量	吨/亿元	全市	逆	42.67	27.50	28.20	20	16	−4	区域经济；环境年报2010	☹
6	单位地区生产总值化学需氧量排放量	吨/亿元	全市	逆	24.91	24.69	28.54	26	24	−2	区域经济；环境年报2010	☹
7	单位地区生产总值氮氧化物排放量	吨/亿元	全市	逆	40.67	23.33	19.13	9	6	−3	区域经济；环境年报2010	☹
8	单位地区生产总值氨氮排放量	吨/亿元	全市	逆	2.63	2.40	2.40	22	20	−2	区域经济；环境年报2010	☹
9	第一产业劳动生产率	万元/人	全市	正	3.00	2.44	1.98	18	18	0	区域经济	
10	第二产业劳动生产率	万元/人	全市	正	18.12	11.80	8.85	27	30	3	区域经济	☺
11	单位工业增加值水耗	万吨/万元	全市	逆	0.03	0.01	0.01	10	12	2	区域经济；环境年报2010	☺
12	单位工业增加值能耗			逆	无数列表			N/A	N/A	N/A		
13	工业固体废物综合利用率	%	全市	正	83.42	87.30	90.20	25	24	−1	环境年报2010	☹
14	工业用水重复利用率	%	全市	正	82.10	90.43	93.91	18	14	−4	环境年报2010	☹
15	第三产业劳动生产率	万元/人	全市	正	11.39	11.64	7.90	17	22	5	区域经济	☺
16	第三产业增加值比重	%	全市	正	48.37	49.15	51.56	17	11	−6	城市	☹
17	第三产业就业人员比重	%	全市	正	46.83	40.43	52.36	30	6	−24	区域经济	☹
18	人均水资源量	立方米/人	全市	正	1 040.56	777.98	395.48	15	23	8	环境年报2010；城市	☺
19	单位土地面积二氧化碳排放量			逆	无数列表			N/A	N/A	N/A		
20	人均二氧化碳排放量			逆	无数列表			N/A	N/A	N/A		
21	单位土地面积二氧化硫排放量	吨/平方公里	全市	逆	11.34	33.10	29.49	37	37	0	环境年报2010；城市	
22	人均二氧化硫排放量	吨/万人	全市	逆	211.11	291.57	264.59	29	29	0	环境年报2010；城市	

续表

序号	指标名称	单 位	口 径	指标属性	2010年38城市测评均值	2010年厦门市数值	2009年厦门市数值	2010年厦门市排名	2009年厦门市排名	排名变化	2010年数据来源	进退脸谱
23	单位土地面积化学需氧量排放量	吨/平方公里	全市	逆	7.63	29.72	29.85	37	37	0	环境年报2010；城市	
24	人均化学需氧量排放量	吨/万人	全市	逆	117.25	261.76	267.77	38	38	0	环境年报2010；城市	
25	单位土地面积氮氧化物排放量	吨/平方公里	全市	逆	14.61	28.08	20.01	33	29	−4	环境年报2010；城市	☹
26	人均氮氧化物排放量	吨/万人	全市	逆	231.68	247.33	179.48	26	22	−4	环境年报2010；城市	☹
27	单位土地面积氨氮排放量	吨/平方公里	全市	逆	0.83	2.88	2.51	36	36	0	环境年报2010；城市	
28	人均氨氮排放量	吨/万人	全市	逆	12.50	25.40	22.48	36	36	0	环境年报2010；城市	
29	空气质量达到二级以上天数占全年比重	%	市辖区	正	89.45	97.53	98.90	7	7	0	环境保护部数据	
30	首要污染物可吸入颗粒物天数占全年比重	%	市辖区	逆	69.76	55.62	54.25	7	9	2	环境保护部数据	☺
31	环境保护支出占财政支出比重	%	全市	正	3.14	3.32	2.04	15	23	8	统计；城市	☺
32	工业环境污染治理投资占地区生产总值比重	%	全市	正	0.09	0.06	0.03	15	27	12	环境年报2010；区域经济	☺
33	科教文卫支出占财政支出比重	%	全市	正	21.06	23.88	23.81	11	30	19	统计；城市；区域经济	☺
34	人均绿地面积	平方米	市辖区	正	58.13	91.00	80.81	5	6	1	城市	☺
35	建成区绿化覆盖率	%	市辖区	正	39.84	40.40	39.47	18	17	−1	城市建设	☹
36	用水普及率	%	市辖区	正	98.83	100.00	100.00	1	1	0	城市建设	
37	城镇生活污水处理率	%	市辖区	正	86.16	90.10	94.05	19	5	−14	城市建设	☹
38	生活垃圾无害化处理率	%	市辖区	正	94.38	96.93	100.00	22	1	−21	城市建设	☹
39	每万人拥有公共汽车	辆	市辖区	正	15.51	18.66	17.63	5	4	−1	城市	☹
40	工业二氧化硫去除率	%	全市	正	57.30	25.30	48.55	37	24	−13	环境年报2010	☹
41	工业废水化学需氧量去除率	%	全市	正	76.07	95.78	96.08	1	1	0	环境年报2010	
42	工业氮氧化物去除率	%	全市	正	5.24	11.99	52.34	8	1	−7	环境年报2010	☹
43	工业废水氨氮去除率	%	全市	正	66.79	72.24	84.32	19	9	−10	环境年报2010	☹

年鉴说明：区域经济——《中国区域经济统计年鉴2011》；城市——《中国城市统计年鉴2011》；统计——《中国统计年鉴2011》；城市建设——《中国城市建设统计年鉴2010》；环境年报2010——《中国环境统计年报2010》；环境年鉴——《中国环境统计年鉴2011》；环保部数据——环境保护部数据中心。

厦门市绿色发展水平简要分析

厦门市绿色发展水平在全国参与测评的 38 个城市中排名第 24 位(使用 2010 年数据)，较 2009 年下降 14 位(2009 年厦门市测算排名第 10 位)。以下分别从各级指标得分情况和 2009 年、2010 年两年变化情况对厦门市进行简要分析。

一、2010 年厦门市绿色发展指数指标得分情况

2010 年厦门市绿色发展指数为－0.059，从经济增长绿化度、资源与环境承载潜力和政府政策支持度 3 个一级指标数值来看(如图 1 所示)，厦门市的政府政策支持度具有一定的比较优势；而经济增长绿化度和资源环境承载潜力则相对较弱，均低于全国平均水平(注：各个指标的全国平均水平为 0 值)。

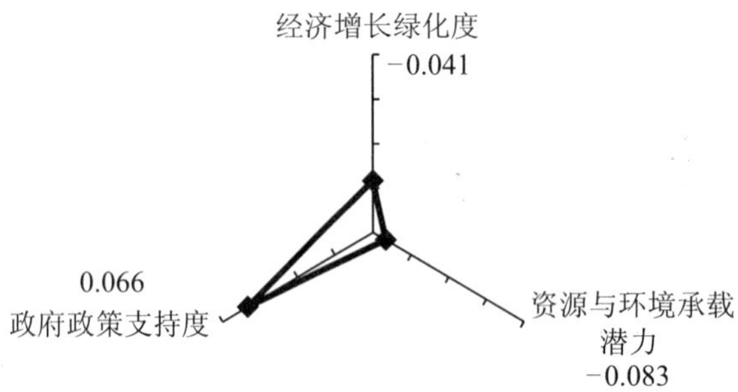

图 1　厦门市一级指标得分情况

从图 2 中可以看出，2010 年厦门市绿色发展指数二级指标中有 4 个高于全国平均水平，分别为第二产业指标、绿色投资指标、基础设施指标、环境治理指标；而绿色增长效率指标、第一产业指标、第三产业指标、资源丰裕与生态保护指标、环境压力与气候变化指标 5 个指标则低于全国平均水平。

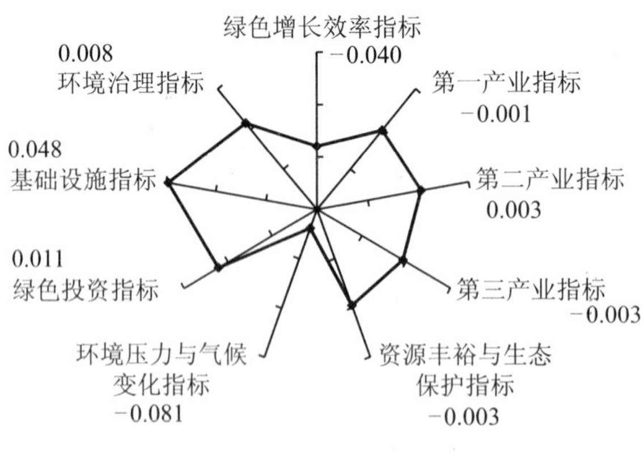

图 2　厦门市二级指标得分情况

二、厦门市绿色发展指数两年排名变化情况

如表 1 所示，从一级指标排名变化情况来看，2010 年厦门市排名变化最大的是经济增长绿化度，下降了 10 位；政府政策支持度下降了 9 位；资源环境承载潜力下降了 3 位。从二级指标排名变化情况来看，绿色投资指标、资源丰裕与生态保护指标和第一产业指标分别上升了 21

位、8位和1位；环境治理指标和绿色增长效率指标分别下降19位和14位，其他指标也有不同程度的下降。

表1　2009—2010年厦门市一级指标和二级指标排名变化情况

指　标	2010年	2009年	差　距	指　标	2010年	2009年	差　距
中国绿色发展指数	24	10	－14				
经济增长绿化度	23	13	－10	资源丰裕与生态保护指标	15	23	8
绿色增长效率指标	28	14	－14	环境压力与气候变化指标	27	23	－4
第一产业指标	17	18	1	政府政策支持度	13	4	－9
第二产业指标	17	15	－2	绿色投资指标	10	31	21
第三产业指标	19	12	－7	基础设施指标	9	4	－5
资源环境承载潜力	27	24	－3	环境治理指标	20	1	－19

注：差距值为正数表明排名上升。

为了进一步分析一级、二级指标变化的原因，下面将厦门市2009年与2010年两年三级指标排名位次变化超过3位的指标列表如下(见表2)。与2009年相比，2010年厦门市三级指标排名有升有降，但下降趋势非常明显。其中，第三产业就业人员比重指标下降了24位，生活垃圾无害化处理率下降了21位，城镇生活污水处理率等指标也有很大程度下降；而厦门市的科教文卫支出占财政支出比重、第三产业劳动生产率等指标较2009年则有一定程度上升。

表2　2009—2010年厦门市变化超过3位的三级指标

三级指标名称	两年原始数据			两年排名变化		
	2010年	2009年	单　位	2010年	2009年	变　动
人均地区生产总值	59 323.00	68 938.00	元	17	9	－8
单位地区生产总值能耗	0.57	0.30	吨/万元	15	6	－9
单位地区生产总值二氧化硫排放量	27.50	28.20	吨/亿元	20	16	－4
单位地区生产总值氮氧化物排放量	23.33	19.13	吨/亿元	9	6	－3
第二产业劳动生产率	11.80	8.85	万元/人	27	30	3
工业用水重复利用率	90.43	93.91	%	18	14	－4
第三产业劳动生产率	11.64	7.90	万元/人	17	22	5
第三产业增加值比重	49.15	51.56	%	17	11	－6
第三产业就业人员比重	40.43	52.36	%	30	6	－24
人均水资源量	777.98	395.48	立方米/人	15	23	8
单位土地面积氮氧化物排放量	28.08	20.01	吨/平方公里	33	29	－4
人均氮氧化物排放量	247.33	179.48	吨/万人	26	22	－4
环境保护支出占财政支出比重	3.32	2.04	%	15	23	8
工业环境污染治理投资占地区生产总值比重	0.06	0.03	%	15	27	12
科教文卫支出占财政支出比重	23.88	23.81	%	11	30	19
城镇生活污水处理率	90.10	94.05	%	19	5	－14
生活垃圾无害化处理率	96.93	100.00	%	22	1	－21
工业二氧化硫去除率	25.30	48.55	%	37	24	－13
工业氮氧化物去除率	11.99	52.34	%	8	1	－7
工业废水氨氮去除率	72.24	84.32	%	19	9	－10

注：变动值为正数表明排名上升。

南昌市绿色发展“体检”表

序号	指标名称	单位	口径	指标属性	2010年38城市测评均值	2010年南昌市数值	2009年南昌市数值	2010年南昌市排名	2009年南昌市排名	排名变化	2010年数据来源	进退脸谱
1	人均地区生产总值	元	全市	正	55 399.15	43 961	39 669.00	24	23	−1	区域经济；城市	☹
2	单位地区生产总值能耗	吨/万元	全市	逆	0.82	0.84	0.86	21	20	−1	区域经济；城市	☹
3	人均城镇生活消费用电	千瓦时/人	全市	逆	580.70	302.05	281.06	5	6	1	城市	☺
4	单位地区生产总值二氧化碳排放量			逆	无数列表			N/A	N/A	N/A		
5	单位地区生产总值二氧化硫排放量	吨/亿元	全市	逆	42.67	20.71	19.14	8	5	−3	区域经济；环境年报2010	☹
6	单位地区生产总值化学需氧量排放量	吨/亿元	全市	逆	24.91	28.29	35.16	29	28	−1	区域经济；环境年报2010	☹
7	单位地区生产总值氮氧化物排放量	吨/亿元	全市	逆	40.67	31.87	26.82	19	14	−5	区域经济；环境年报2010	☹
8	单位地区生产总值氨氮排放量	吨/亿元	全市	逆	2.63	2.66	2.76	24	24	0	区域经济；环境年报2010	
9	第一产业劳动生产率	万元/人	全市	正	3.00	1.68	1.53	29	26	−3	区域经济	☹
10	第二产业劳动生产率	万元/人	全市	正	18.12	17.88	15.13	9	7	−2	区域经济	☹
11	单位工业增加值水耗	万吨/万元	全市	逆	0.03	0.01	0.01	7	7	0	区域经济；环境年报2010	
12	单位工业增加值能耗			逆	无数列表			N/A	N/A	N/A		
13	工业固体废物综合利用率	%	全市	正	83.42	93.60	96.90	18	10	−8	环境年报2010	☹
14	工业用水重复利用率	%	全市	正	82.10	75.51	75.49	28	31	3	环境年报2010	☺
15	第三产业劳动生产率	万元/人	全市	正	11.39	5.71	5.08	36	36	0	区域经济	
16	第三产业增加值比重	%	全市	正	48.37	41.25	38.59	31	36	5	城市	☺
17	第三产业就业人员比重	%	全市	正	46.83	50.65	50.87	7	7	0	区域经济	
18	人均水资源量	立方米/人	全市	正	1 040.56	203.68	980.03	30	12	−18	环境年报2010；城市	☹
19	单位土地面积二氧化碳排放量			逆	无数列表			N/A	N/A	N/A		
20	人均二氧化碳排放量			逆	无数列表			N/A	N/A	N/A		
21	单位土地面积二氧化硫排放量	吨/平方公里	全市	逆	11.34	5.55	4.50	10	8	−2	环境年报2010；城市	☹
22	人均二氧化硫排放量	吨/万人	全市	逆	211.11	82.23	67.16	5	4	−1	环境年报2010；城市	☹

续表

序号	指标名称	单　位	口　径	指标属性	2010 年 38 城市测评均值	2010 年南昌市数值	2009 年南昌市数值	2010 年南昌市排名	2009 年南昌市排名	排名变化	2010 年数据来源	进退脸谱
23	单位土地面积化学需氧量排放量	吨/平方公里	全市	逆	7.63	7.59	8.27	27	27	0	环境年报 2010；城市	
24	人均化学需氧量排放量	吨/万人	全市	逆	117.25	112.34	123.39	20	20	0	环境年报 2010；城市	
25	单位土地面积氮氧化物排放量	吨/平方公里	全市	逆	14.61	8.55	6.31	19	15	−4	环境年报 2010；城市	☹
26	人均氮氧化物排放量	吨/万人	全市	逆	231.68	126.57	94.14	12	9	−3	环境年报 2010；城市	☹
27	单位土地面积氨氮排放量	吨/平方公里	全市	逆	0.83	0.71	0.65	23	21	−2	环境年报 2010；城市	☹
28	人均氨氮排放量	吨/万人	全市	逆	12.50	10.54	9.68	19	12	−7	环境年报 2010；城市	☹
29	空气质量达到二级以上天数占全年比重	%	市辖区	正	89.45	93.96	95.05	12	10	−2	环境保护部数据	☹
30	首要污染物可吸入颗粒物天数占全年比重	%	市辖区	逆	69.76	69.04	73.42	16	15	−1	环境保护部数据	☹
31	环境保护支出占财政支出比重	%	全市	正	3.14	1.47	1.34	35	32	−3	统计；城市	☹
32	工业环境污染治理投资占地区生产总值比重	%	全市	正	0.09	0.03	0.06	23	20	−3	环境年报 2010；区域经济	☹
33	科教文卫支出占财政支出比重	%	全市	正	21.06	19.96	25.75	22	18	−4	统计；城市；区域经济	☹
34	人均绿地面积	平方米	市辖区	正	58.13	38.00	33.39	19	25	6	城市	☺
35	建成区绿化覆盖率	%	市辖区	正	39.84	42.76	42.50	11	10	−1	城市建设	☹
36	用水普及率	%	市辖区	正	98.83	99.79	100.00	25	1	−24	城市建设	☹
37	城镇生活污水处理率	%	市辖区	正	86.16	75.00	86.07	33	17	−16	城市建设	☹
38	生活垃圾无害化处理率	%	市辖区	正	94.38	100.00	100.00	1	1	0	城市建设	
39	每万人拥有公共汽车	辆	市辖区	正	15.51	11.75	11.71	26	28	2	城市	☺
40	工业二氧化硫去除率	%	全市	正	57.30	62.99	33.90	18	33	15	环境年报 2010	☺
41	工业废水化学需氧量去除率	%	全市	正	76.07	40.52	73.53	37	29	−8	环境年报 2010	☹
42	工业氮氧化物去除率	%	全市	正	5.24	1.37	1.21	19	20	1	环境年报 2010	☺
43	工业废水氨氮去除率	%	全市	正	66.79	61.40	34.05	27	33	6	环境年报 2010	☺

年鉴说明：区域经济——《中国区域经济统计年鉴 2011》；城市——《中国城市统计年鉴 2011》；统计——《中国统计年鉴 2011》；城市建设——《中国城市建设统计年鉴 2010》；环境年报 2010——《中国环境统计年报 2010》；环境年鉴——《中国环境统计年鉴 2011》；环保部数据——环境保护部数据中心。

南昌市绿色发展水平简要分析

南昌市绿色发展水平在全国参与测评的 38 个城市中排名第 31 位(使用 2010 年数据)，较 2009 年下降 2 位(2009 年南昌市测算排名第 29 位)。以下分别从各级指标得分情况和 2009 年、2010 年两年变化情况对南昌市进行简要分析。

一、2010 年南昌市绿色发展指数指标得分情况

2010 年南昌市绿色发展指数为－0.175，从经济增长绿化度、资源与环境承载潜力和政府政策支持度 3 个一级指标数值来看(如图 1 所示)，南昌市的经济增长绿化度、资源环境承载潜力和政府政策支持度均相对较弱，低于全国平均水平(注：各个指标的全国平均水平为 0 值)。

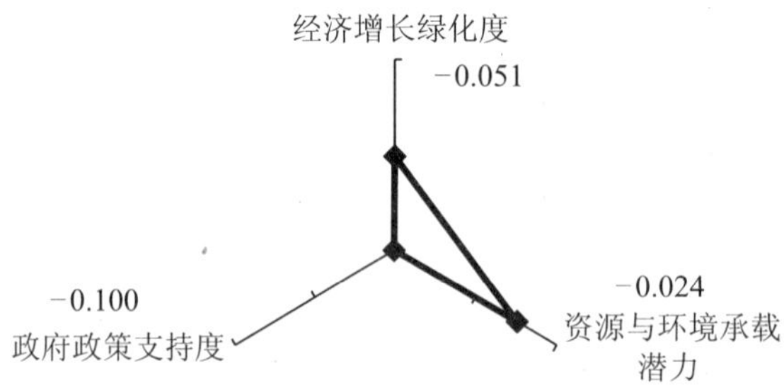

图 1　南昌市一级指标得分情况

从图 2 中可以看出，2010 年南昌市绿色发展指数二级指标中有 2 个高于全国平均水平，分别为第二产业指标、基础设施指标；而绿色增长效率指标、第一产业指标、第三产业指标、资源丰裕与生态保护指标、环境压力与气候变化指标、绿色投资指标、环境治理指标 7 个指标则低于全国平均水平。

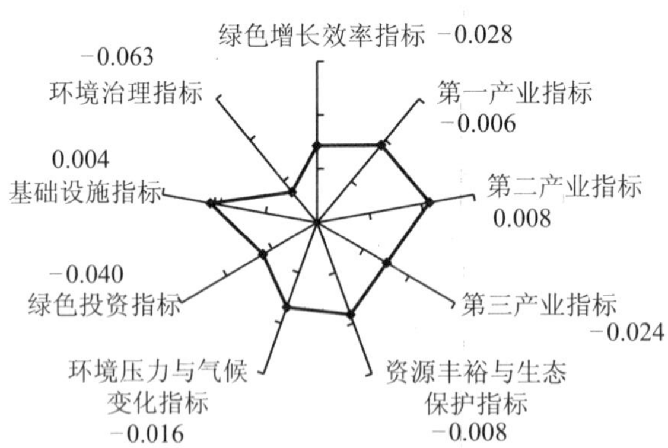

图 2　南昌市二级指标得分情况

二、南昌市绿色发展指数两年排名变化情况

如表 1 所示，从一级指标排名变化情况来看，2010 年南昌市排名变化最大的是经济增长绿化度和政府政策支持度，均下降了 1 位；资源环境承载潜力排名没有变化。从二级指标排名变化情况来看，第三产业指标和环境治理指标均上升 2 位，绿色增长效率指标上升 1 位；资源丰裕与生态保护指标和基础设施指标分别下降了 18 位和 13 位，第一产业指标、第二产业指标和绿色投资指标分别下降了 3 位、2 位和 2 位；而环境压力与气候变化指标与 2009 年相比则没有变化。

表 1　2009—2010 年南昌市一级指标和二级指标排名变化情况

指　标	2010 年	2009 年	差　距	指　标	2010 年	2009 年	差　距
中国绿色发展指数	31	29	−2				
经济增长绿化度	25	24	−1	资源丰裕与生态保护指标	30	12	−18
绿色增长效率指标	25	26	1	环境压力与气候变化指标	17	17	0
第一产业指标	29	26	−3	政府政策支持度	30	29	−1
第二产业指标	13	11	−2	绿色投资指标	31	29	−2
第三产业指标	30	32	2	基础设施指标	22	9	−13
资源环境承载潜力	17	17	0	环境治理指标	32	34	2

注：差距值为正数表明排名上升。

为了进一步分析一级、二级指标变化的原因，下面将南昌市 2009 年与 2010 年两年三级指标排名位次变化超过 3 位的指标列表如下(见表 2)。与 2009 年相比，2010 年南昌市三级指标排名有升有降，但下降趋势更为显著。其中，用水普及率较 2009 年下降 24 位，人均水资源量下降 18 位，其余多个指标均有不同程度下降；而工业二氧化硫去除率、人均绿地面积、工业废水氨氮去除率等指标较 2009 年有一定程度上升。

表 2　2009—2010 年南昌市变化超过 3 位的三级指标

三级指标名称	两年原始数据			两年排名变化		
	2010 年	2009 年	单　位	2010 年	2009 年	变　动
单位地区生产总值二氧化硫排放量	20.71	19.14	吨/亿元	8	5	−3
单位地区生产总值氮氧化物排放量	31.87	26.82	吨/亿元	19	14	−5
第一产业劳动生产率	1.68	1.53	万元/人	29	26	−3
工业固体废物综合利用率	93.60	96.90	%	18	10	−8
工业用水重复利用率	75.51	75.49	%	28	31	3
第三产业增加值比重	41.25	38.59	%	31	36	5
人均水资源量	203.68	980.03	立方米/人	30	12	−18
单位土地面积氮氧化物排放量	8.55	6.31	吨/平方公里	19	15	−4
人均氮氧化物排放量	126.57	94.14	吨/万人	12	9	−3
人均氨氮排放量	10.54	9.68	吨/万人	19	12	−7
环境保护支出占财政支出比重	1.47	1.34	%	35	32	−3
工业环境污染治理投资占地区生产总值比重	0.03	0.06	%	23	20	−3
科教文卫支出占财政支出比重	19.96	25.75	%	22	18	−4
人均绿地面积	38.00	33.39	平方米	19	25	6
用水普及率	99.79	100.00	%	25	1	−24
城镇生活污水处理率	75.00	86.07	%	33	17	−16
工业二氧化硫去除率	62.99	33.90	%	18	33	15
工业废水化学需氧量去除率	40.52	73.53	%	37	29	−8
工业废水氨氮去除率	61.40	34.05	%	27	33	6

注：变动值为正数表明排名上升。

济南市绿色发展“体检”表

序号	指标名称	单位	口径	指标属性	2010年38城市测评均值	2010年济南市数值	2009年济南市数值	2010年济南市排名	2009年济南市排名	排名变化	2010年数据来源	进退脸谱
1	人均地区生产总值	元	全市	正	55 399.15	57 947	50 218.90	18	19	1	区域经济；城市	☺
2	单位地区生产总值能耗	吨/万元	全市	逆	0.82	0.87	N/A	23	N/A	N/A	区域经济；城市	
3	人均城镇生活消费用电	千瓦时/人	全市	逆	580.70	495.68	434.65	20	20	0	城市	
4	单位地区生产总值二氧化碳排放量			逆	无数列表			N/A	N/A	N/A		
5	单位地区生产总值二氧化硫排放量	吨/亿元	全市	逆	42.67	22.70	25.92	13	13	0	区域经济；环境年报2010	
6	单位地区生产总值化学需氧量排放量	吨/亿元	全市	逆	24.91	13.18	15.45	9	9	0	区域经济；环境年报2010	
7	单位地区生产总值氮氧化物排放量	吨/亿元	全市	逆	40.67	25.03	27.74	13	15	2	区域经济；环境年报2010	☺
8	单位地区生产总值氨氮排放量	吨/亿元	全市	逆	2.63	1.33	1.96	12	15	3	区域经济；环境年报2010	☺
9	第一产业劳动生产率	万元/人	全市	正	3.00	2.79	2.43	11	11	0	区域经济	
10	第二产业劳动生产率	万元/人	全市	正	18.12	12.58	11.59	21	20	－1	区域经济	☹
11	单位工业增加值水耗	万吨/万元	全市	逆	0.03	0.02	0.03	20	24	4	区域经济；环境年报2010	☺
12	单位工业增加值能耗			逆	无数列表			N/A	N/A	N/A		
13	工业固体废物综合利用率	%	全市	正	83.42	97.50	93.90	11	15	4	环境年报2010	☺
14	工业用水重复利用率	%	全市	正	82.10	96.06	96.48	4	3	－1	环境年报2010	☹
15	第三产业劳动生产率	万元/人	全市	正	11.39	12.18	10.45	15	14	－1	区域经济	☹
16	第三产业增加值比重	%	全市	正	48.37	52.62	51.49	10	12	2	城市	☺
17	第三产业就业人员比重	%	全市	正	46.83	44.36	45.46	24	20	－4	区域经济	☹
18	人均水资源量	立方米/人	全市	正	1 040.56	289.70	332.52	27	27	0	环境年报2010；城市	
19	单位土地面积二氧化碳排放量			逆	无数列表			N/A	N/A	N/A		
20	人均二氧化碳排放量			逆	无数列表			N/A	N/A	N/A		
21	单位土地面积二氧化硫排放量	吨/平方公里	全市	逆	11.34	9.98	10.11	22	22	0	环境年报2010；城市	
22	人均二氧化硫排放量	吨/万人	全市	逆	211.11	135.17	136.95	15	13	－2	环境年报2010；城市	☹

续表

序号	指标名称	单位	口径	指标属性	2010年38城市测评均值	2010年济南市数值	2009年济南市数值	2010年济南市排名	2009年济南市排名	排名变化	2010年数据来源	进退脸谱
23	单位土地面积化学需氧量排放量	吨/平方公里	全市	逆	7.63	5.79	6.03	22	21	−1	环境年报2010；城市	☹
24	人均化学需氧量排放量	吨/万人	全市	逆	117.25	78.44	81.64	13	15	2	环境年报2010；城市	☺
25	单位土地面积氮氧化物排放量	吨/平方公里	全市	逆	14.61	11.00	10.82	24	25	1	环境年报2010；城市	☺
26	人均氮氧化物排放量	吨/万人	全市	逆	231.68	149.03	146.57	15	16	1	环境年报2010；城市	☺
27	单位土地面积氨氮排放量	吨/平方公里	全市	逆	0.83	0.58	0.77	18	24	6	环境年报2010；城市	☺
28	人均氨氮排放量	吨/万人	全市	逆	12.50	7.92	10.38	11	15	4	环境年报2010；城市	☺
29	空气质量达到二级以上天数占全年比重	%	市辖区	正	89.45	84.34	80.77	30	34	4	环境保护部数据	☺
30	首要污染物可吸入颗粒物天数占全年比重	%	市辖区	逆	69.76	93.42	94.79	37	37	0	环境保护部数据	
31	环境保护支出占财政支出比重	%	全市	正	3.14	3.39	2.81	13	13	0	统计；城市	
32	工业环境污染治理投资占地区生产总值比重	%	全市	正	0.09	0.07	0.02	12	32	20	环境年报2010；区域经济	☺
33	科教文卫支出占财政支出比重	%	全市	正	21.06	21.18	25.64	17	19	2	统计；城市；区域经济	☺
34	人均绿地面积	平方米	市辖区	正	58.13	34.00	31.49	24	27	3	城市	☺
35	建成区绿化覆盖率	%	市辖区	正	39.84	37.04	36.43	30	29	−1	城市建设	☹
36	用水普及率	%	市辖区	正	98.83	100.00	99.82	1	20	19	城市建设	☺
37	城镇生活污水处理率	%	市辖区	正	86.16	96.65	94.08	6	4	−2	城市建设	☹
38	生活垃圾无害化处理率	%	市辖区	正	94.38	90.78	78.03	29	32	3	城市建设	☺
39	每万人拥有公共汽车	辆	市辖区	正	15.51	12.18	12.55	25	21	−4	城市	☹
40	工业二氧化硫去除率	%	全市	正	57.30	68.01	68.24	13	11	−2	环境年报2010	☹
41	工业废水化学需氧量去除率	%	全市	正	76.07	82.83	79.03	19	24	5	环境年报2010	☺
42	工业氮氧化物去除率	%	全市	正	5.24	0.01	0.00	30	29	−1	环境年报2010	☹
43	工业废水氨氮去除率	%	全市	正	66.79	92.10	91.02	6	6	0	环境年报2010	

年鉴说明：区域经济——《中国区域经济统计年鉴2011》；城市——《中国城市统计年鉴2011》；统计——《中国统计年鉴2011》；城市建设——《中国城市建设统计年鉴2010》；环境年报2010——《中国环境统计年报2010》；环境年鉴——《中国环境统计年鉴2011》；环保部数据——环境保护部数据中心。

济南市绿色发展水平简要分析

济南市绿色发展水平在全国参与测评的 38 个城市中排名第 19 位(使用 2010 年数据),较 2009 年上升 5 位(2009 年济南市测算排名第 24 位)。以下分别从各级指标得分情况和 2009 年、2010 年两年变化情况对济南市进行简要分析。

一、2010 年济南市绿色发展指数指标得分情况

2010 年济南市绿色发展指数为－0.029,从经济增长绿化度、资源与环境承载潜力和政府政策支持度 3 个一级指标数值来看(如图 1 所示),济南市的经济增长绿化度和政府政策支持度具有一定的比较优势;而资源环境承载潜力则相对较弱,低于全国平均水平(注:各个指标的全国平均水平为 0 值)。

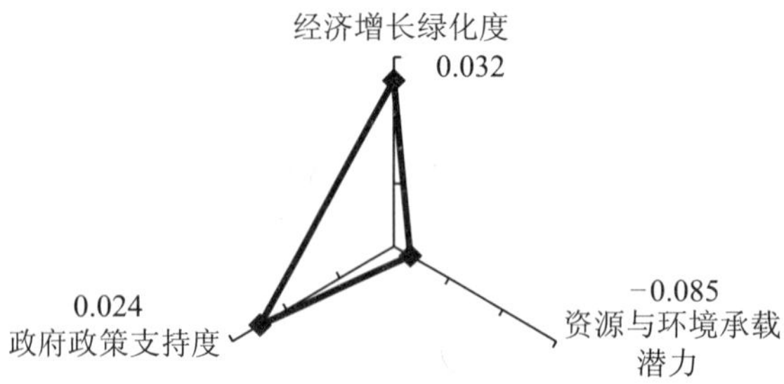

图 1　济南市一级指标得分情况

从图 2 中可以看出,2010 年济南市绿色发展指数二级指标中有 5 个高于全国平均水平,分别为第一产业指标、第二产业指标、第三产业指标、绿色投资指标、环境治理指标;而资源丰裕与生态保护指标、环境压力与气候变化指标、基础设施指标 3 个指标则低于全国平均水平;绿色增长效率指标与全国平均水平持平。

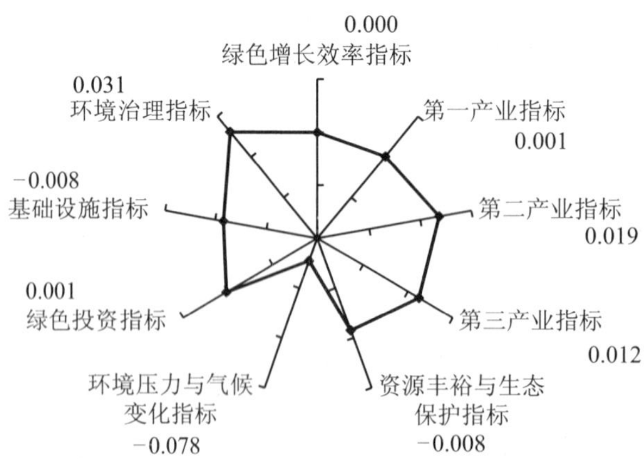

图 2　济南市二级指标得分情况

二、济南市绿色发展指数两年排名变化情况

如表 1 所示,从一级指标排名变化情况来看,2010 年济南市排名变化最大的是政府政策支持度,上升了 2 位;经济增长绿化度和资源环境承载潜力均上升了 1 位。从二级指标排名变化情况来看,绿色投资指标上升 9 位,环境治理指标上升 5 位,基础设施指标和环境压力与气候变化

指标均上升 2 位，绿色增长效率指标、第一产业指标和第三产业指标均上升 1 位；第二产业指标下降 1 位；而资源丰裕与生态保护指标较 2009 年相比没有变化。

表 1 2009—2010 年济南市一级指标和二级指标排名变化情况

指　标	2010 年	2009 年	差　距	指　标	2010 年	2009 年	差　距
中国绿色发展指数	19	24	5				
经济增长绿化度	13	14	1	资源丰裕与生态保护指标	27	27	0
绿色增长效率指标	17	18	1	环境压力与气候变化指标	26	28	2
第一产业指标	10	11	1	政府政策支持度	19	21	2
第二产业指标	9	8	−1	绿色投资指标	12	21	9
第三产业指标	12	13	1	基础设施指标	24	26	2
资源环境承载潜力	28	29	1	环境治理指标	12	17	5

注：差距值为正数表明排名上升。

为了进一步分析一级、二级指标变化的原因，下面将济南市 2009 年与 2010 年两年三级指标排名位次变化超过 3 位的指标列表如下(见表 2)。与 2009 年相比，2010 年济南市三级指标排名有升有降，但上升趋势非常显著。其中，工业环境污染治理投资占地区生产总值比重较 2009 年上升 20 位，用水普及率上升 19 位，单位土地面积氨氮排放量和工业废水化学需氧量去除率等大部分指标也均有上升；而济南市的第三产业就业人员比重和每万人拥有公共汽车较 2009 年均下降了 4 位。

表 2 2009—2010 年济南市变化超过 3 位的三级指标

三级指标名称	两年原始数据			两年排名变化		
	2010 年	2009 年	单　位	2010 年	2009 年	变　动
单位地区生产总值氨氮排放量	1.33	1.96	吨/亿元	12	15	3
单位工业增加值水耗	0.02	0.03	万吨/万元	20	24	4
工业固体废物综合利用率	97.50	93.90	%	11	15	4
第三产业就业人员比重	44.36	45.46	%	24	20	−4
单位土地面积氨氮排放量	0.58	0.77	吨/平方公里	18	24	6
人均氨氮排放量	7.92	10.38	吨/万人	11	15	4
空气质量达到二级以上天数占全年比重	84.34	80.77	%	30	34	4
工业环境污染治理投资占地区生产总值比重	0.07	0.02	%	12	32	20
人均绿地面积	34.00	31.49	平方米	24	27	3
用水普及率	100.00	99.82	%	1	20	19
生活垃圾无害化处理率	90.78	78.03	%	29	32	3
每万人拥有公共汽车	12.18	12.55	辆	25	21	−4
工业废水化学需氧量去除率	82.83	79.03	%	19	24	5

注：变动值为正数表明排名上升。

青岛市绿色发展“体检”表

序号	指标名称	单 位	口 径	指标属性	2010 年 38 城市测评均值	2010 年青岛市数值	2009 年青岛市数值	2010 年青岛市排名	2009 年青岛市排名	排名变化	2010 年数据来源	进退脸谱
1	人均地区生产总值	元	全市	正	55 399.15	65 812	57 251.15	13	14	1	区域经济；城市	☺
2	单位地区生产总值能耗	吨/万元	全市	逆	0.82	0.32	0.35	9	9	0	区域经济；城市	
3	人均城镇生活消费用电	千瓦时/人	全市	逆	580.70	356.78	699.09	9	31	22	城市	☺
4	单位地区生产总值二氧化碳排放量			逆	无数列表			N/A	N/A	N/A		
5	单位地区生产总值二氧化硫排放量	吨/亿元	全市	逆	42.67	21.74	24.73	10	11	1	区域经济；环境年报 2010	☺
6	单位地区生产总值化学需氧量排放量	吨/亿元	全市	逆	24.91	8.99	10.55	4	4	0	区域经济；环境年报 2010	
7	单位地区生产总值氮氧化物排放量	吨/亿元	全市	逆	40.67	15.45	20.40	4	7	3	区域经济；环境年报 2010	☺
8	单位地区生产总值氨氮排放量	吨/亿元	全市	逆	2.63	1.56	1.34	14	8	−6	区域经济；环境年报 2010	☹
9	第一产业劳动生产率	万元/人	全市	正	3.00	2.66	2.23	15	14	−1	区域经济	☹
10	第二产业劳动生产率	万元/人	全市	正	18.12	12.51	11.10	22	21	−1	区域经济	☹
11	单位工业增加值水耗	万吨/万元	全市	逆	0.03	0.01	0.01	11	8	−3	区域经济；环境年报 2010	☹
12	单位工业增加值能耗			逆	无数列表			N/A	N/A	N/A		
13	工业固体废物综合利用率	%	全市	正	83.42	98.30	98.20	8	8	0	环境年报 2010	
14	工业用水重复利用率	%	全市	正	82.10	89.12	87.59	21	20	−1	环境年报 2010	☹
15	第三产业劳动生产率	万元/人	全市	正	11.39	13.99	12.69	9	8	−1	区域经济	☹
16	第三产业增加值比重	%	全市	正	48.37	46.43	45.40	21	24	3	城市	☺
17	第三产业就业人员比重	%	全市	正	46.83	37.68	35.64	33	34	1	区域经济	☺
18	人均水资源量	立方米/人	全市	正	1 040.56	207.95	155.05	29	35	6	环境年报 2010；城市	☺
19	单位土地面积二氧化碳排放量			逆	无数列表			N/A	N/A	N/A		
20	人均二氧化碳排放量			逆	无数列表			N/A	N/A	N/A		
21	单位土地面积二氧化硫排放量	吨/平方公里	全市	逆	11.34	10.27	10.35	23	23	0	环境年报 2010；城市	
22	人均二氧化硫排放量	吨/万人	全市	逆	211.11	147.73	149.07	17	18	1	环境年报 2010；城市	☺

续表

序号	指标名称	单　位	口　径	指标属性	2010年38城市测评均值	2010年青岛市数值	2009年青岛市数值	2010年青岛市排名	2009年青岛市排名	排名变化	2010年数据来源	进退脸谱
23	单位土地面积化学需氧量排放量	吨/平方公里	全市	逆	7.63	4.25	4.42	15	14	－1	环境年报2010；城市	☹
24	人均化学需氧量排放量	吨/万人	全市	逆	117.25	61.10	63.60	3	3	0	环境年报2010；城市	
25	单位土地面积氮氧化物排放量	吨/平方公里	全市	逆	14.61	7.30	8.54	14	22	8	环境年报2010；城市	☺
26	人均氮氧化物排放量	吨/万人	全市	逆	231.68	105.01	122.97	10	13	3	环境年报2010；城市	☺
27	单位土地面积氨氮排放量	吨/平方公里	全市	逆	0.83	0.74	0.56	24	18	－6	环境年报2010；城市	☹
28	人均氨氮排放量	吨/万人	全市	逆	12.50	10.58	8.07	20	8	－12	环境年报2010；城市	☹
29	空气质量达到二级以上天数占全年比重	%	市辖区	正	89.45	90.38	91.21	18	16	－2	环境保护部数据	☹
30	首要污染物可吸入颗粒物天数占全年比重	%	市辖区	逆	69.76	78.90	76.44	23	17	－6	环境保护部数据	☹
31	环境保护支出占财政支出比重	%	全市	正	3.14	2.42	1.63	21	27	6	统计；城市	☺
32	工业环境污染治理投资占地区生产总值比重	%	全市	正	0.09	0.02	0.02	27	33	6	环境年报2010；区域经济	☺
33	科教文卫支出占财政支出比重	%	全市	正	21.06	15.87	24.79	33	26	－7	统计；城市；区域经济	☹
34	人均绿地面积	平方米	市辖区	正	58.13	60.00	58.09	8	9	1	城市	☺
35	建成区绿化覆盖率	%	市辖区	正	39.84	43.38	43.38	7	7	0	城市建设	
36	用水普及率	%	市辖区	正	98.83	100.00	100.00	1	1	0	城市建设	
37	城镇生活污水处理率	%	市辖区	正	86.16	88.29	84.64	22	18	－4	城市建设	☹
38	生活垃圾无害化处理率	%	市辖区	正	94.38	100.00	100.00	1	1	0	城市建设	
39	每万人拥有公共汽车	辆	市辖区	正	15.51	16.93	15.57	9	9	0	城市	
40	工业二氧化硫去除率	%	全市	正	57.30	64.56	66.44	14	13	－1	环境年报2010	☹
41	工业废水化学需氧量去除率	%	全市	正	76.07	84.82	85.05	16	19	3	环境年报2010	☺
42	工业氮氧化物去除率	%	全市	正	5.24	1.26	0.94	20	22	2	环境年报2010	☺
43	工业废水氨氮去除率	%	全市	正	66.79	87.52	89.47	9	8	－1	环境年报2010	☹

年鉴说明：区域经济——《中国区域经济统计年鉴2011》；城市——《中国城市统计年鉴2011》；统计——《中国统计年鉴2011》；城市建设——《中国城市建设统计年鉴2010》；环境年报2010——《中国环境统计年报2010》；环境年鉴——《中国环境统计年鉴2011》；环保部数据——环境保护部数据中心。

青岛市绿色发展水平简要分析

青岛市绿色发展水平在全国参与测评的 38 个城市中排名第 8 位(使用 2010 年数据)，较 2009 年上升 1 位(2009 年青岛市测算排名第 9 位)。以下分别从各级指标得分情况和 2009 年、2010 年两年变化情况对青岛市进行简要分析。

一、2010 年青岛市绿色发展指数指标得分情况

2010 年青岛市绿色发展指数为 0.109，从经济增长绿化度、资源与环境承载潜力和政府政策支持度 3 个一级指标数值来看(如图 1 所示)，青岛市的经济增长绿化度和政府政策支持度具有一定的比较优势；而资源与环境承载潜力则相对较弱，低于全国平均水平(注：各个指标的全国平均水平为 0 值)。

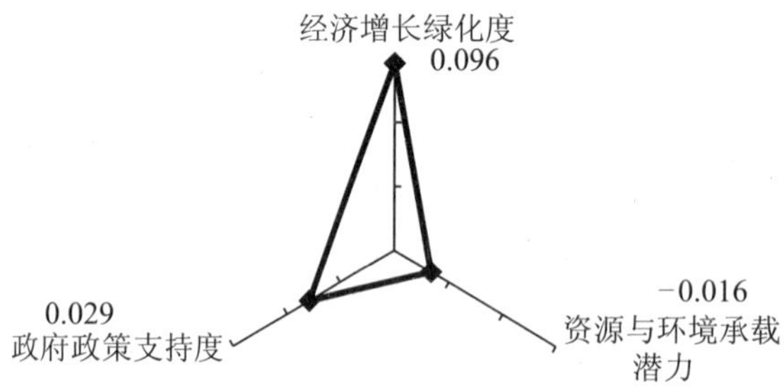

图 1　青岛市一级指标得分情况

从图 2 中可以看出，2010 年青岛市绿色发展指数二级指标中有 4 个高于全国平均水平，分别为绿色增长效率指标、第二产业指标、基础设施指标、环境治理指标；而第三产业指标、资源丰裕与生态保护指标、环境压力与气候变化指标、绿色投资指标 4 个指标则低于全国平均水平；第一产业指标与全国平均水平持平。

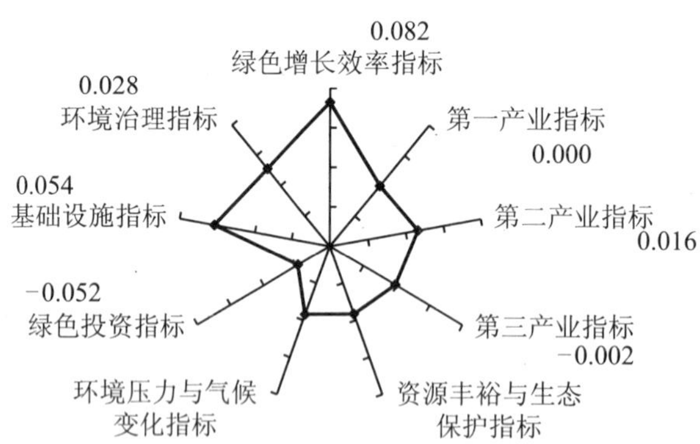

图 2　青岛市二级指标得分情况

二、青岛市绿色发展指数两年排名变化情况

如表 1 所示，从一级指标排名变化情况来看，2010 年青岛市经济增长绿化度上升了 3 位；政府政策支持度和资源环境承载潜力分别下降了 5 位和 2 位。从二级指标排名变化情况来看，资源丰裕与生态保护指标、绿色增长效率指标和第三产业指标分别上升了 6 位、3 位、3 位；第二产业指标、环境治理指标、环境压力与气候变化指标、绿色投资指标和基础设施指标分别下降了 4 位、3 位、2 位、2 位和 1 位；而第一产业指标与 2009 年相比则没有变化。

表 1　2009—2010 年青岛市一级指标和二级指标排名变化情况

指　标	2010 年	2009 年	差　距	指　标	2010 年	2009 年	差　距
中国绿色发展指数	8	9	1				
经济增长绿化度	6	9	3	资源丰裕与生态保护指标	29	35	6
绿色增长效率指标	4	7	3	环境压力与气候变化指标	16	14	−2
第一产业指标	14	14	0	政府政策支持度	18	13	−5
第二产业指标	11	7	−4	绿色投资指标	35	33	−2
第三产业指标	17	20	3	基础设施指标	6	5	−1
资源环境承载潜力	16	14	−2	环境治理指标	14	11	−3

注：差距值为正数表明排名上升。

为了进一步分析一级、二级指标变化的原因，下面将青岛市 2009 年与 2010 年两年三级指标排名位次变化超过 3 位的指标列表如下(见表 2)。与 2009 年相比，2010 年青岛市三级指标排名有升有降，变动显著。其中，人均城镇生活消费用电较 2009 年上升 22 位，单位土地面积氮氧化物排放量上升 8 位，人均水资源量等多个指标也均有小幅上升；而青岛市的人均氨氮排放量较 2009 年下降 12 位，科教文卫支出占财政支出比重下降 7 位，单位地区生产总值氨氮排放量和首要污染物可吸入颗粒物天数占全年比重等指标也均有小幅下降。

表 2　2009—2010 年青岛市变化超过 3 位的三级指标

三级指标名称	两年原始数据			两年排名变化		
	2010 年	2009 年	单　位	2010 年	2009 年	变　动
人均城镇生活消费用电	356.78	699.09	千瓦时/人	9	31	22
单位地区生产总值氮氧化物排放量	15.45	20.40	吨/亿元	4	7	3
单位地区生产总值氨氮排放量	1.56	1.34	吨/亿元	14	8	−6
单位工业增加值水耗	0.01	0.01	万吨/万元	11	8	−3
第三产业增加值比重	46.43	45.40	%	21	24	3
人均水资源量	207.95	155.05	立方米/人	29	35	6
单位土地面积氮氧化物排放量	7.30	8.54	吨/平方公里	14	22	8
人均氮氧化物排放量	105.01	122.97	吨/万人	10	13	3
单位土地面积氨氮排放量	0.74	0.56	吨/平方公里	24	18	−6
人均氨氮排放量	10.58	8.07	吨/万人	20	8	−12
首要污染物可吸入颗粒物天数占全年比重	78.90	76.44	%	23	17	−6
环境保护支出占财政支出比重	2.42	1.63	%	21	27	6
工业环境污染治理投资占地区生产总值比重	0.02	0.02	%	27	33	6
科教文卫支出占财政支出比重	15.87	24.79	%	33	26	−7
城镇生活污水处理率	88.29	84.64	%	22	18	−4
工业废水化学需氧量去除率	84.82	85.05	%	16	19	3

注：变动值为正数表明排名上升。

郑州市绿色发展“体检”表

序号	指标名称	单　位	口　径	指标属性	2010 年 38 城市测评均值	2010 年郑州市数值	2009 年郑州市数值	2010 年郑州市排名	2009 年郑州市排名	排名变化	2010 年数据来源	进退脸谱
1	人均地区生产总值	元	全市	正	55 399.15	47 608	44 231.35	21	21	0	区域经济；城市	
2	单位地区生产总值能耗	吨/万元	全市	逆	0.82	0.60	0.65	16	14	−2	区域经济；城市	☹
3	人均城镇生活消费用电	千瓦时/人	全市	逆	580.70	427.89	372.52	16	15	−1	城市	☹
4	单位地区生产总值二氧化碳排放量			逆	无数列表			N/A	N/A	N/A		
5	单位地区生产总值二氧化硫排放量	吨/亿元	全市	逆	42.67	42.05	45.33	26	26	0	区域经济；环境年报 2010	
6	单位地区生产总值化学需氧量排放量	吨/亿元	全市	逆	24.91	15.67	17.11	14	12	−2	区域经济；环境年报 2010	☹
7	单位地区生产总值氮氧化物排放量	吨/亿元	全市	逆	40.67	47.49	45.72	27	28	1	区域经济；环境年报 2010	☺
8	单位地区生产总值氨氮排放量	吨/亿元	全市	逆	2.63	2.36	1.81	21	13	−8	区域经济；环境年报 2010	☹
9	第一产业劳动生产率	万元/人	全市	正	3.00	1.17	1.03	33	32	−1	区域经济	☹
10	第二产业劳动生产率	万元/人	全市	正	18.12	14.50	11.70	15	18	3	区域经济	☺
11	单位工业增加值水耗	万吨/万元	全市	逆	0.03	0.01	0.02	14	15	1	区域经济；环境年报 2010	☺
12	单位工业增加值能耗			逆	无数列表			N/A	N/A	N/A		
13	工业固体废物综合利用率	%	全市	正	83.42	83.00	82.60	27	28	1	环境年报 2010	☺
14	工业用水重复利用率	%	全市	正	82.10	87.58	92.21	24	16	−8	环境年报 2010	☹
15	第三产业劳动生产率	万元/人	全市	正	11.39	8.32	7.82	25	23	−2	区域经济	☹
16	第三产业增加值比重	%	全市	正	48.37	40.74	42.89	33	30	−3	城市	☹
17	第三产业就业人员比重	%	全市	正	46.83	44.65	41.10	23	27	4	区域经济	☺
18	人均水资源量	立方米/人	全市	正	1 040.56	140.36	182.95	34	32	−2	环境年报 2010；城市	☹
19	单位土地面积二氧化碳排放量			逆	无数列表			N/A	N/A	N/A		
20	人均二氧化碳排放量			逆	无数列表			N/A	N/A	N/A		
21	单位土地面积二氧化硫排放量	吨/平方公里	全市	逆	11.34	17.81	16.99	31	30	−1	环境年报 2010；城市	☹
22	人均二氧化硫排放量	吨/万人	全市	逆	211.11	179.67	174.26	21	20	−1	环境年报 2010；城市	☹

续表

序号	指标名称	单　位	口　径	指标属性	2010年38城市测评均值	2010年郑州市数值	2009年郑州市数值	2010年郑州市排名	2009年郑州市排名	排名变化	2010年数据来源	进退脸谱
23	单位土地面积化学需氧量排放量	吨/平方公里	全市	逆	7.63	6.64	6.41	24	24	0	环境年报2010；城市	
24	人均化学需氧量排放量	吨/万人	全市	逆	117.25	66.97	65.79	5	4	−1	环境年报2010；城市	☹
25	单位土地面积氮氧化物排放量	吨/平方公里	全市	逆	14.61	20.11	17.13	28	27	−1	环境年报2010；城市	☹
26	人均氮氧化物排放量	吨/万人	全市	逆	231.68	202.92	175.77	23	21	−2	环境年报2010；城市	☹
27	单位土地面积氨氮排放量	吨/平方公里	全市	逆	0.83	1.00	0.68	29	22	−7	环境年报2010；城市	☹
28	人均氨氮排放量	吨/万人	全市	逆	12.50	10.10	6.97	18	3	−15	环境年报2010；城市	☹
29	空气质量达到二级以上天数占全年比重	%	市辖区	正	89.45	86.81	88.19	22	23	1	环境保护部数据	☺
30	首要污染物可吸入颗粒物天数占全年比重	%	市辖区	逆	69.76	86.58	88.49	31	33	2	环境保护部数据	☺
31	环境保护支出占财政支出比重	%	全市	正	3.14	2.00	2.71	27	15	−12	统计；城市	☹
32	工业环境污染治理投资占地区生产总值比重	%	全市	正	0.09	0.03	0.08	25	17	−8	环境年报2010；区域经济	☹
33	科教文卫支出占财政支出比重	%	全市	正	21.06	19.98	28.47	21	12	−9	统计；城市；区域经济	☹
34	人均绿地面积	平方米	市辖区	正	58.13	22.00	36.14	35	22	−13	城市	☹
35	建成区绿化覆盖率	%	市辖区	正	39.84	34.88	34.54	35	34	−1	城市建设	☹
36	用水普及率	%	市辖区	正	98.83	100.00	100.00	1	1	0	城市建设	
37	城镇生活污水处理率	%	市辖区	正	86.16	97.20	97.18	4	3	−1	城市建设	☹
38	生活垃圾无害化处理率	%	市辖区	正	94.38	89.61	86.78	30	27	−3	城市建设	☹
39	每万人拥有公共汽车	辆	市辖区	正	15.51	9.39	15.53	33	10	−23	城市	☹
40	工业二氧化硫去除率	%	全市	正	57.30	30.67	34.54	34	32	−2	环境年报2010	☹
41	工业废水化学需氧量去除率	%	全市	正	76.07	79.01	75.54	26	27	1	环境年报2010	☺
42	工业氮氧化物去除率	%	全市	正	5.24	0.30	0.00	24	29	5	环境年报2010	☺
43	工业废水氨氮去除率	%	全市	正	66.79	70.57	68.92	20	19	−1	环境年报2010	☹

年鉴说明：区域经济——《中国区域经济统计年鉴2011》；城市——《中国城市统计年鉴2011》；统计——《中国统计年鉴2011》；城市建设——《中国城市建设统计年鉴2010》；环境年报2010——《中国环境统计年报2010》；环境年鉴——《中国环境统计年鉴2011》；环保部数据——环境保护部数据中心。

郑州市绿色发展水平简要分析

郑州市绿色发展水平在全国参与测评的 38 个城市中排名第 36 位(使用 2010 年数据)，较 2009 年下降 8 位(2009 年郑州市测算排名第 28 位)。以下分别从各级指标得分情况和 2009 年、2010 年两年变化情况对郑州市进行简要分析。

一、2010 年郑州市绿色发展指数指标得分情况

2010 年郑州市绿色发展指数为－0.284，从经济增长绿化度、资源与环境承载潜力和政府政策支持度 3 个一级指标数值来看(如图 1 所示)，郑州市的经济增长绿化度、资源环境承载潜力和政府政策支持度均相对较弱，低于全国平均水平(注：各个指标的全国平均水平为 0 值)。

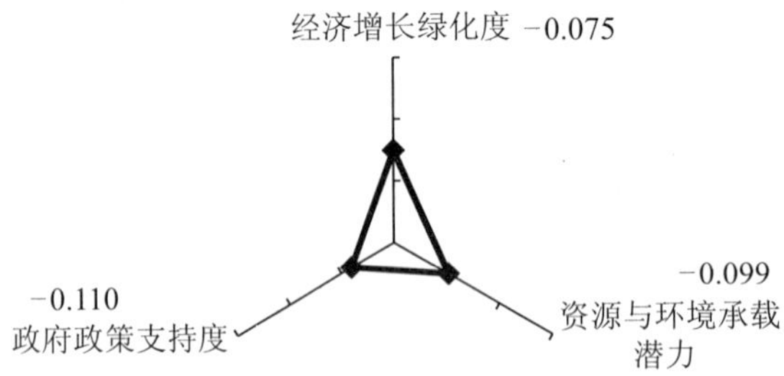

图 1　郑州市一级指标得分情况

从图 2 中可以看出，2010 年郑州市绿色发展指数中 9 个二级指标均低于全国平均水平。

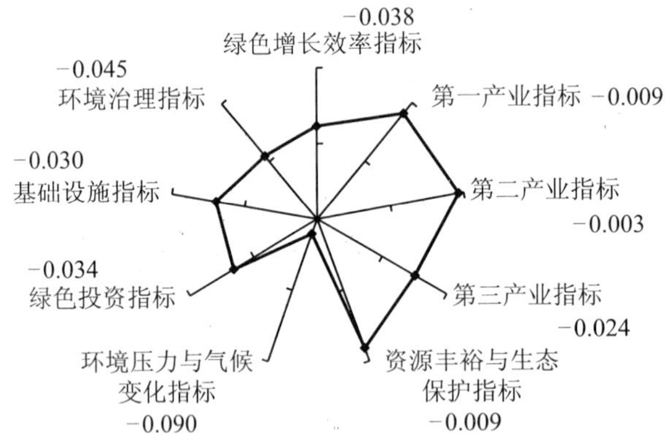

图 2　郑州市二级指标得分情况

二、郑州市绿色发展指数两年排名变化情况

如表 1 所示，从一级指标排名变化情况来看，2010 年郑州市资源环境承载潜力、政府政策支持度和经济增长绿化度分别下降了 10 位、7 位和 5 位。从二级指标排名变化情况来看，所有的二级指标均较 2009 年排名出现了下降，其中绿色投资指标下降 16 位，环境压力与气候变化指标下降 10 位，绿色增长效率指标下降 6 位，其他指标也有不同程度的下降。

表 1 2009—2010 年郑州市一级指标和二级指标排名变化情况

指 标	2010 年	2009 年	差 距	指 标	2010 年	2009 年	差 距
中国绿色发展指数	36	28	−8				
经济增长绿化度	30	25	−5	资源丰裕与生态保护指标	34	32	−2
绿色增长效率指标	27	21	−6	环境压力与气候变化指标	29	19	−10
第一产业指标	33	32	−1	政府政策支持度	31	24	−7
第二产业指标	22	18	−4	绿色投资指标	29	13	−16
第三产业指标	31	30	−1	基础设施指标	28	24	−4
资源环境承载潜力	30	20	−10	环境治理指标	30	28	−2

注：差距值为正数表明排名上升。

为了进一步分析一级、二级指标变化的原因，下面将郑州市 2009 年与 2010 年两年三级指标排名位次变化超过 3 位的指标列表如下（见表 2）。与 2009 年相比，2010 年郑州市三级指标排名有升有降，但下降趋势非常显著。其中，每万人拥有公共汽车较 2009 年下降 23 位，人均氨氮排放量下降 15 位，人均绿地面积和环境保护支出占财政支出比重分别下降 13 位和 12 位，单位地区生产总值氨氮排放量和工业用水重复利用率等指标也均有不同程度的下降；而郑州市的工业氮氧化物去除率、第三产业就业人员比重和第二产业劳动生产率则分别较 2009 年上升了 5 位、4 位和 3 位。

表 2 2009—2010 年郑州市变化超过 3 位的三级指标

三级指标名称	两年原始数据			两年排名变化		
	2010 年	2009 年	单 位	2010 年	2009 年	变 动
单位地区生产总值氨氮排放量	2.36	1.81	吨/亿元	21	13	−8
第二产业劳动生产率	14.50	11.70	万元/人	15	18	3
工业用水重复利用率	87.58	92.21	%	24	16	−8
第三产业增加值比重	40.74	42.89	%	33	30	−3
第三产业就业人员比重	44.65	41.10	%	23	27	4
单位土地面积氨氮排放量	1.00	0.68	吨/平方公里	29	22	−7
人均氨氮排放量	10.10	6.97	吨/万人	18	3	−15
环境保护支出占财政支出比重	2.00	2.71	%	27	15	−12
工业环境污染治理投资占地区生产总值比重	0.03	0.08	%	25	17	−8
科教文卫支出占财政支出比重	19.98	28.47	%	21	12	−9
人均绿地面积	22.00	36.14	平方米	35	22	−13
生活垃圾无害化处理率	89.61	86.78	%	30	27	−3
每万人拥有公共汽车	9.39	15.53	辆	33	10	−23
工业氮氧化物去除率	0.30	0.00	%	24	29	5

注：变动值为正数表明排名上升。

武汉市绿色发展"体检"表

序号	指标名称	单位	口径	指标属性	2010年38城市测评均值	2010年武汉市数值	2009年武汉市数值	2010年武汉市排名	2009年武汉市排名	排名变化	2010年数据来源	进退脸谱
1	人均地区生产总值	元	全市	正	55 399.15	56 367	51 136.00	19	18	−1	区域经济；城市	☹
2	单位地区生产总值能耗	吨/万元	全市	逆	0.82	1.07	1.12	26	26	0	区域经济；城市	
3	人均城镇生活消费用电	千瓦时/人	全市	逆	580.70	640.80	580.61	28	26	−2	城市	☹
4	单位地区生产总值二氧化碳排放量			逆	无数列表			N/A	N/A	N/A		
5	单位地区生产总值二氧化硫排放量	吨/亿元	全市	逆	42.67	20.81	30.90	9	17	8	区域经济；环境年报2010	☺
6	单位地区生产总值化学需氧量排放量	吨/亿元	全市	逆	24.91	32.54	38.33	30	30	0	区域经济；环境年报2010	
7	单位地区生产总值氮氧化物排放量	吨/亿元	全市	逆	40.67	39.10	45.96	24	29	5	区域经济；环境年报2010	☺
8	单位地区生产总值氨氮排放量	吨/亿元	全市	逆	2.63	2.72	3.43	25	26	1	区域经济；环境年报2010	☺
9	第一产业劳动生产率	万元/人	全市	正	3.00	2.66	2.08	16	16	0	区域经济	
10	第二产业劳动生产率	万元/人	全市	正	18.12	14.28	12.93	16	12	−4	区域经济	☹
11	单位工业增加值水耗	万吨/万元	全市	逆	0.03	0.03	0.04	26	28	2	区域经济；环境年报2010	☺
12	单位工业增加值能耗			逆	无数列表			N/A	N/A	N/A		
13	工业固体废物综合利用率	%	全市	正	83.42	98.60	89.50	6	26	20	环境年报2010	☺
14	工业用水重复利用率	%	全市	正	82.10	93.05	84.38	14	25	11	环境年报2010	☺
15	第三产业劳动生产率	万元/人	全市	正	11.39	11.87	10.35	16	15	−1	区域经济	☹
16	第三产业增加值比重	%	全市	正	48.37	51.44	50.41	13	16	3	城市	☺
17	第三产业就业人员比重	%	全市	正	46.83	50.05	48.98	12	10	−2	区域经济	☹
18	人均水资源量	立方米/人	全市	正	1 040.56	915.71	430.26	13	22	9	环境年报2010；城市	☺
19	单位土地面积二氧化碳排放量			逆	无数列表			N/A	N/A	N/A		
20	人均二氧化碳排放量			逆	无数列表			N/A	N/A	N/A		
21	单位土地面积二氧化硫排放量	吨/平方公里	全市	逆	11.34	10.92	14.14	24	28	4	环境年报2010；城市	☺
22	人均二氧化硫排放量	吨/万人	全市	逆	211.11	110.97	143.95	11	16	5	环境年报2010；城市	☺

续表

序号	指标名称	单位	口径	指标属性	2010年38城市测评均值	2010年武汉市数值	2009年武汉市数值	2010年武汉市排名	2009年武汉市排名	排名变化	2010年数据来源	进退脸谱
23	单位土地面积化学需氧量排放量	吨/平方公里	全市	逆	7.63	17.08	17.54	35	34	-1	环境年报2010；城市	☹
24	人均化学需氧量排放量	吨/万人	全市	逆	117.25	173.50	178.57	31	33	2	环境年报2010；城市	☺
25	单位土地面积氮氧化物排放量	吨/平方公里	全市	逆	14.61	20.52	21.03	29	31	2	环境年报2010；城市	☺
26	人均氮氧化物排放量	吨/万人	全市	逆	231.68	208.50	214.12	24	27	3	环境年报2010；城市	☺
27	单位土地面积氨氮排放量	吨/平方公里	全市	逆	0.83	1.43	1.57	32	35	3	环境年报2010；城市	☺
28	人均氨氮排放量	吨/万人	全市	逆	12.50	14.52	15.97	26	29	3	环境年报2010；城市	☺
29	空气质量达到二级以上天数占全年比重	%	市辖区	正	89.45	78.02	82.42	36	32	-4	环境保护部数据	☹
30	首要污染物可吸入颗粒物天数占全年比重	%	市辖区	逆	69.76	84.38	83.56	28	27	-1	环境保护部数据	☹
31	环境保护支出占财政支出比重	%	全市	正	3.14	1.82	1.32	31	34	3	统计；城市	☺
32	工业环境污染治理投资占地区生产总值比重	%	全市	正	0.09	0.03	0.15	24	9	-15	环境年报2010；区域经济	☹
33	科教文卫支出占财政支出比重	%	全市	正	21.06	19.38	23.02	24	32	8	统计；城市；区域经济	☺
34	人均绿地面积	平方米	市辖区	正	58.13	30.00	29.64	27	29	2	城市	☺
35	建成区绿化覆盖率	%	市辖区	正	39.84	37.17	37.46	29	28	-1	城市建设	☹
36	用水普及率	%	市辖区	正	98.83	100.00	99.53	1	23	22	城市建设	☺
37	城镇生活污水处理率	%	市辖区	正	86.16	94.96	90.44	10	8	-2	城市建设	☹
38	生活垃圾无害化处理率	%	市辖区	正	94.38	85.01	77.95	33	33	0	城市建设	
39	每万人拥有公共汽车	辆	市辖区	正	15.51	13.45	14.06	17	17	0	城市	
40	工业二氧化硫去除率	%	全市	正	57.30	63.82	48.38	16	25	9	环境年报2010	☺
41	工业废水化学需氧量去除率	%	全市	正	76.07	87.16	85.75	13	18	5	环境年报2010	☺
42	工业氮氧化物去除率	%	全市	正	5.24	0.21	0.18	27	27	0	环境年报2010	
43	工业废水氨氮去除率	%	全市	正	66.79	57.11	59.46	29	24	-5	环境年报2010	☹

年鉴说明：区域经济——《中国区域经济统计年鉴2011》；城市——《中国城市统计年鉴2011》；统计——《中国统计年鉴2011》；城市建设——《中国城市建设统计年鉴2010》；环境年报2010——《中国环境统计年报2010》；环境年鉴——《中国环境统计年鉴2011》；环保部数据——环境保护部数据中心。

武汉市绿色发展水平简要分析

武汉市绿色发展水平在全国参与测评的 38 个城市中排名第 34 位(使用 2010 年数据)，较 2009 年上升 1 位(2009 年武汉市测算排名第 35 位)。以下分别从各级指标得分情况和 2009 年、2010 年两年变化情况对武汉市进行简要分析。

一、2010 年武汉市绿色发展指数指标得分情况

2010 年武汉市绿色发展指数为－0.262，从经济增长绿化度、资源与环境承载潜力和政府政策支持度 3 个一级指标数值来看(如图 1 所示)，武汉市的经济增长绿化度、政府政策支持度和资源环境承载潜力都相对较弱，低于全国平均水平(注：各个指标的全国平均水平为 0 值)。

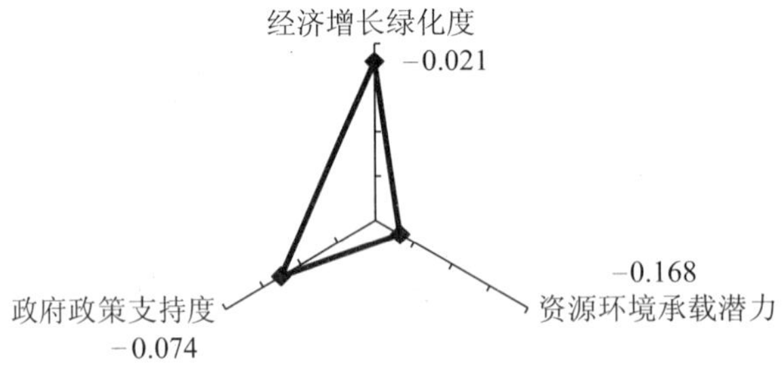

图 1　武汉市一级指标得分情况

从图 2 中可以看出，2010 年武汉市绿色发展指数二级指标中有 2 个高于全国平均水平，分别为第三产业指标、第二产业指标；而第一产业指标、资源丰裕与生态保护指标、环境治理指标、基础设施指标、绿色投资指标、绿色增长效率指标、环境压力与气候变化指标 7 个指标则低于全国平均水平。

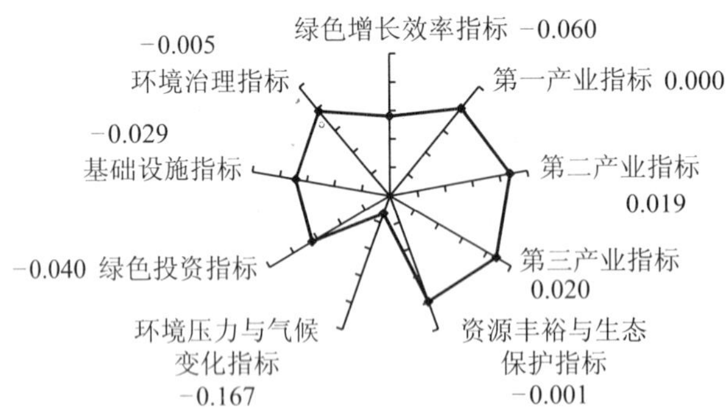

图 2　武汉市二级指标得分情况

二、武汉市绿色发展指数两年排名变化情况

如表 1 所示，从一级指标排名变化来看，2010 年武汉市排名变化最大的是经济增长绿化度，上升 7 位；政府政策支持度也上升 5 位；资源环境承载潜力则下降 2 位。从二级指标排名变化来看，第二产业指标、资源丰裕与生态保护指标、环境治理指标、绿色增长效率指标、第一产业指标和第三产业指标分别上升 14 位、9 位、4 位、1 位、1 位和 1 位；环境压力与气候变化指标则下降了 2 位；绿色投资指标和基础设施指标与 2009 年相比则没有变化。

表 1　2009—2010 年武汉市一级指标和二级指标排名变化情况

指　标	2010 年	2009 年	差　距	指　标	2010 年	2009 年	差　距
中国绿色发展指数	34	35	1				
经济增长绿化度	20	27	7	资源丰裕与生态保护指标	13	22	9
绿色增长效率指标	31	32	1	环境压力与气候变化指标	37	35	−2
第一产业指标	15	16	1	政府政策支持度	25	30	5
第二产业指标	8	22	14	绿色投资指标	30	30	0
第三产业指标	10	11	1	基础设施指标	27	27	0
资源环境承载潜力	38	36	−2	环境治理指标	21	25	4

注：差距值为正数表明排名上升。

为了进一步分析一级、二级指标变化的原因，下面将武汉市 2009 年与 2010 年两年三级指标排名位次变化超过 3 位的指标列表如下(见表 2)。与 2009 年相比，2010 年武汉市三级指标排名有升有降，但上升趋势更为显著。其中，用水普及率较 2009 年上升 22 位，工业固体废物综合利用率上升 20 位，工业用水重复利用率、人均水资源量等多个指标均有所上升；而武汉市的第二产业劳动生产率、工业废水氨氮去除率等 4 个指标较 2009 年则有一定程度的下降。

表 2　2009—2010 年武汉市变化超过 3 位的三级指标

三级指标名称	两年原始数据			两年排名变化		
	2010 年	2009 年	单　位	2010 年	2009 年	变　动
单位地区生产总值二氧化硫排放量	20.81	30.90	吨/亿元	9	17	8
单位地区生产总值氮氧化物排放量	39.10	45.96	吨/亿元	24	29	5
第二产业劳动生产率	14.28	12.93	万元/人	16	12	−4
工业固体废物综合利用率	98.60	89.50	%	6	26	20
工业用水重复利用率	93.05	84.38	%	14	25	11
第三产业增加值比重	51.44	50.41	%	13	16	3
人均水资源量	915.71	430.26	立方米/人	13	22	9
单位土地面积二氧化硫排放量	10.92	14.14	吨/平方公里	24	28	4
人均二氧化硫排放量	110.97	143.95	吨/万人	11	16	5
人均氮氧化物排放量	208.50	214.12	吨/万人	24	27	3
单位土地面积氨氮排放量	1.43	1.57	吨/平方公里	32	35	3
人均氨氮排放量	14.52	15.97	吨/万人	26	29	3
空气质量达到二级以上天数占全年比重	78.02	82.42	%	36	32	−4
环境保护支出占财政支出比重	1.82	1.32	%	31	34	3
工业环境污染治理投资占地区生产总值比重	0.03	0.15	%	24	9	−15
科教文卫支出占财政支出比重	19.38	23.02	%	24	32	8
用水普及率	100.00	99.53	%	1	23	22
工业二氧化硫去除率	63.82	48.38	%	16	25	9
工业废水化学需氧量去除率	87.16	85.75	%	13	18	5
工业废水氨氮去除率	57.11	59.46	%	29	24	−5

注：变动值为正数表明排名上升。

长沙市绿色发展“体检”表

序号	指标名称	单位	口径	指标属性	2010年38城市测评均值	2010年长沙市数值	2009年长沙市数值	2010年长沙市排名	2009年长沙市排名	排名变化	2010年数据来源	进退脸谱
1	人均地区生产总值	元	全市	正	55 399.15	66 464	56 620.00	12	15	3	区域经济；城市	☺
2	单位地区生产总值能耗	吨/万元	全市	逆	0.82	0.17	0.19	2	1	−1	区域经济；城市	☹
3	人均城镇生活消费用电	千瓦时/人	全市	逆	580.70	528.12	530.46	24	25	1	城市	☺
4	单位地区生产总值二氧化碳排放量			逆	无数列表			N/A	N/A	N/A		
5	单位地区生产总值二氧化硫排放量	吨/亿元	全市	逆	42.67	20.38	22.75	7	8	1	区域经济；环境年报2010	☺
6	单位地区生产总值化学需氧量排放量	吨/亿元	全市	逆	24.91	15.48	21.53	13	17	4	区域经济；环境年报2010	☺
7	单位地区生产总值氮氧化物排放量	吨/亿元	全市	逆	40.67	15.15	14.38	3	2	−1	区域经济；环境年报2010	☹
8	单位地区生产总值氨氮排放量	吨/亿元	全市	逆	2.63	2.33	2.55	19	22	3	区域经济；环境年报2010	☺
9	第一产业劳动生产率	万元/人	全市	正	3.00	1.76	1.50	27	28	1	区域经济	☺
10	第二产业劳动生产率	万元/人	全市	正	18.12	18.38	15.24	8	6	−2	区域经济	☹
11	单位工业增加值水耗	万吨/万元	全市	逆	0.03	0.01	0.01	8	10	2	区域经济；环境年报2010	☺
12	单位工业增加值能耗			逆	无数列表			N/A	N/A	N/A		
13	工业固体废物综合利用率	%	全市	正	83.42	99.70	90.60	1	23	22	环境年报2010	☺
14	工业用水重复利用率	%	全市	正	82.10	92.43	94.44	15	11	−4	环境年报2010	☹
15	第三产业劳动生产率	万元/人	全市	正	11.39	11.28	10.52	19	13	−6	区域经济	☹
16	第三产业增加值比重	%	全市	正	48.37	41.96	44.64	29	28	−1	城市	☹
17	第三产业就业人员比重	%	全市	正	46.83	41.12	40.11	29	29	0	区域经济	
18	人均水资源量	立方米/人	全市	正	1 040.56	1 654.97	1 476.24	5	5	0	环境年报2010；城市	
19	单位土地面积二氧化碳排放量			逆	无数列表			N/A	N/A	N/A		
20	人均二氧化碳排放量			逆	无数列表			N/A	N/A	N/A		
21	单位土地面积二氧化硫排放量	吨/平方公里	全市	逆	11.34	5.32	5.14	9	10	1	环境年报2010；城市	☺
22	人均二氧化硫排放量	吨/万人	全市	逆	211.11	96.48	93.77	7	8	1	环境年报2010；城市	☺

续表

序号	指标名称	单　位	口　径	指标属性	2010 年 38 城市测评均值	2010 年长沙市数值	2009 年长沙市数值	2010 年长沙市排名	2009 年长沙市排名	排名变化	2010 年数据来源	进退脸谱
23	单位土地面积化学需氧量排放量	吨/平方公里	全市	逆	7.63	4.04	4.87	13	18	5	环境年报 2010；城市	☺
24	人均化学需氧量排放量	吨/万人	全市	逆	117.25	73.28	88.75	9	17	8	环境年报 2010；城市	☺
25	单位土地面积氮氧化物排放量	吨/平方公里	全市	逆	14.61	3.96	3.25	6	9	3	环境年报 2010；城市	☺
26	人均氮氧化物排放量	吨/万人	全市	逆	231.68	71.71	59.27	3	4	1	环境年报 2010；城市	☺
27	单位土地面积氨氮排放量	吨/平方公里	全市	逆	0.83	0.61	0.58	20	19	−1	环境年报 2010；城市	☹
28	人均氨氮排放量	吨/万人	全市	逆	12.50	11.01	10.52	22	18	−4	环境年报 2010；城市	☹
29	空气质量达到二级以上天数占全年比重	%	市辖区	正	89.45	92.56	91.21	15	16	1	环境保护部数据	☺
30	首要污染物可吸入颗粒物天数占全年比重	%	市辖区	逆	69.76	74.79	79.18	18	21	3	环境保护部数据	☺
31	环境保护支出占财政支出比重	%	全市	正	3.14	2.07	1.32	25	33	8	统计；城市	☺
32	工业环境污染治理投资占地区生产总值比重	%	全市	正	0.09	0.01	0.00	36	38	2	环境年报 2010；区域经济	☺
33	科教文卫支出占财政支出比重	%	全市	正	21.06	16.90	25.25	32	22	−10	统计；城市；区域经济	☹
34	人均绿地面积	平方米	市辖区	正	58.13	36.00	33.76	21	24	3	城市	☺
35	建成区绿化覆盖率	%	市辖区	正	39.84	36.19	38.38	31	24	−7	城市建设	☹
36	用水普及率	%	市辖区	正	98.83	100.00	100.00	1	1	0	城市建设	
37	城镇生活污水处理率	%	市辖区	正	86.16	90.80	79.43	15	26	11	城市建设	☺
38	生活垃圾无害化处理率	%	市辖区	正	94.38	100.00	100.00	1	1	0	城市建设	
39	每万人拥有公共汽车	辆	市辖区	正	15.51	14.71	14.75	16	12	−4	城市	☹
40	工业二氧化硫去除率	%	全市	正	57.30	46.91	42.51	28	27	−1	环境年报 2010	☹
41	工业废水化学需氧量去除率	%	全市	正	76.07	62.25	62.64	32	35	3	环境年报 2010	☺
42	工业氮氧化物去除率	%	全市	正	5.24	3.72	39.81	15	2	−13	环境年报 2010	☹
43	工业废水氨氮去除率	%	全市	正	66.79	40.51	35.90	34	31	−3	环境年报 2010	☹

年鉴说明：区域经济——《中国区域经济统计年鉴 2011》；城市——《中国城市统计年鉴 2011》；统计——《中国统计年鉴 2011》；城市建设——《中国城市建设统计年鉴 2010》；环境年报 2010——《中国环境统计年报 2010》；环境年鉴——《中国环境统计年鉴 2011》；环保部数据——环境保护部数据中心。

长沙市绿色发展水平简要分析

长沙市绿色发展水平在全国参与测评的 38 个城市中排名第 13 位(使用 2010 年数据)，与 2009 年相比没有变化(2009 年长沙市测算排名第 13 位)。以下分别从各级指标得分情况和 2009 年、2010 年两年变化情况对长沙市进行简要分析。

一、2010 年长沙市绿色发展指数指标得分情况

2010 年长沙市绿色发展指数为 0.044，从经济增长绿化度、资源与环境承载潜力和政府政策支持度 3 个一级指标数值来看(如图 1 所示)，长沙市的经济增长绿化度和资源环境承载潜力具有一定的优势；而政府政策支持度则相对较弱，低于全国平均水平(注：各个指标的全国平均水平为 0 值)。

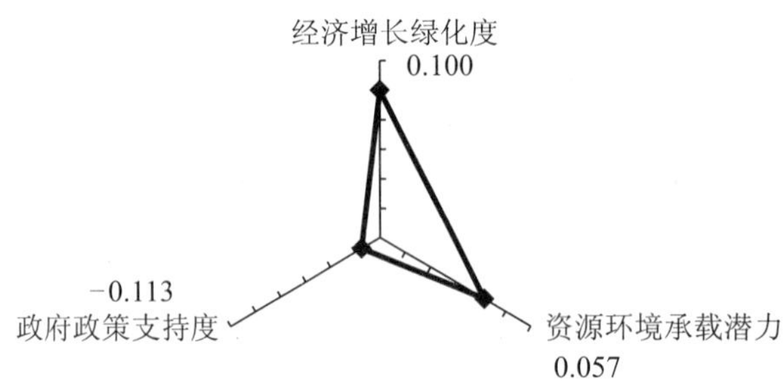

图 1　长沙市一级指标得分情况

从图 2 中可以看出，2010 年长沙市绿色发展指数二级指标中有 5 个高于全国平均水平，分别为绿色增长效率指标、环境压力与气候变化指标、第二产业指标、基础设施指标、资源丰裕与生态保护指标；而第一产业指标、第三产业指标、绿色投资指标、环境治理指标 4 个指标则低于全国平均水平。

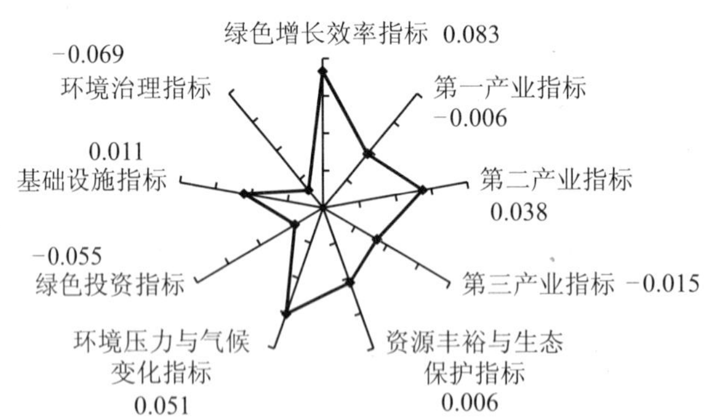

图 2　长沙市二级指标得分情况

二、长沙市绿色发展指数两年排名变化情况

如表 1 所示，从一级指标排名来看，2010 年长沙市变化最大的是政府政策支持度，下降 7 位；资源环境承载潜力和经济增长绿化度分别上升了 3 位和 2 位。从二级指标排名变化情况来看，环境压力与气候变化指标、绿色增长效率指标、第一产业指标和第二产业指标分别上升 3 位、2 位、1 位和 1 位；绿色投资指标、第三产业指标和环境治理指标分别下降 1 位、2 位和 10 位；而资源丰裕与生态保护指标和基础设施指标与 2009 年相比则没有变化。

表1 2009—2010年长沙市一级指标和二级指标排名变化情况

指标	2010年	2009年	差距	指标	2010年	2009年	差距
中国绿色发展指数	13	13	0				
经济增长绿化度	5	7	2	资源丰裕与生态保护指标	5	5	0
绿色增长效率指标	3	5	2	环境压力与气候变化指标	9	12	3
第一产业指标	27	28	1	政府政策支持度	32	25	−7
第二产业指标	4	5	1	绿色投资指标	37	36	−1
第三产业指标	26	24	−2	基础设施指标	20	20	0
资源环境承载潜力	8	11	3	环境治理指标	34	24	−10

注：差距值为正数表明排名上升。

为了进一步分析一级、二级指标变化的原因，下面将长沙市2009年与2010年两年三级指标排名位次变化超过3位的指标列表如下(见表2)。与2009年相比，2010年长沙市三级指标排名有升有降。其中，工业固体废物综合利用率较2009年上升22位，城镇生活污水处理率上升11位，人均化学需氧量排放量等多个指标均有所上升；而长沙市的工业废水氨氮去除率、工业用水重复利用率、人均氨氮排放量等8个指标较2009年则有了一定的下降。

表2 2009—2010年长沙市变化超过3位的三级指标

三级指标名称	两年原始数据			两年排名变化		
	2010年	2009年	单位	2010年	2009年	变动
人均地区生产总值	66 464.00	56 620.00	元	12	15	3
单位地区生产总值化学需氧量排放量	15.48	21.53	吨/亿元	13	17	4
单位地区生产总值氨氮排放量	2.33	2.55	吨/亿元	19	22	3
工业固体废物综合利用率	99.70	90.60	%	1	23	22
工业用水重复利用率	92.43	94.44	%	15	11	−4
第三产业劳动生产率	11.28	10.52	万元/人	19	13	−6
单位土地面积化学需氧量排放量	4.04	4.87	吨/平方公里	13	18	5
人均化学需氧量排放量	73.28	88.75	吨/万人	9	17	8
单位土地面积氮氧化物排放量	3.96	3.25	吨/平方公里	6	9	3
人均氨氮排放量	11.01	10.52	吨/万人	22	18	−4
首要污染物可吸入颗粒物天数占全年比重	74.79	79.18	%	18	21	3
环境保护支出占财政支出比重	2.07	1.32	%	25	33	8
科教文卫支出占财政支出比重	16.90	25.25	%	32	22	−10
人均绿地面积	36.00	33.76	平方米	21	24	3
建成区绿化覆盖率	36.19	38.38	%	31	24	−7
城镇生活污水处理率	90.80	79.43	%	15	26	11
每万人拥有公共汽车	14.71	14.75	辆	16	12	−4
工业废水化学需氧量去除率	62.25	62.64	%	32	35	3
工业氮氧化物去除率	3.72	39.81	%	15	2	−13
工业废水氨氮去除率	40.51	35.90	%	34	31	−3

注：变动值为正数表明排名上升。

广州市绿色发展“体检”表

序号	指标名称	单　位	口　径	指标属性	2010 年 38 城市测评均值	2010 年广州市数值	2009 年广州市数值	2010 年广州市排名	2009 年广州市排名	排名变化	2010 年数据来源	进退脸谱
1	人均地区生产总值	元	全市	正	55 399.15	87 458	89 082.00	4	2	−2	区域经济；城市	☹
2	单位地区生产总值能耗	吨/万元	全市	逆	0.82	0.63	0.27	17	3	−14	区域经济；城市	☹
3	人均城镇生活消费用电	千瓦时/人	全市	逆	580.70	1 353.22	1 290.45	37	37	0	城市	
4	单位地区生产总值二氧化碳排放量			逆	无数列表			N/A	N/A	N/A		
5	单位地区生产总值二氧化硫排放量	吨/亿元	全市	逆	42.67	9.35	11.27	3	4	1	区域经济；环境年报 2010	☺
6	单位地区生产总值化学需氧量排放量	吨/亿元	全市	逆	24.91	9.84	14.09	6	8	2	区域经济；环境年报 2010	☺
7	单位地区生产总值氮氧化物排放量	吨/亿元	全市	逆	40.67	18.49	21.07	5	8	3	区域经济；环境年报 2010	☺
8	单位地区生产总值氨氮排放量	吨/亿元	全市	逆	2.63	0.78	0.90	4	3	−1	区域经济；环境年报 2010	☹
9	第一产业劳动生产率	万元/人	全市	正	3.00	2.38	2.16	19	15	−4	区域经济	☹
10	第二产业劳动生产率	万元/人	全市	正	18.12	13.12	11.65	19	19	0	区域经济	
11	单位工业增加值水耗	万吨/万元	全市	逆	0.03	0.02	0.02	15	21	6	区域经济；环境年报 2010	☺
12	单位工业增加值能耗			逆	无数列表			N/A	N/A	N/A		
13	工业固体废物综合利用率	%	全市	正	83.42	89.80	92.40	21	18	−3	环境年报 2010	☹
14	工业用水重复利用率	%	全市	正	82.10	50.79	45.29	36	38	2	环境年报 2010	☺
15	第三产业劳动生产率	万元/人	全市	正	11.39	17.27	15.69	4	2	−2	区域经济	☹
16	第三产业增加值比重	%	全市	正	48.37	61.01	60.85	3	3	0	城市	
17	第三产业就业人员比重	%	全市	正	46.83	50.40	48.95	9	11	2	区域经济	☺
18	人均水资源量	立方米/人	全市	正	1 040.56	1 143.60	1 160.18	12	11	−1	环境年报 2010；城市	☹
19	单位土地面积二氧化碳排放量			逆	无数列表			N/A	N/A	N/A		
20	人均二氧化碳排放量			逆	无数列表			N/A	N/A	N/A		
21	单位土地面积二氧化硫排放量	吨/平方公里	全市	逆	11.34	12.15	12.93	28	26	−2	环境年报 2010；城市	☹
22	人均二氧化硫排放量	吨/万人	全市	逆	211.11	112.81	121.79	12	11	−1	环境年报 2010；城市	☹

续表

序号	指标名称	单　位	口　径	指标属性	2010年38城市测评均值	2010年广州市数值	2009年广州市数值	2010年广州市排名	2009年广州市排名	排名变化	2010年数据来源	进退脸谱
23	单位土地面积化学需氧量排放量	吨/平方公里	全市	逆	7.63	12.78	16.17	32	33	1	环境年报2010；城市	☺
24	人均化学需氧量排放量	吨/万人	全市	逆	117.25	118.68	152.27	21	30	9	环境年报2010；城市	☺
25	单位土地面积氮氧化物排放量	吨/平方公里	全市	逆	14.61	24.02	24.17	32	34	2	环境年报2010；城市	☺
26	人均氮氧化物排放量	吨/万人	全市	逆	231.68	223.07	227.64	25	30	5	环境年报2010；城市	☺
27	单位土地面积氨氮排放量	吨/平方公里	全市	逆	0.83	1.02	1.03	30	31	1	环境年报2010；城市	☺
28	人均氨氮排放量	吨/万人	全市	逆	12.50	9.47	9.69	13	13	0	环境年报2010；城市	
29	空气质量达到二级以上天数占全年比重	%	市辖区	正	89.45	97.80	95.05	6	10	4	环境保护部数据	☺
30	首要污染物可吸入颗粒物天数占全年比重	%	市辖区	逆	69.76	67.95	58.63	14	11	−3	环境保护部数据	☹
31	环境保护支出占财政支出比重	%	全市	正	3.14	2.49	1.07	20	38	18	统计；城市	☺
32	工业环境污染治理投资占地区生产总值比重	%	全市	正	0.09	0.01	0.02	28	31	3	环境年报2010；区域经济	☺
33	科教文卫支出占财政支出比重	%	全市	正	21.06	23.82	30.40	12	9	−3	统计；城市；区域经济	☹
34	人均绿地面积	平方米	市辖区	正	58.13	187.00	190.05	2	2	0	城市	
35	建成区绿化覆盖率	%	市辖区	正	39.84	41.96	38.21	14	25	11	城市建设	☺
36	用水普及率	%	市辖区	正	98.83	99.56	98.94	28	30	2	城市建设	☺
37	城镇生活污水处理率	%	市辖区	正	86.16	96.96	81.00	5	21	16	城市建设	☺
38	生活垃圾无害化处理率	%	市辖区	正	94.38	91.96	80.17	28	30	2	城市建设	☺
39	每万人拥有公共汽车	辆	市辖区	正	15.51	17.31	13.42	8	18	10	城市	☺
40	工业二氧化硫去除率	%	全市	正	57.30	82.06	90.72	4	1	−3	环境年报2010	☹
41	工业废水化学需氧量去除率	%	全市	正	76.07	84.22	80.11	17	23	6	环境年报2010	☺
42	工业氮氧化物去除率	%	全市	正	5.24	40.74	13.51	1	10	9	环境年报2010	☺
43	工业废水氨氮去除率	%	全市	正	66.79	94.09	94.02	5	4	−1	环境年报2010	☹

年鉴说明：区域经济——《中国区域经济统计年鉴2011》；城市——《中国城市统计年鉴2011》；统计——《中国统计年鉴2011》；城市建设——《中国城市建设统计年鉴2010》；环境年报2010——《中国环境统计年报2010》；环境年鉴——《中国环境统计年鉴2011》；环保部数据——环境保护部数据中心。

广州市绿色发展水平简要分析

广州市绿色发展水平在全国参与测评的38个城市中排名第5位(使用2010年数据),较2009年上升2位(2009年广州市测算排名第7位)。以下分别从各级指标得分情况和2009年、2010年两年变化情况对广州市进行简要分析。

一、2010年广州市绿色发展指数指标得分情况

2010年广州市绿色发展指数为0.283,从经济增长绿化度、资源与环境承载潜力和政府政策支持度3个一级指标数值来看(如图1所示),广州市的经济增长绿化度和政府政策支持度具有明显优势;而资源环境承载潜力则相对较弱,低于全国平均水平(注:各个指标的全国平均水平为0值)。

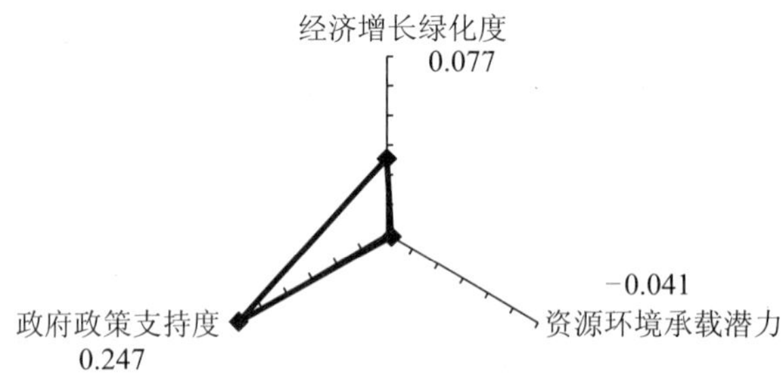

图1 广州市一级指标得分情况

从图2中可以看出,2010年广州市绿色发展指数二级指标中有5个高于全国平均水平,分别为绿色增长效率指标、第三产业指标、资源丰裕与生态保护指标、基础设施指标、环境治理指标;而第一产业指标、绿色投资指标、环境压力与气候变化指标、第二产业指标4个指标则低于全国平均水平。

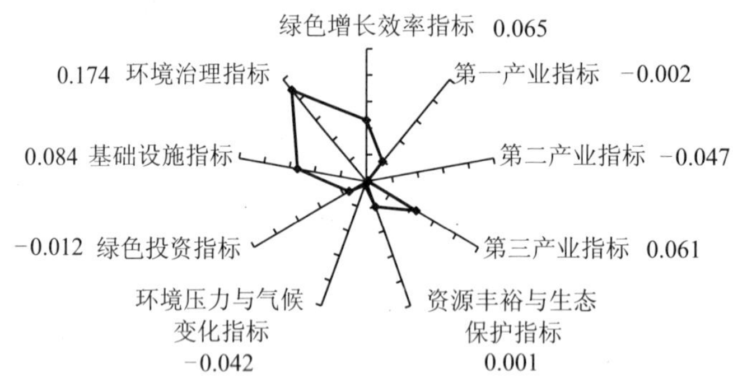

图2 广州市二级指标得分情况

二、广州市绿色发展指数两年排名变化情况

如表1所示,从一级指标排名变化来看,2010年广州市排名变化最大的是政府政策支持度,上升9位;经济增长绿化度和资源环境承载潜力分别下降5位和2位。从二级指标排名变化来看,基础设施指标、绿色投资指标、环境治理指标和第二产业指标分别上升12位、8位、3位和1位;资源丰裕与生态保护指标、第一产业指标和绿色增长效率指标分别下降1位、3位和4位;而第三产业指标和环境压力与气候变化指标与2009年相比则没有变化。

表 1　2009—2010 年广州市一级指标和二级指标排名变化情况

指　标	2010 年	2009 年	差　距	指　标	2010 年	2009 年	差　距
中国绿色发展指数	5	7	2				
经济增长绿化度	8	3	−5	资源丰裕与生态保护指标	12	11	−1
绿色增长效率指标	6	2	−4	环境压力与气候变化指标	20	20	0
第一产业指标	18	15	−3	政府政策支持度	2	11	9
第二产业指标	35	36	1	绿色投资指标	16	24	8
第三产业指标	3	3	0	基础设施指标	3	15	12
资源环境承载潜力	20	18	−2	环境治理指标	1	4	3

注：差距值为正数表明排名上升。

为了进一步分析一级、二级指标变化的原因，下面将广州市 2009 年与 2010 年两年三级指标排名位次变化超过 3 位的指标列表如下(见表 2)。与 2009 年相比，2010 年广州市三级指标排名有升有降，但上升趋势更为显著。其中，环境保护支出占财政支出比重较 2009 年上升 18 位，城镇生活污水处理率上升 16 位，建成区绿化覆盖率、工业氮氧化物去除率等多个指标均有上升；而广州市的工业固体废物综合利用率、科教文卫支出占财政支出比重等 6 个指标较 2009 年则有了一定的下降。

表 2　2009—2010 年广州市变化超过 3 位的三级指标

三级指标名称	两年原始数据			两年排名变化		
	2010 年	2009 年	单　位	2010 年	2009 年	变　动
单位地区生产总值能耗	0.63	0.27	吨/万元	17	3	−14
单位地区生产总值氮氧化物排放量	18.49	21.07	吨/亿元	5	8	3
第一产业劳动生产率	2.38	2.16	万元/人	19	15	−4
单位工业增加值水耗	0.02	0.02	万吨/万元	15	21	6
工业固体废物综合利用率	89.80	92.40	%	21	18	−3
人均化学需氧量排放量	118.68	152.27	吨/万人	21	30	9
人均氮氧化物排放量	223.07	227.64	吨/万人	25	30	5
空气质量达到二级以上天数占全年比重	97.80	95.05	%	6	10	4
首要污染物可吸入颗粒物天数占全年比重	67.95	58.63	%	14	11	−3
环境保护支出占财政支出比重	2.49	1.07	%	20	38	18
工业环境污染治理投资占地区生产总值比重	0.01	0.02	%	28	31	3
科教文卫支出占财政支出比重	23.82	30.40	%	12	9	−3
建成区绿化覆盖率	41.96	38.21	%	14	25	11
城镇生活污水处理率	96.96	81.00	%	5	21	16
每万人拥有公共汽车	17.31	13.42	辆	8	18	10
工业二氧化硫去除率	82.06	90.72	%	4	1	−3
工业废水化学需氧量去除率	84.22	80.11	%	17	23	6
工业氮氧化物去除率	40.74	13.51	%	1	10	9

注：变动值为正数表明排名上升。

深圳市绿色发展"体检"表

序号	指标名称	单 位	口 径	指标属性	2010年38城市测评均值	2010年深圳市数值	2009年深圳市数值	2010年深圳市排名	2009年深圳市排名	排名变化	2010年数据来源	进退脸谱
1	人均地区生产总值	元	全市	正	55 399.15	94 296	92 772.00	2	1	－1	区域经济；城市	☹
2	单位地区生产总值能耗	吨/万元	全市	逆	0.82	0.14	N/A	1	N/A	N/A	区域经济；城市	
3	人均城镇生活消费用电	千瓦时/人	全市	逆	580.70	798.33	895.13	32	33	1	城市	☺
4	单位地区生产总值二氧化碳排放量			逆	无数列表			N/A	N/A	N/A		
5	单位地区生产总值二氧化硫排放量	吨/亿元	全市	逆	42.67	3.39	3.95	2	2	0	区域经济；环境年报2010	
6	单位地区生产总值化学需氧量排放量	吨/亿元	全市	逆	24.91	2.41	6.09	1	2	1	区域经济；环境年报2010	☺
7	单位地区生产总值氮氧化物排放量	吨/亿元	全市	逆	40.67	13.44	17.01	2	3	1	区域经济；环境年报2010	☺
8	单位地区生产总值氨氮排放量	吨/亿元	全市	逆	2.63	0.64	1.10	2	4	2	区域经济；环境年报2010	☺
9	第一产业劳动生产率	万元/人	全市	正	3.00	17.49	10.79	1	1	0	区域经济	
10	第二产业劳动生产率	万元/人	全市	正	18.12	12.28	10.40	23	22	－1	区域经济	☹
11	单位工业增加值水耗	万吨/万元	全市	逆	0.03	0.00	0.00	1	1	0	区域经济；环境年报2010	
12	单位工业增加值能耗			逆	无数列表			N/A	N/A	N/A		
13	工业固体废物综合利用率	%	全市	正	83.42	92.00	90.10	20	25	5	环境年报2010	☺
14	工业用水重复利用率	%	全市	正	82.10	48.93	58.24	37	35	－2	环境年报2010	☹
15	第三产业劳动生产率	万元/人	全市	正	11.39	15.30	13.96	7	5	－2	区域经济	☹
16	第三产业增加值比重	%	全市	正	48.37	52.72	53.25	9	10	1	城市	☺
17	第三产业就业人员比重	%	全市	正	46.83	48.47	45.98	13	17	4	区域经济	☺
18	人均水资源量	立方米/人	全市	正	1 040.56	689.58	715.97	16	15	－1	环境年报2010；城市	☹
19	单位土地面积二氧化碳排放量			逆	无数列表			N/A	N/A	N/A		
20	人均二氧化碳排放量			逆	无数列表			N/A	N/A	N/A		
21	单位土地面积二氧化硫排放量	吨/平方公里	全市	逆	11.34	15.71	16.31	29	29	0	环境年报2010；城市	
22	人均二氧化硫排放量	吨/万人	全市	逆	211.11	30.21	36.76	2	2	0	环境年报2010；城市	

续表

序号	指标名称	单　位	口　径	指标属性	2010年38城市测评均值	2010年深圳市数值	2009年深圳市数值	2010年深圳市排名	2009年深圳市排名	排名变化	2010年数据来源	进退脸谱
23	单位土地面积化学需氧量排放量	吨/平方公里	全市	逆	7.63	11.16	25.13	30	36	6	环境年报2010；城市	☺
24	人均化学需氧量排放量	吨/万人	全市	逆	117.25	21.46	56.61	1	2	1	环境年报2010；城市	☺
25	单位土地面积氮氧化物排放量	吨/平方公里	全市	逆	14.61	62.28	70.22	37	38	1	环境年报2010；城市	☺
26	人均氮氧化物排放量	吨/万人	全市	逆	231.68	119.77	158.23	11	18	7	环境年报2010；城市	☺
27	单位土地面积氨氮排放量	吨/平方公里	全市	逆	0.83	2.98	4.56	37	37	0	环境年报2010；城市	
28	人均氨氮排放量	吨/万人	全市	逆	12.50	5.73	10.28	4	14	10	环境年报2010；城市	☺
29	空气质量达到二级以上天数占全年比重	%	市辖区	正	89.45	97.53	99.73	7	4	−3	环境保护部数据	☹
30	首要污染物可吸入颗粒物天数占全年比重	%	市辖区	逆	69.76	39.45	48.49	3	5	2	环境保护部数据	☺
31	环境保护支出占财政支出比重	%	全市	正	3.14	3.36	3.48	14	6	−8	统计；城市	☹
32	工业环境污染治理投资占地区生产总值比重	%	全市	正	0.09	0.01	0.02	32	30	−2	环境年报2010；区域经济	☹
33	科教文卫支出占财政支出比重	%	全市	正	21.06	20.34	28.80	20	10	−10	统计；城市；区域经济	☹
34	人均绿地面积	平方米	市辖区	正	58.13	371.00	391.83	1	1	0	城市	
35	建成区绿化覆盖率	%	市辖区	正	39.84	45.04	45.02	4	2	−2	城市建设	☹
36	用水普及率	%	市辖区	正	98.83	100.00	100.00	1	1	0	城市建设	
37	城镇生活污水处理率	%	市辖区	正	86.16	99.30	68.75	3	31	28	城市建设	☺
38	生活垃圾无害化处理率	%	市辖区	正	94.38	94.60	94.30	25	24	−1	城市建设	☹
39	每万人拥有公共汽车	辆	市辖区	正	15.51	103.11	103.02	1	1	0	城市	
40	工业二氧化硫去除率	%	全市	正	57.30	55.48	60.35	22	20	−2	环境年报2010	☹
41	工业废水化学需氧量去除率	%	全市	正	76.07	89.91	88.41	8	13	5	环境年报2010	☺
42	工业氮氧化物去除率	%	全市	正	5.24	4.10	6.50	13	15	2	环境年报2010	☺
43	工业废水氨氮去除率	%	全市	正	66.79	78.47	65.83	14	21	7	环境年报2010	☺

年鉴说明：区域经济——《中国区域经济统计年鉴2011》；城市——《中国城市统计年鉴2011》；统计——《中国统计年鉴2011》；城市建设——《中国城市建设统计年鉴2010》；环境年报2010——《中国环境统计年报2010》；环境年鉴——《中国环境统计年鉴2011》；环保部数据——环境保护部数据中心。

深圳市绿色发展水平简要分析

深圳市绿色发展水平在全国参与测评的38个城市中排名第1位(使用2010年数据)，与2009年相比没有变化(2009年深圳市测算排名第1位)。以下分别从各级指标得分情况和2009年、2010年两年变化情况对深圳市进行简要分析。

一、2010年深圳市绿色发展指数指标得分情况

2010年深圳市绿色发展指数为1.002，从经济增长绿化度、资源与环境承载潜力和政府政策支持度3个一级指标数值来看(如图1所示)，深圳市的经济增长绿化度、政府政策支持度和资源环境承载潜力均高于全国平均水平，而经济增长绿化度则具有尤为明显优势(注：各个指标的全国平均水平为0值)。

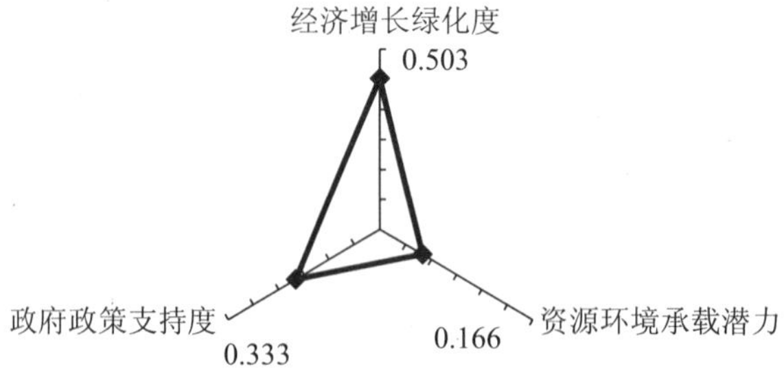

图1　深圳市一级指标得分情况

从图2中可以看出，2010年深圳市绿色发展指数二级指标中有7个高于全国平均水平，分别为基础设施指标、绿色增长效率指标、环境压力与气候变化指标、第一产业指标、第二产业指标、第三产业指标、环境治理指标；而资源丰裕与生态保护指标和绿色投资指标2个指标则略低于全国平均水平。

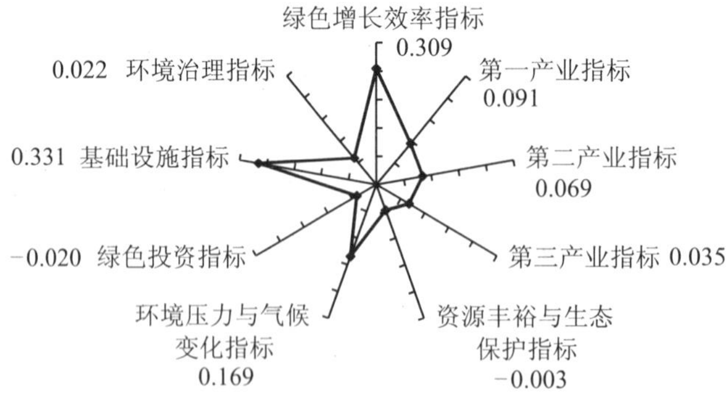

图2　深圳市二级指标得分情况

二、深圳市绿色发展指数两年排名变化情况

如表1所示，从一级指标排名变化情况来看，2010年深圳市的资源环境承载潜力排名有所提升，上升了3位，政府政策支持度和经济增长绿化度则仍然保持第1位。从二级指标排名变化情况来看，环境压力与气候变化指标和环境治理指标分别上升4位和3位；资源丰裕与生态保护指标和绿色投资指标分别下降1位和11位；而其他5个二级指标与2009年相比则没有变化。

表 1　2009—2010 年深圳市一级指标和二级指标排名变化情况

指　标	2010 年	2009 年	差　距	指　标	2010 年	2009 年	差　距
中国绿色发展指数	1	1	0				
经济增长绿化度	1	1	0	资源丰裕与生态保护指标	16	15	−1
绿色增长效率指标	1	1	0	环境压力与气候变化指标	6	10	4
第一产业指标	1	1	0	政府政策支持度	1	1	0
第二产业指标	2	2	0	绿色投资指标	21	10	−11
第三产业指标	7	7	0	基础设施指标	1	1	0
资源环境承载潜力	6	9	3	环境治理指标	17	20	3

注：差距值为正数表明排名上升。

为了进一步分析一级、二级指标变化的原因，下面将深圳市 2009 年与 2010 年两年三级指标排名位次变化超过 3 位的指标列表如下(见表 2)。与 2009 年相比，2010 年深圳市三级指标排名有升有降，但上升趋势更为显著。其中，城镇生活污水处理率较 2009 年上升 28 位，人均氨氮排放量上升 10 位，人均氮氧化物排放量上升 7 位，工业废水氨氮去除率上升 7 位，单位土地面积化学需氧量排放量上升 6 位，工业固体废物综合利用率上升 5 位，工业废水化学需氧量去除率上升 5 位，第三产业就业人员比重上升 4 位；而深圳市的空气质量达到二级以上天数占全年比重、环境保护支出占财政支出比重、科教文卫支出占财政支出比重 3 个指标较 2009 年则有了一定的下降。

表 2　2009—2010 年深圳市变化超过 3 位的三级指标

三级指标名称	两年原始数据			两年排名变化		
	2010 年	2009 年	单　位	2010 年	2009 年	变　动
工业固体废物综合利用率	92.00	90.10	%	20	25	5
第三产业就业人员比重	48.47	45.98	%	13	17	4
单位土地面积化学需氧量排放量	11.16	25.13	吨/平方公里	30	36	6
人均氮氧化物排放量	119.77	158.23	吨/万人	11	18	7
人均氨氮排放量	5.73	10.28	吨/万人	4	14	10
空气质量达到二级以上天数占全年比重	97.53	99.73	%	7	4	−3
环境保护支出占财政支出比重	3.36	3.48	%	14	6	−8
科教文卫支出占财政支出比重	20.34	28.80	%	20	10	−10
城镇生活污水处理率	99.30	68.75	%	3	31	28
工业废水化学需氧量去除率	89.91	88.41	%	8	13	5
工业废水氨氮去除率	78.47	65.83	%	14	21	7

注：变动值为正数表明排名上升。

珠海市绿色发展“体检”表

序号	指标名称	单位	口径	指标属性	2010年38城市测评均值	2010年珠海市数值	2009年珠海市数值	2010年珠海市排名	2009年珠海市排名	排名变化	2010年数据来源	进退脸谱
1	人均地区生产总值	元	全市	正	55 399.15	77 888	69 890.00	5	8	3	区域经济；城市	☺
2	单位地区生产总值能耗	吨/万元	全市	逆	0.82	0.56	0.57	13	12	−1	区域经济；城市	☹
3	人均城镇生活消费用电	千瓦时/人	全市	逆	580.70	1 313.35	1 213.33	36	36	0	城市	
4	单位地区生产总值二氧化碳排放量			逆	无数列表			N/A	N/A	N/A		
5	单位地区生产总值二氧化硫排放量	吨/亿元	全市	逆	42.67	31.49	34.57	23	20	−3	区域经济；环境年报2010	☹
6	单位地区生产总值化学需氧量排放量	吨/亿元	全市	逆	24.91	23.38	26.87	24	22	−2	区域经济；环境年报2010	☹
7	单位地区生产总值氮氧化物排放量	吨/亿元	全市	逆	40.67	80.42	82.78	35	36	1	区域经济；环境年报2010	☺
8	单位地区生产总值氨氮排放量	吨/亿元	全市	逆	2.63	2.34	2.56	20	23	3	区域经济；环境年报2010	☺
9	第一产业劳动生产率	万元/人	全市	正	3.00	3.83	4.06	3	4	1	区域经济	☺
10	第二产业劳动生产率	万元/人	全市	正	18.12	14.84	12.39	4	16	12	区域经济	☺
11	单位工业增加值水耗	万吨/万元	全市	逆	0.03	0.00	0.00	5	4	−1	区域经济；环境年报2010	☹
12	单位工业增加值能耗			逆	无数列表			N/A	N/A	N/A		
13	工业固体废物综合利用率	%	全市	正	83.42	98.20	98.50	9	6	−3	环境年报2010	☹
14	工业用水重复利用率	%	全市	正	82.10	62.06	61.03	35	34	−1	环境年报2010	☹
15	第三产业劳动生产率	万元/人	全市	正	11.39	10.55	9.53	2	17	15	区域经济	☺
16	第三产业增加值比重	%	全市	正	48.37	42.55	44.85	27	27	0	城市	
17	第三产业就业人员比重	%	全市	正	46.83	47.72	48.07	15	13	−2	区域经济	☹
18	人均水资源量	立方米/人	全市	正	1 040.56	1 779.64	2 085.73	4	3	−1	环境年报2010；城市	☹
19	单位土地面积二氧化碳排放量			逆	无数列表			N/A	N/A	N/A		
20	人均二氧化碳排放量			逆	无数列表			N/A	N/A	N/A		
21	单位土地面积二氧化硫排放量	吨/平方公里	全市	逆	11.34	20.83	20.37	34	33	−1	环境年报2010；城市	☹
22	人均二氧化硫排放量	吨/万人	全市	逆	211.11	343.67	342.83	34	32	−2	环境年报2010；城市	☹

续表

序号	指标名称	单 位	口 径	指标属性	2010年38城市测评均值	2010年珠海市数值	2009年珠海市数值	2010年珠海市排名	2009年珠海市排名	排名变化	2010年数据来源	进退脸谱
23	单位土地面积化学需氧量排放量	吨/平方公里	全市	逆	7.63	15.46	15.84	34	32	−2	环境年报2010；城市	☹
24	人均化学需氧量排放量	吨/万人	全市	逆	117.25	255.14	266.52	37	37	0	环境年报2010；城市	
25	单位土地面积氮氧化物排放量	吨/平方公里	全市	逆	14.61	53.19	48.78	36	36	0	环境年报2010；城市	
26	人均氮氧化物排放量	吨/万人	全市	逆	231.68	877.64	821.00	37	38	1	环境年报2010；城市	☺
27	单位土地面积氨氮排放量	吨/平方公里	全市	逆	0.83	1.55	1.51	33	34	1	环境年报2010；城市	☺
28	人均氨氮排放量	吨/万人	全市	逆	12.50	25.53	25.35	37	37	0	环境年报2010；城市	
29	空气质量达到二级以上天数占全年比重	%	市辖区	正	89.45	100.00	100.00	1	1	0	环境保护部数据	
30	首要污染物可吸入颗粒物天数占全年比重	%	市辖区	逆	69.76	38.08	37.50	2	3	1	环境保护部数据	☺
31	环境保护支出占财政支出比重	%	全市	正	3.14	14.30	3.26	1	10	9	统计；城市	☺
32	工业环境污染治理投资占地区生产总值比重	%	全市	正	0.09	0.04	0.05	19	23	4	环境年报2010；区域经济	☺
33	科教文卫支出占财政支出比重	%	全市	正	21.06	23.97	28.48	10	11	1	统计；城市；区域经济	☺
34	人均绿地面积	平方米	市辖区	正	58.13	55.00	50.82	13	14	1	城市	☺
35	建成区绿化覆盖率	%	市辖区	正	39.84	50.25	44.97	2	3	1	城市建设	☺
36	用水普及率	%	市辖区	正	98.83	99.70	98.96	26	29	3	城市建设	☺
37	城镇生活污水处理率	%	市辖区	正	86.16	78.81	53.84	31	37	6	城市建设	☺
38	生活垃圾无害化处理率	%	市辖区	正	94.38	92.34	67.25	27	36	9	城市建设	☺
39	每万人拥有公共汽车	辆	市辖区	正	15.51	13.15	12.50	19	23	4	城市	☺
40	工业二氧化硫去除率	%	全市	正	57.30	63.92	70.88	15	8	−7	环境年报2010	☹
41	工业废水化学需氧量去除率	%	全市	正	76.07	86.93	91.35	14	5	−9	环境年报2010	☹
42	工业氮氧化物去除率	%	全市	正	5.24	0.26	0.51	25	25	0	环境年报2010	
43	工业废水氨氮去除率	%	全市	正	66.79	53.91	73.96	30	16	−14	环境年报2010	☹

年鉴说明：区域经济——《中国区域经济统计年鉴2011》；城市——《中国城市统计年鉴2011》；统计——《中国统计年鉴2011》；城市建设——《中国城市建设统计年鉴2010》；环境年报2010——《中国环境统计年报2010》；环境年鉴——《中国环境统计年鉴2011》；环保部数据——环境保护部数据中心。

珠海市绿色发展水平简要分析

珠海市绿色发展水平在全国参与测评的 38 个城市中排名第 11 位(使用 2010 年数据)，较 2009 年上升 14 位(2009 年珠海市测算排名第 25 位)。以下分别从各级指标得分情况和 2009 年、2010 年两年变化情况对珠海市进行简要分析。

一、2010 年珠海市绿色发展指数指标得分情况

2010 年珠海市绿色发展指数为 0.061，从经济增长绿化度、资源与环境承载潜力和政府政策支持度 3 个一级指标数值来看(如图 1 所示)，珠海市的政府政策支持度具有明显优势；而经济增长绿化度和资源环境承载潜力则相对较弱，低于全国平均水平(注：各个指标的全国平均水平为 0 值)。

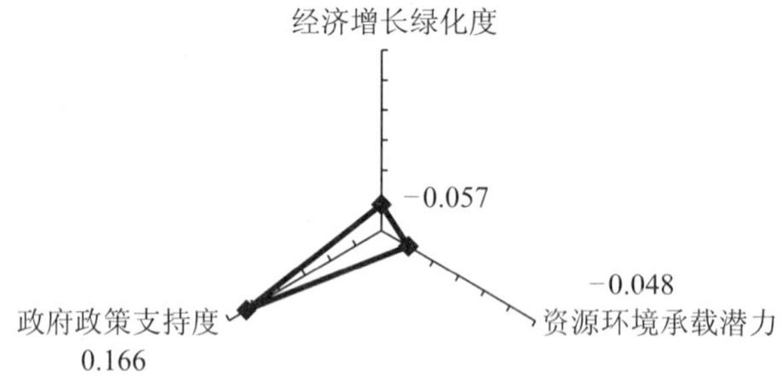

图 1 珠海市一级指标得分情况

从图 2 中可以看出，2010 年珠海市绿色发展指数二级指标中有 4 个高于全国平均水平，分别为绿色投资指标、基础设施指标、资源丰裕与生态保护指标、第一产业指标；而第三产业指标、第二产业指标、环境治理指标、绿色增长效率指标、环境压力与气候变化指标 5 个指标则低于全国平均水平。

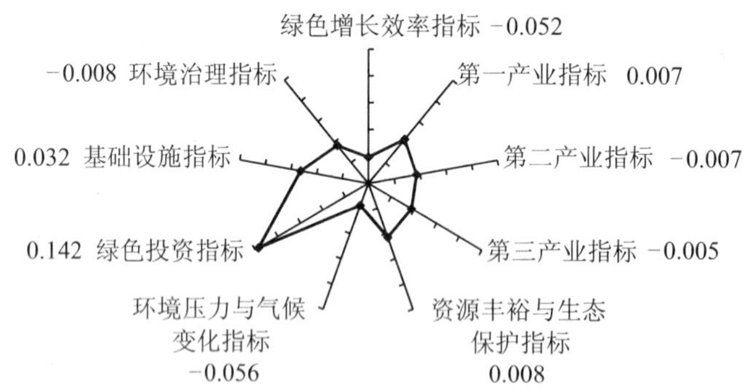

图 2 珠海市二级指标得分情况

二、珠海市绿色发展指数两年排名变化情况

如表 1 所示，从一级指标排名变化情况来看，2010 年珠海市排名变化最大的是政府政策支持度，上升了 20 位；经济增长绿化度则下降了 6 位；而资源环境承载潜力并无变化。从二级指标排名变化情况来看，基础设施指标、绿色投资指标和第二产业指标分别上升 21 位、9 位和 1 位；绿色增长效率指标、第一产业指标、资源丰裕与生态保护指标、环境压力与气候变化指标、第三产业指标和环境治理指标分别下降 1 位、1 位、1 位、2 位、3 位和 10 位。

表 1　2009—2010 年珠海市一级指标和二级指标排名变化情况

指　标	2010 年	2009 年	差　距	指　标	2010 年	2009 年	差　距
中国绿色发展指数	11	25	14				
经济增长绿化度	27	21	−6	资源丰裕与生态保护指标	4	3	−1
绿色增长效率指标	30	29	−1	环境压力与气候变化指标	23	21	−2
第一产业指标	5	4	−1	政府政策支持度	3	23	20
第二产业指标	25	26	1	绿色投资指标	2	11	9
第三产业指标	20	17	−3	基础设施指标	12	33	21
资源环境承载潜力	21	21	0	环境治理指标	23	13	−10

注：差距值为正数表明排名上升。

为了进一步分析一级、二级指标变化的原因，下面将珠海市 2009 年与 2010 年两年三级指标排名位次变化超过 3 位的指标列表如下(见表 2)。与 2009 年相比，2010 年珠海市三级指标排名有升有降，但上升趋势更为显著。其中，第三产业劳动生产率较 2009 年上升 15 位，第二产业劳动生产率上升 12 位，环境保护支出占财政支出比重等指标均有所上升；而珠海市的单位地区生产总值二氧化硫排放量、工业固体废物综合利用率、工业二氧化硫去除率、工业废水化学需氧量去除率和工业废水氨氮去除率 5 个指标较 2009 年则有了一定的下降。

表 2　2009—2010 年珠海市变化超过 3 位的三级指标

三级指标名称	两年原始数据			两年排名变化		
	2010 年	2009 年	单　位	2010 年	2009 年	变　动
人均地区生产总值	77 888.00	69 890.00	元	5	8	3
单位地区生产总值二氧化硫排放量	31.49	34.57	吨/亿元	23	20	−3
单位地区生产总值氨氮排放量	2.34	2.56	吨/亿元	20	23	3
第二产业劳动生产率	14.84	12.39	万元/人	4	16	12
工业固体废物综合利用率	98.20	98.50	%	9	6	−3
第三产业劳动生产率	10.55	9.53	万元/人	2	17	15
环境保护支出占财政支出比重	14.30	3.26	%	1	10	9
工业环境污染治理投资占地区生产总值比重	0.04	0.05	%	19	23	4
用水普及率	99.70	98.96	%	26	29	3
城镇生活污水处理率	78.81	53.84	%	31	37	6
生活垃圾无害化处理率	92.34	67.25	%	27	36	9
每万人拥有公共汽车	13.15	12.50	辆	19	23	4
工业二氧化硫去除率	63.92	70.88	%	15	8	−7
工业废水化学需氧量去除率	86.93	91.35	%	14	5	−9
工业废水氨氮去除率	53.91	73.96	%	30	16	−14

注：变动值为正数表明排名上升。

南宁市绿色发展“体检”表

序号	指标名称	单位	口径	指标属性	2010 年 38 城市测评均值	2010 年南宁市数值	2009 年南宁市数值	2010 年南宁市排名	2009 年南宁市排名	排名变化	2010 年数据来源	进退脸谱
1	人均地区生产总值	元	全市	正	55 399.15	26 330	21 829.00	37	38	1	区域经济；城市	☺
2	单位地区生产总值能耗	吨/万元	全市	逆	0.82	0.27	0.32	6	7	1	区域经济；城市	☺
3	人均城镇生活消费用电	千瓦时/人	全市	逆	580.70	272.77	246.36	4	4	0	城市	
4	单位地区生产总值二氧化碳排放量			逆	无数列表			N/A	N/A	N/A		
5	单位地区生产总值二氧化硫排放量	吨/亿元	全市	逆	42.67	58.46	56.95	30	28	−2	区域经济；环境年报 2010	☹
6	单位地区生产总值化学需氧量排放量	吨/亿元	全市	逆	24.91	95.93	112.85	38	38	0	区域经济；环境年报 2010	
7	单位地区生产总值氮氧化物排放量	吨/亿元	全市	逆	40.67	31.00	34.13	17	22	5	区域经济；环境年报 2010	☺
8	单位地区生产总值氨氮排放量	吨/亿元	全市	逆	2.63	3.74	4.41	29	30	1	区域经济；环境年报 2010	☺
9	第一产业劳动生产率	万元/人	全市	正	3.00	1.20	1.05	31	31	0	区域经济	
10	第二产业劳动生产率	万元/人	全市	正	18.12	9.45	8.22	35	34	−1	区域经济	☹
11	单位工业增加值水耗	万吨/万元	全市	逆	0.03	0.03	0.03	23	22	−1	区域经济；环境年报 2010	☹
12	单位工业增加值能耗			逆	无数列表			N/A	N/A	N/A		
13	工业固体废物综合利用率	%	全市	正	83.42	94.00	90.70	17	22	5	环境年报 2010	☺
14	工业用水重复利用率	%	全市	正	82.10	86.03	83.62	26	26	0	环境年报 2010	
15	第三产业劳动生产率	万元/人	全市	正	11.39	6.85	6.27	31	30	−1	区域经济	☹
16	第三产业增加值比重	%	全市	正	48.37	50.21	51.48	15	13	−2	城市	☹
17	第三产业就业人员比重	%	全市	正	46.83	32.61	32.53	38	37	−1	区域经济	☹
18	人均水资源量	立方米/人	全市	正	1 040.56	1 574.00	2 004.59	7	4	−3	环境年报 2010；城市	☹
19	单位土地面积二氧化碳排放量			逆	无数列表			N/A	N/A	N/A		
20	人均二氧化碳排放量			逆	无数列表			N/A	N/A	N/A		
21	单位土地面积二氧化硫排放量	吨/平方公里	全市	逆	11.34	3.43	2.93	4	3	−1	环境年报 2010；城市	☹
22	人均二氧化硫排放量	吨/万人	全市	逆	211.11	107.93	93.10	9	6	−3	环境年报 2010；城市	☹

续表

序号	指标名称	单　位	口　径	指标属性	2010年38城市测评均值	2010年南宁市数值	2009年南宁市数值	2010年南宁市排名	2009年南宁市排名	排名变化	2010年数据来源	进退脸谱
23	单位土地面积化学需氧量排放量	吨/平方公里	全市	逆	7.63	5.63	5.80	21	19	−2	环境年报2010；城市	☹
24	人均化学需氧量排放量	吨/万人	全市	逆	117.25	177.10	184.48	34	34	0	环境年报2010；城市	
25	单位土地面积氮氧化物排放量	吨/平方公里	全市	逆	14.61	1.82	1.75	2	2	0	环境年报2010；城市	
26	人均氮氧化物排放量	吨/万人	全市	逆	231.68	57.23	55.80	2	3	1	环境年报2010；城市	☺
27	单位土地面积氨氮排放量	吨/平方公里	全市	逆	0.83	0.22	0.23	5	4	−1	环境年报2010；城市	☹
28	人均氨氮排放量	吨/万人	全市	逆	12.50	6.90	7.21	8	5	−3	环境年报2010；城市	☹
29	空气质量达到二级以上天数占全年比重	%	市辖区	正	89.45	95.60	99.18	10	6	−4	环境保护部数据	☹
30	首要污染物可吸入颗粒物天数占全年比重	%	市辖区	逆	69.76	58.63	36.44	9	2	−7	环境保护部数据	☹
31	环境保护支出占财政支出比重	%	全市	正	3.14	1.32	2.09	37	19	−18	统计；城市	☹
32	工业环境污染治理投资占地区生产总值比重	%	全市	正	0.09	0.04	0.24	17	7	−10	环境年报2010；区域经济	☹
33	科教文卫支出占财政支出比重	%	全市	正	21.06	19.08	25.63	25	20	−5	统计；城市；区域经济	☹
34	人均绿地面积	平方米	市辖区	正	58.13	137.00	130.75	4	4	0	城市	
35	建成区绿化覆盖率	%	市辖区	正	39.84	40.36	39.65	19	16	−3	城市建设	☹
36	用水普及率	%	市辖区	正	98.83	95.10	93.89	35	36	1	城市建设	☺
37	城镇生活污水处理率	%	市辖区	正	86.16	93.27	99.42	11	2	−9	城市建设	☹
38	生活垃圾无害化处理率	%	市辖区	正	94.38	100.00	100.00	1	1	0	城市建设	
39	每万人拥有公共汽车	辆	市辖区	正	15.51	9.61	10.02	31	33	2	城市	☺
40	工业二氧化硫去除率	%	全市	正	57.30	26.89	25.60	36	34	−2	环境年报2010	☹
41	工业废水化学需氧量去除率	%	全市	正	76.07	75.90	70.73	30	30	0	环境年报2010	
42	工业氮氧化物去除率	%	全市	正	5.24	1.40	1.21	18	21	3	环境年报2010	☺
43	工业废水氨氮去除率	%	全市	正	66.79	79.25	79.99	13	12	−1	环境年报2010	☹

年鉴说明：区域经济——《中国区域经济统计年鉴2011》；城市——《中国城市统计年鉴2011》；统计——《中国统计年鉴2011》；城市建设——《中国城市建设统计年鉴2010》；环境年报2010——《中国环境统计年报2010》；环境年鉴——《中国环境统计年鉴2011》；环保部数据——环境保护部数据中心。

南宁市绿色发展水平简要分析

南宁市绿色发展水平在全国参与测评的 38 个城市中排名第 12 位(使用 2010 年数据)，较 2009 年下降 1 位(2009 年南宁市测算排名第 11 位)。以下分别从各级指标得分情况和 2009 年、2010 年两年变化情况对南宁市进行简要分析。

一、2010 年南宁市绿色发展指数指标得分情况

2010 年南宁市绿色发展指数为 0.049，从经济增长绿化度、资源与环境承载潜力和政府政策支持度 3 个一级指标数值来看(如图 1 所示)，南宁市的资源与环境承载潜力具有一定的优势；而经济增长绿化度和政府政策支持度则相对较弱，低于全国平均水平(注：各个指标的全国平均水平为 0 值)。

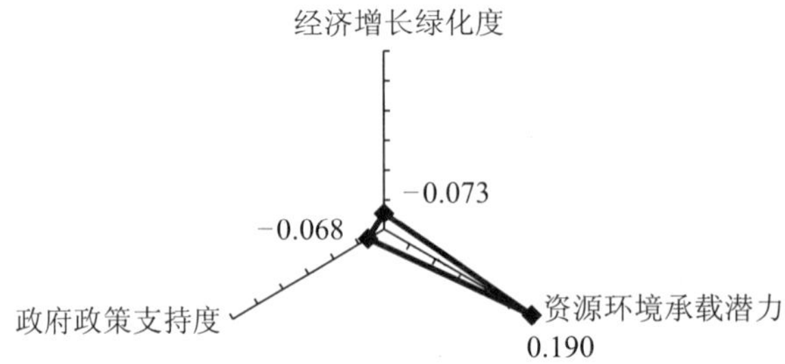

图 1　南宁市一级指标得分情况

从图 2 中可以看出，2010 年南宁市绿色发展指数二级指标中有 3 个高于全国平均水平，分别为环境压力与气候变化指标、基础设施指标、资源丰裕与生态保护指标；而第二产业指标、第一产业指标、绿色增长效率指标、第三产业指标、环境治理指标、绿色投资指标 6 个指标则低于全国平均水平。

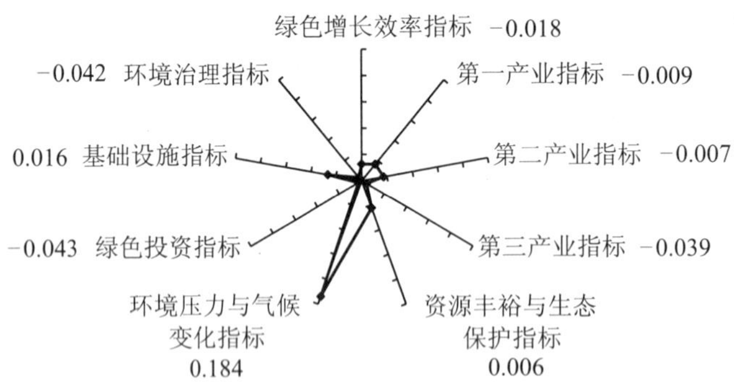

图 2　南宁市二级指标得分情况

二、南宁市绿色发展指数两年排名变化情况

如表 1 所示，从一级指标排名变化情况来看，2010 年南宁市排名上升较大最大的是经济增长绿化度，提高了 4 位；政府政策支持度和资源环境承载潜力则分别下降了 4 位和 1 位。从二级指标排名变化情况来看，第二产业指标、绿色增长效率指标和第三产业指标分别上升 5 位、4 位和 1 位；环境压力与气候变化指标、资源丰裕与生态保护指标、基础设施指标和绿色投资指标分别下降 1 位、3 位、4 位和 18 位；而第一产业指标和环境治理指标与 2009 年相比则没有变化。

表 1　2009—2010 年南宁市一级指标和二级指标排名变化情况

指　标	2010 年	2009 年	差　距	指　标	2010 年	2009 年	差　距
中国绿色发展指数	12	11	−1				
经济增长绿化度	29	33	4	资源丰裕与生态保护指标	7	4	−3
绿色增长效率指标	23	27	4	环境压力与气候变化指标	5	4	−1
第一产业指标	31	31	0	政府政策支持度	24	20	−4
第二产业指标	24	29	5	绿色投资指标	33	15	−18
第三产业指标	34	35	1	基础设施指标	16	12	−4
资源环境承载潜力	5	4	−1	环境治理指标	29	29	0

注：差距值为正数表明排名上升。

为了进一步分析一级、二级指标变化的原因，下面将南宁市 2009 年与 2010 年两年三级指标排名位次变化超过 3 位的指标列表如下(见表 2)。与 2009 年相比，2010 年南宁市三级指标排名有升有降，但下降趋势更为显著。其中，环境保护支出占财政支出比重下降 18 位，工业环境污染治理投资占地区生产总值比重下降 10 位，城镇生活污水处理率等多个指标均有所下降；而南宁市的工业氮氧化物去除率、单位地区生产总值氮氧化物排放量和工业固体废物综合利用率 3 个指标较 2009 年则有了一定的提升。

表 2　2009—2010 年南宁市变化超过 3 位的三级指标

三级指标名称	两年原始数据			两年排名变化		
	2010 年	2009 年	单　位	2010 年	2009 年	变　动
单位地区生产总值氮氧化物排放量	31.00	34.13	吨/亿元	17	22	5
工业固体废物综合利用率	94.00	90.70	%	17	22	5
人均水资源量	1 574.00	2 004.59	立方米/人	7	4	−3
人均二氧化硫排放量	107.93	93.10	吨/万人	9	6	−3
人均氨氮排放量	6.90	7.21	吨/万人	8	5	−3
空气质量达到二级以上天数占全年比重	95.60	99.18	%	10	6	−4
首要污染物可吸入颗粒物天数占全年比重	58.63	36.44	%	9	2	−7
环境保护支出占财政支出比重	1.32	2.09	%	37	19	−18
工业环境污染治理投资占地区生产总值比重	0.04	0.24	%	17	7	−10
科教文卫支出占财政支出比重	19.08	25.63	%	25	20	−5
建成区绿化覆盖率	40.36	39.65	%	19	16	−3
城镇生活污水处理率	93.27	99.42	%	11	2	−9
工业氮氧化物去除率	1.40	1.21	%	18	21	3

注：变动值为正数表明排名上升。

海口市绿色发展“体检”表

序号	指标名称	单位	口径	指标属性	2010年38城市测评均值	2010年海口市数值	2009年海口市数值	2010年海口市排名	2009年海口市排名	排名变化	2010年数据来源	进退脸谱
1	人均地区生产总值	元	全市	正	55 399.15	38 731	31 541.00	29	31	2	区域经济；城市	☺
2	单位地区生产总值能耗	吨/万元	全市	逆	0.82	0.65	0.73	18	17	−1	区域经济；城市	☹
3	人均城镇生活消费用电	千瓦时/人	全市	逆	580.70	357.46	314.77	10	10	0	城市	
4	单位地区生产总值二氧化碳排放量			逆	无数列表			N/A	N/A	N/A		
5	单位地区生产总值二氧化硫排放量	吨/亿元	全市	逆	42.67	0.82	1.00	1	1	0	区域经济；环境年报2010	
6	单位地区生产总值化学需氧量排放量	吨/亿元	全市	逆	24.91	20.34	30.34	20	25	5	区域经济；环境年报2010	☺
7	单位地区生产总值氮氧化物排放量	吨/亿元	全市	逆	40.67	36.83	39.55	23	24	1	区域经济；环境年报2010	☺
8	单位地区生产总值氨氮排放量	吨/亿元	全市	逆	2.63	3.03	3.91	26	29	3	区域经济；环境年报2010	☺
9	第一产业劳动生产率	万元/人	全市	正	3.00	2.01	1.76	21	22	1	区域经济	☺
10	第二产业劳动生产率	万元/人	全市	正	18.12	7.06	5.87	38	38	0	区域经济	
11	单位工业增加值水耗	万吨/万元	全市	逆	0.03	0.00	0.00	2	3	1	区域经济；环境年报2010	☺
12	单位工业增加值能耗			逆	无数列表			N/A	N/A	N/A		
13	工业固体废物综合利用率	%	全市	正	83.42	97.00	98.70	12	3	−9	环境年报2010	☹
14	工业用水重复利用率	%	全市	正	82.10	75.10	85.00	29	24	−5	环境年报2010	☹
15	第三产业劳动生产率	万元/人	全市	正	11.39	6.69	5.98	32	33	1	区域经济	☺
16	第三产业增加值比重	%	全市	正	48.37	69.58	68.69	2	2	0	城市	
17	第三产业就业人员比重	%	全市	正	46.83	59.80	58.08	3	3	0	区域经济	
18	人均水资源量	立方米/人	全市	正	1 040.56	108.43	112.73	36	37	1	环境年报2010；城市	☺
19	单位土地面积二氧化碳排放量			逆	无数列表			N/A	N/A	N/A		
20	人均二氧化碳排放量			逆	无数列表			N/A	N/A	N/A		
21	单位土地面积二氧化硫排放量	吨/平方公里	全市	逆	11.34	0.20	0.21	1	1	0	环境年报2010；城市	
22	人均二氧化硫排放量	吨/万人	全市	逆	211.11	2.95	3.08	1	1	0	环境年报2010；城市	

续表

序号	指标名称	单　位	口　径	指标属性	2010 年 38 城市测评均值	2010 年海口市数值	2009 年海口市数值	2010 年海口市排名	2009 年海口市排名	排名变化	2010 年数据来源	进退脸谱
23	单位土地面积化学需氧量排放量	吨/平方公里	全市	逆	7.63	5.05	6.37	18	23	5	环境年报2010；城市	☺
24	人均化学需氧量排放量	吨/万人	全市	逆	117.25	73.02	93.47	8	18	10	环境年报2010；城市	☺
25	单位土地面积氮氧化物排放量	吨/平方公里	全市	逆	14.61	9.14	8.30	21	21	0	环境年报2010；城市	
26	人均氮氧化物排放量	吨/万人	全市	逆	231.68	132.20	121.86	13	12	−1	环境年报2010；城市	☹
27	单位土地面积氨氮排放量	吨/平方公里	全市	逆	0.83	0.75	0.82	26	26	0	环境年报2010；城市	
28	人均氨氮排放量	吨/万人	全市	逆	12.50	10.89	12.04	21	23	2	环境年报2010；城市	☺
29	空气质量达到二级以上天数占全年比重	%	市辖区	正	89.45	100.00	100.00	1	1	0	环境保护部数据	
30	首要污染物可吸入颗粒物天数占全年比重	%	市辖区	逆	69.76	18.08	17.81	1	1	0	环境保护部数据	
31	环境保护支出占财政支出比重	%	全市	正	3.14	1.87	2.19	29	18	−11	统计；城市	☹
32	工业环境污染治理投资占地区生产总值比重	%	全市	正	0.09	N/A	N/A	N/A	N/A	N/A	环境年报2010；区域经济	
33	科教文卫支出占财政支出比重	%	全市	正	21.06	28.11	27.08	4	15	11	统计；城市；区域经济	☺
34	人均绿地面积	平方米	市辖区	正	58.13	23.00	22.83	34	33	−1	城市	☹
35	建成区绿化覆盖率	%	市辖区	正	39.84	44.14	43.78	6	6	0	城市建设	
36	用水普及率	%	市辖区	正	98.83	100.00	99.77	1	21	20	城市建设	☺
37	城镇生活污水处理率	%	市辖区	正	86.16	87.42	77.41	23	28	5	城市建设	☺
38	生活垃圾无害化处理率	%	市辖区	正	94.38	100.00	100.00	1	1	0	城市建设	
39	每万人拥有公共汽车	辆	市辖区	正	15.51	6.98	6.52	37	37	0	城市	
40	工业二氧化硫去除率	%	全市	正	57.30	N/A	N/A	N/A	N/A	N/A	环境年报2010	
41	工业废水化学需氧量去除率	%	全市	正	76.07	92.03	93.41	7	2	−5	环境年报2010	☹
42	工业氮氧化物去除率	%	全市	正	5.24	N/A	N/A	N/A	N/A	N/A	环境年报2010	
43	工业废水氨氮去除率	%	全市	正	66.79	86.50	58.77	10	25	15	环境年报2010	☺

年鉴说明：区域经济——《中国区域经济统计年鉴 2011》；城市——《中国城市统计年鉴 2011》；统计——《中国统计年鉴 2011》；城市建设——《中国城市建设统计年鉴 2010》；环境年报 2010——《中国环境统计年报 2010》；环境年鉴——《中国环境统计年鉴 2011》；环保部数据——环境保护部数据中心。

海口市绿色发展水平简要分析

海口市绿色发展水平在全国参与测评的38个城市中排名第2位(使用2010年数据)，较2009年上升1位(2009年海口市测算排名第3位)。以下分别从各级指标得分情况和2009年、2010年两年变化情况对海口市进行简要分析。

一、2010年海口市绿色发展指数指标得分情况

2010年海口市绿色发展指数为0.603，从经济增长绿化度、资源与环境承载潜力和政府政策支持度3个一级指标数值来看(如图1所示)，海口市的资源与环境承载潜力具有非常突出的优势；而经济增长绿化度和政府政策支持度也全部高于全国平均水平(注：各个指标的全国平均水平为0值)。

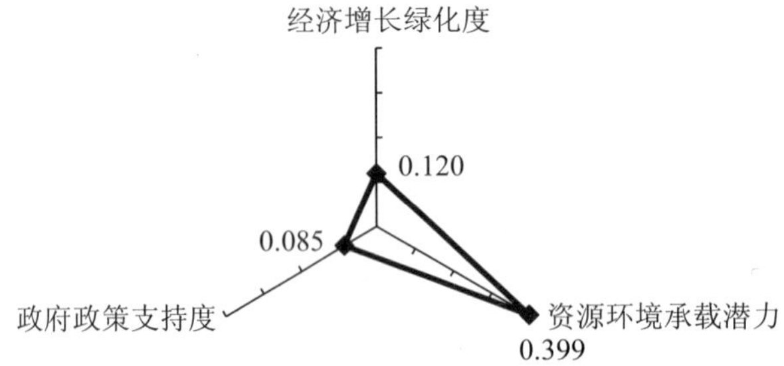

图1　海口市一级指标得分情况

从图2中可以看出，2010年海口市绿色发展指数二级指标中有6个高于全国平均水平，分别为环境压力与气候变化指标、绿色增长效率指标、环境治理指标、第三产业指标、基础设施指标、绿色投资指标；而第二产业指标、第一产业指标、资源丰裕与生态保护指标3个指标则略低于全国平均水平。

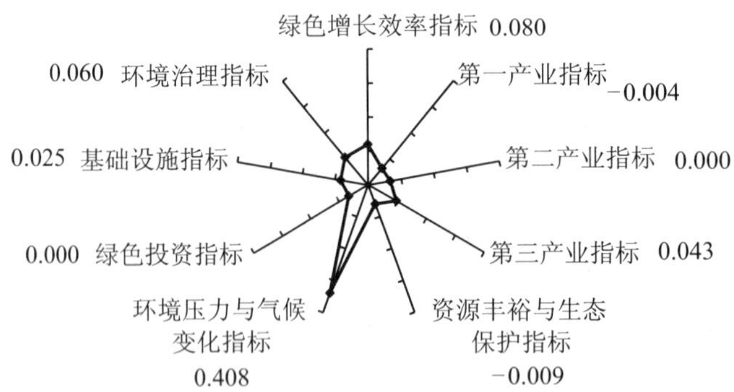

图2　海口市二级指标得分情况

二、海口市绿色发展指数两年排名变化情况

如表1所示，从一级指标排名变化情况来看，2010年海口市排名变化较大的是政府政策支持度，上升了4位；经济增长绿化度下降了1位；资源环境承载潜力则没有变化。从二级指标排名变化情况来看，绿色投资指标、环境治理指标、绿色增长效率指标、第一产业指标、资源丰裕与生态保护指标和基础设施指标分别上升10位、4位、3位、2位、1位和1位；第二产业指标则下降了7位；第三产业指标和环境压力与气候变化指标与2009年相比则没有变化。

表 1　2009—2010 年海口市一级指标和二级指标排名变化情况

指　标	2010 年	2009 年	差　距	指　标	2010 年	2009 年	差　距
中国绿色发展指数	2	3	1				
经济增长绿化度	3	4	1	资源丰裕与生态保护指标	36	37	1
绿色增长效率指标	5	8	3	环境压力与气候变化指标	2	2	0
第一产业指标	20	22	2	政府政策支持度	10	14	4
第二产业指标	19	12	−7	绿色投资指标	13	23	10
第三产业指标	5	5	0	基础设施指标	15	16	1
资源环境承载潜力	2	2	0	环境治理指标	6	10	4

注：差距值为正数表明排名上升。

为了进一步分析一级、二级指标变化的原因，下面将海口市 2009 年与 2010 年两年三级指标排名位次变化超过 3 位的指标列表如下(见表 2)。与 2009 年相比，2010 年海口市三级指标排名有升有降，但上升趋势更为显著。其中，用水普及率较 2009 年上升 20 位，工业废水氨氮去除率上升 15 位，科教文卫支出占财政支出比重上升 11 位，人均化学需氧量排放量上升 10 位，单位地区生产总值化学需氧量排放量上升 5 位，单位土地面积化学需氧量排放量上升 5 位，城镇生活污水处理率上升 5 位，单位地区生产总值氨氮排放量上升 3 位；而海口市的工业用水重复利用率、工业废水化学需氧量去除率、工业固体废物综合利用率、环境保护支出占财政支出比重 4 个指标较 2009 年则有了一定的下降。

表 2　2009—2010 年海口市变化超过 3 位的三级指标

三级指标名称	两年原始数据			两年排名变化		
	2010 年	2009 年	单　位	2010 年	2009 年	变　动
单位地区生产总值化学需氧量排放量	20.34	30.34	吨/亿元	20	25	5
单位地区生产总值氨氮排放量	3.03	3.91	吨/亿元	26	29	3
工业固体废物综合利用率	97.00	98.70	%	12	3	−9
工业用水重复利用率	75.10	85.00	%	29	24	−5
单位土地面积化学需氧量排放量	5.05	6.37	吨/平方公里	18	23	5
人均化学需氧量排放量	73.02	93.47	吨/万人	8	18	10
环境保护支出占财政支出比重	1.87	2.19	%	29	18	−11
科教文卫支出占财政支出比重	28.11	27.08	%	4	15	11
用水普及率	100.00	99.77	%	1	21	20
城镇生活污水处理率	87.42	77.41	%	23	28	5
工业废水化学需氧量去除率	92.03	93.41	%	7	2	−5
工业废水氨氮去除率	86.50	58.77	%	10	25	15

注：变动值为正数表明排名上升。

重庆市绿色发展“体检”表

序号	指标名称	单　位	口　径	指标属性	2010 年 38 城市测评均值	2010 年重庆市数值	2009 年重庆市数值	2010 年重庆市排名	2009 年重庆市排名	排名变化	2010 年数据来源	进退脸谱
1	人均地区生产总值	元	全市	正	56 231.37	N/A	22 920.00	N/A	36	N/A	区域经济；城市	
2	单位地区生产总值能耗	吨/万元	全市	逆	0.81	1.16	1.23	30	27	−3	区域经济；城市	☹
3	人均城镇生活消费用电	千瓦时/人	全市	逆	580.70	219.41	205.39	2	2	0	城市	
4	单位地区生产总值二氧化碳排放量			逆	无数列表			N/A	N/A	N/A		
5	单位地区生产总值二氧化硫排放量	吨/亿元	全市	逆	43.72	117.46	142.65	36	36	0	区域经济；环境年报2010	
6	单位地区生产总值化学需氧量排放量	吨/亿元	全市	逆	24.81	38.29	45.85	32	33	1	区域经济；环境年报2010	☺
7	单位地区生产总值氮氧化物排放量	吨/亿元	全市	逆	41.71	49.02	44.86	28	26	−2	区域经济；环境年报2010	☹
8	单位地区生产总值氨氮排放量	吨/亿元	全市	逆	2.63	4.11	5.12	33	34	1	区域经济；环境年报2010	☺
9	第一产业劳动生产率	万元/人	全市	正	3.03	N/A	0.82	N/A	35	N/A	区域经济	
10	第二产业劳动生产率	万元/人	全市	正	17.91	N/A	9.93	N/A	25	N/A	区域经济	
11	单位工业增加值水耗	万吨/万元	全市	逆	0.03	0.03	0.03	25	26	1	区域经济；环境年报2010	☺
12	单位工业增加值能耗			逆	无数列表			N/A	N/A	N/A		
13	工业固体废物综合利用率	%	全市	正	85.58	80.20	79.80	29	29	0	环境年报2010	
14	工业用水重复利用率	%	全市	正	83.81	73.08	65.23	31	33	2	环境年报2010	☺
15	第三产业劳动生产率	万元/人	全市	正	11.40	N/A	4.34	N/A	37	N/A	区域经济	
16	第三产业增加值比重	%	全市	正	47.97	36.35	37.89	37	37	0	城市	
17	第三产业就业人员比重	%	全市	正	46.44	N/A	34.72	N/A	36	N/A	区域经济	
18	人均水资源量	立方米/人	全市	正	1 026.43	1 472.10	1 391.86	9	7	−2	环境年报2010；城市	☹
19	单位土地面积二氧化碳排放量			逆	无数列表			N/A	N/A	N/A		
20	人均二氧化碳排放量			逆	无数列表			N/A	N/A	N/A		
21	单位土地面积二氧化硫排放量	吨/平方公里	全市	逆	11.64	8.69	9.01	20	20	0	环境年报2010；城市	
22	人均二氧化硫排放量	吨/万人	全市	逆	216.46	218.70	228.42	26	25	−1	环境年报2010；城市	☹

续表

序号	指标名称	单　位	口　径	指标属性	2010年38城市测评均值	2010年重庆市数值	2009年重庆市数值	2010年重庆市排名	2009年重庆市排名	排名变化	2010年数据来源	进退脸谱
23	单位土地面积化学需氧量排放量	吨/平方公里	全市	逆	7.83	2.83	2.90	7	7	0	环境年报2010；城市	
24	人均化学需氧量排放量	吨/万人	全市	逆	118.15	71.30	73.41	6	6	0	环境年报2010；城市	
25	单位土地面积氮氧化物排放量	吨/平方公里	全市	逆	15.00	3.62	2.83	5	7	2	环境年报2010；城市	☺
26	人均氮氧化物排放量	吨/万人	全市	逆	237.70	91.27	71.83	7	5	−2	环境年报2010；城市	☹
27	单位土地面积氨氮排放量	吨/平方公里	全市	逆	0.86	0.30	0.32	7	9	2	环境年报2010；城市	☺
28	人均氨氮排放量	吨/万人	全市	逆	12.63	7.65	8.20	9	9	0	环境年报2010；城市	
29	空气质量达到二级以上天数占全年比重	%	市辖区	正	89.20	85.16	82.97	28	31	3	环境保护部数据	☺
30	首要污染物可吸入颗粒物天数占全年比重	%	市辖区	逆	70.81	84.93	86.58	29	31	2	环境保护部数据	☺
31	环境保护支出占财政支出比重	%	全市	正	3.13	3.90	3.80	8	4	−4	统计；城市	☹
32	工业环境污染治理投资占地区生产总值比重	%	全市	正	0.08	0.10	0.11	9	14	5	环境年报2010；区域经济	☺
33	科教文卫支出占财政支出比重	%	全市	正	21.08	12.84	22.88	36	33	−3	统计；城市；区域经济	☹
34	人均绿地面积	平方米	市辖区	正	59.39	27.00	59.93	30	8	−22	城市	☹
35	建成区绿化覆盖率	%	市辖区	正	40.04	40.57	38.48	16	22	6	城市建设	☺
36	用水普及率	%	市辖区	正	98.82	94.05	94.60	37	35	−2	城市建设	☹
37	城镇生活污水处理率	%	市辖区	正	86.16	91.65	88.36	14	14	0	城市建设	
38	生活垃圾无害化处理率	%	市辖区	正	94.38	98.82	95.88	18	18	0	城市建设	
39	每万人拥有公共汽车	辆	市辖区	正	15.61	4.90	4.16	38	38	0	城市	
40	工业二氧化硫去除率	%	全市	正	57.30	62.69	57.10	19	22	3	环境年报2010	☺
41	工业废水化学需氧量去除率	%	全市	正	77.86	59.29	52.48	33	36	3	环境年报2010	☺
42	工业氮氧化物去除率	%	全市	正	5.29	N/A	3.64	N/A	17	N/A	环境年报2010	
43	工业废水氨氮去除率	%	全市	正	67.89	53.62	47.88	31	28	−3	环境年报2010	☹

年鉴说明：区域经济——《中国区域经济统计年鉴2011》；城市——《中国城市统计年鉴2011》；统计——《中国统计年鉴2011》；城市建设——《中国城市建设统计年鉴2010》；环境年报2010——《中国环境统计年报2010》；环境年鉴——《中国环境统计年鉴2011》；环保部数据——环境保护部数据中心。

重庆市绿色发展水平简要分析

重庆市绿色发展水平在全国参与测评的 38 个城市中排名第 33 位(使用 2010 年数据)，较 2009 年下降 1 位(2009 年重庆市测算排名第 32 位)。以下分别从各级指标得分情况和 2009 年、2010 年两年变化情况对重庆市进行简要分析。

一、2010 年重庆市绿色发展指数指标得分情况

2010 年重庆市绿色发展指数为－0.244，从经济增长绿化度、资源与环境承载潜力和政府政策支持度 3 个一级指标数值来看(如图 1 所示)，重庆市的资源环境承载潜力具有一定的比较优势；而经济增长绿化度和政府政策支持度则相对较弱，低于全国平均水平(注：各个指标的全国平均水平为 0 值)。

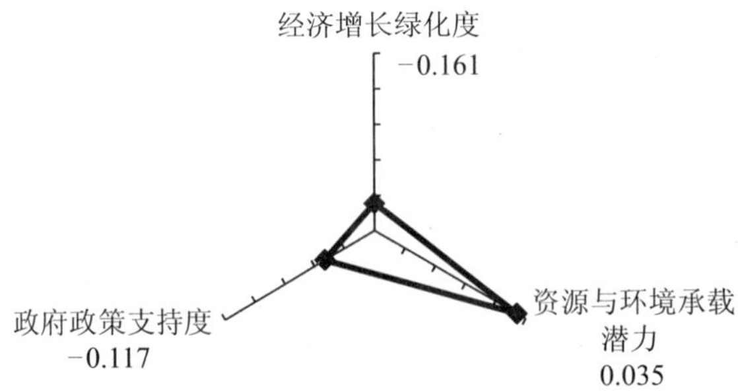

图 1　重庆市一级指标得分情况

从图 2 中可以看出，2010 年重庆市绿色发展指数二级指标中有 2 个高于全国平均水平，分别为资源丰裕与生态保护指标、环境压力与气候变化指标；而绿色增长效率指标、第一产业指标、第二产业指标、第三产业指标、绿色投资指标、基础设施指标、环境治理指标 7 个指标则低于全国平均水平。

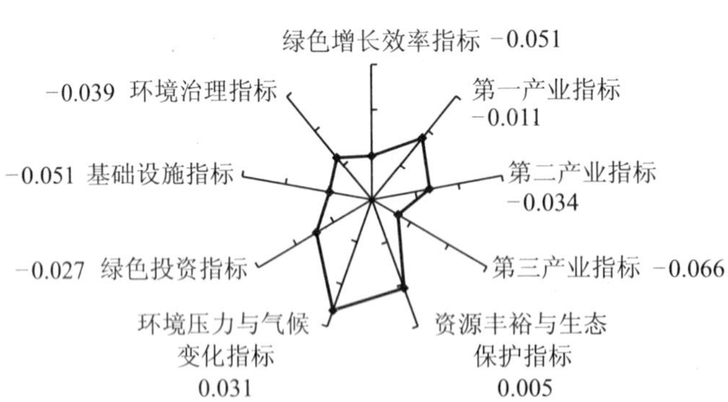

图 2　重庆市二级指标得分情况

二、重庆市绿色发展指数两年排名变化情况

如表 1 所示，从一级指标排名变化情况来看，2010 年重庆市资源环境承载潜力和经济增长绿化度均上升了 2 位；政府政策支持度下降了 2 位。从二级指标排名变化情况来看，环境压力与气候变化指标、环境治理指标、绿色增长效率指标和第一产业指标分别上升 2 位、2 位、1 位和 1 位；绿色投资指标、基础设施指标和资源丰裕与生态保护指标分别下降 6 位、5 位和 2 位；而第二产业指标和第三产业指标与 2009 年相比则没有变化。

表 1　2009—2010 年重庆市一级指标和二级指标排名变化情况

指　标	2010 年	2009 年	差　距	指　标	2010 年	2009 年	差　距
中国绿色发展指数	33	32	−1				
经济增长绿化度	36	38	2	资源丰裕与生态保护指标	9	7	−2
绿色增长效率指标	29	30	1	环境压力与气候变化指标	11	13	2
第一产业指标	34	35	1	政府政策支持度	33	31	−2
第二产业指标	33	33	0	绿色投资指标	23	17	−6
第三产业指标	37	37	0	基础设施指标	33	28	−5
资源环境承载潜力	11	13	2	环境治理指标	28	30	2

注：差距值为正数表明排名上升。

为了进一步分析一级、二级指标变化的原因，下面将重庆市 2009 年与 2010 年两年三级指标排名位次变化超过 3 位的指标列表如下(见表 2)。与 2009 年相比，2010 年重庆市三级指标排名有升有降，但下降趋势更为显著。其中，人均绿地面积较 2009 年下降 22 位，环境保护支出占财政支出比重下降 4 位，单位地区生产总值能耗、科教文卫支出占财政支出比重和工业废水氨氮去除率均下降 3 位；而重庆市的建成区绿化覆盖率、工业环境污染治理投资占地区生产总值比重、空气质量达到二级以上天数占全年比重、工业二氧化硫去除率、工业废水化学需氧量去除率 5 个指标较 2009 年则有了较大的提升。

表 2　2009—2010 年重庆市变化超过 3 位的三级指标

三级指标名称	两年原始数据			两年排名变化		
	2010 年	2009 年	单　位	2010 年	2009 年	变　动
单位地区生产总值能耗	1.16	1.23	吨/万元	30	27	−3
空气质量达到二级以上天数占全年比重	85.16	82.97	%	28	31	3
环境保护支出占财政支出比重	3.90	3.80	%	8	4	−4
工业环境污染治理投资占地区生产总值比重	0.10	0.11	%	9	14	5
科教文卫支出占财政支出比重	12.84	22.88	%	36	33	−3
人均绿地面积	27.00	59.93	平方米	30	8	−22
建成区绿化覆盖率	40.57	38.48	%	16	22	6
工业二氧化硫去除率	62.69	57.10	%	19	22	3
工业废水化学需氧量去除率	59.29	52.48	%	33	36	3
工业废水氨氮去除率	53.62	47.88	%	31	28	−3

注：变动值为正数表明排名上升。

成都市绿色发展"体检"表

序号	指标名称	单位	口径	指标属性	2010 年 38 城市测评均值	2010 年成都市数值	2009 年成都市数值	2010 年成都市排名	2009 年成都市排名	排名变化	2010 年数据来源	进退脸谱
1	人均地区生产总值	元	全市	正	56 231.37	41 253	35 215.00	28	28	0	区域经济；城市	
2	单位地区生产总值能耗	吨/万元	全市	逆	0.81	0.82	0.95	20	22	2	区域经济；城市	☺
3	人均城镇生活消费用电	千瓦时/人	全市	逆	580.70	367.26	326.96	12	12	0	城市	
4	单位地区生产总值二氧化碳排放量			逆	无数列表			N/A	N/A	N/A		
5	单位地区生产总值二氧化硫排放量	吨/亿元	全市	逆	43.72	30.19	37.36	21	23	2	区域经济；环境年报 2010	☺
6	单位地区生产总值化学需氧量排放量	吨/亿元	全市	逆	24.81	25.73	30.51	27	26	−1	区域经济；环境年报 2010	☹
7	单位地区生产总值氮氧化物排放量	吨/亿元	全市	逆	41.71	11.40	70.36	1	33	32	区域经济；环境年报 2010	☺
8	单位地区生产总值氨氮排放量	吨/亿元	全市	逆	2.63	4.09	3.19	32	25	−7	区域经济；环境年报 2010	☹
9	第一产业劳动生产率	万元/人	全市	正	3.03	1.80	1.59	25	25	0	区域经济	
10	第二产业劳动生产率	万元/人	全市	正	17.91	9.54	8.02	34	35	1	区域经济	☺
11	单位工业增加值水耗	万吨/万元	全市	逆	0.03	0.01	0.01	9	11	2	区域经济；环境年报 2010	☺
12	单位工业增加值能耗			逆	无数列表			N/A	N/A	N/A		
13	工业固体废物综合利用率	%	全市	正	85.58	99.60	98.90	2	2	0	环境年报 2010	
14	工业用水重复利用率	%	全市	正	83.81	86.60	81.28	25	27	2	环境年报 2010	☺
15	第三产业劳动生产率	万元/人	全市	正	11.40	8.18	6.93	27	28	1	区域经济	☺
16	第三产业增加值比重	%	全市	正	47.97	50.17	49.59	16	18	2	城市	☺
17	第三产业就业人员比重	%	全市	正	46.44	45.41	44.33	19	22	3	区域经济	☺
18	人均水资源量	立方米/人	全市	正	1 026.43	574.38	563.69	22	18	−4	环境年报 2010；城市	☹
19	单位土地面积二氧化碳排放量			逆	无数列表			N/A	N/A	N/A		
20	人均二氧化碳排放量			逆	无数列表			N/A	N/A	N/A		
21	单位土地面积二氧化硫排放量	吨/平方公里	全市	逆	11.64	11.45	12.33	27	25	−2	环境年报 2010；城市	☹
22	人均二氧化硫排放量	吨/万人	全市	逆	216.46	121.36	131.98	13	12	−1	环境年报 2010；城市	☹

续表

序号	指标名称	单　位	口　径	指标属性	2010年38城市测评均值	2010年成都市数值	2009年成都市数值	2010年成都市排名	2009年成都市排名	排名变化	2010年数据来源	进退脸谱
23	单位土地面积化学需氧量排放量	吨/平方公里	全市	逆	7.83	9.75	10.07	29	28	−1	环境年报2010；城市	☹
24	人均化学需氧量排放量	吨/万人	全市	逆	118.15	103.41	107.79	19	19	0	环境年报2010；城市	
25	单位土地面积氮氧化物排放量	吨/平方公里	全市	逆	15.00	4.32	23.22	8	33	25	环境年报2010；城市	☺
26	人均氮氧化物排放量	吨/万人	全市	逆	237.70	45.81	248.53	1	31	30	环境年报2010；城市	☺
27	单位土地面积氨氮排放量	吨/平方公里	全市	逆	0.86	1.55	1.05	34	32	−2	环境年报2010；城市	☹
28	人均氨氮排放量	吨/万人	全市	逆	12.63	16.44	11.28	28	20	−8	环境年报2010；城市	☹
29	空气质量达到二级以上天数占全年比重	%	市辖区	正	89.20	86.54	86.26	23	26	3	环境保护部数据	☺
30	首要污染物可吸入颗粒物天数占全年比重	%	市辖区	逆	70.81	83.84	88.77	26	34	8	环境保护部数据	☺
31	环境保护支出占财政支出比重	%	全市	正	3.13	1.30	1.51	38	31	−7	统计；城市	☹
32	工业环境污染治理投资占地区生产总值比重	%	全市	正	0.08	0.01	0.04	34	25	−9	环境年报2010；区域经济	☹
33	科教文卫支出占财政支出比重	%	全市	正	21.08	15.35	21.01	34	37	3	统计；城市；区域经济	☺
34	人均绿地面积	平方米	市辖区	正	59.39	31.00	30.95	26	28	2	城市	☺
35	建成区绿化覆盖率	%	市辖区	正	40.04	39.43	38.82	22	21	−1	城市建设	☹
36	用水普及率	%	市辖区	正	98.82	95.79	97.09	33	32	−1	城市建设	☹
37	城镇生活污水处理率	%	市辖区	正	86.16	90.68	88.45	16	13	−3	城市建设	☹
38	生活垃圾无害化处理率	%	市辖区	正	94.38	100.00	100.00	1	1	0	城市建设	
39	每万人拥有公共汽车	辆	市辖区	正	15.61	12.64	14.50	21	14	−7	城市	☹
40	工业二氧化硫去除率	%	全市	正	57.30	49.79	62.30	26	18	−8	环境年报2010	☹
41	工业废水化学需氧量去除率	%	全市	正	77.86	57.93	63.88	34	34	0	环境年报2010	
42	工业氮氧化物去除率	%	全市	正	5.29	6.60	0.77	10	23	13	环境年报2010	☺
43	工业废水氨氮去除率	%	全市	正	67.89	19.56	26.33	37	37	0	环境年报2010	

年鉴说明：区域经济——《中国区域经济统计年鉴2011》；城市——《中国城市统计年鉴2011》；统计——《中国统计年鉴2011》；城市建设——《中国城市建设统计年鉴2010》；环境年报2010——《中国环境统计年报2010》；环境年鉴——《中国环境统计年鉴2011》；环保部数据——环境保护部数据中心。

成都市绿色发展水平简要分析

成都市绿色发展水平在全国参与测评的 38 个城市中排名第 30 位(使用 2010 年数据),较 2009 年上升 6 位(2009 年成都市测算排名第 36 位)。以下分别从各级指标得分情况和 2009 年、2010 年两年变化情况对成都市进行简要分析。

一、2010 年成都市绿色发展指数指标得分情况

2010 年成都市绿色发展指数为-0.172,从经济增长绿化度、资源与环境承载潜力和政府政策支持度 3 个一级指标数值来看(如图 1 所示),成都市的经济增长绿化度具有一定的优势;而资源环境承载潜力和政府政策支持度则相对较弱,低于全国平均水平(注:各个指标的全国平均水平为 0 值)。

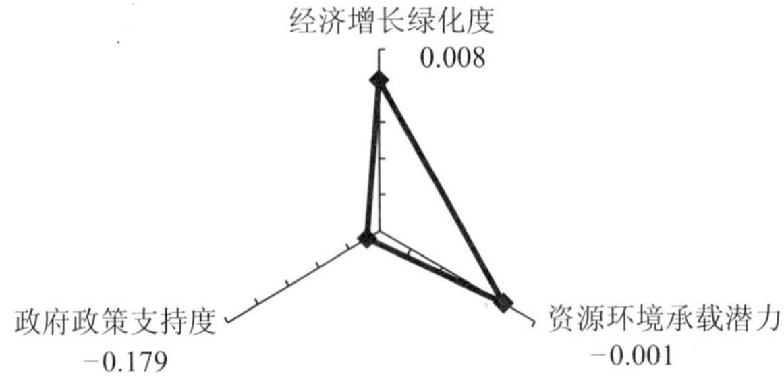

图 1　成都市一级指标得分情况

从图 2 中可以看出,2010 年成都市绿色发展指数二级指标中有 3 个高于全国平均水平,分别为绿色增长效率指标、第二产业指标、环境压力与气候变化指标;而第一产业指标、第三产业指标、资源丰裕与生态保护指标、绿色投资指标、基础设施指标、环境治理指标 6 个指标则低于全国平均水平。

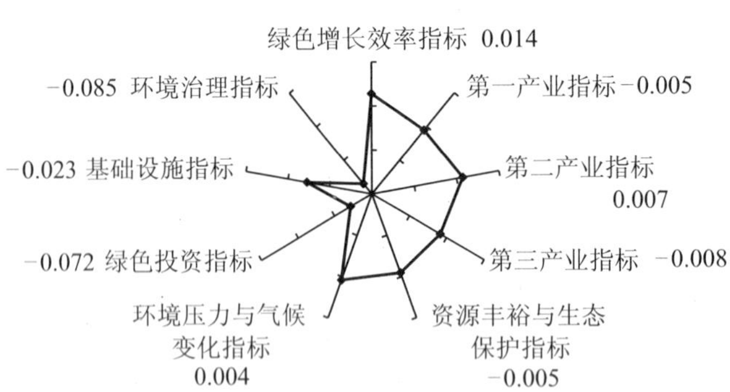

图 2　成都市二级指标得分情况

二、成都市绿色发展指数两年排名变化情况

如表 1 所示,从一级指标排名变化情况来看,2010 年成都市排名变化最大的是资源环境承载潜力,上升了 18 位;其次是经济增长绿化度,上升了 16 位;而政府政策支持度则下降了 2 位。从二级指标排名变化情况来看,绿色增长效率指标、第二产业指标、第三产业指标和环境压力与气候变化指标分别上升 16 位、7 位、3 位和 17 位;资源丰裕与生态保护指标、基础设施

指标和环境治理指标分别下降4位、5位和4位；而第一产业指标和绿色投资指标与2009年相比则没有变化。

表1　2009—2010年成都市一级指标和二级指标排名变化情况

指　标	2010年	2009年	差　距	指　标	2010年	2009年	差　距
绿色发展指数	30	36	6				
经济增长绿化度	15	31	16	资源丰裕与生态保护指标	22	18	−4
绿色增长效率指标	15	31	16	环境压力与气候变化指标	14	31	17
第一产业指标	25	25	0	政府政策支持度	36	34	−2
第二产业指标	14	21	7	绿色投资指标	38	38	0
第三产业指标	22	25	3	基础设施指标	26	21	−5
资源环境承载潜力	14	32	18	环境治理指标	36	32	−4

注：差距值为正数表明排名上升。

为了进一步分析一级、二级指标变化的原因，下面将成都市2009年与2010年两年三级指标排名位次变化超过3位的指标列表如下(见表2)。与2009年相比，2010年成都市三级指标排名有升有降，但上升趋势更为显著。其中，单位地区生产总值氮氧化物排放量上升32位，首要污染物可吸入颗粒物天数占全年比重上升8位，第三产业就业人员比重、科教文卫支出占财政支出比重等多个指标均有所上升；而成都市的城镇生活污水处理率、人均水资源量、人均氨氮排放量、工业二氧化硫去除率等8个指标较2009年则有一定的下降。

表2　2009—2010年成都市变化超过3位的三级指标

三级指标名称	两年原始数据			两年排名变化		
	2010年	2009年	单　位	2010年	2009年	变　动
单位地区生产总值氮氧化物排放量	11.40	70.36	吨/亿元	1	33	32
单位地区生产总值氨氮排放量	4.09	3.19	吨/亿元	32	25	−7
第三产业就业人员比重	45.41	44.33	%	19	22	3
人均水资源量	574.38	563.69	立方米/人	22	18	−4
单位土地面积氮氧化物排放量	4.32	23.22	吨/平方公里	8	33	25
人均氮氧化物排放量	45.81	248.53	吨/万人	1	31	30
人均氨氮排放量	16.44	11.28	吨/万人	28	20	−8
空气质量达到二级以上天数占全年比重	86.54	86.26	%	23	26	3
首要污染物可吸入颗粒物天数占全年比重	83.84	88.77	%	26	34	8
环境保护支出占财政支出比重	1.30	1.51	%	38	31	−7
工业环境污染治理投资占地区生产总值比重	0.01	0.04	%	34	25	−9
科教文卫支出占财政支出比重	15.35	21.01	%	34	37	3
城镇生活污水处理率	90.68	88.45	%	16	13	−3
每万人拥有公共汽车	12.64	14.50	辆	21	14	−7
工业二氧化硫去除率	49.79	62.30	%	26	18	−8
工业氮氧化物去除率	6.60	0.77	%	10	23	13

注：变动值为正数表明排名上升。

贵阳市绿色发展“体检”表

序号	指标名称	单位	口径	指标属性	2010 年 38 城市测评均值	2010 年贵阳市数值	2009 年贵阳市数值	2010 年贵阳市排名	2009 年贵阳市排名	排名变化	2010 年数据来源	进退脸谱
1	人均地区生产总值	元	全市	正	55 399.15	26 209	24 585.00	38	35	−3	区域经济；城市	☹
2	单位地区生产总值能耗	吨/万元	全市	逆	0.82	1.10	N/A	28	N/A	N/A	区域经济；城市	
3	人均城镇生活消费用电	千瓦时/人	全市	逆	580.70	806.92	758.37	33	32	−1	城市	☹
4	单位地区生产总值二氧化碳排放量			逆	无数列表			N/A	N/A	N/A		
5	单位地区生产总值二氧化硫排放量	吨/亿元	全市	逆	42.67	167.56	200.65	38	38	0	区域经济；环境年报 2010	
6	单位地区生产总值化学需氧量排放量	吨/亿元	全市	逆	24.91	48.51	56.12	36	36	0	区域经济；环境年报 2010	
7	单位地区生产总值氮氧化物排放量	吨/亿元	全市	逆	40.67	34.44	17.92	21	5	−16	区域经济；环境年报 2010	☹
8	单位地区生产总值氨氮排放量	吨/亿元	全市	逆	2.63	3.38	4.63	28	32	4	区域经济；环境年报 2010	☺
9	第一产业劳动生产率	万元/人	全市	正	3.00	0.83	0.72	36	37	1	区域经济	☺
10	第二产业劳动生产率	万元/人	全市	正	18.12	7.43	6.42	37	37	0	区域经济	
11	单位工业增加值水耗	万吨/万元	全市	逆	0.03	0.03	0.03	27	27	0	区域经济；环境年报 2010	
12	单位工业增加值能耗			逆	无数列表			N/A	N/A	N/A		
13	工业固体废物综合利用率	%	全市	正	83.42	56.20	45.80	35	36	1	环境年报 2010	☺
14	工业用水重复利用率	%	全市	正	82.10	95.28	94.72	8	8	0	环境年报 2010	
15	第三产业劳动生产率	万元/人	全市	正	11.39	5.77	5.45	35	34	−1	区域经济	☹
16	第三产业增加值比重	%	全市	正	48.37	54.18	54.20	6	8	2	城市	☺
17	第三产业就业人员比重	%	全市	正	46.83	46.63	42.83	17	25	8	区域经济	☺
18	人均水资源量	立方米/人	全市	正	1 040.56	1 340.61	1 231.34	10	10	0	环境年报 2010；城市	
19	单位土地面积二氧化碳排放量			逆	无数列表			N/A	N/A	N/A		
20	人均二氧化碳排放量			逆	无数列表			N/A	N/A	N/A		
21	单位土地面积二氧化硫排放量	吨/平方公里	全市	逆	11.34	21.33	22.34	35	35	0	环境年报 2010；城市	
22	人均二氧化硫排放量	吨/万人	全市	逆	211.11	462.91	491.11	37	37	0	环境年报 2010；城市	

续表

序号	指标名称	单位	口径	指标属性	2010年38城市测评均值	2010年贵阳市数值	2009年贵阳市数值	2010年贵阳市排名	2009年贵阳市排名	排名变化	2010年数据来源	进退脸谱
23	单位土地面积化学需氧量排放量	吨/平方公里	全市	逆	7.63	6.17	6.25	23	22	−1	环境年报2010；城市	☹
24	人均化学需氧量排放量	吨/万人	全市	逆	117.25	134.01	137.35	24	24	0	环境年报2010；城市	
25	单位土地面积氮氧化物排放量	吨/平方公里	全市	逆	14.61	4.38	2.00	10	5	−5	环境年报2010；城市	☹
26	人均氮氧化物排放量	吨/万人	全市	逆	231.68	95.14	N/A	8	N/A	N/A	环境年报2010；城市	
27	单位土地面积氨氮排放量	吨/平方公里	全市	逆	0.83	0.43	0.52	15	15	0	环境年报2010；城市	
28	人均氨氮排放量	吨/万人	全市	逆	12.50	9.34	11.33	12	21	9	环境年报2010；城市	☺
29	空气质量达到二级以上天数占全年比重	%	市辖区	正	89.45	93.96	95.05	12	10	−2	环境保护部数据	☹
30	首要污染物可吸入颗粒物天数占全年比重	%	市辖区	逆	69.76	56.16	53.42	8	7	−1	环境保护部数据	☹
31	环境保护支出占财政支出比重	%	全市	正	3.14	2.65	1.57	19	29	10	统计；城市	☺
32	工业环境污染治理投资占地区生产总值比重	%	全市	正	0.09	0.28	0.55	4	1	−3	环境年报2010；区域经济	☹
33	科教文卫支出占财政支出比重	%	全市	正	21.06	21.65	25.54	15	21	6	统计；城市；区域经济	☺
34	人均绿地面积	平方米	市辖区	正	58.13	30.00	26.27	27	31	4	城市	☺
35	建成区绿化覆盖率	%	市辖区	正	39.84	N/A	32.36	N/A	36	N/A	城市建设	
36	用水普及率	%	市辖区	正	98.83	96.22	95.41	32	33	1	城市建设	☺
37	城镇生活污水处理率	%	市辖区	正	86.16	95.20	54.40	9	36	27	城市建设	☺
38	生活垃圾无害化处理率	%	市辖区	正	94.38	93.74	95.04	26	20	−6	城市建设	☹
39	每万人拥有公共汽车	辆	市辖区	正	15.51	9.57	11.57	32	29	−3	城市	☹
40	工业二氧化硫去除率	%	全市	正	57.30	81.06	68.96	5	10	5	环境年报2010	☺
41	工业废水化学需氧量去除率	%	全市	正	76.07	89.48	88.54	9	11	2	环境年报2010	☺
42	工业氮氧化物去除率	%	全市	正	5.24	17.42	30.95	3	4	1	环境年报2010	☺
43	工业废水氨氮去除率	%	全市	正	66.79	67.56	62.02	23	22	−1	环境年报2010	☹

年鉴说明：区域经济——《中国区域经济统计年鉴2011》；城市——《中国城市统计年鉴2011》；统计——《中国统计年鉴2011》；城市建设——《中国城市建设统计年鉴2010》；环境年报2010——《中国环境统计年报2010》；环境年鉴——《中国环境统计年鉴2011》；环保部数据——环境保护部数据中心。

贵阳市绿色发展水平简要分析

贵阳市绿色发展水平在全国参与测评的38个城市中排名第20位(使用2010年数据)，较2009年排名不变(2009年贵阳市测算排名第20位)。以下分别从各级指标得分情况和2009年、2010年两年变化情况对贵阳市进行简要分析。

一、2010年贵阳市绿色发展指数指标得分情况

2010年贵阳市绿色发展指数为−0.031，从经济增长绿化度、资源与环境承载潜力和政府政策支持度3个一级指标数值来看(如图1所示)，贵阳市的政府政策支持度和资源与环境承载潜力具有明显优势；而经济增长绿化度则相对较弱，低于全国平均水平(注：各个指标的全国平均水平为0值)。

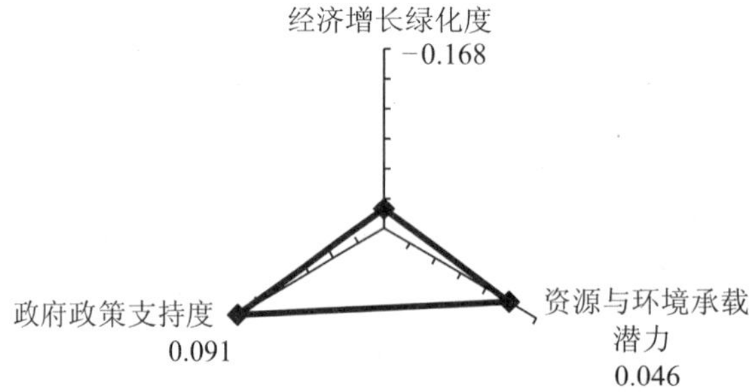

图1 贵阳市一级指标得分情况

从图2中可以看出，2010年贵阳市绿色发展指数二级指标中有4个高于全国平均水平，分别为资源丰裕与生态保护指标、环境压力与气候变化指标、绿色投资指标、环境治理指标；而绿色增长效率指标、第一产业指标、第二产业指标、第三产业指标、基础设施指标5个指标则低于全国平均水平。

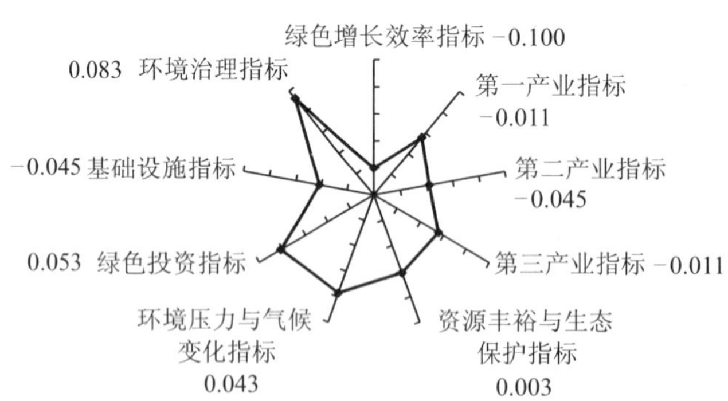

图2 贵阳市二级指标得分情况

二、贵阳市绿色发展指数两年排名变化情况

如表1所示，从一级指标排名变化情况来看，2010年贵阳市排名变化最大的是政府政策支持度，上升了10位；经济增长绿化度和资源环境承载潜力分别下降了1位和3位。从二级指标排名变化情况来看，第三产业指标和基础设施指标上升了3位，第一产业指标、绿色投资指标和环境治理指标分别上升1位；绿色增长效率指标和环境压力与气候变化指标下降了3位；而第二产业指标和资源丰裕与生态保护指标与2009年相比则没有变化。

表 1　2009—2010 年贵阳市一级指标和二级指标排名变化情况

指　标	2010 年	2009 年	差　距	指　标	2010 年	2009 年	差　距
中国绿色发展指数	20	20	0				
经济增长绿化度	37	36	−1	资源丰裕与生态保护指标	10	10	0
绿色增长效率指标	37	34	−3	环境压力与气候变化指标	10	7	−3
第一产业指标	36	37	1	政府政策支持度	8	18	10
第二产业指标	34	34	0	绿色投资指标	7	8	1
第三产业指标	24	27	3	基础设施指标	32	35	3
资源环境承载潜力	10	7	−3	环境治理指标	4	5	1

注：差距值为正数表明排名上升。

为了进一步分析一级、二级指标变化的原因，下面将贵阳市 2009 年与 2010 年两年三级指标排名位次变化超过 3 位的指标列表如下(见表 2)。与 2009 年相比，2010 年贵阳市三级指标排名有升有降。其中，城镇生活污水处理率较 2009 年上升 27 位，环境保护支出占财政支出比重上升 10 位，人均氨氮排放量上升 9 位，第三产业就业人员比重上升 8 位，科教文卫支出占财政支出比重上升 6 位，工业二氧化硫去除率上升 5 位，单位地区生产总值氨氮排放量和人均绿地面积上升 3 位；而贵阳市的人均地区生产总值、单位地区生产总值氮氧化物排放量、单位土地面积氮氧化物排放量等 6 个指标排名较 2009 年则有了较大的下降。

表 2　2009—2010 年贵阳市变化超过 3 位的三级指标

三级指标名称	两年原始数据			两年排名变化		
	2010 年	2009 年	单　位	2010 年	2009 年	变　动
人均地区生产总值	26 209.00	24 585.00	元	38	35	−3
单位地区生产总值氮氧化物排放量	34.44	17.92	吨/亿元	21	5	−16
单位地区生产总值氨氮排放量	3.38	4.63	吨/亿元	28	32	4
第三产业就业人员比重	46.63	42.83	%	17	25	8
单位土地面积氮氧化物排放量	4.38	2.00	吨/平方公里	10	5	−5
人均氨氮排放量	9.34	11.33	吨/万人	12	21	9
环境保护支出占财政支出比重	2.65	1.57	%	19	29	10
工业环境污染治理投资占地区生产总值比重	0.28	0.55	%	4	1	−3
科教文卫支出占财政支出比重	21.65	25.54	%	15	21	6
人均绿地面积	30.00	26.27	平方米	27	31	4
城镇生活污水处理率	95.20	54.40	%	9	36	27
生活垃圾无害化处理率	93.74	95.04	%	26	20	−6
每万人拥有公共汽车	9.57	11.57	辆	32	29	−3
工业二氧化硫去除率	81.06	68.96	%	5	10	5

注：变动值为正数表明排名上升。

昆明市绿色发展“体检”表

序号	指标名称	单　位	口　径	指标属性	2010 年 38 城市测评均值	2010 年昆明市数值	2009 年昆明市数值	2010 年昆明市排名	2009 年昆明市排名	排名变化	2010 年数据来源	进退脸谱
1	人均地区生产总值	元	全市	正	55 399.15	33 549	28 894.00	33	33	0	区域经济；城市	
2	单位地区生产总值能耗	吨/万元	全市	逆	0.82	0.56	1.00	14	25	11	区域经济；城市	☺
3	人均城镇生活消费用电	千瓦时/人	全市	逆	580.70	577.39	585.61	27	27	0	城市	
4	单位地区生产总值二氧化碳排放量			逆	无数列表			N/A	N/A	N/A		
5	单位地区生产总值二氧化硫排放量	吨/亿元	全市	逆	42.67	42.63	55.08	27	27	0	区域经济；环境年报 2010	
6	单位地区生产总值化学需氧量排放量	吨/亿元	全市	逆	24.91	7.67	13.32	2	7	5	区域经济；环境年报 2010	☺
7	单位地区生产总值氮氧化物排放量	吨/亿元	全市	逆	40.67	24.90	22.65	12	9	−3	区域经济；环境年报 2010	☹
8	单位地区生产总值氨氮排放量	吨/亿元	全市	逆	2.63	1.26	0.90	10	2	−8	区域经济；环境年报 2010	☹
9	第一产业劳动生产率	万元/人	全市	正	3.00	0.89	0.83	35	34	−1	区域经济	☹
10	第二产业劳动生产率	万元/人	全市	正	18.12	11.87	9.31	26	28	2	区域经济	☺
11	单位工业增加值水耗	万吨/万元	全市	逆	0.03	0.04	0.04	32	30	−2	区域经济；环境年报 2010	☹
12	单位工业增加值能耗			逆	无数列表			N/A	N/A	N/A		
13	工业固体废物综合利用率	%	全市	正	83.42	41.30	39.90	37	37	0	环境年报 2010	
14	工业用水重复利用率	%	全市	正	82.10	94.94	94.70	9	9	0	环境年报 2010	
15	第三产业劳动生产率	万元/人	全市	正	11.39	5.94	5.18	34	35	1	区域经济	☺
16	第三产业增加值比重	%	全市	正	48.37	49.01	48.10	18	21	3	城市	☺
17	第三产业就业人员比重	%	全市	正	46.83	45.10	44.17	21	23	2	区域经济	☺
18	人均水资源量	立方米/人	全市	正	1 040.56	1 195.74	1 302.08	11	8	−3	环境年报 2010；城市	☹
19	单位土地面积二氧化碳排放量			逆	无数列表			N/A	N/A	N/A		
20	人均二氧化碳排放量			逆	无数列表			N/A	N/A	N/A		
21	单位土地面积二氧化硫排放量	吨/平方公里	全市	逆	11.34	3.92	4.44	6	6	0	环境年报 2010；城市	
22	人均二氧化硫排放量	吨/万人	全市	逆	211.11	142.09	175.68	16	21	5	环境年报 2010；城市	☺

续表

序号	指标名称	单　位	口　径	指标属性	2010年38城市测评均值	2010年昆明市数值	2009年昆明市数值	2010年昆明市排名	2009年昆明市排名	排名变化	2010年数据来源	进退脸谱
23	单位土地面积化学需氧量排放量	吨/平方公里	全市	逆	7.63	0.70	1.07	1	2	1	环境年报2010；城市	☺
24	人均化学需氧量排放量	吨/万人	全市	逆	117.25	25.55	42.47	2	1	−1	环境年报2010；城市	☹
25	单位土地面积氮氧化物排放量	吨/平方公里	全市	逆	14.61	2.29	1.83	3	3	0	环境年报2010；城市	
26	人均氮氧化物排放量	吨/万人	全市	逆	231.68	83.00	72.26	4	6	2	环境年报2010；城市	☺
27	单位土地面积氨氮排放量	吨/平方公里	全市	逆	0.83	0.12	0.07	2	2	0	环境年报2010；城市	
28	人均氨氮排放量	吨/万人	全市	逆	12.50	4.20	2.86	3	1	−2	环境年报2010；城市	☹
29	空气质量达到二级以上天数占全年比重	%	市辖区	正	89.45	100.00	100.00	1	1	0	环境保护部数据	
30	首要污染物可吸入颗粒物天数占全年比重	%	市辖区	逆	69.76	65.48	69.59	13	12	−1	环境保护部数据	☹
31	环境保护支出占财政支出比重	%	全市	正	3.14	4.85	7.13	5	1	−4	统计；城市	☹
32	工业环境污染治理投资占地区生产总值比重	%	全市	正	0.09	0.10	0.14	10	10	0	环境年报2010；区域经济	
33	科教文卫支出占财政支出比重	%	全市	正	21.06	11.28	22.80	37	34	−3	统计；城市；区域经济	☹
34	人均绿地面积	平方米	市辖区	正	58.13	34.00	40.11	24	19	−5	城市	☹
35	建成区绿化覆盖率	%	市辖区	正	39.84	41.36	38.95	15	20	5	城市建设	☺
36	用水普及率	%	市辖区	正	98.83	99.69	99.24	27	27	0	城市建设	
37	城镇生活污水处理率	%	市辖区	正	86.16	100.00	91.31	1	7	6	城市建设	☺
38	生活垃圾无害化处理率	%	市辖区	正	94.38	96.80	94.96	23	21	−2	城市建设	☹
39	每万人拥有公共汽车	辆	市辖区	正	15.51	20.63	12.84	2	19	17	城市	☺
40	工业二氧化硫去除率	%	全市	正	57.30	87.99	87.04	1	2	1	环境年报2010	☺
41	工业废水化学需氧量去除率	%	全市	正	76.07	87.18	86.71	12	15	3	环境年报2010	☺
42	工业氮氧化物去除率	%	全市	正	5.24	0.00	0.00	31	29	−2	环境年报2010	☹
43	工业废水氨氮去除率	%	全市	正	66.79	75.34	77.95	16	13	−3	环境年报2010	☹

年鉴说明：区域经济——《中国区域经济统计年鉴2011》；城市——《中国城市统计年鉴2011》；统计——《中国统计年鉴2011》；城市建设——《中国城市建设统计年鉴2010》；环境年报2010——《中国环境统计年报2010》；环境年鉴——《中国环境统计年鉴2011》；环保部数据——环境保护部数据中心。

昆明市绿色发展水平简要分析

昆明市绿色发展水平在全国参与测评的38个城市中排名第4位(使用2010年数据)，较2009年排名不变(2009年昆明市测算排名第4位)。以下分别从各级指标得分情况和2009年、2010年两年变化情况对昆明市进行简要分析。

一、2010年昆明市绿色发展指数指标得分情况

2010年昆明市绿色发展指数为0.401，从经济增长绿化度、资源与环境承载潜力和政府政策支持度3个一级指标数值来看(如图1所示)，昆明市的资源与环境承载潜力和政府政策支持度具有明显优势；而经济增长绿化度则相对较弱，低于全国平均水平(注：各个指标的全国平均水平为0值)。

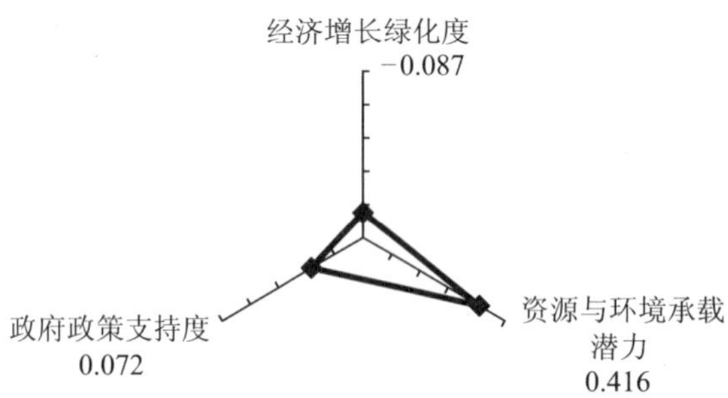

图1　昆明市一级指标得分情况

从图2中可以看出，2010年昆明市绿色发展指数二级指标中有4个高于全国平均水平，分别为资源丰裕与生态保护指标、环境压力与气候变化指标、基础设施指标、环境治理指标；而绿色增长效率指标、第一产业指标、第二产业指标、第三产业指标、绿色投资指标5个指标则低于全国平均水平。

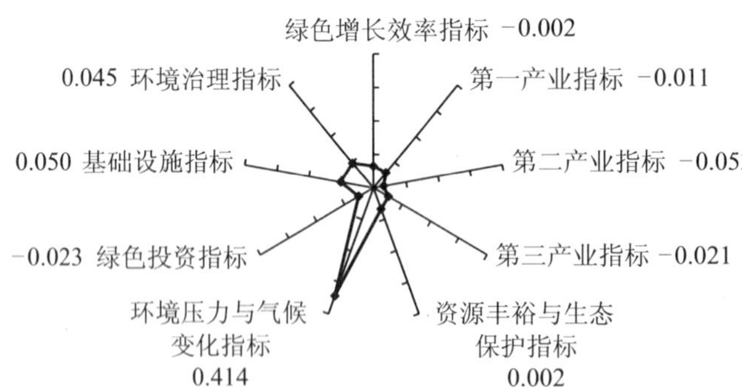

图2　昆明市二级指标得分情况

二、昆明市绿色发展指数两年排名变化情况

如表1所示，从一级指标排名变化情况来看，2010年昆明市排名变化最大的是政府政策支持度，下降了7位；经济增长绿化度下降了2位；资源环境承载潜力排名不变。从二级指标排名变化情况来看，基础设施指标和环境治理指标分别上升了11位和1位；绿色投资指标排名下降了17位，经济增长效率指标、第一产业指标、第二产业指标、资源丰裕与生态保护指标的排名都略有下降；第三产业指标和环境压力与气候变化指标与2009年相比则没有变化。

表 1 2009—2010 年昆明市一级指标和二级指标排名变化情况

指标	2010 年	2009 年	差距	指标	2010 年	2009 年	差距
中国绿色发展指数	4	4	0				
经济增长绿化度	32	30	−2	资源丰裕与生态保护指标	11	8	−3
绿色增长效率指标	18	16	−2	环境压力与气候变化指标	1	1	0
第一产业指标	35	34	−1	政府政策支持度	12	5	−7
第二产业指标	36	35	−1	绿色投资指标	22	5	−17
第三产业指标	29	29	0	基础设施指标	7	18	11
资源环境承载潜力	1	1	0	环境治理指标	8	9	1

注：差距值为正数表明排名上升。

为了进一步分析一级、二级指标变化的原因，下面将昆明市 2009 年与 2010 年两年三级指标排名位次变化超过 3 位的指标列表如下(见表 2)。与 2009 年相比，2010 年昆明市三级指标排名有升有降。其中，昆明市的单位地区生产总值能耗指标排名上升 11 位，单位地区生产总值化学需氧量排放量、第三产业增加值比重、建成区绿化覆盖率 3 个三级指标排名均上升 5 位，人均二氧化硫排放量指标排名上升 3 位；单位地区生产总值氮氧化物排放量、单位地区生产总值氨氮排放量、人均水资源量、环境保护支出占财政支出比重、科教文卫支出占财政支出比重、人均绿地面积 6 个指标排名有不同程度的下降。

表 2 2009—2010 年昆明市变化超过 3 位的三级指标

三级指标名称	两年原始数据			两年排名变化		
	2010 年	2009 年	单位	2010 年	2009 年	变动
单位地区生产总值能耗	0.56	1.00	吨/万元	14	25	11
单位地区生产总值化学需氧量排放量	7.67	13.32	吨/亿元	2	7	5
单位地区生产总值氮氧化物排放量	24.90	22.65	吨/亿元	12	9	−3
单位地区生产总值氨氮排放量	1.26	0.90	吨/亿元	10	2	−8
第三产业增加值比重	49.01	48.10	%	18	21	3
人均水资源量	1195.74	1302.08	立方米/人	11	8	−3
人均二氧化硫排放量	142.09	175.68	吨/万人	16	21	5
环境保护支出占财政支出比重	4.85	7.13	%	5	1	−4
科教文卫支出占财政支出比重	11.28	22.80	%	37	34	−3
人均绿地面积	34.00	40.11	平方米	24	19	−5
建成区绿化覆盖率	41.36	38.95	%	15	20	5

注：变动值为正数表明排名上升。

西安市绿色发展“体检”表

序号	指标名称	单　位	口　径	指标属性	2010年38城市测评均值	2010年西安市数值	2009年西安市数值	2010年西安市排名	2009年西安市排名	排名变化	2010年数据来源	进退脸谱
1	人均地区生产总值	元	全市	正	55 399.15	38 343	32 411.00	30	29	－1	区域经济；城市	☹
2	单位地区生产总值能耗	吨/万元	全市	逆	0.82	0.21	0.22	4	2	－2	区域经济；城市	☹
3	人均城镇生活消费用电	千瓦时/人	全市	逆	580.70	515.71	431.76	21	19	－2	城市	☹
4	单位地区生产总值二氧化碳排放量			逆	无数列表			N/A	N/A	N/A		
5	单位地区生产总值二氧化硫排放量	吨/亿元	全市	逆	42.67	34.07	39.61	24	25	1	区域经济；环境年报2010	☺
6	单位地区生产总值化学需氧量排放量	吨/亿元	全市	逆	24.91	38.77	49.63	33	34	1	区域经济；环境年报2010	☺
7	单位地区生产总值氮氧化物排放量	吨/亿元	全市	逆	40.67	28.33	33.77	15	21	6	区域经济；环境年报2010	☺
8	单位地区生产总值氨氮排放量	吨/亿元	全市	逆	2.63	4.24	4.99	34	33	－1	区域经济；环境年报2010	☹
9	第一产业劳动生产率	万元/人	全市	正	3.00	1.17	0.88	32	33	1	区域经济	☺
10	第二产业劳动生产率	万元/人	全市	正	18.12	10.16	8.75	31	32	1	区域经济	☺
11	单位工业增加值水耗	万吨/万元	全市	逆	0.03	0.01	0.02	13	13	0	区域经济；环境年报2010	
12	单位工业增加值能耗			逆	无数列表			N/A	N/A	N/A		
13	工业固体废物综合利用率	%	全市	正	83.42	98.10	97.80	10	9	－1	环境年报2010	☹
14	工业用水重复利用率	%	全市	正	82.10	80.45	78.49	27	29	2	环境年报2010	☺
15	第三产业劳动生产率	万元/人	全市	正	11.39	8.00	7.37	28	26	－2	区域经济	☹
16	第三产业增加值比重	%	全市	正	48.37	52.20	53.92	11	9	－2	城市	☹
17	第三产业就业人员比重	%	全市	正	46.83	45.00	45.15	22	21	－1	区域经济	☹
18	人均水资源量	立方米/人	全市	正	1 040.56	199.27	300.25	31	28	－3	环境年报2010；城市	☹
19	单位土地面积二氧化碳排放量			逆	无数列表			N/A	N/A	N/A		
20	人均二氧化碳排放量			逆	无数列表			N/A	N/A	N/A		
21	单位土地面积二氧化硫排放量	吨/平方公里	全市	逆	11.34	8.41	8.54	19	19	0	环境年报2010；城市	
22	人均二氧化硫排放量	吨/万人	全市	逆	211.11	108.66	111.07	10	10	0	环境年报2010；城市	

续表

序号	指标名称	单　位	口　径	指标属性	2010年38城市测评均值	2010年西安市数值	2009年西安市数值	2010年西安市排名	2009年西安市排名	排名变化	2010年数据来源	进退脸谱
23	单位土地面积化学需氧量排放量	吨/平方公里	全市	逆	7.63	9.57	10.70	28	29	1	环境年报2010；城市	☺
24	人均化学需氧量排放量	吨/万人	全市	逆	117.25	123.67	139.18	23	26	3	环境年报2010；城市	☺
25	单位土地面积氮氧化物排放量	吨/平方公里	全市	逆	14.61	6.99	7.28	12	18	6	环境年报2010；城市	☺
26	人均氮氧化物排放量	吨/万人	全市	逆	231.68	90.35	94.71	6	10	4	环境年报2010；城市	☺
27	单位土地面积氨氮排放量	吨/平方公里	全市	逆	0.83	1.05	1.08	31	33	2	环境年报2010；城市	☺
28	人均氨氮排放量	吨/万人	全市	逆	12.50	13.53	13.99	25	27	2	环境年报2010；城市	☺
29	空气质量达到二级以上天数占全年比重	%	市辖区	正	89.45	83.24	83.24	32	30	−2	环境保护部数据	☹
30	首要污染物可吸入颗粒物天数占全年比重	%	市辖区	逆	69.76	95.89	92.33	38	35	−3	环境保护部数据	☹
31	环境保护支出占财政支出比重	%	全市	正	3.14	1.49	1.87	34	25	−9	统计；城市	☹
32	工业环境污染治理投资占地区生产总值比重	%	全市	正	0.09	0.03	0.02	22	29	7	环境年报2010；区域经济	☺
33	科教文卫支出占财政支出比重	%	全市	正	21.06	21.21	23.87	16	29	13	统计；城市；区域经济	☺
34	人均绿地面积	平方米	市辖区	正	58.13	19.00	21.47	38	36	−2	城市	☹
35	建成区绿化覆盖率	%	市辖区	正	39.84	40.43	40.42	17	14	−3	城市建设	☹
36	用水普及率	%	市辖区	正	98.83	100.00	100.00	1	1	0	城市建设	
37	城镇生活污水处理率	%	市辖区	正	86.16	86.41	80.97	25	22	−3	城市建设	☹
38	生活垃圾无害化处理率	%	市辖区	正	94.38	97.48	90.30	20	26	6	城市建设	☺
39	每万人拥有公共汽车	辆	市辖区	正	15.51	12.63	12.53	22	22	0	城市	
40	工业二氧化硫去除率	%	全市	正	57.30	43.82	37.04	29	28	−1	环境年报2010	☹
41	工业废水化学需氧量去除率	%	全市	正	76.07	76.66	74.17	28	28	0	环境年报2010	
42	工业氮氧化物去除率	%	全市	正	5.24	0.00	0.00	31	29	−2	环境年报2010	☹
43	工业废水氨氮去除率	%	全市	正	66.79	41.29	34.89	33	32	−1	环境年报2010	☹

年鉴说明：区域经济——《中国区域经济统计年鉴2011》；城市——《中国城市统计年鉴2011》；统计——《中国统计年鉴2011》；城市建设——《中国城市建设统计年鉴2010》；环境年报2010——《中国环境统计年报2010》；环境年鉴——《中国环境统计年鉴2011》；环保部数据——环境保护部数据中心。

西安市绿色发展水平简要分析

西安市绿色发展水平在全国参与测评的 38 个城市中排名第 32 位(使用 2010 年数据)，较 2009 年上升 1 位(2009 年西安市测算排名第 33 位)。以下分别从各级指标得分情况和 2009 年、2010 年两年变化情况对西安市进行简要分析。

一、2010 年西安市绿色发展指数指标得分情况

2010 年西安市绿色发展指数为−0.232，从经济增长绿化度、资源与环境承载潜力和政府政策支持度 3 个一级指标数值来看(如图 1 所示)，3 个一级指标值均低于全国平均水平(注：各个指标的全国平均水平为 0 值)。

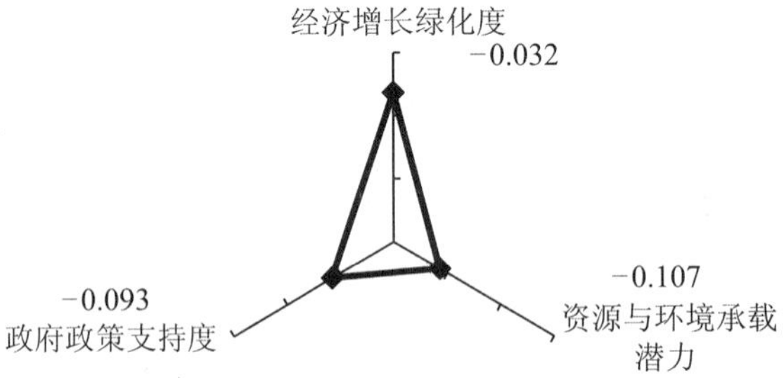

图 1　西安市一级指标得分情况

从图 2 中可以看出，2010 年西安市绿色发展指数二级指标中只有基础设施指标高于全国平均水平，其余 8 个二级指标均低于全国平均水平。

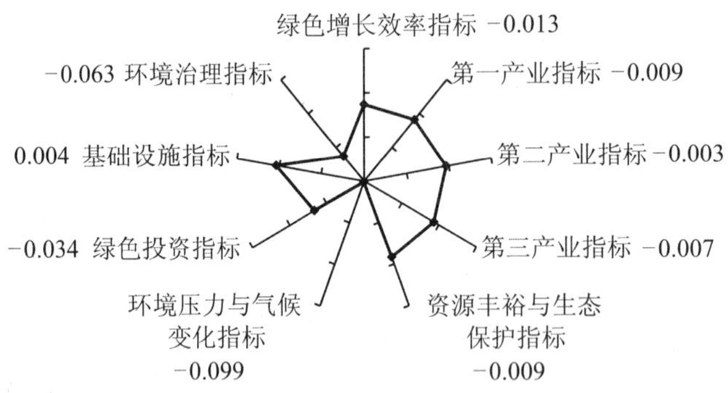

图 2　西安市二级指标得分情况

二、西安市绿色发展指数两年排名变化情况

如表 1 所示，从一级指标排名变化情况来看，2010 年西安市排名变化最大的是政府政策支持度，上升 5 位；经济增长绿化度上升 1 位；资源环境承载潜力排名不变。从二级指标排名变化情况来看，第二产业指标和绿色投资指标均上升 4 位，基础设施指标上升 2 位，第一产业指标上升 1 位；绿色增长效率指标、第三产业指标和资源丰裕与生态保护指标排名略有下降；环境压力与气候变化指标和环境治理指标与 2009 年相比则没有变化。

表 1　2009—2010 年西安市一级指标和二级指标排名变化情况

指　标	2010 年	2009 年	差　距	指　标	2010 年	2009 年	差　距
中国绿色发展指数	32	33	1				
经济增长绿化度	21	22	1	资源丰裕与生态保护指标	31	28	－3
绿色增长效率指标	22	20	－2	环境压力与气候变化指标	30	30	0
第一产业指标	32	33	1	政府政策支持度	28	33	5
第二产业指标	21	25	4	绿色投资指标	28	32	4
第三产业指标	21	18	－3	基础设施指标	21	23	2
资源环境承载潜力	31	31	0	环境治理指标	33	33	0

注：差距值为正数表明排名上升。

为了进一步分析一级、二级指标变化的原因，下面将西安市 2009 年与 2010 年两年三级指标排名位次变化超过 3 位的指标列表如下(见表 2)。与 2009 年相比，2010 年西安市三级指标排名有升有降，但上升趋势更为显著。其中，西安市的科教文卫支出占财政支出比重较 2009 年上升 13 位，工业环境污染治理投资占地区生产总值比重上升 7 位，单位地区生产总值氮氧化物排放量、单位土地面积氮氧化物排放量、人均氮氧化物排放量、人均化学需氧量排放量 4 个指标排名也有不同程度的上升；环境保护支出占财政支出比重、人均水资源量、首要污染物可吸入颗粒物天数占全年比重、建成区绿化覆盖率、城镇生活污水处理率 5 个指标排名较 2009 年则有所下降。

表 2　2009—2010 年西安市变化超过 3 位的三级指标

三级指标名称	两年原始数据			两年排名变化		
	2010 年	2009 年	单　位	2010 年	2009 年	变　动
单位地区生产总值氮氧化物排放量	28.33	33.77	吨/亿元	15	21	6
人均水资源量	199.27	300.25	立方米/人	31	28	－3
人均化学需氧量排放量	123.67	139.18	吨/万人	23	26	3
单位土地面积氮氧化物排放量	6.99	7.28	吨/平方公里	12	18	6
人均氮氧化物排放量	90.35	94.71	吨/万人	6	10	4
首要污染物可吸入颗粒物天数占全年比重	95.89	92.33	%	38	35	－3
环境保护支出占财政支出比重	1.49	1.87	%	34	25	－9
工业环境污染治理投资占地区生产总值比重	0.03	0.02	%	22	29	7
科教文卫支出占财政支出比重	21.21	23.87	%	16	29	13
建成区绿化覆盖率	40.43	40.42	%	17	14	－3
城镇生活污水处理率	86.41	80.97	%	25	22	－3

注：变动值为正数表明排名上升。

兰州市绿色发展“体检”表

序号	指标名称	单位	口径	指标属性	2010年38城市测评均值	2010年兰州市数值	2009年兰州市数值	2010年兰州市排名	2009年兰州市排名	排名变化	2010年数据来源	进退脸谱
1	人均地区生产总值	元	全市	正	55 399.15	30 672	27 904.06	34	34	0	区域经济；城市	
2	单位地区生产总值能耗	吨/万元	全市	逆	0.82	1.99	2.09	38	37	−1	区域经济；城市	☹
3	人均城镇生活消费用电	千瓦时/人	全市	逆	580.70	349.04	306.46	7	7	0	城市	
4	单位地区生产总值二氧化碳排放量			逆	无数列表			N/A	N/A	N/A		
5	单位地区生产总值二氧化硫排放量	吨/亿元	全市	逆	42.67	96.87	91.73	35	33	−2	区域经济；环境年报2010	☹
6	单位地区生产总值化学需氧量排放量	吨/亿元	全市	逆	24.91	47.03	54.29	35	35	0	区域经济；环境年报2010	
7	单位地区生产总值氮氧化物排放量	吨/亿元	全市	逆	40.67	57.35	62.96	31	32	1	区域经济；环境年报2010	☺
8	单位地区生产总值氨氮排放量	吨/亿元	全市	逆	2.63	5.57	5.68	35	35	0	区域经济；环境年报2010	
9	第一产业劳动生产率	万元/人	全市	正	3.00	0.83	0.74	37	36	−1	区域经济	☹
10	第二产业劳动生产率	万元/人	全市	正	18.12	11.51	9.95	28	24	−4	区域经济	☹
11	单位工业增加值水耗	万吨/万元	全市	逆	0.03	0.04	0.04	30	32	2	区域经济；环境年报2010	☺
12	单位工业增加值能耗			逆	无数列表			N/A	N/A	N/A		
13	工业固体废物综合利用率	%	全市	正	83.42	78.90	73.50	30	31	1	环境年报2010	☺
14	工业用水重复利用率	%	全市	正	82.10	94.27	94.14	10	13	3	环境年报2010	☺
15	第三产业劳动生产率	万元/人	全市	正	11.39	6.50	6.16	33	31	−2	区域经济	☹
16	第三产业增加值比重	%	全市	正	48.37	48.84	49.87	19	17	−2	城市	☹
17	第三产业就业人员比重	%	全市	正	46.83	50.14	47.27	11	16	5	区域经济	☺
18	人均水资源量	立方米/人	全市	正	1040.56	10149.6	10148.03	1	1	0	环境年报2010；城市	
19	单位土地面积二氧化碳排放量			逆	无数列表			N/A	N/A	N/A		
20	人均二氧化碳排放量			逆	无数列表			N/A	N/A	N/A		
21	单位土地面积二氧化硫排放量	吨/平方公里	全市	逆	11.34	7.37	6.18	16	13	−3	环境年报2010；城市	☹
22	人均二氧化硫排放量	吨/万人	全市	逆	211.11	297.94	250.61	30	28	−2	环境年报2010；城市	☹

续表

序号	指标名称	单　位	口　径	指标属性	2010年38城市测评均值	2010年兰州市数值	2009年兰州市数值	2010年兰州市排名	2009年兰州市排名	排名变化	2010年数据来源	进退脸谱
23	单位土地面积化学需氧量排放量	吨/平方公里	全市	逆	7.63	3.58	3.66	9	9	0	环境年报2010；城市	
24	人均化学需氧量排放量	吨/万人	全市	逆	117.25	144.64	148.32	26	28	2	环境年报2010；城市	☺
25	单位土地面积氮氧化物排放量	吨/平方公里	全市	逆	14.61	4.36	4.24	9	11	2	环境年报2010；城市	☺
26	人均氮氧化物排放量	吨/万人	全市	逆	231.68	176.38	172.00	16	20	4	环境年报2010；城市	☺
27	单位土地面积氨氮排放量	吨/平方公里	全市	逆	0.83	0.42	0.38	14	11	−3	环境年报2010；城市	☹
28	人均氨氮排放量	吨/万人	全市	逆	12.50	17.14	15.52	30	28	−2	环境年报2010；城市	☹
29	空气质量达到二级以上天数占全年比重	%	市辖区	正	89.45	60.71	64.56	38	38	0	环境保护部数据	
30	首要污染物可吸入颗粒物天数占全年比重	%	市辖区	逆	69.76	87.40	93.97	32	36	4	环境保护部数据	☺
31	环境保护支出占财政支出比重	%	全市	正	3.14	5.14	2.71	3	14	11	统计；城市	☺
32	工业环境污染治理投资占地区生产总值比重	%	全市	正	0.09	N/A	0.34	N/A	5	N/A	环境年报2010；区域经济	
33	科教文卫支出占财政支出比重	%	全市	正	21.06	26.35	35.07	5	3	−2	统计；城市；区域经济	☹
34	人均绿地面积	平方米	市辖区	正	58.13	21.00	20.78	37	37	0	城市	
35	建成区绿化覆盖率	%	市辖区	正	39.84	25.02	26.37	38	38	0	城市建设	
36	用水普及率	%	市辖区	正	98.83	94.96	92.38	36	37	1	城市建设	☺
37	城镇生活污水处理率	%	市辖区	正	86.16	57.55	60.00	36	33	−3	城市建设	☹
38	生活垃圾无害化处理率	%	市辖区	正	94.38	80.26	80.91	36	29	−7	城市建设	☹
39	每万人拥有公共汽车	辆	市辖区	正	15.51	10.22	10.06	29	32	3	城市	☺
40	工业二氧化硫去除率	%	全市	正	57.30	47.82	74.55	27	6	−21	环境年报2010	☹
41	工业废水化学需氧量去除率	%	全市	正	76.07	51.87	78.42	35	25	−10	环境年报2010	☹
42	工业氮氧化物去除率	%	全市	正	5.24	14.52	14.41	7	9	2	环境年报2010	☺
43	工业废水氨氮去除率	%	全市	正	66.79	60.94	59.53	28	23	−5	环境年报2010	☹

年鉴说明：区域经济——《中国区域经济统计年鉴2011》；城市——《中国城市统计年鉴2011》；统计——《中国统计年鉴2011》；城市建设——《中国城市建设统计年鉴2010》；环境年报2010——《中国环境统计年报2010》；环境年鉴——《中国环境统计年鉴2011》；环保部数据——环境保护部数据中心。

兰州市绿色发展水平简要分析

兰州市绿色发展水平在全国参与测评的38个城市中排名第37位(使用2010年数据)，较2009年下降3位(2009年兰州市测算排名第34位)。以下分别从各级指标得分情况和2009年、2010年两年变化情况对兰州市进行简要分析。

一、2010年兰州市绿色发展指数指标得分情况

2010年兰州市绿色发展指数为－0.356，从经济增长绿化度、资源与环境承载潜力和政府政策支持度3个一级指标数值来看(如图1所示)，三个一级指标值均低于全国平均水平(注：各个指标的全国平均水平为0值)。

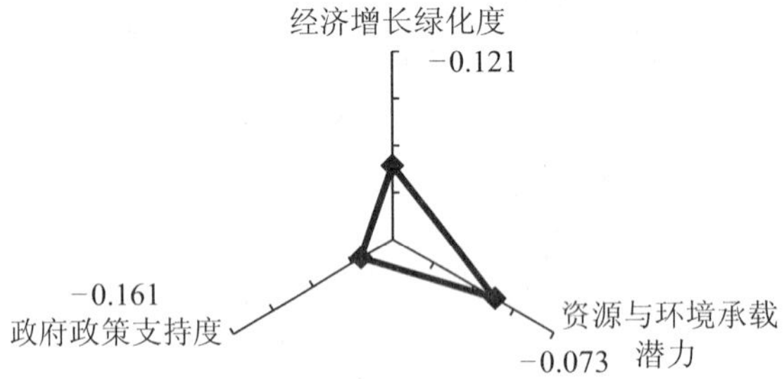

图1　兰州市一级指标得分情况

从图2中可以看出，2010年兰州市绿色发展指数二级指标中有2个高于全国平均水平，分别为资源丰裕与生态保护指标、绿色投资指标；绿色增长效率指标、第一产业指标、第二产业指标、第三产业指标、环境压力与气候变化指标、基础设施指标、环境治理指标7个指标则低于全国平均水平。

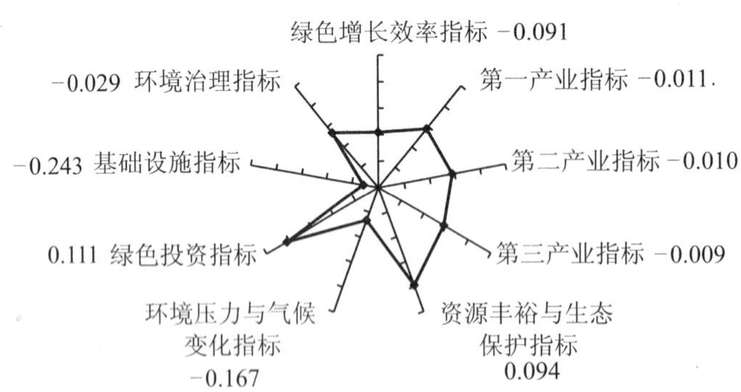

图2　兰州市二级指标得分情况

二、兰州市绿色发展指数两年排名变化情况

如表1所示，从一级指标排名变化情况来看，2010年兰州市政府政策支持度指标排名变化最大，下降7位；经济增长绿化度和资源环境承载潜力指标排名较2009年没有变化。从二级指标排名变化情况来看，环境治理指标下降明显，下降10位，第一产业指标、第三产业指标、绿色投资指标和基础设施指标排名均下降1位；第三产业指标上升3位，绿色增长指标上升1位；资源丰裕与生态保护指标和环境压力与气候变化指标与2009年相比则没有变化。

表 1　2009—2010 年兰州市一级指标和二级指标排名变化情况

指　标	2010 年	2009 年	差　距	指　标	2010 年	2009 年	差　距
中国绿色发展指数	37	34	−3				
经济增长绿化度	35	35	0	资源丰裕与生态保护指标	1	1	0
绿色增长效率指标	35	36	1	环境压力与气候变化指标	38	38	0
第一产业指标	37	36	−1	政府政策支持度	35	28	−7
第二产业指标	27	30	3	绿色投资指标	3	2	−1
第三产业指标	23	22	−1	基础设施指标	38	37	−1
资源环境承载潜力	25	25	0	环境治理指标	26	16	−10

注：差距值为正数表明排名上升。

为了进一步分析一级、二级指标变化的原因，下面将兰州市 2009 年与 2010 年两年三级指标排名位次变化超过 3 位的指标列表如下(见表 2)。与 2009 年相比，2010 年兰州市三级指标排名有升有降。其中，环境保护支出占财政支出比重变化最大，上升 11 位，工业用水重复利用率、第三产业就业人员比重、人均氮氧化物排放量、首要污染物可吸入颗粒物天数占全年比重和每万人拥有公共汽车 5 个指标均有较大提升；而第二产业劳动生产率、单位土地面积二氧化硫排放量、单位土地面积氨氮排放量、城镇生活污水处理率、生活垃圾无害化处理率 5 个指标有所下降。

表 2　2009—2010 年兰州市变化超过 3 位的三级指标

三级指标名称	两年原始数据			两年排名变化		
	2010 年	2009 年	单　位	2010 年	2009 年	变　动
第二产业劳动生产率	11.51	9.95	万元/人	28	24	−4
工业用水重复利用率	94.27	94.14	%	10	13	3
第三产业就业人员比重	50.14	47.27	%	11	16	5
单位土地面积二氧化硫排放量	7.37	6.18	吨/平方公里	16	13	−3
人均氮氧化物排放量	176.38	172.00	吨/万人	16	20	4
单位土地面积氨氮排放量	0.42	0.38	吨/平方公里	14	11	−3
首要污染物可吸入颗粒物天数占全年比重	87.40	93.97	%	32	36	4
环境保护支出占财政支出比重	5.14	2.71	%	3	14	11
城镇生活污水处理率	57.55	60.00	%	36	33	−3
生活垃圾无害化处理率	80.26	80.91	%	36	29	−7
每万人拥有公共汽车	10.22	10.06	辆	29	32	3

注：变动值为正数表明排名上升。

西宁市绿色发展"体检"表

序号	指标名称	单 位	口 径	指标属性	2010年38城市测评均值	2010年西宁市数值	2009年西宁市数值	2010年西宁市排名	2009年西宁市排名	排名变化	2010年数据来源	进退脸谱
1	人均地区生产总值	元	全市	正	55 399.15	28 428	22 865.00	35	37	2	区域经济；城市	☺
2	单位地区生产总值能耗	吨/万元	全市	逆	0.82	1.54	3.24	34	38	4	区域经济；城市	☺
3	人均城镇生活消费用电	千瓦时/人	全市	逆	580.70	351.62	323.00	8	11	3	城市	☺
4	单位地区生产总值二氧化碳排放量			逆	无数列表			N/A	N/A	N/A		
5	单位地区生产总值二氧化硫排放量	吨/亿元	全市	逆	42.67	156.72	178.49	37	37	0	区域经济；环境年报2010	
6	单位地区生产总值化学需氧量排放量	吨/亿元	全市	逆	24.91	71.44	81.80	37	37	0	区域经济；环境年报2010	
7	单位地区生产总值氮氧化物排放量	吨/亿元	全市	逆	40.67	118.18	108.31	37	38	1	区域经济；环境年报2010	☺
8	单位地区生产总值氨氮排放量	吨/亿元	全市	逆	2.63	9.30	9.63	38	38	0	区域经济；环境年报2010	
9	第一产业劳动生产率	万元/人	全市	正	3.00	N/A	N/A	N/A	N/A	N/A	区域经济	
10	第二产业劳动生产率	万元/人	全市	正	18.12	N/A	N/A	N/A	N/A	N/A	区域经济	
11	单位工业增加值水耗	万吨/万元	全市	逆	0.03	0.04	0.04	31	31	0	区域经济；环境年报2010	
12	单位工业增加值能耗			逆	无数列表			N/A	N/A	N/A		
13	工业固体废物综合利用率	%	全市	正	83.42	83.60	91.90	26	19	−7	环境年报2010	☹
14	工业用水重复利用率	%	全市	正	82.10	91.18	86.75	17	23	6	环境年报2010	☺
15	第三产业劳动生产率	万元/人	全市	正	11.39	N/A	N/A	N/A	N/A	N/A	区域经济	
16	第三产业增加值比重	%	全市	正	48.37	45.05	46.41	24	22	−2	城市	☹
17	第三产业就业人员比重	%	全市	正	46.83	N/A	45.83	N/A	18	N/A	区域经济	
18	人均水资源量	立方米/人	全市	正	1 040.56	597.04	629.58	19	17	−2	环境年报2010；城市	☹
19	单位土地面积二氧化碳排放量			逆	无数列表			N/A	N/A	N/A		
20	人均二氧化碳排放量			逆	无数列表			N/A	N/A	N/A		
21	单位土地面积二氧化硫排放量	吨/平方公里	全市	逆	11.34	9.86	9.49	21	21	0	环境年报2010；城市	
22	人均二氧化硫排放量	吨/万人	全市	逆	211.11	342.15	332.02	33	31	−2	环境年报2010；城市	☹

续表

序号	指标名称	单位	口径	指标属性	2010年38城市测评均值	2010年西宁市数值	2009年西宁市数值	2010年西宁市排名	2009年西宁市排名	排名变化	2010年数据来源	进退脸谱
23	单位土地面积化学需氧量排放量	吨/平方公里	全市	逆	7.63	4.50	4.35	16	13	−3	环境年报2010；城市	☹
24	人均化学需氧量排放量	吨/万人	全市	逆	117.25	155.97	152.16	28	29	1	环境年报2010；城市	☺
25	单位土地面积氮氧化物排放量	吨/平方公里	全市	逆	14.61	7.44	5.76	16	13	−3	环境年报2010；城市	☹
26	人均氮氧化物排放量	吨/万人	全市	逆	231.68	258.01	201.48	30	25	−5	环境年报2010；城市	☹
27	单位土地面积氨氮排放量	吨/平方公里	全市	逆	0.83	0.59	0.51	19	14	−5	环境年报2010；城市	☹
28	人均氨氮排放量	吨/万人	全市	逆	12.50	20.31	17.91	33	32	−1	环境年报2010；城市	☹
29	空气质量达到二级以上天数占全年比重	%	市辖区	正	89.45	85.71	76.92	26	36	10	环境保护部数据	☺
30	首要污染物可吸入颗粒物天数占全年比重	%	市辖区	逆	69.76	92.33	97.26	36	38	2	环境保护部数据	☺
31	环境保护支出占财政支出比重	%	全市	正	3.14	5.67	3.52	2	5	3	统计；城市	☺
32	工业环境污染治理投资占地区生产总值比重	%	全市	正	0.09	0.11	0.47	8	4	−4	环境年报、2010；区域经济	☹
33	科教文卫支出占财政支出比重	%	全市	正	21.06	29.42	23.51	3	31	28	统计；城市；区域经济	☺
34	人均绿地面积	平方米	市辖区	正	58.13	26.00	11.92	32	38	6	城市	☺
35	建成区绿化覆盖率	%	市辖区	正	39.84	35.12	34.80	34	32	−2	城市建设	☹
36	用水普及率	%	市辖区	正	98.83	99.85	99.35	24	25	1	城市建设	☺
37	城镇生活污水处理率	%	市辖区	正	86.16	55.05	54.47	38	35	−3	城市建设	☹
38	生活垃圾无害化处理率	%	市辖区	正	94.38	N/A	66.80	N/A	37	N/A	城市建设	
39	每万人拥有公共汽车	辆	市辖区	正	15.51	19.06	15.00	3	11	8	城市	☺
40	工业二氧化硫去除率	%	全市	正	57.30	27.63	15.99	35	36	1	环境年报2010	☺
41	工业废水化学需氧量去除率	%	全市	正	76.07	10.08	18.86	38	38	0	环境年报2010	
42	工业氮氧化物去除率	%	全市	正	5.24	0.00	0.00	31	29	−2	环境年报2010	☹
43	工业废水氨氮去除率	%	全市	正	66.79	3.24	22.58	38	38	0	环境年报2010	

年鉴说明：区域经济——《中国区域经济统计年鉴2011》；城市——《中国城市统计年鉴2011》；统计——《中国统计年鉴2011》；城市建设——《中国城市建设统计年鉴2010》；环境年报2010——《中国环境统计年报2010》；环境年鉴——《中国环境统计年鉴2011》；环保部数据——环境保护部数据中心。

西宁市绿色发展水平简要分析

西宁市绿色发展水平在全国参与测评的38个城市中排名第38位(使用2010年数据)，较2009年排名不变(2009年西宁市测算排名第38位)。以下分别从各级指标得分情况和2009年、2010年两年变化情况对西宁市进行简要分析。

一、2010年西宁市绿色发展指数指标得分情况

2010年西宁市绿色发展指数为－0.615，从经济增长绿化度、资源与环境承载潜力和政府政策支持度3个一级指标数值来看(如图1所示)，西宁市的三个一级指标值低于全国平均水平(注：各个指标的全国平均水平为0值)。

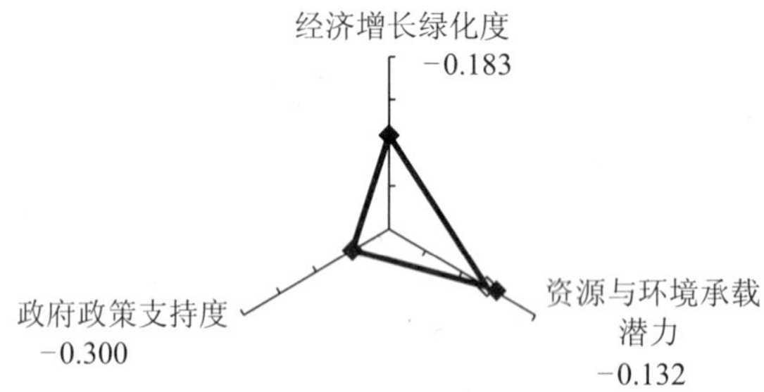

图1　西宁市一级指标得分情况

从图2中可以看出，2010年西宁市绿色发展指数二级指标中只有绿色投资指标高于全国平均水平，其余8个指标均低于全国平均水平。

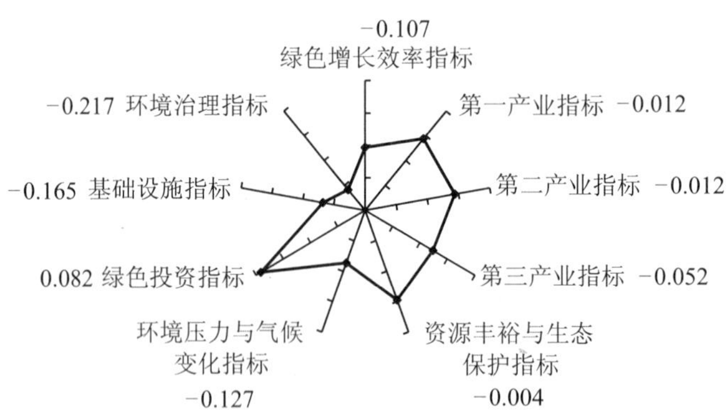

图2　西宁市二级指标得分情况

二、西宁市绿色发展指数两年排名变化情况

如表1所示，从一级指标排名变化情况来看，2010年西宁市经济增长绿化度下降1位；资源环境承载潜力上升2位；政府政策支持度排名不变。从二级指标排名变化情况来看，第三产业指标下降3位，第二产业和资源丰裕与生态保护指标下降2位，而绿色投资指标上升3位；绿色增长效率指标、第一产业指标、环境压力与气候变化指标、基础设施指标和环境治理指标5个二级指标与2009年相比则没有变化。

表1　2009—2010年西宁市一级指标和二级指标排名变化情况

指　标	2010年	2009年	差　距	指　标	2010年	2009年	差　距
中国绿色发展指数	38	38	0				
经济增长绿化度	38	37	－1	资源丰裕与生态保护指标	19	17	－2
绿色增长效率指标	38	38	0	环境压力与气候变化指标	36	36	0
第一产业指标	38	38	0	政府政策支持度	38	38	0
第二产业指标	29	27	－2	绿色投资指标	4	7	3
第三产业指标	36	33	－3	基础设施指标	36	36	0
资源环境承载潜力	35	37	2	环境治理指标	38	38	0

注：差距值为正数表明排名上升。

为了进一步分析一级、二级指标变化的原因，下面将西宁市2009年与2010年两年三级指标排名位次变化超过3位的指标列表如下(见表2)。与2009年相比，2010年西宁市三级指标排名有升有降。其中，空气质量达到二级以上天数占全年比重排名变化最大，上升10位，单位地区生产总值能耗、人均城镇生活消费用电、工业用水重复利用率、环境保护支出占财政支出比重4个指标也均有所上升；而工业固体废物综合利用率、单位土地面积化学需氧量排放量、单位土地面积氮氧化物排放量、人均氮氧化物排放量、单位土地面积氨氮排放量、工业环境污染治理投资占地区生产总值比重6个指标较2009年有所恶化。

表2　2009—2010年西宁市变化超过3位的三级指标

三级指标名称	两年原始数据			两年排名变化		
	2010年	2009年	单　位	2010年	2009年	变　动
单位地区生产总值能耗	1.54	3.24	吨/万元	34	38	4
人均城镇生活消费用电	351.62	323.00	千瓦时/人	8	11	3
工业固体废物综合利用率	83.60	91.90	%	26	19	－7
工业用水重复利用率	91.18	86.75	%	17	23	6
单位土地面积化学需氧量排放量	4.50	4.35	吨/平方公里	16	13	－3
单位土地面积氮氧化物排放量	7.44	5.76	吨/平方公里	16	13	－3
人均氮氧化物排放量	258.01	201.48	吨/万人	30	25	－5
单位土地面积氨氮排放量	0.59	0.51	吨/平方公里	19	14	－5
空气质量达到二级以上天数占全年比重	85.71	76.92	%	26	36	10
环境保护支出占财政支出比重	5.67	3.52	%	2	5	3
工业环境污染治理投资占地区生产总值比重	0.11	0.47	%	8	4	－4

注：变动值为正数表明排名上升。

银川市绿色发展"体检"表

序号	指标名称	单位	口径	指标属性	2010年38城市测评均值	2010年银川市数值	2009年银川市数值	2010年银川市排名	2009年银川市排名	排名变化	2010年数据来源	进退脸谱
1	人均地区生产总值	元	全市	正	55 399.15	42 771	38 392.00	27	24	−3	区域经济；城市	☹
2	单位地区生产总值能耗	吨/万元	全市	逆	0.82	1.39	1.59	33	33	0	区域经济；城市	
3	人均城镇生活消费用电	千瓦时/人	全市	逆	580.70	358.19	410.85	11	18	7	城市	☺
4	单位地区生产总值二氧化碳排放量			逆	无数列表			N/A	N/A	N/A		
5	单位地区生产总值二氧化硫排放量	吨/亿元	全市	逆	42.67	56.45	64.36	28	30	2	区域经济；环境年报2010	☺
6	单位地区生产总值化学需氧量排放量	吨/亿元	全市	逆	24.91	44.04	44.54	34	32	−2	区域经济；环境年报2010	☹
7	单位地区生产总值氮氧化物排放量	吨/亿元	全市	逆	40.67	71.02	72.04	34	34	0	区域经济；环境年报2010	
8	单位地区生产总值氨氮排放量	吨/亿元	全市	逆	2.63	5.93	5.96	37	36	−1	区域经济；环境年报2010	☹
9	第一产业劳动生产率	万元/人	全市	正	3.00	1.80	1.39	26	29	3	区域经济	☺
10	第二产业劳动生产率	万元/人	全市	正	18.12	15.86	12.48	13	14	1	区域经济	☺
11	单位工业增加值水耗	万吨/万元	全市	逆	0.03	0.04	0.05	33	34	1	区域经济；环境年报2010	☺
12	单位工业增加值能耗			逆	无数列表			N/A	N/A	N/A		
13	工业固体废物综合利用率	%	全市	正	83.42	75.40	90.80	31	21	−10	环境年报2010	☹
14	工业用水重复利用率	%	全市	正	82.10	89.04	93.61	22	15	−7	环境年报2010	☹
15	第三产业劳动生产率	万元/人	全市	正	11.39	7.95	6.65	29	29	0	区域经济	
16	第三产业增加值比重	%	全市	正	48.37	44.64	46.13	26	23	−3	城市	☹
17	第三产业就业人员比重	%	全市	正	46.83	47.09	49.12	16	9	−7	区域经济	☹
18	人均水资源量	立方米/人	全市	正	1 040.56	82.62	84.35	38	38	0	环境年报2010；城市	
19	单位土地面积二氧化碳排放量			逆	无数列表			N/A	N/A	N/A		
20	人均二氧化碳排放量			逆	无数列表			N/A	N/A	N/A		
21	单位土地面积二氧化硫排放量	吨/平方公里	全市	逆	11.34	3.43	3.22	3	4	1	环境年报2010；城市	☺
22	人均二氧化硫排放量	吨/万人	全市	逆	211.11	196.87	199.66	25	23	−2	环境年报2010；城市	☹

续表

序号	指标名称	单　位	口　径	指标属性	2010年38城市测评均值	2010年银川市数值	2009年银川市数值	2010年银川市排名	2009年银川市排名	排名变化	2010年数据来源	进退脸谱
23	单位土地面积化学需氧量排放量	吨/平方公里	全市	逆	7.63	2.68	2.23	6	5	−1	环境年报2010；城市	☹
24	人均化学需氧量排放量	吨/万人	全市	逆	117.25	153.60	138.20	27	25	−2	环境年报2010；城市	☹
25	单位土地面积氮氧化物排放量	吨/平方公里	全市	逆	14.61	4.31	3.60	7	10	3	环境年报2010；城市	☺
26	人均氮氧化物排放量	吨/万人	全市	逆	231.68	247.70	223.50	27	29	2	环境年报2010；城市	☺
27	单位土地面积氨氮排放量	吨/平方公里	全市	逆	0.83	0.36	0.30	10	6	−4	环境年报2010；城市	☹
28	人均氨氮排放量	吨/万人	全市	逆	12.50	20.69	18.48	34	33	−1	环境年报2010；城市	☹
29	空气质量达到二级以上天数占全年比重	%	市辖区	正	89.45	90.93	90.11	17	18	1	环境保护部数据	☺
30	首要污染物可吸入颗粒物天数占全年比重	%	市辖区	逆	69.76	71.23	78.08	17	19	2	环境保护部数据	☺
31	环境保护支出占财政支出比重	%	全市	正	3.14	3.46	4.29	12	3	−9	统计；城市	☹
32	工业环境污染治理投资占地区生产总值比重	%	全市	正	0.09	0.36	0.25	1	6	5	环境年报2010；区域经济	☺
33	科教文卫支出占财政支出比重	%	全市	正	21.06	17.93	30.41	30	8	−22	统计；城市；区域经济	☹
34	人均绿地面积	平方米	市辖区	正	58.13	57.00	56.67	12	10	−2	城市	☹
35	建成区绿化覆盖率	%	市辖区	正	39.84	43.03	43.02	8	8	0	城市建设	
36	用水普及率	%	市辖区	正	98.83	99.48	99.50	29	24	−5	城市建设	☹
37	城镇生活污水处理率	%	市辖区	正	86.16	91.80	46.52	13	38	25	城市建设	☺
38	生活垃圾无害化处理率	%	市辖区	正	94.38	100.00	100.00	1	1	0	城市建设	
39	每万人拥有公共汽车	辆	市辖区	正	15.51	14.77	14.45	15	15	0	城市	
40	工业二氧化硫去除率	%	全市	正	57.30	59.72	66.30	21	14	−7	环境年报2010	☹
41	工业废水化学需氧量去除率	%	全市	正	76.07	82.93	88.05	18	14	−4	环境年报2010	☹
42	工业氮氧化物去除率	%	全市	正	5.24	0.00	0.00	31	29	−2	环境年报2010	☹
43	工业废水氨氮去除率	%	全市	正	66.79	96.46	67.18	3	20	17	环境年报2010	☺

年鉴说明：区域经济——《中国区域经济统计年鉴2011》；城市——《中国城市统计年鉴2011》；统计——《中国统计年鉴2011》；城市建设——《中国城市建设统计年鉴2010》；环境年报2010——《中国环境统计年报2010》；环境年鉴——《中国环境统计年鉴2011》；环保部数据——环境保护部数据中心。

银川市绿色发展水平简要分析

银川市绿色发展水平在全国参与测评的38个城市中排名第16位(使用2010年数据),较2009年上升5位(2009年银川市测算排名第21位)。以下分别从各级指标得分情况和2009年、2010年两年变化情况对银川市进行简要分析。

一、2010年银川市绿色发展指数指标得分情况

2010年银川市绿色发展指数为-0.006,从经济增长绿化度、资源与环境承载潜力和政府政策支持度3个一级指标数值来看(如图1所示),银川市的政府政策支持度具有明显优势;而经济增长绿化度和资源环境承载潜力则相对较弱,低于全国平均水平(注:各个指标的全国平均水平为0值)。

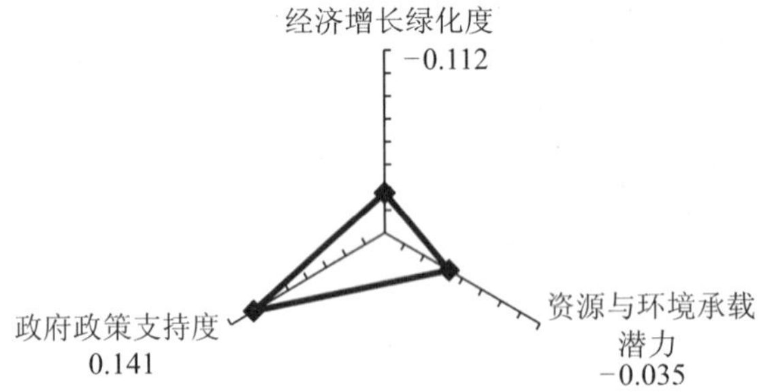

图1 银川市一级指标得分情况

从图2中可以看出,2010年银川市绿色发展指数二级指标中有3个高于全国平均水平,分别为绿色投资指标、基础设施指标、环境治理指标;而绿色增长效率指标、第一产业指标、第二产业指标、第三产业指标、资源丰裕与生态保护指标、环境压力与气候变化指标6个指标则低于全国平均水平。

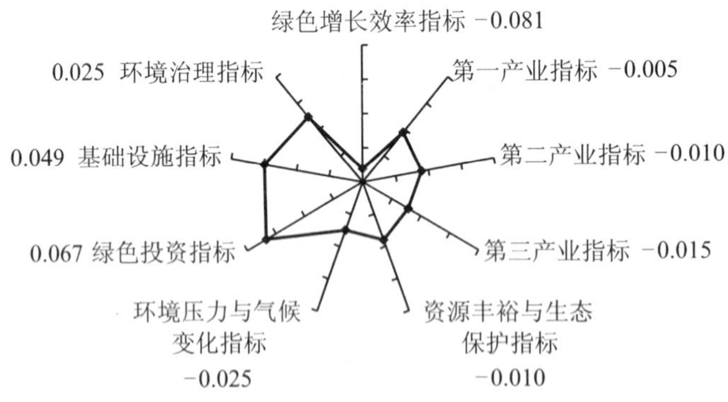

图2 银川市二级指标得分情况

二、银川市绿色发展指数两年排名变化情况

如表1所示,从一级指标排名变化情况来看,2010年银川市排名变化最大的是政府政策支持度,上升了4位;经济增长绿化度和资源环境承载潜力排名不变。从二级指标排名变化情况来看,基础设施指标、环境治理指标、第一产业指标和绿色增长效率指标分别上升17位、6位、3位和2位;第二产业指标下降15位,第三产业指标和绿色投资指标均下降2位和2位;资源丰裕与生态保护指标和环境压力与气候变化指标与2009年相比则没有变化。

表1　2009—2010年银川市一级指标和二级指标排名变化情况

指　标	2010年	2009年	差　距	指　标	2010年	2009年	差　距
中国绿色发展指数	16	21	5				
经济增长绿化度	34	34	0	资源丰裕与生态保护指标	38	38	0
绿色增长效率指标	33	35	2	环境压力与气候变化指标	18	18	0
第一产业指标	26	29	3	政府政策支持度	5	9	4
第二产业指标	28	13	−15	绿色投资指标	6	4	−2
第三产业指标	25	23	−2	基础设施指标	8	25	17
资源环境承载潜力	19	19	0	环境治理指标	16	22	6

注：差距值为正数表明排名上升。

为了进一步分析一级、二级指标变化的原因，下面将银川市2009年与2010年两年三级指标排名位次变化超过3位的指标列表如下(见表2)。与2009年相比，2010年银川市三级指标排名有升有降。其中，人均城镇生活消费用电上升7位，工业环境污染治理投资占地区生产总值比重上升5位，第一产业劳动生产率和单位土地面积氮氧化物排放量均上升3位；而工业固体废物综合利用率、环境保护支出占财政支出比重、工业用水重复利用率、第三产业就业人员比重、单位土地面积氨氮排放量、人均地区生产总值、第三产业增加值比重7个指标较2009年则有不同程度的恶化。

表2　2009—2010年银川市变化超过3位的三级指标

三级指标名称	两年原始数据			两年排名变化		
	2010年	2009年	单　位	2010年	2009年	变　动
人均地区生产总值	42 771.00	38 392.00	元	27	24	−3
人均城镇生活消费用电	358.19	410.85	千瓦时/人	11	18	7
第一产业劳动生产率	1.80	1.39	万元/人	26	29	3
工业固体废物综合利用率	75.40	90.80	%	31	21	−10
工业用水重复利用率	89.04	93.61	%	22	15	−7
第三产业增加值比重	44.64	46.13	%	26	23	−3
第三产业就业人员比重	47.09	49.12	%	16	9	−7
单位土地面积氮氧化物排放量	4.31	3.60	吨/平方公里	7	10	3
单位土地面积氨氮排放量	0.36	0.30	吨/平方公里	10	6	−4
环境保护支出占财政支出比重	3.46	4.29	%	12	3	−9
工业环境污染治理投资占地区生产总值比重	0.36	0.25	%	1	6	5

注：变动值为正数表明排名上升。

乌鲁木齐市绿色发展“体检”表

序号	指标名称	单位	口径	指标属性	2010年38城市测评均值	2010年乌鲁木齐市数值	2009年乌鲁木齐市数值	2010年乌鲁木齐市排名	2009年乌鲁木齐市排名	排名变化	2010年数据来源	进退脸谱
1	人均地区生产总值	元	全市	正	55 399.15	43 039	38 249.00	26	25	－1	区域经济；城市	☹
2	单位地区生产总值能耗	吨/万元	全市	逆	0.82	1.27	N/A	31	N/A	N/A	区域经济；城市	
3	人均城镇生活消费用电	千瓦时/人	全市	逆	580.70	545.08	528.56	26	24	－2	城市	☹
4	单位地区生产总值二氧化碳排放量			逆	无数列表			N/A	N/A	N/A		
5	单位地区生产总值二氧化硫排放量	吨/亿元	全市	逆	42.67	91.36	118.49	34	35	1	区域经济；环境年报2010	☺
6	单位地区生产总值化学需氧量排放量	吨/亿元	全市	逆	24.91	21.38	35.61	21	29	8	区域经济；环境年报2010	☺
7	单位地区生产总值氮氧化物排放量	吨/亿元	全市	逆	40.67	125.38	94.63	38	37	－1	区域经济；环境年报2010	☹
8	单位地区生产总值氨氮排放量	吨/亿元	全市	逆	2.63	5.61	6.88	36	37	1	区域经济；环境年报2010	☺
9	第一产业劳动生产率	万元/人	全市	正	3.00	1.98	1.65	7	24	17	区域经济	☺
10	第二产业劳动生产率	万元/人	全市	正	18.12	24.61	19.66	2	3	1	区域经济	☺
11	单位工业增加值水耗	万吨/万元	全市	逆	0.03	0.11	0.12	38	37	－1	区域经济；环境年报2010	☹
12	单位工业增加值能耗			逆	无数列表			N/A	N/A	N/A		
13	工业固体废物综合利用率	%	全市	正	83.42	68.20	65.30	32	33	1	环境年报2010	☺
14	工业用水重复利用率	%	全市	正	82.10	93.73	96.89	12	1	－11	环境年报2010	☹
15	第三产业劳动生产率	万元/人	全市	正	11.39	9.06	7.39	3	25	22	区域经济	☺
16	第三产业增加值比重	%	全市	正	48.37	53.65	57.15	7	6	－1	城市	☹
17	第三产业就业人员比重	%	全市	正	46.83	69.61	69.81	2	2	0	区域经济	
18	人均水资源量	立方米/人	全市	正	1 040.56	427.25	488.41	25	21	－4	环境年报2010；城市	☹
19	单位土地面积二氧化碳排放量			逆	无数列表			N/A	N/A	N/A		
20	人均二氧化碳排放量			逆	无数列表			N/A	N/A	N/A		
21	单位土地面积二氧化硫排放量	吨/平方公里	全市	逆	11.34	7.26	8.38	14	18	4	环境年报2010；城市	☺
22	人均二氧化硫排放量	吨/万人	全市	逆	211.11	413.26	484.26	35	36	1	环境年报2010；城市	☺

续表

序号	指标名称	单位	口径	指标属性	2010年38城市测评均值	2010年乌鲁木齐市数值	2009年乌鲁木齐市数值	2010年乌鲁木齐市排名	2009年乌鲁木齐市排名	排名变化	2010年数据来源	进退脸谱
23	单位土地面积化学需氧量排放量	吨/平方公里	全市	逆	7.63	1.70	2.52	4	6	2	环境年报2010；城市	☺
24	人均化学需氧量排放量	吨/万人	全市	逆	117.25	96.71	145.53	18	27	9	环境年报2010；城市	☺
25	单位土地面积氮氧化物排放量	吨/平方公里	全市	逆	14.61	9.96	6.69	23	17	−6	环境年报2010；城市	☹
26	人均氮氧化物排放量	吨/万人	全市	逆	231.68	567.16	386.74	36	34	−2	环境年报2010；城市	☹
27	单位土地面积氨氮排放量	吨/平方公里	全市	逆	0.83	0.45	0.49	16	13	−3	环境年报2010；城市	☹
28	人均氨氮排放量	吨/万人	全市	逆	12.50	25.38	28.13	35	38	3	环境年报2010；城市	☺
29	空气质量达到二级以上天数占全年比重	%	市辖区	正	89.45	72.80	71.70	37	37	0	环境保护部数据	
30	首要污染物可吸入颗粒物天数占全年比重	%	市辖区	逆	69.76	78.36	79.50	22	23	1	环境保护部数据	☺
31	环境保护支出占财政支出比重	%	全市	正	3.14	3.89	2.99	9	12	3	统计；城市	☺
32	工业环境污染治理投资占地区生产总值比重	%	全市	正	0.09	N/A	0.01	N/A	34	N/A	环境年报2010；区域经济	
33	科教文卫支出占财政支出比重	%	全市	正	21.06	22.50	24.06	14	27	13	统计；城市；区域经济	☺
34	人均绿地面积	平方米	市辖区	正	58.13	67.00	66.33	7	7	0	城市	
35	建成区绿化覆盖率	%	市辖区	正	39.84	34.80	34.25	36	35	−1	城市建设	☹
36	用水普及率	%	市辖区	正	98.83	99.93	99.93	22	19	−3	城市建设	☹
37	城镇生活污水处理率	%	市辖区	正	86.16	60.65	60.83	35	32	−3	城市建设	☹
38	生活垃圾无害化处理率	%	市辖区	正	94.38	87.40	84.67	32	28	−4	城市建设	☹
39	每万人拥有公共汽车	辆	市辖区	正	15.51	15.56	16.66	12	7	−5	城市	☹
40	工业二氧化硫去除率	%	全市	正	57.30	42.22	15.76	30	37	7	环境年报2010	☺
41	工业废水化学需氧量去除率	%	全市	正	76.07	81.17	64.26	23	33	10	环境年报2010	☺
42	工业氮氧化物去除率	%	全市	正	5.24	0.00	0.04	31	28	−3	环境年报2010	☹
43	工业废水氨氮去除率	%	全市	正	66.79	90.33	38.22	8	30	22	环境年报2010	☺

年鉴说明：区域经济——《中国区域经济统计年鉴2011》；城市——《中国城市统计年鉴2011》；统计——《中国统计年鉴2011》；城市建设——《中国城市建设统计年鉴2010》；环境年报2010——《中国环境统计年报2010》；环境年鉴——《中国环境统计年鉴2011》；环保部数据——环境保护部数据中心。

乌鲁木齐市绿色发展水平简要分析

乌鲁木齐市绿色发展水平在全国参与测评的 38 个城市中排名第 35 位(使用 2010 年数据)，较 2009 年上升 2 位(2009 年乌鲁木齐市测算排名第 37 位)。以下分别从各级指标得分情况和 2009 年、2010 年两年变化情况对乌鲁木齐市进行简要分析。

一、2010 年乌鲁木齐市绿色发展指数指标得分情况

2010 年乌鲁木齐市绿色发展指数为－0.274，从经济增长绿化度、资源与环境承载潜力和政府政策支持度 3 个一级指标数值来看(如图 1 所示)，乌鲁木齐市的三个一级指标值均低于全国平均水平(注：各个指标的全国平均水平为 0 值)。

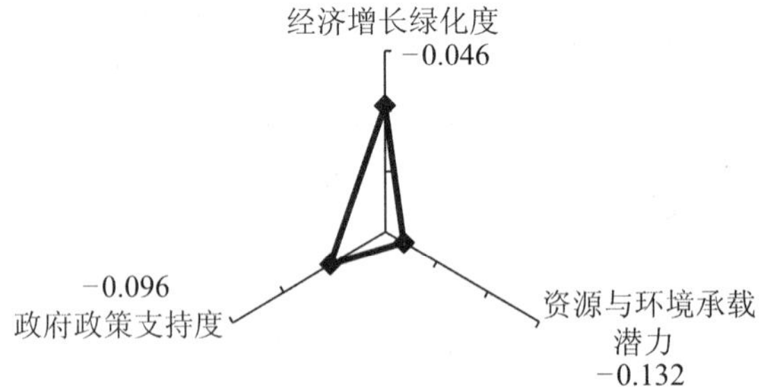

图 1　乌鲁木齐市一级指标得分情况

从图 2 中可以看出，2010 年乌鲁木齐市绿色发展指数二级指标中第二产业指标和第三产业指标高于全国平均水平；绿色增长效率指标、第一产业指标等 7 个指标低于全国平均水平。

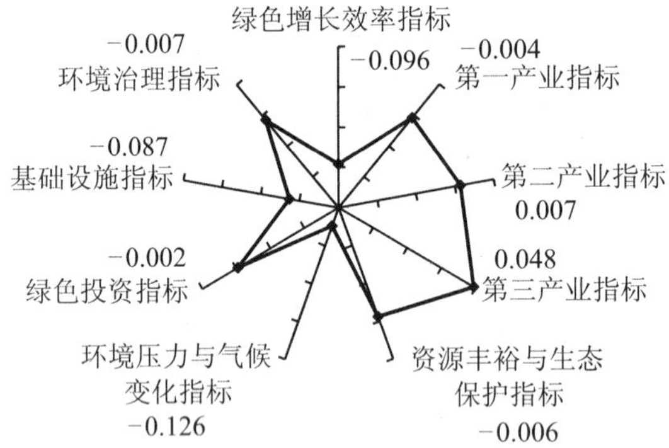

图 2　乌鲁木齐市二级指标得分情况

二、乌鲁木齐市绿色发展指数两年排名变化情况

如表 1 所示，从一级指标排名变化情况来看，2010 年乌鲁木齐市排名变化最大的是政府政策支持度，上升 8 位；经济增长绿化度和资源环境承载潜力分别上升 4 位和 2 位。从二级指标排名变化情况来看，环境治理指标和绿色投资指标分别上升 14 位和 12 位，绿色增长效率指标、第一产业指标、第二产业指标和环境压力与气候变化指标也有所提升；而资源丰裕与生态保护指标和基础设施指标分别下降 4 位和 3 位；第三产业指标排名则没有变化。

表 1　2009—2010 年乌鲁木齐市一级指标和二级指标排名变化情况

指　标	2010 年	2009 年	差　距	指　标	2010 年	2009 年	差　距
中国绿色发展指数	35	37	2				
经济增长绿化度	24	28	4	资源丰裕与生态保护指标	25	21	−4
绿色增长效率指标	36	37	1	环境压力与气候变化指标	34	37	3
第一产业指标	23	24	1	政府政策支持度	29	37	8
第二产业指标	15	17	2	绿色投资指标	14	26	12
第三产业指标	4	4	0	基础设施指标	35	32	−3
资源环境承载潜力	36	38	2	环境治理指标	22	36	14

注：差距值为正数表明排名上升。

为了进一步分析一级、二级指标变化的原因，下面将乌鲁木齐市 2009 年与 2010 年两年三级指标排名位次变化超过 3 位的指标列表如下(见表 2)。与 2009 年相比，2010 年乌鲁木齐市三级指标排名有升有降，但下降趋势更为显著。其中，第三产业劳动生产率等 11 个指标较 2009 年有较大提升；而工业用水重复利用率等 9 个指标排名则有所下降。

表 2　2009—2010 年乌鲁木齐市变化超过 3 位的三级指标

三级指标名称	两年原始数据			两年排名变化		
	2010 年	2009 年	单　位	2010 年	2009 年	变　动
单位地区生产总值化学需氧量排放量	21.38	35.61	吨/亿元	21	29	8
第一产业劳动生产率	1.98	1.65	万元/人	7	24	17
工业用水重复利用率	93.73	96.89	%	12	1	−11
第三产业劳动生产率	9.06	7.39	万元/人	3	25	22
人均水资源量	427.25	488.41	立方米/人	25	21	−4
单位土地面积二氧化硫排放量	7.26	8.38	吨/平方公里	14	18	4
人均化学需氧量排放量	96.71	145.53	吨/万人	18	27	9
单位土地面积氮氧化物排放量	9.96	6.69	吨/平方公里	23	17	−6
单位土地面积氨氮排放量	0.45	0.49	吨/平方公里	16	13	−3
人均氨氮排放量	25.38	28.13	吨/万人	35	38	3
环境保护支出占财政支出比重	3.89	2.99	%	9	12	3
科教文卫支出占财政支出比重	22.50	24.06	%	14	27	13
用水普及率	99.93	99.93	%	22	19	−3
城镇生活污水处理率	60.65	60.83	%	35	32	−3
生活垃圾无害化处理率	87.40	84.67	%	32	28	−4
每万人拥有公共汽车	15.56	16.66	辆	12	7	−5
工业二氧化硫去除率	42.22	15.76	%	30	37	7
工业废水化学需氧量去除率	81.17	64.26	%	23	33	10
工业氮氧化物去除率	0.00	0.04	%	31	28	−3
工业废水氨氮去除率	90.33	38.22	%	8	30	22

注：变动值为正数表明排名上升。

克拉玛依市绿色发展“体检”表

序号	指标名称	单 位	口 径	指标属性	2010 年 38 城市测评均值	2010 年克拉玛依市数值	2009 年克拉玛依市数值	2010 年克拉玛依市排名	2009 年克拉玛依市排名	排名变化	2010 年数据来源	进退脸谱
1	人均地区生产总值	元	全市	正	55 399.15	121 387	870 00.00	1	3	2	区域经济；城市	☺
2	单位地区生产总值能耗	吨/万元	全市	逆	0.82	1.34	1.70	32	35	3	区域经济；城市	☺
3	人均城镇生活消费用电	千瓦时/人	全市	逆	580.70	525.60	307.77	23	8	−15	城市	☹
4	单位地区生产总值二氧化碳排放量			逆	无数列表			N/A	N/A	N/A		
5	单位地区生产总值二氧化硫排放量	吨/亿元	全市	逆	42.67	75.48	84.19	32	32	0	区域经济；环境年报 2010	
6	单位地区生产总值化学需氧量排放量	吨/亿元	全市	逆	24.91	11.80	5.95	8	1	−7	区域经济；环境年报 2010	☹
7	单位地区生产总值氮氧化物排放量	吨/亿元	全市	逆	40.67	N/A	40.09	N/A	25	N/A	区域经济；环境年报 2010	
8	单位地区生产总值氨氮排放量	吨/亿元	全市	逆	2.63	1.06	1.31	8	7	−1	区域经济；环境年报 2010	☹
9	第一产业劳动生产率	万元/人	全市	正	3.00	3.06	2.74	4	7	3	区域经济	☺
10	第二产业劳动生产率	万元/人	全市	正	18.12	56.75	59.47	1	1	0	区域经济	
11	单位工业增加值水耗	万吨/万元	全市	逆	0.03	0.04	0.02	29	16	−13	区域经济；环境年报 2010	☹
12	单位工业增加值能耗			逆	无数列表			N/A	N/A	N/A		
13	工业固体废物综合利用率	%	全市	正	83.42	66.30	56.80	33	34	1	环境年报 2010	☺
14	工业用水重复利用率	%	全市	正	82.10	96.63	94.56	2	10	8	环境年报 2010	☺
15	第三产业劳动生产率	万元/人	全市	正	11.39	6.71	6.11	11	32	21	区域经济	☺
16	第三产业增加值比重	%	全市	正	48.37	9.76	12.67	38	38	0	城市	
17	第三产业就业人员比重	%	全市	正	46.83	45.18	45.81	20	19	−1	区域经济	☹
18	人均水资源量	立方米/人	全市	正	1 040.56	797.81	935.20	14	13	−1	环境年报 2010；城市	☹
19	单位土地面积二氧化碳排放量			逆	无数列表			N/A	N/A	N/A		
20	人均二氧化碳排放量			逆	无数列表			N/A	N/A	N/A		
21	单位土地面积二氧化硫排放量	吨/平方公里	全市	逆	11.34	4.74	4.50	8	9	1	环境年报 2010；城市	☺
22	人均二氧化硫排放量	吨/万人	全市	逆	211.11	1 177.80	1 102.98	38	38	0	环境年报 2010；城市	

续表

序号	指标名称	单　位	口　径	指标属性	2010年38城市测评均值	2010年克拉玛依市数值	2009年克拉玛依市数值	2010年克拉玛依市排名	2009年克拉玛依市排名	排名变化	2010年数据来源	进退脸谱
23	单位土地面积化学需氧量排放量	吨/平方公里	全市	逆	7.63	0.74	0.32	2	1	−1	环境年报2010；城市	☹
24	人均化学需氧量排放量	吨/万人	全市	逆	117.25	184.07	77.96	35	7	−28	环境年报2010；城市	☹
25	单位土地面积氮氧化物排放量	吨/平方公里	全市	逆	14.61	N/A	2.14	N/A	6	N/A	环境年报2010；城市	
26	人均氮氧化物排放量	吨/万人	全市	逆	231.68	N/A	525.26	N/A	37	N/A	环境年报2010；城市	
27	单位土地面积氨氮排放量	吨/平方公里	全市	逆	0.83	0.07	0.07	1	1	0	环境年报2010；城市	
28	人均氨氮排放量	吨/万人	全市	逆	12.50	16.62	17.22	29	31	2	环境年报2010；城市	☺
29	空气质量达到二级以上天数占全年比重	%	市辖区	正	89.45	99.73	99.70	4	5	1	环境保护部数据	☺
30	首要污染物可吸入颗粒物天数占全年比重	%	市辖区	逆	69.76	45.75	53.70	6	8	2	环境保护部数据	☺
31	环境保护支出占财政支出比重	%	全市	正	3.14	4.91	6.06	4	2	−2	统计；城市	☹
32	工业环境污染治理投资占地区生产总值比重	%	全市	正	0.09	0.34	0.50	2	2	0	环境年报2010；区域经济	
33	科教文卫支出占财政支出比重	%	全市	正	21.06	36.66	39.08	1	1	0	统计；城市；区域经济	
34	人均绿地面积	平方米	市辖区	正	58.13	59.00	55.93	10	11	1	城市	☺
35	建成区绿化覆盖率	%	市辖区	正	39.84	42.90	42.77	10	9	−1	城市建设	☹
36	用水普及率	%	市辖区	正	98.83	100.00	100.00	1	1	0	城市建设	
37	城镇生活污水处理率	%	市辖区	正	86.16	92.12	91.81	12	6	−6	城市建设	☹
38	生活垃圾无害化处理率	%	市辖区	正	94.38	94.87	94.03	24	25	1	城市建设	☺
39	每万人拥有公共汽车	辆	市辖区	正	15.51	7.97	12.20	35	26	−9	城市	☹
40	工业二氧化硫去除率	%	全市	正	57.30	10.39	10.47	38	38	0	环境年报2010	
41	工业废水化学需氧量去除率	%	全市	正	76.07	81.66	92.45	21	3	−18	环境年报2010	☹
42	工业氮氧化物去除率	%	全市	正	5.24	0.00	0.00	31	29	−2	环境年报2010	☹
43	工业废水氨氮去除率	%	全市	正	66.79	69.61	33.21	22	34	12	环境年报2010	☺

年鉴说明：区域经济——《中国区域经济统计年鉴2011》；城市——《中国城市统计年鉴2011》；统计——《中国统计年鉴2011》；城市建设——《中国城市建设统计年鉴2010》；环境年报2010——《中国环境统计年报2010》；环境年鉴——《中国环境统计年鉴2011》；环保部数据——环境保护部数据中心。

克拉玛依市绿色发展水平简要分析

克拉玛依市绿色发展水平在全国参与测评的38个城市中排名第3位(使用2010年数据),较2009年下降1位(2009年克拉玛依市测算排名第2位)。以下分别从各级指标得分情况和2009年、2010年两年变化情况对克拉玛依市进行简要分析。

一、2010年克拉玛依市绿色发展指数指标得分情况

2010年克拉玛依市绿色发展指数为0.403,从经济增长绿化度、资源与环境承载潜力和政府政策支持度3个一级指标数值来看(如图1所示),克拉玛依市的三个一级指标尤其是资源与环境承载潜力指标具有明显优势,3个一级指标均高于全国平均水平(注:各个指标的全国平均水平为0值)。

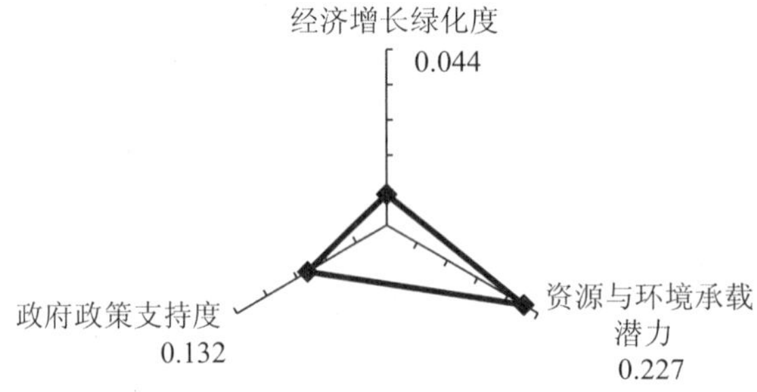

图1　克拉玛依市一级指标得分情况

从图2中可以看出,2010年克拉玛依市绿色发展指数二级指标中有6个高于全国平均水平,分别为绿色增长效率指标、第一产业指标、第二产业指标、环境压力与气候变化指标、绿色投资指标、基础设施指标;而第三产业指标、资源丰裕与生态保护指标、环境治理指标3个指标则低于全国平均水平。

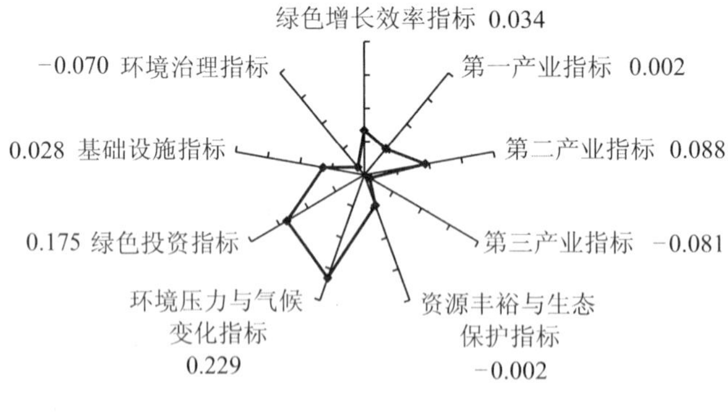

图2　克拉玛依市二级指标得分情况

二、克拉玛依市绿色发展指数两年排名变化情况

如表1所示,从一级指标排名变化情况来看,2010年克拉玛依市的经济增长绿化度的政府政策支持度分别下降6位和3位;资源环境承载潜力排名不变。从二级指标排名变化情况来看,基础设施指标、绿色增长效率指标和资源丰裕与生态保护指标分别下降7位、4位和1位,第一产业指标排名上升1位;第二产业指标、第三产业指标、环境压力与气候变化指标、绿色投资指标和环境治理指标与2009年相比则没有变化。

表 1　2009—2010 年克拉玛依市一级指标和二级指标排名变化情况

指　标	2010 年	2009 年	差　距	指　标	2010 年	2009 年	差　距
中国绿色发展指数	3	2	−1				
经济增长绿化度	11	5	−6	资源丰裕与生态保护指标	14	13	−1
绿色增长效率指标	8	4	−4	环境压力与气候变化指标	3	3	0
第一产业指标	6	7	1	政府政策支持度	6	3	−3
第二产业指标	1	1	0	绿色投资指标	1	1	0
第三产业指标	38	38	0	基础设施指标	14	7	−7
资源环境承载潜力	3	3	0	环境治理指标	35	35	0

注：差距值为正数表明排名上升。

为了进一步分析一级、二级指标变化的原因，下面将克拉玛依市 2009 年与 2010 年两年三级指标排名位次变化超过 3 位的指标列表如下(见表 2)。与 2009 年相比，2010 年克拉玛依市三级指标排名有升有降，但下降趋势更为显著。其中，人均化学需氧量排放量较 2009 年下降 28 位，工业废水化学需氧量去除率下降 18 位中，人均城镇生活消费用电下降 15 位，单位工业增加值水耗下降 13 位，每万人拥有公共汽车下降 9 位，单位地区生产总值化学需氧量排放量下降 7 位，城镇生活污水处理率下降 6 位；而第三产业劳动生产率、工业用水重复利用率、单位地区生产总值能耗、第一产业劳动生产率 4 个指标较 2009 年则有所提升。

表 2　2009—2010 年克拉玛依市变化超过 3 位的三级指标

三级指标名称	两年原始数据			两年排名变化		
	2010 年	2009 年	单　位	2010 年	2009 年	变　动
单位地区生产总值能耗	1.34	1.70	吨/万元	32	35	3
人均城镇生活消费用电	525.60	307.77	千瓦时/人	23	8	−15
单位地区生产总值化学需氧量排放量	11.80	5.95	吨/亿元	8	1	−7
第一产业劳动生产率	3.06	2.74	万元/人	4	7	3
单位工业增加值水耗	0.04	0.02	万吨/万元	29	16	−13
工业用水重复利用率	96.63	94.56	%	2	10	8
第三产业劳动生产率	6.71	6.11	万元/人	11	32	21
人均化学需氧量排放量	184.07	77.96	吨/万人	35	7	−28
城镇生活污水处理率	92.12	91.81	%	12	6	−6
每万人拥有公共汽车	7.97	12.20	辆	35	26	−9
工业废水化学需氧量去除率	81.66	92.45	%	21	3	−18

注：变动值为正数表明排名上升。

拉萨市绿色发展“体检”表

序号	指标名称	单 位	口 径	指标属性	2010 年测评城市均	2010 年拉萨市数值	2009 年拉萨市数	2010 年数据来源
1	人均地区生产总值	元	全市	正	55 399.15	23 775	20 264.00	区域经济
2	单位地区生产总值能耗	吨/万元	全市	逆	0.82	N/A	N/A	
3	人均城镇生活消费用电	千瓦时/人	全市	逆	580.70	N/A	N/A	
4	单位地区生产总值二氧化碳排放量			逆	无数列表			
5	单位地区生产总值二氧化硫排放量	吨/亿元	全市	逆	42.67	N/A	8.67	
6	单位地区生产总值化学需氧量排放量	吨/亿元	全市	逆	24.91	N/A	32.74	
7	单位地区生产总值氮氧化物排放量	吨/亿元	全市	逆	40.67	N/A	2.35	
8	单位地区生产总值氨氮排放量	吨/亿元	全市	逆	2.63	N/A	2.96	
9	第一产业劳动生产率	万元/人	全市	正	3.00	N/A	N/A	城市；拉萨
10	第二产业劳动生产率	万元/人	全市	正	18.12	N/A	N/A	城市；拉萨
11	单位工业增加值水耗	万吨/万元	全市	逆	0.03	N/A	N/A	
12	单位工业增加值能耗			逆	无数列表			
13	工业固体废物综合利用率	%	全市	正	83.42	1.30	18.70	环境年报 2010
14	工业用水重复利用率	%	全市	正	82.10	16.91	17.90	环境年报 2010
15	第三产业劳动生产率	万元/人	全市	正	11.39	N/A	N/A	
16	第三产业增加值比重	%	全市	正	48.37	N/A	64.60	
17	第三产业就业人员比重	%	全市	正	46.83	N/A	N/A	拉萨
18	人均水资源量	立方米/人	全市	正	1040.56	N/A	N/A	
19	单位土地面积二氧化碳排放量			逆	无数列表			
20	人均二氧化碳排放量			逆	无数列表			
21	单位土地面积二氧化硫排放量	吨/平方公里	全市	逆	11.34	N/A	N/A	
22	人均二氧化硫排放量	吨/万人	全市	逆	211.11	N/A	N/A	

续表

序号	指标名称	单　位	口　径	指标属性	2010年测评城市均	2010年拉萨市数值	2009年拉萨市数	2010年数据来源
23	单位土地面积化学需氧量排放量	吨/平方公里	全市	逆	7.63	N/A	N/A	
24	人均化学需氧量排放量	吨/万人	全市	逆	117.25	N/A	N/A	
25	单位土地面积氮氧化物排放量	吨/平方公里	全市	逆	14.61	N/A	N/A	
26	人均氮氧化物排放量	吨/万人	全市	逆	231.68	N/A	N/A	
27	单位土地面积氨氮排放量	吨/平方公里	全市	逆	0.83	N/A	N/A	
28	人均氨氮排放量	吨/万人	全市	逆	12.50	N/A	N/A	
29	空气质量达到二级以上天数占全年比重	%	市辖区	正	89.45	98.90	98.90	环境保护部数据
30	首要污染物可吸入颗粒物天数占全年比重	%	市辖区	逆	69.76	29.86	35.90	环境保护部数据
31	环境保护支出占财政支出比重	%	全市	正	3.14	N/A	2.77	
32	工业环境污染治理投资占地区生产总值比重	%	全市	正	0.09	N/A	N/A	
33	科教文卫支出占财政支出比重	%	全市	正	21.06	N/A	N/A	
34	人均绿地面积	平方米	市辖区	正	58.13	10.26	94.97	拉萨
35	建成区绿化覆盖率	%	市辖区	正	39.84	32.25	32.14	城市建设
36	用水普及率	%	市辖区	正	98.83	99.22	97.82	城市建设
37	城镇生活污水处理率	%	市辖区	正	86.16	N/A	N/A	
38	生活垃圾无害化处理率	%	市辖区	正	94.38	N/A	N/A	
39	每万人拥有公共汽车	辆	市辖区	正	15.51	11.64	6.14	拉萨
40	工业二氧化硫去除率	%	全市	正	57.30	N/A	N/A	
41	工业废水化学需氧量去除率	%	全市	正	76.07	8.24	7.00	环境年报2010
42	工业氮氧化物去除率	%	全市	正	5.24	N/A	N/A	
43	工业废水氨氮去除率	%	全市	正	66.79	25.00	25.00	环境年报2010

年鉴说明：区域经济——《中国区域经济统计年鉴2011》；城市——《中国城市统计年鉴2011》；统计——《中国统计年鉴2011》；城市建设——《中国城市建设统计年鉴2010》；环境年报2010——《中国环境统计年报2010》；环境年鉴——《中国环境统计年鉴2011》；环保部数据——环境保护部数据中心；拉萨——《拉萨统计年鉴2011》。

拉萨市绿色发展水平简要分析

2012 中国绿色发展指数(城市)指标体系中，由于拉萨市 43 个绿色发展三级指标仅有 11 个指标可以在公开发行的权威年鉴中获取数据，其余指标数据均不可得，因此，本年度参与测评的 38 个城市不包含拉萨。

在已有数据的 11 个三级指标中，有 3 个指标隶属于“经济增长绿化度”一级指标，即人均地区生产总值、工业固体废物综合利用率和工业用水重复利用率，前者表征“经济增长效率”二级指标，后两者表征“第二产业”二级指标；有 2 个指标隶属于“资源环境承载潜力”一级指标，即空气质量达到二级以上天数占全年比重和首要污染物可吸入颗粒物天数占全年比重，其均表征“环境压力与气候变化”二级指标；有 6 个指标隶属于“政府政策支持度”一级指标，即人均绿地面积、建成区绿化覆盖率、用水普及率、每万人拥有公共汽车、工业废水化学需氧量去除率和工业废水氨氮去除率，其中人均绿地面积表征“绿色投资”二级指标，工业废水氨氮去除率表征“环境治理”二级指标，其余均表征“基础设施”二级指标。

列出拉萨市 2009 年、2010 年各指标的数值，及 2010 年测评城市均值[①]，可在有限范围内对拉萨市的绿色发展水平进行简单分析，具体如表 1 所示。

表 1　2009—2010 年拉萨市已有数据的 11 个绿色发展三级指标

指标名称	单　位	口　径	指标属性	2010 年拉萨市数值	2010 年测评城市均值	2009 年拉萨市数值
人均地区生产总值	元	全市	正	23 775.00	55 399.15	20 264.00
工业固体废物综合利用率	%	全市	正	1.30	83.42	18.70
工业用水重复利用率	%	全市	正	16.91	82.10	17.90
空气质量达到二级以上天数占全年比重	%	市辖区	正	98.90	89.45	98.90
首要污染物可吸入颗粒物天数占全年比重	%	市辖区	逆	29.86	69.76	35.90
人均绿地面积	平方米	市辖区	正	10.26	58.13	94.97
建成区绿化覆盖率	%	市辖区	正	32.25	39.84	32.14
用水普及率	%	市辖区	正	99.22	98.83	97.82
每万人拥有公共汽车	辆	市辖区	正	11.64	15.51	6.14
工业废水化学需氧量去除率	%	全市	正	8.24	76.07	7.00
工业废水氨氮去除率	%	全市	正	25.00	66.79	25.00

一、2010 年拉萨市绿色发展基本情况

2010 年拉萨市绿色发展基本情况可通过 2010 年拉萨市指标数值与 2010 年测评城市均值比较得出。

由表 1 可知，2010 年拉萨市 11 个指标中，仅有 3 个指标优于 38 个测评城市均值，即空气质量达到二级以上天数占全年比重、首要污染物可吸入颗粒物天数占全年比重和用水普及率，

① 测评城市均值计算时未包括拉萨市。

其中前两者均属于“资源环境潜力”指标，后者属于“政府政策支持度”指标。这3个指标较测评城市均值有一定优势，但除首要污染物可吸入颗粒物天数占全年比重这一逆指标以外，另外两个指标优势并不明显。有8个指标低于38个测评城市平均值，具体包括“经济增长绿化度”的3个指标及“政府政策支持度”的5个指标。这8个指标除建成区绿化覆盖率和每万人拥有公共汽车两个指标较弱于测评城市均值以外，其余5个指标与测评城市均值的差距较大。

拉萨市已有数据的11个绿色发展三级指标表明，2010年拉萨市绿色发展是低于全国平均水平的。在衡量绿色发展的三个维度中，拉萨市除“资源环境承载潜力”具有一定优势，其余两方面都低于全国平均水平。

二、2009—2010年拉萨市绿色发展的变化

2009—2010年拉萨市绿色发展的变化可通过2009年拉萨市指标数值与2010年拉萨市指标数值比较得出，反映两年间拉萨市在哪些领域进步了，在哪些领域退步了。

“经济增长绿化度”方面，2010年3个指标中有1个指标较2009年有所进步，即人均地区生产总值；有1个指标有所退步，即工业用水重复利用率；而有1个指标由于其两年间数值变动较大，我们认为其存在奇异值，这可能是由于统计口径不一致等多种原因造成的。

“资源环境承载潜力”方面，2010年2个指标中，首要污染物可吸入颗粒物天数占全年比重这一指标较2009年有所进步，且进步明显；空气质量达到二级以上天数占全年比重这一指标较2009年没有变动。

“政府政策支持度”方面，2010年6个指标中除人均绿地面积我们认为存在奇异值，工业废水氨氮去除率与2009年相比没有变化以外，其余4个指标均有所进步，且部分指标进步较大，如每万人拥有公共汽车等。

以上分析表明，2010年拉萨市已有数据的11个绿色发展三级指标中，除2个指标存在奇异值，另外9个指标中有6个指标较2009年有所进步，有2个指标较2009年不变，而仅有1个指标较2009年退步，这意味着拉萨市2010年绿色发展虽然低于全国平均水平，但其较2009却有明显的进步。

第三篇

公众评价篇

在进行城市绿色发展指数的测评过程中，以及在绿色发展指数报告的发布会上，我们与各界尤其是新闻界的朋友有一个共同感受，即绿色发展指数的省区和城市排序，如果只根据统计数据测算，可能与公众的实际感受有差距。接受各界朋友的宝贵建议，2012年的报告我们增加了城市绿色发展公众满意度调查，反映居民对本城市的主观感受和评价，以更加全面地反映城市绿色发展情况。本篇包括两章，即“第九章　城市绿色发展公众满意度问卷调查设计”和“第十章　城市绿色发展公众满意度调查结果与分析”。希望读者对我们的问卷调查设计、调查结果等提出宝贵意见，我们愿意进一步改进。

第九章

城市绿色发展公众满意度问卷调查设计①

推动绿色发展已成为城市未来经济发展的重要目标，城市居民既是城市绿色发展的参与者，也是绿色发展成果的受益者，城市居民的主观感受和评价有助于更加全面、客观地反映城市绿色发展情况。为此，2012年5月，我们对重点城市进行了“城市绿色发展公众满意度调查”，公众满意度调查结果是对以客观统计数据为基础的“城市绿色发展指数测评指标体系”的重要补充和完善。

首先，设计一份既能反映城市绿色发展的情况又能与绿色发展指数的测算紧密相关的公众调查问卷，是一项非常重要的基础性工作。课题组召开过三次调查问卷设计的专家会，国家统计局中国经济景气监测中心又召开过若干次问卷调查的专家会和工作会，对调查问卷进行了反复推敲与讨论，在调查问卷受访者基本信息的界定、调查区域范围的确定、调查抽样方式的选择、调查问题的通俗与准确性以及调查问卷满意程度的分类等方面达成了共识，数易其稿，最终形成了一份包含四个部分共计19个问题的“2012年城市绿色发展公众满意度调查问卷”。如下所示：

2012年城市绿色发展公众满意度调查问卷

甄别信息

A1 受访者的年龄：

1. 18岁以下(停止访问，其他选项继续)　　2. 18～40岁
3. 41～60岁　　4. 61岁及以上

A2 受访者在所在城市居住年限：

1. 半年以下(停止访问，其他选项继续)　　2. 半年到一年
3. 一至三年　　4. 三年以上

受访者基本信息

城市(*访问员填写，无需询问受访者*)：

A3 受访者性别(*访问员填写，无需询问受访者*)：

1. 男　　2. 女

① 国家统计局丛雅静、谭小燕、邢景丽参与了问卷调查的设计、组织实施、数据测算和报告撰写工作。

A4 请问您是否具有本市户口：

1. 是　　2. 否

A5 请问您的教育程度是：

1. 大专及以上　　2. 高中、中专　　3. 初中及以下

第一部分：城市环境评价

Q1　您感觉城市街道卫生环境怎么样？

1. 干净　　2. 一般　　3. 不干净

Q2　您对您所在城市饮用水是否满意？

1. 满意　　2. 一般　　3. 不满意

Q3　您认为您所在城市的河流、湖泊受污染的程度是？

1. 没有污染　　2. 有点污染　　3. 严重污染　　4. 不清楚或不关注

Q4　您认为您所在城市的空气质量怎么样？

1. 好　　2. 一般　　3. 不好

Q5　您所在城市下列哪些方面的污染最严重(最多选三项)？

1. 机动车尾气　　2. 饮食业油烟污染　　3. 工厂排污　　4. 生活垃圾

5. 农业污染　　6. 电磁辐射污染　　7. 塑料袋或塑料餐盒污染

8. 噪音污染(交通噪音、建筑施工、娱乐场所噪音等)

Q6　您认为近三年城市环境有什么变化？

1. 变好了　　2. 没变化　　3. 变差了

第二部分：城市基础设施评价

Q7　您所在城市的绿化情况怎么样？

1. 好　　2. 一般　　3. 不好

Q8　您对城市公园、广场等公共休闲娱乐场所的数量和分布是否满意？

1. 满意　　2. 一般　　3. 不满意

不满意的最主要原因是：

1. 数量太少　　2. 分布不合理　　3. 其他，请注明________

Q9　您对您周边的生活垃圾处理情况是否满意？

1. 满意　　2. 一般　　3. 不满意

Q10　您认为城市的公共交通便利程度如何？

1. 方便　　2. 一般　　3. 不方便

Q11　您所在城市的交通畅通情况如何？

1. 畅通　　2. 一般　　3. 拥堵

Q12　您日常出行主要采用的交通方式是？

1. 自驾(汽车或摩托车)　　2. 公共交通(公交或地铁)

3. 出租车　　4. 自行车、电动车或步行

5. 其他

第三部分：政府的绿色行动

Q13　您对城市的垃圾分类设施的配置情况是否满意？

1. 满意　　2. 一般　　3. 不满意

Q14　您对日常所食用的食品是否放心？

1. 放心　　2. 一般　　3. 不放心

Q15　您是否了解环境投诉方式(网站或电话等)？

1. 完全了解　　2. 听过，但不记得了　　3. 完全不知道

您是否进行过环境投诉？

1. 是　　2. 否(跳问 Q16)

您对投诉处理结果是否满意？

1. 满意　　2. 一般　　3. 不满意

Q16　您认为企业排污治理的成效怎么样？

1. 成效很大　　2. 一般　　3. 成效很小

Q17　您觉得政府是否重视城市环保工作？

1. 重视　　2. 一般　　3. 不重视

第四部分：总体判断

Q18　总体而言，您对居住在这个城市是否满意？

1. 满意　　2. 一般　　3. 不满意

Q19　您家庭的平均月收入是(包括所有家庭成员的薪水和其他收入)？

1. 3 000 元以下　　2. 3 000～7 000 元　　3. 7 000～12 000 元　　4. 12 000 元以上

从问卷调查的问题中可以看到，本次调查主要了解居民对所居住城市环境、基础设施和政府的绿色行动的综合评价。其中，城市环境评价包括城市街道卫生、城市饮用水、河流、湖泊受污染程度、空气质量和近三年环境变化五个方面；城市基础设施评价包括绿化情况、休闲娱乐场所的数量和分布、生活垃圾处理、公共交通便利程度和交通畅通情况等；政府的绿色行动评价包括垃圾分类设施的配置情况、食品安全、环境投诉知晓度、企业排污治理成效以及政府对环保的重视程度等。

此次调查范围为全国 38 个重点城市，其中东部地区有 16 个城市，分别是北京、天津、石家庄、上海、南京、苏州、杭州、宁波、福州、厦门、济南、青岛、广州、深圳、珠海和海口；中部地区有 6 个城市，分别是太原、合肥、南昌、郑州、武汉和长沙；西部地区有 12 个城市，分别是呼和浩特、南宁、重庆、成都、贵阳、昆明、西安、兰州、西宁、银川、乌鲁木齐和克拉玛依；东北地区有 4 个城市，分别是沈阳、大连、长春和哈尔滨。

我们采用电话调查方式，每个城市随机抽取 700 个城区居民。调查结果显示(见图 9-1)，分户籍看，本市户口受访者占 70.2%，非本市户口占 29.8%。其中，近九成(89.4%)受访者在本城市居住超过三年，半年到三年的有一成多(10.6%)。分年龄看，受访者的年龄大都在 18～40 岁，占 64.0%；41～60 岁和 61 岁及以上的分别占 26.6%和 9.4%。分性别看，受访者中男女比例相当，男性和女性分别占 49.7%和 50.3%。分教育程度看，超过一半(53.1%)的受访者的教育程度为大专及以上学历，高中、中专学历占 27.3%，初中及以下占 19.6%。分收入水平看，受访者家庭的平均月收入①在 3 000～7 000 元的占 42.5%，3 000 元以下的占 26.0%，7 000～12 000元的占 15.6%，12 000 元以上的占 11.2%。调查样本分布合理，对不同地区和群体的城市居民有较好的代表性。

根据统计专家们的意见，确定了中国城市绿色发展公众满意度测算方法。主要是：

其一，测算问卷中每个问题的得分标准：对于问卷答案分三级的问题，从“好(干净、满

① 包括所有家庭成员的薪水和其他收入。

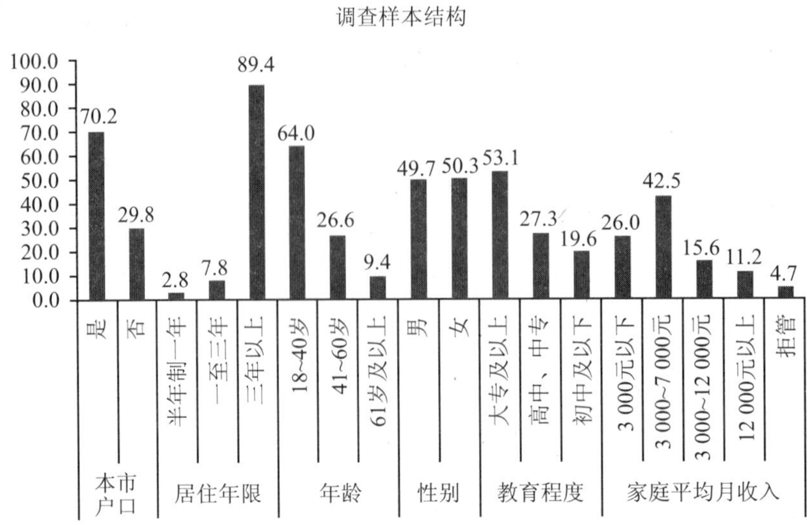

图 9-1　调查样本结构

意)”到“不好(不干净、不满意)”分别赋值为 1、0、−1。每个问题的得分的计算方法为：令 $X_1=1$，$X_2=0$，$X_3=-1$，

则每个问题的得分 $Qj=(N_1\cdot X_1+N_2\cdot X_2+N_3\cdot X_3)/N$

式中，N_i 为选择 X_i 的人数，N 为答题总人数；X_i 为各选项的赋值。

对于问卷答案分三级以上的回答，其不计入满意度测算，如 Q5、Q12、Q18、Q19 等，仅作为深入分析研究的参考指标。

其二，问卷调查中城市环境满意度、基础设施满意度及政府绿色行动满意度这三大部分的评分方法是：城市环境、城市基础设施和政府绿色行动指标满意度，分别等于问卷相应部分的问题得分的算术平均数。即：

城市环境满意度=(Q1+Q2+Q3+Q4+Q6)/5

城市基础设施满意度=(Q7+Q8+Q9+Q10+Q11)/5

政府绿色行动满意度=(Q13+Q14+Q151+Q16+Q18)/5

其三，城市绿色发展综合满意度等于以上三个构成指标满意度的算术平均数，其得分在−1～1，0 为临界值。得分为正表示“满意”，越趋近于 1 满意程度越高；反之表示“不满意”，越趋近于−1 满意程度越低。

第十章

城市绿色发展公众满意度调查结果与分析

调查发现：中国城市绿色发展综合满意度为0.121，居民对城市绿色发展水平总体上持肯定态度，但城市绿色发展状况与公众期望仍有一定差距。综合满意度城市之间差异较大，并呈现出西部城市最高、东部和东北地区较高、中部最低的特征。满意度的构成指标中，城市环境满意度和基础设施满意度较高，但居民对政府绿色行动效果不满意，政府支持城市绿色发展的政策的针对性和有效性有待提升。

>>一、城市居民肯定绿色发展现状，各城市满意度差异较大<<

2012年城市绿色发展公众满意度调查结果显示，38个城市的绿色发展综合满意度平均水平为0.121(见表10-1)，城市居民对当前城市绿色发展状况总体上持肯定态度；但满意度数值相对较低，表明城市绿色发展的现状与居民的期待存在一定差距。各城市绿色发展满意度差异较大，四大经济区呈现出西部满意度最高、东部和东北较高、中部最低的特征。

表10-1　　中国城市绿色发展公众满意度(2012)

城　市	绿色发展综合满意度		城市环境满意度		城市基础设施满意度		政府绿色行动满意度	
	排　名	指　数	排　名	指　数	排　名	指　数	排　名	指　数
平均水平	0.121		0.233		0.227		−0.098	
克拉玛依	1	0.558	1	0.715	1	0.699	1	0.259
银　川	2	0.308	3	0.487	3	0.425	3	0.013
西　宁	3	0.280	2	0.496	8	0.360	7	−0.015
厦　门	4	0.273	6	0.391	2	0.435	5	−0.007
杭　州	5	0.265	4	0.413	7	0.378	4	0.005
重　庆	6	0.258	10	0.350	4	0.392	2	0.033
成　都	7	0.224	12	0.334	9	0.349	6	−0.010
珠　海	8	0.220	9	0.359	5	0.391	16	−0.089
青　岛	9	0.220	5	0.395	11	0.338	14	−0.073
宁　波	10	0.210	14	0.290	6	0.381	8	−0.041

续表

城市	绿色发展综合满意度		城市环境满意度		城市基础设施满意度		政府绿色行动满意度	
	排名	指数	排名	指数	排名	指数	排名	指数
长春	11	0.205	8	0.362	13	0.302	9	−0.047
南宁	12	0.177	11	0.341	15	0.256	12	−0.067
大连	13	0.171	15	0.278	10	0.347	19	−0.113
苏州	14	0.161	17	0.238	12	0.308	11	−0.064
海口	15	0.148	7	0.380	22	0.189	21	−0.124
济南	16	0.125	20	0.198	16	0.255	15	−0.078
昆明	17	0.123	18	0.226	18	0.218	13	−0.073
西安	18	0.118	16	0.265	20	0.207	20	−0.118
贵阳	19	0.109	13	0.296	33	0.083	10	−0.050
深圳	20	0.088	28	0.135	14	0.273	25	−0.143
乌鲁木齐	21	0.069	23	0.154	28	0.149	17	−0.097
石家庄	22	0.064	30	0.117	19	0.215	24	−0.140
太原	23	0.055	25	0.148	30	0.125	18	−0.108
福州	24	0.053	26	0.143	25	0.172	30	−0.156
南昌	25	0.050	19	0.218	35	0.075	26	−0.145
上海	26	0.047	36	0.065	21	0.203	23	−0.126
郑州	27	0.044	31	0.109	26	0.169	27	−0.147
广州	28	0.043	35	0.068	23	0.186	22	−0.125
南京	29	0.039	34	0.070	17	0.222	32	−0.176
天津	30	0.038	32	0.107	24	0.181	31	−0.175
沈阳	31	0.038	24	0.152	29	0.146	34	−0.185
哈尔滨	32	0.035	21	0.195	32	0.087	33	−0.176
北京	33	0.035	33	0.100	27	0.158	29	−0.153
合肥	34	0.035	22	0.167	31	0.087	28	−0.150
长沙	35	0.009	27	0.141	34	0.077	35	−0.192
呼和浩特	36	−0.036	29	0.132	36	−0.036	36	−0.203
武汉	37	−0.120	37	−0.054	37	−0.080	37	−0.224
兰州	38	−0.137	38	−0.067	38	−0.085	38	−0.257

分四大经济区域看，东部、中部、西部和东北城市绿色发展综合满意度分别为0.127、0.012、0.171和0.112(见图10-1)；西部城市整体满意度最高，但城市间差异最大，得分最高的克拉玛依与最低的兰州相差0.695；排在第二位的银川与最低的兰州相差0.445；西部12个城市中，有5个排在前十位，4个排在第11位～第20位，3个排在第21位～第38位。东部城市满意度较高，得分略高于城市平均水平；城市间差异较大，得分最高的厦门与最低的北京相差0.238；东部16个城市中，有5个排在前十位，4个排在第11位～第20位，7个排在第21位～第38位。东北城市较低，得分略低于平均水平；城市间差异最小，得分最高的长春与最低的哈尔滨相差0.170；东北4城市中，有2个排在第11位～第20位，2个排在第21位～第38位。

中部城市满意度最低，略高于零；城市间差异较小，得分最高的太原与最低的武汉相差 0.175；中部 6 个城市均排在第 21 位～第 38 位。

分城市看，城市间差异较大，排在第 2 位①的银川比得分最低的兰州高出 0.445。绝大多数城市(35 个)绿色发展综合满意度大于零，其中高于平均水平的有 17 个，排在前十位的依次是克拉玛依、银川、西宁、厦门、杭州、重庆、成都、珠海、青岛和宁波；低于平均水平的有 21 个，3 个得分为负的城市分别为呼和浩特、武汉和兰州。前三位均为西部城市，后三位有两个西部城市，可见西部城市之间的满意度差异很大。

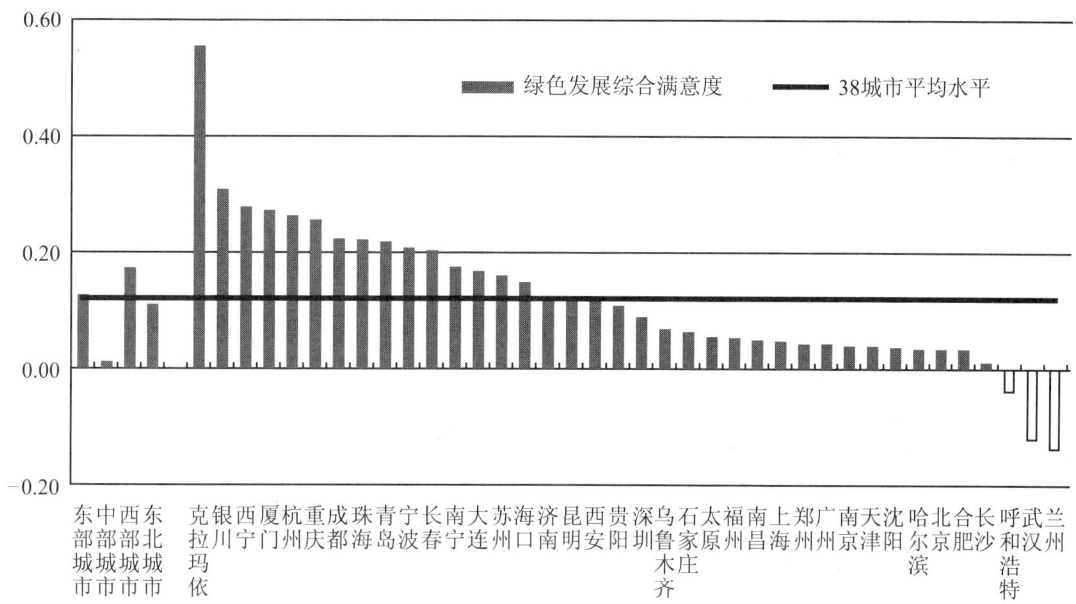

图 10-1　城市绿色发展综合满意度

城市绿色发展综合满意度的三项构成指标分别为城市环境满意度、城市基础设施满意度和政府绿色行动满意度，得分分别为 0.233、0.227 和－0.098；环境和基础设施满意度的城市间差异较大，第 2 位得分与最低分分别相差 0.563 和 0.520；政府绿色行动满意度的城市间差异较小，第 2 位得分与最低分相差 0.290。调查表明，居民对城市环境和基础设施满意度较高，但普遍对政府相关政策措施的实施效果表示不满意。

分地区看，东部、中部、西部和东北城市的城市环境和基础设施满意度均远高于政府绿色行动满意度；此外，东部的城市环境满意度略低于基础设施满意度，而中部、西部和东北城市则是环境满意度略高于基础设施满意度(见图 10-2)。分城市看，绝大多数城市的居民对城市环境和基础设施的满意度较高，但不满意于政府所采取的相关政策措施；38 个城市的情况相同，环境满意度和基础设施满意度均远高于政府绿色行动满意度。调查表明，政府政策支持绿色发展的力度尚显不足，与城市居民的期望之间还有较大的差距。政府部门响应城市居民需求，采取更积极的促进城市绿色发展的措施显得十分必要。

---

① 克拉玛依总体满意度及 3 个分项指标得分明显高于其他城市，比排在第 2 位都高出约 0.2，除非特殊说明，城市间差异只比较测算第 2 位～第 38 位，以避免夸大城市差异。

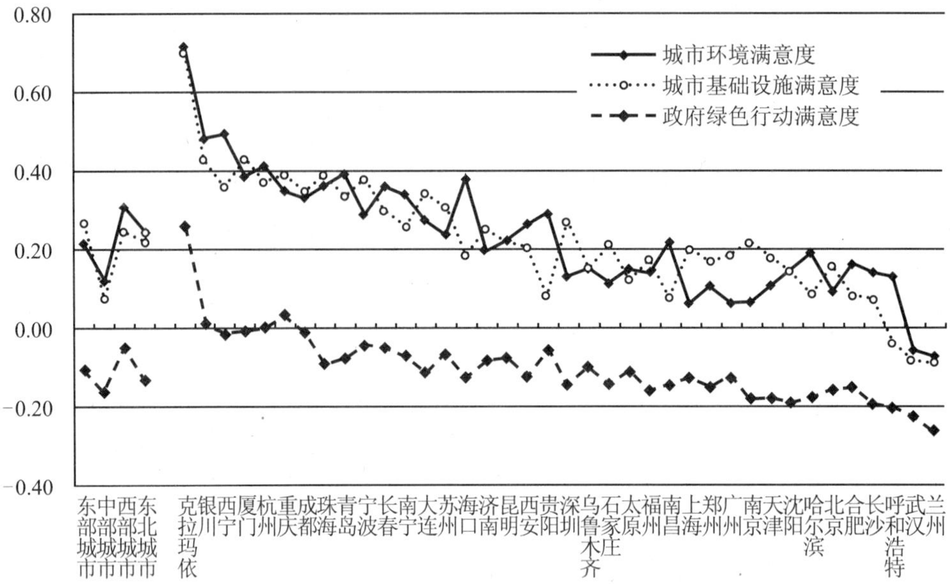

图 10-2　城市绿色发展构成指标满意度

进一步调查显示，从总体上讲，居民对于所居住城市的满意程度很高，38 个城市的平均满意度达到 0.475，比绿色发展满意度高出近 3 倍。其中，有 53.7%的居民对于其所居住城市表示满意，只有 6.1%明确表示不满意。居民对所居住城市的评价，除对城市绿色发展水平的评价外，更包括了居民对城市就业、收入水平、教育、医疗和文化生活等多方面的评价，含义更加广泛。居民对城市的总体满意度远高于城市绿色发展综合满意度(见图 10-3)表明，城市绿色发展水平是城市发展诸方面中的短板，政府提高城市绿色发展水平势在必行。此外，两项满意度高度相关，相关系数高达 0.926，表明城市绿色发展水平对于城市总体满意度的重要意义。

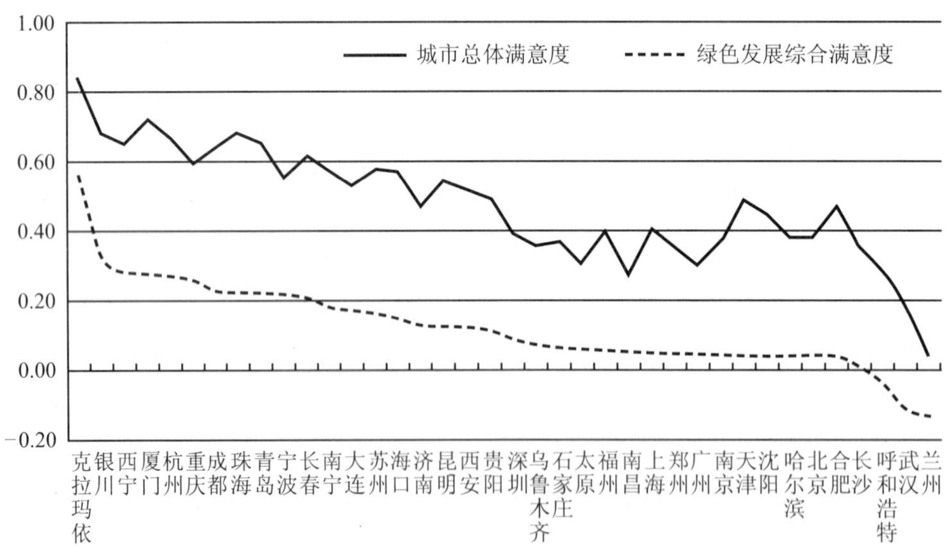

图 10-3　城市总体满意度与绿色发展综合满意度的比较

>>二、居民城市环境满意度相对最高，城市间差异较大<<

城市环境满意度是指居民对所在城市的街道卫生、饮用水、河流湖泊的受污染程度、空气质量和近三年城市环境变化五项指标的综合评价。调查显示，38 个城市的城市环境满意度平均水平为 0.233(见图 10-4)，表明居民对当前城市环境状况持较为肯定态度，但城市环境质量提升的空间仍然较大。城市间环境差异较大，各经济区域呈现出西部满意度最高、东北和东部较高、中部略低的特征。

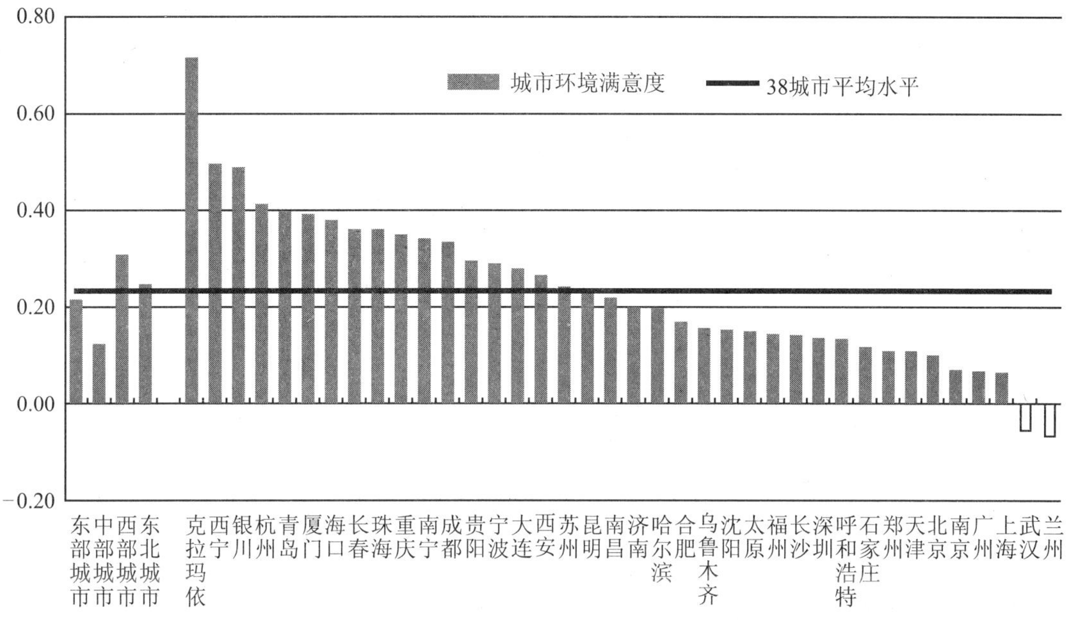

图 10-4 城市环境满意度

分地区看，东部、中部、西部和东北地区的城市环境满意度分别为 0.216、0.121、0.309 和 0.246。西部城市满意度最高，城市间差异最大，得分次高的西宁与最低的兰州相差 0.563；西部 12 个城市中，有 4 个城市排在前十位，5 个排在第 11 位～第 20 位，3 个排在第 21 位～第 38 位。东北城市略高于平均水平，城市间差异最小，得分最高的长春与最低的沈阳相差 0.210；东北 4 个城市中，有 1 个排在前十位，1 个排在第 11 位～第 20 位，2 个排在第 21 位～第 38 位。东部城市略低于平均水平，城市间差异较大，得分最高的杭州与最低的上海相差 0.348；东部 16 个城市中，有 5 个排在前十位，3 个排在第 11 位～第 20 位，8 个排在第 21 位～第 38 位。中部城市满意度相对最低，城市间差异较小，得分最高的南昌与最低的武汉相差 0.272；中部 6 个城市中，有 1 个排在第 11 位～第 20 位，5 个排在第 21 位～第 38 位。

分城市看，有 36 个城市的环境满意度大于零，得到了居民的肯定评价；其中高于各城市平均水平的有 17 个，排在前十位的依次是克拉玛依、西宁、银川、杭州、青岛、厦门、海口、长春、珠海和重庆；低于平均水平的有 21 个，2 个得分为负的城市分别是武汉和兰州。

城市环境的五项构成指标中，居民对近三年城市环境变化最为满意，满意度较高的是城市饮用水、街道卫生和空气质量，不满意的是城市河流、湖泊的受污染程度(见图 10-5)。

居民近三年城市环境变化满意度为 0.578；其中，高达 69.8％的受访居民认为近三年城市环境“变好了”，18.2％认为“没有变化”，12.0％认为“变差了”。分城市看，38 个城市居环境变化

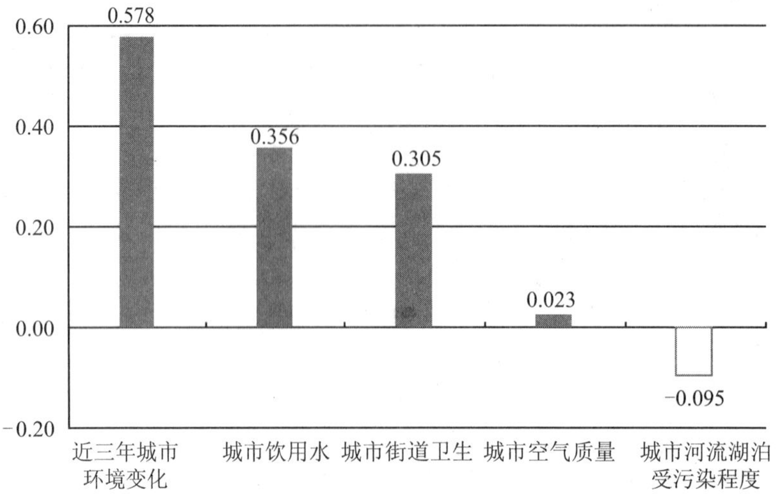

图 10-5　城市环境满意度构成指标得分

满意度均远大于零(见图 10-6)，其中满意度高于各城市平均水平的有 17 个，排在前十位的依次是克拉玛依、西宁、太原、重庆、贵阳、石家庄、银川、长春、天津和成都；低于平均水平的有 21 个，排在后五位的依次是南京、珠海、武汉、上海和大连。

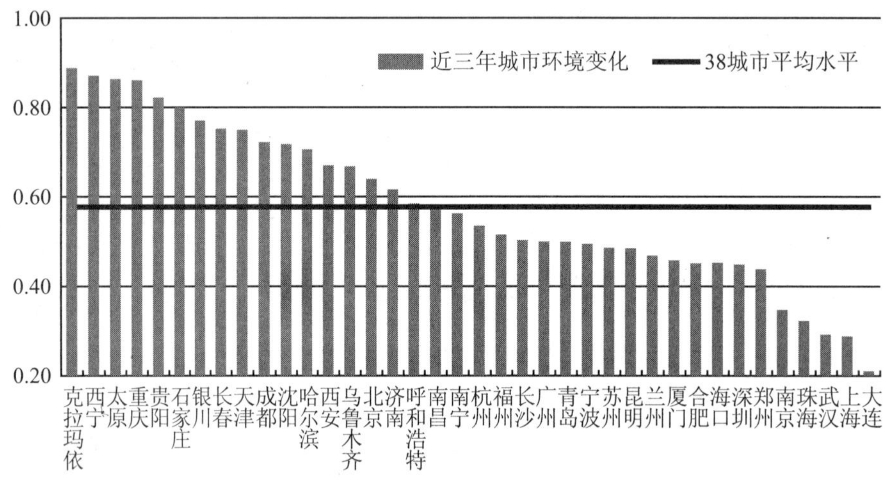

图 10-6　近三年城市环境变化满意度

城市饮用水满意度为 0.356；其中，48.4%的受访居民对所在城市的饮用水表示“满意”，38.7%认为“一般”，另有 12.9%表示“不满意”。分城市看，绝大多数城市(37 个)的居民总体上对所在城市的饮用水表示满意，仅有 1 个城市的居民不满意(见图 10-7)。其中，满意度高于各城市平均水平的有 21 个，排在前十位的依次是克拉玛依、西宁、银川、杭州、昆明、宁波、青岛、南京、合肥和西安；低于平均水平的有 17 个，得分为负的城市是为石家庄。

城市街道卫生满意度为 0.305；其中，40.9%的居民中认为所在城市的街道卫生环境“干净”，48.8%认为“一般”，另有 10.3%认为“不干净”。分城市看，大多数城市(35 个)的居民总体上对街道卫生表示满意，只有 3 个城市的居民表示不满意(见图 10-8)。其中，满意度高于各城市平均水平的有 17 个，排在前十位的依次是克拉玛依、厦门、杭州、西宁、银川、珠海、成都、大连、南宁和青岛；低于平均水平的有 21 个，3 个得分为负的城市分别是呼和浩特、武汉和兰州。

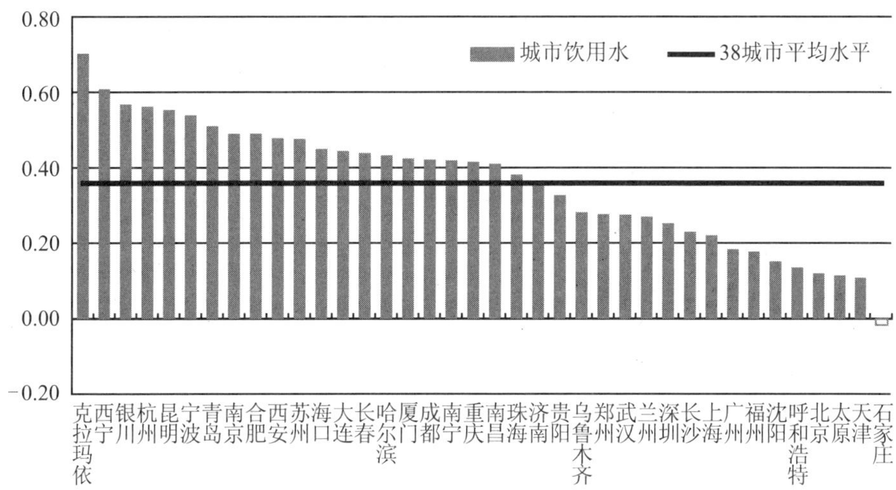

图 10-7　城市饮用水满意度

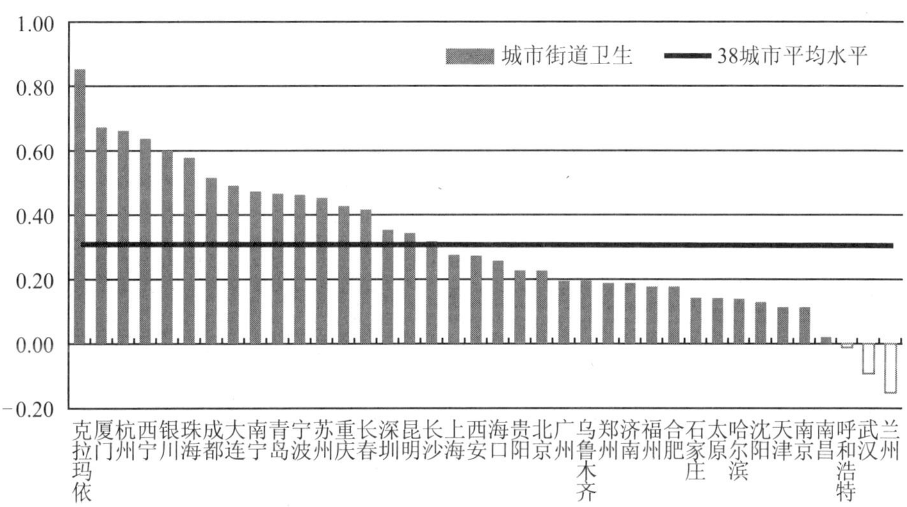

图 10-8　城市街道卫生满意度

城市空气质量满意度较低，仅为 0.023；其中，仅有 25.4%的受访居民认为所在城市的空气质量“好”，51.4%认为“一般”，23.2%认为“不好”。分城市看，有 20 个城市的居民对所在城市的空气质量表示满意，18 个城市的居民表示不满意(见图 10-9)。其中，满意度高于各城市平均水平的有 19 个，排在前十位的依次是海口、珠海、克拉玛依、青岛、厦门、西宁、银川、大连、贵阳和南宁；低于平均水平的有 19 个，排后五位的依次是天津、北京、南京、武汉和兰州。

五项指标中，城市河流湖泊受污染程度满意度最低，为－0.095；其中，仅有 13.5%的受访居民认为所在城市的河流、湖泊“没有污染”，63.5%认为“有点污染”，23.0%认为“严重污染”。分城市看，大多数城市居民表示不满意，多达 27 个城市的满意度小于零；只有 11 个城市的河流湖泊受污染程度满意度大于零(见图 10-10)。其中，满意度高于各城市平均水平的有 18 个，排前十位的依次是克拉玛依、银川、青岛、杭州、海口、西宁、南宁、厦门、长春和南昌；低于平均水平的有 20 个，排后五位的依次是南京、武汉、兰州、广州和昆明。

对于所在城市哪些方面污染最严重，调查结果显示，居民认为机动车尾气污染最严重，选

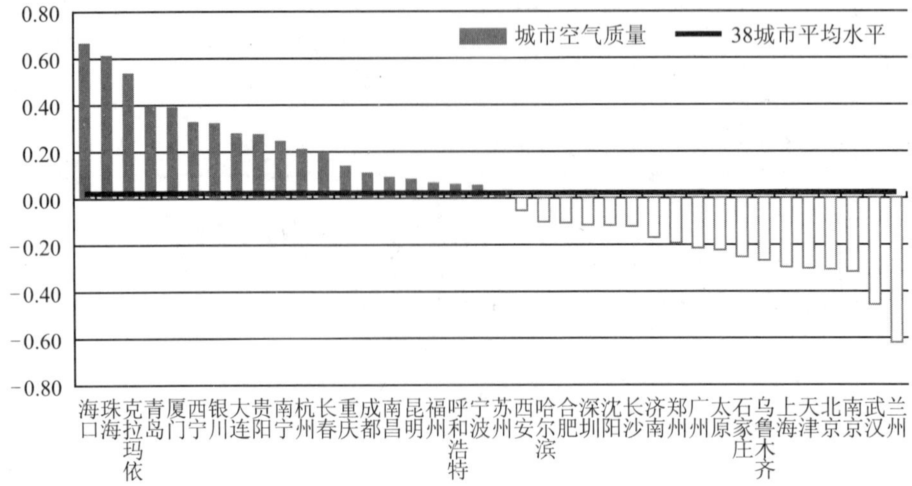

图 10-9　城市空气质量满意度

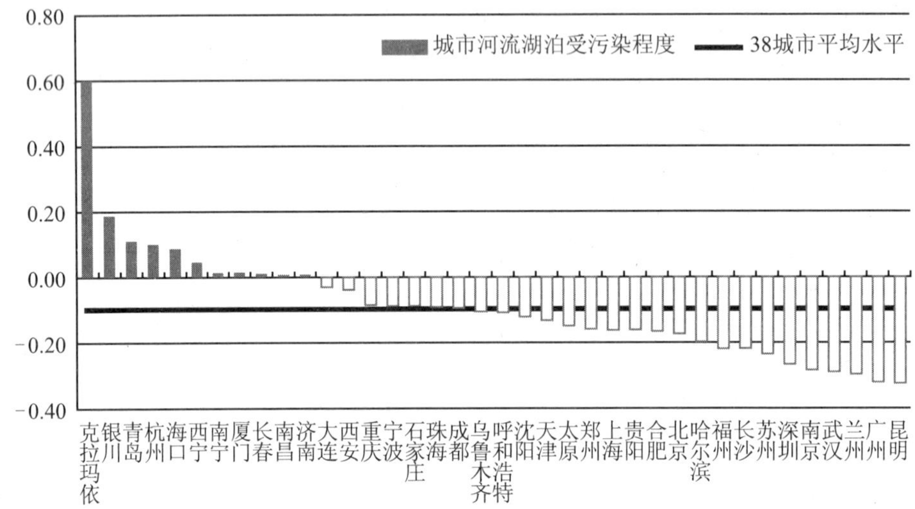

图 10-10　城市河流湖泊受污染程度满意度

择比重达到 67.3%；污染较严重的依次是生活垃圾污染(34.8%)、噪音污染[①](26.9%)、工厂排污(26.8%)和塑料袋或塑料饭盒污染(22.6%)，选择比重较低的是饮食业油烟污染(13.8%)、电磁辐射污染(5.3%)和农业污染(2.3%)(见图 10-11)。分城市看，38 个城市的居民总体上均认为所在城市机动车尾气污染最严重，选择的比重均在 50%以上；尾气污染最严重的城市依次是天津、北京、沈阳、武汉和上海，选择比重超过了 80%。对于排在第 2 位的污染源，多数城市选择的是生活垃圾，生活垃圾污染最严重的城市依次是贵阳、呼和浩特、海口、合肥、南昌、福州、天津、重庆和广州，选择比重均超过 40%；不过，太原、大连、苏州、宁波、昆明、兰州、乌鲁木齐和克拉玛依市第 2 位污染源是工厂排污，工厂排污最严重的城市依次是兰州、苏州、宁波、广州、太原、深圳和乌鲁木齐，选择的比重均超过 35%；南京和长沙市第 2 位污染源是噪音污染，合肥选择噪音污染的比重与生活垃圾相近。另外，绝大多数城市饮食业油烟污染、电磁辐射污染和农业污染选择的比重很低。

① 包括交通噪音、建筑施工、娱乐场所噪音等。

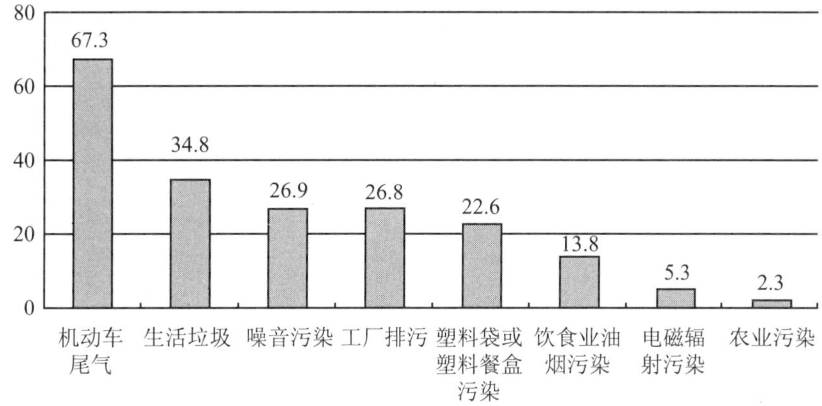

图 10-11　38 个城市污染最严重的领域(%)

>>三、城市基础设施满意度较高，城市间差异较大<<

城市基础设施满意度是指城市居民对所在城市的绿化情况、休闲娱乐场所的数量和分布、生活垃圾处理、公共交通便利程度和交通畅通情况五项指标的综合评价。调查显示，38 个城市的城市基础设施满意度平均水平为 0.227(见图 10-12)，表明居民对当前城市基础设施状况持较为肯定态度，但城市基础设施状况改善的空间仍然较大。城市间差异较大，各经济区域间呈现东部、西部满意度较高、东北次之、中部最低的特征。

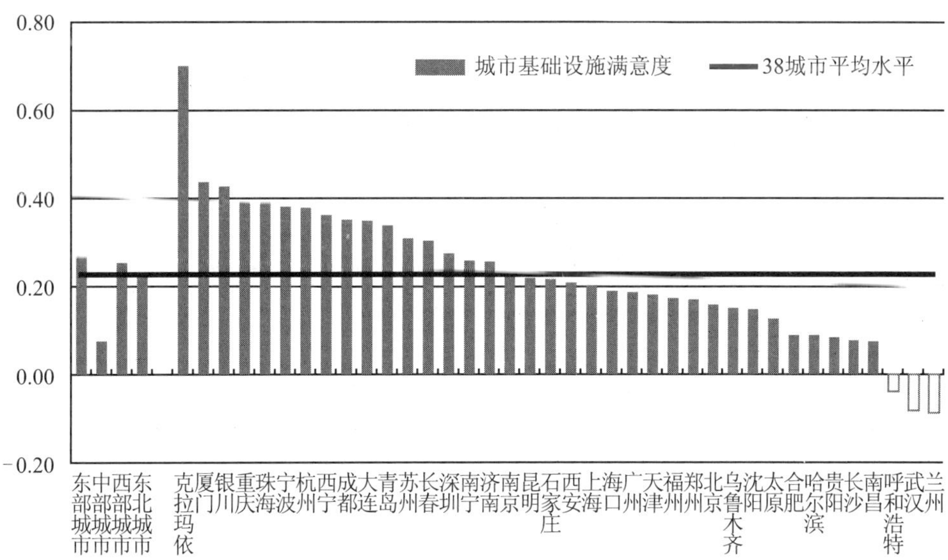

图 10-12　城市基础设施满意度

分地区看，东部、中部、西部和东北城市的城市基础设施满意度分别为 0.268、0.075、0.252 和 0.220。东部城市满意度最高，城市间差异较小，得分最高的厦门与最低的北京相差 0.277；东部 16 个城市中，有 4 个城市排在前十位，6 个排在第 11 位～第 20 位，6 个排在第 21 位～第 38 位。西部城市次之，略高于平均水平，城市间差异最大，得分次高的银川与最低的兰州相差 0.510，西部 12 个城市中，有 5 个排在前十位，3 个排在第 11 位～第 20 位，4 个排在第 21 位～第 38 位。东北城市略低于平均水平，城市间差异较小，得分最高的大连与最低的哈尔滨相差 0.260；东北 4 个城市中，有 1 个排在前十位，1 个排在第 11 位～第 20 位，2 个排在第 21 位～第 38 位。中部城市满意度最低，城市间差异最小，得分最高的郑州与最低的武汉相差 0.249，表明中部城市基础设施水平总体较低；中部 6 个城市均排在第 21 位～第 38 位。

分城市看，35 个城市居民对基础设施表示满意度，只有 3 个城市满意度小于零。其中，高于各城市平均水平的有 16 个，排前十位的依次是克拉玛依、厦门、银川、重庆、珠海、宁波、杭州、西宁、成都和大连；低于平均水平的有 22 个，3 个得分为负的城市分别是呼和浩特、武汉和兰州。

城市基础设施的五项指标中，居民对城市绿化情况最为满意，满意度较高的是城市公共交通便利程度、休闲娱乐场所的数量和分布、生活垃圾处理情况，不满意的是城市的交通畅通情况(见图 10-13)。

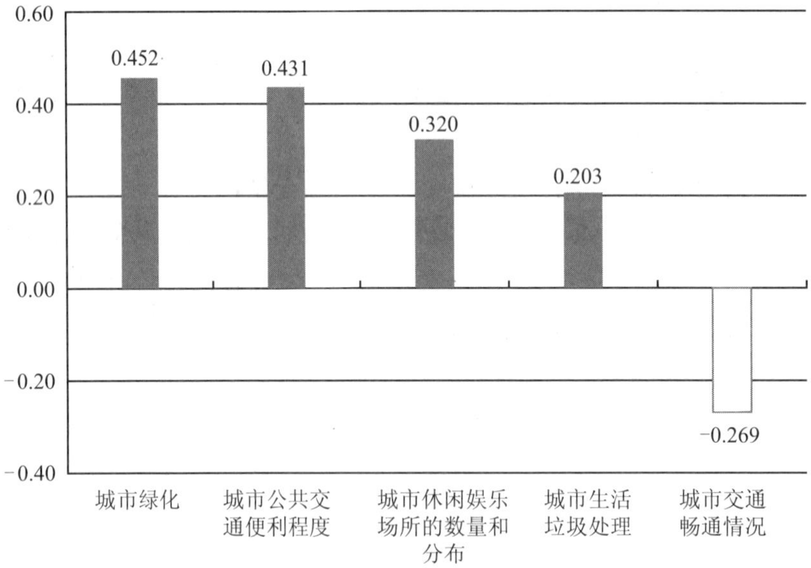

图 10-13　城市基础设施满意度构成指标得分

城市绿化满意度为 0.452；其中，51.1%的受访居民认为所在城市的绿化情况“好”，42.9%认为“一般”，6.0%认为“不好”。分城市看，38 个城市的绿化满意度均大于零(见图 10-14)，其

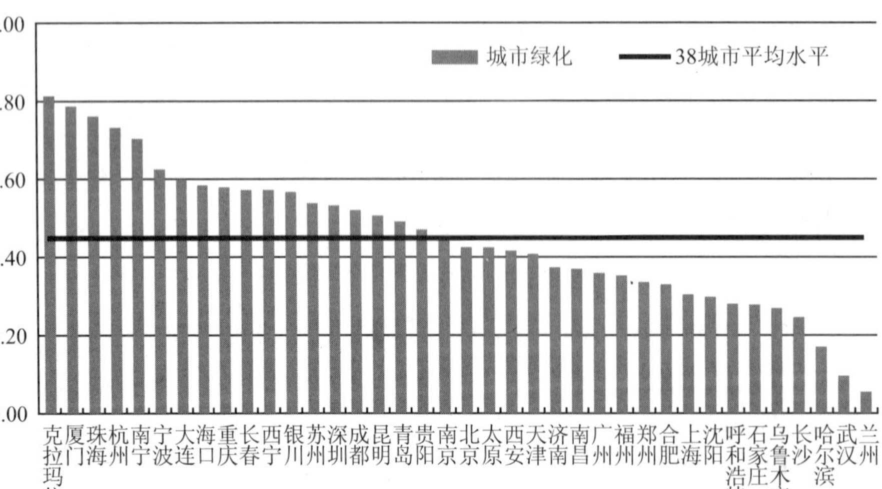

图 10-14　城市绿化满意度

中满意度高于各城市平均水平的有18个，排在前十位的依次是克拉玛依、厦门、珠海、杭州、南宁、宁波、大连、海口、重庆和长春；低于平均水平的有20个，排在后五位的分别是乌鲁木齐、长沙、哈尔滨、武汉和兰州。

城市公共交通便利程度满意度为0.431；其中，58.2%的受访居民认为所在城市的公共交通"方便"，26.7%认为"一般"，15.1%认为"不方便"。分城市看，38个城市的居民总体上对所在城市的公共交通便利程度均表示满意(见图10-15)，其中满意度高于各城市平均水平的有22个，排在前十位的依次是克拉玛依、厦门、上海、青岛、重庆、西宁、深圳、大连、北京和南京；低于平均水平的有16个，排在后五位的分别是贵阳、兰州、合肥、武汉和呼和浩特。

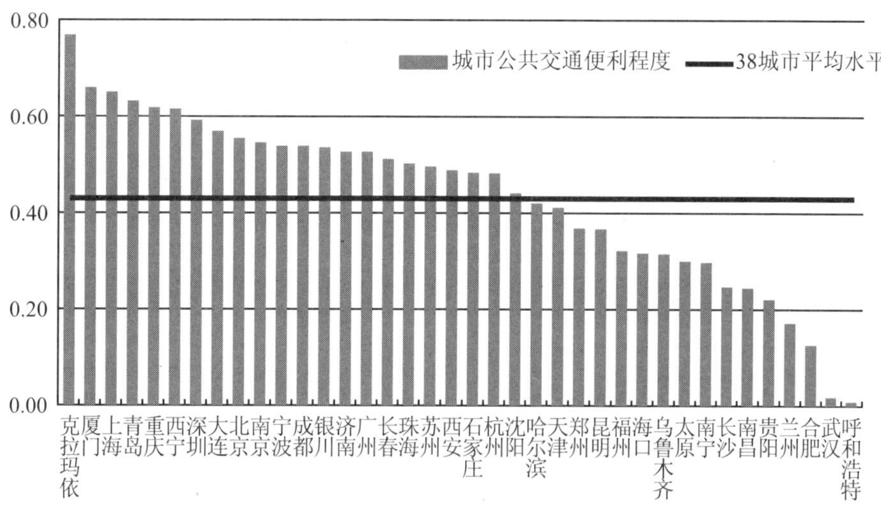

图10-15 城市公共交通便利程度满意度

城市休闲娱乐场所满意度为0.320；其中，45.9%的受访居民对所在城市的公园、广场等公共休闲娱乐场所的数量和分布表示"满意"，40.2%认为"一般"，13.9%表示"不满意"。在少数表示不满意的居民中，65.2%认为休闲娱乐场所"数量太少"，22.1%认为"分布不合理"，12.7%认为"数量少且分布不合理"、"面积太小"、"设施不齐全"或"管理不好"等。

分城市看，38个城市的休闲娱乐场所满意度均大于零(见图10-16)，其中满意度高于各城市平均水平的有19个，排在前十位的依次是克拉玛依、厦门、杭州、银川、大连、石家庄、南宁、长春、西宁和宁波；低于平均水平的有19个，排在后五位的分别是长沙、武汉、哈尔滨、合肥和兰州。

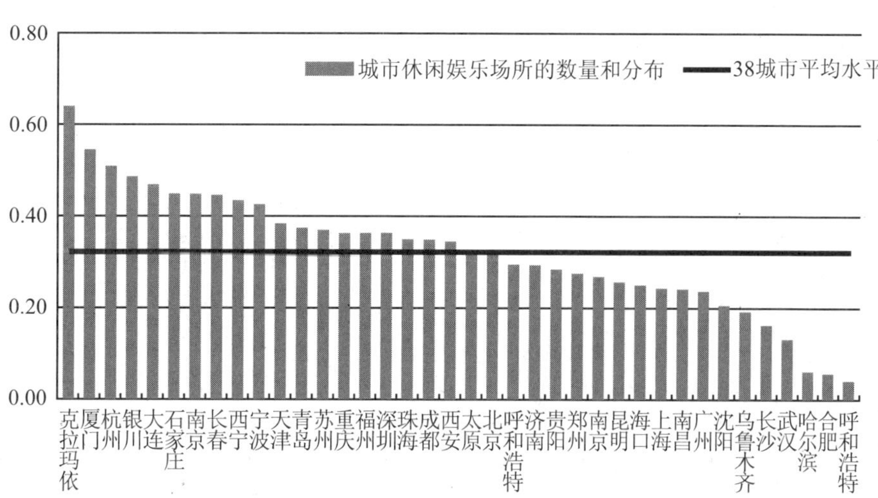

图10-16 城市休闲娱乐场所满意度

城市生活垃圾处理满意度为0.203；其中，40.5%的受访居民对所在城市的生活垃圾处理情况表示“满意”，39.4%认为“一般”，20.1%表示“不满意”。分城市看，多数城市(34个)的生活垃圾处理满意度大于零，仅有4个城市小于零(见图10-17)；其中，满意度高于各城市平均水平的有21个，排在前十位的依次是克拉玛依、杭州、成都、济南、青岛、厦门、宁波、西宁、大连和苏州；低于平均水平的有17个，得分为负的4个城市分别是武汉、贵阳、兰州和呼和浩特。

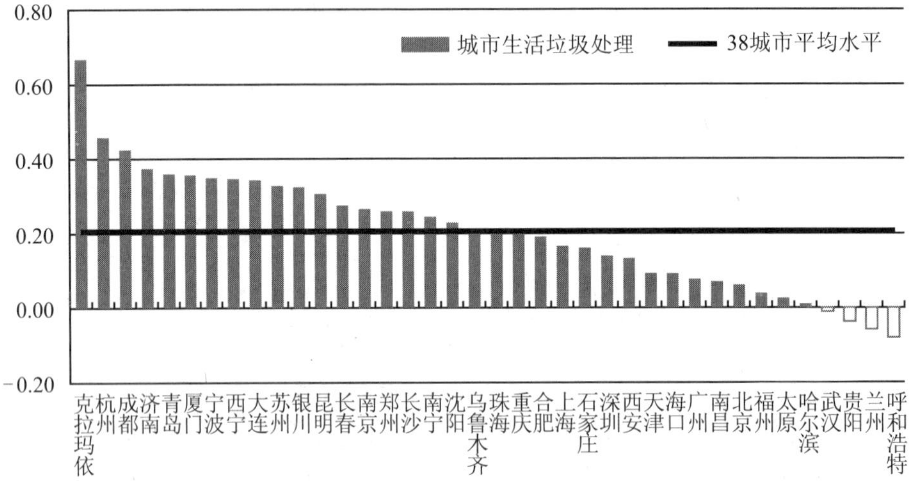

图10-17 城市生活垃圾处理满意度

五项指标中，城市交通畅通满意度最低，为-0.269，其中，仅有18.5%的受访居民表示所在城市的交通“畅通”，36.2%认为“一般”，高达45.3%的居民认为交通“拥堵”。分城市看，绝大多数城市(34个)的居民对所在城市的交通畅通情况表示不满意，仅有4个城市居民表示满意(见图10-18)。其中，满意度为正的4个城市分别是克拉玛依、银川、重庆和珠海；满意度低于平均水平的21个城市中，排在后十位的依次是南京、沈阳、太原、贵阳、长沙、南昌、北京、兰州、武汉和呼和浩特。

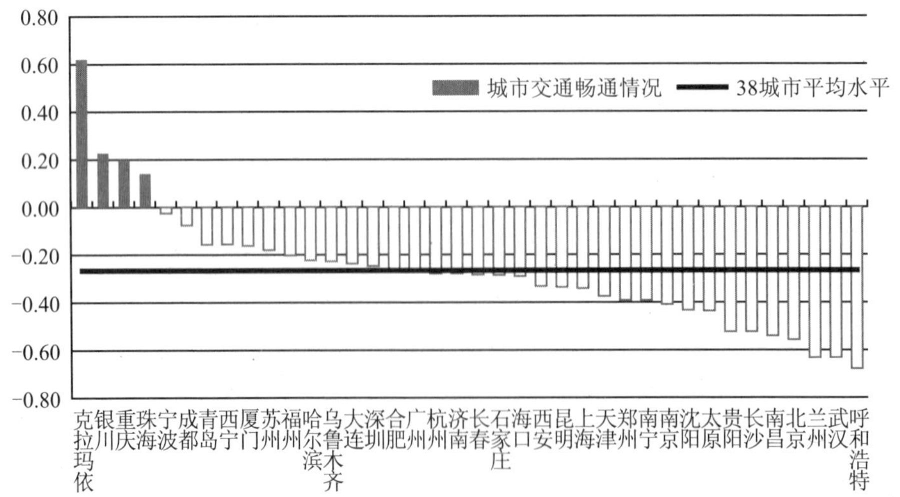

图10-18 城市交通畅通满意度

对于日常出行主要采用的交通方式，调查显示，近一半(48.6%)居民选择公共交通(公交或地铁)，其次是自驾(汽车或摩托车，25.1%)和自行车、电动车或步行(21.2%)，选择比重较低的是出租车(4.6%)和其他(0.5%)。分城市看，多数城市的受访居民选择比重最高的是公共交通，选择比重最高的城市依次是西宁、重庆、深圳、广州、厦门、武汉、珠海和乌鲁木齐，选择的比重均在60%以上。不过，杭州、苏州、成都和郑州的受访居民选择最多的是自行车、电动车或步行，选择的比重均在35%以上。呼和浩特、太原和石家庄的受访居民选择最多的是自驾；此外，沈阳、北京、哈尔滨、长沙、大连和长春选择自驾的比例也较高，选择比重都接近或超过了35%。

>>四、城市居民对政府绿色行动满意度普遍较低<<

政府绿色行动满意度是指居民对所在城市的垃圾分类设施配置情况、日常食品放心程度、环境投诉方式知晓程度、企业排污治理成效和政府环保重视程度五项指标的综合评价。调查显示，38个城市的政府绿色行动满意度平均水平为－0.098(见图10-19)，表明受访居民总体上对政府所采取的相关政策措施不满意，政府推动城市绿色发展仍然任重道远。

分地区看，东部、中部、西部和东北城市的政府绿色行动满意度分别为－0.104、－0.161、－0.049和－0.130，区域差异不大。中部城市满意度最低；中部6个城市中，有1个城市排在第11位～第20位，5个排在第21位～第38位。东北城市次之；东北4个城市中，有1个排在前十位，1个排在第11位～第20位，2个排在第21位～第38位。东部城市略低于平均水平；东部16个城市中，有3个排在前十位，4个排在第11位～第20位，9个排在第21位～第38位。西部城市略高于平均水平；西部12个城市中，有6个排在前十位，4个排在第11位～第20位，2个排在第21位～第38位。

分城市看，政府绿色行动满意度低于各城市平均水平的有21个，排在后十位的依次是北京、福州、天津、南京、哈尔滨、沈阳、长沙、呼和浩特、武汉和兰州；高于平均水平的有17个，4个得分为正的城市分别是克拉玛依、重庆、银川和杭州。

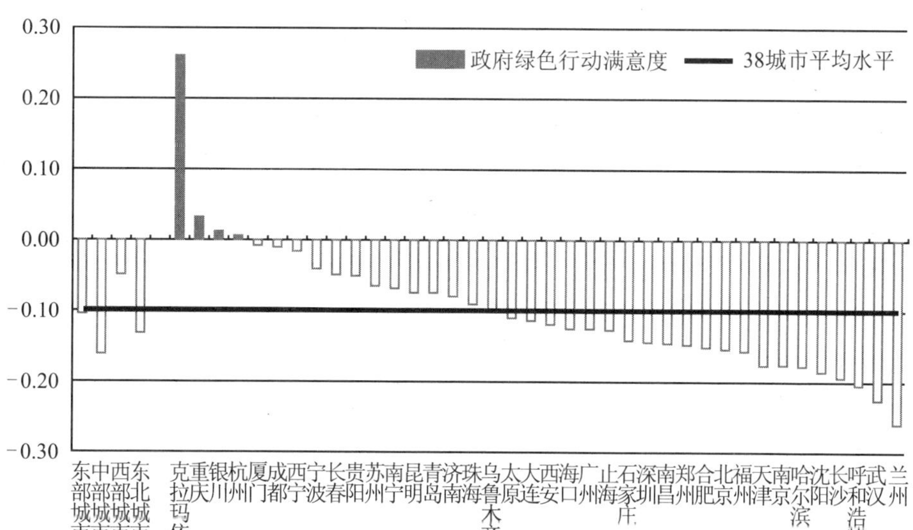

图10-19　政府绿色行动满意度

政府绿色行动的五项指标中，居民对政府环保工作重视程度最为满意，满意度较低的是垃圾分类设施的配置情况，不满意的依次是企业排污治理成效、日常食品放心程度、环境投诉方式知晓程度(见图10-20)。

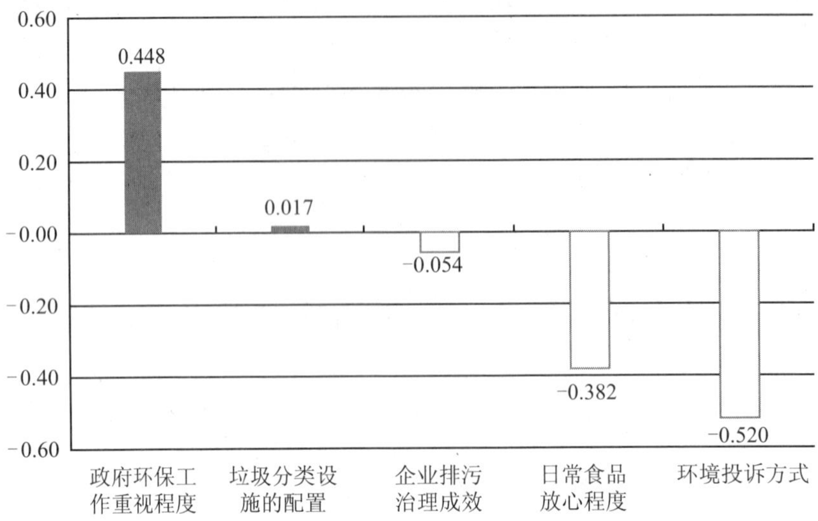

图 10-20　政府绿色行动构成指标得分

政府环保工作重视程度满意度为 0.448；其中，55.3%的受访居民认为政府"重视"城市环保工作，34.2%认为"一般"，10.5%认为"不重视"。分城市看，38 个城市的居民对政府环保工作重视程度均表示满意(见图 10-21)，其中满意度高于各城市平均水平的有 21 个，排在前十位的依次是克拉玛依、西宁、厦门、成都、杭州、贵阳、太原、银川、重庆和昆明；低于平均水平的有 17 个，排在后五位的依次是福州、呼和浩特、南京、武汉和兰州。

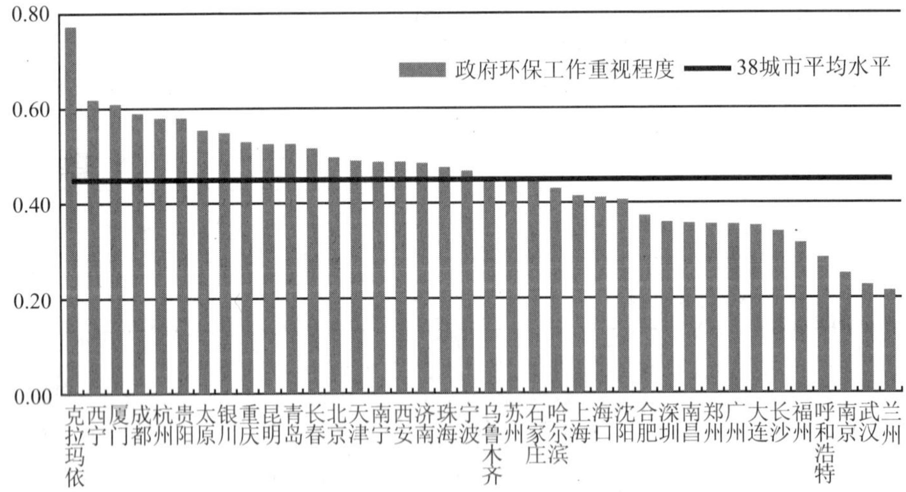

图 10-21　政府环保工作重视程度满意度

垃圾分类设施配置满意度为 0.017；其中，28.3%的受访居民对城市垃圾分类实施的配置情况表示"满意"，45.0%认为"一般"，26.7%表示"不满意"。分城市看，只有不到一半的城市居民表示满意，即 18 个城市的垃圾分类设施配置满意度大于零；有 20 个满意度小于零(见图 10-22)。其中，满意度高于各城市平均水平的也是 18 个，排在前十位的依次是克拉玛依、杭州、宁波、重庆、银川、西宁、成都、大连、厦门和济南；低于平均水平的是 20 个，排在后五位的依次是沈阳、哈尔滨、天津、武汉和兰州。

企业排污治理成效满意度为－0.054；其中，仅有 12.6%的受访居民认为企业排污治理"成效很大"，69.3%认为"成效一般"，18.1%认为"成效很小"。分城市看，仅有 8 个城市的居民总

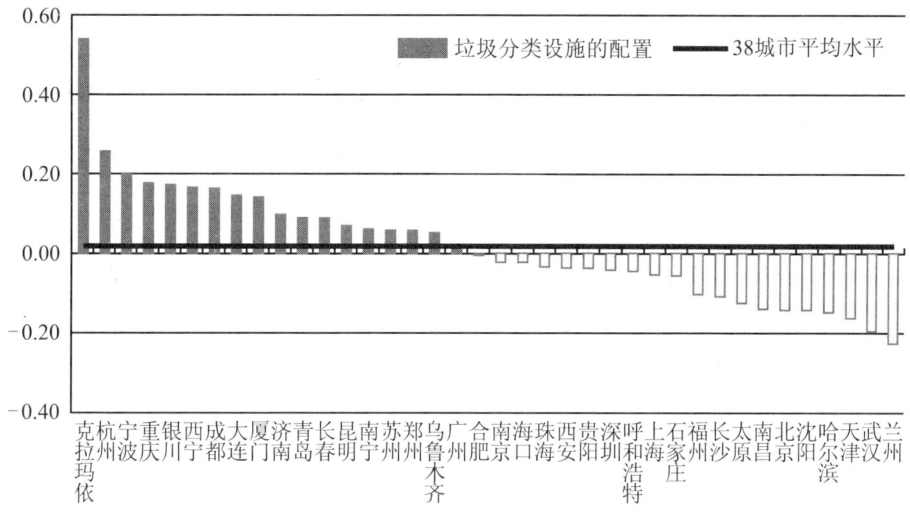

图 10-22　垃圾分类设施配置满意度

体上对企业排污治理成效表示满意，多达 30 个城市的居民不满意(见图 10-23)。其中，满意度高于各城市平均水平的有 18 个，8 个表示满意的城市依次是克拉玛依、太原、重庆、沈阳、长春、杭州、北京和成都；低于平均水平的有 20 个，排在后五位的依次是南京、兰州、福州、合肥和武汉。

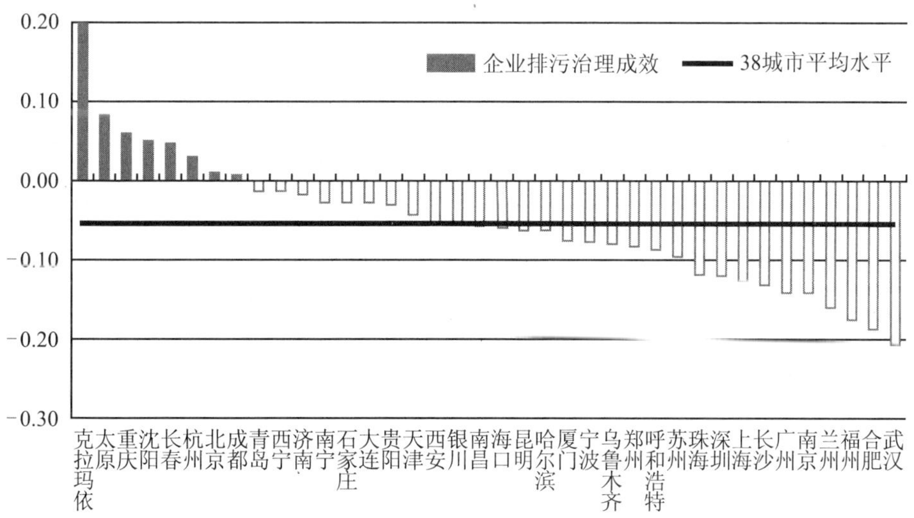

图 10-23　企业排污治理成效满意度

日常食品放心程度满意度为－0.382；其中，仅有 15.6％的受访居民对日常所食用的食品“放心”，30.5％认为“一般”，高达 53.9％的居民表示“不放心”。分城市看，绝大多数(37 个)城市对日常食品的安全程度表示不满意，只有克拉玛依的满意度大于零(见图 10-24)。其中，满意度低于各城市平均水平的有 20 个，排在后十位的依次是大连、太原、北京、兰州、石家庄、长沙、呼和浩特、哈尔滨、天津和沈阳；高于平均水平的有 18 个。

环境投诉方式满意度为－0.520，表明政府机构与居民的沟通渠道并不畅通。调查显示，仅有 8.5％的受访居民表示“完全了解”环境投诉方式(网站或电话等)，31.0％的居民表示“听过，但不记得了”，高达 60.5％的居民表示“完全不知道”。分城市看，38 个城市的居民总体上对环

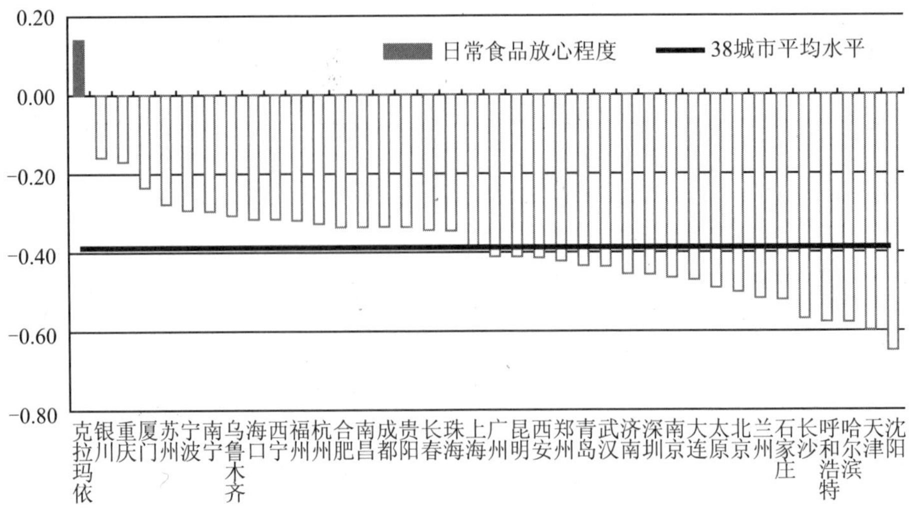

图 10-24 日常食品放心程度满意度

境投诉方式知晓度都很低，满意度都小于零(见图 10-25)。其中，满意度高于各城市平均水平的有 19 个，排在前十位的依次是克拉玛依、珠海、贵阳、重庆、银川、广州、深圳、苏州、成都和厦门；低于平均水平的有 19 个，排在后五位的分别是合肥、乌鲁木齐、北京、海口和郑州。

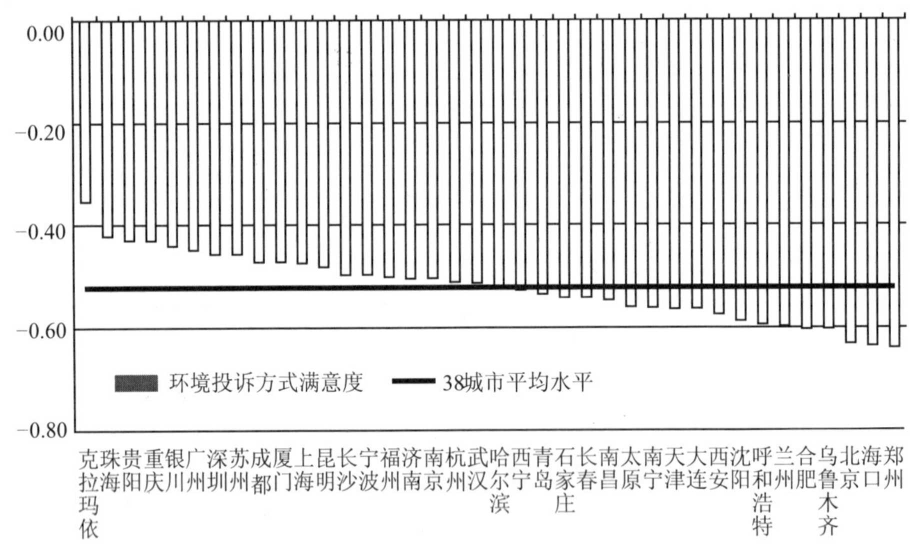

图 10-25 环境投诉方式满意度

进一步调查显示，38 个城市受访居民的平均环境投诉率仅为 6.0%(见图 10-26)，这在一定程度上源于较低的投诉方式知晓度；其中，高于平均水平的城市有 18 个，排前四位的深圳、南昌、厦门和长沙的投诉率在 8%～9%之间；低于平均水平的有 20 个，排后三位的呼和浩特、宁波和福州的投诉率不超过 4.0%。

38 个城市居民环境投诉率较低，但投诉居民对投诉处理结果的不满意率却较高，平均为 53.8%(见图 10-27)；其中，高于各城市平均水平的有 22 个，排前三位的呼和浩特、贵阳和南京不满意率超过七成；低于平均水平的有 16 个，排后两位的济南和克拉玛依不满意率未超三成。

总体上看，城市政府回应居民投诉，积极改善城市环境仍有大量工作要做。

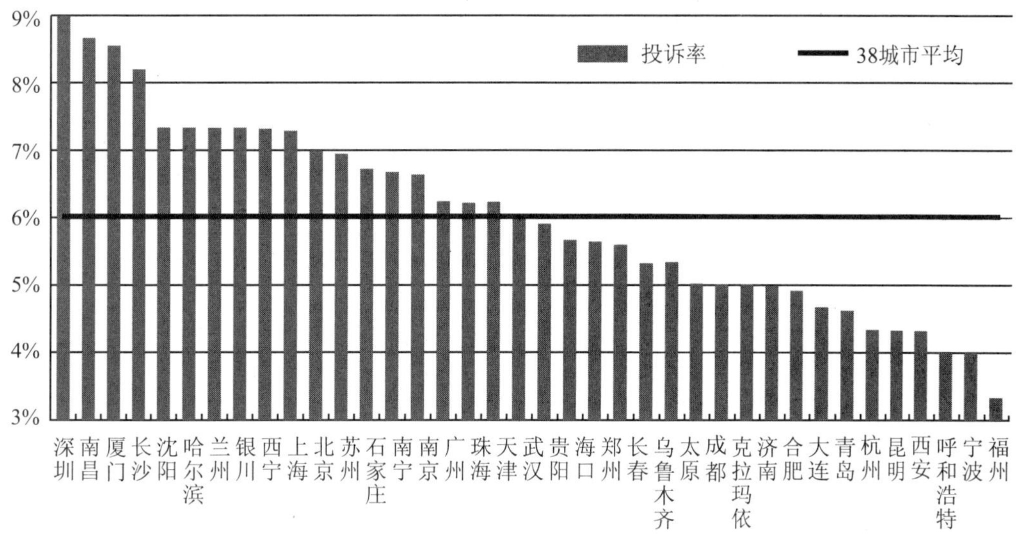

图 10-26　城市居民环境投诉率

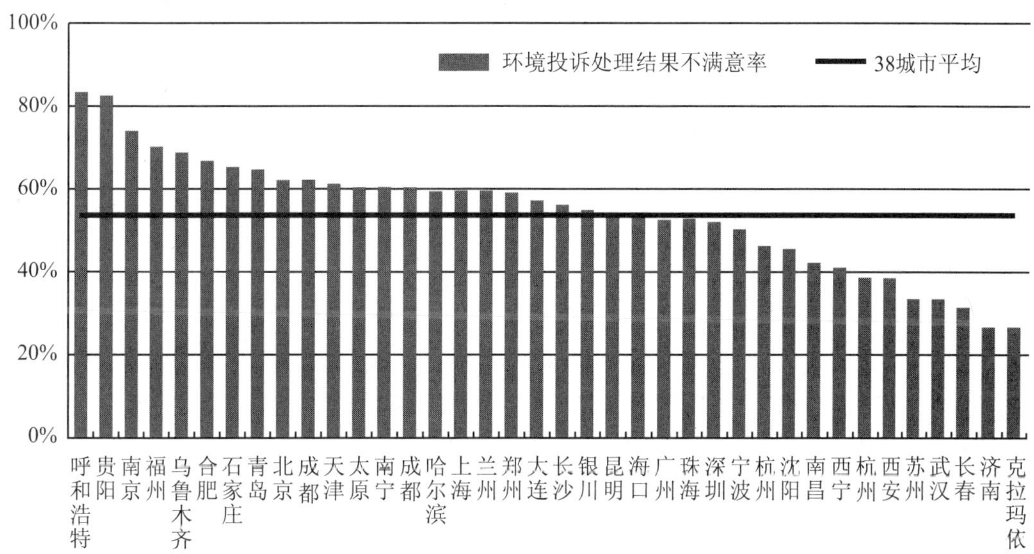

图 10-27　城市环境投诉处理结果不满意率

>>五、从城市绿色发展公众满意度问卷调查中得到的启示<<

1. 公众满意度是城市绿色发展指数的重要补充

公众满意度是城市居民主观判断的综合反映，是对以统计数据为基础的“城市绿色发展指数”测评结果的有益补充。具体体现在：其　，城市居民既是城市绿色发展的推动者，也直接承担着发展的后果。城市绿色发展状况与居民生产生活息息相关，因此，居民的感受和判断对于客观评价城市绿色发展水平具有重要参考价值。其二，公众满意度调查内容弥补了城市绿色发展指数测评指标体系的不足。由于统计制度不完善、统计数据可获得性差等原因，绿色发展指数测评指标中缺乏反映城市绿色治理问题的指标，如生态建设、空气质量、城市污染、交通拥堵和食品安全等；也缺乏反映经济发展质量、政府政策实施效果的相关指标。公众满意度调查中则补充了相关的内容，两者结合能更加全面地体现绿色发展的内涵。

2. 辩证看待公众满意度调查结果与绿色发展指数测评结果的差异

城市绿色发展指数测算结果显示，城市绿色发展呈现出东部最高、东北和西部较高，中部较低的特征。排在前十位的城市，东部城市占 7 个。东部城市经济发达，政府绿色投入大，因此排名靠前。而城市公众满意调查结果显示，绿色发展综合满意度指数呈现出西部最高、东部和东北较高、中部较低的特征。排在前十位的城市中，东部和西部城市各有 5 个，东部入选的城市主要是空气质量好、污染少、城市绿化好、交通便利而不是经济最发达。

之所以出现这种情况有多种原因，一是绿色发展指数测评指标体系与公众满意度调查的指标不同，前者重在公开发表的统计数据，后者重在公众的主观感受；二是信息不对称，比如有些城市在公共设施和绿色投资方面做了巨大的努力，但是由于巨型城市的特殊压力和其成果可能具有长期性、非显著性和滞后性等，因此与直观感受有差距；三是发达地区和经济相对落后地区的发展阶段有差别，公众对城市的心理预期也有较大差别，因此东部地区的公众满意度低于西部地区的公众满意度；四是问卷调查的样本数很少，在城市尤其是巨型城市居民数中所占比例非常小，因此其结论也有一定的局限性。

3. 要高度重视从城市绿色发展公众满意度调查中反映的民生民意问题

在调查问卷的设计、组织以及获得调查结果的整个过程中，我们深深地感到绿色发展问题与民生问题是密不可分的，政府绿色行动的效果一直受到公众高度关注。此次城市绿色发展满意度调查的结果告诉我们，公众最关心的问题是：改善城市空气质量，保证清洁的城市用水，要大力发展城市公共交通系统，要加快普及城市垃圾分类处理，要确保食品安全。这些问题如果能得到很好的解决，城市绿色发展的水平将会得到大的提升，将会得到公众的认可与支持。

4. 各城市应根据自然禀赋条件、经济发展阶段，选择适宜的绿色发展路径

分区域看，东部人口密集的城市应注重平衡区域发展，利用产业结构调整控制人口增加，避免人口过度集中于大城市；通过产业空间布局、住区规划合理调控人口的空间分布，减少人口通勤数量，改善城市交通状况。中部城市在承接东部产业转移时，避免走“先污染、后治理”的老路，适度承接产业转移，同时加快完善城市基础设施、改善城市环境。西部绿色发展水平较高的城市，选择与绿色发展相适应的产业，保持合理城市规模，保持甚至增加环境承载力；西部绿色发展水平较低的城市，应避免资源过度开发，约束工业产业扩张，以优质高价的产品占领市场，并因而增强政府绿色行动的能力。

综上，政府工作应更加公开透明，公布环境投诉电话或网站，主动加强与城市居民的沟通交流，以更加及时、有效地解决城市居民反映强烈的环境问题。

第四篇

教授论坛

——为绿色发展建言献策

绿色发展，是一个多领域合作、多维度推动、多层次结合的课题，是一个涉及经济社会方方面面的课题，是一个需要由人类社会共同完成的课题。为了更好地、持续地做好绿色发展的研究工作，我们特别邀请了参与课题各章及专题写作的多位理工科和文科教授学者，为中国的绿色发展建言献策。专家们的观点从自己的研究领域出发，聚焦热点，条分缕析，真知灼见，精彩纷呈。①

>>治理北京“大城市病” 实现首都绿色发展<<

《2012 中国绿色发展指数报告——区域比较》绿色发展测度和比较及其问卷调查中的公众评价引发了我对首都“大城市病”的思考。“大城市病”是由于城市人口、工业、交通运输过度集中而造成的环境污染、交通拥挤、资源紧张等种种弊病。它给生活在城市的人们带来了烦恼和不便，也对城市的运行产生了一些影响。造成大城市空气污染的原因是多方面的。北京 PM2.5 来源有：机动车直接和间接的排放占 22.2%；煤炭污染占 16.7%；工业喷涂挥发如汽车喷漆、家具喷漆占 16.3%；城市扬尘污染占 15.8%；农村秸秆焚烧等占 4.5%；还有 24.5%来自北京周边的区域性影响。空气污染的复杂成因决定了污染的治理是一项系统工程。治理空气污染造成的“大城市病”，实现首都绿色发展的关键在于政府引导，明确各方职责，协力推进，建议采取以下八条措施。

一要明确城市定位，科学制定城市规划，实现城市人口合理布局，优化城市区域功能和产业结构，促进城市结构由重变轻，切实为特大城市减负。需改善人口、产业过度集中城市，尤其大城市形成的交通拥挤、环境污染而不堪重负的“大城市病”。应科学制定城市规划，严格控制城市人口规模，引导城镇人口合理分布，改善发展环境。妥善推进区域协调发展，分散中心城区部分职能，优化产业体系和空间布局，由生产型城市向服务型城市转型。首都要成为城市治理空气污染的表率，北京治理空气污染关键要重新定位城市功能，改变“政治中心、经济中心、文化中心、教育中心”这种“大而全”的定位，调整城市布局。应改变功能过于集中在中心的状况，在总结首钢外迁、原工业基地改造经验的基础上，进一步把一些功能从市中心转移出来，让新的成长点在外围培育，对核心过度集中进行“有机疏散”，缓解空间压力，由单中心向多中心形态转变，从一个中心城市向四周放射，疏解大城市功能，构建大北京地区组合城市。

二要加快发展方式转型和经济结构调整，严格限制高排放产业，推进城市绿化，从源头上减少大气污染物排放。应积极控制增量，优化存量，增量方面要进一步提高高耗能、高排放和产能过剩行业的环境准入门槛，进一步严格清洁生产的审核环节，对重点耗能、污染企业加大检查惩罚力度，利用“高标准、严管控”的环保管理机制，倒逼企业加快技术创新和产业升级。积极开展城市绿化建设，控制污染物排放总量，有效防治大气污染。规划建设高效便捷、节能

---

① 教授学者的发言均为个人观点，在此全文照登。

环保的交通体系，缓解交通拥堵现象，减少尾气排放。发展智慧交通，提高城市交通的畅达程度，以治堵促进城市空气质量的提升。

三要建立更加严格的环境保护制度，完善空气污染监测、预警和风险评估机制，加强环境监督体系建设，健全空气污染的应对机制。要建立推广大气污染治理的区域联防联控机制，加强区域间组织协调合作，建立、健全联合监测和联合预报机制，减少外来大气污染影响。要推进空气污染风险调查与评估，完善以预防为主的管理制度。要做好空气污染的应急管理，不断完善重污染天气的应急预案。

四要实施空气污染治理重点工程，加强交通、能源、建筑施工、市政保洁等重点领域的整治工作，从源头控制PM2.5。在交通领域应全面整合现有的交通设施，提高既有道路的通行能力，完善路网微循环系统，减少道路拥堵，缓解空气污染。

五要完善空气污染治理相关法规体系，提高违法成本，用重典治理空气污染违法行为。要广泛借鉴、吸纳发达国家通过立法手段治理空气污染的成功经验，结合当前国情、民情，加快推进环境保护法、大气污染防治法、清洁生产促进法、环境影响评价法等法律的修订工作，不断完善空气污染防治的相关法规体系，切实为严控污染排放、惩罚违法行为提供法律依据。要加大对违规排放大气污染物的惩治力度，提高违法成本。

六要推进环保管理体制改革，将环境质量指标纳入各级政府领导的考核指标，建立、健全环保问责制度，通过制度化设计确保节能减排等环保政策落实到位。进一步规定政府对环境保护的责任，明确强化各级政府主要领导对本地区环境质量维护中的权责。要改革地方政府的政绩考核机制，加大投入力度，增强地方环境监测的能力建设，优化布局监测网络，促进地方经济绿色发展。

七要探索运用经济手段，激励市场主体治理空气污染，对积极从事空气污染治理的企业，提供财税和金融政策扶持。

八要增强对绿色生活和消费模式的舆论宣传，引导社会公众共同参与空气污染的预防和治理行动。要加强舆论引导，全面提升社会公众的环境意识，不断增强公众参与环境保护、预防空气污染的能力，为改善大气环境质量营造良好氛围。

北京师范大学经济与资源管理研究院博士生导师　辜胜阻教授

>>为北京的城市病开几味药方<<

北京遭遇了一系列的“城市病”：交通拥堵、空气污染、房价高启……“病灶”是出现在交通、环境(空气、水)、住房等系统和器官，但病根似乎还是“人口”；而病根的后面，隐藏的是经济结构、经济布局、交通规划、城市规划惹的“祸”。

北京市目前的人口控制，主要依靠以户籍制度、购房门槛为依托，层层“设防”。出此下策，实为无奈。实际上，如果只依靠“命令—控制”型手段，违背经济规律，只堵不疏，必然失败。

我想为北京以及其他一线超大城市人口问题及其导致的“城市病”开几味药方：

1. 平衡区域发展，降低北京对人口的相对吸引力

北京的外来人口(包括外地来京的户籍人口)，我敢说，绝大部分来自欠发达地区，包括东北、华北、华中、西北、西南地区，而长三角、珠三角地区来的人很少。北京的吸引力相对于周边地区，过于强大。而这种过于强大，背景是行政资源、经济资源、教育资源、卫生资源的高度集中。如果要削弱这些绝对资源优势不太现实，那就要尽快推进区域平衡发展：

其一，平衡公共服务。北京高校云集，高中毕业生高考录取率全国领先；北京名医云集，著名医学院、超三甲医院云集。再看数十公里外的河北省，名为京畿之地，实则落差巨大，无怪乎大家都要往京城跑。

其二，适当放权，分散权力，下放财权。部委权力过于集中，中央财政的分配过于依赖“项目”，“跑部钱进”成为常态；虽然名义上割除了部分“驻京办”，但治标不治本。“跑部钱进”所致的流动人口、“车口”照样地常备不懈。试想，如果地方财政能够充裕一些，进京“跑部”的价值就会小许多，中秋、国庆时也可适当少些道路拥堵，同时也能少些腐败的机会。

其三，也是最重要的，平衡经济发展。应多建设几个像长三角、珠三角、京津地区这样的“国家级”的增长极，多搞出几个各方面优越性可以同北上广匹敌的大区域中心，那么北上广的人口压力自然就能减轻许多。

当然，发展趋于平衡并非一朝一夕。平衡发展也处于渐变之中。我们已经看到了东部地区出现用工荒，而中西部地区由于承接产业转移，吸引了越来越多的农民工在家乡的大、中、小城市和乡镇就业，这就意味着越来越多的农民工将不再需要漂移到东部地区，漂移到大城市里。

2. 利用产业结构调整控制人口

首钢搬迁后，将数万人口带出了北京。虽然短期内 GDP 受点损失，但是从人口疏解、环境改善、(周边)地价提升、替代产业发展等几方面完全可能“失之东隅，收之桑榆”，必将获得长远之利。何况现在大家都在呼吁不要再“唯 GDP 论英雄”，改善民生，建设宜居城市才是根本。

3. 通过产业布局、住区规划合理调控人口空间分布，减少跨组团通勤

现在住房条件改善了，但拥堵在路上的时间增加了。典型的例子是回龙观和天通苑这样进出两难的“睡城”，许多人在居住地和就职地之间“钟摆式”奔波，既不方便也不环保。组团的企业和住区不能离太远，特别是不要跨区、跨组团布局，这样才能减少组团间的通勤量，避免无端制造大量的通勤需求。

其实，中心城区的住户、人口在趋于老龄化，退休人口增加，如果能够想些办法，“腾笼换鸟”，将老年人迁出城区，让住在远郊的年轻人迁入城区，则能够大大减少通勤量，减少交通流。当然，这里的下一个问题是，为什么人家老同志要迁出去？这需要从生活设施、医疗保障、居住条件等方面去想办法，还需要些智慧。估计这是政府部门想都懒得想的“下策”。

4. 改善通勤方式，降低人口通勤数量

这一条倒更像是针对“治堵”的措施。北京许多大单位职工通勤量极大。如北京师范大学这样的，学校在三环内，多数年轻教工住在五环边的京师园。为了自己上班、子女就学、入托，几乎都买了私车，有的家庭为了应付限号，还买了两辆。试想，如果大学能为自己的职工小区开通通勤班车，那么将能为北京减少多少“堵”？可惜，校方不会做赔本买卖，干嘛要用公款补贴私用呢？所以板子不能打到北京师范大学领导，而是市政府应该拿出政策来：强令这些单位开班车，并且给予财政补助。这不一定不可行——须知北京市每年给予公交车的补贴也是大数，许多公交车高峰时间挤死人，非高峰时空荡荡，效率低下，或许还不如补贴单位的通勤车，更具有针对性、实用性、效率性。北京市最近颁布的治堵措施里有鼓励学校开校车的举措，这应该也是有效的对策之一吧。

北京师范大学环境学院　毛显强教授

>>我们需要什么样的现代化？<<

在生产力水平低下的蒙昧时代，人类依附于自然界，物质财富增长缓慢。对财富的过度追求不仅会导致社会关系的紧张与社会的冲突加剧，欲望难以满足亦会导致人的精神与情感的扰攘不宁，因而，在人类早期的社会中，无论是民众还是政治家、思想家、宗教哲学都强调敬畏“天命”。贬抑物质财富，主张“抱扑”、“守素”，以精神、未来和天国压抑对当下财富的过度追求。这是低层次的“天人合一”。

随着社会生产能力的进步，人类有可能通过自身的努力，改变自身的物质生存状态。从而开创了对自然界主动索取的时代，有了“天人相争”的思想。在西方，这是自新型城市文明的兴起之后，历经文艺复兴、宗教改革、科学革命、启蒙时代、革命时代、工业革命以及工业社会发展的一条历史主线。其基本点是以煤、石油、电等新能源替代传统的人力、畜力，以工厂、公司替代村社、家庭经济组织，以交换经济替代自然经济，它不同于农业社会人靠自己体力和简单生产工具同自然之间实现物质变换，而且有高得多的生产力，这里的差别不仅是劳动方式，而且关乎人的经济组织。社会结构和活动，关乎人的精神与文明。工业化在现化科学技术的推动下更加如虎添翼，远离传统社会，随着自动化和计算机技术的发展，信息的作用也日益重要，以至人们将此称之为“信息化时代”。

在这一历史进程中，市场取向与利益驱动产生了开放与外向、流动与进取。以现代西方社会为模式的现代化，其鲜明特征是科学知识决定论、经济决定论；重在从物质上解决社会问题。贯穿现代西方精神的内核是个人主义、自我意识、权利意识、自为意识、自爱意识或利己主义。在勘天役物创造物质财富的同时，人类被压抑的世俗欲望得到了释放，习俗、传统观念也在不断地被颠复。然而，过度的物质化导致了对自然界无休止的索取，带来了生态危机；专业化与机械化导致了生产劳动的异化；城市化导致了人们生活的紧张感、不安定感；过度的物质化不仅加剧了社会关系的紧张，还使人的物质生活与精神生活的失衡，淡化了情感与精神对生命的支撑；个人主义精神的发展虽然带来个性的繁荣与人的能力的发展，但也导致了人与自然、人与社会、人与人为一种疏离感环绕。

李泽厚说：天人相分、天人相争即人对自然的控制、征服、对峙、斗争历史地反映着工业革命和现代文明不是像农业社会那样依从于自然，而是用科技工业变革自然，创造新物。但即在这时，一些重要的思想家，马克思是其中的先行者，便已注意到在控制、征服自然的同时和稍后，有一个人与自然相渗透、相转化、相依存的巨大课题。它以近代大工业征服自然改造自然之后所产生的人与自然崭新的客观关系为基础。这个崭新关系不再是近代工业初兴期那种为征服自然而破损自然毁坏生态的关系，而是如后工业时期在物质文明高度发达的同时，恢复自然、保护生态的关系，从而人与自然不再对峙、冲突的关系，而更应是和睦合一的关系；人既是自然的一个部分，却又是自然的光环和荣耀，是它的真正的规律性和目的性。

中国的现代化要学习与借鉴西方成功的经验，更需要克服西方现代文明以及我们自身发展中已经显露出来的人与自然之间的紧张关系、人与人之间的紧张关系，以及被过度物质化所淡化了的情感与精神对生命的支撑。这才是绿色、健康、可持续发展的中国现代化道路。在这个过程中，首先是要确立人的主体、主导地位，只有搞清楚了为谁发展、靠谁发展、发展成果如何分配这样一些基本问题，才可能在发展的问题上既重视物质财富的增长，又重视对生态环境的保护；既重视物质文明的进步，又重视精神文明建设。从而在现代物质文明的基础之上实现更高层次上的“天人合一”。

西南财经大学经济学院 刘方健教授

>>基于“深绿色”推进中国绿色经济发展<<

自从挪威哲学家纳斯(Arne Naess)提出“深生态学”术语后，“深绿色”便逐渐取代“浅绿色”而引领世界潮流，这是人类对自然生态环境认识的一个重大飞跃。“深绿色”不再是简单强调“以人为中心”而保护自然生态环境。它强调，大自然是一个整体，自然系统中的各元素互相影响、互相依赖，每一个生命的螺丝和齿轮对大自然的健康、发展都是重要的，这是自然进化和选择的结果，人类生命的维持和发展，依赖于整个生态系统的动态的平衡。作为一个发展中的大国，中国已经成为世界主要经济体之一。中国强调“绿色”发展，尤其是要以“深绿色”作为指导思想而进行的绿色经济发展，对于全球推进可持续发展至关重要。为此，在未来的发展中，我们必须做到以下几个方面：

第一，在一定程度上用智力资源替代物质资源，使经济发展与资源消耗、环境污染“脱钩”。许多自然资源在人类的时间尺度上是不可再生的，一些可再生的资源超过自身种群繁殖的下限后也会逐渐枯竭。在一国的经济发展中，自然资源是稀缺的，是制约经济发展的瓶颈因素。但是，相对于物质资源来说，人的智力可以被看作是取之不尽、用之不竭、具有无限创造力的资源，它具有可以无限开发的潜力。因此，应该用智力资源在一定程度上替代稀缺的自然资源。

第二，大力发展循环经济，基于减量化、再利用、资源化和无害化的原则，把资源消耗限制在资源再生的阈值之内，把污染排放限制在自然净化的阈值之内，使地球“方舟”能够永续发展下去。在市场经济下，发展循环经济，经济主体之间的联系是以获取利益为目的的，这就需要把利益作为连接共生和代谢企业群落的纽带。发展循环经济，市场规律和生态学规律同等重要。

第三，经过工业化阶段的“洗礼”后，中国需要产业和经济结构的转型，走轻型发展的道路。产业发展的轻型化或称“轻经济”，虽然暂时还不能给出一个严格的定义和标准，但可以肯定地说，这类产业知识含量高、聚集度大、资源消耗少、对于环境的扰动小、对外辐射力强。文化、创意、金融、信息等产业都属于“轻经济”的范畴。发展绿色经济，产业发展轻型化是必由之路。

第四，把经济发展模式由“资源驱动”转变为“创新驱动”。依靠廉价资源支撑的经济发展是不能持久的，也是不可持续的，只有通过创新驱动才能实现经济的可持续发展。创新是一个民族的灵魂，是一个国家兴旺发达的不竭动力，应该通过观念创新、技术创新、机制创新和制度创新，来探寻经济长期稳定发展的内在驱动力。

第五，发展绿色经济，向“深绿色”过渡，必须扩大宣传，“唤醒民众”。“唤醒民众”——这是孙中山先生积四十年革命经验得出的结论。但更重要的是要“唤醒领导”，因为中国所要建立的是政府主导型的市场经济，政府官员、领导者的行为在市场经济运行中起着重要的作用。只有“唤醒领导”，使他们充分认识到发展绿色经济必要性和重要性，才能使他们在决策上发生根本转变，推进绿色经济才能事半功倍。

北京师范大学资源学院 刘学敏教授

>>准确界定和科学评估能源产出效率<<

能源是区域可持续发展的关键因素和重要保障。提高区域能源产出效率对于缓解经济发展中的资源环境压力，促进区域可持续发展具有重要的意义。

目前，国内与"能源产出效率"有关的指标包括能源强度、能源产出率、能源利用效率、单位GDP能耗等指标。这些指标通常反映的是能源消耗与其经济环境影响之间的对比关系，但由于研究角度和应用领域不同，这些指标的内涵也不尽相同。

为了规范和促进能源产出效率指标的应用，目前应进一步准确界定"能源产出效率"的内涵。我们认为，不同于单位GDP能耗等指标，能源产出效率是一个正指标，它反映的是单位能耗带来的GDP产出水平，其分子是GDP指标，分母是生产这些GDP所要消耗的能源数量。这样界定的目的是使能源产出效率指标更加符合"资源产出率"的内涵，更加强调其"效率"指标的属性。

从目前的情况看，科学评估我国的能源产出效率还面临很多挑战。一方面，由于缺少完善的能源核算体系，我国能源统计还存在覆盖范围不全、统计分类粗糙、统计报表不科学等问题。区域能源统计数据，尤其是微观数据缺口较大；另一方面，产出数据与能源消耗数据在连接上存在较大的问题，这使得我国的能源产出效率评价还难以深入到区域结构分析的层面上，这直接影响了后续的理论研究和政策设计的有效性和可持续性。

我们认为，为了更好地评价我国的能源产出效率，目前应着重做好以下三方面的工作：

一是完善有关能源投入产出的数据采集与加工平台，重点是补充区域能源投入与产出的微观数据信息，为我国能源的投入产出分析、能源消耗的环境影响、区域可持续发展等研究提供新的数据支持。

二是根据我国经济与社会发展的实际状况，分别从产业结构、能源消费结构、技术进步等几个方面对能源产出效率进行结构研究。通过能源经济理论和计量经济实证相结合的方法，对能源产出效率的核心影响因素进行分析，判断其对能源产出效率变化的影响。

三是通过开展区域能源产出效率核算试点，应用区域能源产出效率评价方法进行案例研究。在此基础上，可进一步结合区域能源产出核算评价工作做好区域能源与产业合作、能源结构与产能调整、经济增长方式转变评价、节能减排监测考核等试点工作，为有关部门的政策制订提供定量化的决策依据。

北京师范大学国民核算研究院　宋旭光教授

>>水与中国绿色发展事业<<

绿色发展本质上就是科学发展，自1992年全球环境与发展峰会通过了《环境与发展宣言》，世界各国开始在促进可持续发展领域进行着努力。对中国而言，如何构建社会、经济和自然三位一体的绿色发展，使绿色发展与华夏文明紧密契合，与有中国特色的社会主义道路有机统一，无疑是一项充满挑战的工作。而在这一蓝图中，严峻的水形势已然成为重要的制约因素之一。水资源短缺的压力正越来越大，必须要像保护耕地一样保护水资源。以水资源的科学配置实现水资源有效的可持续利用，是保障和支撑我国绿色和谐发展的关键。

在我国大部分地区里，居民用水是有保障的，但这并不表示我国水资源充足。事实上，人多水少、水资源时空分布不均是我国的基本国情之一。与此同时，随着工业化、城镇化深入发展，我国水资源需求将在较长一段时期内持续增长，水资源供需矛盾将更加尖锐，水资源面临的形势将更为严峻。

我们应当倡导合理用水、科学管理、综合发展和保持平衡的原则，科学合理地开发和利用水资源，从而加快中国绿色发展事业的进程。

首先，这一发展观应奉行开源与节流并举的方针。开源，是为了满足社会经济发展的需求；节流，是为了确保水资源的可持续利用。在开源方面，除了大型远距离引调水工程之外，还应该在开发再生水资源、海水利用、雨水采集等多个方面采取积极有效、因地制宜的措施，从而去替代更为宝贵的淡水资源。在节流上，可以考虑以下三个方面：其一，降低耗水量，提高工业水循环使用率和农业用水灌溉水渠利用率；其二，发挥价格改革机制的经济杠杆作用，提高全民节水意识；其三，加大对水资源管理的力度。这就要求政府能够建立起一套科学的、合理的监管体系，从国家发展战略的高度制订政策，并在技术上给予支持，从而在社会上引发一场“用水革命”。

据了解，2011 年中央 1 号文件和中央水利工作会议已经提出，把实行最严格水资源管理制度作为加快转变经济发展方式的战略举措，把建设节水型社会作为建设资源节约型、环境友好型社会的主要内容。

前不久，国务院又发布了《关于实行最严格水资源管理制度的意见》，提出水资源开发利用控制、用水效率控制和水功能区限制纳污“三条红线”的控制目标，推动经济社会发展与水资源水环境承载能力相适应。

2012 年 4 月 20 日，由全球水伙伴中国委员会主办的中国水资源管理制度建设高级圆桌会议在京召开。水利部部长陈雷强调，要加快落实最严格水资源管理制度，着力解决中国日益复杂的水资源问题，实现水资源高效利用和有效保护，保障经济社会可持续发展。

综上所述，水资源问题事关全国各族人民的福祉，需要政府和社会共同应对。另外我国应加强国际交流与合作，学习借鉴国际先进理念、经验和做法，进一步加强中国的水资源管理，推进传统水利向现代水利的转变，以水资源的可持续利用保障我国的绿色发展。

北京师范大学水科学研究院　王红瑞教授

>>绿色经济发展是消除绿色贫困的战略选择<<

绿色经济是全球共同关注的话题，也是中国可持续发展永恒的主题，更是新时期中国推进发展方式转变，实现自然经济社会和谐发展面临的现实挑战，尤其是集中连片特殊困难地区，相对于其他地区来说，绿色经济发展遇到的问题矛盾和挑战则更加严峻，加强绿色经济、绿色贫困与绿色扶贫的研究显得极为迫切和必要。

1. 绿色贫困——新时期扶贫攻坚面临重要问题

绿色贫困(Green Poverty)，似乎是个新名词。字面意思好像是指由于保护环境发展绿色经济而导致贫困的增加，导致了贫困。但实际并不完全是这样，我们认为绿色贫困可以从两方面来分析和理解：其一是指因缺乏绿色和生态环境保护体系而导致陷入的贫困状态，例如缺水或者土壤贫瘠等自然生态恶劣导致的人类生存困难的贫困；其二是指拥有丰富绿色资源和自然生态体系，但因交通不便，地理区位差，资源开发及产业发展落后导致的贫困。从这里就可以看出，绿色贫困是一种“双向”贫困，即也可以理解为正向绿色贫困和逆向绿色贫困。例如仔细分析中国 2011—2020 年新十年扶贫攻坚主战场的十四个集中连片特殊困难地区，可以说是一种绿色贫困，既有正向绿色贫困，又有逆向绿色贫困，还有混合型的绿色贫困。如六盘山区、燕山—太行山区、吕梁山区、大别山区、新疆南疆三地州等属于正向绿色贫困，绿色资源匮乏导致的贫困；而像秦巴山区、武陵山区、乌蒙山区、滇桂黔石漠化区、滇西边境山区、大兴安岭南麓山区、罗霄山区，则属于逆向绿色贫困型。而四省藏区和西藏地区则就有兼而有之，是一种混合型绿色贫困。

2. 绿色经济是消除绿色贫困的战略选择

无论是正向还是逆向绿色贫困，根本原因还是绿色发展缺失，正向绿色贫困是因为缺乏绿色而导致生态环境恶劣，无法进行绿色经济发展而导致贫困产生。逆向绿色贫困则是因为绿色资源无法开发以及绿色产业缺失导致的贫困。两者虽然各有差异，但共同点都是绿色经济发展缺失或不足。因此，加强绿色经济发展才是解决绿色贫困的战略选择。

首先，从宏观角度来看，绿色经济是一种包容性增长发展新模式，是有利于穷人的经济增长和发展新模式。实践证明，过去一味依靠高速度、高消耗的工业化发展、单纯追求非均衡发展的区域战略、以及过度强调经济增长模式，已难以完成新时期消除贫困、区域和群体均衡、和谐发展战略要求，相反，还导致了区域更加不均衡、贫困程度加深，脱贫时间延长，难度加大、社会不安定等隐患。实施包容性增长和发展新模式即有利于穷人的经济增长和发展新模式，才是我国当前和未来发展的战略选择；加快推进有利于穷人政策和制度的大转变，有利于穷人能力提升和发展的绿色经济体系的重构，才是当前未来国家长治久安的迫在眉睫任务。

其次，绿色经济发展是一种可持续发展扶贫战略。可持续发展扶贫战略与经济增长型扶贫战略不同的，主要差别就在于可持续扶贫最根本点在于让减贫与经济、社会、生态环境的长期稳定和谐，而不是短期暂时性和谐，这正是绿色经济发展基本属性即人与自然、人与人间达到天人合一状态的直接表现。

3. 绿色扶贫是新时期贫攻坚战关键

促进绿色经济发展是消除绿色贫困的战略选择，也是新时期扶贫攻坚的关键，建立贫困地区绿色发展的战略规划体系即绿色扶贫体系，而绿色扶贫关键至少要做到以下两点。

首先，生态补偿是贫困地区绿色经济发展的前提。如前所述，绿色资源匮乏导致正向绿的贫困和绿色资源开发缺失导致逆向绿色贫困，都是因为绿色经济难以实施造成，而要发展绿色经济又面临着贫困地区往往处于国家确定的禁止开发或者限制开发的主体功能区，在这种情况下，贫困地区经济发展就会受到国家政策和制度上的严格限制，贫困地区就面临着因为担负资源需要保护责任造成经济发展收入水平下降，贫困程度加深的后果，对此，我们在此大声呼吁，国家必须加紧制定和实施生态补偿制度及其法规，这样才能一方面弥补其收入和生活水平下降损失，另一个方面也才能保障贫困地区公平的发展权。一拖再拖，给贫困地区造成的损失越来越大。

其次，产业生态化、生态产业化是贫困地区产业扶贫最有效方式。贫困地区脱贫致富最终还是需要建立可持续的产业体系来保障，这样，脱贫和减贫才具有可持续性。但贫困地区产业发展不可能照搬发达区域产业模式，只有充分利用自身特点才能获得特色优势，这就决定了必须产业生态化和生态产业化。即通过产业发展生态化实现产业可持续发展和优势保持，通过生态产业化，才能实现生态保护可持续性，否则，选择传统产业发展模式，以环境、资源和能源牺牲为代价，这种发展方式，对贫困和低收入人群构成风险更大。因此，产业生态化，使生态产业化，这也是贫困地区绿色经济发展的最佳选择。不然，产业发展不了，生态无法保护，贫困将会进一步加深。

显而易见，绿色经济发展研究中，无法回避贫困这一主题，即绿色贫困特点、变化规律研究、绿色扶贫机制和政策研究，不仅不可或缺，且显得更加必要和重要。

北京师范大学经济与资源管理研究院　张琦教授

>>经济集聚可为绿色发展助力<<

经济集聚有利于减耗减排。

第一，集聚有利于环境保护管理部门对企业的监管。事实上，很多环境问题起源于监管成本高，一个重要的原因是市场很小，得不偿失。对于相同的监管支出而言，集聚区的每一个企业分摊的监管成本较低，从而提高了监管效率。

第二，集聚区内的同类企业可以共用“三废”处理设施，其他企业之间也可能出现循环经济。

第三，经济在集聚区往往形成较大的劳动力市场，为企业降低劳工成本提供了可能，也为企业投入环境保护提供了一定的空间。

第四，源于技术外溢，集聚起来的企业往往更具创新性，表现在多个方面。创新的直接后果是提高产品的价值或者减少生产成本。

除了第一条外，上述四条中的后三条暗示，企业离开集聚区是有代价的。所以，可以利用集聚所带来的好处换取企业的减耗减排。如果给集聚区设定一个较低的污染物排放总量，在其他条件等同情况下，这意味着与非集聚区的相比，集聚区的企业要付出更大环境保护支出。可是，一些企业一旦离开集聚区，却享受不到集聚区的外部效果。当集聚区的环境保护标准能够与非集聚区取得良好的平衡时，就能够利用这个机制引导企业开展更高水平的减耗减排。

上面的分析说明了，经济的空间布局和区域政策可以利用集聚所带来的利益引导经济向着减耗减排的方向发展。良好的区域政策和空间发展指南必须考虑经济的绿色发展。如果经济遍地开花，企业也许会寻租，找到环境成本不应该低的地方安家，进而会妨碍集聚的环境效益的实现。

在中国，很多大城市都把污染较重的企业安排在城市的“下风下水”处，这在城市规划上不失为一种有利于城市的空间布局手法。不过，不少城市因此而放松了对“下风下水”处的企业的监管。事实上这是一大遗憾。大城市具有很大的集聚效益，可以利用这种效益激励企业创新，减耗减排。其后果是进一步增强城市的发展竞争力，改善环境，提升那里的土地价值。

除了城市尤其是大城市，大范围的经济走廊也是一种集聚形态。在中国大陆，沿海(12 省市自治区)和长江主要沿线省市区(沪、浙、苏、皖、赣、鄂、湘、渝、川)的总陆地面积约占全国的 26.8%，其人口和水资源在 2011 年分别约占全国的 69.6%和 59.1%左右，而其 GDP 却占据全国的 84.5%左右，是中国大陆开发条件最好的区域，具有巨大的经济潜力。值得注意的是集聚与减耗减排在这两个地带内的良性互动。

北京师范大学地理学与遥感科学学院　梁进社教授

>>现代农业的发展方向是绿色农业<<

农业是国民经济的基础，农业生产率水平的高低直接影响到一个国家特别是大国的工业化和城市化发展进程以及其他各经济行业与部门的发展水平，这一点已为发展经济学的基本理论与实证研究所证实。正因为如此，世界上大多数国家特别是发展中国家都十分重视农业对于促进国家整体经济发展的积极意义，特别是都非常重视通过发展农业而保证国家粮食安全和控制通货膨胀的积极意义。

同时，我们也知道，与传统农业相比，现代农业的重要特征之一就是对化肥、农药、杀虫剂等现代要素的大量使用，以提高土地生产率，碳排放量随之在农业部门不断增加，这样就对环境带来了十分不利的影响。因此，如果我们要保持农业在现代社会得以可持续发展的话，除了经济方面的考量外，也应该充分地将环境因素考虑进来。

此外，农业与其他经济部门相比较，还有一个重要特点，那就是其自然生产过程与经济过程是统一的，自然资源条件(如农地的数量与质量、水的可用量与质量等)对农业发展具有直接的决定性意义，而且许多重要农业资源是不可再生的，这样就决定了农业发展必须特别重视自然资源的有效使用问题，要尽可能地用比较少的自然资源生产出比较多的农产品。

由此可见，农业问题完全不是一个单一的经济问题，而是一个包括了经济、资源和环境因素的综合性问题。现代农业发展就必须将这三方面的因素都考虑进来，既要力争粮食增产，也要减少农业部门的碳排放量，保持农业对环境发展的友好状态，还要尽可能地高效使用有限的农业资源。如果我们将这三个方面结合起来考虑的话，那实际上就是一个问题，即绿色农业发展问题。因此，我认为现代农业发展的正确方向应该是大力发展绿色农业。

北京师范大学经济与资源管理研究院　胡必亮教授

>>调整政府公共支出的结构<<

中国目前应该大量压缩政府在高速公路、机场、城市广场等方面的公共投入，提高教育、卫生、社会保障等方面公共支出的比重。后者的投资可以看成是政府的绿色投资。

教育投入是积累人力资本的主要途径。教育也能够改善国民素质、增强社会和谐度及凝聚力。但由于多数家庭面临流动性约束，他们缺乏资金去实现教育丰厚的投资回报。近些年中国教育尤其是高等教育实行高收费政策，高等教育花费占据了一般家庭的大部分收入。中等教育也是这样。教育是普通家庭十分沉重的负担，尤其对于广大的农村家庭。在中国，到底有多数学生因流动性约束而辍学不得而知，我们仅从高等学校庞大的贫困生群体就可见一斑。然而，从某种角度看他们还是幸运者，至少可以继续学业。因此，政府应该加大对教育的投入，抑制高昂的学费，保证每个公民都能得到基本的教育，并尽可能缓解民众进一步教育投资的流动性约束。

卫生方面的投入也是积累人力资本的重要途径。在中国，同样因流动性约束，很多家庭得不到医疗保健服务。在农村，因病致贫、因病返贫是造成贫困现象的重要原因。在中国城市这一问题也同样突出。金钱能够减轻痛苦、挽救生命，金钱与生命间的替代，好像从来没有这样现实、这样鲜明。无论从哪一个角度看，都应该加大卫生方面的公共投入，建立涵养农村和城市居民的医疗保险体系。

社会保障方面的公共支出过低也是发展中国家的一个普遍现象。在中国，由于城镇化进程加快，大量农村剩余劳动力涌向城镇，加之产业结构调整以及企业改革深入，失业率存在上升的趋势。失业人口的扩大，收入分配不平等的加剧，都要求政府加大对社会保障的公共投入。

总之，我们认为应该全面调整政府公共支出的结构，应该按照公共财政的思想，扩大政府在教育、卫生、社会保障等方面的公共支出比重，压缩生产性补贴和可以通过市场补偿的事业性支出。政府的教育支出至少应该占到总财政支出的1/6，按财政收入占国内生产总值30%计算(这是在近期比较适当的水平)，教育公共支出至少应该达到国内生产总值的5%；政府的医疗卫生支出应该占到总财政支出的1/6、相当于国内生产总值的5%；政府用于最低生活补助和养老金等基本社会保障支出的比重也应该占到总财政支出的1/6、相当于国内生产总值的5%。

北京师范大学经济与工商管理学院　尹恒教授

>>碳税——征不征？如何征？[①] <<

温室气体排放所引起的全球变暖已经对人类经济和社会发展形成重大影响，为应对这一挑战，1990年丹麦最早开始征收碳税以来，许多国家通过征收碳税即对化石燃料产品(如燃煤、汽油和天然气等)按其碳含量征税，以减少二氧化碳排放来保护环境。2012年年初欧盟航空碳税事件在全球激起强烈反响，关于我国何时开征碳税的话题也悄然升温。

征不征碳税？总体来说，在必要时征收碳税已经成为社会各界的共识，建立碳税机制对我国具有十分重要的意义。

第一，在保护环境方面，征收碳税提高了高耗能企业的生产成本，促使它们使用先进的技术手段和管理方式，减少能源消耗，促进节能减排，应对气候变化。

第二，在经济发展方面，征收碳税有利于节约能源，促进经济结构调整和发展方式转变，建立资源节约型和环境友好型社会，实现经济可持续发展。

第三，在国际政治方面，通过建立适合国情的碳税机制，能为我国树立负责任的良好国际形象，增强我国在国际上的话语权，增加我国对外交往的主动性。

如何征碳税？早在2008年我国环保部环境规划院曾发布《应对气候变化的中国碳税政策框架》报告，2009年财政部财科所也形成了《开征碳税问题研究》报告，对此进行了积极的探索；2012年3月中国社会科学院将向全国人大、国务院法制办、环保部、国家发改委提交的《气候变化应对法》(建议稿)提出在销售环节征收碳税。如何科学、合理、公平地征收碳税是一个难题，有必要基于我国的实际出发，合理设计碳税征收机制。

第一，循序渐进，低税率起征，逐步小幅提升，既减少碳税实施的阻力，又避免对经济造成较大冲击；并建立动态的碳税机制，可根据国内外经济发展形势和国际政治关系局势变化进行适时调整。

第二，应与建立生态补偿机制相结合。不同地区之间可实行差别税率，对于生态脆弱、对

---

① 感谢陈登科提供部分资料，当然文责自负。

全国生态保护意义重大的地区应制定较高税率，与此同时通过转移支付，支持这些地区发展，避免区域发展差距过大。

第三，应制定相应的行业和企业税收优惠政策。在科学确定碳排量鉴定方法的前提下，可实行行业差别税率，对于其竞争力受影响较大但又关系国计民生的行业可制定较低税率，对积极采用技术减排和回收二氧化碳并达到一定标准的企业给以税收减免优惠。

第四，碳排放在省际之间甚至国家之间具有很强的负外部性，因此，碳税收入应该主要集中在中央财政，用于在全国层面甚至国际层面协调、支持我国节能减排事业的发展。

第五，征收碳税应与能源税、资源税以及其他环境税改革相结合，逐步形成合理的环境税制体系。同时还应与碳排放权交易改革相结合，进行综合考虑。

第六，积极开展碳税试点工作，可以在局部地区如我国东部沿海的经济实力较强的部分地区率先征收碳税，在总结经验的基础上进行完善并逐步在全国其他地区加以推广。

西南财经大学经济学院　刘金石副教授

>> PM10 的作用与 PM2.5 的潜在价值[①] <<

我们通过对 29 个大城市的 PM10 数据、肺癌和呼吸系统疾病死亡率数据，采用 2003—2009 年的统计数据(2003 年开始正式公布 PM10 数据)，分析出 PM10 的现状以及对呼吸系统疾病和肺癌死亡率的影响。

结果显示 2002 年和 2009 年城市居民肺癌死亡率的差别为每十万人有 9.36 人，其中 2.673 人由危险因素引起，6.687 人是由人口年龄结构差别引起。说明从 2002 年到 2009 年人口老龄化因素对死亡率的贡献是非常大，占到 71.4%，而其他因素仅有 28.6%。呼吸系统疾病与统计基数年 2002 年相比，2009 年每十万人下降了 42.49 人，其中危险因素使得死亡率下降 59.81 人，占比 140.8%；老龄化提高死亡率 17.32 人，贡献率为 40.8%。

目前为止衡量大气污染的指标主要是 PM10，很多学者也都是在研究大气污染的时候也采用此指标。虽然现在已经有上海、南京等少数城市开始公布 PM2.5 数据，但多是最近 5 年的观测数据，且测试点相对较少。本文在研究中依然主要使用 PM10 数据作为一个主要的研究标杆，以 29 个城市的 PM10 为依据，采用高精度曲面建模[②]分析得到一个全国的 PM10 分布情况以及基于此算法所得到的全国均值。

结果显示，PM10 呈现一个带状分布，北部空气质量劣于南部。最为严重的有西北地区，还有就是天津以及山东一带。从全国的分布来看，空气质量分布有空间聚集性和扩散性的特点，该模拟结果也较为符合一般公众的感性认知。采用高精度曲面建模得到这七年里 PM10 围绕 0.11 标准值上下波动，最高的年份为 2006 年达到了 0.12。根据可吸入颗粒物 PM10 年平均一级标 0.04、二级标 0.05、三级标准 0.10 的参考值，实际上从对 29 个大城市的数据模拟结果来看，中国的空气质量实际上一直处在三级标准的水平上。

本文采用呼吸系统疾病的标化死亡率来分析与 PM10 的相关性。尽管呼吸系统疾病与大气

---

① 感谢张燕、贺清悦对本部分内容的贡献。

② 岳天祥、杜正平、宋敦江：《高精度曲面建模：HASM4》，载《中国图象图形学报》，2007，12(2)。

污染的时效性很快，但是从得病到死亡率仍有至少一年的滞后。因此在自变量的选取上，我们加入了滞后一期的PM10，建立一个二元回归，进行相关性分析。结果表明，PM10与肺癌死亡率拟合图呈散点式分布，没有表现出典型的相关关系。后又继续采用滞后1期、2期的数据进行拟合，效果依然不好。所以从现有的PM10统计结果来看，与肺癌死亡率没有明显关系。

通过静态分析发现，人口老龄化对于肺癌希望率影响较大，易感因素对疾病死亡率的影响的增长速度远远小于人口老龄化。但动态分析更关注趋势的变化，总体上，肺癌死亡率在升，在医疗条件和生活水平都在高度发展的今天，易感因素仍然在影响着人们的健康。从全国PM10的分布情况看，空气质量北部劣于南部。这不仅说明，北部有来自于沙尘暴的影响更因为北部的重化工业要远远多于南部，并且全国的能源产地主要集中在北方。在工业发达的天津、山东等地污染较为严重。很多城市尤其是大中城市空气污染已经呈现出煤烟型和汽车尾气复合型污染的特点。所以改善环境质量，重要的是抓住主要污染地区，因地制宜，减少或遏制污染的产生和扩散。

通过PM10与呼吸系统疾病死亡率的相关性研究，证明了大气污染对人体健康的影响。研究表明环境和死亡率呈现正相关的关系，即随着环境质量的改善，疾病的死亡率的有所下降。肺癌死亡率与PM10的相关性不好，有多方面的原因。陈士杰等①研究发现大气污染致癌的潜伏期为7～8年。其次是PM10的环境指标已经无法衡量真正的环境状况。我国现行的空气质量标准编制于1982年，后又分别在1996年和2000年进行了修订。而国际上很多国家已经采用PM2.5作为大气污染的衡量指标。PM2.5是指直径小于或等于2.5微米的颗粒物，也称为可吸入肺颗粒物。PM10能直接进入支气管被肺巨噬细胞(AM)吞噬。在人肺尸检中发现颗粒物滞留在支气管壁上，并导致支气管壁增厚以及胶原和炎性细胞的增加。② 颗粒越小，对人体健康的危害越大。所以相对于PM10，PM2.5对于疾病的影响更具相关性。加快环境监测指标体系的完善，为更好地治理环境和研究奠定基础。

西南财经大学公共管理学院　李丁副教授

>>城市社区垃圾分类运行模式探讨<<

我国垃圾分类与回收的相关政策是在1992年第一次被提出的，但在之后的十几年发展缓慢。西方发达国家在垃圾分类与回收利用上已经走在了世界的前列，在环境保护法律体系、垃圾分类处理技术及垃圾处理产业链等方面已经发展较为完善，而我国的垃圾分类与回收还基本上是由40万拾荒者和清洁人员完成。随着城市化进程的不断推进，垃圾的分类处理与回收成为备受关注的话题。

目前我国城市社区垃圾处理存在以下几个问题：

第一，垃圾分类知识没有有效的普及，没能有效地进行宣传，在极少的宣传中分类笼统、抽象，缺乏细化说明。很多市民表示，不清楚垃圾具体该怎么分类，垃圾桶上的标识笼统，更

---

① 陈士杰、李秀央、周连芳：《大气污染物致肺癌的潜伏期灰色定量分析》，载《中华流行病学杂志》，2003，24(3)。

② 孔祥环、尹学钧：《TA98及其衍生菌株检测大气颗粒物致突变作用的比较研究》，载《首都医科大学学报》，1996(4)。

多时候把垃圾随意投入离自己最近的垃圾桶。

第二，垃圾回收处理的配套设施仍然很缺乏，没有形成系统的垃圾分类回收产业链。垃圾不管分类与否，最终均被统一填埋或焚烧等处理。就算你按照国际标准把垃圾分类了，最后还是都被混在一起。

第三，垃圾分类回收仍然有较大的随意性，回收面窄。自发拾荒者和清洁人员为垃圾分类作出了重要的贡献，但他们的废品回收行为仅停留在回收能“卖钱”的废品层面上，其他可回收的垃圾，短期若无机构收购，便不在回收之列。

第四，垃圾分类涉及政府部门过多，没有有效统筹，权责不够清晰。一些环卫相关管理人员在垃圾分类上也并不积极，不愿花精力分拣，对垃圾处理采取尽快运走，眼不见心不烦的态度。

根据上述提到的问题我们可以做出如下相应的改进方案：

第一，加强对社区的宣传力度，如在社区宣传展板上展示垃圾的分类及处理方式，举办垃圾分类的讲座，参加志愿活动等。电视宣传上多一些教人们如何将垃圾分类的公益广告，而不是模糊的提倡垃圾分类这句口号。另外，也可从小进行分类教育与知识普及，如日本将垃圾分类知识列入课本，甚至设立垃圾分类知识考试。

第二，不仅要建设垃圾回收处理的硬件配套设施，在垃圾处理的技术层面上也需要不断跟进，逐步形成垃圾回收产业链。德国已经建立了完整的垃圾处理产业体系，从业人员超过 25 万，涵盖工程师、公务员、工人等不同职业。

第三，加大对自发拾荒者的清洁人员的支持和引导。拾荒者不用政府支付工资，不会增加财政压力，政府可帮助建设一套规范化回收机制，拓宽拾荒者的处理面，这样可减轻政府自身处理这些垃圾的经济成本和环境成本。清洁人员可以被组织起来对垃圾分类集中业务培训，并针对具体表现进行奖励。

第四，通过法律规定，完善部门协调制度，明确界定各部门权责。国外垃圾分类相关的立法已经较为完善，可以借鉴它们的成功之处。

垃圾分类制度的成功实施离不开居民的积极参与，离不开法律法规的严格保障，也离不开内在经济激励的市场化机制。概括为：宣传先行、多主体参与、加强监督、双向激励和法制保障。

北京大学中国经济研究中心　唐方方教授

>>生活垃圾绿色管理与源头减量<<

从以工程技术措施为主的末端处理，到以减量化、资源化利用为重心的生活垃圾绿色管理，已经成为国内外生活垃圾管理追求的共同目标。因此，我国城市环境管理中不仅应该引进新技术、新工艺，实现生活垃圾的无害化处理，而且更应该注意结合我国国情并借鉴各国已有的生活垃圾减量化和资源化措施，实现垃圾的源头减量，将城市生活垃圾的管理真正纳入可持续发展的绿色管理轨道。为此，建议采取以下措施：

1. 制定行业规范和标准，广泛开展生活垃圾分类收集

生活垃圾分类收集与否不仅影响垃圾减量效果，而且也决定着资源回收的数量和质量，是垃圾管理中的关键环节。为了保证分类集中可利用物品的纯度和质量，垃圾管理部门应尽快提出适合我国国情的垃圾分类体系，并制定分类收集的规范标准，以便于规范收购价格和质量，使利废企业的原材料来源、质量和流通渠道获得保证。

2. 实行可重复使用包装品的押金政策

鉴于我国居民对自带购物袋和退回包装瓶/盒的认知程度不高的现实情况，建议在购物场所实行购物袋收费政策的同时，实施包装瓶、盒押金制度，以减少白色污染和促进包装品重复利用。商店出售商品、消费者使用商品，理应共同努力提高可利用物质的回收率并负担其费用，这完全符合谁污染谁治理的环境管理原则。

3. 鼓励企业开发再生产品，培育再生产品市场

采取多种优惠政策，促进垃圾资源再生产品的开发、生产和经营，尽快开发出可供消费者选择的垃圾资源再生产品和有利于垃圾减量的环保型产品。同时，不仅要通过多种宣传活动，让居民充分了解产品的环保效果，明确购买和使用环保产品的重要意义，而且发应该挥政府表率作用，提高政府采购商品中环保或者再生产品的比例。

4. 调整生活垃圾收费方式，对分类和未分类收集的垃圾实行有别收费

在我国已经开始实施垃圾收费政策的城市中，收费方式全部属于均量收费。实现垃圾处理产业化是社会主义市场经济对环保事业的必然要求，而制定合理的垃圾收费标准则是实现垃圾处理产业化的重要前提。改均量收费为按量收费和区别收费，有助于约束居民的垃圾排放行为，也有利于垃圾处理企业和资源在利用企业筹措资金，开发更多产资源再生利用产品或提高产品质量，最终实现集垃圾分类收集、回收利用和环保产品开发与市场培育为一体的生活垃圾源头减量的生活垃圾绿色管理体系。

北京师范大学资源学院　江源教授

>>绿色发展的关键问题——小事、价值观、制度<<

绿色发展是社会发展的根本方向，如何实现必须抓住关键问题。关键问题是需要从小事做起、价值观做起、制度做起。

20世纪90年代初期去韩国经历的两件事情至今感触非常深刻。第一件事是使用牙签事情，我使用牙签后，习惯性的丢在餐盒里，韩国朋友一个替我拿出来，另一个甚至严厉的指责我。当时很是尴尬，作为他们尊贵的客人，这点小事如此认真，非常难以理解。后来他们告诉我，餐后剩余食品是作为饲料，牙签如果混杂在里面，会刺破猪的喉咙，这种事情专门报道与讨论过。为此，在韩国期间我在每一次餐厅吃饭的时候特别观察了牙签使用情况，确实如我的朋友那样，都是使用牙签后各自带走。对比之下感触特别深刻，20年前韩国人如此，今天中国的精英层面：大学生、大学教师都没有这种观念，——大学食堂的剩饭桶里既有牙签也有餐巾纸、还有纸杯。垃圾分类、循环经济一点基本的大众教育、知识、习惯、制度都没有。第二件事情就是满个汉城看不到中国到处都有的“大型”奔驰车，几乎全是国产车，仅有很少见的“小型”奔驰车(主要是需要接待外国客人的企业使用)——常规性的奔驰车(大型奔驰车是专为中国人制造)。转眼20年，中国这种“大车”文化已经发展到“灾害”程度。

绿色发展是当前乃至中国未来根本的发展方向与国家大事，如何实现，关键是从小事做起，从价值观做起。绿色发展核心是处理几个问题：环境问题、污染问题、可持续发展问题。其中城市尤其是大城市的绿色发展是当前中国绿色发展的核心问题，而城市绿色发展的主要问题是垃圾处理、汽车使用造成的诸多问题，这两个问题解决好，城市绿色发展问题就解决了一大半。垃圾处理如果能够做到人人都如韩国人处理牙签的方式，垃圾不仅不是问题，而是财富。中国的汽车文化如果能够得到根本性的调整，中国城市绿色发展问题将得到根本性的改变。目前中国城市的绿色发展问题已经刻不容缓，中国城市化产生的交通拥挤、城市污染已经在10年之间发展到了必须解决的程度了——全球过去难以看到的严重程度。这个问题的解决是中国特有的超大型城市发展的特别问题，其中关键是城市的汽车文化问题——中国必须实行最严格的城市汽车控制与管理制度，以有效促进中国城市化健康发展，根本性解决城市污染问题，最大程度控制石油消费量的增长，实现国家能源安全的解决。

中国绿色发展需要从大城市做起，尤其应该从首都做起，特别是从首都的精英界做起，可以起到最大的带动效应。而这一切最为关键的从是小事、价值观、制度三个层面构架绿色社会与绿色发展的根基。

西南财经大学能源经济研究所　刘建生教授

>>中国绿色人本发展“四方位”推进策略<<

在本报告2010年专题中，笔者曾明确指出：立足发展中人口大国正处于工业化、城镇化发展及市场化制度转型的现实国情，顺应全球化、数字化和扁平化国际绿色经济发展大趋势，中国经济发展应实施“绿色人本战略”。按照经济发展四个基本层次，笔者进一步提出推进中国绿色人本发展的“四维度、全方位”策略。

其一，在经济增长维度上，应采取“以民间市场化绿色发展为基础，以绿色GDP宏观调控弹性驱动”的人本发展策略。经济增长要有“绿色”生命活力，必须“走群众路线”，最大限度地保证个人的“自主选择权利”、民众的“自由互动空间”和市场的“自然扩展秩序”。为此，政府在推动经济增长时，绝对不能有莫名其妙的“功利心”或“政绩感”，在宏观调控和市场规制上，最要紧的不是“大力度”而是“方向感”，以及把握中大方向、大趋势前提下的“大策略”，其最显著的“人本”精神和“绿色”表现，简单地说就是八个字，即“相信群众，无为而治”。其中，目前最为紧迫、立刻要提上实施议程的，是建立、健全“绿色GDP”统计评估及预警指标体系，我认为，这样的事情，与“阶梯型水价电价”等与绿色发展有关的举措一样，之所以久拖无果，其根本性的障碍或困难不在“技术操作”层面，而是一个“理念态度”和“思想解放”问题。

其二，在结构调整维度上，应采取“立足工业化产业发展现实背景，疏通城镇化区域流动配置渠道”的人本发展策略。经济发展在“结构”上主要表现为产业与区域两大态势。笔者建言：把准方向，立足现实，双轨接续，走阶段性渐进之路。具体地说，在产业政策上，对于依托高耗能、拼人力特别是导致严重污染、靠黑色乃至血色生产赚钱的低端初级采掘及低端制造加工企业，一定要以强力措施立刻关停并转；对于符合绿色发展基本方向又能够扩大就业和保障劳工权益的主导或支柱产业，要彻底拆除行政准入壁垒、彻底打破行政及市场垄断；对于符合未来绿色发展方向又能够大力提升人力资源素质技能和企业核心竞争力的朝阳产业，在政策上要给予更加自主、自由、宽松的发展空间，力争从财政税收、金融信贷等多方面大力度予以扶植和促动。在区域政策上，凡是存在明显“城乡隔离、画地为牢、身份歧视”的行政法规条文，一定要坚决明快地予以清理清除和惩治；凡是主要出于部门既得利益考虑而无端阻隔城乡、区域资源特别是人力资源市场自由流动的行政行为，一定要坚决制止并严格追究法律行政责任。在工业化、城镇化推进过程中，要特别注意“立足现实，双轨接续”弹性平衡策略，将人本绿色化治理重点放在“双重非绿色污染”(即低端重化工产业黑色血色污染和大中城市机动车尾气及大兴土木建筑工程重度污染)方面来。

其三，在制度变迁维度上，应采取“毫不动摇坚持市场化改革大方向，大刀阔斧突破旧体制既得利益集团路障，坚定不移推进政治民主化进程”的人本发展策略。按照绿色人本发展观点，市场是一种人类自然扩展秩序，市场化代表着人本发展的基本指向。应该在政治上明确，千方百计阻止改革进程，保守部门既得利益，加固行政垄断壁垒，是在制度变革维度上最恶劣的“非绿色”乃至“黑色”表现，不符合制度变迁的“人本绿色化”大方向、大趋势，必须坚决反对之；同时，要在教育、医疗和住房等民生问题最严重的领域，明确市场化改革大方向，大刀阔斧地革除各种悖逆市场化改革大方向的行政性垄断，尽快理顺政府公共职能、公民社会自治与市场经济机制三元鼎力制衡的善治匹配关系。

其四，在福利改善维度上，应该采取“社会公民人人有平等发展机会，发展成果人人有公平分享权利”的人本发展策略。要真正立足“发展为人人，人人有发展”的人本发展理念，在最大限度激发民众自由自主自在进行市场创新、劳动致富和发展经济内在动力的前提下，在政府行动上切实做到：其一，彻底扬弃计划经济体制下形成的各种户籍、身份歧视制度，尽快拆除各种限制人力资源教育开发和市场化自由流动的制度篱笆，最大限度营造公平宽松的社会制度环境；其二，加大国有大中型企业、事业单位特别是政府自身改革力度，采取有力举措大刀阔斧革除各种行政性垄断壁垒；其三，建立、健全一整套统一完善的国民社会保障制度体系，特别是尽快开征高额累进所得税、遗产税和不动产税等财政政策，加大收入分配、贫富差距调控力度。

如此，中国绿色经济发展可以真正实现“以人为本，全面、协调、可持续”，进而不断逼近“共同富裕，人人公平享有改革发展成果”的和谐社会目标。

北京师范大学经济与工商管理学院 李宝元教授

>>中国新兴中产阶层对绿色消费的矛盾心态分析<<

以节能、环保、健康为主题的绿色消费，是拉动绿色产业的主要动力和构建绿色经济的基本环节。环保意识觉醒早、对环境质量要求高、被外界誉为中国“环保先锋”的新兴中产阶层，一度在绿色消费方面被寄予厚望。但时至今日，中国中产阶层的绿色消费却仍处在一种雷声大、雨点小，抱怨多、自律少，理念先行、行动滞后的矛盾状态，进展缓慢。究其根源，这是因为在当前的中国，新兴中产阶层在各个需求层次上的消费心态都与绿色消费的要求存在距离。

首先，在涉及生存需求的消费领域，中产阶级的绿色消费受到价格和质量两方面的制约。近年来，随着有毒玩具和家具、被污染的水源及空气等问题的曝光，中国中产阶层在衣、食、住、行等日常消费领域的环保意识有所提高。但是，节能环保的混合动力车和电动汽车、“绿色建筑”、节能灯具等高科技产品往往高于同类普通商品的价格，这令对价格非常敏感的中产阶级望而却步。同时，充斥市场的各类环保声明、标签和标准令他们无所适从，对国内绿色产品的质量缺乏信心，使中产阶层对消费该类产品欲行又止。

其次，在事关发展需求的消费领域，中产阶级的消费选择明显是经济的、社会的、短期的考虑优于低碳、绿色和环保的理念。在北京这样的大城市，许多中产者一方面抱怨停车难、堵车严重、空气质量差；另一方面却积极抢购私家车，甚至为了避免限号造成的麻烦购买不止一辆私家车。这样的矛盾举动是由中产阶级的现实发展需要决定的。许多新兴中产阶级正处于事业起步和上升的关键时期，快速的工作节奏、超负荷的竞争压力使之力图节省一切可以节省的时间和精力，去应对工作上的事务。因此，高峰时段人流拥挤、特定时间和地点供给不足、某些场合使用不便的公共交通服务系统，自然不会成为中产阶层的首选。而且，很多情况下，新兴的中产阶层需要通过符合特定社会评价标准的消费方式和消费品来显示自己的经济实力和社会地位的升迁，以进入、经营和拓展有助于自身发展的社交圈和关系网，而这些评价标准的制定，依据的并非简约、健康、生态的环保理念，而是能够体现财富占有和地位区分的社会和经济指标。

最后，在与享受需求有关的消费领域，绿色消费在诸多选项中排位未必靠前。在两极分化的社会结构中，分配领域的仇富心态与消费领域的“追富”冲动往往以同等的强度并存。许多中产者竭力模仿上层的生活方式，国际名牌服装，高油耗、大排量的豪车，过度装修的住宅，高档酒楼和会所等奢侈消费，作为获得关注与尊敬的社交符号而受到中产阶层的青睐，奢侈与节俭两种矛盾的取向常常不协调地混搭在一起，很多上班族会开着宝马车，兜上半个小时寻找免费停车点。

绿色消费作为一种生态本位的、高层次的理性消费行为，即便在西方国家，也是一个远未解决的课题，因为就人性的自然取向而言，这并非首选。在中国这样的发展中国家，由于消费环境、经济发展阶段、社会结构和资源分配方式等各种有形无形制约的存在，绿色消费对于新兴的中产阶层，更是一种奢侈品而不是必需品；易于接受而难以实施；是“企业的事”、“政府的事”，而“不是我的事”。但正因如此，这项对于人类社会长远发展来说势在必行的事业，才应该得到更多关注。“风起于青萍之末”。以个人为起点，从物资回收利用、能源有效使用等最起码的小事做起，依托社区等基层社会组织管理，结合税收调节等政策引导，绿色消费还是有望获得更大发展空间的。

北京师范大学管理学院　王洛忠副教授

>>绿色就业大有可为<<

经过30多年的高速增长，我们正面临着人口、资源与环境等的诸多约束，因此，可持续发展、绿色发展、科学发展、包容性发展等理念得到广泛认同，并逐渐转化成实践。“十二五”规划纲要明确提出：“面对日趋强化的资源环境约束，必须增强危机意识，树立绿色、低碳发展理念，以节能减排为重点，健全激励与约束机制，加快构建资源节约、环境友好的生产方式和消费模式，增强可持续发展能力，提高生态文明水平。”这意味着我国未来经济发展的轨迹已经设定，即必须是绿色的、低碳的。绿色低碳式的经济发展，对就业来说注定是个“创造性破坏”的过程：一方面跟绿色相关的产业的发展，会创造出大量的就业岗位；另一方面，传统的高能耗、高污染产业会逐渐被压缩或淘汰，就业岗位遭到破坏，进而产生大量的失业人口。因此，如何平衡好这种创造性破坏，是在转变经济发展方式过程中需要认真对待的问题。

绿色就业是一个大有可为的方向。国际劳工组织、联合国环境规划署和国际工会联盟2007年发表了《绿色工作全球倡议》(*Green Jobs Initiative*)，认为绿色工作又称“绿领工作”，是指在农业、制造业、研发、行政管理和服务业中能极大地推动环境质量保持或修复的工作。对此，各个国家都很重视，比如早在2008年竞选期间，身为民主党总统候选人的奥巴马就承诺，将会产生500万个“绿色就业”岗位。为了达到这一目标，像前一届政府一样，奥巴马政府一上台就开始为所有绿色行业发放补贴。据统计，每年政府用于支撑各种各样绿色能源计划的资金都高达百亿美元。2011年，奥巴马政府用于提振“绿色就业”的资金为160亿美元。再比如，在2009年1月初，日本和韩国分别宣布，将在绿色项目中投入巨额资金，以创造就业机会和刺激经济增长。日本表示他们的目标是扩大绿色经济市场，创造100万个新岗位，对环境友好型企业实行零利率的贷款政策。韩国表示将在今后4年内对国内一系列生态友好型项目投入380亿美元，由此产生96万个新就业机会。

根据我国有些学者的界定，绿色就业包括三个领域：一是直接性绿色岗位，如造林、环保等，在这些岗位上工作的人，是直接的“绿色就业”从业者，可简称为“纯绿”就业；二是间接性绿色岗位，即通过实现绿色生产方式、生活方式、消费方式等，间接地创造“绿色就业”机会的岗位，如制造太阳能和节能建筑材料等产品、深化循环经济等，在这些岗位上工作的人，是间接的“绿色就业”从业者，可简称为“泛绿”就业；三是绿色转化性岗位，即将非绿色岗位转化为绿色岗位，如治理生产性污染、生产中改用节能环保技术等，将原来在高污染、高排放岗位的从业人员转化成绿色岗位的从业人员，可简称为就业“绿化”，这种转化涉及生产技术、生产方式、生产过程以及终端产品等各个方面。[①] 根据这一界定，绿色就业可谓是贯穿于各行各业，也贯穿于各行各业的各个环节，具有巨大的增长潜力。

但要将这种潜力转化为现实，是一项复杂的系统工程，需要多方共同的努力，这其中，政府发挥着关键性作用。各级政府不仅要在政策上支持绿色产业的发展和绿色就业岗位的创造，支持绿色创业，更要在制度层面上进行改革和创新，使企业有动力超越传统的经济发展方式，将环境保护和资源节约纳入进自己的生产函数，追求绿色GDP，给未来留下更绿色的世界。

北京师范大学经济与工商管理学院 赖德胜教授

>>“绿色民生”是真正有质量的民生<<

“民生”是和谐社会的基础，它不仅是一个古老的话题，而且是当今中国最引人关注的名词。“民生”发展是分阶段的，大致说来可以分为“解决”、“改善”、“发展”三个阶段。中国尚处在社会主义初级阶段，刚刚解决温饱进入“小康”，因此，中国“民生”还处在“解决”和“改善”阶段，当今政府解决民生，就是要满足广大老百姓的生存权及发展权有关的需求，实现劳有所得、病有所医、老有所养、住有所居、学有所教。

“发展”民生不仅仅只是经济增长，人均收入提高，更重要的是国民收入提高后，人们的幸福感受也随之增长，空气质量好，交通方便，天是蓝的，水是碧的，山是绿的，环境是清新的，

---

① 小志：《绿色就业》，载《中国就业》，2011(5)。

食品是安全的，社会是和谐的。因此，发展“绿色民生”才是真正的有效率的民生。

具体来说，“绿色民生”具有下列一些特点：

一是以绿色、低碳发展理念为支撑的民生。尽管“绿色民生”的内涵很丰富，但最基本的理念是通过节约资源、保护环境、降低能源消耗、降低温室气体排放强度、推广低碳技术之路，实现经济社会发展与人口资源环境相协调的民生，是资源节约型、环境友好型的生产方式和消费模式支撑的，具有可持续发展能力的民生。在发展民生的同时，实现人和社会、人和自然的和谐统一。

二是客观数字和主观感受同步提高的民生。“绿色民生”不仅仅是指 GDP 的增加，更重要的是指人们满意度、舒适度和幸福指数的提高，特别是精神的愉悦，心灵的和谐。在污浊的空气、污染的水、灰蒙蒙的环境、见不到阳光和绿色的状态下吃着大鱼大肉，这样心灵能和谐吗？精神能愉悦吗？日子能过得舒适吗？“绿色民生”不仅老百姓表现为客观收入实实在在的增加，口袋里的钱更多了，餐桌上更丰富了，住的更宽敞了，出行更便捷了，上学、看病、养老不发愁，更体现为老百姓的主观感受幸福感更强了，感觉到天更蓝了，水更绿了，阳光更灿烂了，环境更舒适了。

三是可持续发展的民生。发展是硬道理，中国解决民生问题的关键是要靠自己的发展，全面实现小康社会和现代化建设，进一步提高人民物质文化生活水平，增强综合国力，在风云变幻的国际局势中立于不败之地。但是，用什么样的发展方式，采取什么样的发展道路来发展民生，却有截然不同的发展结果。中国是一个人均资源严重不足的国家，人均耕地、淡水、森林仅占世界平均水平的 32%、27.4%和 12.8%，石油、天然气、铁矿石等资源的人均拥有储量也明显低于世界平均水平。再加上长期实行主要依赖投资和增加物质投入的粗放型经济增长方式，能源和其他资源的消耗增长很快，生态环境恶化日益突出。因此，要从“中国制造”走向“中国创造”，改变以资源的消耗和环境的恶化为代价的生产方式，代之以高效、高附加值、低能耗、低污染的生产模式，建设生态文明，形成节约能源资源和保护生态环境的产业结构、增长方式和消费模式，才能保证“绿色民生”的发展可持续。

四是实现节约型消费模式的民生。“绿色民生”绝不是贪得无厌、暴殄天物的民生，而是一种珍惜资源、保护环境的民生。我们一方面享受着现代文明的成果，另一方面在制造毒害自身的苦果，消费着我们子孙后代的资源。统计数字表明，美国以占世界 6%的人口，消费掉全世界 1/3 的资源，美国 2 亿人口对地球能量的利用相当于发展中国家 200 亿人口的利用量，一个美国人一生消耗的物资是印度人的 60 倍。如果在全球维持一个像美国这样的消费社会，将需要 5 个地球的资源。中国是个发展中国家，人口众多、人均资源不足的基本国情，决定了中国不应当模仿美国等发达国家的民生发展道路，我们只能适度发展私家车，建筑业应该是节能省地型的，别墅、高尔夫球场必须限制。只有建立节约型的、绿色、自然、和谐、健康的“绿色民生”消费方式，才能保证“绿色民生”的发展。

五是以人为本、实现人的全面发展的民生。发展“绿色民生”的终极目标，就是实现人的全面发展，包括人的需要的全面发展、人的自由个性的全面发展、人的才能、志趣和道德品质的全面发展。归根结底，就是实现人的体力和智力的全面发展。因此，发展“绿色民生”，尤其是在知识经济、信息经济的时代，要让每一个人做到后顾无忧，无忧无虑地生活、工作在这个世界，享受着人间的温暖和幸福。

北京师范大学管理学院　唐任伍教授

附　录

附录一

城市绿色发展的国际比较

城市是人类文明发展进步的重要成果，是现代经济社会发展和社会活动的主要空间载体。当前，经济全球化和区域一体化引发了世界范围内生产及组织方式的深刻变革，而日益加剧的资源与环境压力则要求城市走绿色发展的道路。从全球范围看，绿色城市已经成为世界城市发展的重要形态，立足自身、放眼全球，以开放的胸怀比较与学习、竞争与合作则是我国城市绿色发展的必然选择。为进一步认识世界绿色城市发展格局和特征，推动我国绿色城市建设，我们设计了城市绿色发展的国际比较框架，对全球城市绿色发展水平进行了比较与分析。需要说明的是，尽管课题组在城市选取、指标采集等方面做了大量的工作，但对区域乃至城市绿色发展的国际比较研究尚属探索阶段，相对于国内比较而言，由于主客观条件限制，一些比较具有特点的城市最后不得不放弃，一些重要的指标也没有被列入测算体系，指标和数据具有局限性，许多影响城市绿色发展的因素都未能得以体现，研究方法也不尽完善，不可能完全反映各个城市的绿色发展水平，研究结果和指数排名仅供参考，我们也希望在未来的工作中能够有所突破。

>>一、样本选择<<

为了尽可能全面准确比较和测度不同国家和地区的城市绿色发展指数，提升研究结果的客观性和科学性，本次研究中我们选取样本城市的主要标准是主要包括三个方面，即：第一，城市的国际影响力；第二，城市在其所处区域内的社会经济地位和代表性；第三，城市统计数据的可得性、准确性、标准性。按照样本选择标准，我们选取了全球100个城市作为研究样本。所选样本城市从空间地域上来看，包括欧洲46个，北美洲22个，亚洲18个，非洲7个，南美洲4个，大洋洲3个，基本覆盖了世界上主要的发达国家和发展中国家，很多城市都是其所在国家的经济、政治、文化中心，在世界上具有较高的知名度，较好的代表了当今世界不同地域和不同发展水平的城市。

>>二、指标框架与数据来源<<

本研究主要结合中国城市绿色发展指数的指标框架构建了城市绿色发展国际比较框架。一级指标包括经济增长绿化度、资源与环境承载潜力、政府政策支持度三个方面。由于指标采集困难，考虑到城市统计数据的可得性，选定的二级指标包括人均绿色 GDP、环境适宜度、人均 CO_{α} 排放量、城市能耗水平、政府公共治理指数、环境绩效指数六项。依据中国城市绿色发展指数测算方法，在考虑各指标要素的影响和作用的基础上，城市绿色发展国际比较指标也采用类似“德尔菲法”进行权重分配。

表附录 1-1　　国际城市绿色发展指数指标框架

序　号	一级指标	指标权重	二级指标
1	经济增长绿化度	30%	人均绿色 GDP
2	资源与环境承载潜力	40%	环境适宜度
			人均 CO_2 排放量
			城市能耗水平
3	政府政策支持度	30%	政府公共治理指数
			环境治理绩效指数

注：本表内容是由本报告课题组召开的多次专家座谈会研讨确定的。

城市绿色发展水平的国际比较是一个对数据质量要求很高的研究项目。我们在研究过程中，二级指标人均绿色 GDP、环境适宜度、人均 CO_2 排放量的测算主要利用了中国社会科学院城市与竞争力研究中心全球城市竞争力数据库的国际城市数据，城市能耗水平、政府公共治理指数、环境治理绩效指数参考了相关国际组织的数据和指数排名。其中，人均绿色 GDP 为城市 GDP 减去二氧化碳排放所产生的损害。GDP 规模数据资料来源于各城市官方网站、国家统计网站、欧盟地区统计报告等；环境适宜度主要描述世界城市的气候适宜度，由平均气温、湿度、晴好天数以及海陆位置等数项指标合成。人均 CO_2 排放量数据资料来源于联合国统计司数据库；城市能耗水平数据资料来源于 BP 世界能源统计年鉴；政府公共治理指数由非政府组织 Global Integrity 编制，主要测度政府公共治理环境和公共服务供给的便利性；环境治理绩效指数由耶鲁大学环境法律与政策中心、哥伦比亚大学国际地球科学信息网络中心联合编制，主要衡量各个政府环境治理的绩效。需要说明的是，由于城市客观数据获取相对困难，数据标准也存在不一致现象，当某些变量数据不能直接获得时，课题组会采用其他近似相关变量数据进行逻辑推算或用国别数据代替。①

>>三、测算结果及分析<<

根据国际城市绿色发展指标体系以及各指标数据，按照中国绿色发展指数的测度方法，我们测算出的全球 100 个城市的绿色发展指数以及经济增长绿化度、资源与环境承载潜力和政府政策支持度三个分指数的结果(见表附录 1-2)。

① 环境适宜度数据资料参见 http://www.bestplaces.net/climate；人均 CO_2 排放量数据资料参见 http://unstats.un.org/unsd/databases.htm；BP 世界能源统计年鉴数据资料参见 http://www.bp.com/productlanding.do?categoryId=9025442&contentId=7047113；政府公共治理指数数据资料参见 http://report.globalintegrity.org/globalIndex.cfm；环境治理绩效指数数据资料参见 http://epi.yale.edu/。

表附录 1-2　　　　　　　　　　国际城市绿色发展指数测算结果

城　市	国　家	大　洲	国际城市绿色发展指数		一级指标：经济增长绿化度		一级指标：资源环境承载潜力		一级指标：政府政策支持度	
			指数值	排　名	指数值	排　名	指数值	排　名	指数值	排　名
纽　约	美　国	北美洲	1.652	1	0.100	33	1.556	1	－0.004	53
里　尔	法　国	欧　洲	1.474	2	0.610	2	0.628	4	0.236	17
巴塞罗那	西班牙	欧　洲	1.058	3	－0.010	54	0.987	2	0.081	45
日内瓦	瑞　士	欧　洲	0.947	4	0.829	1	－0.243	87	0.361	1
贝尔法斯特	英　国	欧　洲	0.818	5	0.377	6	0.266	11	0.176	23
惠灵顿	新西兰	大洋洲	0.746	6	0.341	7	0.241	16	0.164	31
釜　山	韩　国	亚　洲	0.640	7	－0.207	75	0.840	3	0.007	50
苏黎世	瑞　士	欧　洲	0.625	8	0.444	5	－0.180	73	0.361	1
旧金山	美　国	北美洲	0.499	9	0.204	14	0.299	8	－0.004	53
都　灵	意大利	欧　洲	0.492	10	0.063	40	0.309	6	0.119	41
马尔默	瑞　典	欧　洲	0.473	11	0.298	8	－0.130	62	0.305	3
都柏林	爱尔兰	欧　洲	0.461	12	0.132	26	0.214	17	0.115	44
哥德堡	瑞　典	欧　洲	0.421	13	0.139	24	－0.023	44	0.305	3
马　赛	法　国	欧　洲	0.396	14	0.053	41	0.108	32	0.236	17
京　都	日　本	亚　洲	0.392	15	0.009	49	0.144	29	0.240	12
纽伦堡	德　国	欧　洲	0.387	16	0.180	16	－0.070	53	0.277	7
洛杉矶	美　国	北美洲	0.381	17	0.121	30	0.264	12	－0.004	53
里斯本	葡萄牙	欧　洲	0.339	18	0.122	29	0.247	15	－0.030	70
米　兰	意大利	欧　洲	0.338	19	0.036	46	0.183	25	0.119	41
罗　马	意大利	欧　洲	0.320	20	－0.056	61	0.257	13	0.119	41
布鲁塞尔	比利时	欧　洲	0.313	21	0.468	4	－0.304	93	0.149	33
里　昂	法　国	欧　洲	0.307	22	0.181	15	－0.109	58	0.236	17
名古屋	日　本	亚　洲	0.304	23	0.047	43	0.017	37	0.240	12
温哥华	加拿大	北美洲	0.298	24	0.005	50	0.167	27	0.125	38
神　户	日　本	亚　洲	0.291	25	－0.013	55	0.063	35	0.240	12
新加坡	新加坡	亚　洲	0.281	26	0.120	31	－0.064	50	0.225	21
奥斯陆	挪　威	欧　洲	0.277	27	0.205	13	－0.220	81	0.292	6
爱丁堡	英　国	欧　洲	0.274	28	0.250	10	－0.152	67	0.176	23
墨尔本	澳大利亚	大洋洲	0.255	29	－0.051	59	0.321	5	－0.016	68
悉　尼	澳大利亚	大洋洲	0.245	30	－0.043	58	0.303	7	－0.016	68
慕尼黑	德　国	欧　洲	0.241	31	0.039	45	－0.075	54	0.277	7
大　阪	日　本	亚　洲	0.233	32	－0.070	62	0.063	36	0.240	12
斯德哥尔摩	瑞　典	欧　洲	0.209	33	0.123	28	－0.220	80	0.305	3
圣地亚哥	智　利	南美洲	0.189	34	－0.220	76	0.214	18	0.196	22
巴　黎	法　国	欧　洲	0.188	35	0.016	48	－0.064	51	0.236	17

续表

城　市	国　家	大　洲	国际城市绿色发展指数		一级指标					
					经济增长绿化度		资源环境承载潜力		政府政策支持度	
			指数值	排　名	指数值	排　名	指数值	排　名	指数值	排　名
华盛顿	美　国	北美洲	0.180	36	0.219	12	−0.035	45	−0.004	53
格拉斯哥	英　国	欧　洲	0.174	37	0.173	19	−0.175	72	0.176	23
利物浦	英　国	欧　洲	0.173	38	0.223	11	−0.226	84	0.176	23
波士顿	美　国	北美洲	0.171	39	0.175	18	0.000	40	−0.004	53
哥本哈根	丹　麦	欧　洲	0.157	40	0.284	9	−0.256	88	0.129	37
东　京	日　本	亚　洲	0.128	41	−0.016	56	−0.096	57	0.240	12
西雅图	美　国	北美洲	0.119	42	0.131	27	−0.008	41	−0.004	53
海　牙	荷　兰	欧　洲	0.108	43	0.150	21	−0.186	75	0.144	34
首　尔	韩　国	亚　洲	0.105	44	−0.184	73	0.282	10	0.007	50
马尼拉	菲律宾	亚　洲	0.105	45	0.497	3	−0.144	66	−0.249	84
阿姆斯特丹	荷　兰	欧　洲	0.089	46	0.144	23	−0.199	77	0.144	34
费　城	美　国	北美洲	0.078	47	0.072	38	0.010	38	−0.004	53
维也纳	奥地利	欧　洲	0.077	48	0.067	39	−0.153	69	0.163	32
匹兹堡	美　国	北美洲	0.061	49	0.179	17	−0.113	61	−0.004	53
亚特兰大	美　国	北美洲	0.061	50	0.116	32	−0.051	47	−0.004	53
汉　堡	德　国	欧　洲	0.053	51	−0.001	53	−0.223	82	0.277	7
鹿特丹	荷　兰	欧　洲	0.052	52	0.093	35	−0.185	74	0.144	34
多伦多	加拿大	北美洲	0.047	53	−0.026	57	−0.052	48	0.125	38
芝加哥	美　国	北美洲	0.026	54	0.043	44	−0.013	43	−0.004	53
赫尔辛基	芬　兰	欧　洲	0.024	55	0.160	20	−0.306	94	0.170	30
伦　敦	英　国	欧　洲	0.010	56	0.091	36	−0.256	89	0.176	23
法兰克福	德　国	欧　洲	0.005	57	0.073	37	−0.345	99	0.277	7
伯明翰	英　国	欧　洲	−0.002	58	0.051	42	−0.228	85	0.176	23
华　沙	波　兰	欧　洲	−0.009	59	−0.157	71	0.208	20	−0.060	71
吉隆坡	马来西亚	亚　洲	−0.015	60	−0.162	72	0.149	28	−0.002	52
丹　佛	美　国	北美洲	−0.018	61	0.144	22	−0.159	70	−0.004	53
雅　典	希　腊	欧　洲	−0.044	62	−0.141	69	0.207	21	−0.110	74
渥太华	加拿大	北美洲	−0.076	63	0.000	52	−0.201	78	0.125	38
底特律	美　国	北美洲	−0.082	64	0.035	47	−0.113	60	−0.004	53
柏　林	德　国	欧　洲	−0.098	65	−0.090	65	−0.285	92	0.277	7
达拉斯	美　国	北美洲	−0.114	66	0.100	34	−0.210	79	−0.004	53
曼彻斯特	英　国	欧　洲	−0.117	67	−0.052	60	−0.240	86	0.176	23
马德里	西班牙	欧　洲	−0.135	68	−0.079	63	−0.137	64	0.081	45
休斯敦	美　国	北美洲	−0.146	69	0.137	25	−0.279	91	−0.004	53
圣保罗	巴　西	南美洲	−0.157	70	−0.254	82	0.208	19	−0.112	75

续表

城　市	国　家	大　洲	国际城市绿色发展指数		一级指标					
					经济增长绿化度		资源环境承载潜力		政府政策支持度	
			指数值	排　名	指数值	排　名	指数值	排　名	指数值	排　名
塔　林	爱沙尼亚	欧　洲	−0.194	71	−0.123	67	−0.091	56	0.020	47
明斯克	白俄罗斯	欧　洲	−0.204	72	−0.141	68	−0.079	55	0.017	48
布宜诺斯艾利斯	阿根廷	南美洲	−0.214	73	−0.195	74	0.127	31	−0.147	77
维尔纽斯	立陶宛	欧　洲	−0.297	74	−0.084	64	−0.225	83	0.012	49
北　京	中　国	亚　洲	−0.323	75	−0.291	98	0.191	23	−0.224	83
凤凰城	美　国	北美洲	−0.325	76	0.004	51	−0.325	98	−0.004	53
布达佩斯	匈牙利	欧　洲	−0.361	77	−0.142	70	−0.153	68	−0.066	72
雅加达	印度尼西亚	亚　洲	−0.387	78	−0.255	84	0.076	33	−0.208	81
上　海	中　国	亚　洲	−0.435	79	−0.271	87	0.189	24	−0.353	86
曼　谷	泰　国	亚　洲	−0.437	80	−0.254	83	0.000	39	−0.183	79
哈瓦那	古　巴	北美洲	−0.477	81	−0.233	77	−0.054	49	−0.190	80
布拉格	捷克共和国	欧　洲	−0.508	82	−0.117	66	−0.307	95	−0.084	73
德　班	南　非	非　洲	−0.555	83	−0.245	81	0.285	9	−0.594	99
太子港	海　地	北美洲	−0.555	84	−0.310	99	0.167	26	−0.412	94
巴拿马	巴拿马共和国	北美洲	−0.567	85	−0.286	95	−0.112	59	−0.169	78
卢萨卡	赞比亚	非　洲	−0.576	86	−0.276	91	0.076	34	−0.376	87
开普敦	南　非	非　洲	−0.590	87	−0.243	79	0.247	14	−0.594	99
开　罗	埃　及	非　洲	−0.610	88	−0.266	85	−0.135	63	−0.209	82
罗安达	安哥拉	非　洲	−0.654	89	−0.274	90	0.140	30	−0.520	96
布兰太尔	马拉维	非　洲	−0.666	90	−0.316	100	0.193	22	−0.543	98
圣彼得堡	俄罗斯	欧　洲	−0.692	91	−0.274	89	−0.010	42	−0.408	91
孟　买	印　度	亚　洲	−0.733	92	−0.288	97	−0.048	46	−0.397	88
哈拉雷	津巴布韦	非　洲	−0.826	93	−0.282	94	−0.069	52	−0.474	95
莫斯科	俄罗斯	欧　洲	−0.828	94	−0.279	93	−0.141	65	−0.408	91
德　里	印　度	亚　洲	−0.872	95	−0.287	96	−0.187	76	−0.397	88
基　辅	乌克兰	欧　洲	−0.873	96	−0.242	78	−0.308	96	−0.323	85
乌兰巴托	蒙　古	亚　洲	−0.950	97	−0.267	86	−0.274	90	−0.409	93
墨西哥城	墨西哥	北美洲	−0.953	98	−0.244	80	−0.167	71	−0.541	97
加尔各答	印　度	亚　洲	−0.984	99	−0.278	92	−0.309	97	−0.397	88
里约热内卢	巴　西	南美洲	−1.111	100	−0.273	88	−0.727	100	−0.112	75

注：根据中国社会科学院城市与竞争力研究中心全球城市竞争力数据库，Yale Center for Environmental Law and Policy Yale University，Center for International Earth Science Information Network，Columbia University，2011Environmental Sustainability Index 等数据测算。

从全球 100 个城市的绿色发展指数的测算结果来看，我们可以发现，目前，国际城市绿色发展在发展阶段和空间层次上都具有鲜明的特征，中国绿色城市发展也具有自身的特点。

第一，就发展阶段而言，国际城市绿色发展的非均衡特征明显。从测算结果看，全球 100 城市排名前十位的城市分别为纽约、里尔、巴塞罗那、日内瓦、贝尔法斯特、惠灵顿、釜山、苏黎世、旧金山、都灵，后十名的城市分别是圣彼得堡、孟买、哈拉雷、莫斯科、德里、基辅、乌兰巴托、墨西哥城、加尔各答、里约热内卢(如图附录 1-1 所示)。

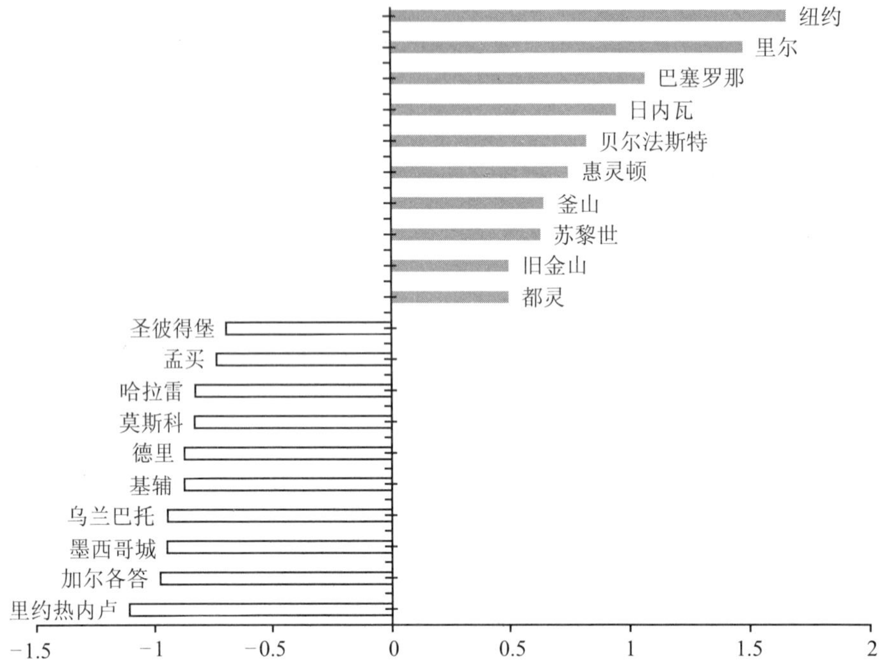

图附录 1-1 国际城市绿色发展指数排名状况比较图

总体来看，全球范围内城市绿色发展仍然呈现比较明显的非均衡特征，城市绿色发展水平往往与其所在国家经济发展阶段高度相关，发达国家城市的绿色发展水平普遍较高。如图附录 1-1所示，排名前十位的城市大多属于欧美发达国家。而新兴工业化国家和发展中国家城市的绿色发展水平相对较低，排名后十位的城市主要位于俄罗斯、印度、蒙古、墨西哥、巴西等国，经济社会发展水平较之于样本中的其他欧美国家明显滞后。从测度结果我们可以看出，尽管当今世界经济格局已经发生了重大变革，新兴市场国家经济发展迅速，在国际经济政治领域的地位与日俱增，但广大新兴市场国家的经济发展的速度与质量并不匹配，在绿色发展领域仍处于相对落后阶段，仍需要推动自身绿色发展，实现有质量、可持续的发展。

第二，就空间层次而言，国际城市绿色发展梯度分布特征明显。从测算结果看，全球绿色城市的空间地理分布总体可以分为两个层次，北美洲、欧洲、大洋洲城市绿色发展水平大致处于第一层次，亚洲、南美洲、非洲城市绿色发展水平整体处于第二层次。第一层次城市绿色发展整体优势突出，资源与环境承载潜力和政府政策支持度指标均相对较高，而第二层次城市绿色发展各项指标往往表现相对较弱。同时，在每个层次内部，城市绿色发展水平仍然存在着梯度差异性，北美洲的墨西哥、巴拿马、海地、古巴等国的城市绿色发展指数都排在后二十位，其中墨西哥的墨西哥城更是排名倒数第三，远落后于美国、加拿大等国的城市，东欧城市绿色发展水平落后于欧洲其他城市，甚至落后于一些亚洲城市，而东亚城市绿色发展水平则大多领先于南亚城市。值得注意的是，放眼全球，城市绿色发展在空间地理上并不存在静态绝对优势，韩国釜山地处亚洲，但其综合排名世界第 7 位，已经成为全球高水平绿色发展城市，实践告诉我们，城市绿色发展梯度的存在只表明了一种动态相对优势，不同区域、不同类型的城市都有实现绿色发展的可能性，只是需要结合自身历史和实际，选择适宜的路径寻求突破与超越。

第三，就中国城市而言，中国城市绿色发展处于承上启下的关键区间。从测算结果看，在 100 个样本城市中，北京、上海分别位列第 75 位、第 79 位。在中国各大城市中，中国这两个城市的绿色发展水平普遍低于欧美发达国家城市，但却明显高于新兴工业化国家和发展中国家的城市，位居新兴工业化国家和发展中国家城市前列，这意味着中国城市，尤其是中国的重要中心城市正处于关键的发展区间，在全球绿色城市发展格局中，既具有纵深发展的现实基础，也具有跨越赶超的可能性，特别需要立足资源与环境承载能力，瞄准世界先进城市，进一步提升绿色发展水平和层次。值得特别重视的是，经过持续 30 多年的经济高速发展，即便极具代表性的北京、上海等地，其绿色发展水平也明显滞后，在样本城市中处于中下游水平，这在某种程度上反映了我国城市经济增长的代价过于昂贵，经济不平衡、不协调、不可持续性的问题较为突出，打造世界高水平绿色城市，走现代绿色发展道路，依然任重道远。

附录二

成都市 2009 年绿色发展指数排名分析

《2011 中国绿色发展指数报告——区域比较》于 2011 年 9 月 24 日在人民大会堂发布以后，成都市绿色发展指数排名较为靠后，这与公众对成都市的认识有一定差距。鉴于此，人民日报记者朱剑红就成都市绿色发展指数排名对课题负责人李晓西教授进行采访。

>>一、成都市是公认的“来了就不想走的城市”，得到了国内外人士的广泛赞誉，而《2011 中国绿色发展指数报告》中成都市排名倒数第三，如何解释？<<

中国绿色发展指数系列报告从 2010 年开始出版，2012 年首次加入城市比较。在参评的 34 个城市中，成都市绿色发展指数位列第 32 位，这一排名与公众对成都的认识有一定差距，我觉得可以从以下几个方面来理解：

1. 汶川大地震灾后重建因素

参照世界银行“世界发展指标”的模式，2011 中国绿色发展指数是以 2009 年的数据为基础进行的测算，指标数据较发布年份滞后两年。而 2009 年成都市正着力于汶川大地震的灾后重建，各项生产都在恢复之中，国民经济和社会发展受到较大影响，部分指标下降在所难免。以占指数权重 33%的“政府政策支持度”为例，为了应对灾后重建和金融危机，成都市计划实现 4000 亿元投资，其中灾后住房重建要完成 600 亿元，几乎与成都市 2009 年财政支出持平。这给成都市的绿色支出带来较大压力，使得成都市在绿色投资、环境治理等方面的绿色支持相对较少，“政府政策支持度”排名靠后，低于全国平均水平。

2. 成都市城乡统筹因素

2007 年，成都市被批准设立“全国统筹城乡综合配套改革试验区”，现已取得了令人瞩目的成绩。但同时，设立“全国统筹城乡综合配套改革试验区”以后，成都市的规划由原来 5 个中心城区拓展为包括周边区县等在内的 10 个城区。与其他参评城市的传统规划相比，成都市原中心城区周边的郊县、乡村在统计制度中一并被记录了进来，成都市无论是行政区划面积还是人口都大为扩张，指标数据的统计口径明显偏大。

此外，行政区划面积扩大以后，原郊县乡村的工业污染和生活污染问题全部纳入成都市的治理范围内，这样，在一定程度上增加了成都市绿色发展的压力和负担，影响了成都在中国绿色发展指数中的排名。

3. 人地双指标加大了对成都资源环境承载潜力排名的影响

考虑到有的省市是人口大省，有的省市是面积大省，因此在反映各省市资源环境的承载潜力方面，中国绿色发展指数指标体系同时采用了人均指标和地均指标。但成都市在资源环境承载方面表现相对较弱，因此人地双指标加大了成都弱势指标的权重，影响了成都市的排名。如人均氨氮排放量和单位土地面积氨氮排放量，成都市2009年氨氮排放量为12 769.5吨，位列全国第5位，属于成都市的弱势指标。在采用人地双指标以后，氨氮排放量对环境的影响计算了两次，导致成都市最后的得分进一步偏低。

>>二、《2011中国绿色发展指数报告》中，成都市排名靠后的指标涵盖哪些方面？从您的角度看，成都为何会出现这样的情况？<<

《2011中国绿色发展指数报告》中，成都市排名靠后的指标在“经济增长绿化度”、“资源环境承载潜力”和“政府政策支持度”三个方面都有所体现，具体包括人均地区生产总值、单位地区生产总值氮氧化物排放量、第二产业劳动生产率、首要污染物可吸入颗粒物天数全年占比、工业废水化学需氧量去除率、工业废水氨氮去除率等。这些指标既涵盖经济的绿色增长效率，又包括对资源环境的合理利用和保护，同时还涉及政府对绿色发展的态度等，各有侧重。

据我们的研究显示及我的理解，成都市出现这样的情况有以下几个原因：一方面，如前文提到，汶川地震灾后重建、城乡统筹等因素对成都市绿色发展的影响在中国绿色发展指数中尚未得到体现，因此部分指标受到影响；另一方面，成都市正处于工业化进程的中期，因发展而带来的资源环境压力相对较大，与此相关的这些指标排名靠后；此外，中国东西部差距仍然较为明显，东强西弱局面仍未改变，成都市是西部城市，其与东部城市相比在经济绿色增长效率、绿色投资等方面有一定差距，相应指标排名较为落后。

>>三、根据你的了解，成都市是如何看待《2011中国绿色发展指数报告》中的排序？成都对绿色发展的看法和行动？<<

成都市非常重视《2011中国绿色发展指数报告》中的排序，在看到34个测评城市的排名结果以后，市委宣传部特地组织市发改委、建委、统计局、环保局等有关部门了解我们的研究方法及理论，并就相关问题与课题组进行了深入的交流与沟通。成都市认为，绿色发展是未来经济发展的主要方向之一，成都市支持并正在实施着绿色发展。成都市相关部门指出，我们的研究客观、合理，但部分涉及成都市的指标与成都市的实际情况有一定偏差，希望我们能作进一步的研究分析。此外，成都市还对报告提出了不少中肯的建议，如市环保局的同志建议我们适当加入考量生活污染的指标，市发改委的同志建议我们降低各指标的关联性，市建委的同志建议我们使用更加权威的数据等。

在交流中，我进一步了解到，成都市还有不少与绿色发展相关的政策和行动，在我们的报告中没有体现，如加强成都市污染治理与控制、推行低碳经济等。在未来的研究中我们的报告应该更加深入，以充分反映城市的绿色发展状况。

>>四、成都市近两年的情况怎么样？<<

2010 年和 2011 年的数据表明，成都市各项指标表现较好，绿色发展得到较大提高。第一，节能减排方面，成都市承担了四川省节能减排 80％的完成量，其中 2010 年实现 COT 下降 23.6％，实现二氧化硫减排下降 22.9％，分别高出国家规定标准 13.6％和 12.9％。第二，环境污染治理方面，2010 年以来，成都市工业固体废物综合利用率高达 99.5％，工业用水重复利用率达到 87％，均大大超过了 2009 年的数据状况，较 2009 年有极大提高。第三，产业结构方面，成都市第二产业和第三产业增加值增幅较大，从业人员增长也超过全国其他城市，产业结构趋于合理，发展态势良好。

>>五、《2011 中国绿色发展指数报告》中城市指标体系设计是否存在什么问题？你如何看待城市排名的合理性？<<

2011 中国城市绿色发展指数虽为新增内容，但其本身经过多次专家会议讨论，因此指标体系较为科学和合理。首先，2011 中国城市绿色发展指数贯彻绿色与发展相结合的理念，突出城市绿色发展特色指标，坚持公开、公平、公正的原则，以公开出版的年鉴或者相关部门公布的权威指标数据等作为测算的基础数据。其次，指标体系的指标由 10 多位涉及经济、资源、环境、能源、统计等研究领域的专家经过数次分析讨论而最终确定。最后，2011 中国城市绿色发展指数的测评城市是以环保部公布的 113 个环境监测重点城市为基础，从中选取 4 个直辖市、5 个计划单列市和 25 个省会城市。此外，2011 中国城市绿色发展指数由包括吴敬琏、厉以宁、魏礼群、刘世锦、张新时、牛文元等在内的 30 多位国内权威专家学者评审，公平性得到保证。

但与此同时，通过专家和各地方的反馈，我们也认识到了指标体系存在的不足：一是我们只能根据权威的年鉴来获取数据，而不同地区对上报数据的重视程度不同，因此，数据质量也有差别，比如，有些城市的重要指标就没有填写完整；二是有些部门强调内部数据，而我们只能选用公开的数据，因此，对其真实性和客观性的判断会出现差异；三是指标权重由多位专家通过类似“德尔菲法”确定，虽然他们都是这方面研究的专家，但毕竟有一定的主观性。

>>六、新一年的测度报告有什么新的计划与设想？<<

根据专家意见和各地反映，新一年的测度报告，尤其是城市绿色指数测度将会有进一步的完善。第一，加入民意调查。以测评城市为基础，以网络调查、实地调研等形式，进行民意调查，并将民众感受与理论研究结合评价。这是来自成都测评中我们的体会。第二，设立绿色体检表。以中国绿色发展指数指标体系为基础，建立各个省份和测评城市的绿色体检表，查出其绿色发展的不足之处。这也是在成都座谈中形成的成果，得到的启示。第三，进一步完善我们的测度体系。根据专家意见和各地反映，对城市指标适度调整，新增加部分重要城市以提高排序的客观性和合理性。第四，建立绿色发展进步指数，使各省份和测评城市各年的数据可比，判断其测度年与往年相比是进步还是退步。

附录三

省区绿色发展指数测算指标解释及数据来源

1. 人均地区生产总值

国内生产总值(GDP)是指按市场价格计算的一个国家(或地区)所有常住单位在一定时期内生产活动的最终成果。对于一个地区来说，称为地区生产总值或地区 GDP。计算公式为：

$$人均地区生产总值=\frac{地区生产总值}{(上年年末总人口数+当年年末总人口数)/2}$$

资料来源：国家统计局：《中国统计年鉴 2010—2011》，北京，中国统计出版社，2010—2011。

2. 单位地区生产总值能耗

能源消费总量是指一定时期内全国(地区)各行业和居民生活消费的各种能源的核算能源消费总量指标。能源消费总量分为三部分，即终端能源消费量、能源加工转换损失量和损失量。

单位地区生产总值能耗是指一定时期内该地区能源消费总量与地区生产总值的比值，反映的是该地区每增加一单位地区生产总值所带来的能源使用的增加量。计算公式：

$$单位地区生产总值能耗=\frac{能源消费总量}{地区生产总值}$$

资料来源：国家统计局.《中国统计年鉴 2011》，北京，中国统计出版社，2011。

3. 非化石能源消费量占能源消费量的比重

非化石能源是指除煤炭、石油和天然气之外的其他能源。

非化石能源消费量占能源消费量的比重是指非化石能源消费量在能源消费总量中的百分比。计算公式为：

$$非化石能源消费量占能源消费量的比重=\frac{非化石能源消费总量}{能源消费总量}\times 100\%$$

资料来源：无数列表。

4. 单位地区生产总值二氧化碳排放量

单位地区生产总值二氧化碳排放量是指一定时期内某地区二氧化碳排放量与地区生产总值的比值。计算公式为：

$$单位地区生产总值二氧化碳碳排放=\frac{二氧化碳排放量}{地区生产总值}$$

资料来源：无数列表。

5. 单位地区生产总值二氧化硫排放量

二氧化硫排放量分为工业二氧化硫排放量和生活及其他二氧化硫排放量，其中工业二氧化硫排放量是指报告期内企业在燃料燃烧和生产工艺过程中排入大气的二氧化硫总量，计算公式为：

工业 SO_2 排放量=燃料燃料过程中 SO_2 排放量+生产工艺过程中 SO_2 排放量

生活及其他二氧化硫排放量是以生活及其他煤炭消费量和其含硫量为基础，根据以下公式计算：

生活及其他 SO_2 排放量=生活及其他煤炭消费量×含硫量×0.8×2

单位地区生产总值二氧化硫排放量是指一定时期内某地区二氧化硫排放量与地区生产总值的比值。计算公式为：

$$\text{单位地区生产总值二氧化硫排放量}=\frac{\text{二氧化硫排放量}}{\text{地区生产总值}}$$

资料来源：国家统计局：《中国统计年鉴 2010—2011》，北京，中国统计出版社，2010—2011。

6. 单位地区生产总值化学需氧量排放量

化学需氧量(COD)是指用化学氧化剂氧化水中有机污染物时所需的氧量。COD 值越高，表示水中有机污染物污染越重。化学需氧量排放量主要来自工业废水和生活污水。其中，生活污水中化学需氧量(COD)排放量是指城镇居民每年排放的生活污水中的 COD 的量。用人均系数法测算。测算公式为：

城镇生活污水中 COD 排放量=城镇生活污水中 COD 产生系数×市镇非农业人口×365

单位地区生产总值化学需氧量排放量是指一定时期内该地区化学需氧量排放量与地区生产总值的比值。计算公式为：

$$\text{单位地区生产总值化学需氧量排放量}=\frac{\text{化学需氧量排放量}}{\text{地区生产总值}}$$

资料来源：国家统计局：《中国统计年鉴 2010—2011》，北京，中国统计出版社，2010—2011。

7. 单位地区生产总值氮氧化物排放量

单位地区生产总值氮氧化物排放量是指一定时期内该地区氮氧化物排放量与地区生产总值的比值。计算公式为：

$$\text{单位地区生产总值氮氧化物排放量}=\frac{\text{氮氧化物排放量}}{\text{地区生产总值}}$$

资料来源：国家统计局：《中国统计年鉴 2010—2011》，北京，中国统计出版社，2010—2011；环境保护部：《中国环境统计年报 2010》，北京，中国环境科学出版社，2011。

8. 单位地区生产总值氨氮排放量

单位地区生产总值氨氮排放量是指一定时期内该地区氨氮排放量与地区生产总值的比值。计算公式为：

$$\text{单位地区生产总值氮氧化物排放量}=\frac{\text{氨氮排放量}}{\text{地区生产总值}}$$

资料来源：国家统计局：《中国统计年鉴 2010—2011》，北京，中国统计出版社，2010—2011；环境保护部：《中国环境统计年报 2010》，北京，中国环境科学出版社，2011。

9. 人均城镇生活消费用电

计算公式为：

$$\text{人均城镇生活消费用电}=\frac{\text{城镇生活消费用电}}{\text{城市年平均人口}}$$

资料来源：国家统计局：《中国城市统计年鉴 2011》，北京，中国统计出版社，2012。

10. 第一产业劳动生产率

第一产业劳动生产率是指一定时期内第一产业增加值与第一产业年平均就业人员数的比值。计算公式为：

$$第一产业劳动生产率=\frac{第一产业增加值}{(上年年末第一产业就业人员数+当年年末第一产业就业人员数)/2}$$

资料来源：国家统计局：《中国统计年鉴 2011》，北京，中国统计出版社，2011。

11. 土地产出率

土地产出率是指一定时期内该地区种植业产值与农作物播种面积的比值。计算公式为：

$$土地产出率=\frac{农业总产值}{农作物播种面积}$$

资料来源：国家统计局：《中国统计年鉴 2011》，北京，中国统计出版社，2011。

12. 节水灌溉面积占有效灌溉面积的比重

有效灌溉面积指具有一定的水源，地块比较平整，灌溉工程或设备已经配套，在一般年景下，当年能够进行正常灌溉的耕地面积。在一般情况下，有效灌溉面积应等于灌溉工程或设备已经配备，能够进行正常灌溉的水田和水浇地面积之和。它是反映我国耕地抗旱能力的一个重要指标。计算公式为：

$$节水灌溉面积占有效灌溉面积的比重=\frac{节水灌溉面积}{有效灌溉面积}\times 100\%$$

资料来源：国家统计局：《中国统计年鉴 2011》，北京，中国统计出版社，2011；水利部：《中国水利统计年鉴 2011》，北京，水利水电出版社，2011。

13. 有效灌溉面积占耕地面积比重

有效灌溉面积是指具有一定的水源，地块比较平整，灌溉工程或设备已经配套，在一般年景下，当年能够进行正常灌溉的耕地面积。在一般情况下，有效灌溉面积应等于灌溉工程或设备已经配备，能够进行正常灌溉的水田和水浇地面积之和。它是反映我国耕地抗旱能力的一个重要指标。

耕地面积是指经过开垦用以种植农作物并经常进行耕耘的土地面积。包括种有作物的土地面积、休闲地、新开荒地和抛荒未满三年的土地面积。

资料来源：国家统计局：《中国统计年鉴 2011》，北京，中国统计出版社，2011。

14. 第二产业劳动生产率

第二产业劳动生产率是指一定时期内第二产业增加值与第二产业年平均就业人员数的比值。计算公式为：

$$第二产业劳动生产率=\frac{第二产业增加值}{(上年年末第二产业就业人员数+当年年末第二产业就业人员数)/2}$$

资料来源：国家统计局：《中国统计年鉴 2011》，北京，中国统计出版社，2011。

15. 单位工业增加值水耗

工业增加值是指工业企业在报告期内以货币表现的工业生产活动的最终成果。

工业用水量是指工矿企业在生产过程中用于制造、加工、冷却、空调、净化、洗涤等方面的用水，按新水取用量计，不包括企业内部的重复利用水量。

单位工业增加值水耗是指一定时期内工业用水量与工业增加值的比值。计算公式为：

$$单位工业增加值水耗=\frac{工业用水量}{工业增加值}$$

资料来源：国家统计局：《中国统计年鉴 2011》，北京，中国统计出版社，2011；国家统计局：《中国区域经济统计年鉴 2005—2011》，北京，中国统计出版社，2006—2012。

16. 规模以单位上工业增加值能耗

规模以上单位工业增加值能耗指的是规模以上工业企业能源使用量与规模以上工业增加值的比值。计算公式为：

$$\text{规模以上工业增加值能耗}=\frac{\text{规模以上工业企业能源使用量}}{\text{规模以上工业增加值}}$$

资料来源：无数列表。

17. 工业固体废物综合利用率

工业固体废物综合利用率是指工业固体废物综合利用量占工业固体废物产生量(包括综合利用往年贮存量)的百分率。计算公式为：

$$\text{工业固体废物利用率}=\frac{\text{工业固体废物综合利用量}}{\text{工业固体废物产生量}+\text{综合利用往年贮存量}}\times 100\%$$

其中，工业固体废物产生量是指报告期内企业在生产过程中产生的固体状、半固体状和高浓度液体状废弃物的总量，包括危险废物、冶炼废渣、粉煤灰、炉渣、煤矸石、尾矿、放射性废物和其他废物等；不包括矿山开采的剥离废石和掘进废石(煤矸石和呈酸性或碱性的废石除外)。酸性或碱性废石指采掘的废石其流经水、雨淋水的 pH 值小于 4 或 pH 值大于 10.5 者。工业固体废物综合利用量是指报告期内企业通过回收、加工、循环、交换等方式，从固体废物中提取或者使其转化为可以利用的资源、能源和其他原材料的固体废物量(包括当年利用往年的工业固体废物贮存量)，如用作农业肥料、生产建筑材料、筑路等。综合利用量由原产生固体废物的单位统计。

资料来源：国家统计局、环境保护部：《中国环境统计年鉴 2011》，北京，中国统计出版社，2011。

18. 工业用水重复利用率

工业用水重复利用率是指在一定时期内，生产过程中使用的重复利用水量与总用水量之比。计算公式为：

$$\text{工业用水重复利用率}=\frac{\text{重复利用水量}}{\text{生产中取用的新水量}+\text{重复利用水量}}\times 100\%$$

资料来源：国家统计局、环境保护部：《中国环境统计年鉴 2011》，北京，中国统计出版社，2011。

19. 六大高载能行业产值占工业总产值比重

六大高载能行业产值占工业总产值比重是指规模以上工业中六大高载能行业产值占全部工业总产值的百分比。

工业总产值是指以货币形式表现的，工业企业在一定时期内生产的工业最终产品或提供工业性劳务活动的总价值量。它反映一定时间内工业生产的总规模和总水平。

六大高载能行业产值是指一定时期内石油加工、炼焦及核燃料加工业总产值，化学原料及化学制品制造业总产值，非金属矿物制品业总产值，黑色金属冶炼及压延加工业总产值，有色金属冶炼及压延加工业总产值，电力热力的生产和供应业总产值之和。

资料来源：国家统计局：《中国工业经济统计年鉴 2011》，北京，中国统计出版社，2011。

20. 第三产业劳动生产率

第三产业劳动生产率是指一定时期内第三产业增加值与第三产业年平均就业人员数的比值。计算公式为：

$$\text{第三产业劳动生产率}=\frac{\text{第三产业增加值}}{(\text{上年年末第三产业就业人员数}+\text{当年年末第三产业就业人员数})/2}$$

资料来源：国家统计局：《中国统计年鉴 2011》，北京，中国统计出版社，2011。

21. 第三产业增加值比重

第三产业增加值比重是指报告期内第三产业增加值占地区生产总值的百分比。计算公式为：

$$第三产业增加值比重=\frac{第三产业增加值}{地区生产总值}\times 100\%$$

资料来源：国家统计局：《中国统计年鉴2011》，北京，中国统计出版社，2011。

22. 第三产业就业人员比重

第三产业就业人员比重是指报告期内第三产业就业人员占全部产业就业人员的百分比。计算公式为：

$$第三产业就业人员比重=\frac{第三产业就业人员}{全部产业就业人员}\times 100\%$$

资料来源：国家统计局：《中国统计年鉴2011》，北京，中国统计出版社，2011。

23. 人均水资源量

水资源总量是指评价区内降水形成的地表和地下产水总量，即地表产流量与降水入渗补给地下水量之和，不包括过境水量。

人均水资源量是指一定时期内一个地区个人平均拥有的地表和地下产水总量。计算公式为：

$$人均当地水资源量=\frac{该地区的水资源总量}{该地区总人数}$$

资料来源：国家统计局：《中国统计年鉴2011》，北京，中国统计出版社，2011。

24. 人均森林面积

森林面积是指由乔木树种构成，郁闭度0.2以上(含0.2)的林地或冠幅宽度10米以上的林带的面积，即有林地面积。森林面积包括天然起源和人工起源的针叶林面积、阔叶林面积、针阔混交林面积和竹林面积，不包括灌木林地面积和疏林地面积。

人均森林面积是指一定时期内一个地区个人平均拥有的有林地面积。计算公式为：

$$人均森林面积=\frac{该地区森林面积}{该地区总人数}$$

资料来源：国家统计局：《中国统计年鉴2011》，北京，中国统计出版社，2011。

25. 森林覆盖率

森林覆盖率指一个国家或地区森林面积占土地面积的百分比。在计算森林覆盖率时，森林面积包括郁闭度0.20以上的乔木林地面积和竹林地面积、国家特别规定的灌木林地面积、农田林网以及四旁(村旁、路旁、水旁、宅旁)林木的覆盖面积。森林覆盖率表明一个国家或地区森林资源的丰富程度和生态平衡状况，是反映林业生产发展水平的主要指标。计算公式为：

$$森林覆盖率=\frac{森林面积}{土地总面积}\times 100\%+\frac{灌木林地面积}{土地总面积}\times 100\%+\frac{林网树占地面积}{土地总面积}\times 100\%+\frac{四旁树占地面积}{土地总面积}\times 100\%$$

资料来源：国家统计局：《中国统计年鉴2011》，北京，中国统计出版社，2011。

26. 自然保护区面积占辖区面积比重

自然保护区是指对有代表性的自然生态系统、珍稀濒危野生动植物物种的天然分布区、水源涵养区、有特殊意义的自然历史遗迹等保护对象所在的陆地、陆地水体或海域，依法划出一定面积进行特殊保护和管理的区域。以县及县以上各级人民政府正式批准建立的自然保护区为准(包括“六五”以前由部门或“革委会”批准且现仍存在的自然保护区)。风景名胜区、文物保护区不计在内。自然保护区面积占墨守成规区面积比重的计算公式为：

$$自然保护区面积占辖区面积比重=\frac{自然保护区面积}{辖区面积}\times 100\%$$

资料来源：国家统计局：《中国统计年鉴2011》，北京，中国统计出版社，2011。

27. 湿地面积占国土面积的比重

湿地是指天然或人工、长久或暂时性的沼泽地、泥炭地或水域地带，包括静止或流动、淡水、半咸水、咸水体，低潮时水深不超过6米的水域以及海岸地带地区的珊瑚滩和海草床、滩涂、红树林、河口、河流、淡水沼泽、沼泽森林、湖泊、盐沼及盐湖。计算公式为：

$$湿地面积占国土面积比重=\frac{湿地面积}{国土面积}\times 100\%$$

资料来源：国家统计局：《中国统计年鉴2011》，北京，中国统计出版社，2011。

28. 人均活立木总蓄积量

活立木总蓄积量是指一定范围内土地上全部树木蓄积的总量，包括森林蓄积、疏林蓄积、散生木蓄积和四旁树蓄积。计算公式为：

$$人均活立木总蓄积量=\frac{活立木总蓄积量}{年末总人口}$$

资料来源：国家统计局：《中国统计年鉴2011》，北京，中国统计出版社，2011。

29. 单位土地面积二氧化碳排放量

土地调查面积是指行政区域内的土地调查总面积，包括农用地、建设用地和未利用地。

单位土地面积二氧化碳排放量的计算公式为：

$$单位土地面积二氧化碳排放量=\frac{二氧化碳排放量}{土地调查面积}$$

资料来源：无数列表。

30. 人均二氧化碳排放量

人均二氧化碳排放量的计算公式为：

$$人均二氧化碳排放量=\frac{当年二氧化碳排放量}{年平均人口}$$

资料来源：无数列表。

31. 单位土地面积二氧化硫排放量

单位土地面积二氧化硫排放量的计算公式为：

$$单位土地面积二氧化硫排放量=\frac{二氧化硫排放量}{土地调查面积-沙漠及戈壁总面积}$$

资料来源：国家统计局：《中国统计年鉴2011》，北京，中国统计出版社，2011；吴正：《中国的沙漠》，北京，商务印书馆，1995。

32. 人均二氧化硫排放量

人均二氧化硫排放量的计算公式为：

$$人均二氧化硫排放量=\frac{当年二氧化硫排放量}{(上年年末总人口数+当年年末总人口数)/2}$$

资料来源：国家统计局：《中国统计年鉴2011》，北京，中国统计出版社，2011。

33. 单位土地面积化学需氧量排放量

单位土地面积化学需氧量排放量的计算公式为：

$$单位土地面积化学需氧量排放量=\frac{化学需氧量排放量}{土地调查面积-沙漠及戈壁总面积}$$

资料来源：国家统计局：《中国统计年鉴2011》，北京，中国统计出版社，2011；吴正：《中国的沙漠》，北京，商务印书馆，1995。

34. 人均化学需氧量排放量

人均化学需氧量排放量的计算公式为：

$$人均化学需氧量排放量=\frac{当年化学需氧量排放量}{(上年年末总人口数+当年年末总人口数)/2}$$

资料来源：国家统计局：《中国统计年鉴2011》，北京，中国统计出版社，2011。

35. 单位土地面积氮氧化物排放量

单位土地面积氮氧化物排放量的计算公式为：

$$单位土地面积氮氧化物排放量=\frac{氮氧化物排放量}{土地调查面积-沙漠及戈壁总面积}$$

资料来源：环境保护部：《中国环境统计年报2010》，北京，中国环境科学出版社，2011；国家统计局：《中国统计年鉴2011》，北京，中国统计出版社，2011；吴正：《中国的沙漠》，北京，商务印书馆，1995。

36. 人均氮氧化物排放量

人均氮氧化物排放量的计算公式为：

$$人均氮氧化物排放量=\frac{当年氮氧化物排放量}{(上年年末总人口数+当年年末总人口数)/2}$$

资料来源：环境保护部：《中国环境统计年报2010》，北京，中国环境科学出版社，2011；国家统计局：《中国统计年鉴2011》，北京，中国统计出版社，2011。

37. 单位土地面积氨氮排放量

单位土地面积氨氮排放量的计算公式为：

$$单位土地面积氨氮排放量=\frac{氨氮排放量}{土地调查面积-沙漠及戈壁总面积}$$

资料来源：环境保护部：《中国环境统计年报2010》，北京，中国环境科学出版社，2011；国家统计局：《中国统计年鉴2011》，北京，中国统计出版社，2011；吴正：《中国的沙漠》，北京，商务印书馆，1995。

38. 人均氨氮排放量

人均氨氮排放量的计算公式为：

$$人均氨氮排放量=\frac{当年氨氮排放量}{(上年年末总人口数+当年年末总人口数)/2}$$

资料来源：环境保护部：《中国环境统计年报2010》，北京，中国环境科学出版社，2011；国家统计局：《中国统计年鉴2011》，北京，中国统计出版社，2011。

39. 单位耕地面积化肥施用量

农用化肥施用量指本年内实际用于农业生产的化肥数量，包括氮肥、磷肥、钾肥和复合肥。化肥施用量要求按折纯量计算数量。折纯量是指把氮肥、磷肥、钾肥分别按含氮、含五氧化二磷、含氧化钾的百分之百成份进行折算后的数量。复合肥按其所含主要成分折算。计算公式为：

折纯量=实物量×某种化肥有效成份含量的百分比

耕地面积指经过开垦用以种植农作物并经常进行耕耘的土地面积。包括种有作物的土地面积、休闲地、新开荒地和抛荒未满三年的土地面积。单位耕地面积化肥施用量的计算公式为：

$$单位耕地面积化肥施用量=\frac{化肥施用量}{耕地面积}$$

资料来源：国家统计局：《中国统计年鉴2011》，北京，中国统计出版社，2011。

40. 单位耕地面积农药使用量

单位耕地面积农药使用量是指在一定时期内单位耕地面积上的农药使用量。计算公式为：

$$单位耕地面积农药使用量=\frac{农药使用量}{耕地面积}$$

资料来源：国家统计局、环境保护部：《中国环境统计年鉴2011》，北京，中国统计出版社，2011；国家统计局：《中国统计年鉴2011》，北京，中国统计出版社，2011。

41. 人均公路交通氮氧化物排放量

人均公路交通氮氧化物排放量计算公式为：

$$人均公路交通氮氧化物排放量=\frac{公路交通氮氧化物排放量}{(上年年末总人口数+当年年末总人口数)/2}$$

资料来源：国家统计局：《中国统计年鉴2011》，北京，中国统计出版社，2011；环境保护部：《中国环境统计年报2010》，北京，中国环境科学出版社，2011。

42. 环境保护支出占财政支出比重

环境保护支出是指政府环境保护支出，包括环境保护管理事务支出、环境监测与监察支出、污染治理支出、自然生态保护支出、天然林保护工程支出、退耕还林支出、风沙荒漠治理支出、退牧还草支出、已垦草原退耕还草、能源节约利用、污染减排、可再生能源和资源综合利用等支出。环境保护支出占财政支出比重是指环境保护支出占财政支出的百分比。计算公式为：

$$环境保护支出占财政支出比重=\frac{环境保护支出}{财政支出}\times 100\%$$

资料来源：国家统计局：《中国统计年鉴2011》，北京，中国统计出版社，2011。

43. 环境污染治理投资占地区生产总值比重

环境污染治理投资是指在工业污染源治理和城市环境基础设施建设的资金投入中，用于形成固定资产的资金。包括工业污染源治理投资和“三同时”项目环保投资，以及城市环境基础设施建设所投入的资金。

环境污染治理投资占地区生产总值比重是指环境污染治理投资与地区生产总值的比值。计算公式为：

$$环境污染治理投资占地区生产总值比重=\frac{环境污染治理投资}{地区生产总值}\times 100\%$$

资料来源：国家统计局、环境保护部：《中国环境统计年鉴2011》，北京，中国统计出版社，2011；国家统计局：《中国统计年鉴2011》，北京，中国统计出版社，2011。

44. 农村人均改水、改厕的政府投资

农村人口是指居住和生活在县城(不含)以下的乡镇、村的人口。计算公式为：

$$农村人均改水、改厕的政府投资=\frac{农村改水投资+农村改厕投资}{(上年年末乡村总人口数+当年年末乡村总人口数)/2}$$

资料来源：国家统计局、环境保护部：《中国环境统计年鉴2011》，北京，中国统计出版社，2011。

45. 单位耕地面积退耕还林投资完成额

单位耕地面积退耕还林投资完成额的计算公式为：

$$单位耕地面积退耕还林投资完成额=\frac{林业投资完成额}{耕地面积}$$

资料来源：国家统计局、环境保护部：《中国环境统计年鉴2011》，北京，中国统计出版社，2011；国家统计局：《中国统计年鉴2011》，北京，中国统计出版社，2011。

46. 科教文卫支出占财政支出比重

科学技术支出是指用于科学技术方面的支出，包括科学技术管理事务、基础研究、应用研究、技术研究与开发、科技条件与服务、社会科学、科学技术普及、科技交流与合作等。

教育支出是指政府教育事务支出，包括教育行政管理、学前教育、小学教育、初中教育、普通高中教育、普通高等教育、初等职业教育、中专教育、技校教育、职业高中教育、高等职业教育、广播电视教育、留学生教育、特殊教育、干部继续教育、教育机关服务等。

文化教育与传媒支出是指政府在文化、文物、体育、广播影视、新闻出版等方面的支出。

医疗卫生支出是指政府医疗卫生方面的支出，包括医疗卫生管理事务支出、医疗服务支出、医疗保障支出、疾病预防控制支出、卫生监督支出、妇幼保健支出、农村卫生支出等。

科教文卫支出占财政支出比重的计算公式为：

$$\text{科教文卫支出占财政支出比重} = \frac{(\text{科学技术支出}+\text{教育支出}+\text{文化体育与传媒支出}+\text{医疗卫生支出})}{\text{地方财政一般预算内支出}}\times 100\%$$

资料来源：国家统计局：《中国统计年鉴 2011》，北京，中国统计出版社，2011。

47. 城市人均绿地面积

绿地面积是指报告期末用作绿化的各种绿地面积。包括公园绿地、单位附属绿地、居住区绿地、生产绿地、防护绿地和风景林地的总面积。计算公式为：

$$\text{人均绿地面积} = \frac{\text{城市绿地面积}}{\text{城市年平均人口}}$$

资料来源：国家统计局：《中国统计年鉴 2011》，北京，中国统计出版社，2011；国家统计局：《中国城市统计年鉴 2011》，北京，中国统计出版社，2012。

48. 城市用水普及率

城市用水普及率是指城市用水人口数与城市人口总数的比率。计算公式为：

$$\text{用水普及率} = \frac{\text{城市用水人口数}}{\text{城市人口总数}}\times 100\%$$

资料来源：国家统计局：《中国统计年鉴 2011》，北京，中国统计出版社，2011。

49. 城市污水处理率

城市污水处理率是指城市污水处理量占城市污水排放量的比重。计算公式为：

$$\text{城市污水处理率} = \frac{\text{城市污水处理量}}{\text{城市污水排放量}}\times 100\%$$

资料来源：国家统计局、环境保护部：《中国环境统计年鉴 2011》，北京，中国统计出版社，2011。

50. 城市生活垃圾无害化处理率

城市生活垃圾无害化处理率是指报告期生活垃圾无害化处理量与生活垃圾产生量比率。在统计上，由于生活垃圾产生量不易取得，可用清运量代替。计算公式为：

$$\text{生活垃圾无害化处理率} = \frac{\text{生活垃圾无害化处理量}}{\text{生活垃圾产生量}}\times 100\%$$

资料来源：国家统计局：《中国统计年鉴 2011》，北京，中国统计出版社，2011。

51. 城市每万人拥有公交车辆

城市每万人拥有公交车辆是指报告期内城市每万人拥有的不同类型的运营车辆按统一的标准折算成的营运车辆数。计算公式为：

$$每万人拥有公共交通车辆=\frac{公共交通运营车辆数}{城市人口总数}\times100\%$$

资料来源：国家统计局：《中国城市统计年鉴2011》，北京，中国统计出版社，2011。

52. 人均城市公共交通运营线路网长度

人均城市公共交通运营线路网长度是指每人拥有的城市公共交通运营线路网长度。计算公式为：

$$人均城市公共交通运营线路网长度=\frac{城市公交运营线路网长度}{城市年平均人口}$$

资料来源：国家统计局：《中国统计年鉴2011》，北京，中国统计出版社，2011；国家统计局：《中国城市统计年鉴2011》，北京，中国统计出版社，2012。

53. 农村累计已改水受益人口占农村总人口比重

累计已改水受益人口指各种改水形式的受益人口。农村人口指居住和生活在县城（不含）以下的乡镇、村的人口。农村累计已改水受益人口占农村总人口比重计算公式为：

$$农村累计已改水受益人口占农村总人口比重=\frac{农村累计已改水受益人口}{农村总人口}$$

资料来源：国家统计局、环境保护部：《中国环境统计年鉴2011》，北京，中国统计出版社，2011。

54. 建成区绿化覆盖率

建成区绿化覆盖率是指城市建成区绿地面积占建成区面积的百分比。

建成区绿地面积是指报告期末建成区用作园林和绿化的各种绿地面积，包括公园绿地、生产绿地、防护绿地、附属绿地和其他绿地的面积。

资料来源：国家统计局：《中国统计年鉴2011》，北京，中国统计出版社，2011。

55. 人均当年新增造林面积

造林是指在宜林荒山荒地、宜林沙荒地、无立木林地、疏林地和退耕地等其他宜林地上通过人工措施形成或恢复森林、林木、灌木林的过程。人均当年新增造林面积计算公式：

$$人均当年新增造林面积=\frac{当年造林总面积}{(上年年末总人口数+当年年末总人口数)/2}$$

资料来源：国家统计局：《中国统计年鉴2011》，北京，中国统计出版社，2011；国家统计局：《中国统计年鉴2010》，北京，中国统计出版社，2010。

56. 工业二氧化硫去除率

工业二氧化硫排放量是指报告期内企业在燃料燃烧和生产工艺过程中排入大气的二氧化硫总量。工业二氧化硫去除量是指燃料燃烧和生产工艺废气经过各种废气治理设施处理后，去除的二氧化硫量。

工业二氧化硫去除率是指工业二氧化硫去除量占工业二氧化硫排放量和工业二氧化硫去除量总和的比重。计算公式为：

$$工业二氧化硫去除率=\frac{工业二氧化硫去除量}{(工业二氧化硫去除量+工业二氧化硫排放量)}\times100\%$$

资料来源：国家统计局：《中国统计年鉴2011》，北京，中国统计出版社，2011。

57. 工业废水化学需氧量去除率

工业废水化学需氧量去除率是指工业废水化学需氧量去除量占工业废水化学需氧量排放量和工业废水化学需氧量去除量总和的比重。计算公式为：

$$工业废水化学需氧量去除率=\frac{工业废水化学需氧量去除量}{(工业废水化学需氧量去除量+工业废水化学需氧量排放量)}\times 100\%$$

资料来源：国家统计局、环境保护部：《中国环境统计年报2010》，北京，中国统计出版社，2010；国家统计局：《中国统计年鉴2011》，北京，中国统计出版社，2011。

58. 工业氮氧化物去除率

工业氮氧化物排放量是指工业生产过程中排入大气的氮氧化物量。工业氮氧化物去除量是指工业生产过程中的废气经过各种废气治理设施处理后，去除的氮氧化物量。

工业氮氧化物去除率是指工业氮氧化物去除量占工业氮氧化物排放量和工业氮氧化物去除量总和的比重。计算公式为：

$$工业氮氧化物去除率=\frac{工业氮氧化物去除量}{(工业氮氧化物去除量+工业氮氧化物排放量)}\times 100\%$$

资料来源：国家统计局、环境保护部：《中国环境统计年报2010》，北京，中国统计出版社，2010。

59. 工业废水氨氮去除率

工业废水氨氮去除率是指工业废水氨氮去除量占工业废水氨氮排放量和工业废水氨氮去除量总和的比重。计算公式为：

$$工业废水氨氮去除率=\frac{工业废水氨氮去除量}{(工业废水氨氮去除量+工业废水氨氮排放量)}\times 100\%$$

资料来源：国家统计局、环境保护部：《中国环境统计年报2010》，北京，中国统计出版社，2010；国家统计局：《中国统计年鉴2011》，北京，中国统计出版社，2011。

60. 突发环境事件次数

环境突发事件指由于违反环境保护法规的经济、社会活动与行为，以及意外因素的影响或不可抗拒的自然灾害等原因，致使环境受到污染，国家重点保护的野生动植物、自然保护区受到破坏，人体健康受到危害，社会经济和人民财产受到损失，造成不良社会影响的突发性事件。

资料来源：国家统计局：《中国统计年鉴2011》，北京，中国统计出版社，2011。

附录四

城市绿色发展指数测算指标解释及数据来源

1. 人均地区生产总值

地区生产总值(GDP)是指按市场价格计算的一个国家(或地区)所有常住单位在一定时期内生产活动的最终成果。人均地区生产总值计算公式为：

$$人均地区生产总值=\frac{地区生产总值}{年平均人口}$$

资料来源：国家统计局：《中国区域经济统计年鉴2011》，北京，中国统计出版社，2012；国家统计局：《中国城市统计年鉴2011》，北京，中国统计出版社，2011。

2. 单位地区生产总值能耗

能源消费总量是指一定时期内一个国家或地区各行业和居民生活消费的各种能源的总和。单位地区生产总值能耗是指一定时期内该地区每生产一个单位的地区生产总值所消耗的能源。计算公式为：

$$单位地区生产总值能耗=\frac{能源消费总量}{地区生产总值}$$

资料来源：国家统计局：《中国区域经济统计年鉴2011》，北京，中国统计出版社，2012；国家统计局：《中国城市统计年鉴2011》，北京，中国统计出版社，2011。

3. 人均城镇生活消费用电

人均城镇生活消费用电是指一定时期内某地区城镇居民生活消费用电量与年平均人口的比值。计算公式为：

$$人均城镇生活消费用电=\frac{城镇生活消费用电量}{年平均人口}$$

资料来源：国家统计局：《中国城市统计年鉴2011》，北京，中国统计出版社，2011。

4. 单位地区生产总值二氧化碳排放量

单位地区生产总值二氧化碳排放量是指一定时期内某地区二氧化碳排放量与地区生产总值的比值。计算公式为：

$$单位地区生产总值二氧化碳排放量=\frac{二氧化碳排放量}{地区生产总值}$$

5. 单位地区生产总值二氧化硫排放量

二氧化硫排放量分为工业二氧化硫排放量和生活二氧化硫排放量，其中工业二氧化硫排放量是指报告期内企业在燃料燃烧和生产工艺过程中排入大气的二氧化硫总量，计算公式为：

工业二氧化硫排放量＝燃料燃烧过程中二氧化硫排放量＋生产工艺过程中二氧化硫排放量

生活及其他二氧化硫排放量是以生活及其他煤炭消费量和其含硫量为基础，根据以下公式计算：

生活及其他排放量＝生活及其他煤炭排放量×含硫量×0.8×2

单位地区生产总值二氧化硫排放量是指一定时期内某地区二氧化硫排放量与地区生产总值的比值。计算公式为：

$$单位地区生产总值二氧化硫排放量=\frac{二氧化硫排放量}{地区生产总值}$$

资料来源：国家统计局：《中国区域经济统计年鉴2011》，北京，中国统计出版社，2012；环境保护部：《中国环境统计年报2010》，北京，中国环境科学出版社，2011。

6. 单位地区生产总值化学需氧量排放量

化学需氧量(COD)是指用化学氧化剂氧化水中有机污染物时所需的氧量。COD值越高，表示水中有机污染物污染越重。化学需氧量排放量主要来自工业废水和生活污水。其中，生活污水中化学需氧量(COD)排放量是指城镇居民每年排放的生活污水中的COD的量。用人均系数法测算。计算公式为：

城镇生活污水中COD排放量＝城镇生活污水中COD产生系数×市镇非农业人口×365

单位地区生产总值化学需氧量排放量是指一定时期内该地区化学需氧量排放量与地区生产总值的比值。

$$单位地区生产总值化学需氧量排放量=\frac{化学需氧量排放量}{地区生产总值}$$

资料来源：国家统计局：《中国区域经济统计年鉴2011》，北京，中国统计出版社，2012；环境保护部：《中国环境统计年报2010》，北京，中国环境科学出版社，2011。

7. 单位地区生产总值氮氧化物排放量

氮氧化物排放量是指报告期内排入大气的氮氧化物量。

单位地区生产总值氮氧化物排放量是指一定时期内该地区氮氧化物排放量与地区生产总值的比值。计算公式为：

$$单位地区生产总值氮氧化物排放量=\frac{氮氧化物排放量}{地区生产总值}$$

资料来源：国家统计局：《中国区域经济统计年鉴2011》，北京，中国统计出版社，2012；环境保护部：《中国环境统计年报2010》，北京，中国环境科学出版社，2011。

8. 单位地区生产总值氨氮排放量

氨氮排放量是指报告期内企业排出的工业废水和城镇生活污水中所含氨氮的纯重量。

单位地区生产总值氨氮排放量是指一定时期内该地区氨氮排放量与地区生产总值的比值。计算公式为：

$$单位地区生产总值氨氮排放量=\frac{氨氮排放量}{地区生产总值}$$

资料来源：国家统计局：《中国区域经济统计年鉴2011》，北京，中国统计出版社，2012；环境保护部：《中国环境统计年报2010》，北京，中国环境科学出版社，2011。

9. 第一产业劳动生产率

第一产业劳动生产率是指一定时期内第一产业增加值与第一产业年平均就业人员数的比值。计算公式为：

第一产业劳动生产率

$$=\frac{\text{第一产业增加值}}{[(\text{上年年末第一产业就业人员数}+\text{当年年末第一产业就业人员数})]/2}$$

资料来源：国家统计局：《中国区域经济统计年鉴2011》，北京，中国统计出版社，2012。

10. 第二产业劳动生产率

第二产业劳动生产率是指一定时期内第二产业增加值与第二产业年平均就业人员数的比值。计算公式为：

第二产业劳动生产率

$$=\frac{\text{第二产业增加值}}{[(\text{上年年末第二产业就业人员数}+\text{当年年末第二产业就业人员数})]/2}$$

资料来源：国家统计局：《中国区域经济统计年鉴2011》，北京，中国统计出版社，2012。

11. 单位工业增加值水耗

单位工业增加值水耗是指一定时期内，一个国家或地区每生产一个单位的工业增加值所消耗的水量。其中，工业增加值是指工业企业在报告期内以货币表现的工业生产活动的最终成果。工业用水量是指报告期内企业厂区内用于生产和生活的水量，它等于新鲜用水量与重复用水量之和。计算公式为：

$$\text{单位工业增加值水耗}=\frac{\text{工业用水量}}{\text{工业增加值}}$$

资料来源：国家统计局：《中国区域经济统计年鉴2011》，北京，中国统计出版社，2012；环境保护部：《中国环境统计年报2010》，北京，中国环境科学出版社，2011。

12. 单位工业增加值能耗

单位工业增加值能耗是指一定时期内，一个国家或地区每生产一个单位的工业增加值所消耗的能源。计算公式为：

$$\text{单位工业增加值能耗}=\frac{\text{工业能源消费量}}{\text{工业增加值}}$$

资料来源：国家统计局：《中国区域经济统计年鉴2011》，北京，中国统计出版社，2012；国家统计局：《中国统计年鉴2011》，北京，中国统计出版社，2011。

13. 工业固体废物综合利用率

工业固体废物综合利用率是指工业固体废物综合利用量占工业固体废物产生量(包括综合利用往年贮存量)的百分率。计算公式为：

$$\text{工业固体废物利用率}=\frac{\text{工业固体废物综合利用量}}{\text{工业固体废物产生量}+\text{综合利用往年贮存量}}\times 100\%$$

其中，工业固体废物产生量是指报告期内企业在生产过程中产生的固体状、半固体状和高浓度液体状废弃物的总量，包括危险废物、冶炼废渣、粉煤灰、炉渣、煤矸石、尾矿、放射性废物和其他废物等；不包括矿山开采的剥离废石和掘进废石(煤矸石和呈酸性或碱性的废石除外)。酸性或碱性废石指采掘的废石其流经水、雨淋水的pH值小于4或pH值大于10.5者。工业固体废物综合利用量是指报告期内企业通过回收、加工、循环、交换等方式，从固体废物中提取或者使其转化为可以利用的资源、能源和其他原材料的固体废物量(包括当年利用往年的工业固体废物贮存量)，如用作农业肥料、生产建筑材料、筑路等。综合利用量由原产生固体废物的单位统计。

资料来源：环境保护部：《中国环境统计年报2010》，北京，中国环境科学出版社，2011。

14. 工业用水重复利用率

工业用水量指报告期内企业厂区内用于生产和生活的水量，它等于新鲜用水量与重复用水量之和。其中，新鲜用水量指报告期内企业厂区用于生产和生活的新鲜水量(生活用水单独计量且生活污水不与生活废水混排的除外)，它等于企业从城市自来水取用的水量和企业自备水用量之和。重复用水量指报告期内企业用水中重复再利用的水量，包括循环使用、一水多用和窜级使用的水量(含经处理后回用量)。

工业用水重复利用率是指在一定时期内，生产过程中使用的重复用水量与工业用水量之比。计算公式为：

$$工业用水重复利用率=\frac{重复用水量}{新鲜用水量+重复用水量}\times 100\%$$

资料来源：环境保护部：《中国环境统计年报 2010》，北京，中国环境科学出版社，2011。

15. 第三产业劳动生产率

第三产业劳动生产率是指一定时期内某地区第三产业增加值与第三产业年平均就业人员数的比值。计算公式为：

$$第三产业劳动生产率=\frac{第三产业增加值}{[(上年年末第三产业就业人员数+当年年末第三产业就业人员数)]/2}$$

资料来源：国家统计局：《中国区域经济统计年鉴 2011》，北京，中国统计出版社，2012。

16. 第三产业增加值比重

第三产业增加值比重是指报告期内某地区第三产业增加值占地区生产总值的比重。

资料来源：国家统计局：《中国城市统计年鉴 2011》，北京，中国统计出版社，2011。

17. 第三产业就业人员比重

第三产业就业人员比重是指报告期内第三产业就业人员占全部产业就业人员的百分比。

资料来源：国家统计局：《中国区域经济统计年鉴 2011》，北京，中国统计出版社，2012。

18. 人均水资源量

人均当地水资源量是指一定时期内一个地区个人平均拥有的水资源总量。其中，一定区域区的水资源总量是指当地降水形成的地表和地下产水量，即地表径流量与降水入渗补给量之和，不包括过境水量。

资料来源：环境保护部：《中国环境统计年报 2010》，北京，中国环境科学出版社，2011；国家统计局：《中国城市统计年鉴 2011》，北京，中国统计出版社，2011。

19. 单位土地面积二氧化碳排放量

单位土地面积二氧化碳排放量的计算公式为：

$$单位土地面积二氧化碳排放量=\frac{二氧化碳排放量}{行政区域土地面积}$$

20. 人均二氧化碳排放量

人均二氧化碳排放量的计算公式为：

$$人均二氧化碳排放量=\frac{二氧化碳排放量}{年平均人口}$$

21. 单位土地面积二氧化硫排放量

行政区域土地面积是指该行政区划内的全部土地面积(包括水面面积)。计算土地面积是以行政区划分为准。

单位土地面积二氧化硫排放量的计算公式为：

$$单位土地面积二氧化硫排放量=\frac{二氧化硫排放量}{行政区域土地面积}$$

资料来源：环境保护部：《中国环境统计年报2010》，北京，中国环境科学出版社，2011；国家统计局：《中国城市统计年鉴2011》，北京，中国统计出版社，2011。

22. 人均二氧化硫排放量

人均二氧化硫排放量的计算公式为：

$$人均二氧化硫排放量=\frac{二氧化硫排放量}{行政区域土地面积}$$

资料来源：环境保护部：《中国环境统计年报2010》，北京，中国环境科学出版社，2011；国家统计局：《中国城市统计年鉴2011》，北京，中国统计出版社，2011。

23. 单位土地面积化学需氧量排放量

单位土地面积化学需氧量排放量的计算公式为：

$$单位土地面积化学需氧量排放量=\frac{化学需氧量排放量}{行政区域土地面积}$$

资料来源：环境保护部：《中国环境统计年报2010》，北京，中国环境科学出版社，2011；国家统计局：《中国城市统计年鉴2011》，北京，中国统计出版社，2011。

24. 人均化学需氧量排放量

人均化学需氧量排放量的计算公式为：

$$人均化学需氧量排放量=\frac{化学需氧量排放量}{年平均人口}$$

资料来源：环境保护部：《中国环境统计年报2010》，北京，中国环境科学出版社，2011；国家统计局：《中国城市统计年鉴2011》，北京，中国统计出版社，2011。

25. 单位土地面积氮氧化物排放量

单位土地面积氮氧化物排放量的计算公式为：

$$单位土地面积氮氧化物排放量=\frac{氮氧化物排放量}{行政区域土地面积}$$

资料来源：环境保护部：《中国环境统计年报2010》，北京，中国环境科学出版社，2011；国家统计局：《中国城市统计年鉴2011》，北京，中国统计出版社，2011。

26. 人均氮氧化物排放量

人均氮氧化物排放量的计算公式为：

$$人均氮氧化物排放量=\frac{氮氧化物排放量}{年平均人口}$$

资料来源：环境保护部：《中国环境统计年报2010》，北京，中国环境科学出版社，2011；国家统计局：《中国城市统计年鉴2011》，北京，中国统计出版社，2011。

27. 单位土地面积氨氮排放量

单位土地面积氨氮排放量的计算公式为：

$$单位土地面积氨氮排放量=\frac{氨氮排放量}{行政区域土地面积}$$

资料来源：环境保护部：《中国环境统计年报2010》，北京，中国环境科学出版社，2011；国家统计局：《中国城市统计年鉴2011》，北京，中国统计出版社，2011。

28. 人均氨氮排放量

人均氨氮排放量的计算公式为：

$$人均氨氮排放量=\frac{氨氮排放量}{年平均人口}$$

资料来源：环境保护部：《中国环境统计年报2010》，北京，中国环境科学出版社，2011；国家统计局：《中国城市统计年鉴2011》，北京，中国统计出版社，2011。

29. 空气质量达到二级以上天数占全年比重

空气污染指数是根据环境空气质量标准和各项污染物对人体健康和生态环境的影响来确定污染指数的分级及相应的污染物浓度值。我国目前采用的空气污染指数(API)分为五个等级，API值小于等于50，说明空气质量为优，相当于国家空气质量一级标准，符合自然保护区、风景名胜区和其他需要特殊保护地区的空气质量要求；API值大于50且小于等于100，表明空气质量良好，相当于达到国家质量二级标准；API值大于100且小于等于200，表明空气质量为轻度污染，相当于国家空气质量三级标准；API值大于200表明空气质量差，称为中度污染，为国家空气质量四级标准；API大于300表明空气质量极差，已严重污染。

空气质量达到二级以上天数占全年比重是指该行政区域内空气污染指数达到二级以上天数与全年总天数的比值。

资料来源：环境保护部数据中心(http://datacenter.mep.gov.cn/)。

30. 首要污染物可吸入颗粒物天数占全年比重

首要污染物是指污染最重的污染物，目前在测的三大污染物为二氧化硫、二氧化氮和可吸入颗粒物。可吸入颗粒物是指粒径在0.1～100微米，不易在重力作用下沉降到地面，能在空气中长期飘浮的颗粒物。

首要污染物可吸入颗粒物天数占全年比例是指该行政区域内首要污染物为可吸入颗粒物的天数与全年总天数的比值。

资料来源：环境保护部数据中心(http://datacenter.mep.gov.cn/)。

31. 环境保护支出占财政支出比重

环境保护支出是指政府环境保护支出，包括环境保护管理事务支出、环境监测与监察支出、污染治理支出、自然生态保护支出、天然林保护工程支出、退耕还林支出、风沙荒漠治理支出、退牧还草支出、已垦草原退耕还草、能源节约利用、污染减排、可再生能源和资源综合利用等支出。

环境保护支出占财政支出比重是指环境保护支出占财政支出的百分比。计算公式为：

$$环境保护支出占财政支出比重=\frac{环境保护支出}{地方财政一般预算内支出}\times 100\%$$

资料来源：国家统计局：《中国统计年鉴2011》，北京，中国统计出版社，2011；国家统计局：《中国城市统计年鉴2011》，北京，中国统计出版社，2011。

32. 工业环境污染治理投资占地区生产总值比重

工业环境污染治理投资是指报告期内用于治理工业废水、废气、固体废物、噪声及其他环境污染的投资完成额。工业环境污染治理投资占地区生产总值比重的计算公式为：

$$工业环境污染治理投资占地区生产总值比重=\frac{工业环境污染治理投资完成额}{地区生产总值}\times 100\%$$

资料来源：环境保护部：《中国环境统计年报2010》，北京，中国环境科学出版社，2011；国家统计局：《中国区域经济统计年鉴2011》，北京，中国统计出版社，2012。

33. 科教文卫支出占财政支出比重

科学技术支出是指用于科学技术方面的支出，包括科学技术管理事务、基础研究、应用研究、技术研究与开发、科技条件与服务、社会科学、科学技术普及、科技交流与合作等。

教育支出是指政府教育事务支出，包括教育行政管理、学前教育、小学教育、初中教育、普通高中教育、普通高等教育、初等职业教育、中专教育、技校教育、职业高中教育、高等职业教育、广播电视教育、留学生教育、特殊教育、干部继续教育、教育机关服务等。

文化教育与传媒支出是指政府在文化、文物、体育、广播影视、新闻出版等方面的支出。

医疗卫生支出是指政府医疗卫生方面的支出，包括医疗卫生管理事务支出、医疗服务支出、医疗保障支出、疾病预防控制支出、卫生监督支出、妇幼保健支出、农村卫生支出等。

科教文卫支出占财政支出比重的计算公式为：

科教文卫支出占财政支出比重

$$=\frac{(\text{科学技术支出}+\text{教育支出}+\text{文化体育与传媒指出}+\text{医疗卫生支出}}{\text{地方财政一般预算内支出}}\times 100\%$$

资料来源：国家统计局：《中国统计年鉴2011》，北京，中国统计出版社，2011；国家统计局：《中国区域经济统计年鉴2011》，北京，中国统计出版社，2012；国家统计局：《中国城市统计年鉴2011》，北京，中国统计出版社，2011。

34. 人均绿地面积

绿地面积是指报告期末用作绿化的各种绿地面积。包括公园绿地、单位附属绿地、居住区绿地、生产绿地、防护绿地和风景林地的总面积。计算公式为：

$$\text{人均绿地面积}=\frac{\text{绿地面积}}{\text{市辖区常住人口}}$$

资料来源：国家统计局：《中国城市统计年鉴2011》，北京，中国统计出版社，2011。

35. 建成区绿化覆盖率

建成区绿化覆盖率指报告期末建成区内绿化覆盖面积与区域面积的比率。计算公式为：

$$\text{建成区绿化覆盖率}=\frac{\text{建成区绿化覆盖面积}}{\text{建成区面积}}\times 100\%$$

资料来源：住房和城乡建设部：《中国城市建设统计年鉴2010》，北京，中国计划出版社，2011。

36. 用水普及率

城市用水普及率是指城市用水人口数与城市人口总数的比率。计算公式为：

$$\text{用水普及率}=\frac{\text{城市用水人口数}}{\text{城市人口总数}}\times 100\%$$

资料来源：住房和城乡建设部：《中国城市建设统计年鉴2010》，北京，中国计划出版社，2011。

37. 城镇生活污水处理率

城市污水处理率是指报告期内城镇生活污水处理量占城镇生活污水产生量的百分率。计算公式为：

$$\text{城镇生活污水处理率}=\frac{\text{城镇生活污水处理量}}{\text{城镇生活污水产生量}}\times 100\%$$

资料来源：住房和城乡建设部：《中国城市建设统计年鉴2010》，北京，中国计划出版社，2011。

38. 生活垃圾无害化处理率

生活垃圾无害化处理率是指报告期生活垃圾无害化处理量与生活垃圾产生量比率。在统计上，由于生活垃圾产生量不易取得，可用清运量代替。计算公式为：

$$生活垃圾无害化处理率=\frac{生活垃圾无害化处理量}{生活垃圾产生量}\times 100\%$$

资料来源：住房和城乡建设部：《中国城市建设统计年鉴2010》，北京，中国计划出版社，2011。

39. 每万人拥有公共汽车

每万人拥有公共汽车是指报告期末市辖区内每万人平均拥有的不同类型的运营车辆数。计算公式为：

$$每万人拥有公共汽车=\frac{公共交通运营车辆数}{市辖区常住人口数}$$

资料来源：国家统计局：《中国城市统计年鉴2011》，北京，中国统计出版社，2011。

40. 工业二氧化硫去除率

二氧化硫排放量是指报告期内企业在燃料燃烧和生产工艺过程中排入大气的二氧化硫总量。

二氧化硫去除量是指燃料燃烧和生产工艺废气经过各种废气治理设施处理后去除的二氧化硫总量。

工业二氧化硫去除率是指工业二氧化硫去除量占工业二氧化硫排放量和工业二氧化硫去除量总和的比重。计算公式为：

$$工业二氧化硫去除率=\frac{工业二氧化硫去除量}{(工业二氧化硫去除量+工业二氧化硫排放量)}\times 100\%$$

资料来源：环境保护部：《中国环境统计年报2010》，北京，中国环境科学出版社，2011。

41. 工业废水化学需氧量去除率

工业废水中化学需氧量去除量是指报告期内企业生产过程中排出的废水，经过各种水治理设施处理后，除去废水中所含化学需氧量的纯重量。

工业废水中化学需氧量排放量是指报告期内企业排出的工业废水中所含污染物本身的纯重量。

工业废水化学需氧量去除率是指工业废水中化学需氧量去除量占工业废水中化学需氧量排放量和工业废水中化学需氧量去除量总和的比重。计算公式为：

$$工业废水化学需氧量去除率=\frac{工业废水中化学需氧量去除量}{(工业废水中化学需氧量去除量+工业废水中化学需氧量排放量)}\times 100\%$$

资料来源：环境保护部：《中国环境统计年报2010》，北京，中国环境科学出版社，2011。

42. 工业氮氧化物去除率

氮氧化物排放量是指报告期内企业排入大气的氮氧化物量。

氮氧化物去除量是指报告期内企业利用各种废气治理设施去除的氮氧化物量。

工业氮氧化物去除率是指工业氮氧化物去除量占工业氮氧化物排放量和工业氮氧化物去除量总和的比重。计算公式为：

$$工业氮氧化物去除率=\frac{工业氮氧化物去除量}{(工业氮氧化物去除量+工业氮氧化物排放量)}\times 100\%$$

资料来源：环境保护部：《中国环境统计年报2010》，北京，中国环境科学出版社，2011。

43. 工业废水氨氮去除率

工业废水中氨氮去除量是指报告期内企业生产过程中排出的废水，经过各种水治理设施处理后，除去废水中所含氨氮本身的纯重量。

工业废水中氨氮排放量是指报告期内企业排出的工业废水中所含氨氮本身的纯重量。

工业废水氨氮去除率是指工业废水氨氮去除量占工业废水氨氮排放量和工业废水氨氮去除量总和的比重。计算公式为：

$$\text{工业氨氮去除率}=\frac{\text{工业废水中氨氮去除量}}{(\text{工业废水中氨氮去除量}+\text{工业废水中氨氮排放量})}\times 100\%$$

资料来源：环境保护部：《中国环境统计年报2010》，北京，中国环境科学出版社，2011。

参考文献

1. UNEP. Towards a Green Economy: Pathways to Sustainable Development and Poverty Eradication, 2011.

2. The World Bank, Development Research Center of the State Council, the People's Republic of China. China 2030: Building a Modern, Harmonious, and Creative High-Income Society, 2012.

3. Beatley T. Green urbanism: Learning from European cities[M]. Island Press, 2000.

4. Bob Hall, Mary Lee Kerr. 1991—1992 green index: a state-by-state guide to the nation's environmental health[M]. Island Press, 1991.

5. Christine Kim, et al. Environmental Performance Index 2010[C]. Yale University and Columbia University, 2010-01-28.

6. Clifford Cobb, Ted Halstead, Jonathan Rowe. If the GDP is Up, Why is America Down? [Z]. The Atlantic Monthly, 1995.

7. Crafts, N. F. R. The Human Development Index and Changes in Standards of Living: Some Historical Comparisons[J] . European Review of Economic History, 1997(1).

8. Donovan N, Halpem D. Life Satisfaction: The State of Knowledge and Implications for Government [EB/OL]. United Kingdom Treasury Paper, 2002.

9. Goldsmith E. A Blueprint for Survival[M]. Ecosystems Ltd. , 1972.

10. S. Hadwen , L. J. Palmer. Reindeer in Alaska, USDA Bulletin, 1922, No. 1089. Washington, D. C. : US Department of Agriculture.

11. Harris Jonathan M, Scott Kennedy. Carrying capacity in Agriculture: Global and regional issues[J]. Ecological Economics, 1999, 29(3).

12. Herman Daly, John Cobb Jr. For the Common Good: Redirecting the Economy Toward Community, the Environment, and a Sustainable Future[M]. Beacon Press, 1989.

13. Lawn P A. A theoretical foundation to support the index of sustainable economic welfare (ISEW), genuine progress indicator (GPI), and other related indexes [J]. Ecological Economics, 2003, 44(1).

14. Leipert C. A critical appraisal of gross national product: The measurement of net national welfare and environmental accounting[J]. Journal of Economics Issues, 1987, 21(1).

15. Michiel A. Rijsberman, Frans H. M. van de Ven . Different approaches to assessment of design and management of sustainable urban water system [J]. Environment Impact Assessment Review, 2000, 20(3).

16. OECD. Eco-efficiency [R]. Paris: Organisation for Economic Cooperation and

Development，1998.

17. Ree W E. Ecololgical footprint and appropriated carrying capacity：what urban economics leaves out[J]. Environment and Urbanization，1992，4(2).

18. Nicholson-Lord D. Green cities and why we need them [M]. New Economics Foundation，London，2003.

19. [美]卡恩著，孟凡玲译. 绿色城市[M]. 北京：中信出版社，2008.

20. OECD 编，曹东等译. 环境绩效评估[M]. 北京：中国环境科学出版社，2007.

21. [英]吉登斯著，曹荣湘译. 气候变化的政治[M]. 北京：社会科学文献出版社，2009.

22. 联合国环境规划署. 迈向绿色经济：通往可持续发展和消除贫困的各种途径——面向决策者的综合报告，2011.

23. 温家宝 2012 年政府工作报告(全文).

24. 国家统计局. 中国统计年鉴 2009—2011[R]. 北京：中国统计出版社，2009—2011.

25. 国家统计局，环境保护部. 中国环境统计年鉴 2008—2011[R]. 北京：中国统计出版社，2009—2011.

26. 中华人民共和国环境保护部编. 中国环境统计年报 2010[M]. 北京：中国环境科学出版社，2011.

27. 国家统计局国民经济综合统计司编. 中国区域经济统计年鉴 2011[R]. 北京：中国统计出版社，2011.

28. 国家统计局工业统计司编. 2011 中国工业经济统计年鉴[R]. 北京：中国统计出版社，2011.

29. 中华人民共和国水利部编. 2011 中国水利统计年鉴[R]. 北京：中国水利水电出版社，2011.

30. 国家统计局城市社会经济调查司编. 中国城市统计年鉴 2011[R]. 北京：中国统计出版社，2011.

31. 住房和城乡建设部编. 中国城市建设统计年鉴 2010[R]. 北京：中国城市建设出版社，2010.

32. 国家统计局国民经济综合统计司编. 新中国六十年统计资料汇编[R]. 北京：中国统计出版社，2009.

33. 国家环境保护总局编著. 全国生态现状调查与评估　综合卷[R]. 北京：中国环境科学出版社，2005.

34. 中国环境与发展国际合作委员会秘书处编. 绿色转型，科学发展的战略思考：中国环境与发展国际合作委员会 2007—2009 政策研究成果[R]. 北京：中国环境科学出版社，2010.

35. 科学技术部社会发展科技司，中国 21 世纪议程管理中心编著. 绿色发展与科技创新[M]. 北京：科学出版社，2011.

36. 世界银行著，胡光宇等译. 2009 年世界发展报告：重塑世界经济地理[R]. 北京：清华大学出版社，2009.

37. 世界银行著，王辉等译. 2011 年世界发展指标[M]. 北京：中国财政经济出版社，2011.

38.《世界发展报告》编写组著. 2003 年世界发展报告[R]. 北京：中国财政经济出版

社，2003.

39. 联合国开发计划署. 中国人类发展报告2002：绿色发展，必选之路[R]. 北京：中国财政经济出版社，2002.

40. 中国发展研究基金会编. 中国发展报告2010——促进人的发展的中国新型城市化战略[R]. 北京：人民出版社，2010.

41. 中国城市科学研究会主编. 中国低碳生态城市发展战略[M]. 北京：中国城市出版社，2009.

42. 北京师范大学科学发展观与经济可持续发展研究基地等著. 2010中国绿色发展指数年度报告——省际比较[R]. 北京：北京师范大学出版社，2010.

43. 北京师范大学科学发展观与经济可持续发展研究基地等著. 2011中国绿色发展指数报告——区域比较[R]. 北京：北京师范大学出版社，2011.

44. 北京师范大学经济与资源管理研究院. 2008中国市场经济发展报告[R]. 北京：北京师范大学出版社，2008.

45. 中国人民大学气候变化与低碳经济研究所编著. 低碳经济：中国用行动告诉哥本哈根[M]. 北京：石油工业出版社，2010.

46. 吴敬琏. 中国增长模式抉择[M]. 上海：远东出版社，2006.

47. 林毅夫，蔡昉，李周. 中国的奇迹：发展战略与经济改革[M]. 上海：上海人民出版社，1994.

48. 厉以宁. 经济增长方式转变为何缓慢[J]. 价格理论与实践，2005.

49. 李晓西等. 新世纪中国经济报告[M]. 北京：中国经济出版社，2009.

50. 李晓西. 中国：新的发展观[M]. 北京：中国经济出版社，2009.

51. 牛文元主编. 中国可持续发展总论[M]. 北京：科学出版社，2007.

52. 中国科学院可持续发展战略研究组. 2012中国可持续发展战略报告——全球视野下的中国可持续发展[R]. 北京：科学出版社，2012.

53. 李泽厚. 中国思想史论三部曲[M]. 天津：天津社会科学院出版社，2007.

54. 倪鹏飞、[美]彼得·卡尔·克拉索. 全球城市竞争力报告(2009—2010)[R]. 北京：社会科学文献出版社，2010.

55. 吴正. 中国沙漠及其治理[M]. 北京：科学出版社，2009.

56. 李建平，李闽榕，王金南主编. 中国省域环境竞争力发展报告2009—2010[R]. 北京：社会科学文献出版社，2011.

57. 杨东平主编. 中国环境发展报告2010[R]. 北京：社会科学文献出版社，2010.

58. 严耕主编. 中国省域生态文明建设评价报告ECI 2011[R]. 北京：社会科学文献出版社，2011.

59. 王伟光等主编. 应对气候变化报告2009——通向哥本哈根[R]. 北京：社会科学文献出版社，2009.

60. 曹荣湘主编. 全球大变暖：气候经济、政治与伦理[M]. 北京：社会科学文献出版社，2010.

61. 曾少军著. 碳减排：中国经验：基于清洁发展机制的考察[M]. 北京：社会科学文献出版社，2010.

62. 张焕波著. 中国、美国和欧盟气候政策分析[M]. 北京：社会科学文献出版社，2010.

63. 邹首民，王金南，洪亚雄主编. 国家“十一五”环境保护规划研究报告[R]. 北京：中国环境科学出版社，2006.

64. 王金南等著. 绿色国民经济核算[M]. 北京：中国环境科学出版社，2009.

65. 张坤民，潘家华，崔大鹏主编. 低碳经济论[M]. 北京：中国环境科学出版社，2008.

66. 赵媛，郝丽莎，王立山编著. 可持续发展案例教程[M]. 北京：科学出版社，2006.

67. 蔡运龙编著. 自然资源学原理[M]. 北京：科学出版社，2000.

68. 马胜杰，姚晓艳著. 中国循环经济综合评价研究[M]. 北京：中国经济出版社，2009.

69. 邱寿丰著. 探索循环经济规划之道：循环经济规划的生态效率方法及应用[M]. 上海：同济大学出版社，2009.

70. 张录强著. 广义循环经济的生态学基础——自然科学与社会科学的整合[M]. 北京：人民出版社，2007.

71. 王秋艳主编. 中国绿色发展报告[R]. 北京：中国时代经济出版社，2009.

72. 田红娜著. 中国资源型城市创新体系营建[M]. 北京：经济科学出版社，2009.

各章主要执笔人

部分	章数	撰　稿　人
总论		李晓西、潘建成
第一篇	第一章	施发启、宋涛
	第二章	江明清、刘杨
	第三章	赵军利、周键聪
	第四章	施发启、江明清、马洪立、宋涛、刘杨、周键聪
第二篇	第五章	王有捐、朱磊、石翊龙
	第六章	毛玉如、张江雪、刘诗瑶
	第七章	陈小龙、蔡宁、闵德龙
	第八章	王有捐、毛玉如、陈小龙、张江雪、蔡宁、朱磊、石翊龙、刘诗瑶、闵德龙
第三篇	第九章	潘建成、赵军利、丛雅静
	第十章	潘建成、赵军利、贾德刚
第四篇	教授论坛	辜胜阻、唐任伍、赖德胜、胡必亮、江源、刘方健、宋旭光、刘学敏、张琦、唐方方、梁进社、李宝元、毛显强、刘建生、尹恒、王红瑞、王洛忠、刘金石、李丁
附　录	附录一	赵峥、林永生、肖义欢、张亮亮
	附录二	李晓西
	附录三	施发启、江明清、宋涛、刘杨、周键聪
	附录四	王有捐、毛玉如、陈小龙、张江雪、蔡宁、朱磊、石翊龙、刘诗瑶、闵德龙

后 记

从2011年9月到2012年6月，在前两年版本的基础上，《2012中国绿色发展指数报告——区域比较》经过修订和写作，交付了出版社。国内外形势发展的推动，社会各界的关注和支持，课题组成员的积极努力，促使本报告顺利完成。

国家统计局马建堂局长在看到我们的评审稿以后，在百忙之中为报告作了点明方向的序言，推动我们的研究不断进步。北京师范大学刘川生书记、钟秉林校长鼓励信任，语重意深，并为本书作序。西南财经大学赵德武书记、张宗益校长肯定了绿色发展指数报告的研究成果，欣然为本书作序，鼓励这项研究要持续进行下去。我要再次感谢国家统计局、北京师范大学、西南财经大学领导对本课题研究的大力支持！

国家统计局中国经济景气监测中心及其相关研究处所的专家们认真审核与确定指标的增减、修改，参与了各章的定稿。统计专家们专业水平高，工作全力投入，态度非常认真，克服困难顺利完成了相关工作。潘建成副主任全面支持本报告的研究工作，并与赵军利处长高效率地组织完成了公众满意度调查和问卷分析，展示了国家统计局专业队伍的高水平。其中，贾德刚、丛雅静、谭小燕、邢景丽参与了问卷调查的设计、组织实施、数据测算和报告撰写工作，非常认真。国家统计局王有捐副司长、施发启处长、江明清处长、陈小龙处长和环境保护部毛玉如处长积极参与讨论，提出了很多有价值的专业性意见，为完善报告作出了贡献。

感谢所有参与本项研究的合作单位、协作与支持单位！

感谢参与"教授论坛"的教授专家！他们是：北京师范大学生命科学学院江源教授，地理学与遥感科学学院梁进社教授，资源学院刘学敏教授，环境学院毛显强教授，水科学研究院王红瑞教授，管理学院唐任伍教授、王洛忠副教授，经济与工商管理学院赖德胜教授、李宝元教授、尹恒教授，国民核算研究院宋旭光教授，经济与资源管理研究院胡必亮教授、张琦教授；西南财经大学刘方健教授、唐方方特聘教授、刘建生教授、刘金石副教授、李丁副教授等。这些相关领域的专家教授为中国的绿色发展建言献策，提出了有科学价值的观点与分析，构成了文理科结合的研究团队。大家的共同努力，协同研究，是本报告得以成功完成的保证。

三年来，评审专家的支持一直让我感动。中国绿色发展指数系列报告的近30位评审专家由国内经济、资源、生态、环境等领域的领导与专家组成，他们在百忙之中抽出时间指导我们的研究，为我们的报告指引了方向。著名经济学家吴敬琏教授、厉以宁教授、张卓元教授等继续对我们提出指导性思路与切实可行的建议，让我们受益匪浅；全国政协文史和学习委员会副主任魏礼群教授、中央财经领导小组办公室副主任陈锡文教授、第十一届全国人大内务司法委员会副主任委员辜胜阻教授、国务院发展研究中心副主任卢中原教授、环境保护部潘岳副部长等建议报告将理论与实践结合，在研究绿色经济理论的同时为中央和地方的绿色发展谋福；可持续发展专家牛文元教授、潘家华研究员、夏光研究员等从资源、生态、环境角度为报告的指标体系、结论观点提出宝贵意见，使我们的报告不断完善；北京师范大学副校长葛剑平教授和西南财经大学副校长边慧敏教授从项目一开始便大力支持本报告，为系列报告的完成打下了坚实基础。还有多位评审专家对报告作出了巨大贡献，在这里，我对他们表示衷心的感谢！

这里我要向为本课题付出智慧与劳动的老师和同学们表示感谢。他们全力以赴、高效努力，为完成课题作出了贡献。课题协调人张江雪博士、赵峥博士、林永生博士协调各方、组织会议，在测算工作中提出了重要的建议。我的研究生团队全程参与课题的研究，他们在指标完善、指数测算、评审稿排版送审等方面贡献良多、进步很快，在此我要表扬并感谢他们。课题联系人宋涛博士和蔡宁博士分别组织、协调省际与城市绿色发展指数小组的数据录入、试算等工作，高效地完成了任务。丛雅静博士、姜欣博士、荣婷婷老师为课题的测算工作提供了宝贵建议。肖义欢博士、张亮亮博士全程参与了国际城市绿色发展指数的指标选取与指数测算，完成了相关工作。刘杨博士、朱磊硕士、周键聪硕士在省际与城市绿色发展指数指标选取与测算、送审稿校稿排版、评审专家联系等方面工作努力，发挥了作用。刘诗瑶硕士、石翊龙硕士、闵德龙硕士虽然是课题组的新成员，但他们在研究过程中表现出来的认真态度，让我感到欣慰。测算小组的研究生们多次工作到深夜，让我极为感动。

在这里，我还要感谢负责管理课题经费的王颖老师和晏凌老师，她们认真细致的工作为项目的后勤提供了保障。感谢参与课题会议组织协调、评审稿送审的各位老师与学生，她们的辛勤劳动受到大家的肯定与好评。

最后，感谢北京师范大学出版社对我们的大力支持。三年来，杨耕社长与叶子总编高度重视本课题，悉心安排中国绿色发展指数系列报告的出版与推广工作；本书的策划编辑马洪立老师除了为报告的体例与编排提供专业建议，还参与了课题的讨论与写作，保证了报告的高效完成；责任编辑陈婧思老师在短时间内完成了书稿的编辑加工，保障了出版进度。

2010年的报告获得第二届“中国软科学奖”，2011年的报告被中央电视台、新华社、人民日报等多家新闻媒体深度报道，并成功入选国家新闻出版总署2011年度“经典中国国际出版工程”项目推出英文版，我相信，2012的报告将会再度引起社会关注，不仅在中国，也在世界！

2012年6月1日